Reasoning For Banking

मुख्य परीक्षा हेतु स्मार्ट तैयारी

नवीनतम संस्करण
अभ्यास किट

18 टेस्ट्स
18 विषयानुसार टेस्ट्स

विषय से संबन्धित पाठ प्रश्नो के साथ

✓ पूर्णतः संशोधित और अद्यतन

✓ सभी बहुविकल्पीय प्रश्नो का विस्तृत विश्लेषण

शीर्षक : Reasoning For Banking मुख्य परीक्षा हेतु स्मार्ट तैयारी

लेखक का नाम : Mr. Rohit Manglik

प्रकाशक : EduGorilla Community Pvt. Ltd.

प्रकाशक का पता : 12/651 प्रथम तल, अरविन्दो पार्क के सामने, निकट जामा मस्जिद, इंदिरा नगर लखनऊ, उत्तर प्रदेश, 226016, भारत।

कॉपीराइट EduGorilla

ISBN : 978-93-55563-13-2

प्रथम संस्करण

अस्वीकरण EduGorilla

Compiled and created by EduGorilla Community Pvt. Ltd

EduGorilla Community Pvt. Ltd. द्वारा मुद्रित

रोहित मांगलिक
सीईओ, **EduGorilla**

प्रिय छात्रों,

एक बहुत ही प्रचलित कहावत है कि "सफलता उन्हीं को मिलती है जो उसके लिए कड़ी मेहनत करते हैं।" लेकिन मैंने लोगों को उनकी परीक्षाओं के लिए दिन-रात एक करके मेहनत करते हुए देखा है, पर फिर भी वे सफल नहीं हो पाते। तो वहीं दूसरी ओर, कुछ लोग बस आधी मेहनत करके परीक्षा में सफलता प्राप्त करते हैं। तो, क्या वे किस्मत वाले हैं? नहीं मेरा मानना है, कि ऐसा इसलिए है क्योंकि वे सिर्फ कड़ी नहीं बल्कि कुशल तरीके से अपनी तैयारी करते हैं। इसी तरह आपको भी अपनी परीक्षाओं की तैयारी के लिए अपनी योजना बनानी चाहिए, ताकि आपकी भी सफलता की संभावना बढ़ सके। तो तैयार हो जाइये EduGorilla के साथ अपनी परीक्षा में चयन होने की संभावना को 16 गुना बढ़ाने के लिए।

EduGorilla आपको न केवल कड़ी मेहनत करने में मदद करता है, बल्कि एक स्मार्ट और योजनाबद्ध तरीके से तैयारी करने में भी सहायता प्रदान करता है। EduGorilla की तैयारी पैकेज के साथ आप अपने परीक्षा में चयन होने के रास्ते को सहज और मनोरंजक बना सकते हैं। अपनी तैयारी के लिए सही रास्ता खोजना मुश्किल हो सकता है, यदि आप ये नहीं जानते कि आपको किस दिशा में जाना है। चिंता न करें हम आपके साथ खड़े हैं! EduGorilla आपकी सफलता में आपका मार्गदर्शक बनेगा। हमारे तैयारी पैकेज के साथ आप रणनीतिक रूप से तैयारी कर, अपनी परीक्षा में सिर्फ एक ही प्रयास में सफल हो सकते हैं।

EduGorilla के तैयारी पैकेज में शामिल हैं-

• टेस्ट सीरीज़   • किताबें

हमारे तैयारी पैकेज को सभी तरह के नये बदलवों, विशेषज्ञों की राय एवं छात्रों के प्रतिक्रिया के अनुसार तैयार किया गया है। जो आपको परीक्षा के प्रत्येक चरण की चयन प्रक्रिया को पार करने के योग्य बनाता है।

हमारी किताबें शिक्षकों और विशेषज्ञों द्वारा आपकी परीक्षा के लिए तैयार की गई हैं, 150+ वर्षों के अनुभव के साथ; ताकि आपको आसान, कुशल और प्रभावी शिक्षण प्रदान किया जा सके। हमारी स्मार्ट किताबें न सिर्फ आपको प्रश्नों के उत्तर देने की समझ देती हैं, अपितु आपके अभ्यास के लिए समान रूप के प्रश्न भी प्रदान करती हैं।

EduGorilla की सक्षम टेस्ट सीरीज आपको वास्तविक अनुभव और आत्मविश्वास प्रदान करती हैं, जिसके माध्यम से आप केवल एक प्रयास में अपनी ऑफलाइन अथवा ऑनलाइन परीक्षा पास कर सकते हैं। वर्तमान में हम 83,000+ मॉक टेस्ट्स और 1,440+ प्रतियोगी एवं शैक्षणिक परीक्षाओं की तैयारी कराते हैं।

अर्थात, EduGorilla आपकी तैयारी में आपकी सहायता करने का कोई भी मौका नहीं छोड़ता है और परीक्षा के सभी चरणों को कवर करता है, ताकि परीक्षा की तैयारी के लिए आपको कहीं और भटकना ना पड़े।

हम आपको डिफेन्स, बैंकिंग, टीचिंग और अन्य राष्ट्रीय एवं राज्य स्तरीय परीक्षाओं के लिए सम्पूर्ण तैयारी पैकेज प्रदान करते हैं। अतः इससे कोई फर्क नहीं पड़ता कि आप किस परीक्षा के लिए तैयारी कर रहे हैं, क्योंकि आप सफलता हासिल करेंगे।

आपको परीक्षा की शुभकामनाएं!

रोहित मांगलिक,
संस्थापक और मुख्य कार्यकारी अधिकारी, **EduGorilla**

प्रस्तावना

EduGorilla छात्रों को उनकी परीक्षा में सफल होने के लिए मार्गदर्शन प्रदान करता है। जिसको ध्यान में रखते हुए हमारे कुल 150+ वर्षों का अनुभव रखने वाले प्रतिष्ठित विशेषज्ञों ने कड़े प्रयासों के द्वारा "Reasoning For Banking : मुख्य परीक्षा हेतु स्मार्ट तैयारी" को तैयार किया है। इस किताब के प्रश्नों को हाल ही में परीक्षा के पाठ्यक्रम और पैटर्न में हुए सभी बदलावों को ध्यान में रखकर बनाया गया है। वो प्रश्न जिनकी Banking Exams परीक्षा में आने कि संभवना काफी प्रबल है, उनको इस किताब मे रखा गया है। आप EduGorilla की "Reasoning For Banking : मुख्य परीक्षा हेतु स्मार्ट तैयारी" के माध्यम से अपनी सफलता की संभावना को 16 गुना बढ़ा सकते हैं।

EduGorilla ये अपनी संपूर्ण तैयारी पैकेज के माध्यम से साकार करता है। इस किट में आपको प्रश्न अच्छी तरह अवधारित एवं संरचित रूप मे मिलेंगे जिन्हे आपकी जरूरतों के अनुसार बनाया गया है। इसके माध्यम से आपको स्मार्ट तरीके से परीक्षा के लिए अभ्यास करने में मदद मिलेगी। साथ ही आपको सहायक, समाधान और स्मार्ट उत्तर पत्रिका भी प्रदान की जायेंगी। जिससे आप अपना मूल्यांकन स्वयं कर सकते हैं। आप स्वयं की समीक्षा कर, उन सभी बिन्दुओं पर खुद को बेहतर तरीके से तैयार कर सकते हैं।

EduGorilla आपको अपनी परीक्षा में सफलता दिलाने और आपके लक्ष्य को हासिल करने में आपकी सहायता करने का वादा करता हैं। हम अपने प्रतिभागियों पर पूरा भरोसा करते हैं और उन्हें मेरिट सूची के शीर्ष पर देखते हैं। शीर्ष स्थान की ओर आपका पहला कदम है हमारे साथ तैयारी शुरू करना। EduGorilla की "Reasoning For Banking : मुख्य परीक्षा हेतु स्मार्ट तैयारी" की विशेषताएं कुछ इस प्रकार हैं।

➤ अच्छी तरह से शोध किया हुआ पाठ्यक्रम

➤ उच्च गुणवत्ता

➤ विस्तृत उत्तर और विश्लेषण

➤ स्मार्ट उत्तर पत्रिका

➤ परीक्षा सुसंगत प्रश्न

इस प्रकार EduGorilla आपकी तैयारी को मजबूत और आपको परीक्षा में सफल होने के योग्य बनाता है।

विषय-सूची

Ques (1-5):निर्देश: निम्नलिखित प्रश्नों में, चिह्नों @, $, *, © और # का प्रयोग नीचे दर्शाए गए अर्थों के साथ किया गया है:

'M @ N' का अर्थ है कि 'M, N से बड़ा है'।

'M $ N' का अर्थ है कि 'M, N से छोटा है'।

'M * N' का अर्थ है कि 'M, या तो N से बड़ा या बराबर है'।

'M © N' का अर्थ है कि 'M, या तो N से छोटा या बराबर है'।

'M # N' का अर्थ है कि 'M, N के बराबर नहीं है'।

अब निम्नलिखित प्रत्येक प्रश्न में, दिए गए कथनों को सत्य मानते हुए, ज्ञात कीजिये कि दिए गए निष्कर्षों में से कौन सा/कौन से निष्कर्ष निश्चित रूप से सत्य है/हैं?

Q.1 कथन:
P # Q, Q $ R, R @ S, S # T, T * U
निष्कर्ष:
I. Q @ R
II. S $ R
III. U © T
A. केवल निष्कर्ष II सत्य है
B. निष्कर्ष I और III दोनों सत्य हैं
C. केवल निष्कर्ष I सत्य है
D. निष्कर्ष II और III दोनों सत्य हैं
E. कोई भी निष्कर्ष सत्य नहीं है

Q.2 कथन:
U * V, W @ X, Y $ Z, V $ W, Y * X
निष्कर्ष:
I. U @ V
II. X © Z
III. U * V
A. केवल निष्कर्ष I सत्य है
B. या तो निष्कर्ष I या फिर III सत्य है
C. केवल निष्कर्ष III सत्य है
D. निष्कर्ष I और III दोनों सत्य हैं
E. कोई निष्कर्ष सत्य नहीं है

Q.3 कथन:
A © B, E $ F, C # B, E $ D, C * D,
निष्कर्ष:
I. C @ F
II. C $ E
III. A @ D
A. केवल निष्कर्ष II सत्य है
B. निष्कर्ष II और III दोनों सत्य हैं
C. या तो निष्कर्ष I या फिर II सत्य है
D. केवल निष्कर्ष I सत्य है
E. कोई निष्कर्ष सत्य नहीं है

Q.4 कथन:
E @ F, H $ G, F * G, H # I, K © I
निष्कर्ष:
I. H $ E
II. K © H
III. E @ G
A. केवल निष्कर्ष II सत्य है
B. निष्कर्ष I और II दोनों सत्य हैं
C. निष्कर्ष I और III दोनों सत्य हैं
D. सभी निष्कर्ष सत्य हैं
E. कोई निष्कर्ष सत्य नहीं है

Q.5 कथन:
J # K, L @ K, L © M, P * M, P * Q
निष्कर्ष:
I. M * L
II. L © P
III. P @ K
A. केवल निष्कर्ष II सत्य है
B. निष्कर्ष II और II दोनों सत्य हैं
C. केवल निष्कर्ष I सत्य है
D. सभी निष्कर्ष सत्य हैं
E. कोई निष्कर्ष सत्य नहीं है

Ques (6-8):निर्देश: निम्नलिखित प्रश्नों में, प्रतीकों #, $, &,% और * का प्रयोग नीचे दर्शाए गए निम्नलिखित अर्थों के साथ किया गया है:

'A # B' का अर्थ है कि 'A, B से न तो छोटा है और न ही बराबर है'।

'A $ B' का अर्थ है कि 'A, B से न तो बड़ा है और न ही बराबर है'।

'A & B' का अर्थ है कि 'A, B से या तो छोटा या बराबर है।'

'A % B' का अर्थ है कि 'A, B से या तो बड़ा या बराबर है'।

A * B 'का अर्थ है। A, B से छोटा या बड़ा नहीं है'।

अब निम्नलिखित प्रत्येक प्रश्न में, दिए गए कथनों को सत्य मानते हुए, ज्ञात कीजिए कि नीचे दिए गए निष्कर्षों में से कौन सा/से निश्चित रूप से सत्य है/हैं?

Q.6 कथन:
P # Q, Q % R, R * S
निष्कर्ष:
I. P # R
II. S * Q
A. केवल निष्कर्ष I सत्य है
B. केवल निष्कर्ष II सत्य है
C. या तो निष्कर्ष I या निष्कर्ष II सत्य है
D. कोई भी अनुसरण नहीं करता है
E. I और II दोनों निष्कर्ष सत्य हैं

Q.7 कथन:
H % K, K # S, S & M
निष्कर्ष:
I. H $ S
II. K # M

A. केवल निष्कर्ष I सत्य है
B. केवल निष्कर्ष II सत्य है
C. या तो निष्कर्ष I या निष्कर्ष II सत्य है
D. कोई भी अनुसरण नहीं करता है
E. I और II दोनों निष्कर्ष सत्य हैं

Q.8 कथन:

L % M, M # N, N % T

निष्कर्ष:

I. L # T

II. T $ M

A. केवल निष्कर्ष I सत्य है
B. केवल निष्कर्ष II सत्य है
C. या तो निष्कर्ष I या निष्कर्ष II सत्य है
D. कोई भी अनुसरण नहीं करता है
E. I और II दोनों निष्कर्ष सत्य हैं

Ques (9-11):निर्देश: निम्नलिखित प्रश्न में, प्रतीक, @, %, #, & और $ का उपयोग निम्न अर्थ के साथ किया जाता है जिन्हें नीचे दिखाया गया है:

'A @ B' का अर्थ है 'A, B से न तो बड़ा है और न ही छोटा है'।

'A % B' का अर्थ है 'A, B से बड़ा नहीं है'।

'A # B' का अर्थ है 'A, B से न तो छोटा है और न ही बराबर है'।

'A & B' का अर्थ है 'A, B से छोटा नहीं है'।

'A $ B' का अर्थ है 'A, B से न तो बड़ा है और न ही बराबर है'।

अब दिए गए प्रत्येक प्रश्न में दिए गए कथनों को सत्य मानते हुए, ज्ञात कीजिए कि नीचे दिए गए निष्कर्षों में से कौन-सा/से निष्कर्ष निश्चित रूप से सत्य है और तदनुसार अपना उत्तर दीजिए।

Q.9 कथन:

J # K, K @ P, P $ R

निष्कर्ष:

I. J # R

II. R $ J

A. केवल निष्कर्ष I सत्य है
B. केवल निष्कर्ष II सत्य है
C. निष्कर्ष I और II दोनों सत्य हैं
D. या तो निष्कर्ष I या II सत्य है
E. न तो निष्कर्ष I और न ही II सत्य है

Q.10 कथन:

P # R, R @ L, L & T

निष्कर्ष:

I. L $ P

II. P # T

A. केवल निष्कर्ष I सत्य है
B. केवल निष्कर्ष II सत्य है
C. निष्कर्ष I और II दोनों सत्य हैं
D. या तो निष्कर्ष I या II सत्य है
E. न तो निष्कर्ष I और न ही II सत्य है

Q.11 कथन:

C @ D, D & P, K $ P

निष्कर्ष:

I. C # P

II. C @ P

A. केवल निष्कर्ष I सत्य है
B. केवल निष्कर्ष II सत्य है
C. निष्कर्ष I और II दोनों सत्य हैं
D. या तो निष्कर्ष I या II सत्य है
E. न तो निष्कर्ष I और न ही II सत्य है

Ques (12-15):निर्देश: निम्नलिखित प्रश्न में, प्रतीक $, %, #, & और * का प्रयोग नीचे दर्शाये गए निम्नलिखित अर्थों से किया गया है:

'P & Q' का अर्थ है 'P, Q से न तो बड़ा है न ही बराबर है'।

'P % Q' का अर्थ है 'P, Q के बराबर है'।

'P # Q' का अर्थ है 'P, Q से छोटा नहीं है'।

'P * Q' का अर्थ है 'P, Q से न तो छोटा है न ही बराबर है'।

'P $ Q' का अर्थ है 'P, Q से बड़ा नहीं है'।

अब निम्नलिखित प्रत्येक प्रश्न में दिए गए कथनों को सत्य मानते हुए, ज्ञात कीजिये कि नीचे दिए गए निष्कर्षों में से कौन सा / से निश्चित रूप से सत्य है/हैं?

Q.12 कथन:

R $ T $ U # X # Q * T

निष्कर्ष:

I. R & U

II. U * Q

III. R % U

A. केवल निष्कर्ष I सत्य है
B. केवल निष्कर्ष II सत्य है
C. या तो निष्कर्ष I या III सत्य है
D. या तो निष्कर्ष II या III सत्य है
E. कोई भी निष्कर्ष सत्य नहीं है

Q.13 कथन:

A * B * C % D # E & F $ G

निष्कर्ष:

I. A * E

II. B % D

III. G * E

A. केवल निष्कर्ष I सत्य है
B. केवल निष्कर्ष II सत्य है
C. केवल निष्कर्ष III सत्य है
D. निष्कर्ष I और III दोनों सत्य हैं
E. निष्कर्ष II और III दोनों सत्य हैं

Q.14 कथन:

Z $ Y $ W & X * V # T

निष्कर्ष:

I. X * T

II. X & Z

III. W % T

A. केवल निष्कर्ष I सत्य है
B. केवल निष्कर्ष II सत्य है
C. केवल निष्कर्ष III सत्य है
D. सभी निष्कर्ष सत्य है
E. कोई भी निष्कर्ष सत्य नहीं है

Q.15 कथन:

I % J % K # L $ M % N

निष्कर्ष:

I. K * N

II. K * L

III. K % L

A. केवल निष्कर्ष I सत्य है
B. केवल निष्कर्ष III सत्य है
C. निष्कर्ष II और III दोनों सत्य है
D. या तो निष्कर्ष I या II सत्य है
E. या तो निष्कर्ष II या III सत्य है

Ques (16-19):निर्देश: निम्न प्रश्नों में, $, %, @, © और * चिह्नों का प्रयोग निम्नलिखित अर्थ से किया गया है:

'P % Q' का अर्थ है 'P, Q से ना तो छोटा है और ना ही बड़ा है'।

'P $ Q' का अर्थ है 'P, Q से ना तो छोटा है ना ही बराबर है'।

'P © Q' का अर्थ है 'P, Q से ना तो बड़ा है और ना ही बराबर है'।

'P * Q' का अर्थ है 'P, Q से बड़ा नहीं है'।

'P @ Q' का अर्थ है 'P, Q से छोटा नहीं है'।

अब, निम्न प्रत्येक प्रश्न में, दिए हुए कथनों को सत्य मानिए और पता लगाइए कि उनके नीचे दिए हुए तीन निष्कर्ष - I, II और III में से कौन सा निश्चित रूप से सत्य है और उसी के अनुसार अपना उत्तर दीजिये।

Q.16 कथन: V © K, K @ B, B $ M

निष्कर्ष:

I. V © B

II. M © K

III. M © V

A. कोई भी सत्य नहीं है।
B. केवल I सत्य है।
C. केवल II सत्य है।
D. केवल III सत्य है।
E. केवल II और III सत्य हैं।

Q.17 कथन: D * R, R % F, F $ T

निष्कर्ष:

I. F % D

II. F $ D

III. T © R

A. केवल I सत्य है।
B. केवल II सत्य है।
C. केवल III सत्य है।
D. केवल I या II सत्य है।
E. केवल I या II और III सत्य है।

Q.18 कथन: N @ D, D * K, K $ A

निष्कर्ष:

I. K @ N

II. A © D

III. N $ A

A. कोई भी सत्य नहीं है।
B. केवल I सत्य है।
C. केवल II सत्य है।

D. केवल III सत्य है।
E. केवल II और III सत्य हैं।

Q.19 कथन: K @ T, T $ N, N © R

निष्कर्ष

I. R $ K

II. N * K

III. K $ N

A. कोई भी सत्य नहीं है।
B. केवल I सत्य है।
C. केवल II सत्य है।
D. केवल III सत्य है।
E. केवल II और III सत्य हैं।

Ques (20-24):निर्देश: नीचे दिए गए प्रश्न में, कुछ चिन्हों का उपयोग निम्नलिखित अर्थों के साथ किया जाता है।

P @ Q का अर्थ है कि P, Q से ज्यादा है।

P # Q का अर्थ है कि P, Q से कम है।

P $ Q का अर्थ है कि P, Q के बराबर है।

P % Q का अर्थ है कि P या तो Q से ज्यादा है या उसके बराबर है।

P + Q का अर्थ है कि P या तो Q से कम है या उसके बराबर है।

निम्नलिखित प्रश्न में दिए गए कथनों को सत्य मानकर, तय कीजिये कि दिए गए निष्कर्षों में से कौनसा/कौनसे निष्कर्ष निश्चित रूप से सत्य है/हैं और उसके अनुसार उत्तर दीजिये।

Q.20 कथन:

B @ C; C @ A; A @ E; E @ D

निष्कर्ष:

I. A # B

II. E # B

III. E # C

IV. D # B

A. सभी अनुसरण करते हैं
B. केवल I, II और III अनुसरण करते हैं
C. केवल I, III और IV अनुसरण करते हैं
D. केवल I, II और IV अनुसरण करते हैं
E. इनमें से कोई नहीं

Q.21 कथन:

K @ L; L @ M; M $ N; N # O

निष्कर्ष:

I. K @ M

II. L $ N

III. M # O

IV. L @ O

A. सभी अनुसरण करते हैं
B. केवल I और II अनुसरण करते हैं
C. केवल I और III अनुसरण करते हैं
D. केवल II और IV अनुसरण करते हैं
E. इनमें से कोई नहीं

Q.22 कथन:

X # Y; Z % W; W $ X; U @ Z

निष्कर्ष:

I. Y @ Z

II. W # U

III. X $ U

IV. Y % U

A. केवल I अनुसरण करता है

B. केवल II अनुसरण करता है

C. केवल III अनुसरण करता है

D. केवल IV अनुसरण करता है

E. इनमें से कोई नहीं

Q.23 कथन:

P % Q; R $ Q; S @ R; T # S

निष्कर्ष:

I. P $ R

II. P @ R

III. Q # S

IV. R $ T

A. केवल III अनुसरण करता है

B. केवल I और III अनुसरण करते हैं

C. केवल III और या तो I या II अनुसरण करते हैं

D. केवल III और IV अनुसरण करते हैं

E. इनमें से कोई नहीं

Q.24 कथन:

A @ C; E + D; C $ B; E % A

निष्कर्ष:

I. C # D

II. A $ D

III. A @ D

IV. A # D

A. केवल I और या तो II या III अनुसरण करते हैं

B. केवल I और या तो II या IV अनुसरण करते हैं

C. केवल I और या तो III या IV अनुसरण करते हैं

D. केवल I और IV अनुसरण करते हैं

E. इनमें से कोई नहीं

Ques (25-27):निर्देश: निम्नलिखित प्रश्न में दिए गए कथनों को सत्य मानते हुए, यह ज्ञात कीजिये कि दिए गए निष्कर्षों में से कौन-सा/कौन-से निष्कर्ष निश्चित रूप से सत्य है/हैं और तदनुसार अपने उत्तर दीजिये।

Q.25 कथन: A ≤ B ≥ C > D ; A ≥ E = F < G

निष्कर्ष:

I. B > F

II. B = F

A. केवल I सत्य है

B. केवल II सत्य है

C. I और II दोनों सत्य हैं

D. या तो I या II सत्य है

E. न तो I और न ही II सत्य है

Q.26 कथन: D ≥ X = F ≤ G; Z < X ≥ E

निष्कर्ष:

I. D ≥ Z

II. G ≥ Z

A. केवल निष्कर्ष I सत्य है

B. केवल निष्कर्ष II सत्य है

C. या तो I या II सत्य है

D. न तो I और न ही II सत्य है

E. I और II दोनों सत्य है

Q.27 कथन: T = V < U ≥ X; V ≤ S; H > U

निष्कर्ष:

I. S ≥ T

II. X < H

A. केवल निष्कर्ष I सत्य है

B. केवल निष्कर्ष II सत्य है

C. या तो I या II सत्य है

D. न तो I और न ही II सत्य है

E. I और II दोनों सत्य है

Ques (28-30):निर्देश: निम्नलिखित प्रश्नों में $, %, *, & और © चिह्नों का प्रयोग किया गया है, जिनका अर्थ इस प्रकार है:

'X # Y' का अर्थ है कि X ना तो Y से अधिक है और ना ही उसके बराबर है।

'X © Y' का अर्थ है कि X ना तो Y से कम है और ना ही उससे अधिक है।

'X & Y' का अर्थ है कि X, Y से अधिक नहीं है।

'X % Y' का अर्थ है कि X, Y से अधिक है।

'X @ Y' का अर्थ है कि X या तो Y से अधिक है या उसके बराबर है।

अब निम्नलिखित प्रश्नों में से प्रत्येक प्रश्न में दिए गये कथनों को सत्य मानकर, ज्ञात कीजिये कि कौनसा/कौनसे निष्कर्ष स्पष्ट रूप से सत्य है/हैं?

Q.28 कथन:

L @ M, P # Q, N & L, P % N

निष्कर्ष:

I. N @ Q

II. M # Q

III. N © M

A. केवल निष्कर्ष I सत्य है।

B. निष्कर्ष I और II दोनों सत्य हैं।

C. या तो निष्कर्ष II या फिर III सत्य है।

D. ना तो निष्कर्ष I और ना ही III सत्य है।

E. कोई निष्कर्ष सत्य नहीं है।

Q.29 कथन:

A % B, E & F, D © B, C # D, B & E

निष्कर्ष:

I. B & F

II. A @ C

III. F © A

A. केवल निष्कर्ष I सत्य है।

B. निष्कर्ष I और II दोनों सत्य हैं।

C. या तो निष्कर्ष II या फिर III सत्य है।

D. ना तो निष्कर्ष I और ना ही III सत्य है।

E. दोनों निष्कर्ष II और III सत्य हैं।

Q.30 कथन:

R © U, T & V, U % S, R # T

निष्कर्ष:

I. S # R

II. V % R

III. T & S

A. केवल निष्कर्ष III सत्य है।
B. निष्कर्ष I और II दोनों सत्य हैं।
C. या तो निष्कर्ष II या फिर III सत्य है।
D. निष्कर्ष II और III दोनों सत्य हैं।
E. कोई निष्कर्ष सत्य नहीं है।

// स्मार्ट उत्तर पुस्तिका //

| सही उत्तर | | उन छात्रों का प्रतिशत जिन्होंने प्रश्नों का सही उत्तर दिया था। | छोड़ दिया | | उन छात्रों का प्रतिशत जिन्होंने प्रश्नों को छोड़ दिया था। |

प्रश्न संख्या	उत्तर	सही उत्तर / छोड़ दिया	प्रश्न संख्या	उत्तर	सही उत्तर / छोड़ दिया	प्रश्न संख्या	उत्तर	सही उत्तर / छोड़ दिया	प्रश्न संख्या	उत्तर	सही उत्तर / छोड़ दिया	प्रश्न संख्या	उत्तर	सही उत्तर / छोड़ दिया	प्रश्न संख्या	उत्तर	सही उत्तर / छोड़ दिया	प्रश्न संख्या	उत्तर	सही उत्तर / छोड़ दिया
1	D	32.5 % / 67.34 %	6	A	16.26 % / 83.35 %	11	D	64.43 % / 31.94 %	16	C	49.31 % / 35.5 %	21	C	50.16 % / 38.18 %	26	D	41.14 % / 50.5 %
2	C	40.25 % / 52.5 %	7	D	27.72 % / 68.53 %	12	C	40.5 % / 54.62 %	17	E	45.71 % / 52.92 %	22	B	48.24 % / 40.49 %	27	E	51.37 % / 39.24 %
3	E	58.98 % / 30.23 %	8	E	29.49 % / 68.36 %	13	D	56.99 % / 41.32 %	18	A	69.03 % / 30.84 %	23	C	61.86 % / 32.23 %	28	E	44.72 % / 34.28 %
4	C	61.86 % / 37.01 %	9	E	24.74 % / 73.42 %	14	A	56.43 % / 35.16 %	19	D	56.23 % / 34.68 %	24	B	61.2 % / 36.42 %	29	A	69.2 % / 30.52 %
5	D	48.59 % / 40.19 %	10	C	50.92 % / 38.03 %	15	E	48.79 % / 32.66 %	20	A	58.76 % / 31.25 %	25	D	66.61 % / 31.82 %	30	B	53.57 % / 40.07 %

//संकेत और समाधान//

1. कथन: P # Q, R @ S, T * U, S # T, Q $ R

परिवर्तित करने पर: P ≠ Q, R > S, T ≥ U, S ≠ T, Q < R

संयोजन करने पर: P ≠ Q < R > S ≠ T ≥ U

निष्कर्ष:

I. Q @ R → Q > R → असत्य (चूँकि Q < R)

II. S $ R → S < R → सत्य

III. U © T → U ≤ T → सत्य

इस प्रकार निष्कर्ष II और III दोनों सत्य हैं।

अतः विकल्प (D) सही है।

2. कथन: U * V, W @ X, Y $ Z, V $ W, Y * X

परिवर्तित करने पर: U ≥ V, W > X, Y < Z, V < W, Y ≥ X

संयोजन करने पर: U ≥ V < W > X ≤ Y < Z

निष्कर्ष:

I. U @ V → U > V → असत्य (चूँकि U ≥ V)

II. X © Z → X ≤ Z → असत्य (चूँकि X ≤ Y < Z → X < Z)

III. U * V → U ≥ V → सत्य

इसलिए, केवल निष्कर्ष III सत्य है।

अतः विकल्प (C) सही है।

3. कथन: A © B, E $ F, C # B, E $ D, C * D,

परिवर्तित करने पर: A ≤ B, E < F, C ≠ B, E < D, C ≥ D

संयोजन करने पर: A ≤ B ≠ C ≥ D > E < F

निष्कर्ष:

I. C @ F → C > F → असत्य (चूँकि C ≥ D > E < F → C और F के बीच स्पष्ट संबंध निर्धारित नहीं किया जा सकता है)

II. C $ E → C < E → असत्य (चूँकि C ≥ D > E → C > E)

III. A @ D → A > D → असत्य (चूँकि A ≤ B ≠ C ≥ D → A और D के बीच स्पष्ट संबंध निर्धारित नहीं किया जा सकता है)

इसलिए, कोई निष्कर्ष सत्य नहीं है।

अतः विकल्प (E) सही है।

4. कथन: E @ F, H $ G, F * G, H # I, K © I

परिवर्तित करने पर: E > F, H < G, F ≥ G, H ≠ I, K ≤ I

संयोजन करने पर: E > F ≥ G > H ≠ I ≥ K

निष्कर्ष:

I. H $ E → H < E → सत्य (चूँकि E > F ≥ G > H → E > H)

II. K © H → K ≤ H → असत्य (चूँकि H ≠ I ≥ K → क्योंकि, H ≠ I इसलिए H और K के बीच कोई संबंध नहीं है)

III. E @ G → E > G → सत्य (चूँकि E > F ≥ G → E > G)

इसलिए, निष्कर्ष I और II दोनों सत्य हैं।

अतः विकल्प (C) सही है।

5. कथन: J # K, L @ K, L © M, P * M, P * Q

परिवर्तित करने पर: J ≠ K, L > K, L ≤ M, P ≥ M, P ≥ Q

संयोजन करने पर: J ≠ K < L ≤ M ≤ P ≥ Q

निष्कर्ष:

I. M * L → M ≥ L → सत्य

II. L © P → L ≤ P → सत्य (चूँकि L ≤ M ≤ P → L ≤ P)

III. P @ K → P > K → सत्य (चूँकि K < L ≤ M ≤ P → K < P)

इसलिए, सभी निष्कर्ष सत्य हैं।

अतः विकल्प (D) सही है।

Ques (6-8): दी गई जानकारी के अनुसार:

A है				
प्रतीक	#	$	&	%	*
अर्थ	>	<	≤	≥	=
B से				

6. दिया गया कथन है: P # Q, Q % R, R * S

परिवर्तित करने पर: P > Q, Q ≥ R, R = S

संयोजित करने पर: P > Q ≥ R = S

I. P # R → P > R → सत्य (क्योंकि P > Q ≥ R = S → P > R)

II. S * Q → S = Q → असत्य (क्योंकि P > Q ≥ R = S → S ≤ Q)

इसलिए, केवल निष्कर्ष I अनुसरण करता है।

अतः विकल्प (A) सही है।

7. दिया गया कथन है: H % K, K # S, S & M

परिवर्तित करने पर: H ≥ K, K > S, S ≤ M

संयोजित करने पर: H ≥ K > S ≤ M

I. H $ S → H < S → असत्य (क्योंकि H ≥ K > S ≤ M → H > S)

II. K # M → K > M → असत्य (क्योंकि H ≥ K > S ≤ M → संबंध निर्धारित नहीं किया जा सकता है)

इसलिए, कोई भी निष्कर्ष सत्य नहीं है।

अतः विकल्प (D) सही है।

8. दिया गया कथन है: L % M, M # N, N % T

परिवर्तित करने पर: L ≥ M, M > N, N ≥ T

संयोजित करने पर: L ≥ M > N ≥ T

I. L # T → L > T → सत्य (क्योंकि L ≥ M > N ≥ T → L > T)

II. T $ M → T < M → सत्य (क्योंकि L ≥ M > N ≥ T → M > T)

इसलिए, कोई भी निष्कर्ष सत्य नहीं है।

अतः विकल्प (E) सही है।

9. दी गई जानकारी के अनुसार,

A है				
प्रतीक	@	%	#	&	$
अर्थ	=	≤	>	≥	<

B के लिए

दिए गए कथन: J # K, K @ P, P $ R

बदलने पर: J > K, K = P, P < R

संयोजन करने पर: J > K = P < R

निष्कर्ष:

I. J # R → J > R → असत्य (चूँकि J > K = P < R, J और R के बीच स्पष्ट संबंध निर्धारित नहीं किया जा सकता है)

II. R $ J → R < J → असत्य (चूँकि J > K = P < R, J और R के बीच स्पष्ट संबंध निर्धारित नहीं किया जा सकता है)

इसलिए, न तो निष्कर्ष I और न ही II सत्य है।

अतः विकल्प (E) सही है।

10. दी गई जानकारी के अनुसार,

A है					
प्रतीक	@	%	#	&	$
अर्थ	=	≤	>	≥	<
B के लिए					

दिए गए कथन: P # R, R @ L, L & T

बदलने पर: P > R, R = L, L ≥ T

संयोजन करने पर: P > R = L ≥ T

निष्कर्ष:

I. L $ P → L < P → सत्य (चूँकि P > R = L → P > L, यहाँ हम प्रतीक > को प्राथमिकता देंगे)

II. P # T → P > T → सत्य (चूँकि P > R = L ≥ T → P > T, यहाँ हम प्रतीक > को प्राथमिकता देंगे)

इसलिए, निष्कर्ष I और II दोनों सत्य हैं।

अतः विकल्प (C) सही है।

11. दी गई जानकारी के अनुसार,

A है					
प्रतीक	@	%	#	&	$
अर्थ	=	≤	>	≥	<
B के लिए					

दिए गए कथन: C @ D, D & P, K $ P

बदलने पर: C = D, D ≥ P, K < P

संयोजन करने पर: C = D ≥ P > K

निष्कर्ष:

I. C # P → C > P → असत्य (C = D ≥ P → C ≥ P, यहाँ C और P का संबंध निर्धारित नहीं है)

II. C @ P → C = P → False (C = D ≥ P → C ≥ P, यहाँ C और P का संबंध निर्धारित नहीं है)

नोट: निष्कर्ष I और II पूरक युग्म हैं।

इसलिए, या तो निष्कर्ष I या II सत्य है।

अतः विकल्प (D) सही है।

Ques (12-15):दी गई जानकारी के अनुसार,

P है					
प्रतीक	*	%	#	$	&
अर्थ	>	=	≥	≤	<
Q से					

12. कथन: R $ T $ U # X # Q * T

परिवर्तित करने पर: R ≤ T ≤ U ≥ X ≥ Q > T

निष्कर्ष:

I. R & U → R < U → असत्य है (हम कह नहीं सकते क्योंकि R ≤ T ≤ U)

II. U * Q → U > Q → असत्य है (इनके बीच कोई संबंध नहीं है)

III. R % U → R = U → असत्य है (हम कह नहीं सकते क्योंकि R ≤ T ≤ U)

इसलिए, निष्कर्ष I और III पूरक जोड़ी बनाते हैं।

इस प्रकार, या तो निष्कर्ष I या III सत्य है।

अतः विकल्प (C) सही है।

13. कथन: A * B * C % D # E & F $ G

परिवर्तित करने पर: A > B > C = D ≥ E < F ≤ G

निष्कर्ष:

I. A * E → A > E → सत्य है (जैसा कि A > B > C = D ≥ E i.e. A > E is true)

II. B % D → B = D → असत्य है (जैसा कि (जैसा कि B > C = D, so it is false)

III. G * E → G > E → सत्य है (जैसा कि E < F ≤ G अर्थात E < G सत्य है)

इस प्रकार, निष्कर्ष I और III दोनों सत्य हैं।

अतः विकल्प (D) सही है।

14. कथन: Z $ Y $ W & X * V # T

परिवर्तित करने पर: Z ≤ Y ≤ W < X > V ≥ T

निष्कर्ष:

I. X * T → X > T → सत्य है (जैसा कि X > V ≥ T, यह स्पष्ट है कि X > T)

II. X & Z → X < Z → असत्य है (Z ≤ Y ≤ W < X → Z < X)

III. W % T → W = T → असत्य है (इनके बीच कोई संबंध नहीं है)

इस प्रकार, केवल निष्कर्ष I सत्य है।

अतः विकल्प (A) सही है।

15. कथन: I % J % K # L $ M % N

परिवर्तित करने पर: I = J = K ≥ L ≤ M = N

निष्कर्ष:

I. K * N → K > N → असत्य है (इनके बीच कोई संबंध नहीं है)

II. K * L → K > L → असत्य है (हम कह नहीं सकते क्योंकि K ≥ L)

III. K % L → K = L → असत्य है (हम कह नहीं सकते क्योंकि K ≥ L)

इस प्रकार, निष्कर्ष II और III पूरक जोड़ी बनाते हैं।

अतः विकल्प (E) सही है।

Ques (16-19):दी गयी जानकारी के अनुसार,

P है				
%	$	©	★	@
=	>	<	≤	≥
Q से				

16. दिए हुए कथन: V © K, K @ B, B $ M

बदलने पर: V < K; K ≥ B; B > M

जोड़ने पर: V < K ≥ B > M

निष्कर्ष:

I. V © B → V < B → as V < K ≥ B → V और B के बीच स्पष्ट संबंध स्थापित नहीं किया जा सकता, इसलिए असत्य है।

II. M © K → M < K → के रूप में K ≥ B > M → K > M, इसलिए सत्य है।

III. M © V → M < V → के रूप में V < K ≥ B > M → V < K > M → M और V के बीच स्पष्ट संबंध स्थापित नहीं किया जा सकता, इसलिए असत्य है।

इसलिए, केवल निष्कर्ष II अनुसरण करता है।

अतः विकल्प (C) सही है।

17. दिए हुए कथन: D ★ R, R % F, F $ T

बदलने पर: D ≤ R, R = F, F > T

जोड़ने पर: D ≤ R = F > T

निष्कर्ष:

I. F % D → F = D → as D ≤ R = F → D ≤ F, इसलिए असत्य है।

II. F $ D → F > D → as D ≤ R = F → D ≤ F, इसलिए असत्य है।

III. T © R → T < R → as R = F > T → R > T, इसलिए सत्य है।

यहाँ निष्कर्ष I और II पूरक जोड़ी बनाते हैं।

इसलिए, या तो निष्कर्ष I या II और निष्कर्ष III सही है।

अतः विकल्प (E) सही है।

18. दिए हुए कथन: N @ D, D ★ K, K $ A

बदलने पर: N ≥ D, D ≤ K, K > A

जोड़ने पर: N ≥ D ≤ K > A

निष्कर्ष:

I. K @ N → K ≥ N → as N ≥ D ≤ K → और N के बीच स्पष्ट संबंध स्थापित नहीं किया जा सकता, इसलिए असत्य है।

II. A © D → A < D → as D ≤ K > A → A और D, के बीच स्पष्ट संबंध स्थापित नहीं किया जा सकता, इसलिए असत्य है।

III. N $ A → N > A → as N ≥ D ≤ K > A → N और A, के बीच स्पष्ट संबंध स्थापित नहीं किया जा सकता, इसलिए असत्य है।

स्पष्टतः कोई भी निष्कर्ष सही नहीं हैं।

अतः विकल्प (A) सही है।

19. दिए गये कथन: K @ T, T $ N, N © R

बदलने पर: K ≥ T, T > N, N < R

जोड़ने पर: K ≥ T > N < R

निष्कर्ष:

I. R $ K → R > K → as K ≥ T > N < R → K > N < R → R और K, के बीच स्पष्ट संबंध स्थापित नहीं किया जा सकता, इसलिए असत्य है।

II. N ★ K → N ≤ K → as K ≥ T > N → K > N, इसलिए असत्य है।

III. K $ N → K > N → as K ≥ T > N → K > N, इसलिए सत्य है।

इसलिए, सिर्फ निष्कर्ष III सही है।

अतः विकल्प (D) सही है।

20. दिए गए कथन: B @ C; C @ A; A @ E; E @ D

B @ C का अर्थ है कि B > C

C @ A का अर्थ है कि C > A

A @ E का अर्थ है कि A > E

E @ D का अर्थ है कि E > D

इसे इस प्रकार संयोजित किया जा सकता है B > C > A > E > D

निष्कर्ष:

I. A # B → A # B का अर्थ A < B → सत्य (चूंकि B > C > A → B > A)

II. E # B → E # B का अर्थ E < B → सत्य (चूंकि B > C > A > E → B > E)

III. E # C → E # C का अर्थ E < C → सत्य (चूंकि C > A > E → C > E)

IV. D # B → D # B का अर्थ D < B → सत्य (चूंकि B > C > A > E > D → B > D)

इसलिए, सभी निष्कर्ष अनुसरण करते हैं।

अतः विकल्प (A) सही है।

21. दिए गए कथन: K @ L; L @ M; M $ N; N # O

K @ L का अर्थ है कि K > L

L @ M का अर्थ है कि L > M

M $ N का अर्थ है कि M = N

N # O का अर्थ है कि N < O

इसे इस प्रकार संयोजित कर सकते हैं K > L > M = N < O

निष्कर्ष:

I. K @ M → K @ M का अर्थ है कि K > M → सत्य (चूंकि K > L > M → K > M)

II. L $ N → L $ N का अर्थ है कि L = N → असत्य (चूंकि L > M = N → L > N)

III. M # O → M # O का अर्थ है कि M < O → सत्य (चूंकि O > N = M → O > M)

IV. L @ O → L @ O का अर्थ है कि L > O → असत्य (चूंकि L > M = N < O → यह संभव है लेकिन निश्चित नहीं है)

इसलिए, केवल कथन I और III अनुसरण करते हैं।

अतः विकल्प (C) सही है।

22. दिए गए कथन: X # Y; Z % W; W $ X; U @ Z

X # Y का अर्थ है कि X < Y

Z % W का अर्थ है कि Z ≥ W

W $ X का अर्थ है कि W = X

U @ Z का अर्थ है कि U > Z

इसे इस प्रकार संयोजित किया जा सकता है U > Z ≥ W = X < Y

निष्कर्ष:

I. Y @ Z → Y @ Z का अर्थ है कि Y > Z → असत्य (चूंकि Z ≥ W = X < Y → संभव लेकिन निश्चित नहीं है)

II. W # U → W # U का अर्थ है कि W < U → सत्य (चूंकि U > Z ≥ W → U > W)

III. X $ U → X $ U का अर्थ है कि X = U → असत्य (चूंकि U > Z ≥ W = X)

IV. Y % U → Y % U का अर्थ है कि Y ≥ U → असत्य (चूंकि U > Z ≥ W = X < Y)

इसलिए, केवल कथन II अनुसरण करता है।

अतः विकल्प (B) सही है।

23. दिए गए कथन: P % Q; R $ Q; S @ R; T # S

P % Q का अर्थ है कि P ≥ Q

R $ Q का अर्थ है कि R = Q

S @ R का अर्थ है कि S > R

T # S का अर्थ है कि T < S

इसे इस प्रकार संयोजित किया जा सकता है P ≥ Q = R < S > T

निष्कर्ष:

I. P $ R → P $ R का अर्थ है कि P = R → असत्य (चूंकि P ≥ Q = R → संभव लेकिन निश्चित नहीं है)

II. P @ R → P @ R का अर्थ है कि P > R → असत्य (चूंकि P ≥ Q = R → संभव लेकिन निश्चित नहीं है)

III. Q # S → Q # S का अर्थ है कि Q < S → सत्य (चूंकि Q = R < S → Q < S)

IV. R $ T → R $ T का अर्थ है कि R = T → असत्य (चूंकि R < S > T → R और T के बीच कोई निश्चित संबंध निर्धारित नहीं किया जा सकता है)

यहाँ I और II पूरक जोड़ी हैं। दिए गये कथनों से हम जानते हैं कि P ≥ Q।

अतः या तो P > Q या P = Q। जिसका अर्थ यह है कि जब I अनुसरण करेगा, तब II अनुसरण नहीं करेगा और या तो इसका विपरीत होगा।

इसलिए, या तो I या II अनुसरण करते हैं।

इसलिए, केवल कथन III और या तो I या II अनुसरण करते हैं।

अतः विकल्प (C) सही है।

24. दिए गए कथन: A @ C; E + D; C $ B; E % A

A @ C का अर्थ A > C है

E + D का अर्थ E ≤ D है

C $ B का अर्थ C – B है

E % A का अर्थ E ≥ A है

इसे इस प्रकार संयोजित कर सकते हैं B = C < A ≤ E ≤ D

निष्कर्ष:

I. C # D → C # D का अर्थ C < D है → सत्य (चूंकि C < A ≤ E ≤ D → C < D)

II. A $ D → A $ D का अर्थ A = D है → असत्य (चूंकि A ≤ E ≤ D → संभव है लेकिन निश्चित नहीं है)

III. A @ D → A @ D का अर्थ A > D है → असत्य (A ≤ E ≤ D)

IV. A # D → A # D का अर्थ A < D है → असत्य (A ≤ E ≤ D → संभव है लेकिन निश्चित नहीं है)

यहाँ II और IV पूरक जोड़ी हैं। दिए गए कथनों के अनुसार हम जानते हैं कि D ≥ A।

इसलिए, या तो D > A या D = A, जिसका का अर्थ है कि जब II अनुसरण करता है, तब IV अनुसरण नहीं करता है और या उसके विपरीत होगा।

इसलिए, या तो II या IV अनुसरण करता है।

इसलिए, केवल निष्कर्ष I और या तो II या IV अनुसरण करते हैं।

अतः विकल्प (B) सही है।

25. दिए गए कथन: A ≤ B ≥ C > D ; A ≥ E = F < G

संयोजन पर: D < C ≤ B ≥ A ≥ E = F < G

I. B > F → असत्य (जैसे B ≥ A ≥ E = F → इस प्रकार A और C के बीच स्पष्ट संबंध निर्धारित नहीं किया जा सकता है)

II. B = F → असत्य (जैसे B ≥ A ≥ E = F → इस प्रकार A और C के बीच स्पष्ट संबंध निर्धारित नहीं किया जा सकता है)

जब हम दोनों कथन यहाँ संयोजित करते हैं तो वे पूरक जोड़ी बन जाते हैं इसलिए उत्तर: या तो I या II सत्य है।

अतः विकल्प (D) सही है।

26. दिया गया कथन: D ≥ X = F ≤ G; Z < X ≥ E

निष्कर्ष:

I. D ≥ Z → असत्य (क्यूंकि D ≥ X और Z < X → D > Z)

II. G ≥ Z → असत्य (क्यूंकि X = F ≤ G और Z < X → G > Z)

इसलिए न तो I और न ही II सत्य है।

अतः विकल्प (D) सही है।

27. दिए गए कथन : T = V < U ≥ X; V ≤ S; H > U

मिलाने पर : T = V < U ≥ X; V ≤ S; H > U

निष्कर्ष:

I. S ≥ T → सत्य (क्यूंकि V ≤ S और T = V → S ≥ T)

II. X < H → सत्य (क्यूंकि H > U और U ≥ X → X < H)

इसलिए I और II दोनों सत्य है।

अतः विकल्प (E) सही है।

Ques (28-30): दी गयी जानकारी के अनुसार:

X				
चिह्न	#	©	&	%	@
अर्थ	<	=	≤	>	≥
Y से					

28. कथन:

L @ M, P # Q, N & L, P % N

L ≥ M, P < Q, N ≤ L, P > N

मिलाने पर: Q > P > N ≤ L ≥ N ≥ M

निष्कर्ष:

I. N @ Q ⇒ N ≥ Q → असत्य (चूँकि Q > P > N → N < Q)

II. M # Q ⇒ M < Q → असत्य (चूँकि Q > P > N ≤ L ≥ N ≥ M → M और
Q के बीच स्पष्ट संबंध निर्धारित नहीं किया जा सकता है)

III. N © M ⇒ N = M → असत्य (चूँकि N ≥ M)

इसलिए, कोई निष्कर्ष सत्य नहीं है।

अतः विकल्प (E) सही है।

29. कथन:

A % B, E & F, D © B, C # D, B & E

→ A > B, E ≤ F, D = B, C < D, B ≤ E

→ A > B = D > C; B ≤ E ≤ F

निष्कर्ष:

I. B & F ⇒ B ≤ F → सत्य (चूँकि B ≤ E ≤ F → B ≤ F)

II. A @ C ⇒ A ≥ C → असत्य (चूँकि A > B = D > C → A > C)

III. F © A ⇒ F = A → असत्य (चूँकि A > B और F ≥ B → A > B ≤ F →
संबंध निर्धारित नहीं किया जा सकता है)

इसलिए, केवल निष्कर्ष I. अनुसरण करता है।

अतः विकल्प (A) सही है।

30. कथन:

R © U, T & V, U % S, R # T

R = U, T ≤ V, U > S, R

मिलाने पर: S < U = R < T ≤ V

निष्कर्ष:

I. S # R ⇒ S < R → सत्य (चूँकि S < U = R → S < R)

II. V % R ⇒ V > R → सत्य (चूँकि R < T ≤ V → R < V)

III. T & S ⇒ T ≤ S → असत्य (चूँकि S < U = R < T → T > S)

इसलिए, निष्कर्ष I. और II. दोनों सत्य हैं।

अतः विकल्प (B) सही है।

Ques (1-2):निर्देश: नीचे दिए गए प्रश्न में तर्क दिए गए हैं। आपको तय करना है कि, निम्नलिखित तर्कों में से कौन से तर्क सबल हैं और कौन से तर्क दुर्बल हैं।

Q.1 कथन:

इंट्रोवर्ट्स (अंतर्मुखियों) के लिए सबसे बड़ी चुनौती अपनी संस्कृति में परायों की तरह महसूस करना है।

तर्क:

I. उनके लिए मिल-जुलकर रहना बहुत ही कठिन काम है।

II. अपने परिवार और दोस्तों के समर्थन से, वे यह कर सकते हैं।

A. सिर्फ तर्क I. सबल है।

B. सिर्फ तर्क II. सबल है।

C. या तो तर्क I. या फिर तर्क II. सबल है।

D. ना तो तर्क I. और ना ही तर्क II. सबल है।

E. तर्क I. और तर्क II. दोनों सबल हैं।

Q.2 कथन:

वन संरक्षण भविष्य की पीढ़ियों के लाभ और स्थिरता के लिए वन क्षेत्रों की योजना बनाने और स्थिरता को बनाए रखने का अभ्यास है। वन संरक्षण में एक जंगल के भीतर प्राकृतिक संसाधनों का रखरखाव सम्मिलित होता है जो मानव और पारिस्थितिकी तंत्र दोनों के लिए फायदेमंद होता है।

निम्नलिखित में से कौन-सा तर्क इस तथ्य को मजबूत करता है कि वनों का संरक्षण किया जाना चाहिए?

तर्क:

I: हम अपने अस्तित्व के लिए जंगलों पर निर्भर हैं, हवा से हम उस पेड़ की सांस लेते हैं जिसका हम उपयोग करते हैं।

II: वन हमें बड़ी संख्या में वाणिज्यिक समग्री प्रदान करते हैं जिनमें लकड़ी, खाद्य पदार्थ, गोंद, रेजिन, फाइबर, लाख, बांस के डिब्बे, चारा, दवा, ड्रग्स और कई अन्य सामान शामिल हैं।

III: वनों को विभिन्न विशेषता ओं के अनुसार वर्गीकृत किया जा सकता है, जिसमें प्रत्येक व्यापक श्रेणी के भीतर होने वाले विशिष्ट वन प्रकार होते हैं।

A. कोई भी मजबूत नहीं है

B. केवल I. और II. मजबूत हैं

C. केवल II. और III. मजबूत हैं

D. केवल I. मजबूत है

E. सभी मजबूत हैं

Ques (3-4):निर्देश: महत्वपूर्ण प्रश्नों के बारे में निर्णय करने के लिए, 'सबल' और 'दुर्बल' तर्कों में फर्क करना जरूरी है। 'सबल' तर्क आवश्यक और प्रश्न से संबंधित है। 'दुर्बल' तर्क कम आवश्यक और प्रश्न से प्रत्यक्ष रूप से संबंधित हो सकते हैं या नहीं हो सकते। निम्न प्रश्न में एक कथन और उसके बाद दो तर्क I. और II. दिए गये हैं। आपको तय करना है कि, निम्नलिखित तर्कों में से कौनसे तर्क सबल हैं और कौनसे तर्क दुर्बल हैं।

Q.3 कथन: वेतन और सार्वजनिक क्षेत्र के उपक्रम के कर्मचारियों की परिलब्धियों को निजी क्षेत्र के लोगों के बराबर कर दिया जाना चाहिए ?

तर्क :

I. हाँ, इससे सार्वजनिक क्षेत्र के उपक्रमों को आकर्षित करने में मदद मिलेगा और सक्षम कार्यबल बनाए रखना होगा।

II. नहीं, सार्वजनिक क्षेत्र के उपक्रमों को निजी क्षेत्र के स्तर पर वेतन का भुगतान करने का जोखिम नहीं उठा सकते हैं।

III. हाँ, अन्यथा सार्वजनिक क्षेत्र के उपक्रम निजी क्षेत्र के संगठनों के साथ प्रतिस्पर्धा करने में सक्षम नहीं होगा।

A. कोई मजबूत नहीं है

B. केवल तर्क III. मजबूत है

C. केवल तर्क I. मजबूत है

D. केवल तर्क II. मजबूत है

E. I. और II. मजबूत हैं

Q.4 कथन:

क्या कॉलेजों को भारत में विश्वविद्यालय का दर्जा दिया जाना चाहिए?

तर्क:

I. हाँ। कॉलेजों में के छात्रों के प्रदर्शन का आकलन करने के लिए बेहतर स्थिति है और इसलिए डिग्री अधिक वैध होगी।

II. नहीं, महाविद्यालयों द्वारा डिग्री प्रदान करने में स्वजन-पक्षपात और भ्रष्टाचार नहीं होगा ऐसा सोचना कुछ ज्यादा ही काल्पनिक होगा।

A. सिर्फ तर्क I. सबल है

B. सिर्फ तर्क II. सबल है।

C. या तो तर्क I. या फिर तर्क II. सबल है।

D. ना तो तर्क I. और ना ही तर्क II. सबल है।

E. तर्क I. और तर्क II. दोनों सबल हैं।

Q.5 निर्देश: नीचे दिए गए प्रश्न में एक कथन के बाद I, II और III अंकित तीन तर्क दिए गए हैं। आपको यह तय करना होगा कि कौन से तर्क 'सबल' तर्क हैं और कौन से 'दुर्बल' तर्क हैं और तदनुसार प्रत्येक प्रश्न के नीचे दिए गए विकल्पों में से अपना उत्तर चुनें।

कथन: रेलवे के फ्लेक्सी-किराया प्रणाली पर एक तगड़ी फटकार लगाते हुए, नियंत्रक एवं महालेखापरीक्षक ने चेतावनी दी है कि इस योजना के कारण यात्री एयरलाइंस को चुनने के लिए मजबूर हो सकते हैं, और साथ ही यह बताया कि राष्ट्रीय परिवाहक पहले से ही अन्य मेल और एक्सप्रेस ट्रेनों में अपनी प्रीमियम ट्रेन संरक्षण खो चुका है। भारत के नियंत्रक एवं महालेखापरीक्षक ने वर्ष के अंत मार्च 2017 के लिए अपनी रिपोर्ट में कहा है कि प्रीमियम ट्रेनों जैसे राजधानी, शताब्दी और दुरोंतो में फ्लेक्सी-किराया प्रणाली की शुरुआत ने इस श्रेणी की गाड़ियों में यात्री कमाई में 552 करोड़ रुपये की बढ़ोतरी की है। 9 सितंबर, 2016 से 31 जुलाई, 2017 के दौरान, 2015-2016 की इसी अवधि की तुलना में लगभग 6.75 लाख कम यात्रियों ने यात्रा की है।

निम्न में से कौन सा तर्क उपर्युक्त कथन को सबसे अच्छे तरीके से कमजोर करता है?

तर्क:

I. प्रीमियम ट्रेनों द्वारा यात्रा के लिए लिये गए किराए और समय की तुलना में, हवाई यात्रा एक सस्ता और बेहतर तरीका बन गया।

II. प्रीमियम ट्रेनों के मार्गों में मेल और एक्सप्रेस ट्रेनों का चलना, महीनों की जांच (अक्टूबर 2016 और फरवरी 2017) के दौरान प्रीमियम ट्रेनों से कहीं अधिक पाया गया। ऐसे में, यात्रियों ने राजधानी, शताब्दी और दुरंतो ट्रेनों की तुलना में मेल और एक्सप्रेस ट्रेनों से यात्रा करना पसंद किया, चाहे उनका यात्रा समय ज्यादा ही क्यों न हो।

III. पूर्ण संख्या के संदर्भ में, प्री-फ्लेक्सी अवधि के दौरान (9 सितंबर, 2015 से 31 जुलाई, 2016) 2.47 करोड़ यात्रियों की तुलना में प्रीमियम ट्रेनों ने पोस्ट-फ्लेक्सी अवधि के दौरान (9 सितंबर, 2016 से 31 जुलाई, 2017) 2.40 करोड़ यात्रियों ने यात्रा की।

A. कोई भी सबल नहीं है।

B. III. और II. को छोड़कर सभी सबल हैं।

C. II. और I. को छोड़कर सभी सबल हैं।

D. केवल II. सबल है।

E. सभी सबल हैं।

Ques (6-9):निर्देश: नीचे दिए गए प्रश्न में एक कथन है, जिसके बाद तर्क I और II दिए गए हैं। आपको यह तय करना है कि कौन सा तर्क एक 'सबल' तर्क है और कौन सा 'दुर्बल' तर्क है।

Q.6 कथन: गणित एक कठिन विषय है। हर कोई गणित में अच्छा नहीं कर सकता।

तर्क I: हाँ। छात्र होते हैं जो विषय से डरते हैं और उसी के लिए उचित व्यक्तिगत सहायता प्राप्त किए बिना प्रदर्शन नहीं कर सकते हैं।

तर्क II: नहीं। गणित एक ऐसा विषय है, जिसे यदि पर्याप्त एकाग्रता और प्रयास में रखा जाए तो आसानी से संचलित किया जा सकता है। किसी भी अन्य विषय की तरह, गणित को भी बिना किसी तनाव के निपटाया जा सकता है।

A. केवल तर्क I सबल है
B. केवल तर्क II सबल है
C. न तो I और न ही II सबल है
D. I और II दोनों सबल हैं
E. या तो I या II सबल है

Q.7 कथन: प्रकृति का संरक्षण एक मुद्दा है जिसे गंभीरता से लिया जाना चाहिए। जबकि विभिन्न देशों की सरकारें प्रकृति के संरक्षण के लिए विभिन्न माध्यमों पर काम कर रही हैं, व्यक्तियों को भी इस दिशा में अपना योगदान देने के लिए आगे आना चाहिए।

तर्क:

I. प्रकृति हमें हवा, पानी, भूमि, धूप और पौधे प्रदान करके जीने की हमारी बुनियादी आवश्यकता को पूरा करती है। इन संसाधनों का उपयोग आगे विभिन्न चीजों के निर्माण के लिए किया जाता है जो जीवन को मानव के लिए अधिक सुविधाजनक और आरामदायक बनाते हैं।

II. संतुलित पर्यावरण सुनिश्चित करने के लिए प्रकृति का संरक्षण महत्वपूर्ण है। हालांकि, दुख की बात है कि कई प्राकृतिक संसाधन तेजी से घट रहे हैं।

A. यदि केवल तर्क I सबल है
B. यदि केवल तर्क II सबल है
C. यदि या तो I या II सबल है
D. यदि न तो I और न ही II सबल है
E. यदि I और II दोनों सबल हैं

Q.8 कथन: क्या भारतीय सेंसर बोर्ड ने भारतीय फिल्मों में महिलाओं को विषयनिष्ठ बनाने और उनका पीछा करने के खिलाफ सख्त नियम बनाने चाहिए?

तर्क:

I. हाँ। भारतीय लोग भारतीय फिल्मों को काफी देखते हैं, लेकिन भारतीय फिल्मों में महिलाओं को विषयनिष्ठ बनाना और उनका पीछा करने जैसी अन्य गतिविधियां भी शामिल हैं।

II. नहीं। नैतिक नियंत्रण नहीं किया जाना चाहिए। एक व्यक्ति को अपने निर्णय खुद लेने चाहिए, और यदि कोई कानून को तोड़ता है, तो उसे उसके कार्यों के अनुसार शासन होना चाहिए।

A. तर्क I और तर्क II दोनों सबल हैं
B. या तो तर्क I या फिर तर्क II सबल है
C. ना तो तर्क I और ना ही तर्क II सबल है
D. सिर्फ तर्क I सबल
E. सिर्फ तर्क II सबल

Q.9 कथन: मैडिसन के दादा-दादी पोर्टफोलियो विविधीकरण के महत्व को नहीं समझते हैं, इसलिए उन्होंने एक ही कंपनी, एनरॉन में अपनी पूरी ज़िंदगी की बचत को निवेश कर दिया।उस कंपनी के दिसंबर 2001 में दिवालिया हो जाने के बाद उन्होंने सब कुछ (उसके सामाजिक सुरक्षा जांचों को छोड़कर) खो दिया।मैडिसन के दादा-दादी ने उपहार के साथ उसे शुभकामना देने के बजाय, मैडिसन के माता-पिता से बार बार मदद मानकर अपनी पोती के लिए रखी संपत्ति का व्यय किया। यदि दादा-दादी ने पोर्टफोलियो विविधीकरण किया होता,तो क्या यह स्थिति उत्पन्न हुई होती?

तर्क:

I. हाँ, यह स्थिति तब भी उत्पन्न होती क्योंकि विश्व को आर्थिक मंदी का सामना करना पड़ रहा है और विविध पोर्टफोलियो के साथ भी कई निवेशक अपना पैसा खो चुके हैं।

II. नहीं, यह स्थिति नहीं हुई होती क्योंकि वे अपने अन्य कुछ निवेशों को निकाल सकते थे और पैसों के लिए मैडिसन के माता-पिता पर निर्भर नहीं होते।

A. केवल तर्क I सबल है
B. केवल तर्क II सबल है
C. या तो तर्क I या II सबल है
D. ना तो तर्क I नाही II सबल है
E. तर्क I और II दोनों सबल हैं

Ques (10-11):निर्देश: एक कथन के बाद दो तर्क I और II दिए जाते हैं। आपको कथन को सत्य मानना है, भले ही यह सामान्य रूप से ज्ञात तथ्यों से भिन्न हों। तर्क कथन के अनुकूल या प्रतिकूल हो सकता है। एक तर्क को "सबल" कहा जा सकता है यदि वह दिए गए कथन के लिए अपने इच्छित उद्देश्य के अनुकूल या प्रतिकूल हो। आपको यह तय करना होगा कि उपरोक्त कथन के संबंध में कौन सा तर्क सबल है।

Q.10 कथन: पाठ्यपुस्तकों में अभ्यास की तुलना में अवधारणा स्पष्टीकरण के लिए अधिक पृष्ठ आवंटित होने चाहिए।

तर्क:

I. हाँ। शिक्षण के दौरान किसी भी चीज की अवधारणा को स्पष्ट करना प्राथमिकता होनी चाहिए।

II. नहीं। स्पष्टीकरण ज्यादातर विषय के शिक्षक पर निर्भर है और पुस्तक को अभ्यास के लिए पर्याप्त अभ्यास प्रदान करना चाहिए।

A. केवल तर्क I सबल है
B. केवल तर्क II सबल है
C. या तो I या II सबल है
D. न तो I और न ही II सबल है
E. I और II दोनों सबल हैं

Q.11 कथन: पेड़ों की कटाई पर तत्काल स्थायी प्रतिबंध होना चाहिए।

तर्क:

I. हाँ। इस कदम से पारिस्थितिकी तंत्र में संतुलन बहाल होगा।

II. नहीं। इस कठोर कदम के बाद लकड़ी पर आधारित उद्योगों को भारी नुकसान होगा।

A. केवल तर्क I सबल है
B. केवल तर्क II सबल है
C. या तो I या II सबल है
D. न तो I और न ही II सबल है
E. I और II दोनों सबल हैं

Ques (12-13):निर्देश: नीचे दिए गए प्रश्न में एक कथन है, उसके बाद तीन तर्क I, II और III हैं। आपको यह तय करना होगा कि कौन से तर्क 'सबल' तर्क हैं और कौन से तर्क 'दुर्बल' तर्क हैं और तदनुसार प्रत्येक प्रश्न के नीचे दिए गए विकल्पों में से अपना उत्तर चुनिए।

Q.12 कथन: स्थानान्तरण कृषि, जिसे लोकप्रिय रूप से "झूम खेती" के रूप में जाना जाता है, एक ऐसी कृषि पद्धति है, जिसमें किसान भूमि के चप्पे को (कई बार जंगलों को काटकर) साफ करते हैं और अपने परिवार के पालन-पोषण के लिए अनाज और अन्य खाद्य फसलों का उत्पादन करते हैं। जब मिट्टी की उर्वरता कम हो जाती है, तो किसान स्थानान्तरण करते हैं और खेती के लिए भूमि के एक नए चप्पे को साफ़ कर देते हैं। इसे "काट एवं दाह" कृषि भी कहा जाता है और यह भारत के कई हिस्सों में प्रचलित है। क्या भारत में झूम खेती का चलन बंद होना चाहिए?

तर्क:

I. हाँ। इसका प्रतिकूल पर्यावरणीय और पारिस्थितिक प्रभाव है।

II. नहीं। इस प्रकार का स्थानांतरण प्रकृति को मिट्टी की उर्वरता की पुनः पूर्ति की अनुमति देता है।

III. नहीं। खेती के आधुनिक तरीके महंगे हैं।

A. केवल I और II सबल हैं
B. केवल II और III सबल हैं
C. केवल I सबल है
D. केवल II सबल है
E. सभी तर्क सबल हैं

Q.13 कथन:

अल्पसंख्यक वर्ग से संबंधित ऑस्ट्रेलिया के दो निवासियों पर न्यू साउथ वेल्स के पूर्वी हिस्से में झाड़ी-आग लगाने का आरोप लगाया गया है, जिसे स्थानीय लोगों द्वारा देखा गया था और इसने अपने समुदाय के अन्य सदस्यों को धर्म के इस कृत्य के लिए धर्म से जोड़ने के खिलाफ विरोध करने के लिए प्रेरित किया। हालाँकि, जनता धार्मिक आलोचना का बचाव कर रही है, क्योंकि दोनों आरोपी पूरी तरह से अलग क्षेत्र के थे और जिस क्षेत्र में उन्होंने आग लगाई थी, उसमें मूल ऑस्ट्रेलियाई लोगों का वर्चस्व था।

निम्नलिखित में से कौन सा तर्क धार्मिक आलोचना पर जनता की रक्षा को सबल करता है?

तर्क:

I. दोनों आरोपी द्वारा निर्धारित किए गए क्षेत्र में उक्त अल्पसंख्यक वर्ग का कोई निवासी नहीं था।

II. दोनों आरोपी खुद धार्मिक आलोचना के खिलाफ हैं।

III. जिस क्षेत्र में दोनों आरोपी थे, वह केवल अपने ही समुदाय के निवासियों पर हावी था।

A. केवल I और III सबल हैं।
B. केवल II और III सबल हैं।
C. केवल I सबल हैं।
D. सभी सबल हैं।
E. कोई भी सबल नहीं है।

Ques (14-19):निर्देश: नीचे दिए गए प्रश्न में एक कथन है, उसके बाद तीन तर्क I, II और III हैं। आपको यह तय करना होगा कि कौन से तर्क 'सबल' तर्क हैं और कौन से तर्क 'दुर्बल' तर्क हैं और तदनुसार प्रत्येक प्रश्न के नीचे दिए गए विकल्पों में से अपना उत्तर चुनिए।

Q.14 कथन:

केंद्र शासित प्रदेशों में बिजली वितरण कंपनियों (डिस्कॉम) का निजीकरण किया जाएगा, वित्त मंत्री निर्मला सीतारमण ने 16 मई को कहा। उन्होंने 20 लाख करोड़ रुपये के प्रोत्साहन पैकेज के शेयर चार के हिस्से के रूप में घोषणा की, जिसमें कहा गया है कि इस कदम से बिजली डिस्कॉम के उप-इष्टतम प्रदर्शन को संबोधित किया जाएगा।

क्या यह सरकार का अच्छा कदम है?

तर्क:

I. हाँ। इससे बिजली वितरण में परिचालन और वित्तीय दक्षता में सुधार होगा।

II. हाँ। यह डिस्कॉम के कारण सार्वजनिक ऋणग्रस्तता को कम करेगा।

III. नहीं। इससे बिजली की कटौती की बढ़ती घटनाओं को बढ़ावा मिलेगा क्योंकि निजी खिलाड़ी मुख्य रूप से लाभ से प्रेरित हैं।

A. केवल I और II सबल हैं
B. केवल II और III सबल हैं
C. केवल I सबल है
D. केवल II सबल है
E. सभी तर्क सबल हैं

Q.15 कथन:

केंद्रीय मंत्रिमंडल ने बैंक चूककर्ताओं के लिए दिवालिया और दिवालिया संहिता (आईबीसी) की कार्यवाही को छह महीने के लिए स्थगित करने के प्रस्ताव को मंजूरी दे दी है, जिसमें एक वर्ष तक की अवधि बढ़ाने का प्रावधान है। यह 25 मार्च, 2020 के बाद एनपीए (गैर-निष्पादित

परिसंपत्तियों) के लिए लागू होगा। इसके साथ ही, आईबीसी के तहत चूक की परिभाषा से कोविड-19 संबंधित ऋण/चूक का बहिष्कार है।

क्या यह सरकार का अच्छा कदम है?

तर्क:

I. हाँ। इस कदम से कोविड-19 संकट से प्रभावित कई कंपनियों को राहत मिलेगी।

II. नहीं। यह उधारकर्ताओं को अपने ऋण दायित्वों पर चूक करने और समाज में एक खराब साख संस्कृति बनाने के लिए प्रोत्साहित करेगा।

III. नहीं। यह बैंकों की ऋण वसूली पर प्रतिकूल प्रभाव डालेगा और बैंकिंग प्रणाली पर तनाव बढ़ाएगा।

A. केवल I और II सबल हैं
B. केवल I और III सबल हैं
C. केवल II और III सबल हैं
D. केवल I सबल है
E. सभी तर्क सबल हैं

Q.16 कथन:

कोविड महामारी से निपटने के लिए राष्ट्रव्यापी लॉकडाउन ने प्रधान मंत्री जन आरोग्य योजना (पीएमजेएवाई) के तहत अस्पताल में इलाज करवा रहे मरीजों की देखभाल के उपयोग पर एक महत्वपूर्ण नकारात्मक प्रभाव डाला था, जिसमें लॉकडाउन तक पहुंचने वाले महीनों की तुलना में 50% से अधिक के दावों की मात्रा में गिरावट आई। आधिकारिक आंकड़ों के अनुसार, राज्यों और प्रक्रिया प्रकारों में व्यापक भिन्नता देखी गई।

क्या लॉकडाउन को हटा देना चाहिए?

तर्क:

I. हाँ। इससे दावे वापस सामान्य हो जाएंगे।

II. नहीं। हम अभी तक दावों के कम होने के सही कारणों को नहीं जानते हैं और इसका अध्ययन करने की आवश्यकता है।

III. नहीं, इस योजना के तहत सभी कोविड रोगियों का इलाज करना बेहतर है ताकि दावे बढ़ जाएं।

A. केवल I और II सबल हैं
B. केवल II और III सबल हैं
C. केवल I सबल है
D. केवल II सबल है
E. कोई भी तर्क सबल नहीं है

Q.17 कथन:

हाल ही में एक सूचीबद्ध कंपनी एक्सवाईजेड लिमिटेड के प्रबंधन ने अपने कर्मचारियों के निश्चित वेतन घटक को कम करने और उनके वेतन में कर्मचारी स्टॉक विकल्प (ईएसओपी) की हिस्सेदारी बढ़ाने का फैसला किया। यह कंपनी के कर्मचारियों की रैंक और फाइल में लागू किया जाएगा, जिसमें कामगार भी शामिल हैं। कंपनी इस कदम के माध्यम से अधिक से अधिक कर्मचारी भागीदारी सुनिश्चित करना चाहती है।

क्या यह एक्सवाईजेड लिमिटेड द्वारा एक अच्छा कदम है?

तर्क:

I. हाँ, कंपनी का शेयरधारक होना कर्मचारियों को कंपनी के लाभ को बढ़ाने की दिशा में काम करता है।

II. नहीं, कामगार ऐसी नौकरियां नहीं कर रहे हैं जो प्रबंधन की विशेषज्ञता को नियंत्रित करती हैं और निश्चित वेतन उनकी आजीविका का मुख्य स्रोत है।

III. हाँ, यह शेयर बाजार में एक्सवाईजेड लिमिटेड के शेयर की मूल्यों को बढ़ा देगा क्योंकि अधिक कर्मचारी बाजार में शेयरों की खरीद करेंगे।

A. केवल I सबल हैं
B. केवल II सबल हैं
C. केवल I और II सबल हैं
D. केवल I और III सबल हैं
E. सभी I, II और III सबल हैं

Q.18 कथन:

भारत सरकार ने 20 जून 2020 को वीडियो कॉन्फ्रेंसिंग के माध्यम से 'गरीब कल्याण रोज़गार अभियान' नाम से ₹50,000 करोड़ की

ग्रामीण सार्वजनिक रोजगार योजना शुरू की है। इस योजना से उन लाभार्थी श्रमिकों और ग्रामीण नागरिकों को लाभ होगा जो अपने गृह राज्यों में लौट आए हैं। कोविड-19 ने एक ओर प्रवासी श्रमिकों को रोजगार प्रदान किया और दूसरी ओर देश के ग्रामीण क्षेत्रों में बुनियादी ढाँचा तैयार किया।

क्या सरकार द्वारा यह एक अच्छा कदम है?

तर्क:

I. हाँ, घर वापसी के बाद लौटे कई प्रवासी श्रमिकों की आजीविका बुरी तरह प्रभावित हुई है।

II. नहीं, एक बार लॉकडाउन हटा दिए जाने के बाद प्रवासी काम पर नहीं लौटेंगे और सरकार स्थायी नियोक्ता नहीं बन सकती।

III. हाँ, आय में असमानता को कम करने के लिए रोजगार सृजन के साथ-साथ देश में ग्रामीण बुनियादी ढांचे का निर्माण करना आवश्यक है।

- **A.** केवल I और II सबल हैं
- **B.** केवल I और III सबल हैं
- **C.** केवल II और III सबल हैं
- **D.** केवल I सबल है
- **E.** सभी I, II और III सबल हैं

Q.19 कथन: मारुति सुजुकी ने रविवार को घोषणा की, कि कंपनी जुलाई 2020 से घाटे में है। वर्तमान में, कंपनी नुकसान उठा रही है क्योंकि आपूर्ति की तुलना में मांग अधिक है। इस स्थिति से निपटने के लिए, मारुति ने मांग-आपूर्ति अनुपात को दूर करने के लिए चेन्नई में एक नया संयंत्र खोलने का फैसला किया है। हालिया रिपोर्टों के अनुसार, जुलाई में मांग 1,34, 560 इकाइयों की थी लेकिन मारुति ने केवल 85,685 इकाइयों का उत्पादन किया।

क्या यह मांग और आपूर्ति की समस्या को दूर करने में मदद करेगा?

तर्क:

I. हाँ, नया संयंत्र अधिक कुशल होगा और प्रति दिन 1700 इकाई कार का उत्पादन करेगा।

II. हां, चेन्नई संयंत्र चेन्नई के बाहरी इलाके में होगा और कंपनी के राजस्व का एक-तिहाई उत्पादन करेगा।

III. हाँ, चेन्नई में संयंत्र एक महीने में 51,000 (लगभग) इकाइयों का उत्पादन करेगा।

- **A.** सभी सबल हैं
- **B.** केवल I और III सबल हैं
- **C.** केवल I और II सबल हैं
- **D.** केवल III सबल है
- **E.** कोई भी सबल नहीं है

Ques (20-25):निर्देश: प्रश्न में, एक कथन दिया गया है, उसके बाद दो तर्क I और II दिए गए हैं। आपको कथन को सत्य मानना है, भले ही यह सामान्य रूप से ज्ञात तथ्यों से भिन्न हो। आपको तय करना होगा कि दिए गए तर्कों में से कौनसा, तर्क सबल है।

Q.20 कथन: क्या भारत में सभी आयु वर्ग की महिलाओं और लड़कियों के लिए पूरी शिक्षा मुफ्त दी जानी चाहिए?

तर्क I: नहीं, यह हमारे वर्तमान सामाजिक संरचना को कमजोर करेगा।

तर्क II: हाँ, केवल यही तरीका भारतीय महिलाओं के गौरव को पुनः प्राप्त करना है।

- **A.** केवल तर्क I सबल है
- **B.** केवल तर्क II सबल है
- **C.** या तो तर्क I या तर्क II सबल है
- **D.** न तो तर्क I और न ही तर्क II सबल है
- **E.** तर्क I और तर्क II दोनों सबल हैं।

Q.21 कथनः

आजकल कई राज्य अंतर्राज्यीय जल साझा विवाद में उलझे हुए हैं। इनमें से कई विवाद वर्षों से अनसुलझे पड़े हुए हैं। क्या भारत सरकार को सभी जल निकायों का राष्ट्रीयकरण कर देना चाहिये?

तर्क:

I. हाँ। इससे जल का इष्टतम उपयोग हो सकेगा और जो कृषि वर्षा पर निर्भर है, उसमें तेजी से वृद्धि हो सकेगी।

II. हाँ। यह अनेक अन्तर्राज्यीय समस्याओं का एकमात्र समाधान है।

- **A.** तर्क I और तर्क II दोनों सबल हैं
- **B.** केवल तर्क II सबल है
- **C.** न तो तर्क II सबल है और न ही तर्क II
- **D.** केवल तर्क I सबल है
- **E.** या तो तर्क I या तर्क II सबल है

Q.22 कथन: क्या राजनीतिक कार्टूनों को विनियमित किया जाना चाहिए?

तर्क:

I. हाँ, मुक्त अभिव्यक्ति के बहाने, वे विभाजनकारी साबित हो सकते हैं।

II. नहीं, वे प्रमुख सामाजिक मुद्दों, घटनाओं और शक्ति संबंधों में अंतर्दृष्टि प्रदान करने के सर्वोत्तम उपायों में से एक हैं।

- **A.** केवल I सबल है
- **B.** केवल II सबल है
- **C.** दोनों तर्क सबल हैं
- **D.** कोई भी तर्क सबल नहीं है
- **E.** या तो I या II सबल है

Q.23 कथन: क्या राजनीतिक कार्टूनों को विनियमित किया जाना चाहिए?

तर्क:

I. हाँ, मुक्त अभिव्यक्ति के बहाने, वे विभाजनकारी साबित हो सकते हैं।

II. नहीं, वे प्रमुख सामाजिक मुद्दों, घटनाओं और शक्ति संबंधों में अंतर्दृष्टि प्रदान करने के सर्वोत्तम उपायों में से एक हैं।

- **A.** केवल I सबल है
- **B.** केवल II सबल है
- **C.** दोनों तर्क सबल हैं
- **D.** या तो तर्क I या II सबल है
- **E.** कोई भी तर्क सबल नहीं है

Q.24 कथन: क्या प्रतियोगी परीक्षाओं के बजाय पिछले शैक्षणिक प्रदर्शन के आधार पर सरकारी सेवा में भर्ती प्रक्रिया होनी चाहिए?

तर्क:

I. हाँ, यह उन उम्मीदवारों के लिए फायदेमंद होगा जो प्रतियोगी परीक्षाओं का खर्च वहन करने में असमर्थ हैं।

II. नहीं, पिछले शैक्षणिक प्रदर्शन को भर्ती का आधार नहीं बनाया जा सकता क्योंकि विश्वविद्यालयों द्वारा मूल्यांकन में एकरूपता नहीं है।

कौन सा/से तर्क सबल है/हैं?

- **A.** केवल I
- **B.** केवल II
- **C.** न तो I, न ही II
- **D.** I और II दोनों
- **E.** या तो I या II

Q.25 कथन: क्या उन प्रतिष्ठित व्यक्तियों को, जिन्हें अनजाने में अपराध किया उनके साथ विशेष सुलूक किया जाना चाहिए।

तर्क:

I. हां, प्रतिष्ठित व्यक्ति जानबूझकर अपराध नहीं करते हैं।

II. नहीं, यह हमारी नीति है कि कानून के समक्ष हर कोई समान है।

- **A.** यदि केवल तर्क I सबल है
- **B.** यदि केवल तर्क II सबल है
- **C.** यदि या तो I या II सबल है
- **D.** यदि न तो I और न ही II सबल है

E. यदि । और ॥ दोनों सबल हैं

Ques (26-27):निर्देश: दिए गए प्रश्न में एक कथन है, जिसके बाद तीन तर्क ।, ॥ और ॥। दिए गए हैं। आपको यह तय करना है कि कौन सा तर्क 'सबल तर्क' है (हैं) और तदनुसार सही विकल्प का चयन कीजिये।

Q.26 कथन:

क्या भारत में वातित पेय के सेवन पर प्रतिबंध लगा देना चाहिए?

तर्क:

।. हां, लोगों को कुछ बीमारियों के संपर्क में आने के जोखिम को कम करने की केवल यही तरीका है।

॥. नहीं, प्रत्येक व्यक्ति को यह चुनने का अधिकार होना चाहिए कि वह क्या चाहता है।

॥।. नहीं, इसका कोई पुष्ट प्रमाण नहीं है कि ऐसे उत्पादों का मानव शरीर पर प्रतिकूल प्रभाव पड़ता है।

A. केवल । सबल तर्क है   **B.** । और ॥ सबल तर्क हैं

C. केवल ॥। सबल तर्क है   **D.** । और ॥। सबल तर्क हैं

E. सभी सबल हैं

Q.27 कथन: क्या सरकारी अधिकारियों को एक या दो वर्ष के बाद स्थानांतरित किया जाना चाहिए?

तर्क:

।. हाँ, वे स्थानीय लोगों के साथ मित्रवत व्यवहार करते हैं और उनसे प्रभावित भी होते हैं।

॥. नहीं, जब तक उनकी नीतियाँ और योजनाएँ आकार लेना शुरू करती हैं, उन्हें सीखना होगा।

॥।. नहीं, यह बहुत सारी प्रशासनिक अड़चनें पैदा करेगा और बहुत-सी असुविधाओं का कारण बनेगा।

A. केवल तर्क । सबल है

B. दोनों तर्क ॥ और ॥। सबल हैं

C. सभी सबल हैं

D. केवल तर्क । और ॥ सबल हैं

E. केवल तर्क ॥ सबल है

Ques (28-30):निर्देश: नीचे दिए गए प्रश्न में एक कथन है, जिसके बाद तर्क । और ॥ दिए गए हैं। आपको यह तय करना है कि कौन सा तर्क एक 'सबल' तर्क है और कौन सा 'दुर्बल' तर्क है।

Q.28 कथन:

प्लास्टिक बैग पर प्रतिबंध लगना चाहिए।

तर्क:

।. हां, क्योंकि पुन: प्रयोज्य कपड़े की थैलियों के विपरीत, प्लास्टिक की थैलियों को अवक्रमण होने में बहुत लंबा समय लगता है और कई स्वास्थ्य समस्याएं भी पैदा होती हैं।

॥. नहीं, प्लास्टिक की थैलियों को प्रतिबंधित नहीं किया जाना चाहिए क्योंकि वे हमारे जीवन को बहुत आसान बनाते हैं।

A. कोई भी तर्क सबल नहीं है

B. दोनों तर्क सबल हैं

C. केवल तर्क । सबल है

D. केवल तर्क ॥ सबल है

E. न तो । और न ही ॥ सबल है

Q.29 कथन: क्या शिक्षित बेरोजगार युवाओं को सरकार द्वारा "बेरोजगार भत्ता" का भुगतान किया जाना चाहिए।

तर्क:

।. हां, यह उन्हें रोजगार तलाशने या अपने करियर को प्रारंभ करने के लिए कुछ आर्थिक मदद प्रदान करेगा।

॥. नहीं, यह उनकी आजीविका कमाने के लिए कुछ करने की उनकी इच्छा को कम करेगा और इस प्रकार बेरोजगार युवाओं में आलस्य को बढ़ावा देगा।

A. केवल । सबल है

B. केवल ॥ सबल है

C. या तो । या ॥ सबल है

D. । और ॥ दोनों सबल हैं

E. न तो । और न ही ॥ सबल है

Q.30 कथन: क्या सड़कों पर स्पीड ब्रेकर को गैरकानूनी घोषित किया जाना चाहिए?

तर्क I: नहीं, स्पीड ब्रेकर वाहन की गति को कम करने का एक आसान तरीका है।

तर्क II: हाँ, कुछ व्यक्ति रात्रि में स्पीड ब्रेकर नहीं देख पाते हैं।

A. केवल तर्क । सबल है

B. केवल तर्क ॥ सबल है

C. न तो । और न ही ॥ सबल है

D. । और ॥ दोनों सबल हैं

E. या तो । या ॥ सबल है

// स्मार्ट उत्तर पुस्तिका //

| सही उत्तर | उन छात्रों का प्रतिशत जिन्होंने प्रश्नों का सही उत्तर दिया था। | छोड़ दिया | उन छात्रों का प्रतिशत जिन्होंने प्रश्नों को छोड़ दिया था। |

प्रश्न संख्या	उत्तर	सही उत्तर / छोड़ दिया	प्रश्न संख्या	उत्तर	सही उत्तर / छोड़ दिया	प्रश्न संख्या	उत्तर	सही उत्तर / छोड़ दिया	प्रश्न संख्या	उत्तर	सही उत्तर / छोड़ दिया	प्रश्न संख्या	उत्तर	सही उत्तर / छोड़ दिया	प्रश्न संख्या	उत्तर	सही उत्तर / छोड़ दिया	प्रश्न संख्या	उत्तर	सही उत्तर / छोड़ दिया
1	E	55.4 % / 33.35 %	6	D	44.03 % / 42.55 %	11	E	68.01 % / 31.83 %	16	D	56.2 % / 37.66 %	21	D	64.65 % / 32.28 %	26	C	50.44 % / 43.93 %
2	B	63.09 % / 30.46 %	7	E	41.9 % / 57.69 %	12	C	52.35 % / 30.99 %	17	C	59.41 % / 37.83 %	22	A	52.17 % / 46.29 %	27	B	59.77 % / 33.54 %
3	C	67.14 % / 31.52 %	8	D	64.78 % / 34.45 %	13	C	11.91 % / 79.98 %	18	B	20.43 % / 67.62 %	23	C	81.46 % / 16.87 %	28	C	56.4 % / 30.86 %
4	D	48.31 % / 33.65 %	9	B	78.17 % / 17.02 %	14	A	47.82 % / 37.92 %	19	B	66.11 % / 31.09 %	24	B	62.73 % / 32.72 %	29	D	66.01 % / 30.4 %
5	D	29.62 % / 69.6 %	10	E	42.26 % / 52.87 %	15	B	24.84 % / 72.11 %	20	D	63.3 % / 33.29 %	25	B	50.45 % / 45.5 %	30	A	44.02 % / 41.71 %

//संकेत और समाधान//

1. इंट्रोवर्ट्स (अंतर्मुखियों) के लिए सबसे बड़ी चुनौती बाहरी संस्कृतियों की तरह महसूस नहीं करना है, इसलिए उनके लिए मिल-जुलकर रहना बहुत मुश्किल काम है। इसके अलावा, अपने परिवार और दोस्तों के समर्थन से, वे अवरोधों को तोड़ सकते हैं इसलिए, दोनों तर्क सबल हैं।

अतः विकल्प (E) सही है।

2. उपरोक्त गद्यांश हमें वन संरक्षण की अवधारणा के बारे में बताता है। यह विस्तृत करता है कि इसका अभ्यास कैसे किया जाना चाहिए और यह मनुष्यों और पारिस्थितिकी तंत्र के लिए कैसे फायदेमंद है।

पहला तर्क जंगलों पर हमारी निर्भरता के विषय में बात करता है जो हम उस पेड़ से साँस लेते हैं जो हम लकड़ी का उपयोग करते हैं। चूंकि, हम वनों पर बहुत अधिक निर्भर हैं; हमें अपनी भावी पीढ़ियों के लिए इसका संरक्षण करने की आवश्यकता है। इसलिए, तर्क। मजबूत है।

दूसरा तर्क भी मजबूत है क्योंकि यह विभिन्न वाणिज्यिक वस्तुओं के विषय में बात करता है जो जंगलों की पेशकश करते हैं। जंगल हमें बहुत सारी उपयोगी वस्तुएं प्रदान करते हैं। यह उसी के संरक्षण का एक संभावित कारण हो सकता है।इसलिए, तर्क ॥ भी मजबूत है।

अंतिम तर्क में वनों के वर्गीकरण के विषय में उल्लेख किया गया है जो उपरोक्त पूछे गए प्रश्न के लिए प्रासंगिक नहीं है। हमें यह तय करने की आवश्यकता है कि हमें वनों का संरक्षण करना चाहिए या नहीं। यह तीसरे तर्क में उल्लिखित कथन द्वारा तय नहीं किया जा सकता है। इसलिए, यह एक कमजोर तर्क है।

अतः विकल्प (B) सही है।

3. तर्क। मजबूत है क्योंकि कई निजी कंपनियां अभी भी सक्षम कार्यबल को आकर्षित करने के लिए कर्मचारियों के लिए उच्च भुगतान नीति अपना रही हैं।

तर्क ॥ कमजोर है क्योंकि एक कंपनी, चाहे वह सार्वजनिक हो या निजी, को अपने कर्मचारियों को उनके उचित मजदूरी का भुगतान करने के लिए तरीके खोजने की जरूरत होगी क्योंकि सामर्थ्य एक मुद्दा नहीं हो सकता।

तर्क ॥। कमजोर है क्योंकि निजी क्षेत्र की तुलना में वेतन को एक दूसरे के साथ प्रतिस्पर्धा से कोई लेना-देना नहीं है। तर्क महत्वहीन है।

अतः विकल्प (C) सही है।

4. कॉलेज स्तर पर, छात्रों को विश्वविद्यालय परीक्षा में उनके प्रदर्शन के अनुसार मूल्यांकन किया जाता है और किसी भी व्यक्तिगत मानदंड के आधार पर नहीं। इस प्रकार तर्क। अस्पष्ट है। कॉलेज स्तर पर, डिग्री केवल प्रदर्शन के आधार पर दी जाती है, स्वजन-पक्षपात पर नहीं। इस प्रकार तर्क ॥ सही नहीं है।

अतः विकल्प (D) सही है।

5. हम पहले कथन को ध्यान से पढ़ना सुनिश्चित करते हैं और फिर देखते हैं कि हमारे पहले पढ़ने के आधार पर ठीक अनुमान कैसे निकाले जा सकते हैं। अगला कदम विकल्पों में दिए गए कथन पर विचार कर उनका विश्लेषण करना है और फिर यह देखना है कि हमें प्रदान की गई जानकारी / आंकड़े के संबंध में वे प्रासंगिक हैं या नहीं। अंत में, प्रश्न का बारीकी से अध्ययन करना बहुत महत्वपूर्ण है।

इस प्रश्न में बताया गया है कि निम्नलिखित में से कौन सा दिए गए कथन को 'दुर्बल' करता है, इस प्रकार हमें उस विकल्प को खोजना चाहिए जो 'फ्लेक्सी-किराया प्रणाली' के परिचय के साथ एयरलाइंस को न चुनने वाले यात्रियों से सम्बन्धित कथन के विचार को दुर्बल करेगी,या तथ्य यह है कि प्रीमियम रेलवे में यात्रियों की संख्या में पर्याप्त कमी आई है। इसके करीब कोई भी विकल्प उत्तर विकल्प के रूप में चिह्नित किया जा सकता है।

उपरोक्त चरणों के बाद हमें दिए गए कथन और संबंधित प्रश्न का बारीकी से विश्लेषण करना होगा। तर्क (I) को पहले पढ़ने पर खारिज किया जा सकता है क्योंकि यह कथन को कमजोर नहीं करता, बल्कि यह इस विचार को सबल

करता है कि एयरलाइनें फ्लेक्सी-किराया प्रणाली से सस्ती हैं। समान इस आधार पर, तर्क (III) को भी खारिज किया जा सकता है क्योंकि यह दिए गए विचार का समर्थन करता है और महत्वपूर्ण संख्या प्रदान करता है जो यात्रियों की संख्या में कमी को उजागर करता है। चूंकि दोनों कथन उपरोक्त कथन को सबल बनाते हैं, इसलिए उन्हें खारिज किया जा सकता है।

तर्क (II) इस तथ्य पर प्रकाश डालते हुए दिए गए कथन को दुर्बल करता है कि अधिक समय लगने के के बावजूद रेलवे द्वारा यात्रा करने के लिए पसंद किए जाने वाले ट्रेनों में और यात्रियों में वृद्धि हुई है। चूंकि यह इस विचार को दुर्बल करता है कि यात्री, रेलवे के बजाय एयरलाइनों का चयन कर सकते हैं, इस प्रकार, यह सबसे उपयुक्त उत्तर विकल्प है।

अतः विकल्प (D) सही है।

6. हमें पहले कथन को ध्यान से पढ़ने की आवश्यकता है और फिर देखें कि हमारे पहले पढ़ने के आधार पर क्या तात्कालिक निष्कर्ष निकाले जा सकते हैं। अगला कदम विकल्पों में दिए गए तर्कों को देखना है, उनका विश्लेषण करना है और यह देखना है कि क्या वे हमारे द्वारा प्रदान की गई जानकारी/डेटा के संबंध में प्रासंगिक हैं।

कथन विषय गणित के बारे में है और यह सभी के लिए एक कठिन विषय है। आगे दिए गए तर्क अपने तरीके से दोनों सही हैं। पहला तर्क इस कथन के समर्थन में जाता है कि यदि कोई व्यक्तिगत सहायता नहीं है तो गणित को संचालित नहीं किया जा सकता। जबकि दूसरा तर्क इस बात पर है कि यदि सही मात्रा में काम और समर्पण को रखा जाए तो गणित को आसानी से बिना किसी तनाव के निपटाया जा सकता है।

इसलिए, दोनों तर्क सबल हैं।

अतः विकल्प (D) सही है।

7. प्रकृति के संरक्षण का अर्थ है कि वनों, भूमि, जल निकायों का संरक्षण और संसाधनों का संरक्षण, जैसे कि खनिज, ईंधन, प्राकृतिक गैसें आदि। यह सुनिश्चित करने के लिए कि ये सभी प्रचुर मात्रा में उपलब्ध रहें। ऐसे कई तरीके हैं जिनसे आम आदमी प्रकृति के संरक्षण में मदद कर सकता है।

इस प्रकार, । और ॥ दोनों सबल हैं।

अतः विकल्प (E) सही है।

8. तर्क। सबल है।

समय के साथ भारतीय फिल्मों में महिलाओं का विषयीकरण करने और यौन उत्पीड़न के अन्य कृत्यों का आकलन करने का प्रयास किया गया। यह जानते हुए कि समाज में भारतीय फिल्में बहुत व्यापक है, भारतीय कानून के मुताबिक महिलाओं के खिलाफ अपराधों के बारे में लोगों के बीच अज्ञान है, और ये लोग फिल्मों से गलत प्रेरणा लेते हैं। फिल्मों में महिलाओं को विषयनिष्ठ बनाने और उनका पीछा करने के खिलाफ सख्त नियम बनाने से महिलाओं के खिलाफ अपराध कम करने में मदद मिलेगी।

हालांकि तर्क ॥ भी मजबूत है, लेकिन नैतिक नियंत्रण के लिए विरोध को कानून के खिलाफ गतिविधियों को बढ़ावा देने का बहाना नहीं बनाना चाहिए।

इसलिए, तर्क। तर्क ॥ से मजबूत है।

अतः विकल्प (D) सही है।

9. तर्क। सबल नहीं है क्योंकि कथन में यह नहीं कहा गया है कि विश्व आर्थिक मंदी के दौर से गुजर रहा है, लेकिन एक कम्पनी के दिवालिया होने के बारे में कहा गया है।इसके विपरीत, तर्क ॥ अधिक सबल है क्योंकि विविध पोर्टफोलियों के साथ, दादा-दादी वस्तुत: एक ही कंपनी में अपने सभी निवेश नहीं करते और दिवालिया होने के बावजूद भी वह अपने अन्य निवेशों को वापस लेने में सक्षम होते।

अतः विकल्प (B) सही है।

10. यदि छात्र के दिमाग में एक निश्चित विषय के पीछे की अवधारणा स्पष्ट है, तो 'शिक्षण' का लक्ष्य पूरा हो जाता है। इसलिए पहला तर्क सबल है। इसके

अलावा, अधिकांश पाठ्यपुस्तकों का उपयोग कक्षा में किया जाता है जबकि एक शिक्षक मौखिक रूप से विषय की व्याख्या करता है। पाठ्यपुस्तक में अभ्यास की कमी का सामना करने के लिए स्वयं पर सवाल पैदा करने की तुलना में उसके लिए अवधारणा को समझाना आसान हो सकता है। इसलिए, दूसरा तर्क भी सबल है। इसलिए, दोनों तर्क सबल हैं।

अतः विकल्प (E) सही है।

11. हम सभी जानते हैं कि वनों की कटाई ने पारिस्थितिकी तंत्र के संतुलन को बहुत अस्त-व्यस्त कर दिया है। यदि वनों की कटाई पर प्रतिबंध इस संतुलन को बहाल करता है, तो कदम उठाया जाना चाहिए। इसलिए, तर्क I सबल है।

लेकिन तत्काल प्रतिबंध से उन उद्योगों में काम करने वाले कई लोगों के लिए लकड़ी के उद्योगों में गिरावट और आजीविका का नुकसान होगा।

इसलिए, तर्क II सबल है। इसलिए, दोनों तर्क सबल हैं।

अतः विकल्प (E) सही है।

12. यहाँ, प्रश्न यह है कि भारत में झूम खेती का चलन बंद है या नहीं।

तर्क I सबल है। यह उल्लेख किया गया है कि इस चलन के लिए भूमि को साफ करने के लिए जंगलों को कैसे काटा जाता है। इससे वनों की कटाई होगी और अंततः पर्यावरण को नुकसान होगा। इसलिए तर्क I सबल है।

तर्क II में, जबकि यह एक स्थापित तथ्य है कि इस प्रकार की स्थानान्तरण खेती प्रकृति को प्राकृतिक प्रक्रियाओं के माध्यम से मिट्टी की उर्वरता की पुनःपूर्ति की अनुमति देती है, यह संसाधन के अपव्यय, पर्यावरण और पारिस्थितिक प्रभावों और एक ही स्थान पर कृषि की मापनीयता को बाधित करने वाले निरंतर स्थानांतरण स्वरूप के संदर्भ में एक और समस्या पैदा करता है। इसलिए, मिट्टी की उर्वरता बढ़ाने के अन्य तरीकों का पता लगाने के लिए यह अधिक विवेकपूर्ण हो सकता है जैसे कि जैविक उर्वरकों का उपयोग, शून्य बजट प्राकृतिक खेती, आदि, विशेष रूप से जब से सरकार उनमें से कई को सब्सिडी देती है। इसलिए, तर्क II सबल नहीं है।

तर्क III भी सबल नहीं है। यह विवादास्पद विषय है क्योंकि आधुनिक तरीके पहली जगह में महंगे हैं। इसके अलावा, संसाधन के अपव्यय, पर्यावरण और पारिस्थितिक प्रभावों के स्थानान्तरण खेती में शामिल होने पर विचार करते हुए, लागत-लाभ विश्लेषण के परिणाम को आधुनिक तरीकों के पक्ष में झुकाया जा सकता है। इसलिए, तर्क III सबल नहीं है।

अतः विकल्प (C) सही है।

13. जनता की रक्षा को मजबूत किया जाएगा यदि आग स्थापित के पीड़ितों ने उक्त अल्पसंख्यक वर्ग के किसी भी सदस्य को शामिल नहीं किया क्योंकि इससे उन्हें संदेह बढ़ाने अधिक कारण मिलेंगे। इसलिए, तर्क I सबल है।

तर्क II और III अभियुक्तों के पक्ष में हैं, इसलिए वे सबल नहीं हैं।

अतः विकल्प (C) सही है।

14. यहां, यह प्रश्न है कि क्या केंद्र शासित प्रदेशों में डिस्कॉम का निजीकरण एक सही कदम है या नहीं।

तर्क I सबल है क्योंकि यह निजीकरण के फायदों में से एक है। बेहतर दक्षता और उपभोक्ता सेवाओं और बढ़े हुए राजस्व कदम का समर्थन करने के लिए मजबूत कारण हैं।

तर्क II भी सबल है क्योंकि यह कदम के फायदों में से एक को बताता है। यदि निजीकरण सरकारी खजाने पर ऋण के कारण होने वाले तनाव को कम करने में मदद करता है, तो यह एक अच्छा कदम माना जा सकता है।

तर्क III सबल नहीं है। निजीकरण के कारण ग्राहक सेवा की आवश्यकताओं में वृद्धि बिजली की कटौती की वास्तविक घटनाओं में कमी हो सकती है।

इसलिए, केवल तर्क I और II सबल हैं।

अतः विकल्प (A) सही है।

15. यहां, प्रश्न यह है कि क्या दिवाला और दिवालियापन संहिता (आईबीसी) की कार्यवाही को स्थगित करने का प्रस्ताव एक सही कदम है या नहीं।

तर्क I सबल है। स्पष्ट रूप से, बहुत सारी कंपनियाँ कोविड परिदृश्य के कारण आर्थिक तनाव और दबे हुए व्यवसाय का सामना कर रही होंगी और अपने ऋण दायित्वों का भुगतान करने में असमर्थ होंगी। यह कदम ऐसे व्यवसायों को आईबीसी कार्यवाही में घसीटने से रोकेगा।

तर्क II सबल नहीं है। सरकार इन उधारकर्ताओं के ऋणों को एक खराब साख संस्कृति को शुरू करने के लिए नहीं लिख रही है। यह केवल 6-18 महीनों तक आईबीसी कार्यवाही को निलंबित कर रहा है। उधारकर्ता अभी भी अपने ऋण दायित्वों का भुगतान करने के लिए उत्तरदायी हैं।

तर्क III सबल है। आईबीसी को निलंबित करने से बैंकों की ऋण वसूली में आसानी पर प्रतिकूल प्रभाव पड़ेगा और बैंकिंग प्रणाली पर तनाव बढ़ेगा क्योंकि वसूली का तब तक इंतजार करना होगा जब तक निलंबन निरस्त नहीं हो जाता।

इसलिए, केवल तर्क I और III सबल हैं।

अतः विकल्प (B) सही है।

16. यहां, समस्या प्रधानमंत्री आवास योजना (पीएमजेएवाई) लॉकडाउन के बाद के तहत दावों में कमी है।

लेकिन हम इस तथ्य के अलावा कमी के सटीक कारणों को नहीं जानते हैं कि लॉकडाउन के बाद दावे कम हो गए हैं। इसके कई कारण हो सकते हैं। हो सकता है कि अस्पतालों को कोविड-19 की तैयारी या केसों के लिए पहले से ही संसाधित किया गया हो, जिसके परिणामस्वरूप गैर-कोविड-19 मामलों के लिए कम संसाधन हों। संक्रमण फैलने के डर से वे इलाज को अस्वीकार कर सकते थे। या यह हो सकता है कि लोगों को कम अन्य बीमारियां हुई हों। इसलिए, किसी भी निर्णय पर आने से पहले पहले दावों में गिरावट का कारण अध्ययन किया जाना चाहिए। तर्क II यह बताता है और सबल है।

तर्क I एक धारणा है कि लॉकडाउन हटाने से दावे वापस सामान्य हो जाएंगे, जिनकी आवश्यकता नहीं है। इसलिए तर्क I सबल नहीं है।

तर्क III चर्चा के बिंदु से विचलित होता है। पीएमजेएवाई एक बीमा योजना है जो विशिष्ट लोगों को लक्षित करती है और विशिष्ट मानदंड रखती है। इसलिए इस योजना के तहत कोविड से संक्रमित सभी लोगों को कवर करना एक विवेकपूर्ण निर्णय नहीं है। इसलिए, तर्क III भी सबल नहीं है।

इसलिए, केवल तर्क II सबल है।

अतः विकल्प (D) सही है।

17. यहां, समस्या यह है कि कर्मचारियों के मुआवजे में ईएसओपी की हिस्सेदारी बढ़ाने के लिए एक्सवाईजेड लिमिटेड का कदम सही है या नहीं।

तर्क I सबल है। जब कंपनी का लाभ बढ़ता है, तो शेयरधारकों को फायदा होता है और यह कंपनी के लाभ को बढ़ाने के लिए कर्मचारियों के लिए कड़ी मेहनत करने की प्रेरणा के रूप में काम कर सकता है।

तर्क II भी सबल है। कामगार ऐसी नौकरियां नहीं कर रहे हैं जो प्रबंधन की विशेषज्ञता को नियंत्रित करती हैं और इसलिए लाभ पर बहुत अधिक प्रभाव नहीं डालती हैं, लेकिन उनका वेतन सामान्यतः कम होता है और उनकी आजीविका का एक प्रमुख स्रोत बनता है। अतः, कंपनी के कर्मचारियों की रैंक और फाइल में बदलाव को लागू करने का निर्णय, जिसमें कामगार भी शामिल हैं, अच्छा नहीं है।

तर्क III सबल नहीं है। कर्मचारी मुआवजे में ईएसओपी के घटक को बढ़ाना कंपनी के शेयरों के बाजार मूल्य को बढ़ा नहीं सकता क्योंकि उन शेयरों का बाजार में कारोबार नहीं किया जाता है।

इसलिए, केवल तर्क I और II सबल हैं।

अतः विकल्प (C) सही है।

18. यहां, यह समस्या है कि ₹50,000 करोड़ ग्रामीण रोज़गार योजना का नाम 'गरीब कल्याण रोज़गार अभियान' शुरू करना सही कदम है या नहीं।

तर्क I. सबल है। चूंकि यह सरकार द्वारा प्रेरित लॉकडाउन था, जिससे इन लोगों की आजीविका प्रभावित हुई, सरकार इस अवधि में उन्हें रोज़गार देने के लिए बाध्य है।

तर्क II. सबल नहीं है। यह दावा करने के लिए पर्याप्त जानकारी नहीं है कि एक बार लॉकडाउन उठा लेने के बाद प्रवासी श्रमिक अपने मूल कार्य पर नहीं लौटेंगे।

तर्क III. सबल है। आय की असमानता में कमी सरकार के लिए प्राथमिकता होनी चाहिए और यह कदम दो तरह से काम करता है - आय समर्थन और ग्रामीण बुनियादी ढांचा विकास। यह कदम इसे प्राप्त करने में मदद कर सकता है।

इसलिए, केवल तर्क I और III सबल हैं।

अतः विकल्प (B) सही है।

19. तर्क III बिल्कुल तर्क I के समान है। दोनों तर्क एक ही बात कहते हैं कि आपूर्ति-मांग अनुपात बनाए रखा जाएगा।

तर्क II राजस्व के बारे में बात करता है और हम यह निर्धारित नहीं कर सकते हैं कि एक-तिहाई राजस्व कंपनी के नुकसान को दूर करने के लिए पर्याप्त होगा। इस प्रकार, तर्क II रद्द कर दिया जाता है।

इसलिए, केवल I और III सबल हैं।

अतः विकल्प (B) सही है।

20. तर्क I: नहीं, यह हमारी वर्तमान सामाजिक संरचना को कमजोर करेगा।

जैसा कि भारत में अभी भी एशिया में सबसे कम महिला साक्षरता दर है, सभी महिलाओं और लड़कियों को मुफ्त में शिक्षित करना वास्तव में लोगों को उचित शिक्षा देकर समाज में महिलाओं और लड़कियों को सशक्त बनाने के लिए प्रोत्साहित करेगा। इसलिए, तर्क I कमजोर है।

तर्क II: हाँ, केवल यही तरीका भारतीय महिलाओं के गौरव को पुनः प्राप्त करना है।

भारतीय महिलाओं को सशक्त बनाने में शिक्षा एक महत्वपूर्ण भूमिका निभाती है, लेकिन भारतीय महिलाओं के गौरव को फिर से हासिल करने का यही एकमात्र तरीका नहीं है। बेहतर जीवन स्तर, साफ पानी आदि भी भारतीय महिलाओं को सशक्त बनाने में महत्वपूर्ण भूमिका निभाते हैं। इसलिए, तर्क II कमजोर है।

इसलिए, तर्क I और II दोनों कमजोर हैं।

इसलिए, "न तो तर्क I और न ही तर्क II सबल है"।

अतः विकल्प (D) सही है।

21. चूंकि कई राज्य अंतर्राज्यीय जल बंटवारे के विवादों में उलझे हुए हैं, कुछ राज्यों को इष्टतम जल नहीं मिलता है, जिससे कृषि प्रभावित होती है जिसके परिणामस्वरूप कृषि उत्पादकता कम होती है। सभी जल निकायों का राष्ट्रीयकरण करने से, वर्षा पर निर्भर राज्यों की सिंचाई की मुख्य समस्या का समाधान हो जाएगा। केवल तर्क I सबल है।

चूंकि तर्क, सबल उद्देश्य या मकसद के साथ एक सबल कारण नहीं देता है, नदियों के राष्ट्रीयकरण के तर्क पर विचार करना व्यर्थ है।तर्क II सबल नहीं है।

इसलिए, केवल तर्क I सबल है।

अतः विकल्प (D) सही है।

22. कथन में राजनीतिक कार्टूनों को विनियमित करने के विषय में एक सरल प्रश्न है।

तर्क I. सबल है क्योंकि यह अभिव्यक्ति की स्वतंत्रता (एक मौलिक अधिकार) के नाम पर कार्टूनिस्टों को असंतोष और विभाजन को बढ़ावा दे सकता है।

तर्क II. सबल है क्योंकि यह बताता है कि राजनीतिक कार्टून सामाजिक घटनाओं, शक्ति संबंधों आदि पर प्रकाश डालने के सर्वोत्तम उपायों में से एक हैं।

इसलिए, दोनों तर्क सबल हैं।

अतः विकल्प (A) सही है।

23. कथन में राजनीतिक कार्टूनों को विनियमित करने के विषय में एक सरल प्रश्न है।

तर्क I. सबल है क्योंकि यह अभिव्यक्ति की स्वतंत्रता (एक मौलिक अधिकार) के नाम पर कार्टूनिस्टों को असंतोष और विभाजन को बढ़ावा दे सकता है।

तर्क II. सबल है क्योंकि यह बताता है कि राजनीतिक कार्टून सामाजिक घटनाओं, शक्ति संबंधों आदि पर प्रकाश डालने के सर्वोत्तम उपायों में से एक हैं।

इसलिए, दोनों तर्क सबल हैं।

अतः विकल्प (C) सही है।

24. तर्क इस प्रकार है:

स्पष्ट रूप से, प्रतियोगी परीक्षाओं के माध्यम से योग्य उम्मीदवारों का चयन करने की एक नीति को केवल इसकी वजह से होने वाले व्यय के कारण समाप्त नहीं किया जा सकता है। इसलिए, तर्क I एक दुर्बल तर्क है।

इसके अलावा, विभिन्न विश्वविद्यालयों से उत्तीर्ण होने वाले छात्रों का मूल्यांकन अलग-अलग स्वरूप पर किया जाता है और इसमें पक्षपात भी हो सकता है और इसलिए एक सामान्य प्रवेश परीक्षा की आवश्यकता होती है जो उम्मीदवारों की एक समान परीक्षा और मूल्यांकन करती है।

इसलिए, तर्क II एक सबल तर्क है।

अतः विकल्प (B) सही है।

25. यहाँ तर्क निम्न प्रकार अनुसरण करता है:

हम किसी की प्रतिष्ठा के आधार पर उसके अपराध करने के पीछे किसी व्यक्ति के इरादों पर राय नहीं बना सकते हैं। इसलिए, तर्क I एक दुर्बल तर्क और अस्पष्ट है।

हमारे भारत के संविधान के अनुसार,

समानता का अधिकार (अनुच्छेद 14 - 18) - समानता का अधिकार, कानून के समक्ष सभी के समान व्यवहार का प्रावधान करता है, विभिन्न आधारों पर भेदभाव को रोकता है, प्रत्येक को सार्वजनिक रोज़गार के मामलों में समान मानता है, और छुआछूत और उपाधि (जैसे सर, राय बहादुर, आदि) को समाप्त करता है,। इसलिए, तर्क II एक सबल तर्क है और मजबूत है।

अतः विकल्प (B) सही है।

26. अनुसरण किया गया तर्क है:

तर्क I. "केवल" शब्द के कारण एक दुर्बल तर्क है।

तर्क II. भी दुर्बल तर्क है क्योंकि अपने नागरिकों को हानिकारक उत्पादों से बचाना सरकार का कर्तव्य है।

तर्क III. सबल तर्क है क्योंकि किसी उत्पाद को तब तक प्रतिबंधित नहीं किया जाना चाहिए जब तक कि इसके हानिकारक प्रभाव सिद्ध न हो जाएं।

इसलिए, केवल III सबल तर्क है।

अतः विकल्प (C) सही है।

27. I. तर्क सबल नहीं है।

सरकारी अधिकारियों को उनकी तर्कसंगत सोच और उनके जिम्मेदार प्रवृत्ति के लिए परीक्षण के बाद नियुक्त किया जाता है। यह मान लेना गलत होगा कि तर्कसंगत सोच वाले व्यक्ति को स्थानीय लोगों द्वारा प्रभावित किया जाएगा।=

II. तर्क सबल है।

यह सबल है क्योंकि नीतियों और योजनाओं के परिणाम में समय लगता है और यदि उन्हें स्थानांतरित किया जाता है, तो उन्हें नीतियों और योजनाओं को कुशलता से लागू करने के लिए पर्याप्त समय नहीं मिलेगा।

III. तर्क सबल है।

यह सही है कि बहुत सारी प्रशासनिक अड़चनें और बहुत-सी असुविधाएँ पैदा होती हैं क्योंकि बसने में समय लगता है।

इसलिए केवल तर्क II और III सबल हैं।

अतः विकल्प (B) सही है।

28. यहाँ तर्क इस प्रकार है:

पुन: प्रयोज्य कपड़े के बैग जो बहुत कम समय में अवक्रमणीक होते हैं जबकि "जैवनिम्नीकरण" के रूप में परिभाषित प्लास्टिक अणुओं से बना होता है जो स्वाभाविक रूप से टूट सकते हैं, लेकिन इस गिरावट के लिए कोई विशेष समय-सीमा निर्दिष्ट नहीं है - कुछ परिस्थितियों में इसमें कई साल लग सकते हैं जो इसे पर्यावरण के लिए एक गंभीर मुद्दा बनाते हैं।

इसलिए, तर्क I एक सबल तर्क है।

यह एक मान्य तर्क नहीं है कि हमारे आराम और जीवन को आसान बनाने के लिए हम पर्यावरण के खतरों की उपेक्षा करते हैं। तर्क I की तुलना में यह तर्क सबल नहीं है।

इसलिए, तर्क II एक कमजोर तर्क और अस्पष्ट है।

अतः विकल्प (C) सही है।

29. सभी क्षेत्रों में बड़ी संख्या में आवेदकों के कारण रोजगार नहीं पाने वाले युवाओं को भत्ता अवश्य दिया जाना चाहिए ताकि वे अपना भरण-पोषण कर सकें। इसलिए, तर्क I मान्य है।

इस प्रकार का भत्ता उनमें काम करने की भावना को खत्म करेगा और उन्हें निष्क्रिय बना देगा। इसलिए, तर्क II भी मान्य है।

इसलिए, I और II दोनों सबल हैं।

अतः विकल्प (D) सही है।

30. तर्क I: नहीं, स्पीड ब्रेकर वाहन की गति को कम करने का एक आसान तरीका है। यह तर्क सबल है।

स्पीड ब्रेकर वाहन की गति को कम करने का सबसे आसान तरीका है।

तर्क II: हाँ, कुछ व्यक्ति रात्रि में स्पीड ब्रेकर नहीं देख पाते हैं। यह तर्क सबल नहीं है।

लोग रात्रि में स्पीड ब्रेकर नहीं देखते हैं जिससे दुर्घटना हो सकती है और चालक को नुकसान हो सकता है, लेकिन हम स्पीड ब्रेकर को प्रतिबंधित नहीं कर सकते। एहतियाती उपाय किए जा सकते हैं जैसे प्रकाश को प्रतिबिंबित करने के लिए रेडियम का उपयोग करना और रात में दुर्घटनाओं को रोकना या स्ट्रीट लाइट लगाना।

इसलिए, केवल तर्क I सबल है।

अतः विकल्प (A) सही है।

Q.1 निर्देश: नीचे दिए गए प्रश्न में दो कथन दिए गए हैं जिनमें दो निष्कर्ष 1 और 2 हैं। आपको उन कथनों को सत्य मानना है, भले ही वे सामान्यतः ज्ञात तथ्यों से भिन्न प्रतीत होते हों। आपको यह तय करना है कि दिए गए कथनों में से कौन सा निष्कर्ष निश्चित रूप से निकाला जा सकता है और तदनुसार अपने उत्तर अंकित कीजिए।

कथन:

।: रेफ्रिजरेटर होने का मूल कारण भोजन को ठंडा रखना है और इस प्रकार इसकी ताजगी बनाए रखना है।

।।: प्रशीतन के पीछे मूल विचार भोजन में मौजूद जीवाणु की गतिविधि को धीमा करना है।

निष्कर्ष:

1: ठंडा तापमान भोजन के ताजा रहने में मदद करता है।

2: प्रशीतन में भोजन को खराब करने में जीवाणु को अधिक समय लगेगा।

A. या तो निष्कर्ष 1 या 2 अनुसरण करता है

B. केवल निष्कर्ष 1 अनुसरण करता है

C. न तो निष्कर्ष 1 और न ही निष्कर्ष 2 अनुसरण करता है

D. केवल निष्कर्ष 2 अनुसरण करता है

E. निष्कर्ष 1 और निष्कर्ष 2 दोनों अनुसरण करते हैं

Q.2 निर्देश: दो कथनों का अनुसरण दो निष्कर्ष 1 और 2 द्वारा किया जाता है। आपको कथनों को सत्य मानना है, भले ही वे सामान्यतः ज्ञात तथ्यों से भिन्न प्रतीत होते हों। आपको यह तय करना है कि दिए गए कथनों में से कौन सा निष्कर्ष निश्चित रूप से निकाला जा सकता है और तदनुसार अपने उत्तर को अंकित कीजिए।

कथन:

।: विज्ञापन कैसे एक कंपनी लोगों को अपने उत्पादों, सेवाओं या विचारों को खरीदने के लिए प्रोत्साहित करती है।

।।: विभिन्न प्रकार की विज्ञापन तकनीकें हैं जैसे ऑनलाइन, टेलीविज़न विज्ञापन और सिनेमाघरों में विज्ञापन, आदि।

निष्कर्ष:

1: ऑनलाइन विज्ञापन टेलीविज़न विज्ञापनों से बेहतर है।

2: विज्ञापनों का सभी पर सकारात्मक और नकारात्मक दोनों प्रभाव पड़ता है।

A. या तो निष्कर्ष 1 या 2 अनुसरण करता है

B. केवल निष्कर्ष 1 अनुसरण करता है

C. न तो निष्कर्ष 1 और न ही निष्कर्ष 2 अनुसरण करता है

D. केवल निष्कर्ष 2 अनुसरण करता है

E. निष्कर्ष 1 और निष्कर्ष 2 दोनों अनुसरण करते हैं

Q.3 निर्देश: नीचे प्रश्न में तीन कथन और उसके बाद ।, ।। से अंकित तीन निष्कर्ष दिए गये हैं। आपको दिए गये कथनों को सत्य मानना है, भले ही वे ज्ञात तथ्यों से अलग प्रतीत होते हों। सभी निष्कर्षों को पढ़िए और निर्णय कीजिए कि दिये गये निष्कर्षों में से कौनसा/कौनसे निष्कर्ष ज्ञात तथ्यों को नजरंदाज करने पर कथनों का तार्किक रूप से अनुसरण करता है/करते हैं।

कथन:

भारत आज अपने जनसांख्यिकीय लेन-देन की मझधार में है। पिछले 60 वर्षों में, मृत्यु दर में लगभग निरंतर गिरावट आई है; जबकि प्रजनन क्षमता में पिछले 20 वर्षों में गिरावट आई है। परिणाम यह है कि पिछले 50 वर्षों में जनसंख्या में तेजी से वृद्धि हुई है।

निष्कर्ष:

।. भारत इस उम्र में बढ़ती आबादी के साथ समाप्त हो सकता है।

।।. वर्तमान दर पर जनसंख्या वृद्धि के निहितार्थ पर प्रकाश डालते हुए सरकार को मास मीडिया के माध्यम से एक बड़े पैमाने पर शिक्षा कार्यक्रम शुरू करना चाहिए।

A. केवल । अनुसरण करता है

B. केवल ।। अनुसरण करता है

C. उया यो । या ।। अनुसरण करता है

D. ना तो । न ही तो ।। अनुसरण करता है

E. दोनों । और ।। अनुसरण करते है

Ques (4-5):निर्देश: एक कथन और उसके बाद दो निष्कर्ष । और ।। दिए गये हैं। आपको इन कथनों को सही मानना होगा, भले ही वे आमतौर पर ज्ञात तथ्यों से भिन्न प्रतीत होते हों। आपको यह तय करना होगा कि दिया गया कौनसा निष्कर्ष दिए गए कथन का अनुसरण करता है। उसी अनुसार अपना उत्तर चुनिए।

Q.4 कथन:

1. अधिकांश प्रेरक या प्रेरणादायक वक्ता, व्यवसाय सलाहकार भी बन गए हैं।

2. वक्तव्य के पेशे में शुरुआत करना कठिन हो सकता है, लेकिन एक बार जब आप करते हैं, तो यह एक आकर्षक व्यवसाय हो सकता है।

निष्कर्ष:

।: कई प्रेरक वक्ता, व्यवसाय क्षेत्र से संबंधित कौशल सीखते हैं।

।।: प्रेरक वक्ता अपने दर्शकों से सम्मान प्राप्त करते हैं।

A. केवल निष्कर्ष । अनुसरण करता है।

B. केवल निष्कर्ष ।। अनुसरण करता है।

C. निष्कर्ष । और निष्कर्ष ।। दोनों अनुसरण करते हैं।

D. निष्कर्ष । या निष्कर्ष ।। अनुसरण करता है।

E. न तो निष्कर्ष । और न ही निष्कर्ष ।। अनुसरण करता है।

Q.5 कथन:

1. गैर-भारतीय ब्रांडों के कपड़े की मांग स्वदेशी कपड़ों के ब्रांडों की तुलना में अधिक तेजी से बढ़ रही है।

2. उपर्युक्त गैर-भारतीय ब्रांड अपने उत्पादों की लागत को कम करने के तरीके की तलाश कर रहे हैं।

निष्कर्ष:

।. गैर-भारतीय कपड़ों के ब्रांडों को भारत में अपने उत्पादों का निर्माण करना चाहिए।

।।. स्वदेशी कपड़ों के ब्रांडों का एक नया उत्पाद गैर-भारतीय कपड़ों के उत्पादों की मौजूदा उच्च मांग को कम करेगा।

A. केवल । अनुसरण करता है।

B. केवल ।। अनुसरण करता है।

C. । और ।। दोनों अनुसरण करते हैं।

D. न तो । और न ही ।। अनुसरण करता है।

E. या तो । या ।। अनुसरण करता है।

Ques (6-7):निर्देश: दो कथनों का अनुसरण दो निष्कर्ष 1 और 2 द्वारा किया जाता है। आपको कथनों को सत्य मानना है, भले ही वे सामान्यतः ज्ञात तथ्यों से भिन्न प्रतीत होते हों। आपको यह तय करना है कि दिए गए कथनों में से कौन सा निष्कर्ष निश्चित रूप से निकाला जा सकता है और तदनुसार अपने उत्तर को अंकित कीजिए।

Q.6 कथन:

।: पहला रॉकेट जो अंतरिक्ष में जाने के लिए काफी ऊंची उड़ान भर सकता था, वह V2 मिसाइल थी जिसे पहली बार जर्मनी ने 1942 में प्रक्षेपित किया था।

॥: एक लॉन्चपैड में एक रॉकेट इंजन फायरिंग से दहन अस्थिरता और अन्य गड़बड़ी का सामना करना पड़ सकता है जो फायरिंग के दौरान लॉन्च पैड से निकलता है।

निष्कर्ष:

1: वैमानिकी विज्ञान या कला है जिसमें वायु उड़ान सक्षम मशीनों के अध्ययन, रूपरेखा और निर्माण और वायुमंडल के भीतर संचालन करने वाले विमानों और रॉकेटों की तकनीक शामिल है।

2: रॉकेट प्रक्षेपण परियोजनाओं पर काम करने में जोखिम शामिल है।

A. या तो निष्कर्ष 1 या 2 अनुसरण करता है
B. केवल निष्कर्ष 1 अनुसरण करता है
C. न तो निष्कर्ष 1 और न ही निष्कर्ष 2 अनुसरण करता है
D. केवल निष्कर्ष 2 अनुसरण करता है
E. निष्कर्ष 1 और निष्कर्ष 2 दोनों अनुसरण करते हैं

Q.7 कथन:

।: नियमित शारीरिक गतिविधि आपकी मांसपेशियों की ताकत में सुधार कर सकती है और आपके धीरज को बढ़ा सकती है।

॥: व्यायाम आपके ऊतकों को ऑक्सीजन और पोषक तत्व पहुँचाता है और आपके हृदय प्रणाली को अधिक कुशलता से काम करने में मदद करता है।

निष्कर्ष:

1: व्यायाम हृदय रोगों के जोखिम को कम करने में मदद करता है।

2: व्यायाम के दौरान, आपका शरीर उन रसायनों को छोड़ता है जो आपकी मनोदशा को बेहतर कर सकते हैं और आपको अधिक आराम का अनुभव करा सकते हैं।

A. या तो निष्कर्ष 1 या 2 इस प्रकार है
B. केवल निष्कर्ष 1 अनुसरण करता है
C. न तो निष्कर्ष 1 और न ही निष्कर्ष 2 अनुसरण करता है
D. केवल निष्कर्ष 2 अनुसरण करता है
E. निष्कर्ष 1 और निष्कर्ष 2 दोनों अनुसरण करते हैं

Q.8 निर्देश: निम्नलिखित प्रत्येक प्रश्न में कथन के बाद । और ॥ से अंकित दो निष्कर्ष दिए गए हैं। आपको कथन को सत्य मानना है, भले ही यह सामान्य रूप से ज्ञात तथ्यों से अलग प्रतीत होता है। आपको यह तय करना है कि दिए गए निष्कर्षों में से कौन-सा निष्कर्ष निश्चित रूप से कथन से निकाला जा सकता है।

कथन: भारत में बैंकिंग प्रणाली के चार स्तर हैं: (a) अनुसूचित वाणिज्यिक बैंक, (b) क्षेत्रीय ग्रामीण बैंक, (c) सहकारी बैंक, (d) भुगतान बैंक और छोटे वित्त बैंक।

निष्कर्ष:

।. अनुसूचित वाणिज्यिक बैंक भारत की बैंकिंग प्रणाली की सबसे महत्वपूर्ण श्रेणी हैं।

॥. भारत अपने बैंकिंग नेटवर्क का विस्तार करने की योजना बना रहा है।

A. केवल । अनुसरण करता है।
B. केवल ॥ अनुसरण करता है।
C. । और ॥ दोनों अनुसरण करते हैं।
D. न तो । और न ही ॥ अनुसरण करता है।
E. या तो । या ॥ अनुसरण करता है।

Q.9 निर्देश: एक कथन के बाद दो निष्कर्ष । और ॥ दिए गए हैं। आप कथन में दी गई जानकारी को सत्य मानिए और निश्चय कीजिए कि कौन-सा निष्कर्ष कथन का तार्किक रूप से अनुसरण करता है।

कथन: विशेष रूप से रात्रि में, बेडरूम में पौधों को रखना अस्वास्थ्यकर होता है। उस समय के दौरान उत्पन्न कार्बन डाइऑक्साइड की अधिकता के कारण, यह घुटन का कारण बन सकता है।

निष्कर्ष:

।: हमें घर में पौधे नहीं उगाने चाहिए।

॥: पौधों को बाहरी स्थानों जैसे खिड़कियों या बालकनी में रखा जाना चाहिए।

A. केवल । अनुसरण करता है
B. केवल ॥ अनुसरण करता है
C. । और ॥ दोनों अनुसरण करते हैं
D. न तो । और न ही ॥ अनुसरण करता है
E. या तो । या ॥ अनुसरण करता है

Q.10 निर्देश: निम्न प्रश्न में दो कथन और उसके बाद 1 और 2 से अंकित दो निष्कर्ष दिए गये हैं। आपको दिए गये कथनों को सत्य मानना है, भले ही वे ज्ञात तथ्यों से अलग प्रतीत होते हों। सभी निष्कर्षों को पढ़िए और फिर निर्णय कीजिए कि दिये गये निष्कर्षों में से कौन सा निष्कर्ष ज्ञात तथ्यों को नजरअंदाज करने पर कथनों का तार्किक रूप से अनुसरण करता है।

कथन:

1. अहमदिया समुदाय के तीन सदस्यों को पाकिस्तान के पंजाब प्रांत में मौत की सजा सुनाई गई है, जिन्हें इस्लामिक छंदों के पोस्टर फाड़ते हुए पकड़ा गया है, जिससे इस अल्पसंख्यक संप्रदाय पर बहिष्कार की मांग की गई।

2. बुधवार को प्रधान मंत्री नवाज शरीफ के दामाद मोहम्मद सफदर ने सरकार और सैन्य सेवा की तरफ से अहमदिया समुदाय पर बहिष्कार की मांग की।

निष्कर्ष:

1. अहमदिया समुदाय को पाकिस्तान में सताया जाता है।

2. अहमदिया समुदाय पाकिस्तान में गैर-मुस्लिम माना जाता है।

A. सिर्फ निष्कर्ष 1 सही है
B. सिर्फ निष्कर्ष 2 सही है
C. कोई एक निष्कर्ष सही है
D. कोई निष्कर्ष सही नहीं है
E. दोनों निष्कर्ष सही हैं

Q.11 निर्देश: नीचे दिए गए प्रश्न में, एक कथन और कथन के अनुसार निकाले गए अनुमान दिए गए हैं। कथन में कहे गए तथ्यों को सच मानिए और दिए गए विकल्पों में से सबसे अच्छा संभव निष्कर्ष निकालिए। एक अनुमान को दिए हुए तथ्यों से तार्किक तौर पर निकाला जा सकता है।

कथन: आने वाले दिनों में कई विकासशील देशों में जनसंख्या वृद्धि के साथ घटते संसाधन होंगे।

निष्कर्ष:

।. भविष्य में विकासशील देशों की जनसंख्या में वृद्धि नहीं होगी।

॥. विकासशील देशों की सरकारों को अपने लोगों को जीवन की अच्छी गुणवत्ता प्रदान करने में बहुत मुश्किल होगी।

A. सिर्फ निष्कर्ष । सही है।
B. सिर्फ निष्कर्ष ॥ सही है।
C. या तो । या ॥ सही है।
D. ना तो । न ही ॥ सही है।
E. । और ॥ दोनों सही हैं।

Q.12 निर्देश: दो कथनों का अनुसरण तीन निष्कर्ष ।, ॥ और ॥। द्वारा किया जाता है। आपको कथनों को सही मानना है, भले ही वे आम तौर पर ज्ञात तथ्यों से भिन्न हों। आपको यह तय करना हैं कि दिए गए निष्कर्षों में से कौन से निष्कर्ष निश्चित रूप से दिए गए कथनों से निकाले जा सकते हैं और तदनुसार आप अपना उत्तर इंगित कर सकते हैं।

कथन:

।. हजारों डेयरी किसानों के सोमवार को विरोध प्रदर्शन शुरू करने के बाद महाराष्ट्र में दूध की आपूर्ति बुरी तरह से प्रभावित हुई, जिसमें वे बेहतर मूल्य और 5 रुपये प्रति लीटर की सब्सिडी मांगने के लिए विरोध कर रहें थे। मुंबई, पुणे, नागपुर, नासिक और अन्य सहित प्रमुख शहरों में दूध की आपूर्ति करने वाले टैंकरों को सुबह जल्दी अवरुद्ध कर दिया गया जिससे अचानक संकटावस्था उत्पन्न हो गयी थी।

॥. कृषि मंत्रालय ने रेलवे को एक प्रस्ताव पेश किया था जिसमें रेलवे स्टेशनों पर दूध उपलब्ध कराने के लिए कहा था और बैठक में, सूत्रों ने बताया कि

अमूल इंडिया के प्रतिनिधियों ने सुझाव दिया कि राष्ट्रीय ट्रांसपोर्टर डेयरी कंपनियों या सहकारी समितियों को स्टाल मुहैया करा सकता है जहां वे अपने उत्पादों को बेच सकते हैं।

निष्कर्ष:

I. अमूल इंडिया और खाद्य सुरक्षा निकाय FSSAI के प्रतिनिधि महाराष्ट्र में किसानों के आंदोलन की पृष्ठभूमि में डेयरी क्षेत्र के मुद्दों और चिंताओं पर चर्चा करने के इच्छुक हैं, जिसके कारण राज्य में दूध में गंभीर कमी आई है।

II. किसानों के समूह और महाराष्ट्र किसान सभा सब्सिडी के अलावा मक्खन और दूध पाउडर पर GST छूट मांग रहे हैं।

III. रेलवे अपनी खपत को बढ़ावा देने के लिए पूरे देश में रेलवे स्टेशनों पर दूध उपलब्ध कराने की योजना तैयार कर रही है।

A. केवल निष्कर्ष III अनुसरण करता है।
B. केवल निष्कर्ष I अनुसरण करता है।
C. या तो निष्कर्ष III या II अनुसरण करता है।
D. न तो निष्कर्ष I और न ही III अनुसरण करता है।
E. दोनों निष्कर्ष I और II अनुसरण करते हैं।

Q.13 निर्देश: एक कथन और उसके बाद I, II और III से अंकित तीन निष्कर्ष दिए गये हैं। आपको दिए गये कथनों को सत्य मानना है, भले ही वे ज्ञात तथ्यों से अलग प्रतीत होते हों। निर्णय कीजिए कि दिये गये निष्कर्षों में से कौन-सा निष्कर्ष कथनों का तार्किक रूप से अनुसरण करता है और तदनुसार अपना उत्तर अंकित कीजिए।

कथन:

रूसी सरकार ने वार्ता में भाग लेने के भारत के फैसले का स्वागत किया। रूसी दूतावास ने गुरुवार को एक बयान में कहा, "हम अफगानिस्तान में शांति प्रक्रिया में भारतीय समर्थन का बहुत सम्मान करते हैं और भारतीय तैयारी और मॉस्को प्रारूप में अन्य साथी देशों का स्वागत करते हैं।"

निष्कर्ष:

I. भारत और रूसी सरकार ने कई शांति वार्ता में भाग लिया है।

II. शांति वार्ता में भागीदारी भारत को रूस और अफगानिस्तान के साथ भविष्य के कारोबार में मदद करने जा रही है।

III. सभी सहयोगी देशों के मजबूत आर्थिक संबंध हैं।

A. केवल I अनुसरण करता है।
B. केवल II अनुसरण करता है।
C. केवल III अनुसरण करता है।
D. एक भी अनुसरण नहीं करता है।
E. सभी अनुसरण करते हैं।

Q.14 निर्देश: निम्न प्रश्न में एक कथन और उसके बाद 1 और 2 से अंकित दो निष्कर्ष दिए गये हैं। आपको दिए गये कथनों को सत्य मानना है, भले ही वे ज्ञात तथ्यों से अलग प्रतीत होते हों। सभी निष्कर्षों को पढ़िए और फिर निर्णय कीजिए कि दिये गये निष्कर्षों में से कौन सा निष्कर्ष ज्ञात तथ्यों को नजरअंदाज करने पर कथनों का तार्किक रूप से अनुसरण करता है।

कथन:

I: भारत में रक्षा क्षेत्र में विदेशी प्रत्यक्ष निवेश का प्रारंभ हो गया है।

II: निजी खिलाड़ियों के पास देश की रक्षा अवसंरचना विकसित करने की बहुत बड़ी क्षमता है।

निष्कर्ष:

1. रक्षा वस्तुओं का निजीकरण राष्ट्रीय सुरक्षा के लिए खतरा है।

2. रक्षा क्षेत्र में बाजारीकरण से विदेशी कंपनियों से भारी निवेश होने के कारण हमारी सैन्य क्षमता को बढ़ाया जा सकता है।

A. या तो निष्कर्ष 1 या 2 सही है।
B. सिर्फ निष्कर्ष 1 सही है।
C. न तो निष्कर्ष 1 न ही निष्कर्ष 2 सही है।
D. सिर्फ निष्कर्ष 2 सही है।
E. दोनों निष्कर्ष 1 और 2 सही हैं।

Q.15 निर्देश: दिए गये प्रश्न में, एक कथन और उसके बाद I. और II से अंकित दो धारणाएँ दी गई हैं। धारणा एक मानी गई बात होती है। आपको दिए गये कथन के आधार पर तय करना है कि, कथन में दी गई धारणाओं में से कौनसी धारणा निहित है।

कथन: जिन आवेदकों के आवेदन पत्र पात्रता मानदंड को पूरा नहीं करते हैं और/या जिन्होंने आवेदन पत्र अंतिम तारीख से पहले प्रस्तुत नहीं किये है, उन को सरसरी तौर पर खारिज कर दिया जाएगा और लिखित परीक्षा के लिए नहीं बुलाया जायेगा।

धारणाएं:

I. जिन्हें लिखित परीक्षा के लिए बुलाया गया है, उन्होंने पात्रता मानदंड को पूरा किया है और आवेदन पत्र अंतिम तारीख से पहले प्रस्तुत किये हैं।

II. लिखित परीक्षा को केवल आवेदनों की जांच के बाद आयोजित किया जाएगा।

A. सिर्फ धारणा I निहित है।
B. सिर्फ धारणा II निहित है।
C. धारणा I और धारणा II इन दोनों में से कोई एक निहित है।
D. ना तो धारणा I और ना ही धारणा II निहित है।
E. धारणा I और धारणा II दोनों निहित है।

Ques (16-17):निर्देश: दिए गये प्रश्न में, एक कथन और उसके बाद दो निष्कर्ष I और II दिए गये हैं। आपको दिए गये कथन को सही मानना है, और उसके बाद दोनों निष्कर्षों पर एक साथ विचार करना है और निश्चय करना है कि, दिए गये कथन के आधार पर तार्किक रूप से उचित संदेह से परे कौन सा निष्कर्ष अनुसरण करता है।

Q.16 कथन: निजी कंपनी ने अपने कर्मचारियों से उनकी आय और संपत्ति को प्रकट करने की मांग की, लेकिन इसके लिए कर्मचारी संघ द्वारा कड़ा विरोध किया गया है और कोई भी कर्मचारी अपनी आय घोषित नहीं करेगा।

निष्कर्ष:

I. इस कंपनी के कर्मचारियों के पास उनके वेतन के अलावा अतिरिक्त अप्रकट आय होने की सम्भावना है।

II. कर्मचारी संघ पहले सभी वरिष्ठ अधिकारियों द्वारा उनकी आय का प्रकटीकरण चाहता है।

A. सिर्फ निष्कर्ष I अनुसरण करता है।
B. सिर्फ निष्कर्ष II अनुसरण करता है।
C. निष्कर्ष I या निष्कर्ष II इन दोनों में से कोई एक अनुसरण करता है।
D. निष्कर्ष I या निष्कर्ष II इन दोनों में से कोई भी निष्कर्ष अनुसरण नहीं करता है।
E. निष्कर्ष I या निष्कर्ष II दोनों अनुसरण करते हैं।

Q.17 कथन: लघु उद्योगों को प्रोत्साहित करने के लिए सरकार प्रत्येक राज्य में नई शुरुआत के लिए आवश्यक सभी आधारभूत संरचनाओं के साथ औद्योगिक रूप से विकसित केंद्रों का निर्माण करती है।

निष्कर्ष:

I. सरकार बड़े उद्योगों की मदद करने के लिए कुछ भी नहीं करती।

II. लघु उद्योगों को प्रोत्साहित किया जाना चाहिए क्योंकि वे अपने दम पर शुरुआत नहीं कर सकते हैं।

A. केवल I निहित है।
B. केवल II निहित है।
C. या तो I या II सही है।
D. न तो I न ही II निहित है।
E. I और II दोनों सही हैं।

Q.18 निर्देश: निम्न प्रत्येक प्रश्न में, एक कथन और उसके बाद I और II से अंकित दो निष्कर्ष दिए गये हैं। आपको दिए गये कथनों को सत्य मानना है, भले ही वे ज्ञात तथ्यों से अलग प्रतीत होते हों। निर्णय कीजिए कि दिये गये निष्कर्षों में से कौन-सा निष्कर्ष कथनों का तार्किक रूप से अनुसरण करता है।

कथन: उत्कृष्ट उम्मीदवारों के मामले में, एम.ए. (समाज-कार्य) के लिए प्रवेश समिति द्वारा सामाजिक कार्य के अनुभव की अनिवार्य शर्त को अस्वीकार कर दिया गया।

निष्कर्ष:

1. एम.ए. (समाज-कार्य) के लिए भर्ती किए गए कुछ छात्रों को सामाजिक कार्य का अनुभव हो सकता है।

2. एम.ए. (समाज-कार्य) के कुछ छात्रों के पास सामाजिक कार्य का पिछला अनुभव नहीं हो सकता है।

A. केवल निष्कर्ष 1 अनुसरण करता है।

B. केवल निष्कर्ष 2 अनुसरण करता है।

C. या तो निष्कर्ष 1 या निष्कर्ष 2 अनुसरण करता है।

D. न तो निष्कर्ष 1 न ही निष्कर्ष 2 अनुसरण करता है।

E. निष्कर्ष 1 और निष्कर्ष 2 दोनों अनुसरण करते हैं।

Q.19 निर्देश: दो कथन के बाद ।, ॥ और ॥। से अंकित तीन निष्कर्ष दिए गये हैं। आपको दिए गये कथनों को सत्य मानना है, भले ही वे ज्ञात तथ्यों से अलग प्रतीत होते हों। निर्णय कीजिए कि दिये गये निष्कर्षों में से कौन-सा/कौन-से निष्कर्ष ज्ञात तथ्यों को नजरअंदाज करने पर कथनों का तार्किक रूप से अनुसरण करता है/करते हैं और उसके अनुसार अपना उत्तर दीजिये।

कथन:

। भारतीय रेलवे विलम्ब और गंदगी के लिए जाना जाता था। इसका कहना था कि जिन यात्रियों को सेवाओं में कोई कमीयाँ होती थीं उनकी उदासीनता को भी उसमें जोड़ें।

॥. ये सभी चीज़ें अब बदल रही हैं। यद्यपि अभी भी बहुत कुछ करना होगा, रेलवे अपने ग्राहकों की आवश्यकताओं को पूरा करने और बेहतर बनाने के लिए अप्रभावित उद्यमी स्थिति की छवि को बदलने में सफल हुआ है।

निष्कर्ष:

1. रेलवे ने उन यात्रियों को टेक्स्ट संदेश भेजने की सेवा शुरू की है जिनकी गाड़ियों में देरी हो रही है या उन गाड़ियों का समय बदला गया है। इस कदम का उद्देश्य प्लेटफार्मों पर भीड़ को कम करना है।

2. रेलवे में पारंपरिक शौचालयों का स्थान जैव-शौचालय ले रहा है। चूंकि मलमूत्र ट्रेन शौचालय के नीचे लगाए गए बक्से में एकत्र हो जाता है, इसलिए यह पटरियों पर नहीं गिरता है। यह पटरियों में जंग लगना रोकता है और उन्हें साफ रखता है। रेलवे शौचालयों के फर्श को भी बदल रहा है जो उन्हें जल्द ही गंदे होने से रोक देगा।

3. बड़ी संख्या में नई ग्राहक सेवाओं ने रेलवे को अधिक ग्राहक उन्मुख बना दिया है।

A. केवल निष्कर्ष 3 अनुसरण करता है।

B. केवल निष्कर्ष 1 अनुसरण करता है।

C. या तो निष्कर्ष 3 या 2 अनुसरण करता है।

D. ना तो निष्कर्ष 1 ना ही 3 अनुसरण करता है।

E. 1 और 2 दोनों निष्कर्ष अनुसरण करते हैं।

Q.20 निर्देश: उस विकल्प का चयन कीजिए जो दिए गए कथनों और निष्कर्षों पर सबसे उपर्युक्त है।

कथन: एकाधिकार प्रतियोगिता की अनुपस्थिति की विशेषता है। ABC कंपनी को पता चलता है कि उसके संचालन प्रतिस्पर्धी उद्योगों में हैं।

निष्कर्ष:

। ABC कंपनी का बाजार एकाधिकार है।

॥. एकाधिकार को बाजार में एक विक्रेता के रूप में परिभाषित किया गया है।

॥। ABC कंपनी एक सार्वजनिक कंपनी है।

IV. ABC कंपनी घाटे में चल रही है।

A. यदि केवल । अनुसरण करता है।

B. यदि केवल ॥ अनुसरण करता है।

C. यदि ॥। और IV दोनों अनुसरण करते हैं।

D. यदि न तो अनुसरण करता है।

E. यदि केवल ॥। अनुसरण करता है।

Q.21 निर्देश: उस विकल्प का चयन कीजिए जो दिए गए कथनों और निष्कर्षों पर सबसे उपर्युक्त है।

कथन: भारत में निर्मित सभी टेलीविजन सेटों में 'सोलर' ब्रांड की सबसे अधिक बिक्री होती है।

निष्कर्ष:

। भारत में निर्मित टेलीविजन सेटों के सभी ब्रांडों की बिक्री की मात्रा ज्ञात है।

॥. भारत में किसी अन्य टेलीविजन सेट का उत्पादन 'सोलर' जितना बड़ा नहीं है।

A. यदि केवल । अनुसरण करता है।

B. यदि केवल ॥ अनुसरण करता है।

C. यदि न तो । और न ही ॥ अनुसरण करता है।

D. यदि । और ॥ दोनों अनुसरण करते हैं।

E. यदि या तो । और ॥ अनुसरण करता है।

Q.22 निर्देश: उस विकल्प का चयन कीजिए जो दिए गए कथनों और निष्कर्षों पर सबसे उपर्युक्त है।

कथन:

टीवी कार्यक्रम, विशेष रूप से महिलाओं के लिए प्रसारित, विभिन्न प्रकार के व्यंजनों और घरेलू संकेतों से भरे होते हैं।

महिलाओं के लिए पत्रिकाओं के एक बड़े हिस्से में ऊपर वर्णित विषयवस्तु भी होती हैं।

निष्कर्ष:

। महिलाओं को अन्य चीजों में कोई दिलचस्पी नहीं है।

॥. महिलाओं के लिए पत्रिकाओं के एक औसत हिस्से में ऊपर वर्णित विषयवस्तु भी होती हैं।

A. केवल । अनुसरण करता है।

B. केवल ॥ अनुसरण करता है।

C. न तो । और न ही ॥ अनुसरण करता है।

D. । और ॥ दोनों अनुसरण करते हैं।

E. या तो । या ॥ अनुसरण करता है।

Q.23 एक स्कूल में, 60% छात्र क्रिकेट खेलते हैं, कोई छात्र जो क्रिकेट नहीं खेलता है, फुटबॉल खेलता है। प्रत्येक फुटबॉल खिलाड़ी को दोपहिया वाहन मिला है। उपरोक्त जानकारी से कौन सा निष्कर्ष नहीं निकाला जा सकता है?

1. 60% छात्रों के पास दोपहिया वाहन नहीं हैं।

2. किसी भी क्रिकेटर के पास दोपहिया वाहन नहीं है।

3. क्रिकेट खिलाड़ी फुटबॉल नहीं खेलते हैं।

नीचे दिए गए कूट का उपयोग करके सही उत्तर का चयन कीजिये:

[UPSC Prelims, 2019]

A. केवल 1 और 2

B. केवल 2 और 3

C. केवल 1 और 3

D. 1, 2 और 3

E. इनमें से कोई नहीं

Q.24 निर्देश: निम्नलिखित कथनों के बाद कुछ निष्कर्ष दिए गए हैं।

कथन:

1. ग्लोबल वार्मिंग के परिणामस्वरूप तापमान में वृद्धि हो रही है।

2. पिघलते ग्लेशियर जल-स्तर की वृद्धि का कारण बनेंगे जो तटीय क्षेत्रों को प्रभावित करेगा।

निष्कर्ष:

। ग्लोबल वार्मिंग का एकमात्र प्रभाव ग्लेशियरों का पिघलना है।

॥. ग्लोबल वार्मिंग तटीय क्षेत्रों में रहने वाले लोगों को प्रभावित करेगा।

A. केवल निष्कर्ष । अनुसरण करता है।

B. केवल निष्कर्ष ॥ अनुसरण करता है।

C. I और II दोनों अनुसरण करते हैं।
D. ना तो I ना ही II अनुसरण करता है।
E. या तो I या II अनुसरण करता है।

Q.25 निर्देश: नीचे कुछ कथन और उनके कुछ निष्कर्ष दिए गए हैं।

कथन:

1. जनता की आपूर्ति हेतु दूध का परीक्षण करने के लिए बहुत सारे प्रयास किए जाते हैं।

2. गायों और भैंसों की अत्यधिक अस्वास्थ्यकर परिस्थिति मे रहने से पैदा होने वाले संक्रमण पर ध्यान देने का कोई प्रयास नहीं किया जाता।

निष्कर्ष:

I. दूध देने वाले जानवरों की सलामती समान रूप से महत्वपूर्ण है।

II. दूध की आपूर्ति करने वाले स्रोत अत्यधिक दूषित रहते हैं।

A. केवल निष्कर्ष I अनुसरण करता है।
B. केवल निष्कर्ष II अनुसरण करता है।
C. I और II दोनों अनुसरण करते हैं।
D. ना तो I ना ही II अनुसरण करता है।
E. या तो I या II अनुसरण करता है।

Q.26 निर्देश: नीचे दिए गए कथनों के आधार पर, अनुसरण करने वाले सर्वोत्तम संभव निष्कर्ष का चयन कीजिए:

कथन: ऑनलाइन कक्षाएं कोविड-19 महामारी के दौरान बच्चों में स्वास्थ्य के मुद्दों जैसे सिरदर्द, आंखों की समस्याओं और तनाव के लिए अग्रणी हैं क्योंकि वे पहले की तुलना में स्क्रीन पर अधिक समय बिता रहे हैं।

निष्कर्ष:

I. कोविड-19 महामारी के दौरान शिक्षक अपने छात्रों को पढ़ाने के लिए आभासी शिक्षण पद्धति अपना रहे हैं।

II. जो बच्चे ऑनलाइन कक्षाओं में भाग नहीं ले रहे हैं, वे किसी भी स्वास्थ्य मुद्दों का सामना नहीं कर रहे हैं।

A. केवल निष्कर्ष I अनुसरण करता है।
B. केवल निष्कर्ष II अनुसरण करता है।
C. I और II दोनों निष्कर्ष अनुसरण करते हैं।
D. न तो निष्कर्ष I और न ही II अनुसरण करता है।
E. या तो निष्कर्ष I या II अनुसरण करता है।

Q.27 निर्देश: दिए गए कथनों और निष्कर्षों को ध्यानपूर्वक पढ़िए। कथन में दी गई जानकारी को सत्य मानिए, भले ही वे सामान्यतः ज्ञात तथ्यों से भिन्न प्रतीत होते हैं, चयन कीजिए कि कौन-सा निष्कर्ष तर्कसंगत रूप से तर्कपूर्ण संदेह से परे कथन का अनुसरण करता है।

कथन: आंकड़ों से पता चलता है कि स्नातकोत्तर, स्नातकों की तुलना में 20% अधिक कमाते हैं।

निष्कर्ष:

I. यदि सभी स्नातक, स्नातकोत्तर हो जाते हैं, तो सभी के लिए औसत प्रारंभिक वेतन में 20% की वृद्धि होगी।

II. यदि स्नातकोत्तर का शुल्क, स्नातक के शुल्क के साथ मेल खाता है तो प्रत्येक व्यक्ति स्नातकोत्तर बन जाएगा।

A. केवल निष्कर्ष I अनुसरण करता है।
B. केवल निष्कर्ष II अनुसरण करता है।
C. दोनों निष्कर्ष अनुसरण करते हैं।
D. कोई अनुसरण नहीं करता है।
E. या तो निष्कर्ष I या II अनुसरण करता है।

Q.28 निर्देश: दिए गए कथनों और निष्कर्षों को ध्यानपूर्वक पढ़िए। यह मानते हुए कि कथनों में दी गई जानकारी सत्य है, भले ही वह ज्ञात तथ्यों से अलग प्रतीत होती है, निर्धारित कीजिए कि कौन सा/से निष्कर्ष तर्कसंगत रूप से इन कथनों का अनुसरण करता/करते है/हैं।

कथन:

ग़रीबी, मनुष्य को परिश्रमी बनाती है।

परिश्रमी व्यक्ति ग़रीब नहीं होते हैं।

निष्कर्ष:

I. परिश्रमी होने के लिए व्यक्ति को ग़रीब होना चाहिए।

II. परिश्रम, ग़रीबी हटाने में सहायता करता है।

A. केवल निष्कर्ष II अनुसरण करता है
B. निष्कर्ष I और II दोनों अनुसरण करते हैं
C. केवल निष्कर्ष I अनुसरण करता है
D. निष्कर्ष I और II दोनों अनुसरण नहीं करते हैं
E. या तो निष्कर्ष I या II अनुसरण करता है

Q.29 निर्देश: निम्नलिखित प्रश्न में, दो कथनों के बाद दो निष्कर्ष 1, 2 दिए गए हैं। निष्कर्ष पढ़ें और तय करें कि कौन-सा निष्कर्ष तार्किक रूप से कथन का अनुसरण करता है।

कथन:

सभी नाइट्रोजन अद्वितीय है।

सभी उर्वरक उपयोगी हैं।

निष्कर्ष:

1. कुछ उर्वरक उपयोगी हैं।

2. कुछ उर्वरक नाइट्रोजन हैं।

A. केवल 2 अनुसरण करता है।
B. केवल 1 अनुसरण करता हैं।
C. दोनो 1 और 2 अनुसरण करते हैं।
D. न तो 1 और न 2 अनुसरण करते हैं।
E. या तो 1 या 2 अनुसरण करते हैं।

Q.30 निर्देश: एक कथन दिया गया है, जिसके बाद दो निष्कर्ष I और II दिए गए हैं। आपको कथन को सत्य मानना है, भले ही वह सर्वज्ञात तथ्यों से भिन्न प्रतीत होता हो। आपको तय करना है कि दिए गए निष्कर्षों में से कौन सा निश्चित रूप से दिए गए कथन से निकाला गया है।

कथन: सुबह की सैर सेहत के लिए अच्छी होती है।

निष्कर्ष:

I. सभी स्वस्थ लोग सुबह की सैर पर जाते हैं।

II. शाम की सैर हानिकारक होती है।

A. केवल I अनुसरण करता है।
B. केवल II अनुसरण करता है।
C. I और II दोनों अनुसरण करते हैं।
D. न तो I और न ही II अनुसरण करता है।
E. या तो I या II अनुसरण करता है।

// स्मार्ट उत्तर पुस्तिका //

| सही उत्तर | उन छात्रों का प्रतिशत जिन्होंने प्रश्नों का सही उत्तर दिया था। | | | छोड़ दिया | उन छात्रों का प्रतिशत जिन्होंने प्रश्नों को छोड़ दिया था। |

प्रश्न संख्या	उत्तर	सही उत्तर / छोड़ दिया	प्रश्न संख्या	उत्तर	सही उत्तर / छोड़ दिया	प्रश्न संख्या	उत्तर	सही उत्तर / छोड़ दिया	प्रश्न संख्या	उत्तर	सही उत्तर / छोड़ दिया	प्रश्न संख्या	उत्तर	सही उत्तर / छोड़ दिया	प्रश्न संख्या	उत्तर	सही उत्तर / छोड़ दिया
1	E	46.86 % / 45.84 %	6	D	51.94 % / 47.27 %	11	B	56.3 % / 33.72 %	16	A	66.59 % / 31.18 %	21	A	49.43 % / 33.8 %	26	A	59.08 % / 36.89 %
2	C	88.54 % / 10.92 %	7	B	60.2 % / 30.72 %	12	A	28.1 % / 70.7 %	17	D	57.3 % / 30.81 %	22	B	52.37 % / 45.15 %	27	D	45.1 % / 39.51 %
3	A	16.76 % / 71.74 %	8	D	55.23 % / 40.56 %	13	D	25.0 % / 67.24 %	18	E	54.51 % / 34.78 %	23	D	44.37 % / 42.81 %	28	A	58.09 % / 41.61 %
4	C	59.88 % / 33.8 %	9	B	51.94 % / 32.08 %	14	D	45.49 % / 47.89 %	19	A	12.89 % / 81.47 %	24	B	42.05 % / 32.05 %	29	B	41.33 % / 56.32 %
5	A	69.75 % / 30.08 %	10	A	16.22 % / 75.18 %	15	E	45.91 % / 48.41 %	20	B	64.53 % / 32.04 %	25	C	67.35 % / 31.74 %	30	D	58.48 % / 34.19 %

//संकेत और समाधान//

1. उपरोक्त दो कथनों में प्रशीतन के लाभों का उल्लेख है।

पहला निष्कर्ष इस प्रकार है कि उपरोक्त कथनों में दी गई जानकारी यह कहती है कि प्रशीतन का उद्देश्य भोजन को ठंडा और ताजा रखना है।

इस प्रकार हम यह निष्कर्ष निकाल सकते हैं कि ठंडा तापमान भोजन को अधिक समय तक ताजा रखता है।

इसलिए, निष्कर्ष 1 अनुसरण करता है।

दूसरा निष्कर्ष इस प्रकार है कि दी गई जानकारी से यह निष्कर्ष निकाला जा सकता है कि भोजन को ठंडा करने से जीवाणु की गतिविधि धीमी हो जाएगी और इसलिए, वे भोजन को बहुत जल्द खराब नहीं होने देंगे।

इसलिए, निष्कर्ष 2 अनुसरण करता है।

अतः विकल्प (E) सही है।

2. दी गई जानकारी से हम यह निष्कर्ष निकाल सकते हैं कि कई प्रकार के तरीके हैं जिनसे विज्ञापन हम तक पहुँच सकता है।

पहले निष्कर्ष का अनुसरण नहीं किया जाता है क्योंकि उपरोक्त कथनों में कोई तुलना नहीं की गई है।

इसलिए, निष्कर्ष 1 का अनुसरण नहीं किया जाता है।

दूसरे निष्कर्ष का अनुसरण नहीं किया जाता है क्योंकि विज्ञापनों का प्रभाव ऊपर दी गई जानकारी में नहीं मिलता है।

इस प्रकार, निष्कर्ष 2 का अनुसरण नहीं होता है।

इसलिए, न तो निष्कर्ष 1 और न ही निष्कर्ष 2 अनुसरण करता है।

अतः विकल्प (C) सही है।

3. मृत्यु दर और प्रजनन क्षमता में गिरावट से लोगों की उम्र बढ़ सकती है।

इसलिए, यह निष्कर्ष निकालना सुरक्षित है कि यदि गिरावट जारी रहती है, तो भारत की बढ़ती उम्र की आबादी खत्म हो सकती है।

इस प्रकार, निष्कर्ष। अनुसरण करता है।

निष्कर्ष॥ में कथन कार्रवाई का एक परिणाम है जिसे भारत सरकार को दिए गए हालात के मद्देनजर लेने की आवश्यकता होगी।

इसलिए, इसे दी गई जानकारी के अनुसार एक निष्कर्ष नहीं माना जा सकता है।

इस प्रकार, निष्कर्ष॥ अनुसरण नहीं करता है।

इसलिए, केवल। अनुसरण करता हूं।

अतः विकल्प (A) सही है।

4. दोनों कथन इस तथ्य पर प्रकाश डालते हैं कि आज प्रेरक वक्तव्य सबसे लाभदायक व्यवसाय में से एक हैं। पहला बयान अन्य पेशों की व्याख्या करता है जो वे इन दिनों कर रहे हैं।

दूसरे कथन में कहा गया है कि यह वक्तव्य उद्योग एक आकर्षक व्यवसाय में बदल गया है।

चूंकि कई प्रेरक वक्ता व्यवसाय परामर्श करते हैं, इसलिए यह निष्कर्ष निकालना सुरक्षित है कि वक्तव्य के पेशे के माध्यम से आवश्यक कौशल सीखे जाते हैं।

इसी तरह, दूसरा निष्कर्ष इस तथ्य पर जोर देता है कि सिर्फ मौद्रिक लाभ के अलावा, यह नौकरी बहुत सम्मान भी प्रदान करती है।

यहां, प्रेरक वक्ताओं का उद्देश्य प्रेरणा देना है और इसलिए प्राप्त प्रेरणा वक्ताओं के लिए दर्शकों के दिलों में सम्मान पैदा करती है।

इसलिए, निष्कर्ष॥ अनुसरण करता है।

इसलिए, दोनों निष्कर्ष अनुसरण करते हैं।

अतः विकल्प (C) सही है।

5. कथनों में स्पष्ट रूप से कहा गया है कि गैर-भारतीय ब्रांड लागत को कम रखते हुए बाजार की मांग को पूरा करने का तरीका खोजने की कोशिश कर रहे हैं। इसलिए, भारत में एक विनिर्माण संयंत्र स्थापित करने से आपूर्ति में वृद्धि होगी और साथ ही कपड़ों के उत्पादों के खुदरा मूल्य में कमी आएगी। दूसरा निष्कर्ष उपरोक्त कथनों का पूरी तरह से अनुपालन नहीं करता है क्योंकि स्वदेशी ब्रांडों के उत्पादों की मांग गैर-भारतीय ब्रांडों की तुलना में अधिक नहीं है। यह एक धारणा हो सकती है लेकिन उपरोक्त कथनों के निष्कर्ष के रूप में योग्य नहीं हो सकती है। इसलिए, केवल निष्कर्ष। अनुसरण करता है।

अतः विकल्प (A) सही है।

6. पहला कथन हमें पहले सफल रॉकेट प्रक्षेपण के बारे में जानकारी देता है। लेकिन अगले कथन में यह तथ्य भी सामने आया है कि रॉकेट प्रक्षेपित करने से कई चुनौतियों का सामना करना पड़ सकता है।

उपरोक्त जानकारी को ध्यान में रखते हुए, पहला निष्कर्ष जो रॉकेट और एयर फ़्लाइट सक्षम मशीनों के अध्ययन को परिभाषित करता है, वह दी गई जानकारी का सही निष्कर्ष नहीं हो सकता है।

इसलिए, निष्कर्ष 1 अनुसरण नहीं करता है।

दूसरे निष्कर्ष में उल्लिखित जोखिमों को रॉकेट इंजनों को फायर करते समय सामने आने वाली कठिनाइयों के बारे में दूसरे विवरण में जानकारी से समझा जा सकता है।

इसलिए, निष्कर्ष 2 अनुसरण करता है।

अतः विकल्प (D) सही है।

7. उपरोक्त दो कथनों के अनुसार, व्यायाम स्वास्थ्य के लिए फायदेमंद है। ऊपर दिए गए दो कथनों में किस तरह से यह हमारे लिए फायदेमंद है, इस पर चर्चा की गई है।

पहला निष्कर्ष दिल की बीमारियों के जोखिम को कम करने के बारे में बताता है जो ऊपर दिए गए दूसरे कथन से लिया जा सकता है।

इस प्रकार, निष्कर्ष 1 अनुसरण करता है।

दूसरा निष्कर्ष व्यायाम के ज्ञात लाभों में से एक है। लेकिन इसे कथनों में दी गई जानकारी से नहीं निकाला जा सकता है।

इसलिए, निष्कर्ष 2 का अनुसरण नहीं किया जाता है।

इसलिए, केवल निष्कर्ष 1 अनुसरण करता है।

अतः विकल्प (B) सही है।

8. कथन में कहा गया है कि भारतीय बैंकिंग प्रणाली में कई प्रकार के बैंक हैं जिनमें विभिन्न प्रकार के बैंक शामिल हैं। हालांकि, कथन में श्रेणियों के महत्व पर चर्चा नहीं की गई है। इसलिए, कथन। अनुसरण नहीं करता है।

कथन में भारत के अपने बैंकिंग नेटवर्क के विस्तार की योजनाओं पर चर्चा नहीं की गई है। इस प्रकार, कथन॥ अनुसरण नहीं करता है।

इस प्रकार, "न तो। और न ही॥ अनुसरण करता है" सही उत्तर है।

अतः विकल्प (D) सही है।

9. हमें पहले कथन को ध्यान से पढ़ने की आवश्यकता है और फिर देखते हैं कि हमारे प्रथम पठन के आधार पर क्या तात्कालिक निष्कर्ष निकाले जा सकते हैं। अगला चरण विकल्पों में दिए गए निष्कर्षों को देखना है, उनका विश्लेषण

करना है और यह देखना है कि क्या वे हमारे लिए प्रदान की गई जानकारी / डेटा के संबंध में प्रासंगिक हैं।

यह कथन पौधों की वैज्ञानिक घटना, रात्रि के समय में अतिरिक्त कार्बन डाइऑक्साइड को बाहर निकलने के बारे में बात करता है। दिए गए निष्कर्षों में से, दूसरा निष्कर्ष सही है क्योंकि बढ़ते हुए पौधे निश्चित रूप से स्वस्थ परिवर्तन नहीं करेंगे, लेकिन पौधों के स्थान को बदलना एक प्रभावी बदलाव होगा।

इसलिए, केवल ॥ अनुसरण करता है।

अतः विकल्प (B) सही है।

10. अपने समुदाय के बहिष्कार की मांग करने वाले पोस्टर फाड़ने के लिए किसी को मौत की सजा देना उत्पीड़न दर्शाता है। इसलिए, निष्कर्ष 1 सही है।

लेकिन, दो वाक्यों में दी गई जानकारी के आधार पर, हम निष्कर्ष नहीं निकाल सकते हैं कि अहमदिया समुदाय को पाकिस्तान में गैर-मुस्लिम माना जाता है या नहीं। इसलिए, निष्कर्ष 2 सही नहीं है।

अतः विकल्प (A) सही है।

11. पहला निष्कर्ष का तथ्य, दिए हुए कथन के विरोधी है। इसलिए। निहित नहीं है। ॥ कथन में बताए गए देशों पर पड़े सीधे प्रभाव का उल्लेख है। इस प्रकार, ॥ निहित है। यह स्पष्ट है कि जनसंख्या में वृद्धि और संसाधनों में कमी के कारण सरकार को कठिन समय से गुजरना पड़ेगा।

अतः विकल्प (B) सही है।

12. इस प्रकार के प्रश्न में, निष्कर्ष का विशेष रूप से उल्लेख नहीं किया जाता है। इसे दिए गए कथनों से निकाला जाना चाहिए।

दोनों कथनों से, हम अनुमान लगा सकते हैं कि किसानों के विरोध के कारण महाराष्ट्र बुरी तरह प्रभावित हुआ है और नतीजतन कृषि मंत्रालय रेलवे स्टेशनों पर दूध बूथ स्थापित करने की योजना बना रहा है।

उल्लिखित निष्कर्षों के आधार पर, हम पहले और दूसरे निष्कर्ष को अस्वीकृत कर सकते हैं क्योंकि वे अस्पष्ट हैं। दो कथनों के आधार पर, हम FSSAI और इस तथ्य के बारे में कोई जानकारी नहीं दे सकते कि किसान GST छूट की मांग कर रहे हैं। हम जानते हैं कि वे विरोध कर रहे हैं लेकिन कारण को स्पष्ट रूप से उल्लेख नहीं किया गया है। चूंकि हम इस बात का निष्कर्ष नहीं निकाल सकते हैं जिसका उल्लेख नहीं किया गया है, पहले और दूसरे निष्कर्षों को अस्वीकृत कर दिया जा सकता है।

निष्कर्ष ॥॥ एक बहुत ही सामान्य निष्कर्ष है जिसे दो कथनों में दी गई जानकारी के आधार पर बनाया जा सकता है, इस प्रकार, हम इसे एक उपयुक्त निष्कर्ष के रूप में चिह्नित कर सकते हैं।

अतः विकल्प (A) सही है।

13. I. भारत और रूसी सरकार ने कई शांति वार्ता में भाग लिया है। असत्य, क्योंकि शांति वार्ता में भारत और रूस की पिछली भागीदारी के बारे में कोई उल्लेख नहीं है।

॥. शांति वार्ता में भागीदारी भारत को रूस और अफगानिस्तान के साथ भविष्य के कारोबार में मदद करने जा रही है असत्य, क्योंकि इसमें कोई उल्लेख नहीं है कि शांति वार्ता के कारण व्यवसाय में कोई प्रगति होगी।

॥॥. सभी सहयोगी देशों के मजबूत आर्थिक संबंध हैं। असत्य, क्योंकि सहयोगी देशों के बीच किसी भी प्रकार के संबंधों का कोई उल्लेख नहीं है।

इसलिए, एक भी अनुसरण नहीं करता है, सही उत्तर है।

अतः विकल्प (D) सही है।

14. निष्कर्ष 1 कथन से अप्रासंगिक है। हम रक्षा क्षेत्र में विदेशी निवेश से होने वाली केवल सकारात्मक बातों को देख रहे हैं। इसलिए यह गलत है।

निष्कर्ष 2 एफडीआई की शुरुआत के साथ सैन्य के विकास की संभावना बताता है। यह कथन 1 से सम्बंधित है। इसलिए यह सही है।

अतः विकल्प (D) सही है।

15. लिखित परीक्षा के लिए बुलाए जाने के लिए आवेदक को न्यूनतम पात्रता मानदंड को पूरा करना होगा और अंतिम तिथि से पहले आवेदन जमा करना होगा। इसलिए, निष्कर्ष। अनुसरण करता है।

यह जांचने के लिए कि क्या छात्र ने मानदंडों को पूरा किया है, परीक्षा के लिए छात्रों को बुलाने से पहले आवेदनों की जांच की जाती है। इसलिए, निष्कर्ष॥ अनुसरण करता है।

अतः विकल्प (E) सही है।

16. निष्कर्ष। अनुसरण करता है क्योंकि अगर कर्मचारी अपनी आय और संपत्ति को प्रकट करने के लिए विरोध कर रहे हैं, तो इस का कारण यह होना चाहिए कि उनके पास उनके वेतन के अलावा अतिरिक्त अप्रकट आय है।

निष्कर्ष॥ अनुसरण नहीं करता है, क्योंकि कर्मचारी संघ की मांगों के बारे में कोई उल्लेख नहीं किया गया है।

अतः विकल्प (A) सही है।

17. पहले निष्कर्ष का पालन नहीं किया जा सकता क्योंकि बड़े उद्योगों के बारे में कुछ भी नहीं कहा गया है, न ही यह कहा जा सकता है कि छोटे उद्योग सरकार की मदद के बिना अपने दम पर शुरू नहीं हो सकते हैं, क्योंकि अगर मदद दी जाती है तो यह बढ़ावा, लेकिन कुछ विशेष कौशल से लघु उद्योग को शुरू किया जा सकता है, इसलिए, न तो। न ही ॥ निहित है, यह सही उत्तर है।

अतः विकल्प (D) सही है।

18. कथन के अनुसार, पिछला अनुभव उम्मीदवारों के लिए एक आवश्यक शर्त है, लेकिन उत्कृष्ट उम्मीदवारों के मामले में, इस शर्त को अस्वीकार कर दिया जाएगा।

उत्कृष्ट और औसत दोनों छात्रों के पाठ्यक्रम में भर्ती होने की संभावना है।

इसका अर्थ है कि कुछ उम्मीदवारों को पिछला अनुभव हो सकता है, जबकि कुछ को नहीं। इसलिए, । और ॥ दोनों अनुसरण करते हैं।

अतः विकल्प (E) सही है।

19. इस प्रकार के प्रश्न में, निष्कर्ष का विशेष रूप से उल्लेख नहीं किया जाता है। इसे दिए गए कथनों से अनुमान लगाना होता है।

दोनों कथनों से हम अनुमान लगाते हैं कि रेलवे जो पहले गंदा और विलंब हुआ करता था अब स्वच्छ रेलवे के रूप में अपनी छवि को बेहतर बनाने के लिए बदल रहा है। जैसा कि हम जानते हैं कि रेलवे बदल रहा है (एक स्वच्छ रेलवे की ओर बढ़ रहे हैं) लेकिन हम निश्चित रूप से यह नहीं कह सकते कि ये पहल है या इसे अपनाया गया है या नहीं। चूंकि हमारे पास उसकी कोई गारंटी नहीं है, हम उसे विकल्प चुनाव के रूप में चिह्नित नहीं कर सकते हैं। इसके अलावा, तीसरा निष्कर्ष सामान्य है और बताता है कि तथ्य यह है कि यह ग्राहक उन्मुख होता जा रहा है, क्योंकि रेलवे की सफाई और नई सेवाओं को शुरू करने से केवल यात्रियों को मदद मिलेगी, इस प्रकार, निश्चित रूप से यह निष्कर्ष निकाला जा सकता है।

अतः विकल्प (A) सही है।

20. अनुगमित तर्क है:

दिए गए कथन से, हम यह निष्कर्ष निकाल सकते हैं कि एकाधिकार को बाजार में एक विक्रेता के रूप में परिभाषित किया गया है।

इस प्रकार निष्कर्ष॥ अनुसरण करता है।

ABC कंपनी प्रतिस्पर्धा का सामना कर रही है, इसलिए इसका एकाधिकार नहीं है।

इस प्रकार निष्कर्ष।. अनुसरण नहीं करता है।

कंपनी सार्वजनिक या निजी है या नहीं, इसके बारे में कुछ भी उल्लेख नहीं किया गया है।

इस प्रकार निष्कर्ष।।।. अनुसरण नहीं करता है।

वर्तमान में कंपनी की वित्तीय स्थिति के बारे में कुछ भी उल्लेख नहीं किया गया है। हम अपने आप से कुछ भी नहीं मान सकते हैं।

इस प्रकार निष्कर्ष।V. अनुसरण नहीं करता है।

इसलिए, सही उत्तर है "यदि केवल ।। अनुसरण करता है"।

अतः विकल्प (B) सही है।

21. निम्नलिखित तर्क है:

कथन 'सोलर' ब्रांड के टेलीविजन सेटों की बिक्री की बात करता है। इसलिए यहाँ यह निष्कर्ष निकाला जाता है कि भारत में निर्मित सभी टीवी सेटों की बिक्री ज्ञात है।

इस प्रकार, निष्कर्ष।. अनुसरण करता है।

दूसरा, उत्पादन बिक्री के समानुपातिक नहीं है।

इस प्रकार, निष्कर्ष।।. अनुसरण नहीं करता है।

इसलिए, सही उत्तर है "यदि केवल ।. अनुसरण करता है"।

अतः विकल्प (A) सही है।

22. अनुगमित तर्क है:

निष्कर्ष।. अनुसरण नहीं करता क्योंकि हम निष्कर्ष।. में वर्णित 'अन्य बातों' के बारे में कुछ नहीं जानते हैं।

निष्कर्ष।।. अनुसरण करता है क्योंकि कथनों में यह वर्णित किया गया है कि कार्यक्रम और पत्रिकाएँ रसोई व्यंजनों और घरेलू संकेतों से भरी हुई हैं, इसका अर्थ है कि इन क्षेत्रों में महिलाओं की विशेष रुचि है।

इसलिए, सही उत्तर "केवल ।। अनुसरण करता है" है।

अतः विकल्प (B) सही है।

23. 1. 60% छात्रों के पास दोपहिया वाहन नहीं हैं। (असत्य)

यह उपरोक्त जानकारी से यह निष्कर्ष नहीं निकाला जा सकता है। यह उल्लेख नहीं है कि क्रिकेटर को दो पहिया वाहन मिला है या नहीं। इसके अलावा, यह दिया गया है कि प्रत्येक फुटबॉल खिलाड़ी को एक दो पहिया वाहन मिला है, लेकिन यह केवल 40% छात्र संख्या होगी।

2. किसी भी क्रिकेटर के पास दोपहिया वाहन नहीं है। (असत्य)

यह उपरोक्त जानकारी से यह निष्कर्ष नहीं निकाला जा सकता है। यह उल्लेख नहीं है कि क्रिकेटर को दो पहिया वाहन मिला है या नहीं।

3. क्रिकेट खिलाड़ी फुटबॉल नहीं खेलते हैं। (असत्य)

यह उपरोक्त जानकारी से यह निष्कर्ष नहीं निकाला जा सकता है। क्रिकेटर फुटबॉल खेलते हैं या नहीं, इसका उल्लेख नहीं है।

अतः विकल्प (D) सही है।

24. निष्कर्ष:

।. ग्लोबल वार्मिंग का एकमात्र प्रभाव ग्लेशियरों का पिघलना है। → गलत

ग्लेशियरों का पिघलना ग्लोबल वार्मिंग के प्रभाव में से एक है, लेकिन एकमात्र प्रभाव नहीं है। इसलिए, निष्कर्ष।. अनुसरण नहीं करता है।

।।. ग्लोबल वार्मिंग तटीय क्षेत्रों में रहने वाले लोगों को प्रभावित करेगा।

दिए गए कथनों से, ग्लोबल वार्मिंग के परिणामस्वरूप तापमान में वृद्धि होती है जिसके परिणामस्वरूप ग्लेशियर पिघलते हैं और ग्लेशियरों के पिघलने के परिणामस्वरूप जल-स्तर में वृद्धि होगी, जो तटीय क्षेत्रों को प्रभावित करेगा,

इसलिए, ग्लोबल वार्मिंग तटीय क्षेत्रों में रहने वाले लोगों को प्रभावित करेगा।

इसलिए, निष्कर्ष।। अनुसरण करता है।

इसलिए, सही उत्तर "केवल निष्कर्ष।। अनुसरण करता है" है।

अतः विकल्प (B) सही है।

25. निष्कर्ष।. कथन 2 का अनुसरण करता है।

"गायों और भैंसों की अत्यधिक अस्वास्थ्यकर परिस्थिति मे रहने से' का अर्थ है कि दूध देने वाले जानवरों की सलामती समान रूप से महत्वपूर्ण है।

निष्कर्ष।। कथन 1 का अनुसरण करता है।

जनता की आपूर्ति हेतु दूध का परीक्षण करने के लिए बहुत सारे प्रयास किए जाते हैं का अर्थ है कि दूध की आपूर्ति करने वाले स्रोत अत्यधिक दूषित रहते हैं।

इसलिए, ।. और ।। दोनों अनुसरण करते हैं।

अतः विकल्प (C) सही है।

26. कथन से यह निश्चित है कि कोविड -19 महामारी के दौरान छात्र सीखने के लिए ऑनलाइन कक्षाएं ले रहे हैं, इसलिए यह इस कथन से निष्कर्ष निकाला जा सकता है कि शिक्षक उन्हें ऑनलाइन मोड के माध्यम से पढ़ा रहे हैं। इस प्रकार, निष्कर्ष।. अनुसरण करता है।

कथन ऑनलाइन कक्षाओं के कारण स्क्रीन पर अधिक समय बिताने के कारण बच्चों के स्वास्थ्य के मुद्दों पर जोर देता है, लेकिन उन बच्चों के बारे में कुछ भी उल्लेख नहीं किया जाता है जो ऑनलाइन कक्षाओं में शामिल नहीं होते हैं। इस प्रकार, निष्कर्ष।। अनुसरण नहीं करता है।

इसलिए, केवल निष्कर्ष।. अनुसरण करता है।

अतः विकल्प (A) सही है।

27. निष्कर्ष:

।. यदि सभी स्नातक, स्नातकोत्तर हो जाते हैं, तो सभी के लिए औसत प्रारंभिक वेतन में 20% की वृद्धि होगी।

कथन में कहा गया है कि आंकड़ों के अनुसार स्नातकोत्तर, स्नातकों की तुलना में 20% अधिक कमाते हैं। लेकिन उस कथन में कहीं भी यह उल्लेख नहीं है कि यदि सभी स्नातक, स्नातकोत्तर हो जाते हैं, तो सभी के औसत प्रारंभिक वेतन में 20% की वृद्धि होगी।

इसलिए, निष्कर्ष।. अनुसरण नहीं करता है।

।।. यदि स्नातकोत्तर का शुल्क, स्नातक के शुल्क के साथ मेल खाता है तो प्रत्येक व्यक्ति स्नातकोत्तर बन जाएगा।

कथन में स्नातकोत्तर और स्नातक के शुल्क की तुलना के संबंध में कोई आंकड़े नहीं है।

इसलिए, निष्कर्ष।। अनुसरण नहीं करता है।

इसलिए, सही उत्तर है "कोई भी निष्कर्ष अनुसर्म नहीं करता है"।

अतः विकल्प (D) सही है।

28. दिए गए कथनों से,

गरीबी मनुष्य को मेहनती बनाती है, लेकिन गरीबी अकेला ऐसा कारक नहीं है जो व्यक्ति को मेहनती बनाता है।

इसलिए, निष्कर्ष।. असत्य है।

मेहनती व्यक्ति गरीब नहीं होते हैं, जिसका तात्पर्य है कि कड़ी मेहनत से गरीबी दूर करने में मदद मिलेगी।

चूंकि लगन और कठिन परिश्रम पर्यायवाची हैं, इसलिए निष्कर्ष II सत्य है।

इसलिए, सही उत्तर "केवल निष्कर्ष II अनुसरण करता है" है।

अतः विकल्प (A) सही है।

29. दिए गए कथन के अनुसार:

सभी नाइट्रोजन अद्वितीय है।

सभी उर्वरक उपयोगी हैं।

निष्कर्ष:

1. कुछ उर्वरक उपयोगी होते हैं → जैसे सभी उर्वरक उपयोगी होते हैं, कुछ उर्वरक भी उपयोगी होते हैं। तो, निष्कर्ष I अनुसरण करता है।

2. कुछ उर्वरक नाइट्रोजन हैं → जैसा कि कथनों में उर्वरकों और नाइट्रोजन के बीच कोई जानकारी नहीं दी गई है। तो, निष्कर्ष II अनुसरण नहीं करता है।

अतः विकल्प (B) सही है।

30. दिया गया कथन:

सुबह की सैर सेहत के लिए अच्छी होती है।

निष्कर्ष I:

I. सभी स्वस्थ लोग सुबह की सैर पर जाते हैं।

कथन में कहा गया है कि सुबह की सैर सेहत के लिए अच्छी होती है, लेकिन इसका अर्थ यह नहीं है कि सभी स्वस्थ लोग सुबह की सैर पर जाते हैं। इसलिए I अनुसरण नहीं करता है।

निष्कर्ष II:

II. शाम की सैर हानिकारक होती है।

कथन में शाम की सैर के बारे में कुछ नहीं कहा गया है। इसलिए II अनुसरण नहीं करता है।

इसलिए, न तो I और न ही II अनुसरण करता है।

अतः विकल्प (D) सही है।

Q.1 निर्देश: प्रश्न में दो कथन, एक अभिकथन और एक कारण दिए गए हैं। छात्रों को सर्वप्रथम निर्धारित करना है कि प्रत्येक कथन सत्य है या नहीं। दोनों कथनों को ध्यानपूर्वक पढ़ने के बाद उपयुक्त विकल्प का चयन कीजिए।

अभिकथन (A): मानव जाति के भविष्य को बचाने के लिए परमाणु विमुद्रीकरण आवश्यक है।

कारण (R): परमाणु हथियार सामूहिक विनाश के हथियार हैं।

A. (A) और (R) दोनों सत्य हैं और (R), (A) का सही स्पष्टीकरण है।
B. (A) और (R) दोनों सत्य हैं और (R), (A) का सही स्पष्टीकरण नहीं है।
C. (A) सत्य है लेकिन (R) असत्य है।
D. (A) असत्य है लेकिन (R) सत्य है।
E. (A) और (R) दोनों असत्य हैं।

Q.2 निर्देश: प्रश्न में दो कथन, एक अभिकथन और एक कारण दिए गए हैं। छात्रों को सर्वप्रथम निर्धारित करना है कि प्रत्येक कथन सत्य है या नहीं। दोनों कथनों को ध्यानपूर्वक पढ़ने के बाद उपयुक्त विकल्प का चयन कीजिए।

अभिकथन (A): भारत दुनिया की सबसे तेजी से बढ़ती अर्थव्यवस्थाओं में से एक है।

कारण (R): भारत में कृषि क्षेत्र रोजगार का सबसे बड़ा क्षेत्र है।

A. (A) और (R) दोनों सत्य हैं और (R), (A) का सही स्पष्टीकरण है।
B. (A) और (R) दोनों सत्य हैं और (R), (A) का सही स्पष्टीकरण नहीं है।
C. (A) सत्य है लेकिन (R) असत्य है।
D. (A) असत्य है लेकिन (R) सत्य है।
E. (A) और (R) दोनों असत्य हैं।

Q.3 निर्देश: प्रश्न में दो कथन, एक अभिकथन और एक कारण दिए गए हैं। छात्रों को सर्वप्रथम निर्धारित करना है कि प्रत्येक कथन सत्य है या नहीं। दोनों कथनों को ध्यानपूर्वक पढ़ने के बाद उपयुक्त विकल्प का चयन कीजिए।

अभिकथन (A): जानवरों के नियंत्रण से जलातंक जानवरों को सुव्यवस्थित किया जाता है।

कारण (R): जलातंक अत्यधिक संक्रामक है, और मनुष्यों और अन्य स्तनधारियों के केंद्रीय तंत्रिका तंत्र को प्रभावित करता है।

A. (A) और (R) दोनों सत्य हैं और (R), (A) का सही स्पष्टीकरण है।
B. (A) और R दोनों सत्य हैं और (R), (A) का सही स्पष्टीकरण नहीं है।
C. (A) सत्य है लेकिन (R) असत्य है।
D. (A) असत्य है लेकिन (R) सत्य है।
E. (A) और (R) दोनों असत्य हैं।

Q.4 निर्देश: प्रश्न में दो कथन, एक अभिकथन और एक कारण दिए गए हैं। छात्रों को सर्वप्रथम निर्धारित करना है कि प्रत्येक कथन सत्य है या नहीं। दोनों कथनों को ध्यानपूर्वक पढ़ने के बाद उपयुक्त विकल्प का चयन कीजिए।

अभिकथन (A): होम्योपैथी वैज्ञानिक रूप से सटीक है।

कारण (R): होम्योपैथी कुछ मामलों के लिए, कार्यरत सिद्ध हुई है।

A. (A) और (R) दोनों सत्य हैं और (R), (A) का सही स्पष्टीकरण है।
B. (A) और (R) दोनों सत्य हैं और (R), (A) का सही स्पष्टीकरण नहीं है।
C. (A) सत्य है लेकिन (R) असत्य है।
D. (A) असत्य है लेकिन (R) सत्य है।
E. (A) और (R) दोनों असत्य हैं।

Q.5 निर्देश: प्रश्न में दो कथन, एक अभिकथन और एक कारण दिए गए हैं। छात्रों को सर्वप्रथम निर्धारित करना है कि प्रत्येक कथन सत्य है या नहीं। दोनों कथनों को ध्यानपूर्वक पढ़ने के बाद उपयुक्त विकल्प का चयन कीजिए।

अभिकथन (A): केपटाउन पानी खत्म होने वाला दुनिया का पहला शहर बन गया है।

कारण (R): पानी की कमी जनसंख्या वृद्धि और खराब जल संसाधन प्रबंधन से प्रभावित होती है।

A. (A) और (R) दोनों सत्य हैं और (R), (A) का सही स्पष्टीकरण है।
B. (A) और (R) दोनों सत्य हैं और (R), (A) का सही स्पष्टीकरण नहीं है।
C. (A) सत्य है लेकिन (R) असत्य है।
D. (A) असत्य है लेकिन (R) सत्य है।
E. (A) और (R) दोनों असत्य हैं।

Q.6 निर्देश: प्रश्न में दो कथन, एक अभिकथन और एक कारण दिए गए हैं। छात्रों को सर्वप्रथम निर्धारित करना है कि प्रत्येक कथन सत्य है या नहीं। दोनों कथनों को ध्यानपूर्वक पढ़ने के बाद उपयुक्त विकल्प का चयन कीजिए।

अभिकथन (A): अलेक्जेंडर ग्राहम बेल ने दूरभाष का आविष्कार किया था।

कारण (R): अलेक्जेंडर ग्राहम बेल की पत्नी बहरी थी।

A. (A) और (R) दोनों सत्य हैं और (R), (A) का सही स्पष्टीकरण है।
B. (A) और (R) दोनों सत्य हैं और (R), (A) का सही स्पष्टीकरण नहीं है।
C. (A) सत्य है लेकिन (R) असत्य है।
D. (A) असत्य है लेकिन (R) सत्य है।
E. (A) और (R) दोनों असत्य हैं।

Q.7 निर्देश: प्रश्न में दो कथन, एक अभिकथन और एक कारण दिए गए हैं। छात्रों को सर्वप्रथम निर्धारित करना है कि प्रत्येक कथन सत्य है या नहीं। दोनों कथनों को ध्यानपूर्वक पढ़ने के बाद उपयुक्त विकल्प का चयन कीजिए।

अभिकथन (A): ब्राजील दुनिया के प्रमुख कॉफी उत्पादकों में से एक है।

कारण (R): ब्राजील में कॉफी बागान 27,000 वर्ग किमी का है।

A. (A) और (R) दोनों सत्य हैं और (R), (A) का सही स्पष्टीकरण है।
B. (A) और (R) दोनों सत्य हैं और (R), (A) का सही स्पष्टीकरण नहीं है।
C. (A) सत्य है लेकिन (R) असत्य है।
D. (A) असत्य है लेकिन (R) सत्य है।
E. (A) और (R) दोनों असत्य हैं।

Q.8 निर्देश: प्रश्न में दो कथन, एक अभिकथन और एक कारण दिए गए हैं। छात्रों को सर्वप्रथम निर्धारित करना है कि प्रत्येक कथन सत्य है या नहीं। दोनों कथनों को ध्यानपूर्वक पढ़ने के बाद उपयुक्त विकल्प का चयन कीजिए।

अभिकथन (A): कोयले में ग्रील्ड या जला हुआ भोजन कैंसरकारी होता है।

कारण (R): कोयला छूने में जहरीला होता है।

A. (A) और (R) दोनों सत्य हैं और (R), (A) का सही स्पष्टीकरण है।
B. (A) और (R) दोनों सत्य हैं और (R), (A) का सही स्पष्टीकरण नहीं है।
C. (A) सत्य है लेकिन (R) असत्य है।
D. (A) असत्य है लेकिन (R) सत्य है।
E. (A) और (R) दोनों असत्य हैं।

Q.9 निर्देश: प्रश्न में दो कथन, एक अभिकथन और एक कारण दिए गए हैं। छात्रों को सर्वप्रथम निर्धारित करना है कि प्रत्येक कथन सत्य है या नहीं। दोनों कथनों को ध्यानपूर्वक पढ़ने के बाद उपयुक्त विकल्प का चयन कीजिए।

अभिकथन (A): HIV/AIDS का इलाज करना बेहद कठिन है।

कारण (R): HIV/AIDS जन्मजात हो सकता है।

A. (A) और (R) दोनों सत्य हैं और (R), (A) का सही स्पष्टीकरण है।
B. (A) और (R) दोनों सत्य हैं और (R), (A) का सही स्पष्टीकरण नहीं है।
C. (A) सत्य है लेकिन (R) असत्य है।
D. (A) असत्य है लेकिन (R) सत्य है।
E. (A) और (R) दोनों असत्य हैं।

Q.10 निर्देश: प्रश्न में दो कथन, एक अभिकथन और एक कारण दिए गए हैं। छात्रों को सर्वप्रथम निर्धारित करना है कि प्रत्येक कथन सत्य है या नहीं। दोनों कथनों को ध्यानपूर्वक पढ़ने के बाद उपयुक्त विकल्प का चयन कीजिए।

अभिकथन (A): न्यूयॉर्क जैसे प्रमुख शहरों में सड़कों पर पुलिस की उपस्थिति ने अपराध दर को कम नहीं किया है।

कारण (R): न्यूयॉर्क जैसे शहरों में अपराध प्रमुख रूप से ब्लू कॉलर अपराध न होकर सफेदपोश अपराध हैं।

A. (A) और (R) दोनों सत्य हैं और (R), (A) का सही स्पष्टीकरण है।
B. (A) और (R) दोनों सत्य हैं और (R), (A) का सही स्पष्टीकरण नहीं है।
C. (A) सत्य है लेकिन (R) असत्य है।
D. (A) असत्य है लेकिन (R) सत्य है।
E. (A) और (R) दोनों असत्य हैं।

Q.11 निर्देश: प्रश्न में दो कथन, एक अभिकथन और एक कारण दिए गए हैं। छात्रों को सर्वप्रथम निर्धारित करना है कि प्रत्येक कथन सत्य है या नहीं। दोनों कथनों को ध्यानपूर्वक पढ़ने के बाद उपयुक्त विकल्प का चयन कीजिए।

अभिकथन (A): प्रयोगिक औषध परीक्षण का उपयोग अक्सर कैंसर जैसी बीमारियों के इलाज के लिए किया जाता है।

कारण (R): सभी कैंसर रोगियों को देने के लिए कैंसर की दवा का पर्याप्त उत्पादन नहीं होता है और इसलिए प्रयोगिक औषध का उपयोग किया जाता है।

A. (A) और (R) दोनों सत्य हैं और (R), (A) का सही स्पष्टीकरण है।
B. (A) और (R) दोनों सत्य हैं और (R), (A) का सही स्पष्टीकरण नहीं है।
C. (A) सत्य है लेकिन (R) असत्य है।
D. (A) असत्य है लेकिन (R) सत्य है।
E. (A) और (R) दोनों असत्य हैं।

Q.12 निर्देश: प्रश्न में दो कथन, एक अभिकथन और एक कारण दिए गए हैं। छात्रों को सर्वप्रथम निर्धारित करना है कि प्रत्येक कथन सत्य है या नहीं। दोनों कथनों को ध्यानपूर्वक पढ़ने के बाद उपयुक्त विकल्प का चयन कीजिए।

अभिकथन (A): अंग्रेजी दुनिया में सबसे अधिक बोली जाने वाली भाषा है।

कारण (R): अंग्रेजी बोलने वालों की आबादी, अन्य भाषाओं से कहीं अधिक है।

A. (A) और (R) दोनों सत्य हैं और (R), (A) का सही स्पष्टीकरण है।
B. (A) और (R) दोनों सत्य हैं और (R), (A) का सही स्पष्टीकरण नहीं है।
C. (A) सत्य है लेकिन (R) असत्य है।
D. (A) असत्य है लेकिन (R) सत्य है।
E. (A) और (R) दोनों असत्य हैं।

Q.13 निर्देश: प्रश्न में दो कथन, एक अभिकथन और एक कारण दिए गए हैं। छात्रों को सर्वप्रथम निर्धारित करना है कि प्रत्येक कथन सत्य है या नहीं। दोनों कथनों को ध्यानपूर्वक पढ़ने के बाद उपयुक्त विकल्प का चयन कीजिए।

अभिकथन (A): गर्मी के मौसम में सूती कपड़े अवश्य पहनने चाहिए।

कारण (R): सूती कपड़े पसीने को सोख लेते हैं और शरीर को ठंडक पहुंचाते हैं।

A. (A) और (R) दोनों सत्य हैं और (R), (A) का सही स्पष्टीकरण है।
B. (A) और (R) दोनों सत्य हैं और (R), (A) का सही स्पष्टीकरण नहीं है।
C. (A) सत्य है लेकिन (R) असत्य है।
D. (A) असत्य है लेकिन (R) सत्य है।
E. (A) और (R) दोनों असत्य हैं।

Q.14 निर्देश: प्रश्न में दो कथन, एक अभिकथन और एक कारण दिए गए हैं। छात्रों को सर्वप्रथम निर्धारित करना है कि प्रत्येक कथन सत्य है या नहीं। दोनों कथनों को ध्यानपूर्वक पढ़ने के बाद उपयुक्त विकल्प का चयन कीजिए।

अभिकथन (A): ऐतिहासिक रूप से, आंध्र प्रदेश को 'भारत का चावल का कटोरा' कहा जाता है।

कारण (R): आंध्र प्रदेश में, कटोरे के आकार में खेती की जाती है।

A. (A) और (R) दोनों सत्य हैं और (R), (A) का सही स्पष्टीकरण है।
B. (A) और (R) दोनों सत्य हैं और (R), (A) का सही स्पष्टीकरण नहीं है।
C. (A) सत्य है लेकिन (R) असत्य है।
D. (A) असत्य है लेकिन (R) सत्य है।
E. (A) और (R) दोनों असत्य हैं।

Q.15 निर्देश: प्रश्न में दो कथन, एक अभिकथन और एक कारण दिए गए हैं। छात्रों को सर्वप्रथम निर्धारित करना है कि प्रत्येक कथन सत्य है या नहीं। दोनों कथनों को ध्यानपूर्वक पढ़ने के बाद उपयुक्त विकल्प का चयन कीजिए।

अभिकथन (A): सभी आधार क्षार हैं।

कारण (R): क्षार जल में घुलनशील होते हैं।

A. (A) और (R) दोनों सत्य हैं और (R), (A) का सही स्पष्टीकरण है।
B. (A) और (R) दोनों सत्य हैं और (R), (A) का सही स्पष्टीकरण नहीं है।
C. (A) सत्य है लेकिन (R) असत्य है।
D. (A) असत्य है लेकिन (R) सत्य है।
E. (A) और (R) दोनों असत्य हैं।

Q.16 निर्देश: प्रश्न में दो कथन, एक अभिकथन और एक कारण दिए गए हैं। छात्रों को सर्वप्रथम निर्धारित करना है कि प्रत्येक कथन सत्य है या नहीं। दोनों कथनों को ध्यानपूर्वक पढ़ने के बाद उपयुक्त विकल्प का चयन कीजिए।

अभिकथन (A): नाखूनों की देखभाल करने का सबसे अच्छा तरीका उन्हें नियमित रूप से घिसना और साफ करना होता है।

कारण (R): नाखून खाने से संक्रमण हो सकता है।

A. (A) और (R) दोनों सत्य हैं और (R), (A) का सही स्पष्टीकरण है।
B. (A) और (R) दोनों सत्य हैं और (R), (A) का सही स्पष्टीकरण नहीं है।
C. (A) सत्य है लेकिन (R) असत्य है।
D. (A) असत्य है लेकिन (R) सत्य है।
E. (A) और (R) दोनों असत्य हैं।

Q.17 निर्देश: प्रश्न में दो कथन, एक अभिकथन और एक कारण दिए गए हैं। छात्रों को सर्वप्रथम निर्धारित करना है कि प्रत्येक कथन सत्य है या नहीं। दोनों कथनों को ध्यानपूर्वक पढ़ने के बाद उपयुक्त विकल्प का चयन कीजिए।

अभिकथन (A): रात का खाना नहीं खाना स्वास्थ्य के लिए हितकर होता है।

कारण (R): रात का खाना नहीं खाने से वजन कम करने में मदद मिलती है और इसलिए शरीर को अच्छा बनाए रखने के लिए यह आवश्यक है।

A. (A) और (R) दोनों सत्य हैं और (R), (A) का सही स्पष्टीकरण है।
B. (A) और (R) दोनों सत्य हैं और (R), (A) का सही स्पष्टीकरण नहीं है।
C. (A) सत्य है लेकिन (R) असत्य है।
D. (A) असत्य है लेकिन (R) सत्य है।
E. (A) और (R) दोनों असत्य हैं।

Q.18 निर्देश: प्रश्न में दो कथन, एक अभिकथन और एक कारण दिए गए हैं। छात्रों को सर्वप्रथम निर्धारित करना है कि प्रत्येक कथन सत्य है या नहीं। दोनों कथनों को ध्यानपूर्वक पढ़ने के बाद उपयुक्त विकल्प का चयन कीजिए।

अभिकथन (A): बारिश के मौसम में दरवाजे फैलते हैं।

कारण (R): बरसात के मौसम में लकड़ी द्वारा नमी अवशोषित की जाती है।

A. (A) और (R) दोनों सत्य हैं और (R), (A) का सही स्पष्टीकरण है।
B. (A) और (R) दोनों सत्य हैं और (R), (A) का सही स्पष्टीकरण नहीं है।
C. (A) सत्य है लेकिन (R) असत्य है।
D. (A) असत्य है लेकिन (R) सत्य है।
E. (A) और (R) दोनों असत्य हैं।

Q.19 निर्देश: प्रश्न में दो कथन, एक अभिकथन और एक कारण दिए गए हैं। छात्रों को सर्वप्रथम निर्धारित करना है कि प्रत्येक कथन सत्य है या नहीं। दोनों कथनों को ध्यानपूर्वक पढ़ने के बाद उपयुक्त विकल्प का चयन कीजिए।

अभिकथन (A): भारत में पुरुष और महिला का लिंगानुपात 1 से कम है।

कारण (R): महिलाओं को कई अलग-अलग परेशानियों का सामना करना पड़ता है, जैसे कि दुर्व्यवहार, कन्या भ्रूण हत्या आदि, जो लिंग अनुपात को प्रभावित करता है।

- **A.** (A) और (R) दोनों सत्य हैं और (R), (A) का सही स्पष्टीकरण है।
- **B.** (A) और (R) दोनों सत्य हैं और (R), (A) का सही स्पष्टीकरण नहीं है।
- **C.** (A) सत्य है लेकिन (R) असत्य है।
- **D.** (A) असत्य है लेकिन (R) सत्य है।
- **E.** (A) और (R) दोनों असत्य हैं।

Q.20 निर्देश: प्रश्न में दो कथन, एक अभिकथन और एक कारण दिए गए हैं। छात्रों को सर्वप्रथम निर्धारित करना है कि प्रत्येक कथन सत्य है या नहीं। दोनों कथनों को ध्यानपूर्वक पढ़ने के बाद उपयुक्त विकल्प का चयन कीजिए।

अभिकथन (A): चमगादड़ रात्रिचर जानवर हैं।

कारण (R): यदि चमगादड़ रात्रिचर नहीं होते, तो वे गौरैया बाज जैसे शिकारी पंछी के शिकार हो सकते हैं।

- **A.** (A) और (R) दोनों सत्य हैं और (R), (A) का सही स्पष्टीकरण है।
- **B.** (A) और (R) दोनों सत्य हैं और (R), (A) का सही स्पष्टीकरण नहीं है।
- **C.** (A) सत्य है लेकिन (R) असत्य है।
- **D.** (A) असत्य है लेकिन (R) सत्य है।
- **E.** (A) और (R) दोनों असत्य हैं।

Q.21 निर्देश: प्रश्न में दो कथन, एक अभिकथन और एक कारण दिए गए हैं। छात्रों को सर्वप्रथम निर्धारित करना है कि प्रत्येक कथन सत्य है या नहीं। दोनों कथनों को ध्यानपूर्वक पढ़ने के बाद उपयुक्त विकल्प का चयन कीजिए।

अभिकथन (A): कोयल अन्य पक्षियों के घोंसले चुराती है।

कारण (R): सभी पक्षी घोंसले का शिकार करते हैं।

- **A.** (A) और (R) दोनों सत्य हैं और (R), (A) का सही स्पष्टीकरण है।
- **B.** (A) और (R) दोनों सत्य हैं और (R), (A) का सही स्पष्टीकरण नहीं है।
- **C.** (A) सत्य है लेकिन (R) असत्य है।
- **D.** (A) असत्य है लेकिन (R) सत्य है।
- **E.** (A) और (R) दोनों असत्य हैं।

Q.22 निर्देश: प्रश्न में दो कथन, एक अभिकथन और एक कारण दिए गए हैं। छात्रों को सर्वप्रथम निर्धारित करना है कि प्रत्येक कथन सत्य है या नहीं। दोनों कथनों को ध्यानपूर्वक पढ़ने के बाद उपयुक्त विकल्प का चयन कीजिए।

अभिकथन (A): 13वां शुक्रवार एक अशुभ और प्रेतवाधित दिन है।

कारण (R): जूडस का जन्म 13वें शुक्रवार को हुआ था।

- **A.** (A) और (R) दोनों सत्य हैं और (R), (A) का सही स्पष्टीकरण है।
- **B.** (A) और (R) दोनों सत्य हैं और (R), (A) का सही स्पष्टीकरण नहीं है।
- **C.** (A) सत्य है लेकिन (R) असत्य है।
- **D.** (A) असत्य है लेकिन (R) सत्य है।
- **E.** (A) और (R) दोनों असत्य हैं।

Q.23 निर्देश: प्रश्न में दो कथन, एक अभिकथन और एक कारण दिए गए हैं। छात्रों को सर्वप्रथम निर्धारित करना है कि प्रत्येक कथन सत्य है या नहीं। दोनों कथनों को ध्यानपूर्वक पढ़ने के बाद उपयुक्त विकल्प का चयन कीजिए।

अभिकथन (A): मनुष्य ग्रह पर हावी होते हैं।

कारण (R): मनुष्य शारीरिक रूप से पशुओं से श्रेष्ठ होते हैं।

- **A.** (A) और (R) दोनों सत्य हैं और (R), (A) का सही स्पष्टीकरण है।
- **B.** (A) और (R) दोनों सत्य हैं और (R), (A) का सही स्पष्टीकरण नहीं है।
- **C.** (A) सत्य है लेकिन (R) असत्य है।
- **D.** (A) असत्य है लेकिन (R) सत्य है।
- **E.** (A) और (R) दोनों असत्य हैं।

Q.24 निर्देश: प्रश्न में दो कथन, एक अभिकथन और एक कारण दिए गए हैं। छात्रों को सर्वप्रथम निर्धारित करना है कि प्रत्येक कथन सत्य है या नहीं। दोनों कथनों को ध्यानपूर्वक पढ़ने के बाद उपयुक्त विकल्प का चयन कीजिए।

अभिकथन (A): 18 वर्ष से कम आयु के लोग कानूनी रूप से अनुबंधों में प्रवेश नहीं कर सकते हैं।

कारण (R): यह माना जाता है कि जीवन के महत्वपूर्ण निर्णय 18 वर्ष से कम उम्र के लोग नहीं कर सकते हैं।

- **A.** (A) और (R) दोनों सत्य हैं और (R), (A) का सही स्पष्टीकरण है।
- **B.** (A) और (R) दोनों सत्य हैं और (R), (A) का सही स्पष्टीकरण नहीं है।
- **C.** (A) सत्य है लेकिन (R) असत्य है।
- **D.** (A) असत्य है लेकिन (R) सत्य है।
- **E.** (A) और (R) दोनों असत्य हैं।

Q.25 निर्देश: प्रश्न में दो कथन, एक अभिकथन और एक कारण दिए गए हैं। छात्रों को सर्वप्रथम निर्धारित करना है कि प्रत्येक कथन सत्य है या नहीं। दोनों कथनों को ध्यानपूर्वक पढ़ने के बाद उपयुक्त विकल्प का चयन कीजिए।

अभिकथन (A): सूत्रकणिका को कोशिका का विद्युतगृह कहा जाता है।

कारण (R): भोजन के विघटन पर सूत्रकणिका ऊर्जा संचारित होती है।

- **A.** (A) और (R) दोनों सत्य हैं और (R), (A) का सही स्पष्टीकरण है।
- **B.** (A) और (R) दोनों सत्य हैं और (R), (A) का सही स्पष्टीकरण नहीं है।
- **C.** (A) सत्य है लेकिन (R) असत्य है।
- **D.** (A) असत्य है लेकिन (R) सत्य है।
- **E.** (A) और (R) दोनों असत्य हैं।

Q.26 निर्देश: प्रश्न में दो कथन, एक अभिकथन और एक कारण दिए गए हैं। छात्रों को सर्वप्रथम निर्धारित करना है कि प्रत्येक कथन सत्य है या नहीं। दोनों कथनों को ध्यानपूर्वक पढ़ने के बाद उपयुक्त विकल्प का चयन कीजिए।

अभिकथन (A): मुंबई में प्लास्टिक पर प्रतिबंध लगा दिया गया है।

कारण (R): प्लास्टिक बहुत महंगा है।

- **A.** (A) और (R) दोनों सत्य हैं और (R), (A) का सही स्पष्टीकरण है।
- **B.** (A) और (R) दोनों सत्य हैं और (R), (A) का सही स्पष्टीकरण नहीं है।
- **C.** (A) सत्य है लेकिन (R) असत्य है।
- **D.** (A) असत्य है लेकिन (R) सत्य है।
- **E.** (A) और (R) दोनों असत्य हैं।

Q.27 निर्देश: प्रश्न में दो कथन, एक अभिकथन और एक कारण दिए गए हैं। छात्रों को सर्वप्रथम निर्धारित करना है कि प्रत्येक कथन सत्य है या नहीं। दोनों कथनों को ध्यानपूर्वक पढ़ने के बाद उपयुक्त विकल्प का चयन कीजिए।

अभिकथन (A): खारे पानी (खारा) का उपयोग अक्सर खुले घावों को साफ करने के लिए किया जाता है।

कारण (R): खारा पानी एक जीवाणुरोधी के रूप में कार्य करता है।

- **A.** (A) और (R) दोनों सत्य हैं और (R), (A) का सही स्पष्टीकरण है।
- **B.** (A) और (R) दोनों सत्य हैं और (R), (A) का सही स्पष्टीकरण नहीं है।
- **C.** (A) सत्य है लेकिन (R) असत्य है।
- **D.** (A) असत्य है लेकिन (R) सत्य है।
- **E.** (A) और (R) दोनों असत्य हैं।

Q.28 निर्देश: प्रश्न में दो कथन, एक अभिकथन और एक कारण दिए गए हैं। छात्रों को सर्वप्रथम निर्धारित करना है कि प्रत्येक कथन सत्य है या नहीं। दोनों कथनों को ध्यानपूर्वक पढ़ने के बाद उपयुक्त विकल्प का चयन कीजिए।

अभिकथन (A): मुंबई में प्रत्येक मानसून में बाढ़ का खतरा होता है।

कारण (R): कई क्षेत्रों में बहुत पुराने जल निकासी सीवर हैं।

- **A.** (A) और (R) दोनों सत्य हैं और (R), (A) का सही स्पष्टीकरण है।
- **B.** (A) और (R) दोनों सत्य हैं और (R), (A) का सही स्पष्टीकरण नहीं है।
- **C.** (A) सत्य है लेकिन (R) असत्य है।
- **D.** (A) असत्य है लेकिन (R) सत्य है।
- **E.** (A) और (R) दोनों असत्य हैं।

Q.29 निर्देश: प्रश्न में दो कथन, एक अभिकथन और एक कारण दिए गए हैं। छात्रों को सर्वप्रथम निर्धारित करना है कि प्रत्येक कथन सत्य है या नहीं। दोनों कथनों को ध्यानपूर्वक पढ़ने के बाद उपयुक्त विकल्प का चयन कीजिए।

अभिकथन (A): केरल को 'गॉडस आउन कंट्री' कहा जाता है।

कारण (R): केरल में नारियल के बहुत पेड़ हैं।

A. (A) और (R) दोनों सत्य हैं और (R), (A) का सही स्पष्टीकरण है।
B. (A) और (R) दोनों सत्य हैं और (R), (A) का सही स्पष्टीकरण नहीं है।
C. (A) सत्य है लेकिन (R) असत्य है।
D. (A) असत्य है लेकिन (R) सत्य है।
E. (A) और (R) दोनों असत्य हैं।

Q.30 निर्देश: प्रश्न में दो कथन, एक अभिकथन और एक कारण दिए गए हैं। छात्रों को सर्वप्रथम निर्धारित करना है कि प्रत्येक कथन सत्य है या नहीं। दोनों कथनों को ध्यानपूर्वक पढ़ने के बाद उपयुक्त विकल्प का चयन कीजिए।

अभिकथन (A): हिंदी भारत की राष्ट्रीय भाषा है।

कारण (R): हिंदी देश में सबसे अधिक बोली जाने वाली भाषा है।

A. (A) और (R) दोनों सत्य हैं और (R), (A) का सही स्पष्टीकरण है।
B. (A) और (R) दोनों सत्य हैं और (R), (A) का सही स्पष्टीकरण नहीं है।
C. (A) सत्य है लेकिन (R) असत्य है।
D. (A) असत्य है लेकिन (R) सत्य है।
E. (A) और (R) दोनों असत्य हैं।

// स्मार्ट उत्तर पुस्तिका //

सही उत्तर — उन छात्रों का प्रतिशत जिन्होंने प्रश्नों का सही उत्तर दिया था। **छोड़ दिया** — उन छात्रों का प्रतिशत जिन्होंने प्रश्नों को छोड़ दिया था।

प्रश्न संख्या	उत्तर	सही उत्तर / छोड़ दिया	प्रश्न संख्या	उत्तर	सही उत्तर / छोड़ दिया	प्रश्न संख्या	उत्तर	सही उत्तर / छोड़ दिया	प्रश्न संख्या	उत्तर	सही उत्तर / छोड़ दिया	प्रश्न संख्या	उत्तर	सही उत्तर / छोड़ दिया	प्रश्न संख्या	उत्तर	सही उत्तर / छोड़ दिया	प्रश्न संख्या	उत्तर	सही उत्तर / छोड़ दिया
1	A	55.86 % / 37.57 %	6	B	43.87 % / 42.52 %	11	C	53.25 % / 35.61 %	16	B	55.07 % / 35.87 %	21	C	56.46 % / 31.03 %	26	C	52.19 % / 36.71 %
2	B	53.02 % / 46.56 %	7	A	44.9 % / 30.97 %	12	E	58.67 % / 30.38 %	17	E	51.45 % / 31.97 %	22	E	64.49 % / 32.24 %	27	A	44.54 % / 42.23 %
3	A	58.69 % / 32.66 %	8	C	43.47 % / 51.7 %	13	A	68.52 % / 30.98 %	18	A	53.3 % / 40.91 %	23	C	40.6 % / 45.78 %	28	A	60.37 % / 36.05 %
4	D	54.5 % / 36.9 %	9	B	53.75 % / 31.31 %	14	C	54.76 % / 32.24 %	19	D	63.4 % / 32.29 %	24	A	57.22 % / 30.8 %	29	B	57.8 % / 39.17 %
5	A	66.65 % / 32.85 %	10	A	65.24 % / 32.79 %	15	D	63.55 % / 35.55 %	20	A	44.76 % / 45.33 %	25	A	56.68 % / 33.08 %	30	D	51.39 % / 44.9 %

//संकेत और समाधान//

1. परमाणु हथियार वास्तव में सामूहिक विनाश के हथियार हैं, और उनका उपयोग मानव जाति पर बहुत बुरा प्रभाव डाल सकता है, क्योंकि वे बहुत विनाशकारी हैं। इसलिए, परमाणु विमुद्रीकरण आवश्यक है। इसलिए, (A) और (R) सत्य हैं, और (R), (A) का सही स्पष्टीकरण है।

अतः विकल्प (A) सही है।

2. अभिकथन, जिसमें कहा गया है कि भारत दुनिया की सबसे तेजी से बढ़ती अर्थव्यवस्थाओं में से एक है, सत्य है, 2018 में, भारत ने चीन को दुनिया की सबसे तेजी से बढ़ती अर्थव्यवस्था के रूप में पछाड़ दिया। कारण भी सत्य है, हालांकि यह अभिकथन के लिए एक स्पष्टीकरण नहीं है, और केवल एक स्वतंत्र तथ्य है।

अतः विकल्प (B) सही है।

3. जलातंक एक वायरस है जो मनुष्यों और अन्य स्तनधारियों को बहुत गंभीर रूप से प्रभावित करता है, और यह सत्य है कि ये जानवर समान कारण के लिए मारे जाते हैं। अतः कारण का अभिकथन का सही स्पष्टीकरण होने के साथ अभिकथन और कारण सत्य हैं।

अतः विकल्प (A) सही है।

4. होम्योपैथी एक छद्म विज्ञान है, और यह वैज्ञानिक रूप से सटीक नहीं है, और इसलिए, अभिकथन असत्य है। हालाँकि, इसे कुछ मामलों में कार्यरत देखा गया है, और इसलिए, कारण सत्य है।

अतः विकल्प (D) सही है।

5. अभिकथन एक ऐसा तथ्य है जो सत्य है और अनुचित प्रबंधन और जनसंख्या नियंत्रण की कमी के कारण यह संकट बिगड़ गया है। इसलिए, अभिकथन और कारण दोनों सत्य हैं और कारण अभिकथन का सही स्पष्टीकरण है।

अतः विकल्प (A) सही है।

6. अभिकथन एक वास्तविक तथ्य है, और इसलिए कारण भी सत्य है, हालांकि वे दोनों स्वतंत्र कथन हैं, और कारण अभिकथन का उपयुक्त स्पष्टीकरण नहीं है। इसलिए, (A) और (R) दोनों सत्य हैं, हालाँकि (R), (A) का सही स्पष्टीकरण नहीं हैं।

अतः विकल्प (B) सही है।

7. ब्राजील को दुनिया में कॉफी का प्रमुख उत्पादक माना जाता है, और इसका एक प्रमुख कारण देश में कॉफी बागानों का विशाल क्षेत्र है, और इसलिए, अभिकथन और कारण दोनों ही सही हैं, और यह साबित करने के लिए कारण पर्याप्त औचित्य प्रदान करता है कि अभिकथन सही है। इसलिए, (A) और (R) दोनों सत्य हैं और (R), (A) का सही स्पष्टीकरण है।

अतः विकल्प (A) सही है।

8. अभिकथन सत्य है, क्योंकि कई अध्ययनों में कहा गया है कि आँच पर खाना पकाने से कैंसर होता है। इसका कारण यह है कि लकड़ी, गैस या कोयला का दहन बहुचक्री एरोमैटिक हाइड्रोकार्बन नामक रसायनों का उत्सर्जन करता है। इन तथाकथित पॉलीसाइक्लिक एरोमैटिक हाइड्रोकार्बन के संपर्क में आना लैब के जानवरों में त्वचा, यकृत, पेट और कई अन्य प्रकार के कैंसर का कारण बनता है। हालांकि, उल्लेखित कारण असत्य है क्योंकि कोयला छूने में जहरीला नहीं होता है।

अतः विकल्प (C) सही है।

9. यह अभिकथन सत्य है कि HIV/AIDS इलाज करना बहुत कठिन है, क्योंकि यह एक रेट्रोवायरल बीमारी है, और एक बार रेट्रोवायरस कोशिका पर नियंत्रण कर लेता है, तो इसकी एकमात्र उम्मीद कोशिका को नष्ट करना होता है। प्रश्न में उल्लिखित (R) सत्य है, क्योंकि कुछ ऐसे मामले हैं जहां HIV बच्चे में मां के माध्यम से प्रेषित होता है, हालांकि यह उस अभिकथन के लिए स्पष्टीकरण नहीं है जो बनाया गया है।

अतः विकल्प (B) सही है।

10. अभिकथन सत्य है, क्योंकि न्यूयॉर्क जैसे प्रमुख शहरों में अपराध दर में गिरावट नहीं देखी गई है। कारण भी सत्य है, क्योंकि अधिकांश अपराध, वित्तीय अपराध हैं, जैसे कि अंतरंगी लेनदेन और धोखाधड़ी (सफेदपोश अपराध), जिन्हें सड़कों पर पुलिस की उपस्थिति से नियंत्रित नहीं किया जा सकता है। ब्लू कॉलर अपराध मारपीट आदि जैसे अपराध हैं, जिन्हें पुलिस की उपस्थिति से नियंत्रित किया जा सकता है।

अतः विकल्प (A) सही है।

11. प्रायोगिक औषध का उपयोग अक्सर विज्ञान को आगे बढ़ाने और कैंसर जैसे रोगों के वैकल्पिक समाधान का पता लगाने के उद्देश्य से किया जाता है। हालाँकि यह उपलब्ध दवा की कमी के कारण नहीं है।

अतः विकल्प (C) सही है।

12. चीनी (मंदारिन) दुनिया में सबसे व्यापक रूप से बोली जाने वाली भाषा है, और इन मंदारिन वक्ताओं की आबादी 935 मिलियन है, जो कि अंग्रेजी बोलने वालों की 365 मिलियन आबादी से कहीं अधिक है। इसलिए, (A) और (R) दोनों असत्य हैं।

अतः विकल्प (E) सही है।

13. गर्मियों में सूती कपड़े पहनने चाहिए, यह सत्य है, और ऐसा इसलिए है क्योंकि सूती कपड़े पसीना सोखता है, और पसीने के अवशोषण की यह प्रक्रिया शरीर को ठंडा करती है। इसलिए, यह अभिकथन सत्य है, और इसलिए कारण भी सत्य है, जिसके साथ कारण अभिकथन का सटीक विवरण प्रदान करता है। इसलिए, (A) और (R) दोनों सत्य हैं, और (R), (A) का सही वर्णन है।

अतः विकल्प (A) सही है।

14. आंध्र प्रदेश भारत का चावल का कटोरा है, हालांकि ऐसा इसलिए है क्योंकि वहाँ की जमीन बेहद उपजाऊ है और इस तरह वहाँ चावल आसानी से उगाया जाता है और इसका खेत के आकार से कोई लेना-देना नहीं है। इसलिए, अभिकथन सत्य है, लेकिन कारण असत्य है।

अतः विकल्प (C) सही है।

15. अभिकथन असत्य है, क्योंकि सभी क्षार क्षारक नहीं होते हैं, लेकिन सभी क्षारक क्षार होते हैं। कारण सत्य है, क्योंकि क्षार वास्तव में जल में घुलनशील होते हैं। इसलिये, (A) असत्य है, और (R) सत्य है।

अतः विकल्प (D) सही है।

16. नाखून में गंदगी जमा हो सकती है और इसलिए नियमित रूप से उन्हें घिसा और काटा जाना चाहिए। इसके अलावा, नाखून खाने के कारण निश्चित रूप से संक्रमण हो सकता है क्योंकि इससे अंतर्निहित त्वचा छील सकती है या नाखून टूट सकता है। इसलिए, (A) और (R) दोनों सत्य हैं।

हालाँकि, कारण अभिकथन का स्पष्टीकरण नहीं है। इसलिए, (A) और (R) दोनों सत्य हैं लेकिन (R), (A) का सही स्पष्टीकरण नहीं है।

अतः विकल्प (B) सही है।

17. भोजन छोड़ना स्वास्थ्य के लिये हितकर नहीं होता है, क्योंकि भोजन छोड़ने वालो में ग्लूकोज के स्तर में तेजी से वृद्धि और इंसुलिन की प्रतिक्रिया में देरी देखी जाती है - यदि वे लंबे समय तक ऐसा करते रहे, तो इससे मधुमेह हो सकता है। इसलिए, (R) असत्य है क्योंकि यह "शरीर को अच्छा बनाए रखने" में मदद नहीं करता है। इसलिए, (A) और (R) दोनों असत्य हैं।

अतः विकल्प (E) सही है।

18. बारिश के मौसम में दरवाजे फैलते हैं और लकड़ी में यह गतिविधि इसकी अनूठी संरचना के कारण होती है जैसे-जैसे इसमें नमी की मात्रा परिवर्तित होती है वैसे यह फैलता और सिकुड़ता है। इसलिए, (A) और (R) दोनों सत्य हैं और (R), (A) का सही स्पष्टीकरण है।

अतः विकल्प (A) सही है।

19. भारत में महिलाओं की तुलना में अधिक पुरुष (2011 की जनगणना के अनुसार 1000 पुरुषों के लिए 943 महिलाएं) हैं, और इसलिए, पुरुष और महिलाओं का अनुपात एक से अधिक है। इसलिए, अभिकथन असत्य है। महिलाएं (R) में उल्लेखित मुद्दों का सामना करती हैं और इसलिए (R) सत्य है।

अतः विकल्प (D) सही है।

20. चमगादड़ रात्रिचर होते हैं और यदि वे रात्रिचर नहीं होते, तो उन्हें गैर-रात्रिचर प्राणियों के साथ प्रतिस्पर्धा करनी होगी और वे गौरैया बाज इत्यादि के शिकार हो सकते हैं। इसलिए, अभिकथन और कारण सत्य हैं और कारण अभिकथन का सही स्पष्टीकरण है।

अतः विकल्प (A) सही है।

21. कोयल को चूज़ा परजीवी के रूप में जाना जाता है, जिसका अर्थ है कि वे अपने अंडे अन्य प्रजातियों के घोंसले में छिपाते हैं। पता लगने से बचने के लिए, कोयल ने तकनीक विकसित की है जिससे उसके अंडे उनके पसंदीदा रूप ले लेते हैं। यदि मेजबान पक्षी अपने घोंसले में पराये अंडे को नहीं पहचानते, तो अंडे से निकली नयी कोयल दूसरे अंडों को अपने पीठ पर पीछे लेकर घोसले के बाहर गिराकर पूरे घोसले को अपने लिए ले लेती हैं। हालांकि, सभी पक्षी ऐसा नहीं करते हैं और यह कोयल की खासियत है। इसलिए, (A) सत्य है लेकिन (R) असत्य है।

अतः विकल्प (C) सही है।

22. अभिकथन एक आधारहीन धारणा है, जबकि कारण तथ्यात्मक रूप से गलत है इसलिए, (A) और (R) दोनों असत्य हैं।

अतः विकल्प (E) सही है।

23. मनुष्य ग्रह पर हावी होते हैं, लेकिन यह इसलिए है क्योंकि मनुष्य मानसिक रूप से श्रेष्ठ होते हैं और मनुष्य तर्कसंगत निर्णय ले सकते हैं जो कि जानवरों नहीं ले सकते। यह उनके बेहतर निर्णय के कारण है कि वे ग्रह पर हावी हैं। इसलिए, (A) सत्य है, लेकिन (R) असत्य है।

अतः विकल्प (C) सही है।

24. अभिकथन तथ्यात्मक रूप से सत्य है, और यह इसलिए है क्योंकि लोगों का मानना है कि 18 वर्ष की आयु के बाद प्रौढ़ता प्राप्त होती है और उनके द्वारा महत्वपूर्ण निर्णय जैसे कि शैक्षिक निर्णय, वित्तीय निर्णय, मतदान निर्णय आदि लिए जा सकते हैं। इसलिए, (A) और (R) दोनों सत्य हैं और (R), (A) का सही स्पष्टीकरण है।

अतः विकल्प (A) सही है।

25. सूत्रकणिका कोशिका के अंदर पाए जाने वाले ऑर्गेनेल हैं, जो भोजन के विघटन और ऊर्जा के संचारण में मदद करते हैं। इसलिए, उन्हें 'कोशिकाओं का विद्युतगृह' कहा जाता है। इसलिए, अभिकथन और कारण दोनों सत्य हैं और कारण अभिकथन का सही स्पष्टीकरण है।

अतः विकल्प (A) सही है।

26. मुंबई में 2018 से प्लास्टिक पर प्रतिबंध लगा दिया गया है। हालांकि इसे प्लास्टिक से होने वाले पर्यावरणीय नुकसान के कारण ना कि इसकी लागत के कारण प्रतिबंधित किया गया है। इसलिए, अभिकथन सत्य है लेकिन कारण असत्य है।

अतः विकल्प (C) सही है।

27. खारा पानी ऑस्मोसिस नामक एक प्रक्रिया द्वारा उपचार को साफ करने और ठीक करने में मदद करता है। नमक - सोडियम क्लोराइड युक्त रसायन कोशिकाओं में मौजूद तरल पदार्थ के संपर्क में आने पर उनको शरीर से बाहर जाने के लिए मजबूर करता है। यदि वे तरल जीवाणु हैं, तो उन्हें भी बाहर निकलने के लिए मजबूर किया जाएगा, परिणामस्वरूप यह त्वचा को भी साफ करने में मदद करेगा। इसलिए, अभिकथन और कारण सत्य हैं और कारण, अभिकथन का सही स्पष्टीकरण है।

अतः विकल्प (A) सही है।

28. मुंबई में बाढ़ का खतरा रहता है, और लगभग हर मानसून में बाढ़ आ जाती है, और यह पुरानी जल निकासी प्रणालियों के कारण होता है, जो बार-बार बाढ़ का सामना करने में असमर्थ हैं। इसलिए, (A) और (R) दोनों सत्य हैं, और (R), (A) का सही स्पष्टीकरण है।

अतः विकल्प (A) सही है।

29. हिंदू पौराणिक कथाओं के अनुसार, केरल भगवान परशुराम द्वारा अपने भक्तों के लिए बनायी गयी एक भूमि थी और इसलिए, इसे 'गॉडस आउन कंट्री' कहा जाता है।

अनुकूल तापमान की स्थिति के कारण केरल में नारियल के बहुत पेड़ हैं। लेकिन यह तर्क के लिए एक उपयुक्त स्पष्टीकरण नहीं है। इसलिए, अभिकथन और कारण सत्य हैं; लेकिन कारण अभिकथन के लिए एक उपयुक्त स्पष्टीकरण नहीं है।

अतः विकल्प (B) सही है।

30. भारत के संविधान के अनुसार, भारत में 22 आधिकारिक भाषाएं हैं, लेकिन कोई भी राष्ट्रीय भाषा नहीं है। इसलिए, अभिकथन असत्य है।

हालाँकि, (R) सत्य है क्योंकि 41% भारतीय हिंदी बोलते हैं।इसलिए, (A) असत्य है, लेकिन (R) सत्य है।

अतः विकल्प (D) सही है।

Q.1 निर्देश: प्रश्न में एक कथन और दो अनुसरण दिए गए हैं। छात्र को पहले यह निर्धारित करना है कि क्या प्रत्येक कथन सत्य है। कथन को ध्यान से पढ़ने के बाद उपयुक्त विकल्प का चयन कीजिए।

कथन: एक कंप्यूटर एक आधुनिक उपकरण है जिसने जीवन को बहुत आसान और सरल बना दिया है। यह एक समय में एक से अधिक कार्य पूरा करने की क्षमता रखता है। यह कम समय के भीतर अकेले कई मनुष्यों का काम करने में सक्षम है। यह उच्चतम दक्षता की उपयोगिता है।

अनुसरण:

I. कंप्यूटर किसी कार्य को पूरा करने के लिए आवश्यक श्रमशक्ति को कम कर सकता है।

II. अगली पीढ़ी के कंप्यूटर अधिक प्रभावी होंगे।

A. यदि केवल I अनुसरण करता है

B. यदि केवल II अनुसरण करता है

C. यदि I और II दोनों अनुसरण करते हैं

D. यदि न तो I और न ही II अनुसरण करता है

E. यदि या तो I या II अनुसरण करता है

Q.2 निर्देश: नीचे एक कथन और उसके बाद I, II और III से अंकित तीन अनुमान दिए गये हैं। आपको दिए गये कथन को सत्य मानना है, भले ही वे ज्ञात तथ्यों से अलग प्रतीत होते हों। आपको तय करना है कि दिया गया कौन-सा अनुमान, अगर कोई, दिए गए कथन का अनुसरण करता है।

कथन: पूर्ण क्षतिपूर्ति के बिना प्राधिकरण से मांगों में लगातार वृद्धि के कारण, प्रबंधक ने उनके साथ एक अंतिम शब्द रखने के लिए बैठक बुलाई।

अनुमान:

I. प्राधिकरण प्रबंधक को कम वेतन दे रहा है।

II. यदि उसकी क्षतिपूर्ति नहीं हुई, तो प्रबंधक इस्तीफा दे देगा।

III. प्रबंधक और प्राधिकरण उनके भत्तों पर बहस करने के लिए बैठक कर रहे हैं।

A. केवल अनुमान I सत्य है

B. केवल अनुमान II सत्य है

C. I और II दोनों सत्य हैं

D. उनमें से सभी सत्य हैं

E. इनमें से कोई सत्य नहीं है

Q.3 भारत का कर विभाग एक बाध्यकारी मुकदमे के नाम को छोड़ना चाहता है और केवल उच्च मूल्य वाले मामलों पर ध्यान केंद्रित करना चाहता है। नरेंद्र मोदी की अगुवाई वाली NDA सरकार अदालतों और अपीलीय न्यायाधिकरणों में विभिन्न स्तरों पर मौद्रिक सीमाओं को तेजी से बढ़ाएगी, मुकदमेबाजी में कटौती करने के लिए, एक उपाय जो प्रतिकूल फैसलों के खिलाफ अपील की संख्या को कम करेगा।

उपर्युक्त जानकारी से निम्नलिखित में से किसका अनुमान लगाया जा सकता है?

A. सुप्रीम कोर्ट में मामलों के लिए सीमा 25 लाख रुपये से 1 करोड़ रुपये हो जाएगी, जबकि उच्च न्यायालयों के लिए परिमेयकरण अभ्यास के तहत 20 लाख रुपये से 50 लाख रुपये तक का स्तर होगा जो दोनों प्रत्यक्ष और अप्रत्यक्ष कर पर लागू होगा

B. नए नियमों के तहत, केंद्रीय प्रत्यक्ष कर बोर्ड द्वारा दायर की गई अपील का 54% वापस ले लिया जाएगा। सुप्रीम कोर्ट में केंद्रीय अप्रत्यक्ष कर और सीमा शुल्क बोर्ड द्वारा अपील में 21% की कमी होगी

C. सरकार व्यवसाय आसानी से करने पर ध्यान केंद्रित कर रही है। मुकदमा दायर करने के लिए कई कदम उठाए जा चुके हैं। पूरी प्रक्रिया की समीक्षा की गई है और मुकदमा दायर करने के लिए इन सीमाओं को बढ़ाने के लिए एक मजबूत मामला है और उच्च मूल्य वाले मामलों में विभाग की ऊर्जा को केन्द्रित करने पर ध्यान दे रहा है प्रत्यक्ष और अप्रत्यक्ष कर दोनों के मुकदमेबाजी प्रबंधन की दिशा में यह एक बड़ा कदम है क्योंकि यह मामूली मुकदमे को प्रभावी ढंग से कम

D. करेगा और विभाग को उच्च मूल्य वाले मुकदमे पर ध्यान केंद्रित करने में मदद करेगा। यह कदम विभाग के पक्ष से भावी मुकदमेबाजी प्रवाह को भी कम करेगा

E. कोई भी अनुमानित नहीं किया जा सकता है

Q.4 निर्देश: निम्न प्रश्न में एक कथन और उसके बाद I और II से अंकित दो अनुमान दिए गये हैं। आपको दिए गये कथन को सत्य मानना है, भले ही वे ज्ञात तथ्यों से अलग प्रतीत होते हों। सभी अनुमानों को पढ़िए और फिर निर्णय कीजिए कि दिया गया कौन-सा अनुमान ज्ञात तथ्यों को नजरंदाज करने पर कथनों का तार्किक रूप से अनुसरण करता है।

कथन: यद्यपि किसी का लिंग जैविक रूप से निर्धारित होता है, किसी की यौन पहचान या लिंग सामाजिक और सांस्कृतिक रूप से निर्मित है।

अनुमान:

I. पुरुष और महिला शब्द पुल्लिंग और स्त्रीलिंग से अलग हैं।

II. सामाजिक और सांस्कृतिक कूट के आधार पर पुरुष और स्त्री अलग-अलग हो सकते हैं।

A. यदि केवल I अनुसरण करता है

B. यदि केवल II अनुसरण करता है

C. यदि I और II दोनों अनुसरण करते हैं

D. यदि न तो I और न ही II अनुसरण करता है

E. यदि या तो I या II अनुसरण करता है

Q.5 निर्देश: नीचे एक कथन और उसके बाद I और II से अंकित दो अनुमान दिए गये हैं। आपको दिए गये कथन को सत्य मानना है, भले ही वे ज्ञात तथ्यों से अलग प्रतीत होते हों। आपको तय करना है कि दिया गया कौन-सा अनुमान, अगर कोई, दिए गए कथन का अनुसरण करता है।

कथन: ऑनलाइन शॉपिंग आसान और सुविधाजनक खरीदारी अनुभव के आधार पर लोगों को अभिभूत कर रही है। हालांकि, स्टोर अभी भी प्रबल हैं, उत्पादों तक आसान पहुंच की संभावना का विज्ञापन करते हैं।

अनुमान:

I. लोगों ने ऑनलाइन खरीदारी शुरू कर दी है क्योंकि यह सुविधाजनक है।

II. लोग खरीदने से पहले स्पर्श द्वारा उत्पादों का अनुभव करना पसंद करते हैं।

A. केवल अनुमान I सत्य है

B. केवल अनुमान II सत्य है

C. या तो I या II सत्य है

D. ना तो I और ना ही II सत्य है

E. I और II दोनों सत्य हैं

Ques (6-7):निर्देश: एक कथन के बाद दो अनुमान I और II दिए गये हैं। आपको दिए गये कथन को सत्य मानना है, भले ही वे सामान्यतः ज्ञात तथ्यों से भिन्न प्रतीत हो। आपको यह तय करना होगा कि दिए गए अनुमानों में से कौन सा दिए गये कथन का अनुसरण करता है।

Q.6 कथन: बड़े पैमाने पर ब्रिटिश औपनिवेशिक विजय के कारण, कोई भी संस्कृति अंग्रेजी भाषा या शब्दों से पूरी तरह से अचेत नहीं है।

अनुमान:

I. दुनिया भर के लोगों का अंग्रेजी भाषा के साथ कुछ खास तरह का परिचय है।

II. अंग्रेजी सीखना सबसे आसान भाषा है।

A. केवल अनुमान I अनुसरण करता है।

B. केवल अनुमान ॥ अनुसरण करता है।

C. दोनों अनुमान अनुसरण करते हैं।

D. कोई भी अनुमान अनुसरण नहीं करता है।

E. या तो । या ॥ अनुमान अनुसरण करते हैं।

Q.7 कथन: भारत अपनी तेल जरूरतों का 82% आयात करता है और इसका लक्ष्य 2022 तक स्थानीय खोज, नवीकरणीय ऊर्जा और स्वदेशी इथेनॉल ईंधन के साथ 67% तक लाना है।

अनुमान:

। भारत अभी भी तेल के लिए अन्य देशों पर निर्भर है।

॥ अक्षय ऊर्जा वैकल्पिक ईंधन का एक स्रोत हो सकता है।

A. केवल अनुमान । अनुसरण करता है।

B. केवल अनुमान ॥ अनुसरण करता है।

C. । और ॥ दोनों अनुसरण करते हैं।

D. न तो । और न ही ॥ अनुसरण करता है।

E. या तो । या ॥ अनुसरण करता है

Ques (8-9):निर्देश: निम्न प्रश्न में एक कथन और उसके बाद । और ॥ से अंकित दो अनुमान दिए गये हैं। आपको दिए गये कथन को सत्य मानना है, भले ही वे ज्ञात तथ्यों से अलग प्रतीत होते हों। सभी अनुमानों को पढ़िए और फिर निर्णय कीजिए कि दिया गया कौन-सा अनुमान ज्ञात तथ्यों को नजरंदाज करने पर कथनों का तार्किक रूप से अनुसरण करता है।

Q.8 कथन: 1993 के एक अध्ययन में, शोधकर्ताओं ने पाया कि आठ घंटे तक फ्लोरोसेंट रोशनी के नीचे बैठने से पराबैंगनी एक्सपोज़र सूर्य एक्सपोज़र के एक मिनट के बराबर है।

अनुमान:

।: फ्लोरोसेंट रोशनी पराबैंगनी प्रकाश का उत्सर्जन करती है।

॥: सूर्य के प्रकाश से निकलने वाली पराबैंगनी किरणी की मात्रा फ्लोरोसेंट रोशनी की तुलना में बहुत अधिक है।

A. केवल अनुमान । अनुसरण करता है।

B. केवल अनुमान ॥ अनुसरण करता है।

C. दोनों अनुमान अनुसरण करते हैं।

D. कोई भी अनुसरण नहीं करता है।

E. या तो । या ॥ अनुमान अनुसरण करते हैं।

Q.9 कथन: एक पेंटिंग की कीमत उस समय अवधि पर भी निर्भर हो सकती है जिस अवधि के दौरान इसे बनाया गया था, उदाहरण के लिए, 16वीं शताब्दी में बनाई गई एक पेंटिंग में आधुनिक समय की कला चित्रों की तुलना में बहुत अधिक खर्च होने की संभावना है।

अनुमान:

।: प्राचीन चित्र और कलाकृतियाँ अनमोल हैं।

॥: पेंटिंग्स और मूर्तियां संकट के समय में निवेश के लिए एक अच्छा विकल्प हो सकती हैं।

A. केवल अनुमान । अनुसरण करता है।

B. केवल अनुमान ॥ अनुसरण करता है।

C. दोनों अनुमान अनुसरण करते हैं।

D. कोई भी अनुमान अनुसरण नहीं करता है।

E. या तो । या ॥ अनुसरण करता है।

Q.10 निर्देश: निम्न प्रश्न में एक कथन और उसके बाद । और ॥ से अंकित दो अनुमान दिए गये हैं। आपको दिए गये कथन को सत्य मानना है, भले ही वे ज्ञात तथ्यों से अलग प्रतीत होते हों। सभी अनुमानों को पढ़िए और फिर निर्णय कीजिए कि दिया गया कौन-सा अनुमान ज्ञात तथ्यों को नजरंदाज करने पर कथनों का तार्किक रूप से अनुसरण करता है।

कथन: वर्तमान में, भारत लगभग 61,754 MLD के दैनिक वाहित मल उत्पादन के खिलाफ अपने अपशिष्ट जल का लगभग 37%, या 22,963

मिलियन लीटर प्रति दिन (MLD) का प्रबंधन करने में सफल रहा है, जो तालाबों, झीलों और नदियों को प्रदूषित करता है।

अनुमान:

।: 63 प्रतिशत वाहित मल बिना शोधन के तालाबों, झीलों और नदियों तक जाता है।

॥: भारत अशोधित वाहित मल को कम करने की कोशिश कर रहा है।

A. केवल अनुमान । अनुसरण करता है।

B. केवल अनुमान ॥ अनुसरण करता है।

C. दोनों अनुमान अनुसरण करते हैं।

D. कोई भी अनुमान अनुसरण नहीं करता है।

E. या तो । या ॥ अनुमान अनुसरण करते हैं।

Ques (11-17):निर्देश: नीचे एक कथन और उसके बाद । और ॥ से अंकित दो अनुमान दिए गये हैं। आपको दिए गये कथन को सत्य मानना है, भले ही वे ज्ञात तथ्यों से अलग प्रतीत होते हों। सभी अनुमानों को पढ़िए और फिर निर्णय कीजिए कि दिया गया कौन-सा अनुमान ज्ञात तथ्यों को नजरंदाज करने पर कथनों का तार्किक रूप से अनुसरण करता है।

Q.11 कथन: संयुक्त राष्ट्र विकास कार्यक्रम (UNDP) की रिपोर्ट बताती है कि सभी व्यक्तियों में से लगभग 90% महिलाओं के खिलाफ 'गहरा अंतर्विरोधी पूर्वग्रह' होता है।

अनुमान:

। लिंग भेदभाव भारत तक सीमित नहीं है।

॥ महिलाएं भी महिलाओं के खिलाफ कुछ प्रकार के पूर्वग्रह रखती हैं।

A. केवल अनुमान । अनुसरण करता है।

B. केवल अनुमान ॥ अनुसरण करता है।

C. । और ॥ दोनों अनुसरण करते हैं।

D. न तो । और न ही ॥ अनुसरण करता है।

E. या तो । या ॥ अनुसरण करता है

Q.12 कथन: केंद्र सरकार ने राज्यों को कोविड-19 के मामलों तक बड़े पैमाने पर एकत्रित न होने या उन्हें स्थगित करने की सलाह दी है, नोवेल कोरोनावायरस प्रसार निहित है।

अनुमान:

। जब दो से अधिक व्यक्ति कहीं भी इकट्ठा होते हैं, तो कोरोनावायरस उत्पन्न होता है।

॥. कोविड-19 एक संक्रामक बीमारी है।

A. केवल अनुमान । अनुसरण करता है।

B. केवल अनुमान ॥ अनुसरण करता है।

C. । और ॥ दोनों अनुसरण करते हैं।

D. न तो । और न ही ॥ अनुसरण करता है।

E. या तो । या ॥ अनुसरण करता है।

Q.13 कथन: जब आप रोजाना व्यायाम करते हैं, तो हिप्पोकैम्पस में मस्तिष्क के हिस्से का निर्माण होता है, जो मस्तिष्क और सीखने को नियंत्रित करता है।

अनुमान:

। जिनकी याददाश्त कमजोर है उन्हें जिम ज्वाइन करना चाहिए।

॥. जो हर दिन व्यायाम करते हैं वे परीक्षा में अच्छा करते हैं।

A. केवल अनुमान । अनुसरण करता है।

B. केवल अनुमान ॥ अनुसरण करता है।

C. दोनों अनुमान अनुसरण करते हैं।

D. कोई भी अनुमान अनुसरण नहीं करता है।

E. या तो । या ॥ अनुमान अनुसरण करते हैं।

Q.14 कथन: प्लास्टिक की थैलियां सैकड़ों वर्षों तक पर्यावरण में रहती हैं, धीरे-धीरे जहरीले रसायनों को छोड़ती हैं जो पर्यावरण प्रदूषण का प्रमुख कारण हैं।

अनुमान:

I. पदार्थ के रूप में प्लास्टिक अजैवनिम्नीकरणीय है।

II. सरकार को प्लास्टिक के उपयोग पर कर या प्रतिबंध लगाना चाहिए।

A. केवल अनुमान I अनुसरण करता है।

B. केवल अनुमान II अनुसरण करता है।

C. दोनों अनुमान अनुसरण करते हैं।

D. कोई भी अनुमान अनुसरण नहीं करता है।

E. या तो I या II अनुमान अनुसरण करते हैं।

Q.15 कथन: जब तक एक लेखक अच्छा करने के लिए निश्चित नहीं होता, वह संभवतः नियमों का पालन करने की पूरी कोशिश करेगा।

अनुमान:

I. कुछ मानक नियम हैं जो लेखक आमतौर पर पालन करते हैं।

II. एक लेखक जो अच्छी तरह से करने के बारे में सुनिश्चित है वह नियमों को दरकिनार कर सकता है।

A. केवल अनुमान I अनुसरण करता है।

B. केवल अनुमान II अनुसरण करता है।

C. दोनों अनुमान अनुसरण करते हैं।

D. कोई भी अनुमान अनुसरण नहीं करता है।

E. या तो I या II अनुमान अनुसरण करते हैं।

Q.16 कथन: जब देश नए वायरस के मामलों या एक-दूसरे के साथ वायरस की संभावना के बारे में जानकारी साझा करते हैं, तो विश्व एक साथ मिलकर इस मुद्दे को सुलझाने पर काम कर सकता है।

अनुमान:

I. पारदर्शिता और बेहतर जानकारी साझा करने से प्रसार को रोकने में मदद मिल सकती है।

II. महामारी की भविष्य की संभावना को नियंत्रित किया जाएगा जब देश एक साथ काम करेंगे।

A. केवल अनुमान I अनुसरण करता है।

B. केवल अनुमान II अनुसरण करता है।

C. दोनों अनुमान अनुसरण करते हैं।

D. कोई भी अनुमान अनुसरण नहीं करता है।

E. या तो I या II अनुमान अनुसरण करते हैं।

Q.17 कथन: लेम्बोर्गिनी में एक समय में तीन से अधिक मॉडल नहीं होते हैं। इसके अलावा, यह सालाना 5,000-10,000 कारों का उत्पादन करती है।

अनुमान:

I: लेम्बोर्गिनी हमेशा एक सीमित मॉडल कंपनी रही है।

II: लेम्बोर्गिनी एक प्रसिद्ध कार ब्रांड है।

A. केवल अनुमान I अनुसरण करता है।

B. केवल अनुमान II अनुसरण करता है।

C. दोनों अनुमान अनुसरण करते हैं।

D. कोई भी अनुमान अनुसरण नहीं करता है।

E. या तो I या II अनुमान अनुसरण करता है।

Q.18 निर्देश: नीचे दो कथन और उसके बाद I, II, III, और IV से अंकित चार अनुमान दिए गए हैं। आपको कथन को सत्य मानना होगा, भले ही वह सामान्य रूप से ज्ञात तथ्यों से भिन्न प्रतीत होता हो। आपको यह तय करना है कि दिए गए अनुमानों में से कौन सा, यदि कोई हो, दिए गए कथन का अनुसरण करता है।

कथन:

भारत का औद्योगीकरण हो रहा है।

प्रदूषण औद्योगीकरण से संबंधित समस्या है।

अनुमान:

I. सभी औद्योगिक केंद्र प्रदूषित है।

II. भारत प्रदूषित है।

III. प्रदूषित देश औद्योगिकृत हो चुके हैं।

IV. भारत प्रदूषित हो सकता है।

A. सभी सही हैं।

B. कोई सही नहीं है।

C. केवल IV सही है।

D. केवल II सही है।

E. केवल III सही है।

Q.19 निर्देश: नीचे दिए गए अवतरण का अध्ययन कीजिए और उन अनुमानों का चयन कीजिए जो अवतरण में दिए गए तथ्यों के आधार पर सत्य है/हैं।

अवतरण:

दुनिया भर में ऑटो और टेक कंपनियां स्वायत्त वाहनों को विकसित करने के लिए कार्य कर रही हैं। और सरकारें मदद कर रही हैं, क्योंकि संभावित लाभ छींकने के लिए नहीं हैं। यदि वैश्विक ऑटो उद्योग के पास परिवहन के भविष्य के लिए एक दृष्टि है, तो यह स्वचालन है। लेकिन ए.वी. पारिस्थितिकी तंत्र के निर्माण में समय और प्रयास लगता है, और कार निर्माता, प्रौद्योगिकी फर्मों और अधिकारियों के बीच सहयोग होता है। अमेरिका, चीन और कुछ हद तक-यूरोप ने पहले से ही चालक रहित कारों के परीक्षण को विनियमित करने और अनुमति देने के लिए नीतियों को लागू करना शुरू कर दिया है। भारत को लंबे समय में स्वायत्त के कई फायदों से चूकने या जोखिम उठाने की जरूरत है।

अनुमान:

I. स्वायत्त वैश्विक ऑटो उद्योग के सामने एकमात्र लक्ष्य है।

II. अमेरिका, चीन और यूरोप ने कारों के स्वचालन की दिशा में आपस में अच्छा सहयोग किया है।

III. भारत वर्तमान में कारों में स्वचालन तकनीक के साथ बहुत स्पष्ट नहीं है।

A. केवल अनुमान I सत्य है।

B. केवल अनुमान II सत्य है।

C. I और II दोनों सत्य हैं।

D. उनमें से सभी सत्य हैं।

E. उनमें से कोई भी सत्य नहीं हैं।

Q.20 निर्देश: निम्न प्रश्न में एक कथन और उसके बाद I और II से अंकित दो अनुमान दिए गये हैं। आपको दिए गये कथन को सत्य मानना है, भले ही वे ज्ञात तथ्यों से अलग प्रतीत होते हों। सभी अनुमानों को पढ़िए और फिर निर्णय कीजिए कि दिये गये अनुमानों में से कौन सा अनुमान ज्ञात तथ्यों को नजरअंदाज करने पर कथनों का तार्किक रूप से अनुसरण करता है।

कथन:

राष्ट्रपति डोनाल्ड ट्रम्प ने यू.एस. कांग्रेस को मंगलवार को संघ के अपने संबोधन में कहा कि वे चाहते हैं कि शासनकर्ताओं ने "कोशिश करने का अधिकार" का समर्थन करना चाहिए ताकि स्थायी रूप से बीमार रोगी, संघीय अधिकारियों द्वारा अनुमोदित न किये गये प्रायोगिक उपचारों को ले।

अनुमान:

I. फिलहाल यू.एस. में बीमार मरीज़ों को संघीय अधिकारियों द्वारा अनुमोदित किसी भी चिकित्सा उपचार से गुजरने की अनुमति नहीं है।

II. स्थायी बीमार रोगियों को "कोशिश करने का अधिकार" देने से उन चिकित्सकों को उन्मुक्ति प्रदान करेगा, जो संघीय अधिकारियों द्वारा अनुमोदित न किये गये उपचार करेंगे।

A. केवल अनुमान I सही है।

B. केवल अनुमान II सही है।

C. या तो अनुमान I या फिर अनुमान II सही है।

D. I या II में से कोई अनुमान सही नहीं है।

E. I और II दोनों अनुमान सही हैं।

Q.21 निर्देश: निम्न प्रश्न में एक कथन और उसके बाद I और II से अंकित दो अनुमान दिए गये हैं। आपको दिए गये कथन को सत्य मानना है, भले ही वे ज्ञात तथ्यों से अलग प्रतीत होते हों। सभी अनुमानों को पढ़िए और फिर

निर्णय कीजिए कि दिया गया कौन सा अनुमान ज्ञात तथ्यों को नजरंदाज करने पर कथनों का तार्किक रूप से अनुसरण करता है।

कथन:

कर प्रणाली में परिवर्तन करना न केवल धन के प्रवाह को विनियमित करने और निगरानी करने के लिए फायदेमंद है, बल्कि एक अधिक पारदर्शी वित्तीय व्यवस्था बनाने की दिशा में एक मौलिक कदम है।

अनुमान:

I. पिछली कर प्रणाली में धन के प्रवाह को छिपाने के गुप्त मार्ग थे।

II. नई कर प्रणाली का उद्देश्य उन गुप्त मार्गों को दूर करना है, जिनसे धन की लूट संभव हो गई है।

A. केवल अनुमान I अनुसरण करता है।

B. केवल अनुमान II अनुसरण करता है।

C. अनुमान I और अनुमान II दोनों अनुसरण करते हैं।

D. न तो अनुमान I न ही अनुमान II अनुसरण करता है।

E. या तो अनुमान I या अनुमान II अनुसरण करता है।

Q.22 निर्देश: निम्नलिखित प्रश्न में एक कथन और उसके बाद दो अनुमान दिए गए हैं। सही अनुमान अंकित कीजिए।

कथन:

एक बार उठने के बाद एक गिलास पानी पीना काफी स्वस्थ और फायदेमंद होता है।

अनुमान:

I. हमारे शरीर को अपनी विभिन्न आंतरिक और बाह्य प्रक्रियाओं के नियमन के लिए पानी की आवश्यकता होती है।

II. सुबह-सुबह पानी पीने से गैस की परेशानी हो सकती है।

A. केवल अनुमान I सत्य है।

B. केवल अनुमान II सत्य है।

C. दोनों अनुमान सत्य हैं।

D. या तो I या II सत्य है।

E. न तो I और न ही II सत्य है।

Ques (23-24):निर्देश: एक कथन दो अनुमान I और II के बाद दिए गए हैं। आपको दिए गये कथनों को सत्य मानना है, भले ही वे ज्ञात तथ्यों से अलग प्रतीत होते हो। आपको तय करना है कि दिए गए अनुमानों में से कौन-सा अनुमान, यदि कोई, दिए गए कथन का अनुसरण करता है।

Q.23 कथन: डब्ल्यूएच.ओ. ने भारत को एक पोलियो मुक्त राष्ट्र घोषित किया।

अनुमान:

I. भारत में पिछले दो दशकों में पोलियो के किसी भी मामले की सूचना नहीं मिली है।

II. पोलियो के लिए टीकाकरण कार्यक्रम को बंद किया जाना चाहिए।

A. केवल I अनुसरण करता है।

B. केवल II अनुसरण करता है।

C. या तो I या II अनुसरण करता है।

D. ना तो I और ना ही II अनुसरण करता है।

E. I और II दोनों अनुसरण करते हैं।

Q.24 कथन: दिल्ली के आकाश को घनी धुंध ने घेर लिया।

अनुमान:

I. लोगों को घर के अंदर रहने की कोशिश करनी चाहिए।

II. घर से बाहर निकलने वाले लोगों ने मास्क पहनना चाहिए।

A. केवल I अनुसरण करता है।

B. केवल II अनुसरण करता है।

C. I और II दोनों अनुसरण करते हैं।

D. न तो I न ही II अनुसरण करता है।

E. या तो I या II अनुसरण करता है।

Q.25 निर्देश: निम्नलिखित प्रश्न में एक कथन और उसके बाद दो अनुमान दिए गए हैं। सही अनुमान अंकित कीजिए।

कथन:

जिन व्यक्तियों की आंखों की रोशनी की समस्या है, उन्हें चश्मे पहनने की आवश्यकता है और नेत्र रोग विशेषज्ञ द्वारा बताई गई बातों पर ध्यान देने की आवश्यकता है।

अनुमान:

I. आंखों की समस्याओं को चिकित्सकीय रूप से कुछ न भी करके समय के साथ ठीक किया जा सकता है।

II. डॉक्टर के परामर्श पर, इस मुद्दे को आसानी से लक्षित किया जा सकता है और इस पर कार्य किया जा सकता है।

A. केवल अनुमान I सत्य है।

B. केवल अनुमान II सत्य है।

C. दोनों अनुमान सत्य हैं।

D. या तो I या II सत्य है।

E. न तो I और न ही II सत्य है।

Ques (26-30):निर्देश: निम्न प्रश्न में एक कथन और उसके बाद I और II से अंकित दो अनुमान दिए गये हैं। आपको दिए गये कथन को सत्य मानना है, भले ही वे ज्ञात तथ्यों से अलग प्रतीत होते हों। सभी अनुमानों को पढ़िए और फिर निर्णय कीजिए कि दिया गया कौन सा अनुमान ज्ञात तथ्यों को नजरंदाज करने पर कथनों का तार्किक रूप से अनुसरण करता है।

Q.26 कथन: बारिश का मौसम देश भर में सड़कों की स्थिति को ख़राब कर देता है।

अनुमान:

I. हमें उन सड़कों का उपयोग बंद कर देना चाहिए।

II. सरकार को पहले ही सावधानी बरतनी चाहिए।

A. केवल अनुमान I अनुसरण करता है।

B. केवल अनुमान II अनुसरण करता है।

C. अनुमान I और II दोनों अनुसरण करते हैं।

D. कोई अनुमान अनुसरण नहीं करता है।

E. या तो I या II अनुमान अनुसरण करते हैं।

Q.27 कथन: दृष्टिकोण अक्सर अनुभव या परवरिश का परिणाम होते हैं, और वे व्यवहार पर एक शक्तिशाली प्रभाव डाल सकते हैं।

अनुमान:

I. दृष्टिकोण बदला नहीं जा सकता है।

II. दृष्टिकोण और व्यवहार संबंधित हैं।

A. केवल अनुमान I अनुसरण करता है।

B. केवल अनुमान II अनुसरण करता है।

C. दोनों अनुमान अनुसरण करते हैं।

D. कोई भी अनुमान अनुसरण नहीं करता है।

E. या तो I या II अनुमान अनुसरण करते हैं

Q.28 कथन: भारत सरकार 1 मई 2021 से 18 वर्ष से अधिक आयु के सभी के लिए कोविड-19 टीकाकरण खोलने की योजना बना रही है।

अनुमान:

I. सरकार भारत कोविड-19 के प्रसार को रोकने के लिए आवश्यक कदम उठा रही है।

II. 18 - 45 की आयु के बीच के व्यक्ति कोविड-19 के प्रसार का मुख्य कारण हैं।

A. केवल अनुमान I अनुसरण करता है।

B. केवल अनुमान II अनुसरण करता है।

C. I और II दोनों अनुसरण करते हैं।

D. न तो I और न ही II अनुसरण करता है।

E. या तो I या II अनुमान अनुसरण करते हैं।

Q.29 कथन: एक गठबंधन सरकार में कोई भी पार्टी अपनी नीतियों और कार्यक्रमों को लागू करने के लिए अपने दम पर काम नहीं कर सकती है।

अनुमान:

I. यह एक गठबंधन सरकार का एक अवगुण है।

II. गठबंधन सरकार दो या दो से अधिक दलों के संघ द्वारा बनाई जाती है।

A. केवल अनुमान I अनुसरण करता है।

B. केवल अनुमान II अनुसरण करता है।

C. दोनों अनुमान अनुसरण करते हैं।

D. कोई भी अनुमान अनुसरण नहीं करता है।

E. या तो I या II अनुमान अनुसरण करते हैं।

Q.30 कथन: चीन का सामना करने के लिए, भारत को न केवल सैन्य बल की आवश्यकता होगी, बल्कि आर्थिक कौशल की भी आवश्यकता होगी।

अनुमान:

I. अगले कुछ वर्षों के लिए पर्याप्त रक्षा व्यय की संभावना है।

II. भारत को बेहतर आर्थिक वृद्धि हासिल करने के लिए एक मजबूत योजना की जरूरत है।

A. केवल अनुमान I अनुसरण करता है।

B. केवल अनुमान II अनुसरण करता है।

C. दोनों अनुमान का अनुसरण करते हैं।

D. कोई भी अनुमान का अनुसरण नहीं करता है।

E. या तो I या II अनुमान अनुसरण करते हैं।

// स्मार्ट उत्तर पुस्तिका //

| सही उत्तर | उन छात्रों का प्रतिशत जिन्होंने प्रश्नों का सही उत्तर दिया था। | छोड़ दिया | उन छात्रों का प्रतिशत जिन्होंने प्रश्नों को छोड़ दिया था। |

प्रश्न संख्या	उत्तर	सही उत्तर / छोड़ दिया	प्रश्न संख्या	उत्तर	सही उत्तर / छोड़ दिया	प्रश्न संख्या	उत्तर	सही उत्तर / छोड़ दिया	प्रश्न संख्या	उत्तर	सही उत्तर / छोड़ दिया	प्रश्न संख्या	उत्तर	सही उत्तर / छोड़ दिया	प्रश्न संख्या	उत्तर	सही उत्तर / छोड़ दिया	प्रश्न संख्या	उत्तर	सही उत्तर / छोड़ दिया
1	A	49.79 % / 44.87 %	6	A	47.23 % / 45.96 %	11	C	69.84 % / 30.14 %	16	A	42.02 % / 55.87 %	21	C	64.69 % / 35.28 %	26	B	54.67 % / 36.23 %
2	C	43.81 % / 30.33 %	7	C	65.44 % / 31.42 %	12	B	62.18 % / 34.79 %	17	A	86.76 % / 11.52 %	22	A	65.38 % / 31.59 %	27	B	57.53 % / 33.96 %
3	C	42.19 % / 49.41 %	8	C	49.56 % / 40.46 %	13	D	50.72 % / 46.95 %	18	C	30.75 % / 68.31 %	23	D	42.5 % / 41.82 %	28	A	46.48 % / 37.15 %
4	C	41.51 % / 41.68 %	9	A	60.51 % / 35.14 %	14	B	45.98 % / 35.75 %	19	B	20.22 % / 71.41 %	24	C	41.45 % / 35.53 %	29	B	63.59 % / 36.17 %
5	E	69.22 % / 30.2 %	10	C	54.55 % / 33.24 %	15	C	66.75 % / 30.19 %	20	D	65.69 % / 30.51 %	25	B	40.52 % / 32.93 %	30	C	56.99 % / 30.0 %

//संकेत और समाधान//

1. दिए गए कथन से यह स्पष्ट है कि कंप्यूटर मनुष्यों की तुलना में किसी भी कार्य को तेजी से पूरा करने में सक्षम है। इसलिए, यह मानव शक्ति की खपत को कम कर सकता है।

इसलिए, अनुमान I अनुसरण करता है।

लेकिन, यह कंप्यूटर की अगली पीढ़ी के बारे में कुछ भी उल्लेख नहीं करता है।

इसलिए, अनुमान II अनुसरण नहीं करता है।

इसलिए, केवल I अनुसरण करता है।

अतः विकल्प (A) सही है।

2. इस कथन का सीधा अर्थ यह है कि प्रबंधक शब्द 'बिना किसी पूर्ण क्षतिपूर्ति' के माध्यम से अववैतनिक है। इसलिए, अनुमान I अनुसरण करता है। शब्द 'अंतिम शब्द' का अर्थ यह है कि प्रबंधक कार्रवाई अर्थात् इस्तीफा देने से पहले आखिरी बार बात करेगा। इसलिए, अनुमान II सत्य है। तीसरे अनुमान में शब्द 'बहस' गलत है क्योंकि प्रबंधक और प्राधिकरण अपने भत्तों पर बातचीत करने के लिए बैठक कर रहे हैं ना कि इस बहस कर रहे है। इसलिए, अनुमान III सही नहीं है।

अतः विकल्प (C) सही है।

3. सही उत्तर विकल्प (C) है, अर्थात् सरकार व्यवसाय आसानी से करने पर ध्यान केंद्रित कर रही है। मुकदमा दायर करने के लिए कई कदम उठाए जा चुके हैं। पूरी प्रक्रिया की समीक्षा की गई है और मुकदमा दायर करने के लिए इन सीमाओं को बढ़ाने के लिए एक मजबूत मामला है और उच्च मूल्य वाले मामलों में विभाग की ऊर्जा को केन्द्रित करने पर ध्यान दे रहा है।

हम पहले कथन को ध्यान से पढ़ना सुनिश्चित करते हैं और फिर देखना है कि हमारे पहली बार पढ़ने के आधार पर क्या तत्काल अनुमान तैयार किए जा सकते हैं। अगला कदम विकल्पों में दिए गए कथनों को देखना है, उनका विश्लेषण करें और देखें कि क्या हमें प्रदान की गई जानकारी / विवरण के संबंध में वे प्रासंगिक हैं या नहीं। यदि वे हमें दी गई जानकारी / विवरण के संबंध में प्रासंगिक प्रतीत होते हैं।

कथन से, हम अनुमान लगा सकते हैं कि सरकार उच्च मूल्य वाले मामलों के खिलाफ कानूनी कार्रवाई (मुकदमेबाजी) करने की योजना बना रही है और विभिन्न स्तरों (अदालतों और अपीलीय न्यायाधिकरणों) पर मौद्रिक सीमाओं को बढ़ाने की योजना बना रही है।

(A) को अनुमानित नहीं किया जा सकता क्योंकि यह स्पष्ट रूप से आंकड़े बताता है (25 लाख रुपये से 1 करोड़ रुपये) । दिए गए कथन में, 'मौद्रिक सीमा बढ़ाने की योजना' का उल्लेख किया गया है लेकिन इस जानकारी के आधार पर कोई सटीक आंकड़े नहीं अनुमानित किये जा सकते हैं, इस प्रकार, इसे अस्वीकृत कर दिया जा सकता है।

(B) और (D) दोनों को भी अस्वीकृत कर दिया जा सकता है क्योंकि 'दायर की गयी अपील का 54%' और 'प्रत्यक्ष और अप्रत्यक्ष कर' के बारे में क्रमशः कोई जानकारी नहीं निकाली जा सकती है। इस प्रकार, इसे भी ख़त्म किया जा सकता है।

 (C) इस तथ्य को बताता है कि 'सरकार व्यवसाय आसानी से करने पर ध्यान केंद्रित कर रही है' जिसे इस तथ्य से अनुमानित किया जा सकता है कि 'उच्च मूल्य वाले मामलों को चुनें' जो उच्च व्यावसायिक मामलों को संदर्भित करता है और छोटे पैमाने पर व्यवसायों को राहत देता है। (C) में वर्णित शेष तथ्य भी सामान्य हैं और दी गई जानकारी से निकाला जा सकता है।

इस प्रकार से, इसका अर्थ निकटतम विकल्प, विकल्प (C) है। अन्य सभी विकल्प कथन में दिए गए विवरण के संबंध में अप्रासंगिक प्रतीत होते हैं।

अतः विकल्प (C) सही है।

4. शब्द "लिंग" का जैविक महत्व है जो एक पुरुष या महिला होने की बात करता है। जबकि "लिंग" शब्द को समाज या संस्कृति द्वारा "पुरुष से संबंधित: पुल्लिंग" और "स्त्री से संबंधित: स्त्रीलिंग" के बीच अंतर करने के लिए पेश किया गया है। इसलिए, अनुमान I अनुसरण करता है।

चूंकि लिंग किसी की उत्पत्ति के आधार पर निर्धारित किया जाता है, इसलिए यह समाजों में मानक है, जबकि "लिंग" परिप्रेक्ष्य पर आधारित है और भिन्न हो सकता है। उदाहरण के लिए "पर्स" और "वॉलेट" पहले क्रमशः महिलाओं और पुरुषों के साथ जुड़े थे। लेकिन समय के साथ धारणा भी बदल गई है। इसलिए, अनुमान II भी अनुसरण करता है।

अतः विकल्प (C) सही है।

5. कथन का अर्थ है कि ऑनलाइन खरीदारी लोकप्रिय हो रही है क्योंकि यह आसान और सुविधाजनक है। इसलिए, अनुमान I अनुसरण करता है। शब्द 'अभी भी प्रबल' और 'विज्ञापन' हमें बताते हैं कि स्पर्श का अनुभव करने से उत्पादों को बेचने में मदद मिलती है, जिसका अर्थ है कि लोग खरीदने से पहले उत्पादों को महसूस करना पसंद करते हैं। इसलिए, अनुमान II भी अनुसरण करता है।

अतः विकल्प (E) सही है।

6. कथन बताता है कि बड़े पैमाने पर ब्रिटिश औपनिवेशिक साम्राज्य के परिणामस्वरूप कोई भी देश या संस्कृति अंग्रेजी भाषा या शब्दों से अनजान नहीं है।

जो जानकारी दी गयी है उससे हम यह अनुमान लगा सकते हैं कि दुनिया के लोग अंग्रेजी से भाषा के रूप में परिचित हैं। इसलिए अनुमान I अनुसरण करता है।

लेकिन, जो दिया गया है उससे यह अनुमान नहीं लगाया जा सकता है कि सभी उपलब्ध भाषाओं में अंग्रेजी सबसे आसान है। हम इसकी कठिनाई के स्तर का अनुमान नहीं लगा सकते हैं। इसलिए, अनुमान II अनुसरण नहीं करता है।

अतः विकल्प (A) सही है।

7. कथन में दावा किया गया है कि भारत अपनी जरूरतों का 82% तेल आयात करता है। इस प्रकार, भारत अभी भी अपनी तेल जरूरतों के लिए अन्य देशों पर निर्भर है। इसलिए, अनुमान I अनुसरण करता है।

कथन में यह भी दावा किया गया है कि भारत 2022 तक अपने तेल आयात में 67% की कमी लाना चाहता है, ताकि उन्हें स्थानीय अन्वेषण और नवीकरणीय ऊर्जा से बदल दिया जाए। इस प्रकार, यह सत्य है कि अक्षय ऊर्जा वैकल्पिक ईंधन का स्रोत हो सकती है। इसलिए, अनुमान II भी अनुसरण करता है।

अतः विकल्प (C) सही है।

8. कथन में दी गई जानकारी से, हम आसानी से अनुमान लगा सकते हैं कि फ्लोरोसेंट रोशनी पराबैंगनी प्रकाश का उत्सर्जन करती है जिसकी तुलना सूर्य के पराबैंगनी उत्सर्जन से की जाती है।

इसलिए, अनुमान I अनुसरण करता है।

इसी तरह, हम यह भी अनुमान लगा सकते हैं कि सूर्य के प्रकाश से निकलने वाली पराबैंगनी किरणों की मात्रा फ्लोरोसेंट रोशनी की तुलना में बहुत अधिक है।

फ्लोरोसेंट रोशनी के आठ घंटे और सूर्य के एक मिनट की तुलना हमें उपरोक्त कथन का अनुमान लगाने में मदद करती है।

इसलिए, अनुमान II अनुसरण करता है।

अतः विकल्प (C) सही है।

9. ऊपर दिए गए कथन से, हम अनुमान लगा सकते हैं कि प्राचीन पेंटिंग और कलाकृतियां कीमती हैं, क्योंकि उनकी कीमतें आधुनिक समय की पेंटिंग की तुलना में अधिक हैं।

इसलिए, अनुमान I अनुसरण करता है।

दूसरी ओर, ऊपर दिए गए कथन में दी गई सीमित जानकारी से दूसरा निष्कर्ष नहीं निकाला जा सकता है।

उपरोक्त कथन प्राचीन और आधुनिक चित्रकला के मूल्य निर्धारण के बीच तुलना करता है।

इसलिए, अनुमान ॥ अनुसरण नहीं करता है।

अतः विकल्प (A) सही है।

10. कथन में दी गई जानकारी से, हम आसानी से अनुमान लगा सकते हैं कि वाहित मल का शेष प्रतिशत शोधन के बिना जल निकायों के लिए अपना रास्ता ढूंढता है।

इसलिए, अनुमान । अनुसरण करता है।

इसी तरह, ऊपर दिया गया कथन हमें यह पता लगाने में मदद करता है कि भारत अशोधित वाहित मल को कम करने की कोशिश कर रहा है। अपनी वर्तमान क्षमता के अनुसार, यह 37% वाहित मल का शोधन करने में सक्षम है और आँकड़ों को बेहतर बनाने की योजना बना रहा है।

इसलिए, अनुमान ॥ भी अनुसरण करता है।

अतः विकल्प (C) सही है।

11. UNDP की रिपोर्ट एक विशिष्ट देश के लिए नहीं है, बल्कि दुनिया के सभी देशों के लिए है। इसलिए, हम यह समझ सकते हैं कि लैंगिक भेदभाव केवल भारत तक ही सीमित नहीं है। इसलिए, अनुमान । अनुसरण करता है।

रिपोर्ट में यह भी उल्लेख किया गया है कि 90% व्यक्तियों ने महिलाओं के खिलाफ पक्षपाती विचार रखे हैं, और इन 90% व्यक्तियों में, यहां तक कि महिलाओं को भी शामिल किया गया है। इसलिए, हम इस निष्कर्ष को प्राप्त कर सकते हैं कि महिलाएं भी महिलाओं के खिलाफ कुछ प्रकार के पूर्वग्रह रखती हैं। इसलिए, अनुमान ॥ अनुसरण करता है।

अतः विकल्प (C) सही है।

12. कथन में दावा किया गया है कि केंद्र सरकार ने राज्यों को कोविड-19 मामलों के प्रसार को रोकने के लिए सामूहिक सभा से बचने की सलाह दी है। इसलिए, जब दो से अधिक व्यक्ति कहीं भी इकट्ठा होते हैं, तो कोरोनावायरस का प्रसार होता है, अर्थात् कोरोनावायरस फैलता है लेकिन तब उत्पन्न नहीं होता है जब व्यक्ति कहीं भी इकट्ठा होते हैं। इसलिए, अनुमान । अनुसरण नहीं करता है।

इसी तरह, चूंकि सरकार बड़े पैमाने पर एकत्र होने से बच रही है, इसलिए हम इस कथन से व्युत्पन्न हो सकते हैं कि कोरोनावायरस एक व्यक्ति से दूसरे व्यक्ति में फैलता है। इसलिए, अनुमान ॥ अनुसरण करता है।

अतः विकल्प (B) सही है।

13. कथन व्यायाम और हिप्पोकैम्पस के बीच संबंध का वर्णन करता है, मस्तिष्क का हिस्सा जो स्मृति और सीखने को नियंत्रित करता है। कथन बताता है कि व्यायाम से अच्छी याददाश्त और सीखने की सुविधा मिलती है।

दी गयी जानकारी से हम यह नहीं निकाल सकते कि जिन लोगों की याददाश्त कमजोर है उन्हें जरूर जिम ज्वाइन करना चाहिए। यह कथन के दायरे से परे है। इसलिए अनुमान । अनुसरण नहीं करता है।

इसके अलावा, जो दिया गया है, उससे यह अनुमान नहीं लगाया जा सकता है कि जो लोग हर दिन व्यायाम करते हैं, वे जरूरी परीक्षाओं में अच्छा करते हैं। इसलिए, अनुसरण ॥ अनुसरण नहीं करता है।

अतः विकल्प (D) सही है।

14. कथन बताता है कि प्लास्टिक की थैलियां पर्यावरण प्रदूषण का एक प्रमुख कारण हैं क्योंकि वे धीरे-धीरे पर्यावरण को नुकसान पहुंचाने वाले जहरीले रसायनों को छोड़ती हैं।

जो जानकारी दी गयी है उससे हम यह निष्कर्ष निकाल सकते हैं कि प्लास्टिक अपने आप ख़राब नहीं होता या विघटित नहीं होता है। इसलिए अनुमान । अनुसरण करता है।

लेकिन, सरकार द्वारा जिन कदमों को अपनाने की जरूरत है, उनका अनुमान नहीं लगाया जा सकता। यह एक विचारोत्तेजक कार्यवाही है और एक अनुमान नहीं है। इसलिए, अनुमान ॥ अनुसरण नहीं करता है।

अतः विकल्प (B) सही है।

15. कथन हमें एक शर्त देता है जिसमें कहा गया है कि जब तक एक लेखक अच्छा करने के लिए निश्चित नहीं होता, वह सम्भवतः नियमों का पालन करने की पूरी कोशिश करता है।

दी गयी जानकारी से हम यह अनुमान लगा सकते हैं कि कुछ मानक नियम या दिशानिर्देश हैं जो लेखक आमतौर पर अनुसरण करते हैं। इसलिए अनुमान । अनुसरण करता है।

इसके अलावा, जो दिया गया है उससे यह अनुमान लगाया जा सकता है कि जब लेखक अच्छा करने के लिए सुनिश्चित होता है तो वह नियमों की अवहेलना करने का सचेत निर्णय लेता है अन्यथा नियमों का पालन करना पसंद करता है। इसलिए, अनुमान ॥ अनुसरण करता है।

अतः विकल्प (C) सही है।

16. कथन बताता है कि जब देश एक नए वायरस या एक दूसरे के साथ वायरस की संभावना के बारे में जानकारी साझा करते हैं, तो इसके प्रसार को एक साथ काम करके निहित किया जा सकता है।

जो जानकारी दी गयी है, उससे हम यह अनुमान लगा सकते हैं कि पारदर्शिता और सूचना का प्रवाह बीमारी के प्रसार को नियंत्रित करने में मदद कर सकता है। इसलिए अनुमान । अनुसरण करता है।

लेकिन, जो दिया गया है, उससे यह अनुमान नहीं लगाया जा सकता है कि यदि देश मिलकर काम करेंगे तो भविष्य में महामारी की स्थिति पैदा नहीं होगी। कथन इसे पूर्ण नहीं बनाता है। इसलिए, अनुसरण ॥ अनुसरण नहीं करता है।

अतः विकल्प (A) सही है।

17. ऊपर दिए गए कथन से, हम आसानी से अनुमान लगा सकते हैं कि लेम्बोर्गिनी हमेशा एक सीमित मॉडल कंपनी रही है क्योंकि इसमें 3 से अधिक मॉडल नहीं हैं।

इसलिए, अनुमान । अनुसरण करता है।

दूसरी ओर, उपरोक्त कथन हमारे लिए इस कार ब्रांड की लोकप्रियता का अनुमान लगाने के लिए अपर्याप्त है क्योंकि इसमें किसी भी तुलनात्मक जानकारी का अभाव है।

इसलिए, अनुमान ॥ अनुसरण नहीं करता है।

अतः विकल्प (A) सही है।

18. दिए गए कथन हैं:

भारत का औद्योगीकरण हो रहा है और प्रदूषण, औद्योगीकरण से संबंधित समस्या है।

एक-एक करके अनुमानों का विश्लेषण करते हैं:

I. सभी औद्योगिक केंद्र प्रदूषित है → यह अनुमान नहीं लगाया जा सकता, क्योंकि हमारे पास केवल यह जानकारी है कि भारत का औद्योगीकरण हो रहा है और हमारे पास सभी औद्योगिक केंद्रों की जानकारी नहीं है।

II. भारत प्रदूषित है → प्रदूषण एक समस्या है जो औद्योगिरण से उत्पन्न होती है और इसलिए हम यह नहीं कह सकते कि पूरा देश प्रदूषित है। इसलिए, यह अनुमान भी अनुसरण नहीं करता है।

III. प्रदूषित देश औद्योगिकृत हो चुके हैं → हालांकि प्रदूषण से जुड़ी समस्या है, फिर भी इस बात को सिद्ध करने के लिए कोई सबूत नहीं है कि सभी प्रदूषित देश औद्योगिकृत हैं। इसलिए, यह अनुमान भी नहीं लगाया जा सकता है।

IV. भारत प्रदूषित हो सकता है → चूंकि प्रदूषण की समस्या औद्योगीकरण के साथ आती है, भारत औद्योगीकरण के रास्ते पर बढ़ रहा है और वह प्रदूषित हो सकता है। इस प्रकार, यह अनुमान लगाया जा सकता है।

इसलिए, केवल अनुमान IV सही है और सही उत्तर है।

अतः विकल्प (C) सही है।

19. अवतरण इस बात पर जोर देता है कि स्वायत्त सबसे अधिक लाभकारी तकनीकी विकास में से एक है जो वैश्विक ऑटो उद्योग को देख रहा है, लेकिन यह नहीं कहता है कि स्वायत्त ही एकमात्र लक्ष्य है। इसलिए अनुमान I गलत है।

अवतरण में स्पष्ट रूप से उल्लेख किया गया है कि स्वायत्त को कार निर्माताओं के बीच सहयोग की आवश्यकता है, ना कि उन देशों के बीच जिन्होंने स्वचालित कारों का परीक्षण किया है। इसलिए अनुमान II भी सत्य नहीं है।

अवतरण के अंतिम कथन में कहा गया है कि भारत को ऑटो उद्योग में इन विकासों से अवगत कराने की आवश्यकता है जो यह बताता है कि वर्तमान में इसके बारे में बहुत जानकारी नहीं है। इसलिए, अनुमान II अनुसरण करता है।

अतः विकल्प (B) सही है।

20. यह सोचना उचित है कि यदि वर्तमान में बीमार रोगियों को "कोशिश करने का अधिकार" है, तो वर्तमान में अनुमति दी जा रही है, तो राष्ट्रपति ट्रम्प को स्थायी बीमार रोगियों के लिए "कोशिश करने का अधिकार" का समर्थन करने के लिए सांसदों से आग्रह करने की आवश्यकता नहीं होगी।

यदि बीमारी वाले बीमार रोगियों को संघीय अधिकारियों द्वारा "कोशिश करने का अधिकार" नहीं दिया जाता है, तो बीमार रोगियों के लिए चिकित्सा उपायों के कारण मौत का खतरा होगा। इसलिए, चिकित्सकों को कानूनी अभियोजन से बचाने के लिए आवश्यक व्यवस्था बनाए रखना आवश्यक है।

अतः विकल्प (D) सही है।

21. शब्द 'अधिक पारदर्शी वित्तीय व्यवस्था बनाने' से संकेत मिलता है कि पिछली कर प्रणाली पारदर्शी नहीं थी। इसलिए, अनुमान I अनुसरण करता है। इसका तात्पर्य यह भी है कि नई प्रणाली में पारदर्शिता लाने की योजना है इसलिए निष्कर्ष II भी अनुसरण करता है। इसलिए, I और II दोनों अनुसरण करते हैं।

अतः विकल्प (C) सही है।

22. यह कथन पीने के पानी के अच्छे हिस्से के बारे में है जैसे ही कोई सुबह उठता है, जिससे स्वास्थ्य के लिए लाभ होता है। दिए गए अनुमानों में से, केवल पहला सत्य है और कथन के साथ जाता है। पानी के बारे में दूसरा अनुमान गैस की परेशानी के बारे में कथन में नहीं दिया गया है, इसलिए, अनुमान II सत्य नहीं है।

इसलिए, केवल अनुमान I सत्य है।

अतः विकल्प (A) सही है।

23. चूंकि हम नहीं जानते हैं कि देश को पोलियो मुक्त राष्ट्र के रूप में अर्हता प्राप्त करने के लिए अपने पोलियो मुक्त मानक को कितने सालों तक बनाए रखना है और दो दशक लंबा समय है, हम कह सकते हैं कि निष्कर्ष I अनुसरण नहीं करता है। उसी प्रकार, यदि हम नहीं चाहते हैं कि पोलियो फिर से शुरू हो जाए तो हमें अपने बच्चों का टीकाकरण कराते रहना चाहिए। इसका अर्थ है पोलियो के लिए टीकाकरण कार्यक्रम बंद नहीं किया जाना चाहिए। तो, ना तो I और ना ही II अनुसरण करता है।

अतः विकल्प (D) सही है।

24. धुएं के कारण दिल्ली की हवा अत्यधिक प्रदूषित है, इसलिए घर के अंदर रहने की सलाह दी जाती है। अगर लोगों को अपने दैनिक कार्यों के लिए बाहर जाना है, तो उन्हें मास्क पहनना चाहिए। इस प्रकार, I और II दोनों अनुसरण करते हैं।

अतः विकल्प (C) सही है।

25. केवल अनुमान II सत्य है। कथन इस बात पर चर्चा करता है कि उचित चिकित्सा सहायता से आंखों की रोशनी के मुद्दों को कैसे ठीक किया जा सकता है। दिए गए अनुमानों में से, दूसरा कहता है कि डॉक्टर के परामर्श पर मुद्दों को आसानी से पता लगाया जा सकता है, लक्षित किया जा सकता है और उन्हें बेहतर बनाया जा सकता है। जैसा कि इसके बारे में है, यह प्राकृतिक और क्रमिक चिकित्सा के बारे में पहले अनुमान के विपरीत कथन में उल्लिखित बातों को जोड़ता है और दोहराता है।

इसलिए, केवल अनुमान II सत्य है।

अतः विकल्प (B) सही है।

26. केवल अनुमान II अनुसरण करता है। यहाँ, कथन में कहा गया है कि बरसात के मौसम में सड़कों की स्थिति ख़राब हो जाती है जिसके कारण उन सड़कों पर चलना बहुत मुश्किल होता है। सरकार को इसके लिए कदम उठाने चाहिए और सावधानियां बरतनी चाहिए, जिसका उल्लेख अनुमान II में किया गया है। अनुमान I में कहा गया है कि हमें उन सड़कों का उपयोग बंद कर देना चाहिए जो समस्या को हल नहीं करेगा बल्कि अन्य सड़कों पर अतिरिक्त ट्रैफिक का कारण बनेगा। इसलिए, केवल अनुमान II अनुसरण करता है।

अतः विकल्प (B) सही है।

27. कथन साझा करता है कि दृष्टिकोण जो अनुभव या परवरिश के परिणामस्वरूप होता है जो व्यवहार पर एक शक्तिशाली प्रभाव डालता है।

इसलिए, जो जानकारी दी गयी है उससे हम इस बारे में कुछ भी नहीं कह सकते हैं कि स्थायी दृष्टिकोण और व्यवहार कैसा है। उन्हें बदला जा सकता है या नहीं। इसलिए अनुमान I अनुसरण नहीं करता है।

लेकिन, जो दिया गया है उससे यह अनुमान लगाया जा सकता है कि व्यवहार के साथ दृष्टिकोण जुड़ा हुआ है। इसलिए, अनुमान II अनुसरण करता है।

अतः विकल्प (B) सही है।

28. कथन में दावा किया गया है कि भारत सरकार कोविड-19 से लड़ने के लिए 18 वर्ष से अधिक आयु के व्यक्तियों का टीकाकरण करने की योजना बना रही है, इसका अर्थ है कि भारत में कोविड-19 के प्रसार को रोकने के लिए सरकार आवश्यक कदम उठा रही है। इसलिए, अनुमान I अनुसरण करता है।

कथन में यह उल्लेख नहीं है कि 18 से 45 वर्ष के बीच के व्यक्ति कोविड-19 के प्रसार का मुख्य कारण हैं। इसलिए, अनुमान II अनुसरण नहीं करता है।

अतः विकल्प (A) सही है।

29. कथन में कहा गया है कि गठबंधन सरकार में कोई भी पार्टी अपने दम पर नीतियों और कार्यक्रमों का फैसला नहीं कर सकती है।

जो जानकारी दी गयी है, उससे हम यह नहीं निकाल सकते कि यह सरकार का अवगुण है। इसलिए अनुमान I अनुसरण नहीं करता है।

लेकिन, जो दिया गया है उससे यह अनुमान लगाया जा सकता है कि गठबंधन सरकार दो या दो से अधिक दलों के बीच गठबंधन का एक उत्पाद है। इसलिए, अनुमान II अनुसरण करता है।

अतः विकल्प (B) सही है।

30. कथन से स्पष्ट है कि चीन का सामना करने के लिए भारत को सैन्य और आर्थिक स्तर पर मजबूत होने की जरूरत है। इसलिए अगले कुछ वर्षों में उपकरण आदि खरीदने में रक्षा व्यय की संभावना है।

इसलिए, अनुमान I अनुसरण करता है।

इसके अलावा, अगर हम एक महाशक्ति को चुनौती देने का इरादा रखते हैं, तो हमारी प्रति व्यक्ति आय में वृद्धि होनी चाहिए। इसलिए हमें बेहतर आर्थिक विकास को संबोधित करने के लिए एक योजना की आवश्यकता है।

इसलिए, अनुमान II अनुसरण करता है।

इसलिए, दोनों अनुमानों का अनुसरण करते हैं।

अतः विकल्प (C) सही है।

Ques (1-2):निर्देश: नीचे दिए गए प्रश्न में एक कथन दिया गया है जिसके बाद दो धारणाएँ I. और II. दिए गए हैं। एक धारणा कुछ माना जाता है या मान लिया जाता है। आपको कथन और धारणाओं पर विचार करना होगा और फिर तय करना होगा कि कौन सी धारणा/धारणाएँ कथन में निहित हैं/हैं। आपको कथनों को सत्य मानना है, भले ही वे सर्वज्ञात तथ्यों से भिन्न प्रतीत होते हों।

Q.1 कथन: केंद्र सरकार द्वारा सभी राज्यों में तत्काल प्रभाव से लॉटरी द्वारा खेले जाने वाले जुए पर प्रतिबंध लगाया गया है।

धारणाएँ:

I. यह निर्दोष नागरिकों को उनकी मेहनत की कमाई गँवाने से बचा सकता है।

II. यदि लॉटरी पर प्रतिबंध लगा दिया जाता है, तो नागरिक किसी अन्य तरीके से जुआ नहीं खेल सकते हैं।

A. यदि केवल धारणा I. निहित है।

B. यदि केवल धारणा II. निहित है।

C. यदि या तो धारणा I. या धारणा II. निहित है।

D. धारणा I. और धारणा II. दोनों निहित हैं।

E. यदि न तो धारणा I. न ही धारणा II. निहित है।

Q.2 कथन: 'यह पुस्तक सभी के लिए लिखी गई है और इसके पाठकों के लिए कंप्यूटर चलाने का अनुभव होना जरुरी नहीं है।' कंप्यूटर से सम्बंधित एक पुस्तक के लेखक।

धारणाएँ:

I. केवल एक पुस्तक की सहायता से कंप्यूटर सीखना संभव है।

II. किताब पढ़ने के बाद ही कंप्यूटर चलाने के लिए सीखना संभव है।

A. यदि केवल धारणा I. निहित है।

B. यदि केवल धारणा II. निहित है।

C. यदि या तो धारणा I. या धारणा II. निहित है।

D. यदि न तो धारणा I. न ही धारणा II. निहित है।

E. धारणा I. और धारणा II. दोनों निहित हैं।

Q.3 निर्देश: नीचे दिए गए प्रश्न में एक कथन दिया गया है जिसके बाद तीन धारणाएँ I, II और III दी गई हैं। एक धारणा वह है जिसे सच माना जाता है। आपको निम्नलिखित धारणाओं पर विचार करना होगा और यह तय करना होगा कि कथन में कौन सी धारणा निहित है।

कथन:

भारतीय अधिकारियों ने उन सभी हवाई अड्डों के वाणिज्यिक संचालन की अनुमति दी है जो पाकिस्तानी वायु सेना के कुछ लड़ाकू जेट के कश्मीर के भारतीय हिस्से में प्रवेश करने के बाद बंद हो गए थे। अधिकारियों ने सभी एयरलाइंस को सूचित किया था कि जम्मू और कश्मीर क्षेत्र और देहरादून के पास हवाई अड्डे बंद कर दिए गए हैं।

धारणाएँ:

I. भारतीय वायु सेना के पाकिस्तानी क्षेत्र में प्रवेश करने और पाकिस्तान में एक आतंकवादी प्रशिक्षण केंद्र पर बमबारी करने के बाद पाकिस्तानी वायु सेना ने कश्मीर के भारतीय हिस्से में प्रवेश किया।

II. कई एयरलाइन अधिकारियों ने पुष्टि कि की सरकार ने उन्हें सूचित किया है कि जम्मू, श्रीनगर, लेह, अमृतसर, देहरादून और धर्मशाला के लिए उड़ानों को अगली सूचना तक निलंबित कर दिया गया है।

III. एक अधिकारी ने कहा कि एयरमेन (NOTAM) को अभी तक कोई नोटिस जारी नहीं किया गया है। यह सरकार के लिए एक अधिसूचना है जो एयरलाइंस को मिली है, स्रोत ने कहा।

A. कोई भी निहित नहीं है।

B. केवल I. निहित है।

C. II. और III. दोनों निहित हैं।

D. केवल III. निहित है।

E. केवल II. निहित है।

Q.4 निर्देश: नीचे दिए गए प्रश्न में एक कथन दिया गया है जिसके बाद तीन धारणाएँ क्रमांक 1, 2, और 3 हैं। एक धारणा कुछ माना जाता है या माना जाता है। आपको निम्नलिखित धारणा पर विचार करना है और तय करना है कि कौन सी धारणा कथन में निहित है।

कथन:

वित्त मंत्री अरुण जेटली ने गुरुवार को सरकार के फ्लैगशिप डिजिटल इंडिया कार्यक्रम पर अगले वित्त वर्ष 2017-18 में 1,425.63 करोड़ रुपये के मुकाबले 3,073 करोड़ रुपये खर्च करने का प्रस्ताव रखा था, इस कदम का उद्योगों द्वारा काफी हद तक स्वागत किया गया है। श्री जेटली ने कहा, "वैश्विक अर्थव्यवस्था डिजिटल अर्थव्यवस्था में बदल रही है डिजिटल दुनिया – मशीने लर्निंग, आर्टिफीसियल इंटेलिजेंस, चीजों का इंटरनेट, 3 डी प्रिंटिंग और इसी तरह के में अत्याधुनिक प्रौद्योगिकियों के विकास के लिए धन्यवाद।"

धारणाएँ:

1. डिजिटल इंडिया योजना भारत सरकार का एक सफल योजना है।

2. देश की प्रगति के लिए मशीने लर्निंग और आर्टिफीसियल इंटेलिजेंस महत्वपूर्ण हैं।

3. वित्त मंत्री श्री अरुण जेटली उद्योगपतियों के बीच प्रसिद्ध हैं।

A. केवल 1   **B.** केवल 2

C. केवल 3   **D.** 3 को छोड़कर सभी

E. सभी निहित हैं

Ques (5-6):निर्देश: निम्न प्रश्न में, एक गद्यांश और उसके बाद तीन धारणाएँ I, II और III दी गई हैं। धारणा एक मानी गई बात होती है। आपको दिए गये गद्यांश और उनके बाद दी गयी धारणाओं के आधार पर तय करना है कि अवतरण में निम्न में से कौन सी धारणा निहित है।

Q.5 गद्यांश:

एक सांस्कृतिक उत्सव या कॉलेज उत्सव एक वार्षिक सांस्कृतिक कार्यक्रम है, जिसमें छात्र समुदाय द्वारा आयोजित कॉलेज या विश्वविद्यालय के अन्य कॉलेजों के प्रतिभागियों को भी शामिल किया जाता है। पेशेवर प्रदर्शन करने वाले कलाकारों को भी आम तौर पर आमंत्रित किया जाता है, और छात्रों के लिए कई प्रतियोगिताएं आयोजित की जाती हैं।

धारणाएँ:

I: सांस्कृतिक उत्सव कॉलेज प्रबंधन द्वारा प्रायोजित है।

II: सांस्कृतिक उत्सव केवल भारत के कॉलेजों में होता है।

III: सांस्कृतिक उत्सव मई के महीने में आयोजित किया जाता है।

A. केवल I

B. केवल II

C. केवल III

D. III को छोड़कर सभी

E. कोई भी अनुसरण नहीं करता

Q.6 गद्यांश:

दही दुनिया में सबसे लोकप्रिय किण्वित डेयरी उत्पादों में से एक है, जो दूध में जीवित बैक्टीरिया को मिलाकर बनाया गया है। यह हजारों वर्षों से खाया जाता है और अक्सर भोजन या नाश्ते के रूप में उपयोग किया जाता है, साथ ही साथ यह सॉस और डेजर्ट का एक घटक है। इसके अलावा, दही में लाभकारी बैक्टीरिया होते हैं और प्रोबायोटिक के रूप में कार्य कर सकते हैं,

जो सादे दूध से ऊपर और उसके परे कई तरह के स्वास्थ्य लाभ प्रदान करते हैं।

धारणाएँ:

I: दही सस्ता है।

II: लोग पाचन शक्ति को बढ़ावा देने के लिए अपने आहार में दही शामिल करते हैं।

III: दही का उपयोग बेकिंग उद्योग में किया जाता है।

A. केवल I

B. केवल II

C. केवल III

D. I को छोड़कर सभी

E. सभी अनुसरण करते हैं

Q.7 निर्देश: नीचे दिए गए प्रश्न में एक कथन दिया गया है जिसके बाद दो धारणाएँ I और II दिए गए हैं। एक धारणा कुछ माना जाता है या मान लिया जाता है। आपको कथन और धारणाओं पर विचार करना होगा और फिर तय करना होगा कि कौन सी धारणा/धारणाएं कथन में निहित हैं/है। आपको कथनों को सत्य मानना है, भले ही वे सर्वज्ञात तथ्यों से भिन्न प्रतीत होते हों।

कथन:

कोरोना वायरस ने लोगों को अनावश्यक एकत्र होने से बचने और सामाजिक दूरी बनाए रखने की आदत डाल दी है।

धारणाएँ:

I. कोरोना वायरस महामारी के समाप्त होने के बाद भी लोग सामाजिक दूरी रखना पसंद करेंगे।

II. लोग इस सामाजिक दूरी से तंग आ चुके हैं, और बेसब्री से वैक्सीन का इंतजार कर रहे हैं जिससे कि वे जितना हो सके उतने एकत्र हो सकें।

A. केवल I अंतर्निहित है।

B. केवल II अंतर्निहित है।

C. या तो I या II अंतर्निहित है।

D. कोई नहीं

E. दोनों अंतर्निहित हैं।

Ques (8-9):निर्देश: निम्न प्रश्न में, एक गद्यांश और उसके बाद तीन धारणाएँ I, II और III दी गई हैं। धारणा एक मानी गई बात होती है। आपको दिए गये गद्यांश और उनके बाद दी गयी धारणाओं के आधार पर तय करना है कि गद्यांश में निम्न में से कौन सी धारणा निहित है।

Q.8 गद्यांश:

ऑक्टोपस समुद्री जीव हैं जो आठ हाथ और बल्बनुमा सिर होने के लिए सबसे प्रसिद्ध हैं। इनमें तीन दिल और नीला रक्त होता हैं; वे शत्रु को रोकने के लिए काले द्रव का धुआँ फेंक देते हैं और ये बिना हड्डी का जीव हैं।

धारणाएँ:

I: ऑक्टोपस में गलफड़े होते हैं।

II: ऑक्टोपस तंग स्थानों में (या बाहर) सिकुड़ सकता है।

III: ऑक्टोपस कोरल खाता है।

A. केवल I

B. केवल II

C. केवल III

D. III को छोड़कर सभी

E. सभी अनुसरण करते हैं

Q.9 गद्यांश:

हर मिनट में, यूट्यूब पर 500 घंटे से अधिक वीडियो अपलोड किए जाते हैं। यूट्यूब के 2 बिलियन से अधिक उपयोगकर्ता हैं, जो इंटरनेट पर लगभग सभी लोगों का एक तिहाई। पहला यूट्यूब वीडियो अप्रैल 2005 में अपलोड किया गया था, जिसमें इसके सह-संस्थापक जावेद करीम सैन डिएगो चिड़ियाघर में थे। यूट्यूब का उपयोग संगीत वीडियो, कॉमेडी शो, हाउ-टू गाइड, रेसिपी, हैक और बहुत कुछ देखने के लिए किया जाता है।

धारणाएँ:

I: यूट्यूब एक ऐसा मंच है जहां लोग कई तरह की चीज़ों के बारे में वीडियो अपलोड कर सकते हैं।

II: यूट्यूब गूगल की सहायक कंपनी है।

III: यूट्यूब का उपयोग इंटरनेट पर लगभग एक-तिहाई लोग करते हैं।

A. केवल I

B. केवल II

C. केवल III

D. III को छोड़कर सभी

E. सभी अनुसरण करते हैं

Ques (10-11):निर्देश: निम्न प्रश्न में, एक कथन और उसके बाद तीन धारणाएँ I, II और III दी गयी हैं। धारणा एक मानी गई बात होती है। आपको दिए गये कथन और उनके बाद दी गयी धारणाओं के आधार पर तय करना है कि कथन में निम्न में से कौन सी धारणा कथन में निहित है।

Q.10 कथन:

प्रधानमंत्री नरेंद्र मोदी के देहरादून में आसन करने वाले 55,000 उत्साही लोगों की अगुआई करने के साथ योग के चौथे अंतर्राष्ट्रीय दिवस (आई.डी.वाई.) को चिह्नित करने के लिए देश तैयार है। दुनिया भर में फैले प्राचीन भारतीय अभ्यास का जश्न मनाने के लिए संयुक्त राष्ट्र द्वारा चुने गए इस दिन को चिह्नित करने के लिए योग सत्र दुनिया भर में आयोजित किए जाएंगे। उत्तराखंड की राजधानी देहरादून में हिमालय की गोद में इस समय देश का सबसे बड़ा कार्यक्रम वन अनुसंधान संस्थान (एफ.आर.आई.) के लॉन में होगा।

धारणाएँ:

I. विदेशों में भारतीय मिशन भी गतिविधियों को समन्वयित कर रहे हैं, अधिकारियों ने कहा कि संयुक्त राष्ट्र दिवस को चिह्नित करने के लिए देश ने कड़ी मेहनत की है।

II. योग केवल अभ्यास का एक समूह नहीं है जो शरीर को चुस्त रखता है। यह स्वास्थ्य आश्वासन, फिटनेस और कल्याण की कुंजी के लिए एक पासपोर्ट है। ना ही योग वह है जो आप सुबह में अभ्यास करते हैं।

III. इस्लाम शारीरिक फिटनेस पर विशेष जोर देता है और फिटनेस से संबंधित चीजों को अच्छी तरह से मानता है। अभ्यास के रूप में योग अच्छा है, लेकिन इसे अनिवार्य नहीं किया जाना चाहिए जो अन्य धर्मों के लोगों को स्वीकार्य नहीं हो सकता है।

A. केवल I निहित है

B. I, II को छोड़कर सभी निहित हैं

C. ना तो I, II और ना ही III निहित है

D. केवल II निहित है

E. III और II दोनों निहित हैं

Q.11 कथन:

रेलवे बजट में भारत सरकार ने 2018-19 के दौरान 12,000 वैगन, 5,160 कोच और लगभग 700 इंजनों के अधिग्रहण का प्रावधान किया है। वित्त मंत्री ने कहा कि पूर्वी और पश्चिमी गलियारों पर समर्पित माल ढुलाई पर कार्य पूरी तरह से उछाल में था।

धारणाएँ:

I. भारतीय जनता पार्टी रेलवे को एक पूर्ण नवीनीकरण देकर 2019 का चुनाव जीतने की सोच रही है।

II. भारतीय सरकार विश्व गुणवत्ता वाला भारतीय रेलवे बनाने के लिए कार्य कर रही है।

III. रेलवे इंफ्रास्ट्रक्चर के लिए लगभग 1,50,000 करोड़ भारतीय रुपये मंजूर किए गए थे।

A. केवल I धारणा है।

B. केवल II धारणा है।

C. केवल III धारणा है।

D. केवल I और II धारणाएँ हैं।

E. केवल I और III धारणाएँ हैं।

Ques (12-13):निर्देश: नीचे दिए गए गद्यांश को पढ़िए और सही विकल्प का चयन कीजिए।

Q.12 गद्यांश:

70 के दशक के दौरान भारत में जनसंख्या की वृद्धि दर 2.22% प्रति वर्ष थी। मध्य 80 के दशक से 90 के दशक के दौरान वृद्धि में बदलाव होता है और 1996-2001 के लिए इसके 1.62% होने की उम्मीद है। इसके 2006-2011 के दौरान 1.50 प्रतिशत तक पहुंचने की उम्मीद है। इसी प्रकार, जीवनकाल की उम्मीद, जो वर्तमान में महिला के लिए लगभग 65 और पुरुष आबादी के लिए 62 है, महिला के लिए 68 और पुरुष के लिए 66 हो जाएगी। पूर्ण रूप से, भारत की जनसंख्या सदी के अंत तक एक अरब का आंकड़ा पार कर जाएगी और वर्ष 2011 तक बढ़कर 1179 मिलियन हो जाएगी।

धारणा: 2001 से अगले 10 वर्षों तक जनसंख्या प्रति वर्ष 1.79% की दर से बढ़ती रहेगी।

A. यदि धारणा निश्चित रूप से सत्य है।
B. यदि धारणा संभवतः सत्य है।
C. यदि धारणा निश्चित रूप से असत्य है।
D. यदि धारणा संभवतः असत्य है।
E. यदि जानकारी अपर्याप्त है।

Q.13 गद्यांश:

भारत में गरीबी रेखा के नीचे आबादी के प्रतिशत को लेकर कुछ विवाद है। गरीबी रेखा का मानदंड कैलोरी के संदर्भ में किसी व्यक्ति की पोषण संबंधी आवश्यकताओं पर आधारित है। यह माना जाता है कि ग्रामीण क्षेत्रों में प्रति व्यक्ति प्रति दिन न्यूनतम पोषण की आवश्यकता 2400 कैलोरी है, जबकि शहरी क्षेत्रों में यह 2200 कैलोरी है। यदि परिवार इस पोषण के स्तर के लिए खर्च वहन करने में असमर्थ है, तो इसे गरीबी रेखा के नीचे वर्गीकृत किया गया है। एक दृष्टिकोण यह भी है कि कैलोरी के साथ-साथ प्रोटीन ग्रहण की मात्रा की को भी एक मापदंड के रूप में माना जाना चाहिए क्योंकि यह शारीरिक ऊर्जा, मानसिक सतर्कता और संक्रमण के प्रतिरोध से संबंधित है।

धारणा: गरीबी रेखा से ऊपर के लोगों के संक्रमण से पीड़ित होने की संभावना कम होती है।

A. यदि धारणा निश्चित रूप से सत्य है।
B. यदि धारणा संभवतः सत्य है।
C. यदि धारणा निश्चित रूप से असत्य है।
D. यदि धारणा संभवतः असत्य है।
E. यदि जानकारी अपर्याप्त है।

Ques (14-15):निर्देश: निम्न प्रश्न में, एक गद्यांश और उसके बाद तीन धारणाएँ I, II और III दी गई हैं। धारणा एक मानी गई बात होती है। आपको दिए गये गद्यांश और उनके बाद दी गयी धारणाओं के आधार पर तय करना है कि गद्यांश में निम्न में से कौन सी धारणा निहित है।

Q.14 गद्यांश:

सेंधा नमक - असंसाधित और कच्चा, पर्यावरण प्रदूषक और रासायनिक घटकों से रहित नमक का शुद्धतम रूप है। "इसमें पोटेशियम, लोहा, कैल्शियम, जस्ता, मैग्नीशियम, तांबा और बहुत सारे खनिज सहित शरीर द्वारा आवश्यक 92 ट्रेस तत्वों में से 84 शामिल हैं।

धारणाएँ:

I: साधारण नमक में अशुद्धियाँ होती हैं।
II: साधारण नमक के बजाय भोजन में सेंधा नमक का उपयोग करना बेहतर होता है
III: सेंधा नमक महंगा और दुर्लभ है।

A. केवल I।
B. केवल II
C. केवल III।
D. III को छोड़कर सभी
E. सभी अनुसरण करते हैं

Q.15 गद्यांश:

एक डाइजेस्टिव बिस्कुट, जिसे कभी-कभी मीठा-भोजन बिस्कुट के रूप में वर्णित किया जाता है, एक अर्ध-मीठा बिस्कुट है जो स्कॉटलैंड में उत्पन्न हुआ और दुनिया भर में लोकप्रिय है। पाचन की सहायता के लिए दो स्कॉटिश डॉक्टरों द्वारा डाइजेस्टिव को पहली बार 1839 में विकसित किया गया था।

धारणाएँ:

I: डाइजेस्टिव बिस्कुट बहुत कुरकुरे होते हैं।
II: डाइजेस्टिव बिस्कुट स्वास्थ्य के लिए अच्छे होते हैं।
III: कुकीज़ की तुलना में डाइजेस्टिव बिस्कुट बेहतर हैं।

A. केवल I।
B. केवल II
C. केवल III।
D. III को छोड़कर सभी
E. सभी अनुसरण करते हैं

Q.16 निर्देश: प्रश्न में एक कथन और दो धारणाएँ हैं। आपको पहले यह निर्धारित करना होगा कि प्रत्येक कथन सत्य है या नहीं। दोनों धारणाओं को ध्यानपूर्वक पढ़कर उपयुक्त विकल्प का चयन कीजिए।

कथन:

अंतरराष्ट्रीय बाजार में पाकिस्तान से प्रतिस्पर्धा को देखते हुए, सरकार बासमती चावल पर निर्यात शुल्क कम कर सकती है।

धारणाएँ:

I. निर्यात शुल्क में कटौती करने से निर्यात में वृद्धि होती है।
II. पाकिस्तान बासमती चावल का निर्यातक है।

A. केवल I निहित है।
B. केवल II निहित है।
C. I और II दोनों निहित हैं।
D. या तो I या II निहित है।
E. न तो I न ही II निहित है।

Q.17 निर्देश: प्रश्न में एक कथन और तीन धारणाएँ हैं। एक धारणा कुछ माना जाता है या मान लिया जाता है। आपको निम्नलिखित धारणा पर विचार करना है और तय करना है कि कौन सी धारणा कथन में निहित है।

कथन:

संचार मंत्री मनोज सिन्हा ने सोमवार को कहा कि सरकार वित्तीय समावेशन की सुविधा के लिए भारत डाक भुगतान बैंक के लिए 650 शाखाएं स्थापित करने पर काम कर रही है, और डाक विभाग द्वारा दो नए प्रस्तावों का अनावरण किया गया है। "भारत पोस्ट पेमेंट्स बैंक के लिए ... हम पूरे भारत में लगभग 650 शाखाएं खोलेंगे। सिन्हा ने कहा, रायपुर और रांची में दो, पहले ही शुरू हो चुके हैं।

धारणाएँ:

I. जिस तरह से तकनीक बदल रही है और बाधाओं को देखते हुए, प्रौद्योगिकी से खुद को जोड़ना अच्छा है लेकिन विभाग के मूल्यों को भी बनाए रखना है, और यह सबसे बड़ी चुनौती है।
II. इसका उद्देश्य यह है कि 650 पोस्ट भुगतान बैंक के माध्यम से, हम 1.55 लाख गांवों में वित्तीय समावेश को धक्का दे सकते हैं।
III. मंत्री जो राष्ट्रीय डाक सप्ताह (9-15 अक्टूबर) मनाने के लिए एक समारोह में बोल रहे थे, ने भी दो नए प्रस्तावों की घोषणा की - अंतर्राष्ट्रीय ट्रैकेड पैकेट सेवा और ई-आईपीओ (भारतीय डाक आदेश)।

A. केवल I निहित है।
B. I छोड़कर सभी, II निहित है।
C. न तो मैं, II और न ही III निहित है।
D. केवल II अंतर्निहित है।
E. III और II दोनों अंतर्निहित हैं।

Q.18 निर्देश: निम्न प्रश्न में, एक कथन और उसके बाद I और II से अंकित दो धारणाएँ दी गई हैं। धारणा एक मानी गई बात होती है। आपको दिए गये कथन के आधार पर तय करना है कि, दी गई धारणाओं में से कौन सी धारणा कथन में निहित है।

कथन:

मलेशिया में होने वाले एशिया कप के दौरान भारतीय महिलाओं की क्रिकेट टीम का समर्थन करने के लिए प्रशंसकों को याद करते हुए, मिताली राज ने ट्वीट किया, "आईपीएल के बाद ख़ालीपन महसूस कर रही हैं? हम एशिया कप के लिए मलेशिया में हैं #justsaying ... फिर मिलते हैं, भारत?"

धारणाएँ:

I. सोशल नेटवर्किंग आजकल एक महत्वपूर्ण भूमिका निभाती है जो आपके प्रशंसकों को नवीनतम परियोजनाओं के बारे में अद्यतन रखती है और उन्हें अपने रोल मॉडल के जीवन के बारे में जानने को मिलता है।

II. महिला क्रिकेट बहुत समर्थित नहीं है और सोशल मीडिया या अभियानों के माध्यम से इसके बारे में चर्चा की जानी चाहिए।

A. केवल I निहित है।

B. केवल II निहित है।

C. या तो I या II निहित है।

D. ना तो I ना ही II निहित है।

E. I और II दोनों निहित हैं।

Q.19 निर्देश: निम्न प्रश्न में, एक कथन और उसके बाद दो धारणाएँ I और II दी गई हैं। दिए गये धारणाओं के आधार पर तय करना है कि कथन में निम्न में से कौन सी धारणा निहित है।

कथन:

शहर Z में हर छह महीने के बाद मुफ्त चिकित्सा स्वास्थ्य जांच शिविर आयोजित किया जाता है। इस बार निरंतरता में सातवां शिविर होगा। पिछले तीन वर्षों में लोगों के बीच स्वास्थ्य जागरूकता में सुधार हुआ है।

धारणा I: चिकित्सा स्वास्थ्य जांच शिविर स्वास्थ्य जागरूकता में सुधार का कारण रहा है।

धारणा II: लोगों के बीच बेहतर स्वास्थ्य जागरूकता के साथ, यह शिविर आवश्यक अंतिम शिविर होगा।

A. केवल धारणा I निहित है।

B. केवल धारणा II निहित है।

C. या तो धारणा I या II निहित है।

D. ना तो I ना ही II निहित है।

E. I और II दोनों निहित हैं।

Q.20 निर्देश: निम्न प्रश्न में, एक कथन और उसके बाद I और II से अंकित दो धारणाएँ दी गई हैं। धारणा एक मानी गई बात होती है। आपको दिए गये कथन के आधार पर तय करना है कि, दी गई धारणाओं में से कौनसी धारणा/धारणाएँ कथन में निहित है/हैं।

कथन:

हालांकि मान्यताएँ मानने से सामान्य होने की जोखिम के साथ आती हैं, साथ ही वे आधार सामाग्री की तुलनात्मकता सुनिश्चित करने में भी सहायता करती हैं।

धारणाएँ:

I. मान्यताएँ दर्शाती हैं कि बुनियादी स्तर पर सभी चीजें समान होती हैं।

II. आधार सामाग्री का महत्वपूर्ण विश्लेषण प्रदान करने के लिए उसे तुलनात्मक होने की आवश्यकता होती है।

A. केवल धारणा I निहित है।

B. केवल धारणा II निहित है।

C. या तो धारणा I या II निहित है।

D. ना तो धारणा I ना ही II निहित है।

E. I और II दोनों धारणाएं निहित हैं।

Ques (21-22):निर्देश: निम्नलिखित प्रश्न में, एक कथन के बाद I, II और III से अंकित तीन धारणाएँ दी गयी हैं। एक धारणा वह है जिसे हम बिना प्रमाण के ही मान लेते हैं। आपको निम्न धारणाओं पर विचार करना है और फिर तय करना है कि कौन सी धारणा कथन में निहित है।

Q.21 कथन: वित्त मंत्रालय ने भारतीय रिजर्व बैंक और डिजिटल भुगतान उद्योग के बीच जानकारी स्थानीयकरण बनाने के लिए आसपास चल रही बहस के बारे में आगे बढ़ने का सुझाव दिया है, जिसमें कहा गया है कि कंपनियों को भूगोल में जानकारी के प्रति एक कॉपी रखने की अनुमति दी जा सकती है, जहां वर्तमान में इसे संग्रहीत किया जा रहा है और केंद्रीय बैंक

उद्योग को दी गई समयावधि के संबंध में एक संतोषजनक परिपत्र जारी कर सकता है।

धारणाएँ:

I. मंत्रालय ने बैठक से महत्वपूर्ण कार्यवाही के रूप में चर्चाओं और सुझावों के बिंदुओं पर प्रकाश डालने वाले प्रतिभागियों के बीच एक नोट प्रसारित किया।

II. इस कदम से व्यापक भुगतान उद्योग के भीतर विभाजन हुआ था, साथ ही खिलाड़ियों के एक वर्ग ने भारतीय रिजर्व बैंक के कदम का समर्थन किया था और दूसरे ने कहा कि भारत के बाहर जानकारी की एक कॉपी रखने की अनुमति दी जानी चाहिए।

III. RBI ने केवल भारत के भीतर भुगतान की जानकारी के अनिवार्य भंडारण के संबंध में एक परिपत्र जारी किया था। इसने भुगतान उद्योग को परेशानी में डाल दिया था जो बड़े पैमाने पर वीजा और मास्टरकार्ड जैसे वैश्विक खिलाड़ियों द्वारा प्रभुत्व थे।

A. केवल I निहित है।

B. केवल III निहित नहीं है।

C. ना तो I, ना ही II और ना ही III निहित है।

D. केवल II निहित है।

E. ना तो II ना ही I निहित है।

Q.22 कथन: बढ़ती तकनीक और वैज्ञानिक प्रगति के साथ, दुनिया संचार के आसान माध्यमों के माध्यम से करीब आ रही है, लेकिन साथ ही यह विकास प्रकृति और पर्यावरण को गंभीर नुकसान पहुंचा रहा है।

धारणाएँ:

I. पहले, दुनिया भर में संचार इतना आसान नहीं था, जितना वह आज है।

II. प्रकृति और पर्यावरण पहले क्षतिग्रस्त नहीं थे।

III. विज्ञान और प्रौद्योगिकी पहले की तरह उन्नत नहीं थे, जितने वे आज हैं।

A. सभी धारणाएँ सत्य हैं।

B. कोई भी धारणा सत्य नहीं है।

C. केवल धारणा II सत्य है।

D. I और III दोनों धारणाएँ सत्य हैं।

E. केवल धारणा III सत्य है।

Q.23 निर्देश: निम्न प्रश्न में, एक कथन और उसके बाद I, II और III से अंकित तीन धारणाएं दी गई हैं। कथन को पढ़िए और तय कीजिये कि निम्न में से दी गयी कौन सी धारणा निहित है।

कथन:

सरकार ने सभी साइकिल चालकों के आगे और पीछे दोनों पहियों पर रेडियम स्टिकर का उपयोग करना अनिवार्य कर दिया है।

धारणाएँ:

I. रात में साइकिल चालकों की अदृश्यता के कारण कई दुर्घटनाएं हुई हैं।

II. रात में साइकिल चालकों की दुर्घटनाओं की संख्या कम हो जाएगी।

III. रेडियम स्टिकर पहियों को रात में दिखाई देने योग्य बनाएगी।

A. केवल I निहित है।

B. केवल II निहित है।

C. केवल III निहित है।

D. I और II दोनों निहित हैं।

E. इनमें से कोई भी निहित नहीं है।

Q.24 निर्देश: नीचे दिए गए प्रश्न में, एक कथन दिया गया है जिसके बाद दो धारणाएँ I और II दी गई हैं। एक धारणा में कुछ माना जाता है। आपको कथन और धारणाओं पर विचार करना है और निर्णय लेना है कि कौन सी धारणा कथन में निहित है/हैं।

कथन:

सरकार ने बिहार के बाढ़ प्रभावित जिलों में किसानों को आर्थिक राहत प्रदान करने का निर्णय लिया है।

धारणाएँ:

I. प्रभावित क्षेत्रों के किसान सरकारी राहत स्वीकार कर सकते हैं।

II. सरकारी तंत्र प्रभावित किसानों तक राहत पहुंचाने में सक्षम हो सकता है।

- **A.** यदि केवल धारणा I निहित है।
- **B.** यदि केवल धारणा II निहित है।
- **C.** यदि न तो I और न ही II निहित है।
- **D.** यदि I और II दोनों निहित हैं।
- **E.** यदि या तो I या II निहित है।

Ques (25-27):निर्देश: निम्न प्रश्न में, एक कथन और उसके बाद दो धारणाएँ I और II दी गई हैं। आपको दिए गये कथन और उनके बाद दी गयी धारणाओं के आधार पर तय करना है कि कथन में निम्न में से कौन सी धारणा निहित है।

Q.25 कथन: कंपनी के निदेशक मंडल की अगली बैठक एक वर्ष बाद होगी।

धारणाएँ:

I. कंपनी एक वर्ष बाद कार्य करती रहेगी।

II. निदेशक मंडल एक वर्ष के बाद भंग कर दिया जाएगा।

- **A.** केवल धारणा I निहित है।
- **B.** केवल धारणा II निहित है।
- **C.** या तो I या II निहित है।
- **D.** I और II दोनों निहित हैं।
- **E.** न तो I और न ही II निहित है।

Q.26 कथन:

5 या उससे अधिक की आयु में बच्चे को स्कूल में रखना वांछनीय है।

धारणाएँ:

I. उस आयु में बच्चा विकास के उचित स्तर तक पहुँच जाता है और सीखने के लिए तैयार हो जाता है।

II. छः वर्ष की आयु के बाद स्कूल बच्चों को प्रवेश नहीं देता है।

- **A.** यदि केवल धारणा I निहित है।
- **B.** यदि केवल धारणा II निहित है।
- **C.** यदि न तो धारणा 1 और न ही धारणा II निहित है।
- **D.** यदि I और II दोनों निहित हैं।
- **E.** यदि या तो I या II निहित है।

Q.27 कथन:

भारत मे पांच वर्षीय योजनाओं में अधिक उपज वाली किस्म के बीज (एचवाईवी) के लिए सब्सिडी देने की नीति अपनाई गई है।

धारणाएँ:

I. अधिक उपज वाली किस्म के बीज (एचवाईवी) कृषि क्षेत्र में उत्पादकता को बढ़ा देंगे।

II. अधिक उपज वाली किस्म के बीज (एचवाईवी) की तुलना में सामान्य बीज अपेक्षाकृत कम उत्पादक हैं।

- **A.** धारणा I और II दोनों निहित है।
- **B.** केवल धारणा I निहित है।
- **C.** न तो धारणा I न ही धारणा II निहित है।
- **D.** केवल धारणा II निहित है।
- **E.** या तो धारणा I या धारणा II निहित है।

Ques (28-29):निर्देश: एक कथन और उसके बाद I और II से अंकित दो धारणाएँ दी गई हैं। कथन और निम्नलिखित धारणाओं पर विचार कीजिए और निर्णय कीजिए कि कथन में कौन-सी धारणाएँ निहित है/हैं।

Q.28 कथन:

पौधों और जानवरों की सभी प्रजातियां जैव विविधता और पारिस्थितिकी प्रणालियों का हिस्सा हैं और पर्यावरण के समग्र स्वास्थ्य में प्रमुख भूमिका निभाती हैं।

धारणाएँ:

I. घर के पीछे निवास स्थान बनाइये या बनाये रखिये। भवन-निर्माण या भूनिर्माण के दौरान ज्यादा से ज्यादा देशी पौधे बचाएं।

II. जैव विविधता का संरक्षण करना एक प्रमुख संधारणीय विकास लक्ष्य है। पृथ्वी पर की सभी जीवसृष्टि, ऊर्जा के प्रवाह (ग्रहीय अन्नजाल) से जुड़ी हुई है, और जब एक प्रजाति लुप्तप्राय हो जाती है या विलुप्त हो जाती है, तब उस ऊर्जा प्रवाह का एक और भाग खो जाता है।

- **A.** न तो धारणा I और न ही II निहित है।
- **B.** दोनों धारणाएं I और II निहित हैं।
- **C.** केवल धारणा I निहित है।
- **D.** केवल धारणा II निहित है।
- **E.** या तो धारणा I या II निहित है।

Q.29 कथन:

अन्तर्राज्यीय न्यायाधिकरण का निर्णय अन्तिम है - भारत के मुख्य न्यायमूर्ति का फैसला

धारणाएँ:

I. अन्तर्राज्यीय न्यायाधिकरण, न्यायालय से उच्चतर निकाय है।

II. न्यायाधिकरण को तकनीकी निर्णय के लिये बनाया गया है।

- **A.** धारणा I निहित है और न II
- **B.** केवल धारणा II निहित है।
- **C.** धारणा I और II दोनों निहित हैं।
- **D.** केवल धारणा I निहित है।
- **E.** या तो I या II निहित है।

Q.30 निर्देश: निम्नलिखित प्रश्न में पहले एक कथन है और उसके नीचे दो धारणाएँ 1 और 2 दिये गये है। आपको दिये गये धारणाओं पर विचार करके तय करना है कि कौन सी धारणा/धारणाएँ कथन में प्रभावशाली है/हैं। दिये गये विकल्पों में से एक सही उत्तर चुनिए।

कथन:

लगभग सभी नियुक्तियों में पहले के एक अथवा दो वर्ष परिवीक्षा के होते है और नौकरी का स्थायीकरण परिवीक्षा की अवधि के बाद होता है।

धारणाएँ:

1॰ नियोक्ता को कर्मचारी के बारे में ज्यादा पता नहीं होता।

2॰ नियोक्ता परिवीक्षा अवधि के दौरान अधिक काम करवाना चाहता है।

- **A.** धारणा 1 प्रभावशाली है।
- **B.** धारणा 2 प्रभावशाली है।
- **C.** धारणाएँ 1 और 2 प्रभावशाली है।
- **D.** न तो धारणा 1 और न ही 2 प्रभावशाली है।
- **E.** या तो धारणा 1 या 2 प्रभावशाली है।

// स्मार्ट उत्तर पुस्तिका //

सही उत्तर उन छात्रों का प्रतिशत जिन्होंने प्रश्नों का सही उत्तर दिया था।　　**छोड़ दिया** उन छात्रों का प्रतिशत जिन्होंने प्रश्नों को छोड़ दिया था।

प्रश्न संख्या	उत्तर	सही उत्तर / छोड़ दिया	प्रश्न संख्या	उत्तर	सही उत्तर / छोड़ दिया	प्रश्न संख्या	उत्तर	सही उत्तर / छोड़ दिया	प्रश्न संख्या	उत्तर	सही उत्तर / छोड़ दिया	प्रश्न संख्या	उत्तर	सही उत्तर / छोड़ दिया	प्रश्न संख्या	उत्तर	सही उत्तर / छोड़ दिया	प्रश्न संख्या	उत्तर	सही उत्तर / छोड़ दिया
1	A	48.4 % / 41.76 %	6	D	21.5 % / 68.95 %	11	B	57.75 % / 37.75 %	16	A	60.58 % / 37.52 %	21	E	26.94 % / 70.17 %	26	A	55.82 % / 38.28 %
2	D	55.25 % / 36.38 %	7	E	48.82 % / 42.64 %	12	C	59.68 % / 31.71 %	17	C	12.19 % / 83.67 %	22	D	44.99 % / 30.44 %	27	A	60.83 % / 31.76 %
3	A	54.86 % / 37.79 %	8	D	49.96 % / 46.29 %	13	A	40.63 % / 33.35 %	18	B	65.06 % / 31.74 %	23	D	47.75 % / 36.23 %	28	D	68.38 % / 31.29 %
4	D	68.02 % / 31.77 %	9	A	51.12 % / 47.73 %	14	D	56.8 % / 40.03 %	19	A	47.25 % / 35.28 %	24	D	61.14 % / 36.61 %	29	B	67.66 % / 31.22 %
5	E	16.27 % / 73.51 %	10	C	13.47 % / 81.81 %	15	B	63.23 % / 33.71 %	20	E	45.75 % / 34.32 %	25	A	41.74 % / 56.36 %	30	A	10.52 % / 86.7 %

//संकेत और समाधान//

1. कथन के अनुसार, केंद्र सरकार ने धोखाधड़ी के कारण लॉटरी द्वारा खेले जाने वाले जुएँ पर प्रतिबंध लगाने का आदेश दिया। यहाँ धारणा। निहित है, क्योंकि यह सच है कि निर्दोष नागरिकों के धोखाधड़ी की जाती है और सरकार आम तौर पर जनता के हितों की रक्षा करता है। 'किसी अन्य तरीके' के कारण धारणा ।। यहाँ निहित नहीं है। जुए के अन्य साधन हो सकते हैं जिन्हें सरकार लोगों के लिए हानिकारक नहीं मानती है। इसलिए, यहाँ धारणा। निहित है।

अतः विकल्प (A) सही है।

2. जैसा कि हम कथन को देखते हैं, यह एक कंप्यूटर पुस्तक के बारे में है जिसमें लेखक कहता है कि यह कंप्यूटर पुस्तक सभी के लिए है और इसके लिए कंप्यूटर को चलाने के किसी भी अनुभव की आवश्यकता नहीं है। दोनों धारणाएँ यहाँ अंतर्निहित नहीं हैं क्योंकि अभ्यास के बिना कंप्यूटर सीखना संभव नहीं है, पुस्तक केवल आपकी अवधारणाओं को स्पष्ट करने में मदद करती है।

अतः विकल्प (D) सही है।

3. सही उत्तर विकल्प (A) है, अर्थात कोई भी निहित नहीं है।

एक धारणा एक ऐसी चीज है जो बिना किसी प्रमाण के सच या निश्चित के रूप में स्वीकार की जाती है।

कथन से, यह स्पष्ट है कि भारतीय अधिकारियों ने जम्मू और कश्मीर क्षेत्र और देहरादून के पास सभी हवाई अड्डों के लिए वाणिज्यिक संचालन की अनुमति दी है जो पाकिस्तानी वायु सेना के कुछ लड़ाकू जेट के भारतीय सीमा में प्रवेश करने के बाद बंद हो गए थे। और इसके घटकों के बारे में और जानकारी का भी उल्लेख किया गया है।

मान्यता। को अस्वीकार कर दिया जा सकता है क्योंकि इसमें दी गई जानकारी दिए गए संदर्भ द्वारा समर्थित नहीं है।

मान्यता ।। एक उपयुक्त धारणा नहीं है जिसे प्रदान की गई जानकारी के आधार पर बनाया जा सकता है। अमृतसर, धर्मशाला के उदाहरण के लिए बताए गए सभी स्थान दिए गए संदर्भ से स्पष्ट नहीं हैं।

मान्यता ।।। को खारिज कर दिया जाता है क्योंकि यह बताई गई जानकारी के विपरीत है। इसमें कहा गया है कि कोई नोटम जारी नहीं किया गया है जबकि दी गई जानकारी में कहा गया है कि सूचना अधिकारियों को भेज दी गई है।

इस प्रकार, सभी धारणाएं अप्रासंगिक हैं और उन्हें अस्वीकार किया जा सकता है और सबसे उपयुक्त उत्तर विकल्प (A) है।

अतः विकल्प (A) सही है।

4. 1. डिजिटल इंडिया प्रोग्राम भारत सरकार का एक सफल योजना है। सत्य, क्योंकि वित्त मंत्री ने खर्च को दोगुना करने का प्रस्ताव दिया है, इसलिए, यह माना जा सकता है कि योजना सफल है।

2. देश की प्रगति के लिए मशीने लर्निंग और आर्टिफीसियल इंटेलिजेंस महत्वपूर्ण हैं। सत्य, क्योंकि वे वैश्विक अर्थव्यवस्था को डिजिटल अर्थव्यवस्था में परिवर्तन करने में मदद कर रहे हैं जो देशों के बीच प्रभावी व्यापार में मदद करेगा। इस प्रकार यह माना जा सकता है।

3. वित्त मंत्री श्री अरुण जेटली उद्योगपतियों के बीच प्रसिद्ध हैं। असत्य है, कथन में यह उल्लेख किया गया है कि उनके कदम की सराहना की गई थी लेकिन उद्योगपतियों के बीच श्री अरुण जेटली की प्रसिद्धि का कोई उल्लेख नहीं है, इसलिए, निष्कर्ष निकाला नहीं जा सकता है।

इसलिए, 3 को छोड़कर सभी निहित हैं।

अतः विकल्प (D) सही है।

5. उपरोक्त सांस्कृतिक उत्सव और उसमें होने वाली विभिन्न गतिविधियों की बात करता है।

इस जानकारी से, हम उत्सव के पीछे प्रायोजकता ग्रहण नहीं कर सकते।

इसलिए, धारणा। निहित नहीं है।

कॉलेजों के स्थान के संबंध में कोई जानकारी नहीं दी गई है। अवतरण में यह उल्लेख नहीं किया गया है कि ये सांस्कृतिक उत्सव केवल भारत में होते हैं।

इसलिए, धारणा ।। निहित नहीं है।

किसी भी कॉलेज में जिस महीने में सांस्कृतिक उत्सव होता है उसका उल्लेख अवतरण में नहीं किया जाता है।

इसलिए, हम यह नहीं मान सकते हैं कि सांस्कृतिक उत्सव केवल मई के महीने में होते हैं।

इसलिए, धारणा ।।। निहित नहीं है।

अतः विकल्प (E) सही है।

6. उपर्युक्त अवतरण हमें दही और इसके गुणों के बारे में बताता है। यह हमें विभिन्न स्थानों में इसके उपयोग और उनके लाभों के बारे में भी बताता है।

अवतरण से प्राप्त जानकारी के संयोजन से हम दही की कीमत को नहीं समझ सकते हैं।

इसलिए, धारणा। निहित नहीं है।

चूंकि दही में बैक्टीरिया होते हैं जो प्रोबायोटिक के रूप में कार्य करते हैं, इसलिए यह मान लेना सुरक्षित है कि दही पाचन शक्ति को बढ़ावा देता है और यही कारण है कि लोग इसे अपने आहार में शामिल करते हैं।

इसलिए, धारणा ।। भी निहित है।

अवतरण की दूसरी पंक्ति से, हम मान सकते हैं कि दही का उपयोग बेकिंग उद्योग में किया जाता है और साथ ही यह उल्लेख किया गया है कि दही का उपयोग सॉस और डेसर्ट बनाने के लिए भी किया जाता है।

इसलिए, धारणा ।।। भी निहित है।

अतः विकल्प (D) सही है।

7. ।. कोरोना वायरस महामारी के समाप्त होने के बाद भी लोग सामाजिक दूरी रखना पसंद करेंगे, अंतर्निहित है।

यहाँ, कुछ लोग जो अपने स्वास्थ्य के बारे में बहुत सावधान हैं, वे वैक्सीन के विकास के बाद भी सामाजिक दूरी पसंद करेंगे। वे मास्क पहने रहेंगे और सैनिटाइज़र का उपयोग करेंगे।

।।. लोग इस सामाजिक दूरी से तंग आ चुके हैं, और बेसब्री से वैक्सीन का इंतजार कर रहे हैं जिससे कि वे जितना हो सके उतने एकत्र हो सकें, अंतर्निहित है।

कुछ लोग, विशेष रूप से बहिर्मुखी, इस सामाजिक दूरी से तंग आ चुके हैं। वे सभाओं और पार्टियों को करना चाहते हैं लेकिन इस महामारी के कारण करने में असमर्थ हैं।

वे सिर्फ वैक्सीन का इंतजार कर रहे हैं।

अतः विकल्प (E) सही है।

8. गद्यांश हमें ऑक्टोपस के बारे में जानकारी दे रहा है। पहली पंक्ति से ही, हम यह मान सकते हैं कि ऑक्टोपस में गलफड़े होते हैं क्योंकि यह उल्लिखित है कि ये जलीय जानवर हैं।

इसलिए, धारणा। निहित है।

गद्यांश के अंत में दिए गए शब्द हमें यह मानने में मदद करते हैं कि एक ऑक्टोपस तंग स्थानों में (या बाहर) सिंकुड़ सकता है क्योंकि गद्यांश में यह उल्लेख किया गया है कि ये एक बिना हड्डी का जीव हैं।

इसलिए, धारणा ।। भी निहित है।

हालाँकि, उपर्युक्त गद्यांश हमें ऑक्टोपस के खाने की आदतों के बारे में जानकारी प्रदान नहीं करता है। इसलिए, हम यह नहीं मान सकते कि ऑक्टोपस कोरल खाते हैं।

अतः विकल्प (D) सही है।

9. उपर्युक्त गद्यांश हमें यूट्यूब की लोकप्रियता और उसके इतिहास के बारे में बताता है।

गद्यांश की अंतिम पंक्ति से, हम यह मान सकते हैं कि यूट्यूब एक ऐसा मंच है जहाँ 'लोग' विभिन्न प्रकार की चीजों के बारे में वीडियो अपलोड कर सकते हैं।

इसलिए, धारणा I निहित है।

गद्यांश में दी गई जानकारी हमारे लिए यह मानने के लिए पर्याप्त नहीं है कि यूट्यूब गूगल की सहायक कंपनी है।

इसलिए, धारणा II निहित नहीं है।

तीसरा विकल्प एक धारणा नहीं है क्योंकि यह इस तथ्य का पुनः कथन है जो पहले से ही गद्यांश की दूसरी पंक्ति में उल्लिखित है।

अतः विकल्प (A) सही है।

10. धारणा वह है जिसे सबूत के बिना सत्य या निश्चित होने के रूप में स्वीकार किया जाता है।

इस तथ्य के कारण कि धारणा प्रमाण के साथ समर्थित नहीं है, हम (I) को रद्द कर सकते हैं क्योंकि यह किसी आधिकारिक द्वारा टिप्पणी उद्धृत करता है। यदि स्रोत उद्धृत नहीं किया गया होता, तो यह कथन के लिए एक पूर्ण धारणा होता। जैसा कि दोनों धारणाओं (II) और (III) से देखा गया है, वे बहुत सामान्य हैं और हमें दिए गए कथन के संबंध में विशिष्ट धारणाओं के संबंधित होने का कोई सबूत नहीं दिखता। इस तथ्य के कारण कि वे कथन विशिष्ट नहीं हैं, हम उन्हें दिए गए कथन के लिए उपयुक्त धारणा नहीं मान सकते हैं और परिणाम स्वरूप सबसे उपयुक्त उत्तर विकल्प, विकल्प (C) है।

इसलिए उल्लिखित सभी तर्क असंगत हैं और इन्हें रद्द किया जा सकता है।

अतः विकल्प (C) सही है।

11. I. भारतीय जनता पार्टी रेलवे को एक पूर्ण नवीनीकरण देकर 2019 का चुनाव जीतने की सोच रही है। असत्य, हर क्षेत्र की प्रगति सरकार का कर्तव्य है और प्रत्येक वर्ष वित्त मंत्री बजट में विकास के लिए धन आवंटित करते हैं इसके अलावा, 2019 चुनाव का कोई उल्लेख नहीं है, इसलिए इसे माना नहीं जा सकता है।

II. भारतीय सरकार विश्व गुणवत्ता वाला भारतीय रेलवे बनाने के लिए कार्य कर रही है। सत्य, जैसा कि कथन में कहा गया है कि बहुत से नए विकास-कार्य कार्यरत हैं और पूर्वी और पश्चिमी गलियारों पर कार्य पूरी तरह से चल रहा है, इसलिए यह माना जा सकता है कि भारतीय सरकार विश्व गुणवत्ता वाले भारतीय रेलवे बनाने के लिए कार्य कर रही है।

III. रेलवे इंफ्रास्ट्रक्चर के लिए लगभग 1,50,000 करोड़ भारतीय रुपये मंजूर किए गए थे। असत्य, कुल आवंटित धन और 1,50,000 के बीच का अंतर बहुत अधिक है। यह भी मानने के बाद कि नियमित विकास के लिए कुछ धन आवंटन होगा, राशि अधिक है इसलिए इसे माना नहीं जा सकता है।

इसलिए, केवल II निहित है।

अतः विकल्प (B) सही है।

12. विकल्प (C) सही उत्तर है। जैसा कि हम गद्यांश में देखते हैं कि भारत की जनसंख्या की वृद्धि दर प्रत्येक दशक में बदलती है और 2001 में जनसंख्या का अनुमान एक बिलियन था और 2011 में यह 1179 मिलियन होगी। इसलिए यहाँ ऐसा कोई उल्लेख नहीं है कि यह 1.79% की दर से बढ़ेगी। इसलिए, धारणा निश्चित रूप से असत्य है।

अतः विकल्प (C) सही है।

13. गरीबी रेखा से ऊपर के लोगों में परिभाषा के विवाद से अलग लोगों को होना चाहिए। अर्थात उन्हें पर्याप्त कैलोरी के साथ-साथ प्रोटीन भी मिलता है। और प्रोटीन संक्रमण के प्रतिरोध से संबंधित हैं। इसलिए, धारणा निश्चित रूप से सत्य है।

अतः विकल्प (A) सही है।

14. उपर्युक्त गद्यांश हमें सेंधा नमक और इसकी संरचना के बारे में बताता है।

इसे नमक का शुद्धतम रूप कहा जाता है। इस प्रकार, हम मान सकते हैं कि साधारण नमक शुद्ध नहीं है या इसमें अशुद्धियाँ हैं।

इसलिए, धारणा I निहित है।

सेंधा नमक में आवश्यक खनिजों को देखते हुए, हम यह मान सकते हैं कि साधारण नमक की बजाय सेंधा नमक का उपयोग बेहतर है।

इसलिए, धारणा II निहित है।

दूसरी ओर, सेंधा नमक की कीमत या इसकी दुर्लभता का जानकारी से अनुमान नहीं लगाया जा सकता है।

इसलिए, III को छोड़कर सभी धारणाएँ निहित हैं।

अतः विकल्प (D) सही है।

15. उपरोक्त जानकारी से, हम यह मान सकते हैं कि डाइजेस्टिव बिस्कुट स्वास्थ्य के लिए अच्छे हैं क्योंकि गद्यांश की अंतिम पंक्ति हमें पाचन में सहायक इन बिस्कुट के बारे में बताती है।

यह एक संभावित धारणा हो सकती है जिसे ऊपर दी गई जानकारी से निकाला जा सकता है।

इसलिए, धारणा II निहित है।

उपरोक्त गद्यांश में इन बिस्कुटों की बनावट का कोई उल्लेख नहीं किया गया है।

इसलिए, हम इस तथ्य को नहीं मान सकते हैं कि ये बिस्कुट बहुत ही कुरकुरे हैं।

इसलिए, धारणा I निहित नहीं है।

इसी तरह, उपरोक्त गद्यांश में विभिन्न प्रकार के बिस्कुट के बीच कोई तुलना नहीं की जाती है।

इस प्रकार, हम यह नहीं मान सकते कि डाइजेस्टिव बिस्कुट कुकीज़ से बेहतर हैं।

इसलिए, धारणा III भी निहित नहीं है।

अतः विकल्प (B) सही है।

16. प्रतियोगिता में सबसे आगे रहने के लिए, निर्यात को बढ़ाना होगा। तो यह निहित है कि सरकार ने इस धारणा के तहत निर्यात शुल्क घटा दिया है कि निर्यात शुल्क में कमी करने से निर्यात बढ़ाने में मदद मिल सकती है।

II एक निष्कर्ष है, जिसे कथन से निकाला जा सकता है, लेकिन यह धारणा नहीं है।

अतः विकल्प (A) सही है।

17. धारणा एक ऐसी चीज है जिसे सबूत के बिना सत्य या निश्चित होने के रूप में स्वीकार किया जाता है। दिया गया कथन वित्तीय सहगावेश को सुविधाजनक बनाने के लिए सरकार द्वारा स्थापित भारत पोस्ट पेमेंट्स बैंक के लिए 650 शाखाओं के बारे में है। ऊपर वर्णित धारणाओं से, उनमें से कोई भी निहित नहीं है। I उपर्युक्त वाक्य के लिए एक निष्कर्ष निकाला गया है और इसे एक उपयुक्त धारणा माना नहीं जा सकता है। II को भी खारिज कर दिया जा सकता है क्योंकि यह दिए गए कथन में उल्लिखित संदर्भ का सिर्फ एक संदर्भ है। III भी खारिज कर दिया जा सकता है क्योंकि यह एक धारणा नहीं है। यह इस

विचार को आगे बढ़ाता है, सरकार द्वारा की गई पहल के संबंध में एक धारणा के रूप में कार्य नहीं करता है। इस प्रकार, उल्लिखित सभी धारणाएँ अप्रासंगिक हैं और इसे खारिज कर दिया जा सकता है।

अतः विकल्प (C) सही है।

18. धारणा I एक सामान्य कथन है और प्रख्यात व्यक्तियों द्वारा अपनाई जाने वाली एक सामान्य प्रथा है। इस प्रकार, धारणा I गलत है।

दूसरी तरफ धारणा II सही है क्योंकि यह सच है कि महिला क्रिकेट लोकप्रिय नहीं है। यह गति प्राप्त कर रहा है लेकिन अभी भी आईपीएल जितना लोकप्रिय नहीं है।

अतः विकल्प (B) सही है।

19. यह निश्चित है कि स्वास्थ्य के बारे में जानकारी देने में स्वास्थ्य पाठ के अंतिम छह सत्र प्रभावी थे। लेकिन यह उल्लेख नहीं किया गया है कि इस तरह के शिविरों की अब आवश्यकता नहीं है। इसलिए केवल धारणा I निहित है।

अतः विकल्प (A) सही है।

20. धारणा I में माना गया है कि बुनियादी स्तर पर समानता के लिए, मान्यता को बनाया जा सकता है। धारणा II में माना गया है कि उचित सामग्री विश्लेषण केवल तभी किया सकता है यदि आधार सामग्री की तुलना की गई हो। कथन से यह काफी स्पष्ट है कि आधार सामग्री सामान्य है, लेकिन ये सामग्री की तुलना को अनुमति देते हैं। इसलिए, दोनों धारणाएं निहित हैं।

अतः विकल्प (E) सही है।

21. एक धारणा वह है जिसे हम बिना प्रमाण के ही मान लेते हैं।

III को दिए गए कथन के लिए एक सबसे सही धारणा माना जा सकता है क्योंकि यह संदर्भित रूप से सही है और उल्लेख किए गए तथ्यों के आधार पर सबसे तार्किक धारणा है।

कथन से, यह स्पष्ट है कि वित्त मंत्रालय RBI और डिजिटल भुगतान उद्योग के बीच चल रही बहस को हल करने की कोशिश कर रहा है।

धारणा I अप्रासंगिक है क्योंकि मंत्रालय द्वारा जारी या प्रसारित किसी भी नोट का कोई उल्लेख दिए गए कथन में नहीं है और हम अपने आपसे कुछ भी नहीं मान सकते हैं। इस प्रकार, इसे अस्वीकृत कर दिया जा सकता है।

धारणा II भी अप्रासंगिक है क्योंकि इसे निश्चित रूप से उद्योग के विभाजन के संबंध में नहीं कहा जा सकता है। इसके अतिरिक्त, 'भारत के बाहर जानकारी की एक कॉपी रखने' का विचार दिए गए कथन से स्वतंत्र है, इसे अस्वीकृत कर दिया जा सकता है।

धारणा III दिए गए कथन की समान दिशा में है क्योंकि यह केवल भारत के भीतर भुगतान की जानकारी के अनिवार्य भंडारण के बारे में बात करती है, विचार को दिए गए कथन से अनुमानित किया जा सकता है जहां कहा गया है कि 'जानकारी की एक कॉपी भूगोल में बनाए रखें जहां वर्तमान में इसे संग्रहीत किया जा रहा है'। इस प्रकार, यह सबसे सही धारणा है। इसका अनुसरण करने वाले कथन को भी अनुमानित किया जा सकता है क्योंकि भारत के बाहर चल रहे बड़े खिलाड़ी प्रभावित हो सकते हैं और इस प्रकार, यह सबसे सही धारणा बन जाती है।

इस प्रकार, दोनों धारणाएँ, अर्थात् I और II अप्रासंगिक हैं।

अतः विकल्प (E) सही है।

22. वाक्यांश 'बढ़ती प्रौद्योगिकी के साथ' दर्शाता है कि, प्रौद्योगिकी और विज्ञान के कारण, पहले संचार करना आसान नहीं था, जितना वह अब है। इसलिए, धारणा I सत्य है। इसका यह भी अर्थ है कि प्रौद्योगिकी और विज्ञान समय के साथ आगे बढ़ रहे हैं और इसलिए यह मानना सुरक्षित है कि विज्ञान और प्रौद्योगिकी अब पहले की तुलना में अधिक उन्नत हैं। इसलिए, धारणा III भी निहित है। कथन में 'गंभीर' शब्द से पता चलता है कि विकास ,प्रकृति और पर्यावरण को प्रत्यक्ष क्षति पहुंचा रहा है, लेकिन इससे पहले हुए नुकसान के बारे

में कुछ भी नहीं माना जा सकता है; इसलिए धारणा II निहित नहीं है। इसलिए, धारणा I और III निहित हैं।

अतः विकल्प (D) सही है।

23. कथन से पता चलता है कि रेडियम स्टिकर रात में साइकिल चालकों को दिखाई देने योग्य बनाएँगे, इसलिए यह सुरक्षित रूप से माना जा सकता है कि यह उनकी अदृश्यता के कारण होने वाली दुर्घटनाओं को कम करेगा। साथ ही, सरकार का आग्रह इंगित करता है कि रात में साइकिल चालकों की अदृश्यता के कारण दुर्घटनाएं हुई हैं और संख्या चिंताजनक है। तो विकल्प I और II निहित धारणाएं हैं। धारणा III दिए गए कथन से एक अनुमान है, इसलिए इसे एक धारणा नहीं कहा जा सकता है।

अतः विकल्प (D) सही है।

24. अनुसरित तर्क इस प्रकार है:

यह किसानों को राहत देने की सरकार की योजना है।

इसका अर्थ है कि सरकार यह मान रही होगी कि योजना को क्रियान्वित किया जा सकता है। वास्तव में, उद्देश्य धारणा I और II को निहित किए बिना पूरा नहीं किया जा सकता है।

अतः विकल्प (D) सही है।

25. अनुसरित तर्क इस प्रकार है:

चूँकि कथन में बताया गया है कि कंपनी के निदेशक मंडल की अगली बैठक एक वर्ष बाद होगी। इसका अर्थ है कि कंपनी उस समय कार्य कर रही होगी।

इसलिए, I निहित है।

निदेशक मंडल को उस समय भंग नहीं किया जा सकता है जब "इसकी बैठक शुरू होती है।

इसलिए, II निहित नहीं है।

इसलिए, सही उत्तर है: "केवल धारणा I निहित है"।

अतः विकल्प (A) सही है।

26. यह कथन, 5 वर्ष या उससे अधिक की आयु में बच्चे को स्कूल में भर्ती करने के लिए वांछनीय आयु की बात करता है।

यह बात नहीं है कि स्कूल छ: साल की उम्र के बाद बच्चों को प्रवेश नहीं देता है।

धारणा 1 → यह निहित है क्योंकि 5 वर्ष की आयु में, बच्चा विकास के उचित स्तर तक पहुँच जाता है और सीखने के लिए तैयार हो जाता है।

धारणा 2 → यह सीधे कथनों का पालन नहीं कर रहा है और बच्चों के प्रवेश की उम्र शिक्षा बोर्ड द्वारा तय की जाती है न कि स्कूल प्रबंधन द्वारा।

अतः विकल्प (A) सही है।

27. धारणा:

I. अधिक उपज वाली किस्म के बीज (एचवाईवी) कृषि क्षेत्र में उत्पादकता को बढ़ा देंगे।

धारणा निहित है।

खाद्य आपूर्ति में सुधार के लिए वैज्ञानिकों द्वारा उच्च उपज देने वाले किस्म के बीज विकसित किए जाते हैं। HYV बीज सामान्य बीजों की तुलना में दस गुना अधिक फसल पैदा करते हैं।

II. अधिक उपज वाली किस्म के बीज (एचवाईवी) की तुलना में सामान्य बीज अपेक्षाकृत कम उत्पादक हैं।

धारणा निहित है।

HYV बीज नियमित बीजों की तुलना में दस गुना अधिक फसल पैदा करते हैं।

अतः विकल्प (A) सही है।

28. कथन में कहा गया है कि पौधे और जानवर जैव विविधता और पारिस्थितिकी तंत्र का एक हिस्सा हैं और उनका अस्तित्व स्वस्थ पर्यावरण के लिए महत्वपूर्ण है।

इस प्रकार, यह अप्रत्यक्ष रूप से सुझाव देता है कि इन प्रजातियों की रक्षा करने की आवश्यकता है।

धारणा II इस बात पर जोर देती है कि जैव विविधता को संरक्षित करने के लिए इन प्रजातियों को संरक्षित किया जाना चाहिए और पारिस्थितिकी तंत्र में उनकी भूमिका को समझाता है।

इसके अलावा, वाक्यांश 'पारिस्थितिकी प्रणालियों का हिस्सा' का अर्थ है कि हम मान सकते हैं कि हम एक पारिस्थितिकी तंत्र का अर्थ जानते हैं।

इसलिए, धारणा II निहित है।

हालांकि, कथन पौधों और जानवरों की प्रजातियों के संरक्षण को सुनिश्चित करने के लिए कोई उपाय नहीं सुझाता है।

इसलिए, धारणा I निहित नहीं है।

अतः विकल्प (D) सही है।

29. धारणाएँ:

I. अन्तर्राज्यीय न्यायाधिकरण, न्यायालय से उच्चतर निकाय है।

धारणा I अन्तर्निहित नहीं है।

कथन केवल अन्तर्राज्यीय न्यायाधिकरण के निर्णय पर भारत के मुख्य न्यायाधीश द्वारा किए गए निर्णय के बारे में बताता है। यह न तो सुझाव देता है और न ही इंगित करता है कि अन्तर्राज्यीय न्यायाधिकरण न्यायालय की तुलना में एक उच्च निकाय है।

II. न्यायाधिकरण को तकनीकी निर्णय के लिये बनाया गया है।

धारणा II अन्तर्निहित है।

जैसा कि भारत के मुख्य न्यायाधीश ने निर्णय लिया है कि अन्तर्राज्यीय न्यायाधिकरण का निर्णय अंतिम है, इसका स्पष्ट अर्थ है कि न्यायाधिकरण का निर्णय तकनीकी है।

अतः विकल्प (B) सही है।

30. धारणा 1 प्रभावशाली है।

नियोक्ता को कर्मचारी के बारे में ज्यादा जानकारी नहीं होती है और इस तरह लगभग सभी नियुक्तियों में एक या दो साल पहले की परिवीक्षा होती है और नौकरी की पुष्टि अवधि के बाद की जाती है, ताकि नियोक्ता को कर्मचारी के बारे में जानने के लिए पर्याप्त समय मिल जाए और यह लाभदायक हो या नियोक्ता को कर्मचारी रखने के लिए नहीं।

धारणा 2 प्रभावशाली नहीं है।

परिवीक्षा अवधि के पीछे उद्देश्य यह है कि नियोक्ता को कर्मचारी के बारे में जानने के लिए पर्याप्त समय मिलता है और इस अवधि के दौरान अधिक काम करने के लिए नहीं।

अतः विकल्प (A) सही है।

Q.1 निर्देश: नीचे दिए गए प्रश्न में कथन I और II के दो पाठ्यक्रम दिए गए हैं। आपको कथन के सत्य होने के लिए सब कुछ मान लेना होगा और कथन में दी गई जानकारी के आधार पर यह तय करना होगा कि कार्रवाई के कौन से सुझाए गए पाठ्यक्रम तार्किक रूप से आगे बढ़ने के लिए अनुसरण करते हैं।

कथन: एक हालिया अध्ययन से पता चलता है कि अवसाद के कारण मुख्य रूप से कोटा में छात्रों की मृत्यु होती है।

कार्रवाई के दौरान:

I. कोटा जैसे शहरों में परामर्श केंद्र छात्रों के लिए प्रोत्साहित किया जाना चाहिए।

II. अभिभावकों को अपने वार्ड कोटा भेजना बंद कर देना चाहिए।

A. केवल I अनुसरण करता है।

B. केवल II अनुसरण करता है।

C. या तो I या II अनुसरण करता है।

D. न तो I और न ही II अनुसरण करता है।

E. I और II दोनों अनुसरण करते हैं।

Q.2 निर्देश: निम्नलिखित प्रश्न में एक कथन के बाद I और II से अंकित दो कार्यवाहियाँ दी गई है। कार्यवाही सुधार, जाँच करने के लिए या समस्या, नीति आदि के संबंध में उठाया गया कदम या प्रशासनिक निर्णय है। आपको कथन में दी गई जानकारी को सत्य मानना है और उसके आधार पर तय करना है कि, दी गई कार्यवाहियों में से किसे/किन्हें अमल में लाना तार्किक रूप से सही है।

कथन: सविता को अपने दरवाजे के बाहर एक सीक से बनी एक टोकरी में एक बच्चा मिलता है, जिस पर एक नोट भी लगा हुआ होता है। इस नोट में लिखा था कि इसके माता-पिता इस बच्चे की देखभाल नहीं कर सकते हैं और इसे आपके घर पर छोड़ रहे हैं। सविता को क्या करना चाहिए?

कार्यवाहियाँ:

I. वह ऐसे मामलों में काम करने वाले एक एनजीओ में कॉल करे।

II. वह पुलिस को सूचित करे।

A. केवल I अनुसरण करता है।

B. केवल II अनुसरण करता है।

C. या तो I या II अनुसरण करता है।

D. न तो I और न ही II अनुसरण करता है।

E. I और II दोनों अनुसरण करते हैं।

Q.3 निर्देश: नीचे दी गई परिस्थिति को पढ़ें और 5 विकल्पों में से सही उत्तर चुनिए।

श्री राठौर मोहता कॉलोनी में एक जाने माने व्यक्तित्व हैं। वह अमीर और प्रसिद्ध हैं। महेंद्र, उनके पड़ोसी श्री राठौर को कुछ अवैध गतिविधियाँ करते हुए पाते हैं। उन्हें क्या करना चाहिए?

A. चुप रहना चाहिए क्योंकि वह बहुत शक्तिशाली हैं

B. पुलिस के पास जाना चाहिए

C. इसे रिकॉर्ड कर उन्हें पैसे के लिए ब्लैकमेल करना चाहिए

D. उनके साथ इस गतिविधि में शामिल हो जाना चाहिए

E. मामले की और गहराई से जांच करनी चाहिए

Q.4 निर्देश: निम्नलिखित प्रश्न में एक कथन के बाद I, II और III से अंकित तीन क्रियाविधियाँ दी गई है। आपको कथन में दी गई जानकारी को सत्य मानना है और उसके आधार पर तय करना है कि, दी गई कार्यवाहियों में से किसे/किन्हें अमल में लाना तार्किक रूप से सही है।

कथन: कल रात 2 बजे के आस पास बांद्रा के सुनसान सड़क पर एक भयावह घटना घटी। सड़क के पगडंडी पर सोए हुए छः व्यक्तियों को एक तेज रफ़्तार से आ रही गाड़ी ने गंभीर रूप से घायल कर दिया। चोट का निशान देख कर जाँचकर्ताओं ने यह निर्धारित किया की गाड़ी कितनी तेज़ी से चलाई जा रही थी।

कार्य की कार्यवाही:

I: सरकार को तत्काल सड़कों पर व्यक्तियों का सोना पूर्ण रूप से बंद करवा देना चाहिए।

II: गाड़ी के चालक को पुलिस द्वारा पकड़वाना चाहिए और कारागार में डाल देना चाहिए।

III: घायल व्यक्तियों को तत्काल अस्पताल ले जाना चाहिए।

A. केवल II और III अनुसरण करता है

B. न तो II न ही III अनुसरण करता है

C. कोई भी अनुसरण नही करता है

D. III को छोड़कर सभी अनुसरण करता है

E. I, II और III सभी अनुसरण करता है

Q.5 निर्देश: निम्नलिखित प्रश्न में एक कथन के बाद I, II और III से अंकित तीन क्रियाविधियाँ दी गई है। आपको कथन में दी गई जानकारी को सत्य मानना है और उसके आधार पर तय करना है कि, दी गई कार्यवाहियों में से किसे/किन्हें अमल में लाना तार्किक रूप से सही है।

कथन: भारत को लगभग अपने सभी पड़ोसियों से सुरक्षा को लेकर लिए खतरे का सामना करना पड़ता है, - चाहे वह घरेलू संजातीय संघर्षों का फैलना हो, बड़े पैमाने पर अवैध प्रवासन या भारत के विरुद्ध निर्देशित आतंकवाद का आधार हो। एक स्थिति के बाद, कोई भी राष्ट्र यह नियंत्रित नहीं कर सकता कि अन्य देश क्या कर रहे हैं या क्या योजना बना रहे हैं। इन समस्याओं का हल इनके अंदर ही है। एक लचीली अर्थव्यवस्था वाला देश, रक्षा-तैयारियों का एक मजबूत स्तर और नागरिक स्वतंत्रता पर एक मजबूत ज़ोर के साथ एक स्वस्थ राजनीति अनिवार्य रूप से बाहरी दुनिया द्वारा अधिक गंभीरता से लिया जाएगा।

कार्य की कार्यवाही:

I: भारत को लगातार आने वाले खतरों को रोकने के लिए चौतरफा युद्ध में शामिल होना चाहिए।

II: भारत को अपनी सीमाओं पर तनाव को कम करने के लिए पड़ोसियों को एक गंभीर बातचीत में शामिल करना चाहिए।

III: भारत को अपने पड़ोसियों को मदद भेजना बंद कर देना चाहिए।

A. केवल II अनुसरण करता है

B. न तो II और न ही III अनुसरण करता है

C. कोई अनुसरण नहीं करता है

D. III को छोड़कर सभी अनुसरण करता है

E. I, II III सभी अनुसरण करता है

Q.6 निर्देश: नीचे दिए गए एक प्रश्न के बाद एक पैसेज है। उस विकल्प का चयन कीजिये जो प्रश्न का सबसे अच्छा उत्तर देता है।

गद्यांश: केंद्रीय पुलिस स्टेशन में ब्रेक-इन हुआ था और साक्ष्य कक्ष में सबूतों के सभी बक्से को तोड़ दिया गया था। कुछ सबूत जल और नष्ट भी हो गए थे। हालांकि, अपराधी कई बक्शों को नुकसान पहुंचाने और कोई निशान या साक्ष्य नहीं छोड़ने के लिए पर्याप्त चालाक थे। यह घटना तब हुई जब पूरी इमारत CCTV निगरानी और 24 घंटे सुरक्षा के अधीन है।

क्रियाविधि:

I. पुलिस को ब्रेक-इन के समय सुरक्षा प्रभारी की पहचान करनी चाहिए और उनके खिलाफ कार्रवाई करनी चाहिए।

II. CCTV फुटेज से दोषियों की पहचान की जानी चाहिए और उन्हें तुरंत गिरफ्तार किया जाना चाहिए।

III. भवन के सुरक्षा प्रबंधन के लिए जिम्मेदार प्राधिकरण का निरीक्षण और संशोधन किया जाना चाहिए।

A. केवल I अनुसरण करता है
B. केवल II अनुसरण करता है
C. I और III अनुसरण दोनों करते हैं
D. उनमें से सभी अनुसरण करते हैं
E. उनमें से कोई भी अनुसरण नहीं करते हैं

Q.7 निर्देश: निम्नलिखित प्रश्न में एक कथन के बाद I और II से अंकित दो कार्यवाहियाँ दी गई है। कार्यवाही सुधार, जाँच करने के लिए या समस्या, नीति आदि के संबंध में उठाया गया कदम या प्रशासनिक निर्णय है। आपको कथन में दी गई जानकारी को सत्य मानना है और उसके आधार पर तय करना है कि, दी गई कार्यवाहियों में से किसे/किन्हें अमल में लाना तार्किक रूप से सही है।

कथन:

मोनेट एक पिलेट्स प्रशिक्षक है। वह हाल ही में अपने शहर से दूसरे शहर T में गई हैं। वह एक स्टूडियो किराए पर लेना चाहती है ताकि वह अपने पिलेट्स कक्षाएं शुरू कर सके। उसके पड़ोसी, श्री हेंडरसन ने उसे सूचित किया कि उसके चचेरे भाई, श्री पोर्टमैन के पास एक स्टूडियो है और वह उसे किराए पर देने को तैयार हो सकता है। श्री हेंडरसन ने अपने चचेरे भाई के साथ उनकी भेंट की व्यवस्था की और मोनेट ने पोर्टमैन के साथ अपने स्टूडियो को पांच वर्ष के लिए किराए पर देने का अनुबंध किया। अपने समझौते के दूसरे वर्ष में, श्री पोर्टमैन का कार दुर्घटना के कारण निधन हो गया। उनके बेटे, निकोल ने अपने पिता के निधन के एक महीने बाद मोनेट को निष्कासन की चेतावनी दे दी।

क्रियाविधि:

I. मोनेट अपना मुकदमा किये बिना अपना सारा सामान बाहर निकाल लेती है।
II. मोनेट ने अपने वकील को फोन किया और उसकी मदद मांगी।

A. केवल I अनुसरण करता है।
B. केवल II अनुसरण करता है।
C. या तो I या II अनुसरण करता है।
D. न तो I और न ही II अनुसरण करता है।
E. I और II दोनों अनुसरण करते हैं।

Q.8 निर्देश: निम्नलिखित प्रश्न में एक कथन के बाद I और II से अंकित दो कार्यवाहियाँ दी गई है। कार्यवाही सुधार, जाँच करने के लिए या समस्या, नीति आदि के संबंध में उठाया गया कदम या प्रशासनिक निर्णय है। आपको कथन में दी गई जानकारी को सत्य मानना है और उसके आधार पर तय करना है कि, दी गई कार्यवाहियों में से किसे/किन्हें अमल में लाना तार्किक रूप से सही है।

कथन:

मैक्स अपने सहपाठियों को धमकाता रहता है। उसने राचेल को उसकी बीजगणित की पुस्तक उसे देने के लिए धमकाया। बाद में, उसने पुस्तक के पन्नों को फाड़ दिया और पुस्तक को कूड़ेदान में फेंक दिया। जब राचेल ने उसे बताया कि वह कक्षाध्यापक के पास जाएगी और उसकी शिकायत करेगी, तो मैक्स ने उसकी सारी पुस्तकें फाड़ने की धमकी दी। राचेल का मित्र इस बात का गवाह है और इसके बारे में कुछ करने की योजना बना रहा है।

क्रियाविधि:

I. राचेल के दोस्त धमकाने विरोधी गुट्ट में जाते हैं और उनसे मदद मांगते हैं।
II. राचेल के दोस्त ने बड़े भाइयों को फोन किया और मैक्स को पीटा।

A. केवल I अनुसरण करता है।
B. केवल II अनुसरण करता है।
C. या तो I या II अनुसरण करता है।
D. न तो I और न ही II अनुसरण करता है।
E. I और II दोनों अनुसरण करते हैं।

Q.9 निर्देश: निम्नलिखित प्रश्न में एक कथन के बाद I और II से अंकित दो क्रियाविधियाँ दी गई हैं। आपको कथन में दी गई जानकारी को सत्य मानना है और उसके आधार पर तय करना है कि, दी गई कार्यवाहियों में से किसे/किन्हें अमल में लाना तार्किक रूप से सही है।

कथन: नगरीय भारत सालाना 62 मिलियन टन कचरा पैदा करता है, और यह भविष्यवाणी की गई है कि यह 2030 में यह 165 मिलियन टन तक पहुंच जाएगा।

क्रियाविधियाँ:

I. देश में हर स्तर पर कचरे का पुनर्चक्रण और गैर-पुनर्चक्रण पदार्थ के रूप में वर्गीकरण लागू किया जाना चाहिए।

II. पूरे देश में नियमित रूप से कचरे की जांच होनी चाहिए, ताकि अच्छे क्रय निर्णय किए जा सकें।

A. केवल I अनुसरण करता है
B. केवल II अनुसरण करता है
C. या तो I या II अनुसरण करता है
D. न तो I और न ही II अनुसरण करता है
E. I और II दोनों अनुसरण करते हैं

Q.10 निर्देश: नीचे दिए गए प्रश्न में एक कथन और दो क्रियाविधि I और II दी गई हैं। आपको दिए गए कथन को सत्य मानना होगा और कथन में दी गई जानकारी के आधार पर यह तय करना होगा कि कौन-सी क्रियाविधि कथन का तार्किक रूप से अनुसरण करती है/हैं?

कथन:

सीमा पर बढ़ते तनाव के बीच, चीन ने भारत-चीन सीमा में अपनी सैन्य तैनाती बढ़ा दी है।

क्रियाविधि:

I. चीन से किसी भी संभावित हमलों का मुकाबला करने के लिए भारत को भी ऐसा ही करना चाहिए और सीमा पर पर्याप्त बल तैनात करना चाहिए।

II. भारत को इस स्थिति को कम करने के लिए चीन के साथ बातचीत में सम्मिलित होना चाहिए।

A. केवल I अनुसरण करता है।
B. केवल II अनुसरण करता है।
C. I और II दोनों अनुसरण करते हैं।
D. या तो I या II अनुसरण करता है।
E. ना तो I और ना ही II अनुसरण करता है।

Ques (11-12):निर्देश: नीचे दिए गए प्रश्न में एक कथन I और II से अंकित दो क्रियाविधि के बाद दिया गया है। क्रियाविधि सुधार, जाँच करने के लिए या समस्या, नीति आदि के संबंध में उठाया गया कदम या प्रशासनिक निर्णय है। अवतरण में दी गई जानकारी को सत्य मानते हुए तय कीजिए कि सुझाये गए क्रियाविधियों में से कौन-सा/कौन-से क्रियाविधि तार्किक रूप से अवतरण का अनुसरण करता है/हैं।

Q.11 कथन: हमारे बाज़ारों में चीनी उत्पादों के वृद्धि से भारतीय वस्तुओं और उत्पादों का आर्थिक विघटन हुआ है जो बेहतर गुणवत्ता के हैं लेकिन चीनी लोगों की तरह सस्ते नहीं हैं।

क्रियाविधि:

I. भारत सरकार को अर्थव्यवस्था को संतुलित करने के लिए चीन को माल के निर्यात को बढ़ावा देना चाहिए।

II. भारत सरकार को चीनी आयात पर कार्य शुल्क बढ़ाना चाहिए जिससे भारतीय सामान तुलनात्मक रूप से सस्ता हो जाए।

A. केवल I अनुसरण करता है।
B. केवल II अनुसरण करता है।
C. या तो I या II अनुसरण करते हैं।
D. ना तो I और ना ही II अनुसरण करते हैं।
E. I और II दोनों अनुसरण करते हैं।

Q.12 कथन: शहर A के तटों पर बाढ़ ने बहुत कहर बरपाया है। शहर A में जान-माल का काफी नुकसान हुआ है। शहर के लोग शोक में हैं। ऐसे लोग हैं जो अपने घरों में बाढ़ के पानी से घिरे हुए हैं, जिनके आसपास कोई खाद्य आपूर्ति या पीने योग्य पानी की आपूर्ति नहीं है। अशुद्ध बाढ़ के पानी और चिकित्सकीय अवधान ना होने के कारण पूरे शहर में महामारी फैल गई है। शहर में साधन और सहायता के लिए लोग रोते रहे हैं।

क्रियाविधि:

I. सेना ने हेलिकॉप्टर से फंसे हुए लोगों को खाद्य पैकेज और पीने योग्य पानी उपलब्ध कराया हैं।

II. गैर सरकारी संस्थाओं ने बाढ़ पीड़ितों के लिए मौद्रिक निधि और अन्य प्रकार की सहायता एकत्र करने के लिए रैली की है।

A. केवल I अनुसरण करता है।

B. केवल II अनुसरण करता है।

C. या तो I या II अनुसरण करता है।

D. न तो I और न ही II अनुसरण करता है।

E. I और II दोनों अनुसरण करते हैं।

Q.13 निर्देश: नीचे दिए गए प्रश्न में एक गद्यांश I और II से अंकित दो क्रियाविधि के बाद दिया गया है। क्रियाविधि सुधार, जाँच करने के लिए या समस्या, नीति आदि के संबंध में उठाया गया कदम या प्रशासनिक निर्णय है। अवतरण में दी गई जानकारी को सत्य मानते हुए तय कीजिए कि सुझाये गए क्रियाविधियों में से कौन-सा/कौन-से क्रियाविधि तार्किक रूप से अवतरण का अनुसरण करता है/हैं।

गद्यांश: हवाईअड्डा प्राधिकरण को कुछ अज्ञात स्रोतों से चेतावनी दी गई थी कि उड़ान में विस्फोटक सामानों का एक सेट है। विमान की जाँच पूरी तरह से की गयी थी लेकिन किसी भी विस्फोटक का कोई निशान नहीं था। जब इस तरह के किसी सामान की अनुपस्थिति के बारे में बताया गया तो सूत्रों ने फिर से विमान की जांच करने पर जोर दिया और विमान को उड़ान नहीं भरने देने के लिए बाध्य किया गया। हवाईअड्डा प्राधिकरण उड़ान की देरी के लिए पहले से ही जबाव देने में असमर्थ था, और सूत्रों ने अपनी पहचान का खुलासा नहीं किया।

क्रियाविधि:

I. हवाईअड्डा प्राधिकरण को किसी भी जोखिम को रोकने के लिए सभी यात्रियों को किसी स्थानापन्न उड़ान में स्थानांतरित करना चाहिए।

II. हवाईअड्डा प्राधिकरण को विमान की दोबारा जांच करनी चाहिए और साथ ही सूचना के स्रोत की भी जाँच करनी चाहिए।

A. केवल I अनुसरण करता है।

B. केवल II अनुसरण करता है।

C. या तो I या II अनुसरण करता है।

D. I और II अनुसरण दोनों करते हैं।

E. ना तो I और ना ही II अनुसरण करते हैं।

Ques (14-15):निर्देश: नीचे दिए गए प्रश्न में एक गद्यांश I, II और III से अंकित तीन क्रियाविधि के बाद दिया गया है। क्रियाविधि सुधार, जाँच करने के लिए या समस्या, नीति आदि के संबंध में उठाया गया कदम या प्रशासनिक निर्णय है। अवतरण में दी गई जानकारी को सत्य मानते हुए तय कीजिए कि सुझाये गए क्रियाविधियों में से कौन-सा/कौन-से क्रियाविधि तार्किक रूप से अवतरण का अनुसरण करता है/हैं।

Q.14 गद्यांश: एक संग्रहालय के प्रबंधन प्राधिकरण को केवल यह पता चला कि उनकी एक कलाकृति को नकल द्वारा बदल दिया गया है और उन्हें अपनी सुरक्षा टीम के एक व्यक्ति पर उसके लिए संदेह है। छानबीन और पूरी जांच के बाद, यह CCTV से पता चला कि सुरक्षा अनुभाग के प्रमुख धोखे में शामिल थे।

क्रियाविधि:

I. प्राधिकरण को प्रमुख को तुरंत हटाना चाहिए और उसकी जगह एक अधिक ईमानदार और वफादार व्यक्ति को नियुक्त करना चाहिए।

II. संग्रहालय की पूरी सुरक्षा को CCTV जैसे इलेक्ट्रॉनिक उपकरणों का उपयोग करके स्वचालित किया जाना चाहिए।

III. सबूतों के साथ सुरक्षा प्रमुख को पुलिस को सौंप दिया जाना चाहिए।

A. केवल I अनुसरण करता है।

B. केवल II अनुसरण करता है।

C. I और III अनुसरण दोनों करते हैं।

D. II और III अनुसरण दोनों करते हैं।

E. उनमें से कोई भी अनुसरण नहीं करते हैं।

Q.15 गद्यांश: दहिसर नामक एक छोटे से गाँव में, बच्चों में कुपोषण के कई मामलों की पहचान की गई है। गाँव के अधिकांश बच्चे पतले, क्लांत, चक्कर या कई बार अस्थाई रूप से विकलांग थे। बच्चों में कुपोषण के परिणामस्वरूप एक क्षीण प्रतिरक्षा प्रणाली हो गई और पूरा गाँव बूरे स्वास्थ्य के चपेट में आ गया।

क्रियाविधि:

I. दहिसर के स्थानीय सरकार निकाय को इस कुपोषण के कारणों की पहचान करनी चाहिए।

II. गाँव के बच्चों को सरकार द्वारा उचित भोजन और स्वच्छता प्रदान की जानी चाहिए।

III. गांव के लोगों को उचित भोजन की खपत और स्वच्छता की आवश्यकता के बारे में जागरूक किया जाना चाहिए।

A. केवल I अनुसरण करता है।

B. केवल II अनुसरण करता है।

C. I और III अनुसरण दोनों करते हैं।

D. II और III अनुसरण दोनों करते हैं।

E. उनमें से कोई भी अनुसरण नहीं करते हैं।

Ques (16-18):निर्देश: निम्नलिखित प्रश्न में एक कथन के बाद I और II से अंकित दो कार्यवाहियाँ दी गई है। कार्यवाही सुधार, जाँच करने के लिए या समस्या, नीति आदि के संबंध में उठाया गया कदम या प्रशासनिक निर्णय है। आपको कथन में दी गई जानकारी को सत्य मानना है और उसके आधार पर तय करना है कि, दी गई कार्यवाहियों में से किसे/किन्हें अमल में लाना तार्किक रूप से सही है।

Q.16 कथन: शहर A ने सितंबर के महीने में शहर में अनियमित बारिश की सूचना दी है। शहर के मेयर टेलीविजन पर आये और नागरिकों को सुरक्षित और स्वस्थ रहने के लिए उचित देखभाल और एहतियाती उपाय करने की सलाह दी है। इसी महीने, शहर के न्यूज़ डेली ने डेंगू बुखार के कारण सत्ताईस गंभीर मृत्यु और पंद्रह गंभीर रोगियों की जानकारी देते हुए एक लेख लिखा है। पीड़ितों में मुख्य रूप से गली 39 के निवासी थे। मरीजों के अधिक मामलों में एक ही इलाके के स्थानीय अस्पताल द्वारा डेंगू का निदान किया गया।

क्रियाविधि:

I. मेयर ने नगर निकाय को आदेश दिया है कि वह प्रतिदिन गली 39 में मच्छर फोगिंग सुनिश्चित करें।

II. शहर के निवासी अपने आसपास के वातावरण को साफ रखते हैं और मच्छरों को पनपने से रोकते हैं।

A. केवल I अनुसरण करता है।

B. केवल II अनुसरण करता है।

C. या तो I या II अनुसरण करता है।

D. न तो I और न ही II अनुसरण करता है।

E. I और II दोनों अनुसरण करते हैं।

Q.17 कथन: बैंकों की गैर-निष्पादित परिसंपत्तियों के बढ़ते अनुभवों से सीखकर बुरे ऋणों की पुनरावृत्ति को रोकने के लिए उपयुक्त उपायों को अपनाना आवश्यक है।

क्रियाविधि:

I. ग्राहकों को ऋण देने से पहले ऋण के लिए उनकी योग्यता का मूल्यांकन कड़ाई से किया जाना चाहिए।

II. ऋण की किस्तों का भुगतान सुनिश्चित करने के लिए, जिस काम के लिए ऋण दिया गया था, नियमित आधार पर निगरानी की जानी चाहिए।

A. केवल I अनुसरण करता है।
B. केवल II अनुसरण करता है।
C. या तो I या II अनुसरण करता है।
D. ना तो I और ना ही II अनुसरण करता है।
E. I और II दोनों अनुसरण करते हैं।

Q.18 कथन: ब्री की माँ ने उसके लिए पिकल झील के पास जमीन का एक भाग खरीदा था और उन्होंने उस पर एक बगीचा और एक वृक्ष गृह बनाया था। ब्री के बगीचे के पास, एक नाखून फाइलर निर्माण कारखाना है। हाल के वर्षों में, ब्री ने ध्यान दिया है कि उसके बगीचे का एक भाग जो कारखाने के करीब है नष्ट हो रहा है। आगे की जांच करने पर, ब्री को पता चलता है कि कारखाने के कर्मचारी उसके बगीचे में गंजगोले और अन्य कचरे के टुकड़े फेंकते हैं। ब्री कारखाने के मजदूरों से उसके बगीचे को नष्ट करने के लिए गुस्सा है और इसके बारे में कुछ करने का सोचती है।

क्रियाविधि:

I. ब्री ने अपने श्रमिकों के गलत कार्यों के बारे में कंपनी को सूचित किया और उन्हें रोकने और उसके मुआवजे का भुगतान करने के लिए कहा।

II. ब्री फैक्ट्री में जबरदस्ती घुस जाती है और फैक्ट्री मजदूरों के कार्यक्षेत्र में खाद और उर्वरक डाल देती है।

A. केवल I अनुसरण करता है।
B. केवल II अनुसरण करता है।
C. या तो I या II अनुसरण करता है।
D. न तो I और न ही II अनुसरण करता है।
E. I और II दोनों अनुसरण करते हैं।

Q.19 निर्देश: नीचे दिए गए प्रश्न में एक गद्यांश I, II और III से अंकित तीन क्रियाविधि के बाद दिया गया है। क्रियाविधि सुधार, जाँच करने के लिए या समस्या, नीति आदि के संबंध में उठाया गया कदम या प्रशासनिक निर्णय है। अवतरण में दी गई जानकारी को सत्य मानते हुए तय कीजिए कि सुझाये गए क्रियाविधियों में से कौन-सा/कौन-से क्रियाविधि तार्किक रूप से अवतरण का अनुसरण करता है/हैं।

गद्यांश: भारत सरकार ने एक अमेरिकी कंपनी के 75 उन्नत हाई-टेक कंप्यूटर आधारित रोबोट का आर्डर दिया है। कंपनी अमेरिकी सरकार से सहमति के साथ रोबोट को बेचने के लिए सहमत हुई। हालाँकि, कंपनी ने निर्धारित समय में रोबोट वितरित नहीं किए और जो वितरित किए गए वे मूल रोबोट नहीं थे, बल्कि चीन से आयात किए गए और अमेरिकी टैग के तहत बेचे गए।

क्रियाविधि:

I. भारत सरकार को अंतर्राष्ट्रीय न्यायालय में अमेरिका के खिलाफ मामला दर्ज करना चाहिए।

II. भारत सरकार को चीनी सरकार से अमेरिकी कंपनी के साथ उन रोबोटों का व्यापार रोकने के लिए कहना चाहिए।

III. भारत सरकार को कंपनी के कुप्रभावों के बारे में अमेरिकी सरकार को अवगत कराना चाहिए।

A. केवल II अनुसरण करता है।
B. केवल III अनुसरण करता है।
C. I और III अनुसरण दोनों करते हैं।
D. उनमें से सभी अनुसरण करते हैं।
E. उनमें से कोई भी अनुसरण नहीं करते हैं।

Q.20 निर्देश: नीचे दिए गए प्रश्न में एक गद्यांश I और II से अंकित दो क्रियाविधि के बाद दिया गया है। क्रियाविधि सुधार, जाँच करने के लिए या समस्या, नीति आदि के संबंध में उठाया गया कदम या प्रशासनिक निर्णय है। अवतरण में दी गई जानकारी को सत्य मानते हुए तय कीजिए कि सुझाये गए क्रियाविधियों में से कौन-सा/कौन-से क्रियाविधि तार्किक रूप से अवतरण का अनुसरण करता है/हैं।

गद्यांश: पश्चिमी और अन्य व्यंजनों की प्रमुखता के कारण पिछले कुछ वर्षों में लोगों के विशिष्ट आहार में काफी बदलाव आया है। इसके अपरिचित, अलग और नए स्वाद के कारण लोग विदेशी खाद्य पदार्थों की ओर आकर्षित होते हैं लेकिन वे इन खाद्य पदार्थों के लगातार सेवन से होने वाले स्वास्थ्य के मुद्दों से अनजान होते हैं। रेस्तरां और कैफे इन उत्पादों का विज्ञापन करते हैं क्योंकि जनता को लगता है कि यह ट्रेंडी है लेकिन ये रुझान कुछ गंभीर बीमारियों की जड़ बन रहे हैं जिससे लोग आसानी से बेखबर हैं।

क्रियाविधि:

I. आकर्षक भोजन के भयानक पक्ष के बारे में जागरूकता फैलाई जानी चाहिए।

II. ऐसे हानिकारक खाद्य पदार्थों की बिक्री पर रोक लगाई जानी चाहिए।

A. केवल I अनुसरण करता है।
B. केवल II अनुसरण करता है।
C. या तो I या II अनुसरण करता है।
D. I और II अनुसरण दोनों करते हैं।
E. ना तो I और ना ही II अनुसरण करते हैं।

Q.21 निर्देश: एक कथन और उसके बाद दो कार्यवाहियाँ दी गयी हैं। उस विकल्प का चयन कीजिये जो दिए गए कथन के लिए एक वैध कार्यवाही है।

कथन: निर्धारित परिवहन हड़ताल से बाजार में सब्जियों की किल्लत होगी और दाम भी बढ़ेंगे।

कार्यवाही:

I. सरकार को हड़ताल रद्द करने के लिए परिवहन संघ से बात करनी चाहिए।

II. दुकानदारों को अतिरिक्त सब्जियां पहले से खरीद कर रखनी चाहिए।

A. केवल कार्यवाही I
B. केवल कार्यवाही II
C. कार्यवाही I और II दोनों
D. ना तो कार्यवाही I और ना ही II
E. या तो कार्यवाही I या II

Q.22 निर्देश: इस प्रश्न में एक कथन दिया गया है जिसके बाद I, II और III से अंकित तीन कार्यवाहियाँ दी गई हैं। यह मानते हुए कि कथन में दी गई सभी जानकारी सत्य है, तीनों क्रियाओं का एक साथ विश्लेषण कीजिये और निर्धारित कीजिये कि क्या उनमें से कोई भी कथन में दी गई जानकारी का तार्किक रूप से और निश्चित रूप से अनुसरण करता है।

कथन: घातक वायरस की दूसरी लहर के बीच हाल ही में ऑक्सीजन सिलेंडर की कमी के कारण बहुत से लोगों की मौत हुई है।

कार्यवाहियाँ:

I. सरकार को तुरंत ऑक्सीजन सिलेंडर बनाने के लिए और कारखाने स्थापित करने चाहिए।

II. केंद्र सरकार को जल्द से जल्द ऑक्सीजन सिलेंडर उपलब्ध कराने के लिए पड़ोसी देशों की मदद मांगनी चाहिए।

III. सरकार को हो रही मौतों की वास्तविक संख्या दिखाने के लिए मीडिया रिपोर्टरों पर प्रतिबंध लगाना चाहिए क्योंकि इससे देश में दहशत की स्थिति पैदा होगी।

A. केवल III अनुसरण करता है।
B. केवल II और III अनुसरण करते हैं।
C. उनमें से कोई भी अनुसरण नहीं करता है।
D. केवल I और II अनुसरण करते हैं।
E. केवल II अनुसरण करता है।

Q.23 निर्देश: एक कथन के बाद I और II रो अंकित दो कार्यवाहियाँ दी गई हैं। आपको कथन में दी गई सभी बातों को सत्य मानना है और कथन में दी गई जानकारी के आधार पर निर्णय लेना है कि सुझाई गई कार्यवाहियों में से कौन सा तार्किक रूप से अनुसरण करती है।

कथन: यदि उन्हीं संस्थानों के सेवानिवृत्त प्रोफेसरों को भी संगठन के पुनर्गठन पर विचार-विमर्श करने के लिए आमंत्रित किया जाता है, तो उनका योगदान संस्थान के लिए फायदेमंद हो सकता है।

कार्यवाहियाँ:

I. सेवानिवृत्त प्रोफेसरों को बुलाने से पहले प्रबंधन, कर्मचारियों की अनुमति ले सकता है।

II. प्रबंधन को संगठन के व्यवस्थित पुनर्गठन के लिए अनुभवी लोगों को शामिल करना चाहिए।

A. केवल I अनुसरण करता है।

B. केवल II अनुसरण करता है।

C. न तो I और न ही II अनुसरण करता है।

D. I और II अनुसरण करते हैं।

E. या तो I या II अनुसरण करता है।

Ques (24-30):निर्देश: एक कथन के बाद I और II से अंकित दो कार्यवाहियाँ दी गई है। आपको कथन में दी गई सभी बातों को सत्य मानना है और कथन में दी गई जानकारी के आधार पर निर्णय लेना है कि सुझाई गई कार्यवाहियों में से कौन सा तार्किक रूप से अनुसरण करता है।

Q.24 कथन: भाखड़ा बांध के गोबिंद सागर जलाशय में प्रवाह में तेज और निरंतर गिरावट की रिपोर्ट, उत्तर में ताप विद्युत संयंत्रों के साथ भाप कोयले के घटते स्टॉक के साथ, इस क्षेत्र में एक गंभीर बिजली संकट पैदा कर सकता है।

कार्यवाहियाँ:

I. ताप विद्युत संयंत्रों को भाप कोयले की आपूर्ति को सरकार द्वारा तत्काल बढ़ाने की आवश्यकता है।

II. सरकार को क्षेत्र की अन्य नदियों पर हाइड्रोलिक पावर प्लांट स्थापित करने चाहिए।

A. केवल I अनुसरण करता है

B. केवल II अनुसरण करता है

C. न तो I और न ही II अनुसरण करते हैं

D. I और II अनुसरण करते हैं

E. या तो I या II अनुसरण करते हैं

Q.25 कथन: हाल ही के एक अध्ययन से पता चलता है कि विकासशील देशों के शहरों में पांच वर्ष से कम आयु के बच्चों की मुख्य रूप से दस्त और परजीवी आंतों के कीड़े के कारण मृत्यु हो जाती हैं।

कार्यवाहियाँ:

I. विकासशील देशों की सरकार को शहरों में स्वच्छता की स्थिति में सुधार के लिए पर्याप्त उपाय करने चाहिए।

II. विकासशील देशों के शहरों में पांच वर्ष से कम आयु के बच्चों को लगातार दवा के तहत रखने की आवश्यकता है।

A. केवल I अनुसरण करता है।

B. केवल II अनुसरण करता है।

C. न तो I और न ही II अनुसरण करते हैं।

D. I और II अनुसरण करते हैं।

E. या तो I या II अनुसरण करते हैं।

Q.26 कथन: राज्य सरकार ने महामारी अधिनियम के तहत 'काला अजार' को एक उल्लेखनीय बीमारी घोषित करने का निर्णय लिया है। महामारी अधिनियम, 1897 के तहत, रोगी के परिवार के सदस्य या पड़ोसी राज्य के अधिकारियों को सूचित नहीं करने की स्थिति में दंडित किए जाने के लिए उत्तरदायी हैं।

कार्यवाहियाँ:

I. अधिनियम को कुशलतापूर्वक लागू करने के प्रयास किए जाने चाहिए।

II. सजा के मामलों को जनसंपर्क साधन के माध्यम से प्रचारित किया जाना चाहिए ताकि अधिक से अधिक लोगों को कड़ी कार्रवाई के बारे में पता चले।

A. केवल I अनुसरण करता है

B. केवल II अनुसरण करता है

C. न तो I और न ही II अनुसरण करता है

D. I और II अनुसरण करते हैं

E. या तो I या II अनुसरण करते हैं

Q.27 कथन: हर वर्ष, मानसून की शुरुआत या अंत में, हमारे पास नेत्रश्लेष्मलाशोथ के कुछ मामले होते हैं, लेकिन इस वर्ष, यह लगभग चार वर्षों के बाद देखी गई एक बड़ी महामारी प्रतीत होती है।

कार्यवाहियाँ:

I. महामारी की जांच के लिए हर चार वर्षों के बाद एहतियाती उपाय किए जाने चाहिए।

II. लोगों को मानसून के मौसम में उबला हुआ पानी पीने की सलाह दी जानी चाहिए।

A. केवल I अनुसरण करता है।

B. केवल II अनुसरण करता है।

C. न तो I और न ही II अनुसरण करता है।

D. I और II अनुसरण करते हैं।

E. या तो I या II अनुसरण करते हैं।

Q.28 कथन: अध्यक्ष ने शिक्षा प्रणाली को और अधिक लचीला बनाने की आवश्यकता पर बल दिया और खेद व्यक्त किया कि हो रहे परिवर्तनों की गति को ध्यान में रखते हुए पाठ्यक्रम को संशोधित नहीं किया गया है।

कार्यवाहियाँ:

I. पाठ्यक्रम की समय-समय पर समीक्षा और संशोधन किया जाना चाहिए।

II. शिक्षा प्रणाली को और अधिक लचीला बनाया जाना चाहिए।

A. केवल I अनुसरण करता है

B. केवल II अनुसरण करता है

C. न तो I और न ही II अनुसरण करता है

D. I और II अनुसरण करते हैं

E. या तो I या II अनुसरण करता है

Q.29 कथन: यद्यपि भारतीय अर्थव्यवस्था अभी भी कृषि पर बहुत अधिक निर्भर है, वैश्विक कृषि व्यापार में इसका हिस्सा कुल निर्यात, कृषि निर्यात के हिस्से से कम है।

कार्यवाहियाँ:

I. अपने कृषि उत्पादन को बढ़ाने के प्रयास किए जाने चाहिए।

II. गैर-कृषि वस्तुओं के निर्यात को कम किया जाना चाहिए।

A. केवल I अनुसरण करता है।

B. केवल II अनुसरण करता है।

C. न तो I और न ही II अनुसरण करता है।

D. I और II अनुसरण करते हैं।

E. या तो I या II अनुसरण करता है।

Q.30 कथन: पानी आपूर्ति करने वाले पाइप में रिसाव की वजह से, पानी की कमी के कारण शहर के कई हिस्सों में पेयजल आपूर्ति बाधित हो गई है।

कार्यवाहियाँ:

I. सरकार को मामले की जांच का आदेश देना चाहिए।

II. नुकसान का आकलन करने और प्रभावी कदम उठाने के लिए नागरिक निकाय को एक तथ्य खोजने वाली टीम का गठन करना चाहिए।

A. केवल I अनुसरण करता है

B. केवल II अनुसरण करता है

C. न तो I और न ही II अनुसरण करता है

D. I और II अनुसरण करते हैं

E. या तो I या II अनुसरण करता है

// स्मार्ट उत्तर पुस्तिका //

| सही उत्तर | उन छात्रों का प्रतिशत जिन्होंने प्रश्नों का सही उत्तर दिया था। | | छोड़ दिया | उन छात्रों का प्रतिशत जिन्होंने प्रश्नों को छोड़ दिया था। |

प्रश्न संख्या	उत्तर	सही उत्तर / छोड़ दिया	प्रश्न संख्या	उत्तर	सही उत्तर / छोड़ दिया	प्रश्न संख्या	उत्तर	सही उत्तर / छोड़ दिया	प्रश्न संख्या	उत्तर	सही उत्तर / छोड़ दिया	प्रश्न संख्या	उत्तर	सही उत्तर / छोड़ दिया	प्रश्न संख्या	उत्तर	सही उत्तर / छोड़ दिया	प्रश्न संख्या	उत्तर	सही उत्तर / छोड़ दिया
1	A	59.36 % / 37.26 %	6	D	44.51 % / 37.42 %	11	B	46.58 % / 36.84 %	16	E	48.13 % / 39.45 %	21	A	58.47 % / 37.96 %	26	D	61.0 % / 30.08 %
2	C	69.27 % / 30.35 %	7	B	16.74 % / 71.46 %	12	E	67.18 % / 31.42 %	17	A	49.38 % / 47.29 %	22	D	57.45 % / 33.25 %	27	B	47.87 % / 33.52 %
3	B	84.26 % / 14.59 %	8	A	27.61 % / 71.15 %	13	D	47.33 % / 31.58 %	18	A	32.05 % / 67.54 %	23	B	66.85 % / 31.42 %	28	D	83.13 % / 13.83 %
4	A	58.87 % / 34.88 %	9	E	67.88 % / 31.54 %	14	C	65.09 % / 30.9 %	19	B	30.34 % / 67.79 %	24	A	43.61 % / 32.62 %	29	A	59.89 % / 38.7 %
5	A	60.23 % / 36.24 %	10	C	69.54 % / 30.26 %	15	D	63.16 % / 31.67 %	20	A	30.88 % / 67.88 %	25	D	50.51 % / 41.7 %	30	B	60.35 % / 39.28 %

//संकेत और समाधान//

1. केवल I अनुसरण करता है। छात्रों के दबाव को कम करने के लिए उचित परामर्श दिया जाना चाहिए। उन्हें सही तरीके से निर्देशित किया जाना चाहिए। माता-पिता को अपने वार्ड को कोटा भेजना बंद नहीं करना चाहिए क्योंकि यह भारत का कोचिंग हब है। इसलिए, कार्रवाई का दूसरा कोर्स गलत है।

अतः विकल्प (A) सही है।

2. सविता या तो पुलिस को सूचित कर सकती है या एनजीओ को बुला सकती है। अगर सविता एनजीओ को बुलाती तो वे बच्चे की अच्छी देखभाल करेंगें और साथ ही इस मामले के बारे में पुलिस को सूचित करेंगें और इसके विपरीत भी यही कार्य होगा।

अतः विकल्प (C) सही है।

3. पुलिस के पास जाना और जो उसने देखा उसे रिपोर्ट करना सबसे अच्छा विकल्प है क्योंकि इस मामले की जांच करना पुलिस का काम है। उनके शक्तिशाली होने के बावजूद, महेंद्र को एक नागरिक के रूप में श्री राठौर के बुरे कामों के बारे में चुप नहीं रहना चाहिए और न ही उनके अपराध में सहयोगी बनना चाहिए।

अतः विकल्प (B) सही है।

4. कथन कल रात में घटी एक घटना की सूचना दे रही है।

कार्यवाही I अनुसरण नही करता है। तेज़ गाड़ी चलाने के कारण व्यक्तियों को चोट पहुंची है। सड़क पर व्यक्तियों का सोना बंद कर देने से गाड़ी के चालक कम तेज़ी से गाड़ी नही चलाएँगे और वह पैदल चलनेवालों और अन्य वाहनों के लिए एक खतरा बन कर रहेंगे।

व्यक्तियों का पगडंडियों पर सोना बंद कर देना एक कठोर कदम भी है। कई पगडंडियाँ हैं और प्रतिबंध को लागू करने के लिए पर्याप्त साधन नहीं है। इसके अतिरिक्त, यदि इस प्रतिबंध को सही तरह लागू किया जाए तो यह पहले बेघर व्यक्तियों को सोने के लिए कोई स्थान नही छोड़ेगी। इसलिए, यह अनुसरण करने के लिए एक तार्किक कार्य की कार्यवाही नही होगी।

II और III अनुसरण करता है, चूँकि अपराधी समाज के लिए एक खतरा है। उसे दंडित करना ही चाहिए। इसके साथ ही, यह महत्वपूर्ण है कि घायल व्यक्तियों को जितनी जल्दी हो सके अस्पताल में भर्ती कराना चाहिए, अन्यथा चोट से उनकी मृत्यु हो सकती है।

इसलिए, केवल II और III अनुसरण करता है।

अतः विकल्प (A) सही है।

5. कथन से, यह स्पष्ट है कि भारत अपने सभी पड़ोसियों से खतरों का सामना कर रहा है। ऐसी स्थिति में जो कार्य की कार्यवाही संभवतः हो सकती है, वह पहले विवाद को निपटाने की कोशिश कर रहा है।

इस मामले में, हमे व्यक्तिगत रूप से जैसे को तैसा वाला रवैया रखना होगा। यदि हम अपने स्वभाव के बारे में सोच रहे होते हैं, तो हम पहली कार्यवाही चुन सकते हैं। लेकिन एक व्यावहारिक परिदृश्य में, यह एक पक्षपाती समाधान होगा।

युद्ध अंतिम उपाय होना चाहिए। सबसे पहले, विवाद के मुद्दों को निपटाने के लिए चर्चा और बातचीत होनी चाहिए।

इसके अलावा, पड़ोसियों को भेजी जाने वाली मदद को रोकना मौजूदा संघर्ष को बढ़ा सकता है।

अतः विकल्प (A) सही है।

6. यह घटना एक पुलिस स्टेशन में हुई, इसलिए यह महत्वपूर्ण है कि ब्रेक-इन के दौरान सुरक्षा प्रभारी की लापरवाही के खिलाफ ईमानदारी से कार्रवाई की जाए। इसलिए क्रियाविधि I अनुसरण करता है।

चूंकि अवतरण में इसका उल्लेख है कि इमारत CCTV की निगरानी में है, इसलिए यह स्पष्ट है कि फुटेज से अपराधियों की पहचान की जा सकती है; इसलिए क्रियाविधि II भी अनुसरण करता है।

ब्रेक-इन के कारण सुरक्षा के प्रबंधन पर सवाल उठाया जाता है, इसलिए यह महत्वपूर्ण है कि जिम्मेदार प्राधिकारी का निरीक्षण किया जाए और उसके अनुसार संशोधित किया जाए। इसलिए, इसलिए क्रियाविधि III भी अनुसरण करता है।

अतः विकल्प (D) सही है।

7. स्पष्ट रूप से, अनुबंध का उल्लंघन हुआ है क्योंकि मोनेट ने पांच वर्ष के लिए एक समझौता किया था और उसे सहमत समय से पहले खाली करने के लिए कहा जा रहा था। हालांकि, जिस व्यक्ति के साथ उसने अनुबंध किया था वह अब जीवित नहीं है, इसका अर्थ यह नहीं है कि उसका वास्तविक अनुबंध अब वैध नहीं है। उसे मामले पर कुछ कानूनी सलाह मिलनी चाहिए और इसलिए उसे स्टूडियो से बाहर जाने के बजाय निष्कासन चेतावनी और इससे जुड़े समझौते से निपटने में अपने वकील से मदद लेनी चाहिए।

अतः विकल्प (B) सही है।

8. अगर राचेल के दोस्त उसके भाइयों को मैक्स को पीटने के लिए बुलाते हैं, तो वह उसे धमकाने लगेगी और यह समस्या के चारों ओर जाने का सही तरीका नहीं होगा क्योंकि यह गारंटी नहीं देगा कि मैक्स फिर से ऐसा नहीं करेगा और पूरी योजना राचेल के दोस्त और उसके भाइयों पर प्रतिघात कर सकती है। उसे धमकाने विरोधी गुट में जाना चाहिए क्योंकि वह ऐसी समस्याओं से निपटने के लिए योग्य हैं और ऐसी स्थितियों से निपटने के लिए बनाई गई हैं।

अतः विकल्प (A) सही है।

9. कथन में नगरीय भारत में कचरे के अत्यधिक उत्पादन और आने वाले वर्षों में उसकी बढ़ती सीमा से टकराने की अटकलों के बारे में बात की गई है।

राज्य को बेहतर बनाने के लिए, सरकार को पुनर्चक्रण और गैर-पुनर्चक्रण पदार्थ के रूप में कचरे के पृथक्करण को जमीनी स्तर पर लागू करना चाहिए। इसलिए, कार्यवाही I अनुसरण करती है।

इसके अलावा, नियमित रूप से कचरे की जांच, तथ्यों और आंकड़ों को प्रस्तुत करेगी जिससे यह ज्ञात होगा कि कौन-सा कचरा पुनर्चक्रण और गैर-पुनर्चक्रण की श्रेणी में आता है और यह लोगों के क्रय निर्णयों को प्रभावित करने में भी मदद करेगा। इसलिए, कार्यवाही II अनुसरण करती है।

अतः विकल्प (E) सही है।

10. क्रियाविधि I चीन से किसी भी आकस्मिक उग्रवाद के मामले में सीमा की सुरक्षा के लिए एक आवश्यक उपाय है। इसलिए, यह अनुसरण करता है।

क्रियाविधि II भी यह सुनिश्चित करने के लिए एक आवश्यक उपाय है कि सीमा तनाव न बढ़े और इसके परिणामस्वरूप दोनों राष्ट्रों के बीच सैन्य संघर्ष ना हो। यह तनाव को कम करने और शांति सुनिश्चित करने में भी सहायता करता है। इसलिए, II भी अनुसरण करता है।

इस प्रकार, I और II दोनों अनुसरण करते हैं।

अतः विकल्प (C) सही है।

11. चीनी बाजारों में भारतीय वस्तुओं का निर्यात फायदेमंद हो सकता है या नहीं भी हो सकता है और यह चीनी की माँगों और क्रय शक्ति पर अत्यधिक निर्भर करेगा। इसलिए, क्रियाविधि I अनुसरण नहीं करता है।

चीनी आयात पर कार्य शुल्क बढ़ने से इसकी कीमतें बढ़ जाएंगी जिससे भारतीय सामान लगभग चीनी के समान जितना महंगा हो जाएगा। इसलिए, क्रियाविधि II अनुसरण करता है।

अतः विकल्प (B) सही है।

12. दोनों कार्याविधि वैध हैं और उनका पालन किया जाना चाहिए। पहला व्यक्ति बाढ़ पीड़ितों को भूखे रहने या गंदा पानी पीने से रोकने और बाढ़ जैसी

परिस्थितियों में महामारी का शिकार होने से बचाने के लिए भोजन और पीने योग्य पानी की उपलब्धि करा कर जीवित रहने में मदद कर रहा है। दूसरा व्यक्ति यह सुनिश्चित करता है कि पीड़ितों को समय पर स्वास्थ्यलाभ प्रदान किया जाए।

अतः विकल्प (E) सही है।

13. विस्फोटकों की उपस्थिति के बारे में हवाई अड्डा प्राधिकरण को चेतावनी दी जा रही है। इसलिए जरूरी है कि जांच पूरी तरह से की जाए। लेकिन चूंकि स्रोत अज्ञात है, इसलिए यह भी महत्वपूर्ण है कि उन्हें भी ढूंढा जाएं। इसलिए, क्रियाविधि II अनुसरण करता है।

चूंकि, यह विस्फोटकों के बारे में चेतावनी है, इसलिए बेहतर है कि लोगों के जीवन का जोखिम ना उठाया जाए, इसलिए क्रियाविधि I अनुसरण करता है।

अतः विकल्प (D) सही है।

14. सुरक्षा प्रमुख ने प्राधिकरण को धोखा दिया है; इसलिए उसे निकाल दिया जाना चाहिए और पुलिस को सौंप दिया जाना चाहिए। इसलिए, क्रियाविधि I और III अनुसरण करते हैं। भले ही सुरक्षा का स्वचालन फायदेमंद हो लेकिन संपूर्ण सुरक्षा प्रणाली को इलेक्ट्रॉनिक नहीं बनाया जा सकता क्योंकि CCTV जैसे उपकरणों का उपयोग करने के लिए मानव हस्तक्षेप की भी आवश्यकता होती है। इसलिए, क्रियाविधि II अनुसरण नहीं करता है।

अतः विकल्प (C) सही है।

15. बच्चों में कुपोषण के कारणों की पहचान करना निरर्थक लगता है क्योंकि यह स्पष्ट है कि भोजन की कमी और उचित स्वच्छता के कारण कुपोषण होना चाहिए। इसलिए, क्रियाविधि I अनुसरण नहीं करता है।

समान तथ्यों के आधार पर, इन बच्चों को उचित भोजन और स्वच्छता प्रदान करना आवश्यक है जो उनकी प्रतिरक्षा में सुधार करेगा और उनके स्वास्थ्य को बदले में देगा। इसलिए, क्रियाविधि II अनुसरण करता है।

उसीप्रकार, यह भी महत्वपूर्ण है कि लोगों को इस बात से अवगत कराया जाए कि खराब स्वास्थ्य का कारण पर्याप्त भोजन और स्वच्छता के रखरखाव में कमी है। इसलिए, क्रियाविधि III अनुसरण करता है।

अतः विकल्प (D) सही है।

16. डेंगू मच्छरों के कारण होता है और मच्छरों को प्रजनन से रोकना और रोगज़नक़ फैलाना सबसे अच्छी कार्यविधि है। कथन से पता चलता है कि डेंगू के कारण मच्छर मुख्य रूप से गली 39 में प्रजनन कर रहे हैं क्योंकि उस क्षेत्र के निवासियों में डेंगू पीड़ितों के अधिकतम मामले सामने आए हैं। गली 39 में मच्छर फॉगिंग का उपयोग करने के लिए नगरपालिका के लिए मेयर का आदेश यह सुनिश्चित करता है कि मच्छरों को प्रजनन से रोका जाए। पर्यावरण को स्वच्छ रखना भी उसी उद्देश्य को प्राप्त करता है।

अतः विकल्प (E) सही है।

17. पहली क्रियाविधि की सलाह दी जाती है क्योंकि यह बाकीदार की संख्या को कम कर देगा और यह निवारक उपाय के रूप में कार्य करेगा। दूसरी क्रियाविधि इसका अनुसरण नहीं करता है क्योंकि बैंक संभावित रूप से उस तरीके के लिए पर्यवेक्षण नहीं कर सकता जिसके लिए ऋण दिया जाता है। इसलिए, केवल I अनुसरण करता है।

अतः विकल्प (A) सही है।

18. ब्री को कंपनी को उनके श्रमिकों के कार्यों और उनके द्वारा बगीचे को नुकसान पहुंचाने के बारे में सूचित करना चाहिए। वह उन्हें उसके बगीचे में कचरे डालने से रोकने के लिए कहने के लिए सही तरीका है। कंपनी ब्री की असुविधा का कारण बनने के लिए उसको मुआवजा राशि का भुगतान करने के लिए भी उत्तरदायी है। यदि ब्री दूसरी क्रियाविधि के लिए जाती है, तो यह एक निजी संपत्ति पर आक्रमण करके कानूनों को तोड़ने के लिए उसे मुसीबत में भी डाल सकता है।

अतः विकल्प (A) सही है।

19. अमेरिका के खिलाफ उसकी किसी भी एक कंपनी के लिए धोखाधड़ी अधिनियम के तहत मामला दर्ज कराना बहुत कठोर है। इसलिए, क्रियाविधि I सही नहीं है।

भारत सरकार चीनी व्यापार प्रथाओं को नियंत्रित नहीं कर सकती है, इसलिए क्रियाविधि II भी गलत है।

अमेरिका में स्थित एक कंपनी ने धोखाधड़ी भरा व्यापार किया है, इसलिए अमेरिकी सरकार के साथ इस मुद्दे पर चर्चा करना वैध होगा। इसलिए, क्रियाविधि III अनुसरण करता है।

अतः विकल्प (B) सही है।

20. अवतरण स्पष्ट रूप से इस तथ्य पर जोर देता है कि समस्या यह है कि जनता इन खाद्य पदार्थों के प्रतिकूल प्रभावों से अनजान है। इसलिए, क्रियाविधि I निश्चित रूप से अनुसरण करता है।

अवतरण से पता चलता है कि यदि इसका सेवन अक्सर किया जाता है, तो ये खाद्य पदार्थ नुकसान पहुंचाते हैं। इसलिए, ऐसे खाद्य पदार्थों की बिक्री को रोकना अनुचित है। इसलिए, क्रियाविधि II अनुसरण नहीं करता है।

अतः विकल्प (A) सही है।

21. दिया है: निर्धारित परिवहन हड़ताल से बाजार में सब्जियों की किल्लत होगी और दाम भी बढ़ेंगे।

कार्यवाही:

I. सरकार को हड़ताल रद्द करने के लिए परिवहन संघ से बात करनी चाहिए, यह सत्य है क्योंकि सरकार को कार्यवाई करने, परिवहन संघ से बात करने और परिवहन को फिर से शुरू करने के लिए कुछ मांगों को स्वीकार करने की आवश्यकता थी। इसलिए, कार्यवाही I अनुसरण करती है।

II. दुकानदारों को अतिरिक्त सब्जियां पहले से खरीद कर रखनी चाहिए, यह असत्य है क्योंकि दुकानदारों के पास सब्जियों का स्टॉक सब्जियों के दाम बढ़ा सकता है और आम लोग सब्जी नहीं खरीद पायेंगे। इसलिए, कार्यवाही II अनुसरण नहीं करती है।

अतः विकल्प (A) सही है।

22. अनुसरित तर्क निम्नलिखित है:

कथन घातक वायरस की दूसरी लहर के बीच ऑक्सीजन सिलेंडर की कमी के बारे में बताता हैं जिसके कारण कई लोगों की मौत हो गई।

इसलिए इस स्थिति से निपटने के लिए ऑक्सीजन सिलेंडरों का उत्पादन करने के लिए तुरंत और कारखाने स्थापित करना एक सही कदम है।

इसलिए, कार्रवाई I अनुसरण करती है।

दूसरा, मांग में अचानक वृद्धि को पूरी तरह से भरने के लिए पड़ोसी देश से वैकल्पिक व्यवस्था की जा सकती है, यह भी कार्रवाई का एक सही तरीका है।

इसलिए, कार्रवाई II अनुसरण करती है।

सिर्फ मीडिया रिपोर्टरों को यह दिखाने के लिए प्रतिबंधित करने के लिए कि हो रही मौतों की वास्तविक संख्या देश में दहशत की स्थिति पैदा करेगी, देश में ऑक्सीजन की मांग को पूरा नहीं करेगा।

इसलिए, कार्रवाई III अनुसरण नहीं करती है।

अतः विकल्प (D) सही है।

23. निम्नलिखित अनुसरित तर्क है:

कर्मचारियों से अनुमति लेना कार्रवाई का सही तरीका नहीं है क्योंकि यह कर्मचारियों के लाभ के लिए प्रबंधन का आह्वान है।

इसलिए, कार्रवाई I अनुसरण नहीं करती है।

सेवानिवृत्त प्रोफेसरों के बहुमूल्य सुझाव संगठन के पुनर्गठन में सहायक होंगे।

इसलिए, प्रबंधन को ऐसे अनुभवी लोगों को शामिल करना चाहिए।

अतः विकल्प (B) सही है।

24. निम्नलिखित अनुसरित तर्क है:

कथन विद्युत संयंत्रों के सामने आने वाले संकट की ओर इशारा करता है और संकट में से एक उत्तर में ताप विद्युत संयंत्रों के साथ भाप कोयले के भंडार की कमी है।

इसलिए, थर्मल पावर प्लांटों को भाप कोयले की आपूर्ति करना सही कदम है।

इसलिए, कार्यवाई। अनुसरण करती है।

दूसरे, चूंकि गोबिंद सागर में पानी का प्रवाह कम हो गया, इसलिए एक और हाइड्रोलिक पावर प्लांट स्थापित करना व्यर्थ होगा।

इसलिए, कार्यवाई॥ अनुसरण नहीं करती है।

अतः विकल्प (A) सही है।

25. निम्नलिखित अनुसरित तर्क है:

यदि सरकार शहरों में स्वच्छता की स्थिति में सुधार पर ध्यान केंद्रित करती है, तो निश्चित रूप से समस्या के प्रभाव को कम कर सकती है।

इसलिए, कार्यवाई। अनुसरण करती है।

एक निरंतर दवा एक और व्यावहारिक व्यवहार्य कदम है, जो दस्त और आंतों के कीड़ों से होने वाली मृत्यु के मामलों को कम करने में मदद करेगा।

इसलिए, कार्यवाई॥ भी अनुसरण करती है।

अतः विकल्प (D) सही है।

26. निम्नलिखित अनुसरित तर्क है:

यह कथन में दिया गया है 'काला अजार' को एक उल्लेखनीय बीमारी घोषित किया गया है। चूंकि यह सरकार द्वारा एक अच्छा प्रयास है, इसलिए अधिनियम को लागू करने का प्रयास किया जाना चाहिए।

इसके अलावा, दंड के रूप में एक निवारक अधिनियम के प्रभावी कार्यान्वयन को सुनिश्चित करेगा।

अतः विकल्प (D) सही है।

27. निम्नलिखित अनुसरित तर्क है:

जैसा कि कथन में मानसून की शुरुआत या अंत में नेत्रश्लेष्मलाशोथ के कुछ मामलों के बारे में बात की गई है, लेकिन इस वर्ष, यह लगभग चार वर्षों बाद देखी गई एक बड़ी महामारी प्रतीत होती है।

कार्यवाई। → यह आवश्यक नहीं है कि ऐसी महामारी हर चार वर्षों के बाद आए।

इसलिए, कार्यवाई। अनुसरण नहीं करती है।

कार्यवाई॥ → मानसून के मौसम में रोकथाम नेत्रश्लेष्मलाशोथ की समस्या का सामना करने के लिए सही कदम है।

इसलिए, कार्यवाई॥ अनुसरण करती है।

अतः विकल्प (B) सही है।

28. निम्नलिखित अनुसरित तर्क है:

जैसा कि कथन शिक्षा प्रणाली की समस्या के बारे में बात की गई है और अध्यक्ष ने इसे और अधिक लचीला बनाने पर जोर दिया और खेद व्यक्त किया कि परिवर्तन की गति को ध्यान में रखते हुए पाठ्यक्रम को संशोधित नहीं किया गया है।

कथन शिक्षा प्रणाली की अपर्याप्तता की बात करता है और लचीलेपन और संशोधन की आवश्यकता पर जोर देता है। इसलिए, दोनों क्रियाएं पाठ्यक्रम को अद्यतन करने के लिए सही कार्रवाई हैं।

अतः विकल्प (D) सही है।

29. निम्नलिखित अनुसरित तर्क है:

जैसा कि कथन में भारतीय अर्थव्यवस्था के लाभ के बारे में बात की गई है जो अभी भी कृषि पर बहुत अधिक निर्भर है लेकिन वैश्विक कृषि व्यापार में इसका हिस्सा कुल निर्यात, कृषि निर्यात के हिस्से से कम है।

कार्यवाई। → केवल अपने कृषि उत्पादन को बढ़ाकर ही हम अंतर्राष्ट्रीय कृषि व्यापार में बेहतर स्थिति प्राप्त कर सकते हैं।

इसलिए, केवल कार्यवाई। अनुसरण करता है।

कार्यवाई॥ → गैर-कृषि वस्तुओं में कमी से हमारी स्थिति और खराब होगी।

इसलिए, कार्यवाई॥ अनुसरण नहीं करती है।

अतः विकल्प (A) सही है।

30. निम्नलिखित अनुसरित तर्क है:

जैसा कि कथन में पानी आपूर्ति करने वाले पाइप में रिसाव के कारण पेयजल आपूर्ति में व्यवधान के बारे में बात की गई है।

जल आपूर्ति समस्या को हल करने के लिए सही कदम शामिल होना चाहिए।

कार्यवाई। → यह समस्या का वैध समाधान नहीं है। समस्या इतनी बड़ी नहीं है कि इस मामले की जांच के लिए एक सरकारी जांच का गठन किया जाए।

इसलिए, कार्यवाई। अनुसरण नहीं करती है।

अतः विकल्प (B) सही है।

Ques (1-14):निर्देश: नीचे दिए गए प्रश्न में एक प्रश्न और उसके नीचे तीन कथन क्रमांक I, II और III दिए गए हैं। आपको यह तय करना है कि कथनों में दिया गया डेटा प्रश्न का उत्तर देने के लिए पर्याप्त है या नहीं।

Q.1 आठ व्यक्ति P, Q, R, S, T, U, V और W की अलग-अलग ऊँचाइयाँ हैं। किन्हीं दो व्यक्तियों की ऊँचाई समान नहीं है। P, R और T से छोटा है लेकिन Q से लम्बा है और Q सबसे छोटा व्यक्ति नहीं है। R, U और V से लम्बा है, लेकिन सबसे लम्बा नहीं है। S, P से छोटा है लेकिन Q और W से लम्बा है। कितने व्यक्ति P से छोटे हैं?

कथन I: V, P से लम्बा है लेकिन T से छोटा है।

कथन II: P, U से लम्बा है, जो S से लम्बा है और V, S से छोटा नहीं है।

कथन III: U और V, S से लम्बे हैं।

A. कथन II में दी गई जानकारी प्रश्न का उत्तर देने के लिए पर्याप्त है, और कथन I या III में दी गई जानकारी प्रश्न का उत्तर देने के लिए आवश्यक नहीं है

B. कथन I, II या III में दी गई जानकारी प्रश्न का उत्तर देने के लिए पर्याप्त है

C. कथन I और II में दी गई जानकारी प्रश्न का उत्तर देने के लिए पर्याप्त है और कथन III में दी गई जानकारी प्रश्न का उत्तर देने के लिए आवश्यक नहीं है

D. प्रश्न का उत्तर देने के लिए तीनों कथनों में दी गई जानकारी एक साथ आवश्यक है

E. सभी कथनों में दी गई एकत्रित जानकारी भी प्रश्न का उत्तर देने के लिए पर्याप्त नहीं है

Q.2 छः व्यक्ति A, B, C, D, E और F एक वृत्ताकार मेज के चारों ओर बैठे हैं, कुछ अन्दर के सम्मुख और कुछ बाहर के सम्मुख बैठे हैं। D, A के दाईं ओर तीसरे स्थान पर है, जो E का निकटतम पड़ोसी है। C, E के बाएँ से दूसरे स्थान पर बैठा है, जो अन्दर के सम्मुख है। F अन्दर के सम्मुख है और D के निकटतम बाईं ओर बैठा है। B के दाएं से दूसरे स्थान पर कौन बैठा है?

कथन I: B, D का निकटतम पडोसी है और वह A के बाएँ से दूसरे स्थान पर बैठा है।

कथन II: E, C के बाईं ओर दूसरे स्थान पर बैठता है, जो A के निकटतम दाएं है।

कथन III: तीन व्यक्ति वृत्त के अन्दर के सम्मुख हैं। A वृत्त के अन्दर के सम्मुख नहीं बैठा है।

A. कथन II में दी गई जानकारी प्रश्न का उत्तर देने के लिए पर्याप्त है, और कथन I या III में दी गई जानकारी प्रश्न का उत्तर देने के लिए आवश्यक नहीं है

B. कथन I, II या III में दी गई जानकारी प्रश्न का उत्तर देने के लिए पर्याप्त है

C. कथन II और III में दी गई जानकारी प्रश्न का उत्तर देने के लिए पर्याप्त है और कथन I में दी गई जानकारी प्रश्न का उत्तर देने के लिए आवश्यक नहीं है

D. प्रश्न का उत्तर देने के लिए तीनों कथनों में दी गई जानकारी एक साथ आवश्यक है

E. सभी कथनों में दी गई एकत्रित जानकारी भी प्रश्न का उत्तर देने के लिए पर्याप्त नहीं है

Q.3 एक परिवार में 7 सदस्य A, B, C, D, E, F और G हैं। C, F का/की जीवनसाथी और B की दादी है। C के दो से अधिक बच्चे नहीं हैं। D, F का बेटा है और A से विवाहित नहीं है। B, G से कैसे संबंधित है?

कथन I: E, B का चाचा है। A परिवार की एक महिला सदस्य है।

कथन II: A, E की पत्नी है, जो B का चाचा है।

कथन III: B, A की भांजी/भतीजी है। G, E से विवाहित नहीं है।

A. कथन I और II में दी गई जानकारी प्रश्न का उत्तर देने के लिए पर्याप्त है और कथन III में दी गई जानकारी प्रश्न का उत्तर देने के लिए आवश्यक नहीं है

B. कथन I और III में दी गई जानकारी प्रश्न का उत्तर देने के लिए पर्याप्त है और कथन II में दी गई जानकारी प्रश्न का उत्तर देने के लिए आवश्यक नहीं है

C. कथन II और III में दी गई जानकारी प्रश्न का उत्तर देने के लिए पर्याप्त है और कथन I में दी गई जानकारी प्रश्न का उत्तर देने के लिए आवश्यक नहीं है

D. प्रश्न का उत्तर देने के लिए तीनों कथनों में दी गई जानकारी एक साथ आवश्यक है

E. सभी कथनों में दी गई एकत्रित जानकारी भी प्रश्न का उत्तर देने के लिए पर्याप्त नहीं है

Q.4 बिंदु A, बिंदु B के पश्चिम में है, जो बिंदु M के दक्षिण-पूर्व में है। बिंदु N, बिंदु M से 4 मीटर पश्चिम में है। बिंदु N, बिंदु A के उत्तर-पश्चिम में है। बिंदु A और बिंदु M के बीच की दूरी क्या है?

कथन I: बिंदु H, बिंदु A के उत्तर में और बिंदु M के पूर्व में है।

कथन II: बिंदु H और बिंदु A के बीच की दूरी 6 मीटर है। बिंदु H, बिंदु B के उत्तर-पश्चिम में है।

कथन III: बिंदु N और बिंदु H के बीच की दूरी 5 मीटर है। बिंदु H, बिंदु M के पूर्व में है।

A. कथन I और II में दी गई जानकारी प्रश्न का उत्तर देने के लिए पर्याप्त है और कथन III में दी गई जानकारी प्रश्न का उत्तर देने के लिए आवश्यक नहीं है

B. कथन I और III में दी गई जानकारी प्रश्न का उत्तर देने के लिए पर्याप्त है और कथन II में दी गई जानकारी प्रश्न का उत्तर देने के लिए आवश्यक नहीं है

C. कथन II और III में दी गई जानकारी प्रश्न का उत्तर देने के लिए पर्याप्त है और कथन I में दी गई जानकारी प्रश्न का उत्तर देने के लिए आवश्यक नहीं है

D. प्रश्न का उत्तर देने के लिए तीनों कथनों में दी गई जानकारी एक साथ आवश्यक है

E. सभी कथनों में दी गई एकत्रित जानकारी भी प्रश्न का उत्तर देने के लिए पर्याप्त नहीं है

Q.5 टेनिस, हॉकी, क्रिकेट, कबड्डी, शतरंज, फुटबॉल और बैडमिंटन सात अलग-अलग खेलों में कुछ छात्रों ने भाग लिया है। ये सात खेल एक सप्ताह के सात अलग-अलग दिनों में सोमवार से आयोजित किये गए थे लेकिन जरूरी नहीं कि उसी क्रम में हों। क्रिकेट से ठीक पहले बुधवार को फुटबॉल खेला जाता है। क्रिकेट में भाग लेने वाले छात्रों की संख्या 13 है। क्रिकेट और कबड्डी के बीच दो खेल आयोजित किये गए हैं। टेनिस में भाग लेने वाले छात्रों की संख्या 7 है। सोमवार, शनिवार और रविवार को आयोजित होने वाले खेलों में भाग लेने वाले छात्रों की कुल संख्या कितनी है?

कथन I: हॉकी के बाद बैडमिंटन खेला जाता है। शतरंज में भाग लेने वाले छात्रों की संख्या 11 है, जो हॉकी से पहले खेला जाता है। कबड्डी में भाग लेने वाले छात्रों की संख्या 10 है।

कथन II: शनिवार को खेले जाने वाले खेल में भाग लेने वाले छात्रों की संख्या 16 है। क्रिकेट के बाद टेनिस खेला जाता है।

कथन III: शतरंज खेलने के बाद शनिवार को बैडमिंटन खेला जाता है। फुटबॉल में भाग लेने वाले छात्रों की संख्या 5 है। कबड्डी, हॉकी के बाद खेली जाती है।

A. प्रश्न का उत्तर देने के लिए किन्हीं दो कथनों में दी गई जानकारी पर्याप्त है

B. कथन I, II या III में दी गई जानकारी प्रश्न का उत्तर देने के लिए पर्याप्त है

कथन || और ||| में दी गई जानकारी प्रश्न का उत्तर देने के लिए पर्याप्त
C. है और कथन । में दी गई जानकारी प्रश्न का उत्तर देने के लिए
आवश्यक नहीं है

D. प्रश्न का उत्तर देने के लिए तीनों कथनों में दी गई जानकारी एक साथ
आवश्यक है

E. सभी कथनों में दी गई एकत्रित जानकारी भी प्रश्न का उत्तर देने के लिए
पर्याप्त नहीं है

Q.6 एक कक्षा में 40 छात्र हैं। राम का स्थान शीर्ष से 13 वाँ है। पलक एक
लड़की शीर्ष से 7 वीं है। राम के स्थान से 4 लड़कियाँ नीचे हैं। राम और एक
अन्य लड़के श्याम के मध्य में 12 लड़के हैं। राम एक लड़का है।कक्षा में
कितनी लड़कियाँ हैं?

कथन I: श्याम छात्रों के बीच नीचे से 14 वें स्थान पर है।

कथन II: पलक और राम के मध्य में 3 लड़कियाँ हैं। श्याम लड़कों में शीर्ष
से 21 वें स्थान पर है।

कथन III: पलक लड़कियों में नीचे से 8 वें स्थान पर है।

A. कथन || में दी गयी जानकारी प्रश्न के उत्तर के लिए पर्याप्त है और
कथन । और ||| दोनों में दी गयी जानकारी प्रश्न के उत्तर के लिए
आवश्यक नहीं है

B. किसी भी कथन ।, || या ||| में दी गई जानकारी प्रश्न का उत्तर देने के
लिए पर्याप्त है

C. कथन || और ||| दोनों में दी गयी जानकारी प्रश्न के उत्तर के लिए पर्याप्त
है और कथन । में दी गयी जानकारी प्रश्न के उत्तर के लिए आवश्यक
नहीं है

D. तीनों कथनों में दी गयी जानकारी एकसाथ प्रश्न के उत्तर के लिए पर्याप्त
है

E. सभी कथनों में दी गयी जानकारी एकसाथ भी प्रश्न के उत्तर के लिए
पर्याप्त नहीं है

Q.7 सात व्यक्ति रमेश, कार्तिक, पियूष, राहुल, मोहन, अक्षित और आर्यन ने
सात अलग-अलग शहर: अहमदाबाद, दिल्ली, बंगलौर, पुणे, कोलकाता, गोवा
और जयपुर में अपने प्रदर्शन किये, लेकिन जरुरी नहीं कि उसी क्रम में हों।
सप्ताह सोमवार से शुरू होता है। कार्तिक का प्रदर्शन पियूष और राहुल के
प्रदर्शन से पहले गोवा में है। मंगलवार को प्रदर्शन करने वाला कोलकाता में
है। पियूष के प्रदर्शन से तीन दिन पहले रमेश का प्रदर्शन। दिल्ली में
किसका प्रदर्शन रहा?

कथन I: मोहन का प्रदर्शन, आर्यन के प्रदर्शन से ठीक बाद में है, जिन्होंने
बंगलौर में प्रदर्शन किया। अक्षित ने गुरूवार को प्रदर्शन किया, लेकिन मोहन
के प्रदर्शन के बाद किया।

कथन II: जयपुर में प्रदर्शन रविवार को है। पियूष का प्रदर्शन जयपुर में नहीं
है। रमेश का प्रदर्शन कोलकाता में नहीं है।

कथन III: आर्यन का प्रदर्शन सोमवार को है लेकिन कोलकाता में नहीं।
कोलकाता में प्रदर्शन दिल्ली में प्रदर्शन से चार दिन पहले है। अक्षित ने
अहमदाबाद में प्रदर्शन किया।

A. प्रश्न का उत्तर देने के लिए किन्हीं दो कथनों में दी गई जानकारी पर्याप्त
है

B. कथन ।, || या ||| में दी गई जानकारी प्रश्न का उत्तर देने के लिए पर्याप्त
है

C. कथन || और ||| में दी गई जानकारी प्रश्न का उत्तर देने के लिए पर्याप्त
है और कथन । में दी गई जानकारी प्रश्न का उत्तर देने के लिए
आवश्यक नहीं है

D. प्रश्न का उत्तर देने के लिए तीनों कथनों में दी गई जानकारी एक साथ
आवश्यक है

E. सभी कथनों में दी गई एकत्रित जानकारी भी प्रश्न का उत्तर देने के लिए
पर्याप्त नहीं है

Q.8 चार गाड़ियाँ A, B, C और D एक मैदान खड़ी हैं। गाड़ी A, गाड़ी C से 7
मीटर दूर पश्चिम दिशा में। गाड़ी B, गाड़ी D के उत्तर-पूर्व दिशा में है और
गाड़ी C के उत्तर में है। गाड़ी C और गाड़ी D के मध्य में दूरी 6 मीटर है।
गाड़ी C और गाड़ी D के मध्य की दूरी क्या है?

कथन I. गाड़ी D, गाड़ी A के दक्षिण-पूर्व दिशा में खड़ी है।

कथन II. गाड़ी C और एक अन्य गाड़ी E के मध्य की दूरी 4 मीटर जो गाड़ी
C के दक्षिण दिशा में खड़ी है और गाड़ी D के पूर्व दिशा में खड़ी है।

कथन III. गाड़ी C और एक अन्य गाड़ी E के मध्य की दूरी 4 मीटर जो गाड़ी
C के दक्षिण दिशा में खड़ी है और गाड़ी D के पूर्व दिशा में खड़ी है।

A. कथन । और || दोनों में दी गयी जानकारी प्रश्न के उत्तर के लिए पर्याप्त
है और कथन ||| में दी गयी जानकारी प्रश्न के उत्तर के लिए आवश्यक
नहीं है

B. कथन । और ||| दोनों में दी गयी जानकारी प्रश्न के उत्तर के लिए पर्याप्त
है और कथन || में दी गयी जानकारी प्रश्न के उत्तर के लिए आवश्यक
नहीं है

C. कथन || और ||| दोनों में दी गयी जानकारी प्रश्न के उत्तर के लिए पर्याप्त
है और कथन । में दी गयी जानकारी प्रश्न के उत्तर के लिए आवश्यक
नहीं है

D. तीनों कथनों में दी गयी जानकारी एकसाथ प्रश्न के उत्तर के लिए पर्याप्त
है

E. सभी कथनों में दी गयी जानकारी एकसाथ भी प्रश्न के उत्तर के लिए
पर्याप्त नहीं है

Q.9 एक गोलाकार मेज़ के चारों ओर आठ विभिन्न रंगों लाल, सफ़ेद, नीला,
हरा, गुलाबी, नारंगी, काला और भूरा रंग की आठ कुर्सियां रखी हैं। ये सभी
कुर्सियां केंद्र के सम्मुख हैं। लाल कुर्सी के दायें दूसरे स्थान पर कौन सी कुर्सी
रखी है?

।. गुलाबी कुर्सी के निकटतम दायें सफ़ेद कुर्सी है।

॥. भूरी कुर्सी के दायें तीसरे स्थान पर काली कुर्सी है और नारंगी कुर्सी इसकी
पड़ोसियों में से एक है।

|||. नारंगी कुर्सी के बायें तीसरे स्थान पर लाल कुर्सी है और लाल कुर्सी गुलाबी
कुर्सी के विपरीत है।

A. सभी कथन आवश्यक हैं

B. केवल । और || पर्याप्त हैं

C. केवल || और ||| पर्याप्त हैं

D. केवल । और ||| पर्याप्त हैं

E. जानकारी अपर्याप्त है

Q.10 कूट भाषा में 'right' का कूट क्या है?

।. 'op pq te' का अर्थ 'she is right' और 'pq qr sm' का अर्थ 'he is
sincere' है।

॥. 'nm pu sf' का अर्थ 'they are dancing' और 'pt sn pq' का अर्थ 'sky
is clear' है।

|||. 'op fr pq' का अर्थ 'she is dancing' और 'te nm ln' का अर्थ 'they
answered right' है।

A. केवल । और || पर्याप्त है

B. केवल । और ||| पर्याप्त है

C. केवल || और ||| पर्याप्त है

D. जानकारी अपर्याप्त है

E. इनमें से कोई नहीं

Q.11 पाँच व्यक्ति A, B, C, D और E पाँच मंज़िल की इमारत में रह रहे हैं।
भूतल मंज़िल पर संख्या 1 अंकित है और शीर्ष मंज़िल पर संख्या 5 अंकित
है। दो व्यक्ति समान मंज़िल पर नहीं रहते हैं। उन्हें विभिन्न रंग पसंद हैं: लाल,
नीला, हरा, काला और श्वेत लेकिन समान क्रम में होना आवश्यक नहीं है। A
नीले रंग पसंद करने वाले व्यक्ति के ऊपर की सम संख्या की मंज़िल पर
रहता है। तीसरी मंज़िल पर रहने वाले व्यक्ति को काला रंग पसंद है। B शीर्ष
मंज़िल पर नहीं रहता है। E उस मंज़िल के ठीक नीचे रहता है जिस पर C
रहता है। लाल रंग पसंद करने वाला व्यक्ति किस मंज़िल पर रहता है?

कथन I: जो श्वेत रंग पसंद करता है वह विषम संख्या वाली मंज़िल पर रहता
है लेकिन वह D नहीं है।

कथन II: C लाल रंग पसंद करने वाले व्यक्ति के नीचे की तीसरी मंज़िल पर
रहता है।

कथन III: E सम संख्या की मंज़िल पर रहता है। A को हरा रंग पसंद नहीं है।

A. कथन II में दी गयी जानकारी प्रश्न के उत्तर के लिए पर्याप्त है और कथन I और III दोनों में दी गयी जानकारी प्रश्न के उत्तर के लिए आवश्यक नहीं है

B. किसी भी कथन I, II या III में दी गई जानकारी प्रश्न का उत्तर देने के लिए पर्याप्त है

C. कथन II और III दोनों में दी गयी जानकारी प्रश्न के उत्तर के लिए पर्याप्त है और कथन I में दी गयी जानकारी प्रश्न के उत्तर के लिए आवश्यक नहीं है

D. तीनों कथनों में दी गयी जानकारी एकसाथ प्रश्न के उत्तर के लिए आवश्यक है

E. सभी कथनों में दी गयी जानकारी एकसाथ भी प्रश्न के उत्तर के लिए पर्याप्त नहीं है

Q.12 विशाल के सन्दर्भ में पवन की क्या दिशा है?

कथन I: सुमित, राम के 5 मी उत्तर में है। नितिन, अजय के 4 मी दक्षिण में है। राम, अजय के 6 मी पूर्व में है।

कथन II: किशन, राम के 3 मी पूर्व में है। विशाल, श्याम के 6 मी पूर्व में है। किशन, श्याम के 4 मी उत्तर में है।

कथन III: विकास, रिषभ के 2 मी उत्तर में है। सुमित, रिषभ के 4 मी पश्चिम में है। विकास, पवन के 6 मी पूर्व में है।

A. प्रश्न का उत्तर देने के लिए कोई भी दो कथन पर्याप्त हैं
B. प्रश्न का उत्तर देने के लिए सभी कथन एकसाथ आवश्यक है
C. प्रश्न का उत्तर देने के लिए कथन I और II एकसाथ पर्याप्त हैं
D. प्रश्न का उत्तर देने के लिए कथन II और III एकसाथ पर्याप्त हैं
E. प्रश्न का उत्तर देने के लिए कथन I और III एकसाथ पर्याप्त हैं

Q.13 A, B, C, D, E और F में से सबसे लंबा कौन है?

कथन I: C से केवल दो व्यक्ति छोटे हैं जोकि F, A और B जितना लंबा नहीं है। B, A से लंबा है लेकिन सबसे लंबा नहीं है।

कथन II: A, C और E से लंबा है लेकिन F जितना लंबा नहीं है जोकि B और D से लंबा है।

कथन III: B से केवल एक ब्यक्ति लंबा है और E सबसे छोटा है। A, C और D से लंबा है लेकिन F से छोटा है।

A. प्रश्न का उत्तर देने के लिए कोई दो कथन पर्याप्त हैं
B. प्रश्न का उत्तर देने के लिए कोई भी एक कथन पर्याप्त है
C. प्रश्न का उत्तर देने के लिए कथन I और II संयुक्त रूप से पर्याप्त है
D. प्रश्न का उत्तर देने के लिए कथन II और III संयुक्त रूप से पर्याप्त है
E. प्रश्न का उत्तर देने के लिए I और III संयुक्त रूप से पर्याप्त है

Q.14 छह सहकर्मियों - A, B, C, D, E और F को अलग-अलग वेतन 15000, 20000, 23000, 25000, 30000 और 35000 रुपये प्राप्त होते है (इसी क्रम में होना आवश्यक नहीं है)। 25000 रुपये वेतन किस व्यक्ति को मिलता है?

I. A को 30000 रुपये वेतन मिलता है और C को A से अधिक वेतन मिलता है।
II. B को न्यूनतम वेतन नहीं मिलता है। F को 20000 रुपये वेतन मिलता है।
III. D को न तो 23000 रुपये और न ही 25000 रुपये वेतन मिलता है।

A. अपर्याप्त जानकारी
B. केवल I और II पर्याप्त हैं
C. पेज्वल I और III पर्याप्त हैं
D. केवल II और III पर्याप्त हैं
E. सभी कथनों की आवश्यकता है

Ques (15-18):निर्देश: नीचे दिए गए प्रश्न में एक प्रश्न और उसके नीचे I और II से अंकित दो कथन दिए गए हैं। आपको यह तय करना है कि कथनों में दिए गए आँकड़े प्रश्न का उत्तर देने के लिए पर्याप्त है या नहीं।

Q.15 छह लोग - गिरीश, आयुष, श्रुति, प्रीतम, सागर और चंदन ने एक परीक्षा में अलग-अलग अंक प्राप्त किए। लेकिन जरूरी नहीं कि इसी क्रम में हो। सबसे कम अंक किसे प्राप्त हुए?

कथन I: न तो श्रुति और न ही प्रीतम को सबसे कम अंक मिले। सागर ने प्रीतम और चंदन से अधिक अंक प्राप्त किए, लेकिन आयुष से कम अंक प्राप्त किए। श्रुति ने गिरीश और आयुष से अधिक अंक प्राप्त किए, लेकिन आयुष ने गिरीश से अधिक अंक प्राप्त नहीं किए।

कथन II: आयुष ने केवल दो व्यक्तियों से कम अंक प्राप्त किए। प्रीतम ने आयुष और सागर से कम, लेकिन चंदन से अधिक अंक प्राप्त किए। गिरीश ने आयुष से अधिक लेकिन श्रुति से कम अंक प्राप्त किए।

A. केवल कथन I में दिए गए आँकड़े प्रश्न का उत्तर देने के लिए पर्याप्त है, जबकि केवल कथन II में दिए गए आँकड़े प्रश्न का उत्तर देने के लिए पर्याप्त नहीं है

B. केवल कथन II में दिए गए आँकड़े प्रश्न का उत्तर देने के लिए पर्याप्त है, जबकि केवल कथन I का दिए गए आँकड़े प्रश्न का उत्तर देने के लिए पर्याप्त नहीं है

C. आँकड़े या तो केवल कथन I या केवल कथन II में प्रश्न का उत्तर देने के लिए पर्याप्त है

D. कथन I और II दोनों के आँकड़े एक साथ प्रश्न का उत्तर देने के लिए पर्याप्त नहीं है

E. प्रश्न का उत्तर देने के लिए कथन I और II दोनों के आँकड़े एक साथ आवश्यक है

Q.16 सात सदस्यों का परिवार है। G, Q से किस प्रकार संबंधित है?

कथन I: Q, W का भाई है, जो उसकी पत्नी Z से विवाहित है। P, Q से विवाहित है। D, W की भतीजी/भांजी है, जिसका एक पुत्र और एक पुत्री है। G और R, D के कजिन हैं।

कथन II: W, Q का भाई है, जो P का पति है। Z, Q की सिस्टर-इन-लॉ है, जिसकी पुत्री D है। R, Q की भतीजी/भांजी है और G, Q का भतीजा/भांजा है।

A. केवल कथन I में दिए गए आँकड़े प्रश्न का उत्तर देने के लिए पर्याप्त है, जबकि केवल कथन II में दिए गए आँकड़े प्रश्न का उत्तर देने के लिए पर्याप्त नहीं है

B. केवल कथन II में दिए गए आँकड़े प्रश्न का उत्तर देने के लिए पर्याप्त है, जबकि केवल कथन I का दिए गए आँकड़े प्रश्न का उत्तर देने के लिए पर्याप्त नहीं है

C. आँकड़ें या तो केवल कथन I या केवल कथन II में प्रश्न का उत्तर देने के लिए पर्याप्त है

D. कथन I और II दोनों के आँकड़ें एक साथ प्रश्न का उत्तर देने के लिए पर्याप्त नहीं है

E. प्रश्न का उत्तर देने के लिए कथन I और II दोनों के आँकड़े एक साथ आवश्यक है

Q.17 छह दोस्त - A, B, C, D, E और F की बैठक तीन अलग-अलग महीनों - जनवरी, मार्च और अप्रैल की 15 या 18 तारीख को हुई थी। लेकिन जरूरी नहीं कि इसी क्रम में हो। 15 मार्च को किसकी बैठक है?

कथन I: E और F के बीच चार लोगों की बैठक हुई थी। B और F के बीच दो लोगों की बैठक हुई थी, जिनकी 15 जनवरी को बैठक नहीं हुई थी।

कथन II: A की बैठक D और C से पहले थी। D की बैठक C से ठीक पहले थी।

A. यदि प्रश्न का उत्तर केवल कथन I से दिया जा सकता है लेकिन केवल कथन II से नहीं

B. यदि प्रश्न का उत्तर केवल कथन II से दिया जा सकता है लेकिन केवल कथन I से नहीं

C. यदि प्रश्न का उत्तर केवल किसी एक कथन का उपयोग करके दिया जा सकता है

D. यदि दोनों कथनों का एक साथ उपयोग करके प्रश्न का उत्तर दिया जा सकता है, लेकिन किसी भी एक कथन के उपयोग से नहीं किया जा सकता है

E. यदि दोनों कथनों का एक साथ प्रयोग करके भी प्रश्न का उत्तर नहीं

दिया जा सकता है

Q.18 छः मित्र - P, Q, R, A, B और C एक वृताकार मेज के चारो ओर केंद्र के सम्मुख बैठे हैं। R के दायें से दूसरे स्थान पर कौन बैठा है?

कथन I: Q, P के दायें से दूसरे स्थान पर बैठा है, जो A के ठीक बायें बैठा है।

कथन II: R, Q का निकटतम पडोसी नहीं है। A और B के मध्य ठीक दो व्यक्ति बैठे हैं।

A. केवल कथन I में दिए गए आँकड़ें प्रश्न का उत्तर देने के लिए पर्याप्त है, जबकि केवल कथन II में दिए गए आँकड़ें प्रश्न का उत्तर देने के लिए पर्याप्त नहीं है

B. केवल कथन II में दिए गए आँकड़ें प्रश्न का उत्तर देने के लिए पर्याप्त है, जबकि केवल कथन I में दिए गए आँकड़ें प्रश्न का उत्तर देने के लिए पर्याप्त नहीं है

C. केवल कथन I या केवल कथन II में दिए गए आँकड़ें प्रश्न का उत्तर देने के लिए पर्याप्त हैं

D. कथन I और II दोनों के आँकड़ें एक साथ प्रश्न का उत्तर देने के लिए पर्याप्त नहीं है

E. कथन I और II दोनों के आँकड़ें एक साथ प्रश्न का उत्तर देने के लिए आवश्यक हैं

Ques (19-30):निर्देश: नीचे दिए गए प्रश्न में एक प्रश्न और उसके नीचे I, II और III से अंकित तीन कथन दिए गए हैं। आपको यह तय करना है कि कथनों में दिए गए आँकड़ें प्रश्न का उत्तर देने के लिए पर्याप्त है या नहीं।

Q.19 आठ व्यक्ति - O, G, E, T, F, J, W और B एक पंक्ति में उत्तर के सम्मुख बैठे हैं, लेकिन जरूरी नहीं कि वे इसी क्रम में बैठे हों। J के बायें से दूसरे स्थान पर कौन बैठा है?

कथन I: न तो F और न ही B पंक्ति के अंतिम छोर पर बैठे हैं। लेकिन F और B के मध्य चार व्यक्ति बैठे हैं।

कथन II: F, G और O का निकटतम पडोसी है, जो पंक्ति के किसी एक अंतिम छोर पर बैठा है।

कथन III: J, W के बायें से दूसरे स्थान पर बैठा है, जो पंक्ति के किसी एक अंतिम छोर पर बैठा है। E, T के ठीक बायें बैठा है।

A. केवल कथन II में दिए गए आँकड़ें प्रश्न का उत्तर देने के लिए पर्याप्त है, और कथन I या III में दिए गए आँकड़ें प्रश्न का उत्तर देने के लिए आवश्यक नहीं है

B. कथन I, II या III में से कोई भी आँकड़ें प्रश्न का उत्तर देने के लिए पर्याप्त है

C. कथन II और III में दिए गए आँकड़ें प्रश्न का उत्तर देने के लिए पर्याप्त है, और कथन I का दिए गए आँकड़ें प्रश्न का उत्तर देने के लिए आवश्यक नहीं है

D. प्रश्न का उत्तर देने के लिए तीनों कथनों के आँकड़ों की एक साथ आवश्यकता है

E. सभी कथनों में दिए गए आँकड़ें, यहां तक कि एक साथ भी, प्रश्न का उत्तर देने के लिए पर्याप्त नहीं हैं

Q.20 सात डिब्बे S, T, U, V, W, X और Y एक के ऊपर एक रखे गए हैं। उन सभी में अलग-अलग फल रखे हैं जैसे: आम, सेब, अमरूद, केला, नाशपाती, चेरी और अंगूर लेकिन जरूरी नहीं कि इसी क्रम में हों। W और X के मध्य तीन डिब्बे हैं। डिब्बा S, डिब्बा W के नीचे है, जिसमें सेब है। वह डिब्बा जिसमें आम है, नाशपाती के डिब्बे के ठीक ऊपर है। डिब्बा U, डिब्बा V के ऊपर है। कौन-सा डिब्बा केले के डिब्बे के ठीक नीचे है?

कथन I: डिब्बा W, डिब्बा X के ऊपर है, जिसमें अमरूद है। केले का डिब्बा अंगूर के डिब्बे के ऊपर है।

कथन II: डिब्बा U में नाशपाती नहीं लेकिन डिब्बे X के ऊपर है। डिब्बा X, डिब्बा S के नीचे है। डिब्बा T, डिब्बा W के ऊपर है। केले का डिब्बा नाशपाती के डिब्बे के नीचे है।

कथन III: डिब्बा T में चेरी है और डिब्बा Y के ऊपर है, जिसमें आम है। अमरूद का डिब्बा अंगूर के डिब्बे के ठीक ऊपर है।

A. केवल कथन II में दिए गए आँकड़ें प्रश्न का उत्तर देने के लिए पर्याप्त है,

---

और कथन I या III के आँकड़ें प्रश्न का उत्तर देने के लिए आवश्यक नहीं है

B. कथन I, II या III में से कोई भी आँकड़ें प्रश्न का उत्तर देने के लिए पर्याप्त है

C. कथन II और III के आँकड़ें प्रश्न का उत्तर देने के लिए पर्याप्त है और कथन I के आँकड़ें प्रश्न का उत्तर देने के लिए आवश्यक नहीं है

D. प्रश्न का उत्तर देने के लिए तीनों कथनों के एक साथ आँकड़ों की आवश्यकता है

E. सभी कथनों में दिए गए आँकड़ें, यहां तक कि एक साथ भी, प्रश्न का उत्तर देने के लिए पर्याप्त नहीं हैं

Q.21 सात दोस्त - S, T, R, F, G, J और V एक सात तलों वाली इमारत के अलग-अलग तलों पर रहते हैं, जिनकी सात तल एक से सात तक हैं (भूतल की संख्या 1 है, इसके ऊपर के तल की संख्या 2 है और इसी तरह और सबसे ऊपर के तल की संख्या 7 है)। G के तल के ठीक नीचे कौन रहता है?

कथन I: R, तल 3 के ऊपर एक विषम संख्या वाले तल पर रहता है और R और S के बीच केवल दो व्यक्ति रहते हैं।

कथन II: S और G के बीच केवल एक व्यक्ति रहता है, जो T के नीचे और S के ऊपर रहता है। T सबसे ऊपरी तल पर नहीं रहता है।

कथन III: V, F के ऊपर रहता है लेकिन J के नीचे रहता है।

A. केवल कथन II में दिए गए आँकड़ें प्रश्न का उत्तर देने के लिए पर्याप्त है, और कथन I या III के आँकड़ें प्रश्न का उत्तर देने के लिए आवश्यक नहीं है

B. कथन I, II या III में से कोई भी आँकड़ें प्रश्न का उत्तर देने के लिए पर्याप्त है

C. कथन II और III में दिए गए आँकड़ें प्रश्न का उत्तर देने के लिए पर्याप्त है, और कथन I के आँकड़ें प्रश्न का उत्तर देने के लिए आवश्यक नहीं है

D. प्रश्न का उत्तर देने के लिए तीनों कथनों के एक साथ आँकड़ों की आवश्यकता है

E. सभी कथनों में दिए गए आँकड़ें, यहां तक कि एक साथ भी, प्रश्न का उत्तर देने के लिए पर्याप्त नहीं हैं

Q.22 सात व्यक्ति P, Q, R, S, T, U और V दक्षिण के सम्मुख एक पंक्ति में बैठे हैं। S के दायें से दूसरे स्थान पर कौन बैठा है?

कथन I: V और S के बीच तीन व्यक्ति बैठे हैं। न तो V और न ही S अंतिम छोर पर बैठे हैं। T, V के ठीक दायें और अंतिम छोर पर बैठा है। P, R के दायें से तीसरे स्थान पर बैठा है।

कथन II: T, Q के दायें से दूसरे स्थान पर बैठा है, जो S के दायें से तीसरे स्थान पर बैठा है। R, S के ठीक बायें बैठा है। V, P के दायें से दूसरे स्थान पर बैठा है।

कथन III: P पंक्ति के मध्य में बैठा है। V, U के दायें से तीसरे स्थान पर बैठा है, जो S के ठीक दायें बैठा है। S किसी भी छोर पर नहीं बैठा है।

A. किसी भी दो कथनों में दिए गए आँकड़ें प्रश्न का उत्तर देने के लिए पर्याप्त हैं

B. प्रश्न का उत्तर देने के लिए I, II, या III में से कोई भी आँकड़ें पर्याप्त है

C. केवल कथन II और III में दिए गए आँकड़ें प्रश्न का उत्तर देने के लिए पर्याप्त है, और कथन I में दिए गए आँकड़ें प्रश्न का उत्तर देने के लिए आवश्यक नहीं है

D. प्रश्न का उत्तर देने के लिए तीनों कथनों के एक साथ आँकड़ों की आवश्यकता है

E. सभी कथनों में दिए गए आँकड़ें, यहां तक कि एक साथ भी, प्रश्न का उत्तर देने के लिए पर्याप्त नहीं हैं

Q.23 छह व्यक्ति A, B, C, D, E और F की शिक्षक के साथ सितंबर, अक्टूबर और नवंबर के महीने में 5 और 12 तारीख को बैठक होती है। किन्हीं दो व्यक्तियों की एक ही दिन बैठक नहीं होती है। उनमें से किसकी 5 अक्टूबर को बैठक है?

कथन I: C और D की बैठक एक ही महीने में है। C से पहले किसी व्यक्ति की बैठक नहीं है।

कथन II: B की बैठक महीने की 5 तारीख को होती है, जिसमें 30 दिन होते हैं। B और D के बीच केवल दो व्यक्तियों की बैठक होती है।

कथन III: B और E की बैठक एक ही महीने में है। A और E की बैठक समान तारीख को नहीं है।

A. कथन I और II एक साथ प्रश्न का उत्तर देने के लिए पर्याप्त हैं
B. केवल कथन I प्रश्न का उत्तर देने के लिए पर्याप्त है
C. प्रश्न का उत्तर देने के लिए एक साथ सभी कथन आवश्यक हैं
D. प्रश्न का उत्तर देने के लिए या तो कथन I या III और कथन II आवश्यक हैं
E. कथन II और III एक साथ प्रश्न का उत्तर देने के लिए पर्याप्त हैं

Q.24 'here you are' के लिए कूट क्या है?

I. कूट भाषा में, 'you all are here' को 'jh ik os df' के रूप में लिखा जाता है।

II. उसी कूट भाषा में, 'are we go there' को 'os jh pl tr' के रूप में लिखा जाता है।

III. उसी कूट भाषा में, 'are you here with me' को 'df os vg ik lx' के रूप में लिखा जाता है।

A. सभी कथनों की आवश्यकता हैं
B. केवल I और II पर्याप्त हैं
C. केवल I पर्याप्त है
D. केवल I और III पर्याप्त हैं
E. अपर्याप्त जानकारी

Q.25 आठ सदस्य - A, B, C, D, E, F, G और H एक वृत्ताकार मेज़ के चारों ओर मध्य के सम्मुख होकर बैठे हैं और सभी अलग-अलग व्यवसायों जैसे कि वकील, चिकित्सक, गायक, इंजीनियर, क्लर्क, प्रबंधक, टाइपिस्ट और वेटर से संबंधित हैं।

इंजीनियर के विपरीत बैठे व्यक्ति का व्यवसाय ज्ञात कीजिये?

I. क्लर्क, F (गायक) के विपरीत बैठता है जो कि वकील और इंजीनियर के बगल में है।

II. C टाइपिस्ट है और वह डॉक्टर जो कि उसके बाएँ ओर बैठता है और क्लर्क के मध्य बैठता है।

III. क्लर्क, प्रबंधक के बगल में और वेटर, इंजीनियर के विपरीत नहीं बैठता है।

A. सभी कथन आवश्यक हैं
B. केवल कथन II ही पर्याप्त है
C. केवल I या II और III पर्याप्त हैं
D. I और III दोनों
E. इनमें से कोई भी नहीं

Q.26 एक पंक्ति में पांच व्यक्ति: P, Q, R, S और T उत्तर के सम्मुख बैठे हैं। ज्ञात कीजिये कि पंक्ति के मध्य में कौन बैठा है।

कथन I: P और Q एक दूसरे के आसन्न बैठे हैं। T, P के दायीं ओर से दूसरे स्थान पर बैठा है।

कथन II: Q और R के मध्य व्यक्तियों की संख्या, P और T के मध्य व्यक्तियों की संख्या के समान है।

कथन III: S, P के दायीं ओर से तीसरे स्थान पर बैठा है जो Q के निकटतम बाएं है।

A. प्रश्न का उत्तर देने के लिए कोई भी दो कथन पर्याप्त हैं
B. प्रश्न का उत्तर देने के लिए सभी कथन एकसाथ आवश्यक हैं
C. प्रश्न का उत्तर देने के लिए कथन I और II एकसाथ पर्याप्त हैं
D. प्रश्न का उत्तर देने के लिए कथन II और III एकसाथ पर्याप्त हैं
E. प्रश्न का उत्तर देने के लिए कथन I और III एकसाथ पर्याप्त हैं

Q.27 'all are free' के लिए कूट क्या है?

I. एक कूट भाषा में, 'all tables are chair' को 'ai si ea nt' के रूप में लिखा जाता है

II. उसी भाषा में, 'some are free birds' को 'os rt gk ai' के रूप में लिखा गया है

III. उसी भाषा में, 'this is all of us' को 'jg nt lp cv' के रूप में लिखा गया है

A. सभी कथनों की आवश्यकता हैं
B. केवल I और III पर्याप्त हैं
C. केवल I और II पर्याप्त है
D. केवल II और III पर्याप्त हैं
E. अपर्याप्त जानकारी

Q.28 विशाल, अंकित से कैसे संबंधित है?

कथन I: अंकित की पत्नी सुमन भी किरण की बहू है। किरण विशाल की मां है।

कथन II: सुमन की कोई बहन नहीं है। कृष्ण, तनु के दादा हैं जो अंकित की बेटी है। विशाल तनु की मां सुमन का देवर हैं। अंकित के माता-पिता को केवल 2 बेटे हैं।

कथन III: विशाल का शिखा के साथ विवाहित है और बेटी का नाम अविका है। शिखा, ज्योति की बहन है।

A. कथन II अकेले प्रश्न का उत्तर देने के लिए पर्याप्त है
B. सभी कथन मिलकर प्रश्न का उत्तर देने के लिए आवश्यक हैं
C. कथन I और II मिलकर प्रश्न का उत्तर देने के लिए पर्याप्त हैं
D. या तो केवल कथन II या कथन I और III मिलकर प्रश्न का उत्तर देने के लिए आवश्यक हैं
E. या तो कथन I या III और कथन II प्रश्न का उत्तर देने के लिए आवश्यक है

Q.29 सप्ताह के सात विभिन्न-विभिन्न दिनों में दस व्यक्तियों A, B, C, D, E, F, G, H, I और J के लैक्चर होते हैं। सप्ताह सोमवार से शुरू होता है। दो से अधिक व्यक्तियों के एक ही दिन में लैक्चर नहीं होते हैं। प्रत्येक दिन कम से कम एक व्यक्ति का लैक्चर होता है। A और G के समान दिन में लैक्चर होते हैं लेकिन C और J के लैक्चर से पहले होते हैं। C और J के विभिन्न-विभिन्न दिनों पर लैक्चर होते हैं। मंगलवार को केवल B का लैक्चर होता है। H का लैक्चर उस दिन से ठीक पहले है जिस दिन J का लैक्चर है। शुक्रवार को किस व्यक्ति का लैक्चर है?

कथन I: E का शुक्रवार को लैक्चर है। D और F का समान दिन में लैक्चर हैं। जिस दिन क्रमशः D और E के लेक्चर होते हैं उस दिन के मध्य मे चार व्यक्तियों के लेक्चर होते हैं।

कथन II: H का लैक्चर उस दिन के तुरंत बाद है जिस दिन E का लैक्चर है। रविवार को केवल J का लैक्चर है।

कथन III: I का लैक्चर उस दिन से ठीक पहले होता है जिस दिन A का लैक्चर होता है। I का लैक्चर E से पहले है।

A. किसी भी दो कथन में दी गई जानकारी प्रश्न का उत्तर देने के लिए पर्याप्त है
B. किसी भी कथन I, II या III में दी गई जानकारी प्रश्न का उत्तर देने के लिए पर्याप्त है
C. कथन II और III दोनों में दी गयी जानकारी प्रश्न के उत्तर के लिए पर्याप्त है और कथन I में दी गयी जानकारी प्रश्न के उत्तर के लिए आवश्यक नहीं है
D. तीनों कथनों में दी गयी जानकारी एक साथ प्रश्न के उत्तर के लिए पर्याप्त है
E. सभी कथनों में दी गयी जानकारी एक साथ भी प्रश्न के उत्तर के लिए पर्याप्त नहीं है

Q.30 आठ व्यक्ति P, Q, R, S, T, U, V और W एक पंक्ति में बैठे हुए हैं, कुछ व्यक्ति उत्तर दिशा की ओर सम्मुख हैं और कुछ व्यक्ति दक्षिण दिशा की ओर सम्मुख हैं। P दक्षिण दिशा की ओर सम्मुख है और Q के दाई ओर से तीसरे स्थान पर बैठता है। अंतिम सिरे पर बैठा व्यक्ति विपरीत दिशा के

सम्मुख है। V, Q का निकटतम पड़ोसी है और वह W के दाएं से तीसरे स्थान पर बैठा है। W पंक्ति के अंतिम सिरे पर नहीं बैठता है। कितनर व्यक्ति उत्तर दिशा की ओर सम्मुख हैं?

कथन I: S, U के निकटतम दाईं ओर बैठता है। U दक्षिण दिशा की ओर सम्मुख है। R पंक्ति के अंतिम सिरे के एक हिस्से पर बैठा है। P, R के दाईं ओर से दूसरे स्थान पर बैठता है।

कथन II: T, V के निकटतम बाईं ओर बैठता है और R के बाईं ओर से तीसरे स्थान पर बैठता है। R उत्तर दिशा की ओर सम्मुख हैं।

कथन III: V, S के बाईं ओर से दूसरे स्थान पर बैठता है। U, T के दाईं ओर से चौथे स्थान पर बैठता है।

A. कथन II में दी गयी जानकारी प्रश्न के उत्तर के लिए पर्याप्त है और कथन I और III दोनों में दी गयी जानकारी प्रश्न के उत्तर के लिए आवश्यक नहीं है

B. किसी भी कथन I, II या III में दी गई जानकारी प्रश्न का उत्तर देने के लिए पर्याप्त है

C. कथन II और III दोनों में दी गयी जानकारी प्रश्न के उत्तर के लिए पर्याप्त है और कथन I में दी गयी जानकारी प्रश्न के उत्तर के लिए आवश्यक नहीं है

D. तीनों कथनों में दी गयी जानकारी एकसाथ प्रश्न के उत्तर के लिए आवश्यक है

E. सभी कथनों में दी गयी जानकारी एकसाथ भी प्रश्न के उत्तर के लिए पर्याप्त नहीं है

// स्मार्ट उत्तर पुस्तिका //

सही उत्तर — उन छात्रों का प्रतिशत जिन्होंने प्रश्नों का सही उत्तर दिया था।   **छोड़ दिया** — उन छात्रों का प्रतिशत जिन्होंने प्रश्नों को छोड़ दिया था।

प्रश्न संख्या	उत्तर	सही उत्तर / छोड़ दिया	प्रश्न संख्या	उत्तर	सही उत्तर / छोड़ दिया	प्रश्न संख्या	उत्तर	सही उत्तर / छोड़ दिया	प्रश्न संख्या	उत्तर	सही उत्तर / छोड़ दिया	प्रश्न संख्या	उत्तर	सही उत्तर / छोड़ दिया	प्रश्न संख्या	उत्तर	सही उत्तर / छोड़ दिया	प्रश्न संख्या	उत्तर	सही उत्तर / छोड़ दिया
1	C	11.04 % / 78.51 %	6	A	69.93 % / 30.04 %	11	D	32.69 % / 67.29 %	16	B	12.49 % / 77.03 %	21	D	40.72 % / 46.09 %	26	D	59.21 % / 38.84 %
2	C	26.77 % / 71.22 %	7	C	15.85 % / 83.61 %	12	B	27.32 % / 70.82 %	17	A	57.27 % / 35.46 %	22	B	68.03 % / 31.6 %	27	E	58.7 % / 36.44 %
3	E	15.19 % / 75.2 %	8	C	28.01 % / 71.86 %	13	B	51.68 % / 47.12 %	18	E	50.08 % / 44.85 %	23	C	25.91 % / 67.5 %	28	D	56.81 % / 34.31 %
4	D	15.18 % / 76.18 %	9	C	54.27 % / 32.97 %	14	A	11.75 % / 80.38 %	19	D	60.9 % / 34.84 %	24	D	52.01 % / 33.15 %	29	E	27.52 % / 68.83 %
5	D	10.82 % / 74.43 %	10	B	45.35 % / 37.69 %	15	C	64.01 % / 30.38 %	20	C	25.22 % / 71.6 %	25	A	24.9 % / 70.42 %	30	D	59.45 % / 32.49 %

//संकेत और समाधान//

1. दिया है:

1. P, R और T से छोटा है लेकिन Q से लम्बा है और Q सबसे छोटा व्यक्ति नहीं है।

तो, हम प्राप्त करते हैं: R/T > P > Q >

2. R, U और V से लम्बा है, लेकिन सबसे लम्बा नहीं है।

तो, हम प्राप्त करते हैं: > R > U/V

3. S, P से छोटा है लेकिन Q और W से लम्बा है।

तो, हम प्राप्त करते हैं: P > S > Q/W

अब, हम दिए गए कथनों के माध्यम से जाँच करेंगे।

कथन I: V, P से लम्बा है लेकिन T से छोटा है।

स्थिति 1	स्थिति 2	स्थिति 3	स्थिति 4	स्थिति 5	स्थिति 6
T	T	T	T	T	T
R	R	R	R	R	R
V	U	V	V	V	V
U	V	P	P	P	P
P	P	U	S	S	S
S	S	S	U	Q	Q
Q	Q	Q	Q	U	W
W	W	W	W	W	U

कथन II: P, U से लम्बा है, जो S से लम्बा है और V, S से छोटा नहीं है।

स्थिति 1	स्थिति 2	स्थिति 3
T	T	T
R	R	R
V	P	P
P	V	U
U	U	V
S	S	S
Q	Q	Q
W	W	W

कथन III: U और V, S से लम्बे हैं।

स्थिति 1	स्थिति 2	स्थिति 3
T	T	T
R	R	R
V/U	P	V/U
V/U	V/U	P
P	V/U	V/U
S	S	S
Q	Q	Q
W	W	W

I और II के संयोजन के बाद:

T
R
V
P
U
S

Q
W

इसलिए, 4 व्यक्ति P से छोटे हैं।

इसलिए, कथन II और III में दी गई जानकारी प्रश्न का उत्तर देने के लिए पर्याप्त है और कथन I में दी गई जानकारी प्रश्न का उत्तर देने के लिए आवश्यक नहीं है।

अतः विकल्प (C) सही है।

2. दिया है:

1. D, A के दाईं ओर तीसरे स्थान पर है, जो E का निकटतम पड़ोसी है।

2. C, E के बाएँ से दूसरे स्थान पर बैठा है, जो अन्दर के सम्मुख है।

3. F अन्दर के सम्मुख है और D के निकटतम बाईं ओर बैठा है।

तो, तदनुसार आरेख,

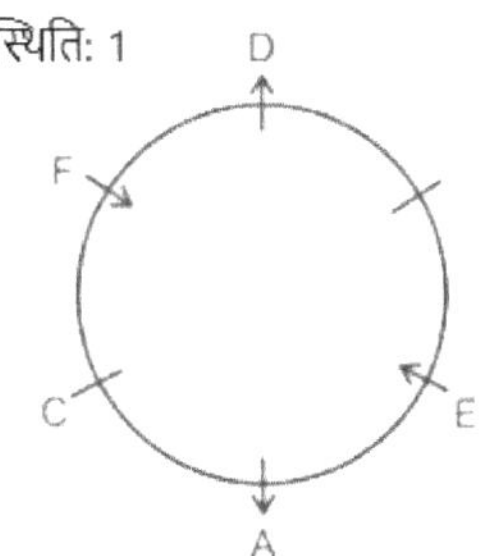

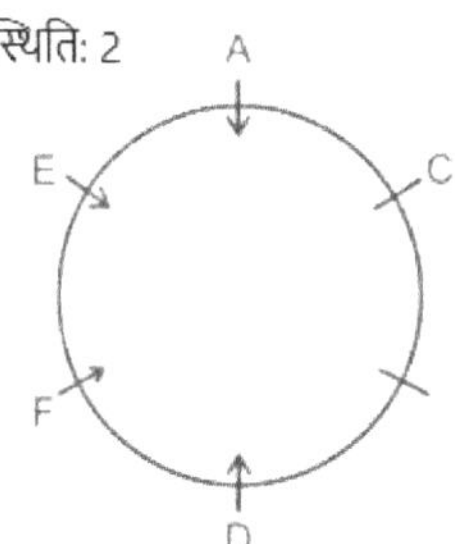

कथन I: B, D का निकटतम पडोसी है और वह A के बाएँ से दूसरे स्थान पर बैठा है।

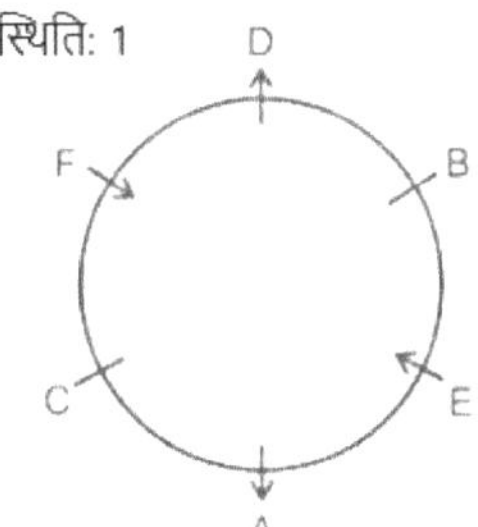

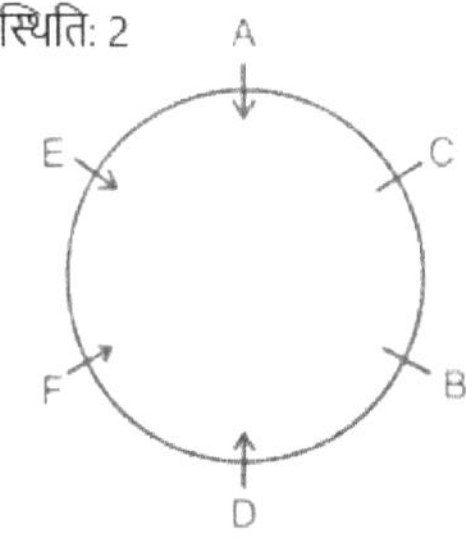

कथन II: E, C के बाईं ओर दूसरे स्थान पर बैठता है, जो A के निकटतम दाएं है।

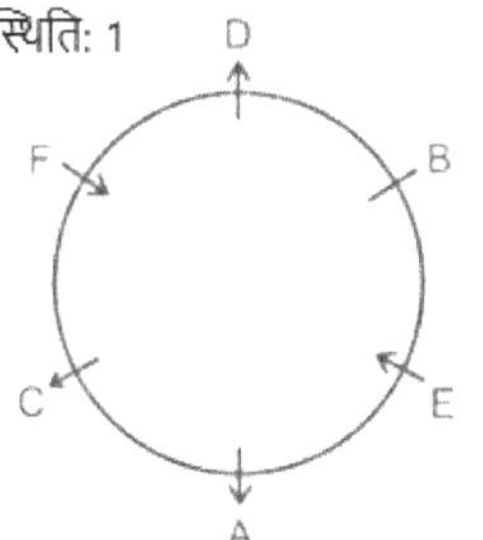

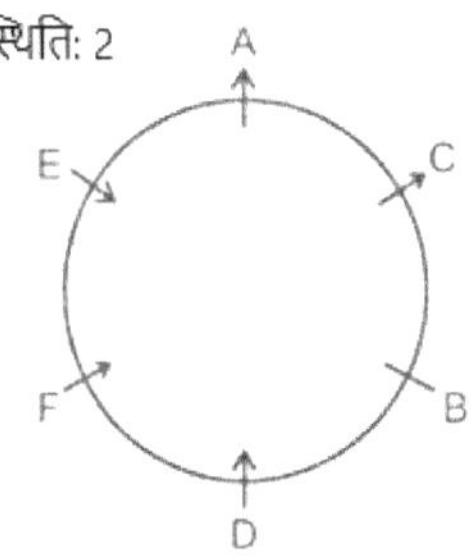

कथन III: तीन व्यक्ति वृत के अन्दर के सम्मुख हैं। A वृत के अन्दर के सम्मुख नहीं बैठा है।

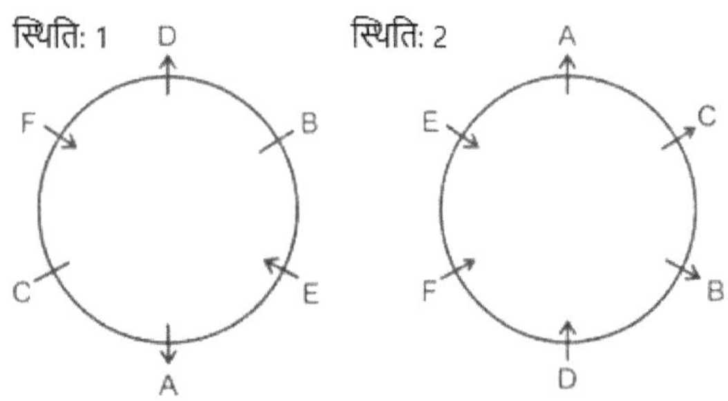

कथन II और कथन III एक साथ:

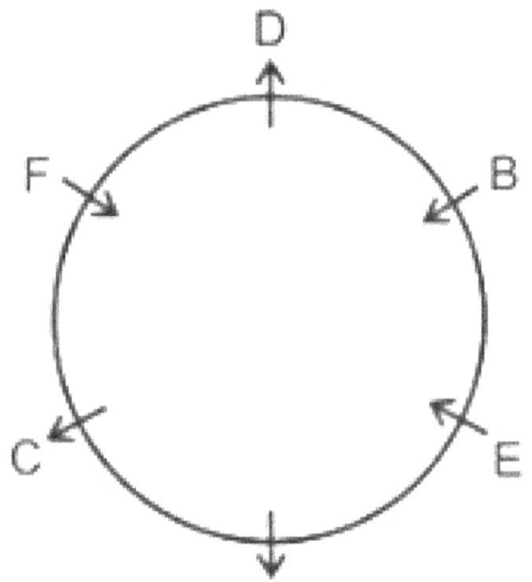

इसलिए, F, B के दाएं से दूसरे स्थान पर बैठता है।

इसलिए, कथन II और III में दी गई जानकारी प्रश्न का उत्तर देने के लिए पर्याप्त है और कथन I में दी गई जानकारी प्रश्न का उत्तर देने के लिए आवश्यक नहीं है।

अतः विकल्प (C) सही है।

3. 1. एक परिवार में 7 सदस्य A, B, C, D, E, F और G हैं।

2. C, F का/की जीवनसाथी है और B की दादी है।

3. C के दो से अधिक बच्चे नहीं हैं।

4. D, F का बेटा है और A से विवाहित नहीं है।

कथन I: E, B का चाचा है। A परिवार की एक महिला सदस्य है।

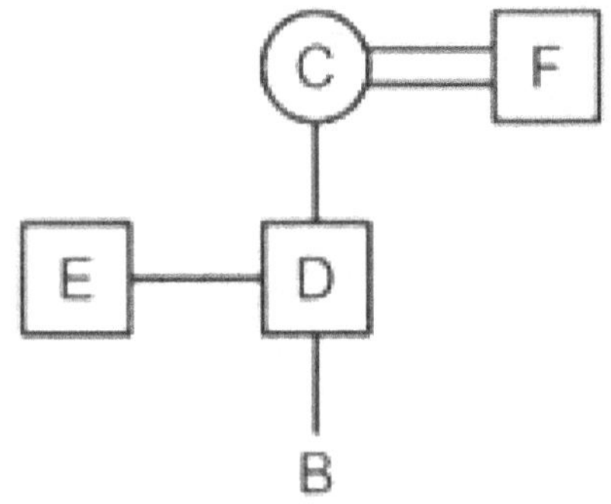

कथन II: A, E की पत्नी है, जो B का चाचा है।

कथन III: B, A की भांजी/भतीजी है। G, E से विवाहित नहीं है।

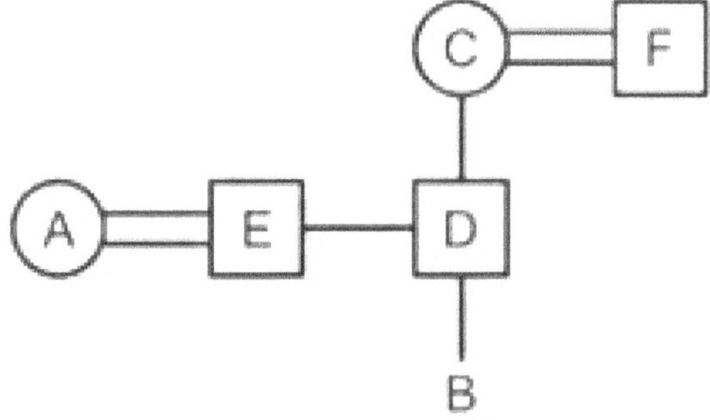

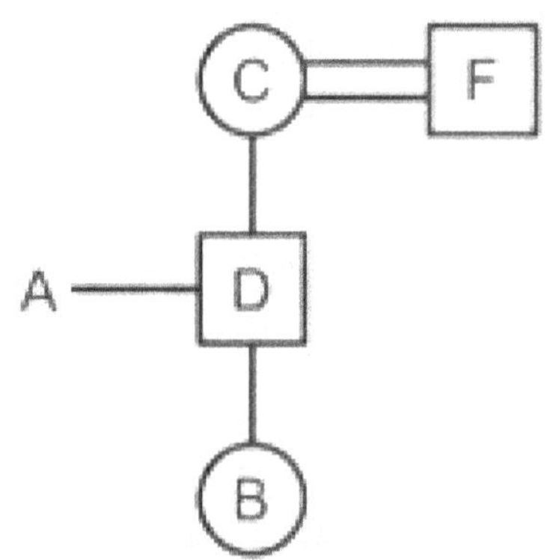

G किसी भी पीढ़ी से हो सकता/सकती है। G के बारे में कोई स्पष्ट जानकारी नहीं है। इसलिए, G और B के बीच सम्बन्ध निर्धारित नहीं किया जा सकता है।

इसलिए, सभी कथनों में दी गई एकत्रित जानकारी भी प्रश्न का उत्तर देने के लिए पर्याप्त नहीं है।

अतः विकल्प (E) सही है।

4. 1. बिंदु A, बिंदु B के पश्चिम में है, जो बिंदु M के दक्षिण-पूर्व में है।

2. बिंदु N, बिंदु M से 4 मीटर पश्चिम में है।

3. बिंदु N, बिंदु A के उत्तर-पश्चिम में है।

कथन I: बिंदु H, बिंदु A के उत्तर में और बिंदु M के पूर्व में है।

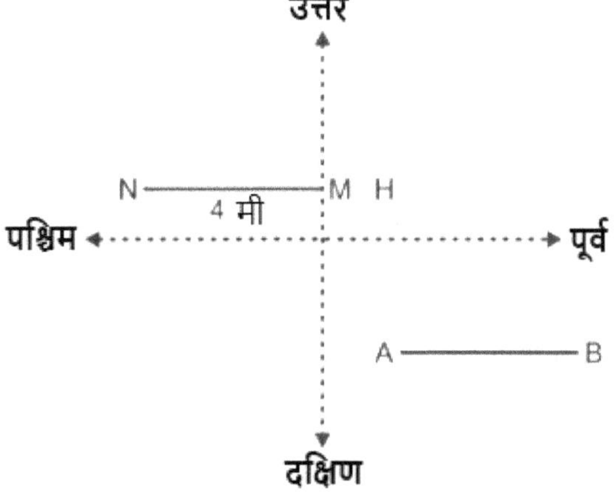

कथन II: बिंदु H और बिंदु A के बीच की दूरी 6 मीटर है। बिंदु H, बिंदु B के उत्तर-पश्चिम में है।

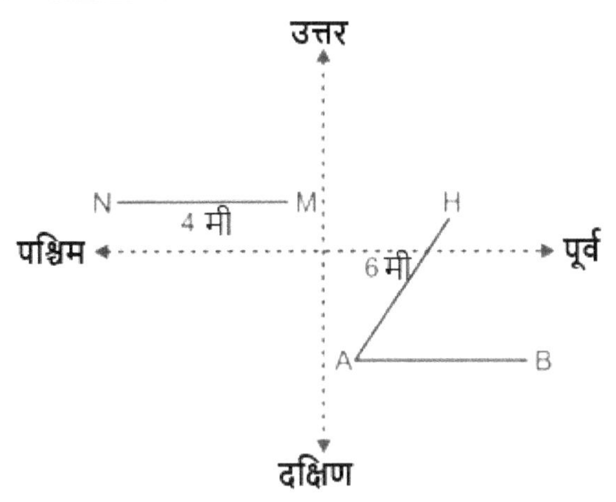

कथन III: बिंदु N और बिंदु H के बीच की दूरी 5 मीटर है। बिंदु H, बिंदु M के पूर्व में है।

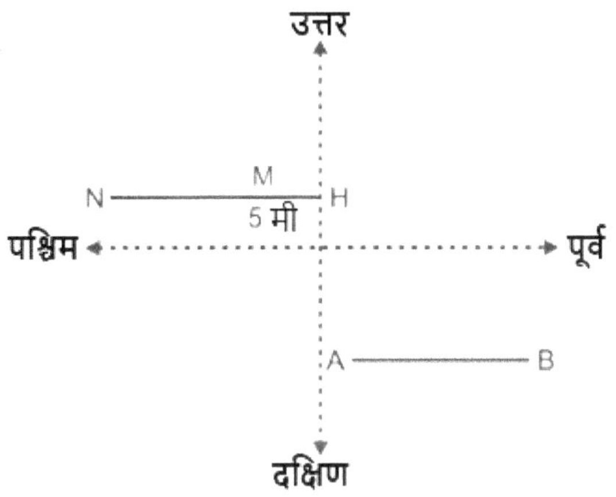

कथन I, II और III एक साथ:

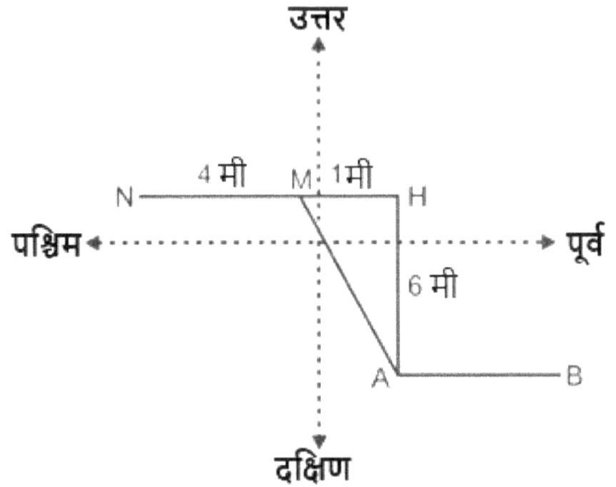

इसलिए, प्रश्न का उत्तर देने के लिए तीनों कथनों में दी गई जानकारी एक साथ आवश्यक है।

अतः विकल्प (D) सही है।

5. 1. क्रिकेट से ठीक पहले बुधवार को फुटबॉल खेला जाता है।

2. क्रिकेट में भाग लेने वाले छात्रों की संख्या 13 है।

3. क्रिकेट और कबड्डी के बीच दो खेल आयोजित होते हैं।

4. टेनिस में भाग लेने वाले छात्रों की संख्या 7 है।

कथन I: हॉकी के बाद बैडमिंटन खेला जाता है। शतरंज में भाग लेने वाले छात्रों की संख्या 11 है, जो हॉकी से पहले खेला जाता है। कबड्डी में भाग लेने वाले छात्रों की संख्या 10 है।

स्थिति: 1			स्थिति: 2		
दिन	खेल	भाग लेने वाले छात्रों की संख्या	दिन	खेल	भाग लेने वाले छात्रों की संख्या
सोमवार	कबड्डी	10	सोमवार		
मंगलवार			मंगलवार		
बुधवार	फुटबॉल		बुधवार	फुटबॉल	
गुरूवार	क्रिकेट	13	गुरूवार	क्रिकेट	13
शुक्रवार			शुक्रवार		
शनिवार			शनिवार		
रविवार			रविवार	कबड्डी	10

कथन II: शनिवार को खेले जाने वाले खेल में भाग लेने वाले छात्रों की संख्या 16 है। क्रिकेट के बाद टेनिस खेला जाता है।

स्थिति: 1		
दिन	खेल	भाग लेने वाले छात्रों की संख्या
सोमवार	कबड्डी	
मंगलवार		
बुधवार	फुटबॉल	
गुरूवार	क्रिकेट	13
शुक्रवार		
शनिवार		16
रविवार		

स्थिति: 2		
दिन	खेल	भाग लेने वाले छात्रों की संख्या
सोमवार		
मंगलवार		
बुधवार	फुटबॉल	
गुरूवार	क्रिकेट	13
शुक्रवार		
शनिवार		16
रविवार	कबड्डी	

कथन III: शतरंज खेलने के बाद शनिवार को बैडमिंटन खेला जाता है। फुटबॉल में भाग लेने वाले छात्रों की संख्या 5 है। कबड्डी, हॉकी के बाद खेली जाती है।

स्थिति: 1		
दिन	खेल	भाग लेने वाले छात्रों की संख्या
सोमवार	कबड्डी	
मंगलवार		
बुधवार	फुटबॉल	5
गुरूवार	क्रिकेट	13
शुक्रवार		

शनिवार	बैडमिंटन	
रविवार	कबड्डी	

कथन I, II और III एक साथ:

स्थिति: 1		
दिन	खेल	भाग लेने वाले छात्रों की संख्या
सोमवार	कबड्डी	
मंगलवार		
बुधवार	फुटबॉल	
गुरूवार	क्रिकेट	13
शुक्रवार		
शनिवार		16
रविवार		

इसलिए, सोमवार, शनिवार और रविवार को भाग लेने वाले छात्रों की कुल संख्या 37 है।

इसलिए, प्रश्न का उत्तर देने के लिए तीनों कथनों में दी गई जानकारी एक साथ आवश्यक है।

अतः विकल्प (D) सही है।

6. दिया है:

1. एक कक्षा में 40 छात्र हैं। राम का स्थान शीर्ष से 13 वाँ है।

2. पलक एक लड़की शीर्ष से 7 वीं है। राम के स्थान से 4 लड़कियाँ नीचे हैं।

3. राम और एक अन्य लड़के श्याम के मध्य में 12 लड़के हैं।

तो, तदनुसार आरेख,

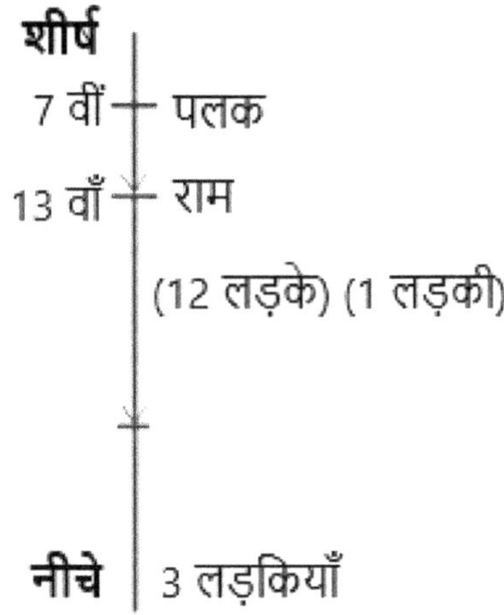

कथन I: श्याम छात्रों के बीच नीचे से 14 वें स्थान पर है।

कथन II: पलक और राम के मध्य में 3 लड़कियाँ हैं। श्याम लड़कों में शीर्ष से 21 वें स्थान पर है।

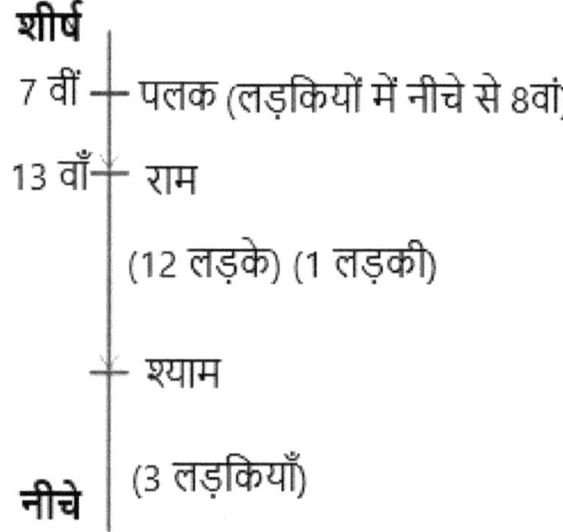

चूँकि, श्याम शीर्ष से लड़कों में 21 वें स्थान पर है, राम से शीर्ष लड़कों की संख्या 7 है। इसलिए, राम के ऊपर लड़कियों की संख्या 5 है और राम से नीचे की लड़कियों की संख्या दी गई है यानी 4

इसलिए, कक्षा में लड़कियों की कुल संख्या 9 है।

कथन III: पलक लड़कियों में नीचे से 8 वें स्थान पर है।

इसलिए, कथन II में दी गयी जानकारी प्रश्न के उत्तर के लिए पर्याप्त है और कथन I और III दोनों में दी गयी जानकारी प्रश्न के उत्तर के लिए आवश्यक नहीं है।

अतः विकल्प (A) सही है।

7. 1. कार्तिक का प्रदर्शन पियूष और राहुल के प्रदर्शन से पहले गोवा में है।

2. मंगलवार को प्रदर्शन करने वाला कोलकाता में है।

3. पियूष के प्रदर्शन से तीन दिन पहले रमेश का प्रदर्शन है।

कथन I: मोहन का प्रदर्शन, आर्यन के प्रदर्शन से ठीक बाद में है, जिन्होंने बंगलौर में प्रदर्शन किया। अक्षित ने गुरूवार को प्रदर्शन किया, लेकिन मोहन के प्रदर्शन के बाद किया।

दिन	व्यक्ति	शहर
सोमवार	आर्यन	बंगलौर
मंगलवार	मोहन	कोलकाता
बुधवार	रमेश	
गुरूवार	अक्षित	
शुक्रवार	कार्तिक	गोवा
शनिवार	पियूष	
रविवार	राहुल	

कथन II: जयपुर में प्रदर्शन रविवार को है। पियूष का प्रदर्शन जयपुर में नहीं है। रमेश का प्रदर्शन कोलकाता में नहीं है।

स्थिति: 1

दिन	व्यक्ति	शहर
सोमवार	आर्यन	बंगलौर
मंगलवार	मोहन	कोलकाता
बुधवार	रमेश	
गुरूवार	अक्षित	
शुक्रवार	कार्तिक	गोवा
शनिवार	पियूष	
रविवार	राहुल	

स्थिति: 2

दिन	व्यक्ति	शहर
सोमवार	आर्यन	बंगलौर
मंगलवार	मोहन	कोलकाता
बुधवार	रमेश	
गुरूवार	अक्षित	
शुक्रवार	कार्तिक	गोवा
शनिवार	पियूष	
रविवार	राहुल	

कथन III: आर्यन का प्रदर्शन सोमवार को है लेकिन कोलकाता में नहीं। कोलकाता में प्रदर्शन दिल्ली में प्रदर्शन से चार दिन पहले है। अक्षित ने अहमदाबाद में प्रदर्शन किया।

दिन	व्यक्ति	शहर
सोमवार	आर्यन	
मंगलवार		कोलकाता
बुधवार		
गुरूवार		
शुक्रवार		
शनिवार		दिल्ली
रविवार		

कथन I और III से, पियूष का प्रदर्शन दिल्ली में है।

इसलिए, कथन II और III में दी गई जानकारी प्रश्न का उत्तर देने के लिए पर्याप्त है और कथन I में दी गई जानकारी प्रश्न का उत्तर देने के लिए आवश्यक नहीं है।

अतः विकल्प (C) सही है।

8. 1. गाड़ी A, गाड़ी C से 7 मीटर दूर पश्चिम दिशा में है।

2. गाड़ी B, गाड़ी D के उत्तर-पूर्व दिशा में है और गाड़ी C के उत्तर में है।

3. गाड़ी C और गाड़ी D के मध्य में दूरी 6 मीटर है।

कथन I. गाड़ी D, गाड़ी A के दक्षिण-पूर्व दिशा में खड़ी है।

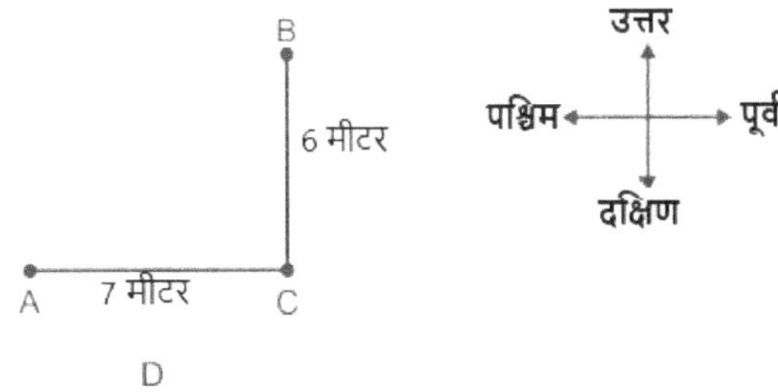

कथन II. गाड़ी C और एक अन्य गाड़ी E के मध्य की दूरी 4 मीटर जो गाड़ी C के दक्षिण दिशा में खड़ी है और गाड़ी D के पूर्व दिशा में खड़ी है।

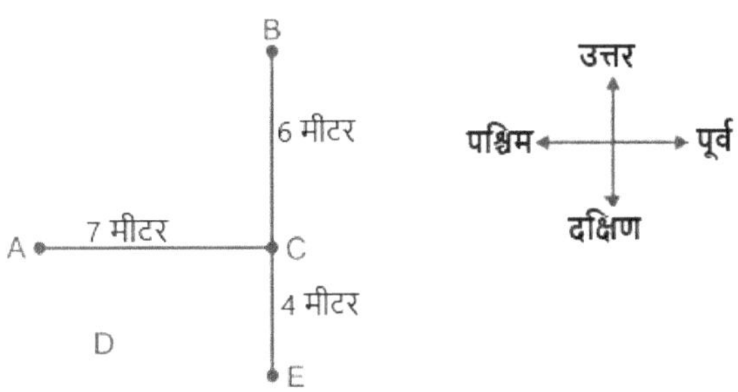

कथन III. गाड़ी D और एक अन्य गाड़ी E के मध्य की दूरी 3 मीटर है। गाड़ी E, गाड़ी D के पूर्व में खड़ी है।

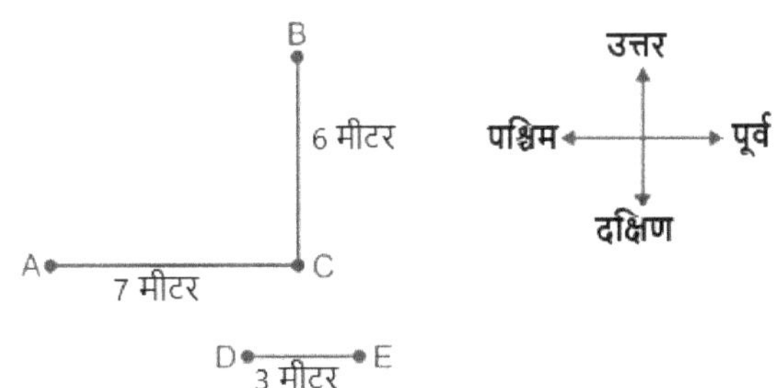

कथन I और II का संयोजन:

कथन I. गाड़ी D, गाड़ी A के दक्षिण-पूर्व दिशा में खड़ी है।

कथन II. गाड़ी C और एक अन्य गाड़ी E के मध्य की दूरी 4 मीटर जो गाड़ी C के दक्षिण दिशा में खड़ी है और गाड़ी D के पूर्व दिशा में खड़ी है।

यहाँ हम कार D और कार E के बीच की दूरी नहीं जानते हैं, इसलिए यह पर्याप्त नहीं है।

कथन I और III का संयोजन:

कथन I. गाड़ी D, गाड़ी A के दक्षिण-पूर्व दिशा में खड़ी है।

कथन III. गाड़ी C और एक अन्य गाड़ी E के मध्य की दूरी 4 मीटर जो गाड़ी C के दक्षिण दिशा में खड़ी है और गाड़ी D के पूर्व दिशा में खड़ी है।

यहाँ हम कार C और कार E के बीच की दूरी नहीं जानते हैं, इसलिए यह पर्याप्त नहीं है।

कथन II और III का संयोजन:

कथन II. गाड़ी C और एक अन्य गाड़ी E के मध्य की दूरी 4 मीटर जो गाड़ी C के दक्षिण दिशा में खड़ी है और गाड़ी D के पूर्व दिशा में खड़ी है।

कथन III. गाड़ी C और एक अन्य गाड़ी E के मध्य की दूरी 4 मीटर जो गाड़ी C के दक्षिण दिशा में खड़ी है और गाड़ी D के पूर्व दिशा में खड़ी है।

यहाँ, कार D और E के बीच की दूरी 3 मी है और D, E के पश्चिम में है।

कार C और E के बीच की दूरी 4 मी है और E, C के दक्षिण में है।

$(CD)^2 = (CE)^2 + (ED)^2$

$(CD)^2 = (4)^2 + (3)^2 = 16 + 9 = 25$

$CD = 5$ मी

इसलिए, कथन II और III दोनों में दी गयी जानकारी प्रश्न के उत्तर के लिए पर्याप्त है और कथन I में दी गयी जानकारी प्रश्न के उत्तर के लिए आवश्यक नहीं है।

अतः विकल्प (C) सही है।

9. कथन I: हमें कोई अतिरिक्त जानकारी नहीं बताता है।

कथन II: भूरी कुर्सी के दायें तीसरे स्थान पर काली कुर्सी है और नारंगी कुर्सी इसकी पड़ोसियों में से एक है।

(चूंकि यह एक गोलाकार व्यवस्था है, हम यादृच्छिक रूप से भूरी कुर्सी चुन सकते हैं और तदनुसार काली कुर्सी को रख सकते हैं)।

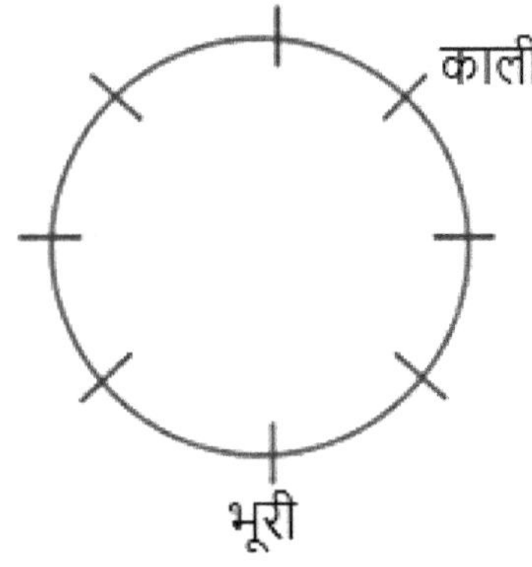

कथन III: नारंगी कुर्सी के बाएं तीसरे स्थान पर लाल कुर्सी है और लाल कुर्सी गुलाबी कुर्सी के विपरीत है।

(मानते हैं कि नारंगी कुर्सी काली कुर्सी के निकटतम बाएं है जिसका अर्थ होगा कि लाल कुर्सी काली कुर्सी के विपरीत है जो सत्य नहीं है। दर्शाता है कि, नारंगी कुर्सी काली कुर्सी के निकटतम दायें है और लाल कुर्सी काली कुर्सी के बाएं दूसरे स्थान पर है।)

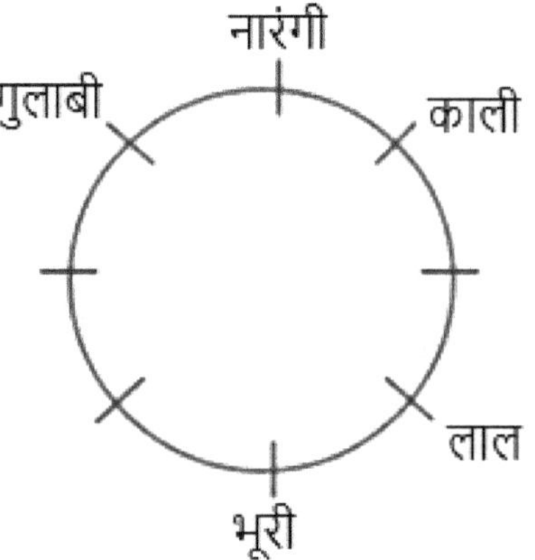

इसलिए काली कुर्सी लाल कुर्सी के दायें दूसरे स्थान पर है।

इसलिए, प्रश्न का उत्तर देने के लिए कथन II और III पर्याप्त हैं।

अतः विकल्प (C) सही है।

10. प्रश्न में दी गयी जानकारी के अनुसार,

I: 'op pq te' का अर्थ 'she is right' और 'pq qr sm' का अर्थ 'he is sincere' है।

इसलिए, केवल कथन I प्रश्न का उत्तर देने के लिए पर्याप्त नहीं है।

II: 'nm pu sf' का अर्थ 'they are dancing' और 'pt sn pq' का अर्थ 'sky is clear' है।

इसलिए, केवल कथन II प्रश्न का उत्तर देने के लिए पर्याप्त नहीं है।

III: 'op fr pq' का अर्थ 'she is dancing' और 'te nm ln' का अर्थ 'they answered right' है।

इसलिए, केवल कथन III प्रश्न का उत्तर देने के लिए पर्याप्त है।

अब कथन I और II की जाँच करने पर,

I: 'op pq te' का अर्थ 'she is right' और 'pq qr sm' का अर्थ 'he is sincere' है।

II: 'nm pu sf' का अर्थ 'they are dancing' और 'pt sn pq' का अर्थ 'sky is clear' है।

pq = is

इसलिए, कथन I और II प्रश्न का उत्तर देने के लिए पर्याप्त नहीं हैं।

अब कथन II और III की जाँच करने पर,

II: 'nm pu sf' का अर्थ 'they are dancing' और 'pt sn pq' का अर्थ 'sky is clear' है।

III: 'op fr pq' का अर्थ 'she is dancing' और 'te nm ln' का अर्थ 'they answered right' है।

nm = they, pq = is

इसलिए, कथन II और III प्रश्न का उत्तर देने के लिए पर्याप्त नहीं है।

अब कथन I और III की जाँच करने पर,

I: 'op pq te' का अर्थ 'she is right' और 'pq qr sm' का अर्थ 'he is sincere' है।

III: 'op fr pq' का अर्थ 'she is dancing' और 'te nm ln' का अर्थ 'they answered right' है।

pq = is , op = she, te = right

इसलिए, कथन I और III में दी गयी जानकारी प्रश्न का उत्तर देने के लिए पर्याप्त है।

अतः विकल्प (B) सही है।

11. 1. A नीले रंग पसंद करने वाले व्यक्ति के ऊपर की सम संख्या की मंजिल पर रहता है।

2. तीसरी मंज़िल पर रहने वाले व्यक्ति को काला रंग पसंद है।

3. B शीर्ष मंज़िल पर नहीं रहता है।

4. E उस मंज़िल के ठीक नीचे रहता है जिस पर C रहता है।

स्थिति: 1

मंज़िल	व्यक्ति	रंग
5		
4		
3		काला
2	A	
1		नीला

स्थिति: 2

मंज़िल	व्यक्ति	रंग
5		
4	A	
3		काला
2		
1		

कथन I: जो श्वेत रंग पसंद करता है वह विषम संख्या वाली मंजिल पर रहता है लेकिन वह D नहीं है।

स्थिति: 1

मंज़िल	व्यक्ति	रंग
5		श्वेत
4		
3		काला
2	A	
1		नीला

स्थिति: 2

मंज़िल	व्यक्ति	रंग
5		
4	A	
3		काला
2		
1		

कथन II: C लाल रंग पसंद करने वाले व्यक्ति के नीचे की तीसरी मंजिल पर रहता है।

स्थिति: 1

मंज़िल	व्यक्ति	रंग
5		
4		
3	C	काला
2	A	
1		नीला

स्थिति: 2

मंज़िल	व्यक्ति	रंग

5	D	
4	A	
3	C	काला
2	E	
1	B	

स्थिति 1 ख़ारिज हो जाती है चूँकि E, C के ठीक नीचे रहता है।

कथन III: E सम संख्या की मंज़िल पर रहता है। A को हरा रंग पसंद नहीं है।

स्थिति: 1

मंज़िल	व्यक्ति	रंग
5		
4	E	
3		काला
2	A	
1		नीला

स्थिति: 2

मंज़िल	व्यक्ति	रंग
5		
4	A	
3		काला
2	E	
1		

कथन I, कथन II और कथन III एक साथ:

मंज़िल	व्यक्ति	रंग
5	D	हरा
4	A	लाल
3	C	काला
2	E	नीला
1	B	श्वेत

इसलिए, जिस व्यक्ति को लाल रंग पसंद है वह चौथी मंज़िल पर रहता है।

इसलिए, तीनों कथनों में दी गयी जानकारी एकसाथ प्रश्न के उत्तर के लिए आवश्यक है।

अतः विकल्प (D) सही है।

12. सुमित, राम के 5 मी उत्तर में है। नितिन, अजय के 4 मी दक्षिण में है। राम, अजय के 6 मी पूर्व में है।

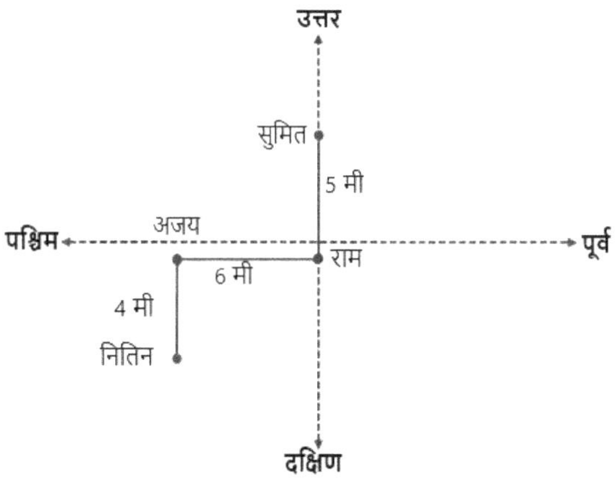

इसलिए केवल कथन I प्रश्न का उत्तर देने के लिए पर्याप्त नहीं है।

कथन II:

किशन, राम के 3 मी पूर्व में है। विशाल, श्याम के 6 मी पूर्व में है। किशन, श्याम के 4 मी उत्तर में है।

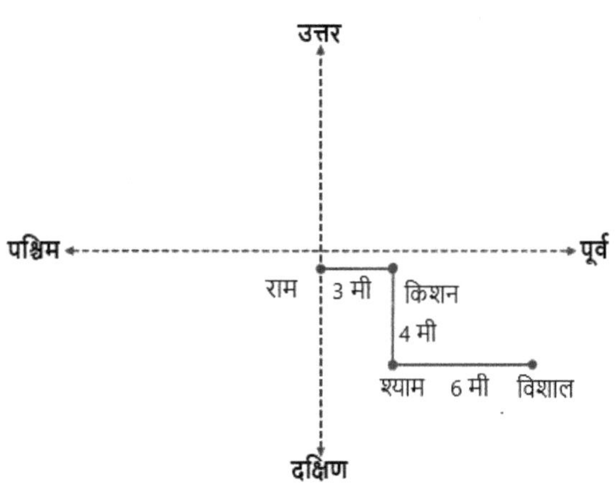

इसलिए केवल कथन II प्रश्न का उत्तर देने के लिए पर्याप्त नहीं है।

कथन III:

विकास, रिषभ के 2 मी उत्तर में है। सुमित, रिषभ के 4 मी पश्चिम में है। विकास, पवन के 6 मी पूर्व में है।

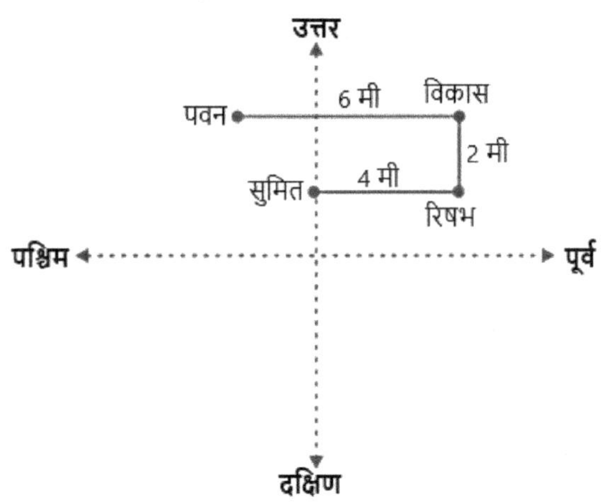

इसलिए केवल कथन III प्रश्न का उत्तर देने के लिए पर्याप्त नहीं है।

कथन I और II का संयोजन:

कथन I: सुमित, राम के 5 मी उत्तर में है। नितिन, अजय के 4 मी दक्षिण में है। राम, अजय के 6 मी पूर्व में है।

कथन II: किशन, राम के 3 मी पूर्व में है। विशाल, श्याम के 6 मी पूर्व में है। किशन, श्याम के 4 मी उत्तर में है।

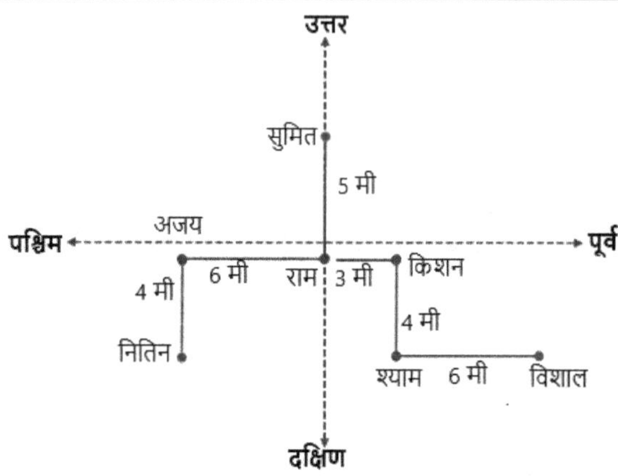

इसलिए कथन I और II एकसाथ प्रश्न का उत्तर देने के लिए पर्याप्त नहीं है।

कथन II और III का संयोजन:

कथन II: किशन, राम के 3 मी पूर्व में है। विशाल, श्याम के 6 मी पूर्व में है। किशन, श्याम के 4 मी उत्तर में है।

कथन III: विकास, रिषभ के 2 मी उत्तर में है। सुमित, रिषभ के 4 मी पश्चिम में है। विकास, पवन के 6 मी पूर्व में है।

चूंकि दोनों कथनों में कोई व्यक्ति समान नहीं है, उभयनिष्ठ आरेख नहीं बनाया जा सकता।

इसलिए कथन II और III एकसाथ प्रश्न का उत्तर देने के लिए पर्याप्त नहीं है।

कथन I और III का संयोजन:

कथन I: सुमित, राम के 5 मी उत्तर में है। नितिन, अजय के 4 मी दक्षिण में है। राम, अजय के 6 मी पूर्व में है।

कथन III: विकास, रिषभ के 2 मी उत्तर में है। सुमित, रिषभ के 4 मी पश्चिम में है। विकास, पवन के 6 मी पूर्व में है।

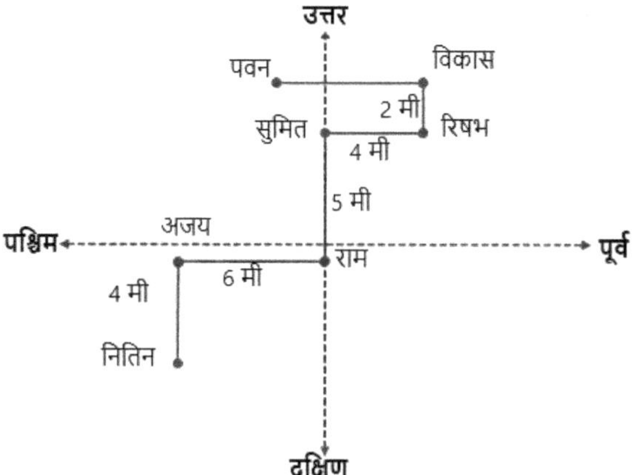

इसलिए कथन II और III एकसाथ प्रश्न का उत्तर देने के लिए पर्याप्त नहीं हैं।

सभी तीनों कथनों का संयोजन:

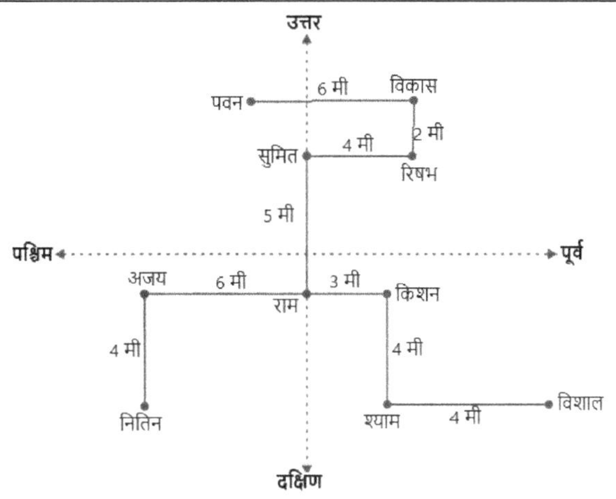

इसलिए, पवन, विशाल के सन्दर्भ में उत्तर-पश्चिम दिशा में है।

इसलिए प्रश्न का उत्तर देने के लिए सभी कथन एकसाथ आवश्यक है।

अतः विकल्प (B) सही है।

13. कथन I:

C से केवल दो व्यक्ति छोटे हैं जोकि F, A और B जितना लंबा नहीं है। B, A से लंबा है लेकिन सबसे लंबा नहीं है।

हमें निम्न क्रम प्राप्त होता है:

F > B > A > C > D/E > E/D

इसलिए F सबसे लंबा है।

इसलिए प्रश्न का उत्तर देने के लिए केवल कथन I पर्याप्त है।

कथन II:

A, C और E से लंबा है लेकिन F जितना लंबा नहीं है जोकि B और D से लंबा है।

हमें निम्न क्रम प्राप्त होता है:

F > A > E; F > A > C; F > B; F > D

इसलिए F सबसे लंबा है।

इसलिए, प्रश्न का उत्तर देने के लिए केवल कथन I पर्याप्त है।

कथन III:

B से केवल एक व्यक्ति लंबा है और E सबसे छोटा है। A, C और D से लंबा है लेकिन F से छोटा है।

__ > B > __ > __ > E ; F > A > C/D;

F > B > A > C/D > C/D > E

इसलिए, प्रश्न का उत्तर देने के लिए केवल कथन III पर्याप्त है।

इसलिए, प्रश्न का उत्तर देने के लिए कोई भी एक कथन पर्याप्त है।

अतः विकल्प (B) सही है।

14. छः सहकर्मी: A, B, C, D, E और F

वेतन: 15000, 20000, 23000, 25000, 30000 और 35000 (इसी क्रम में होना आवश्यक नहीं है)

I और II कथनों को जोड़ने पर:

I. A को 30000 रुपये वेतन मिलता है और C को A से अधिक वेतन मिलता है।

II. B को सबसे कम वेतन नहीं मिलता है। F को 20000 रुपये वेतन मिलता है।

वेतन (रुपये)	सहकर्मी	प्रतिबन्ध
15000		B
20000	F	
23000		
25000		
30000	A	
35000	C	

इसलिए, कथन I और II मिलकर प्रश्न का उत्तर देने के लिए पर्याप्त नहीं हैं।

I और III कथनों को जोड़ने पर:

I. A को 30000 रुपये वेतन मिलता है और C को A से अधिक वेतन मिलता है।

III. D को न तो 23000 रुपये और न ही 25000 रुपये वेतन मिलता है।

वेतन (रुपये)	सहकर्मी	प्रतिबन्ध
15000		
20000		
23000		D
25000		D
30000	A	
35000	C	

इसलिए, कथन I और III मिलकर प्रश्न का उत्तर देने के लिए पर्याप्त नहीं हैं।

II और III कथनों को जोड़ने पर:

II. B को सबसे कम वेतन नहीं मिलता है। F को 20000 रुपये वेतन मिलता है।

III. D को न तो 23000 रुपये और न ही 25000 रुपये वेतन मिलता है।

वेतन (रुपये)	सहकर्मी	प्रतिबन्ध
15000		B
20000	F	
23000		D
25000		D
30000		
35000		

इसलिए, कथन II और III मिलकर प्रश्न का उत्तर देने के लिए पर्याप्त नहीं हैं।

I, II और III कथनों को जोड़ने पर:

वेतन (रुपये)	सहकर्मी	प्रतिबन्ध
15000	D	B
20000	F	
23000	B/E	D
25000	B/E	D
30000	A	
35000	C	

हमें सभी कथनों को जोड़ने पर भी सटीक उत्तर नहीं मिलता है।

इसलिए, तीनों कथन मिलकर भी प्रश्न का उत्तर देने के लिए पर्याप्त नहीं हैं।

इसलिए, जानकारी अपर्याप्त है।

अतः विकल्प (A) सही है।

15. दी गई जानकारी के अनुसार,

व्यक्ति के नाम: गिरीश, आयुष, श्रुति, प्रीतम, सागर और चंदन

कुल सदस्य: छह

कथन I: न तो श्रुति और न ही प्रीतम को सबसे कम अंक मिले। सागर ने प्रीतम और चंदन से अधिक अंक प्राप्त किए, लेकिन आयुष से कम अंक प्राप्त किए। श्रुति ने गिरीश और आयुष से अधिक अंक प्राप्त किए, लेकिन आयुष ने गिरीश से अधिक अंक प्राप्त नहीं किए।

1. सागर ने प्रीतम और चंदन से अधिक अंक प्राप्त किए, लेकिन आयुष से कम अंक प्राप्त किए।

आयुष > सागर > प्रीतम/चंदन > प्रीतम/चंदन

2. श्रुति ने गिरीश और आयुष से अधिक अंक प्राप्त किए, और आयुष ने गिरीश से अधिक अंक प्राप्त नहीं किए।

श्रुति > गिरीश > आयुष > सागर > प्रीतम/चंदन > प्रीतम/चंदन

3. न तो श्रुति और न ही प्रीतम को सबसे कम अंक मिले।

(यहां, हम यह निष्कर्ष निकाल सकते हैं कि प्रीतम के सबसे अंक नहीं है)

श्रुति > गिरीश > आयुष > सागर > प्रीतम > चंदन

इसलिए, चंदन को सबसे कम अंक मिले। केवल कथन I में दिए गए आँकड़े प्रश्न का उत्तर देने के लिए पर्याप्त है।

कथन II: आयुष ने केवल दो व्यक्तियों से कम अंक प्राप्त किए। प्रीतम ने आयुष और सागर से कम, लेकिन चंदन से अधिक अंक प्राप्त किए। गिरीश ने आयुष से अधिक लेकिन श्रुति से कम अंक प्राप्त किए।

1. आयुष ने केवल दो व्यक्तियों से कम अंक प्राप्त किए।

____ > ____ > आयुष > ____ > ____ > ____

2. गिरीश ने आयुष से अधिक लेकिन श्रुति से कम अंक प्राप्त किए।

श्रुति > गिरीश > आयुष > ____ > ____ > ____

3. प्रीतम ने आयुष और सागर से कम, लेकिन चंदन से अधिक अंक प्राप्त किए।

श्रुति > गिरीश > आयुष > सागर > प्रीतम > चंदन

इसलिए, चंदन ने सबसे कम अंक प्राप्त किए। केवल कथन II में दिए गए आँकड़े प्रश्न का उत्तर देने के लिए पर्याप्त है।

इसलिए, आँकड़े या तो केवल कथन I या केवल कथन II में प्रश्न का उत्तर देने के लिए पर्याप्त है।

अतः विकल्प (C) सही है।

16. दी गई जानकारी के अनुसार,

परिवार के कुल सदस्य: सात

कथन I: Q, W का भाई है, जो उसकी पत्नी Z से विवाहित है। P, Q से विवाहित है। D, W की भतीजी/भांजी है, जिसका एक पुत्र और एक पुत्री है। G और R, D के कजिन हैं।

1. Q, W का भाई है, जो उसकी पत्नी Z से विवाहित है।

2. P, Q से विवाहित है।

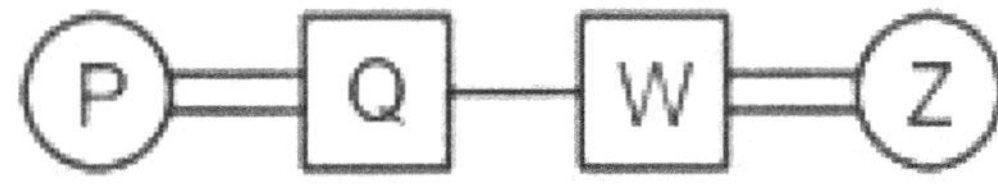

3. D, W की भतीजी/भांजी है, जिसका एक पुत्र और एक पुत्री है।

4. G और R, D के कजिन हैं।

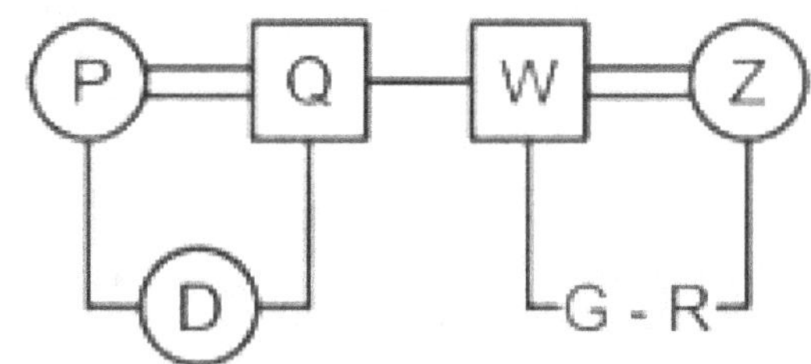

यहाँ G का लिंग निर्धारित नहीं किया जा सकता है। अतः कथन I अकेले यह ज्ञात करने के लिए पर्याप्त नहीं है कि G, Q से किस प्रकार संबंधित है।

कथन II: W, Q का भाई है, जो P का पति है। Z, Q की सिस्टर-इन-लॉ है, जिसकी पुत्री D है। R, Q की भतीजी/भांजी है और G, Q का भतीजा/भांजा है।

1. W, Q का भाई है, जो P का पति है।

2. Z, Q की सिस्टर-इन-लॉ है, जिसकी पुत्री D है।

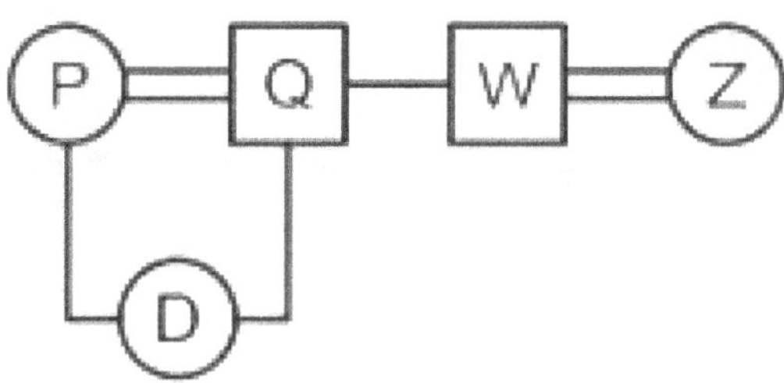

3. R, Q की भतीजी/भांजी है और G, Q का भतीजा/भांजा है।

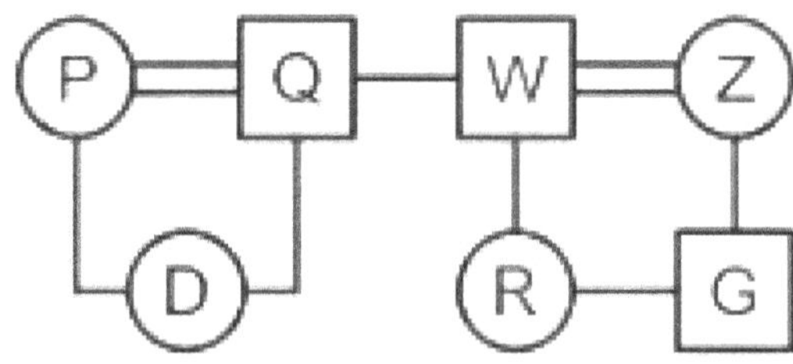

इसलिए, G, Q का भतीजा/भांजा है।

इसलिए, केवल कथन II में दिए गए आँकड़े प्रश्न का उत्तर देने के लिए पर्याप्त है, जबकि केवल कथन I का दिए गए आँकड़े प्रश्न का उत्तर देने के लिए पर्याप्त नहीं है।

अतः विकल्प (B) सही है।

17. दी गई जानकारी के अनुसार,

व्यक्तियों के नाम: A, B, C, D, E और F

बैठक की तारीख: तीन अलग-अलग महीनों की 15 या 18 तारीख - जनवरी, मार्च और अप्रैल

कथन I: E और F के बीच चार लोगों की बैठक हुई थी। B और F के बीच दो लोगों की बैठक हुई थी, जिनकी 15 जनवरी को बैठक नहीं हुई थी।

(यहां, चूंकि चार लोगों की E और F के बीच बैठक है, और F की 15 जनवरी को बैठक नहीं है। इसलिए, F की बैठक 18 अप्रैल को होगी। F और B के बीच दो लोगों की बैठक थी, इसलिए B की बैठक 15 मार्च को है)

महीना	तारीख	व्यक्ति
जनवरी	15	E
	18	
मार्च	15	B
	18	
अप्रैल	15	
	18	F

इसलिए, प्रश्न का उत्तर कथन I द्वारा दिया जा सकता है।

कथन II: A की बैठक D और C से पहले थी। D की बैठक C से ठीक पहले थी।

इस मामले में व्यवस्था संभव नहीं है।

इसलिए, प्रश्न का उत्तर केवल कथन I द्वारा दिया जा सकता है लेकिन केवल कथन II द्वारा नहीं।

अतः विकल्प (A) सही है।

18. दी गई जानकारी के अनुसार,

व्यक्ति के नाम: P, Q, R, A, B और C

दिशा की ओर उन्मुख: वे सभी केंद्र के सम्मुख है।

कथन I से: Q, P के दायें से दूसरे स्थान पर बैठा है, जो A के ठीक बायें बैठा है।

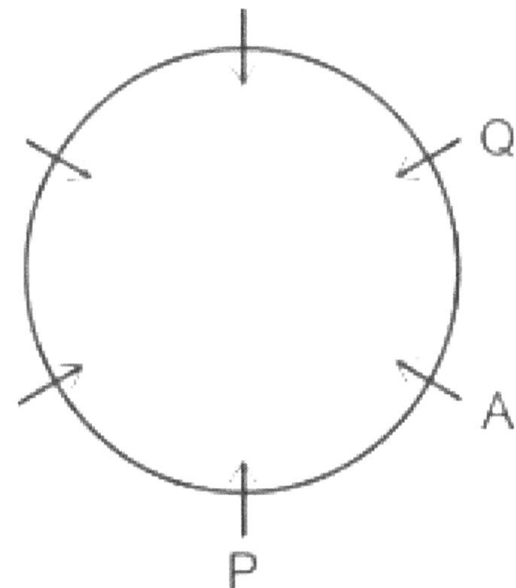

यहाँ से हम यह निष्कर्ष नहीं निकाल सकते कि R के दायें से दूसरे स्थान पर कौन बैठा है।

इसलिए, केवल कथन I पर्याप्त नहीं है।

कथन II से: R, Q का निकटतम पडोसी नहीं है। A और B के मध्य ठीक दो व्यक्ति बैठे हैं।

(इसका अर्थ है कि B, A के विपरीत बैठेगा और चूंकि R, Q का निकटतम पड़ोसी नहीं है, R को P के निकटतम बायें रखा जाएगा और केवल शेष स्थान पर C बैठ सकता है)।

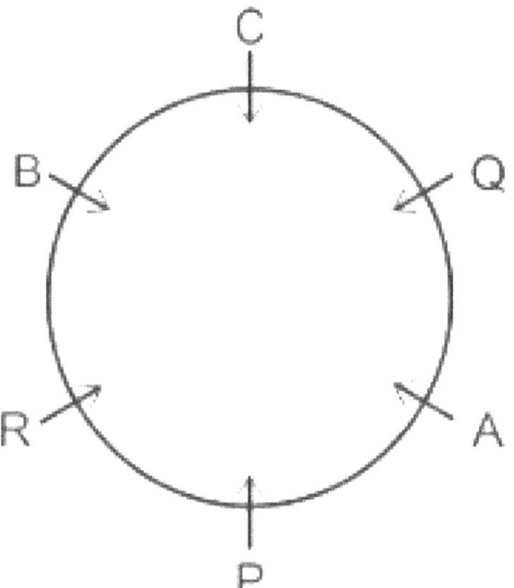

I और II से हम यह निष्कर्ष निकाल सकते हैं कि A, R के दायें से दूसरे स्थान पर बैठा है।

इसलिए, कथन I और II दोनों के आँकड़ें एक साथ प्रश्न का उत्तर देने के लिए आवश्यक हैं।

अतः विकल्प (E) सही है।

19. दी गई जानकारी के अनुसार,

व्यक्ति के नाम: O, G, E, T, F, J, W और B

दिशा की ओर उन्मुख: वे सभी उत्तर के सम्मुख है।

कथन I: न तो F और न ही B पंक्ति के अंतिम छोर पर बैठे हैं। लेकिन F और B के मध्य चार व्यक्ति बैठे हैं।

(यहां दो स्थितियाँ मौजूद हैं। स्थिति -1: F, B के दायें बैठा है और उनके बीच चार व्यक्ति बैठे हैं। स्थिति -2: B, F के दायें बैठा है और उनके बीच चार व्यक्ति बैठे हैं।)

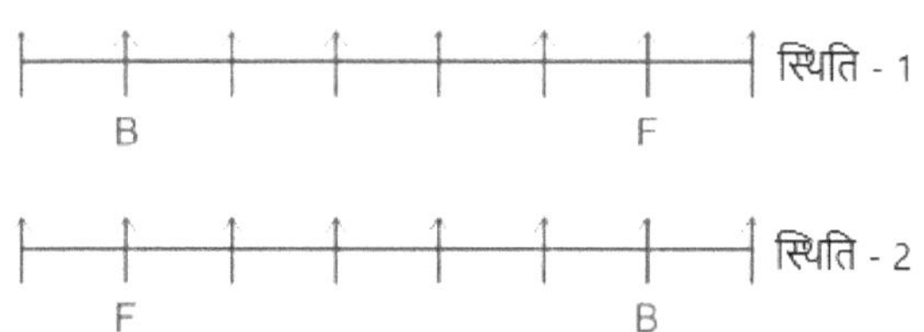

कथन II: F, G और O का निकटतम पडोसी है, जो पंक्ति के किसी एक अंतिम छोर पर बैठा है।

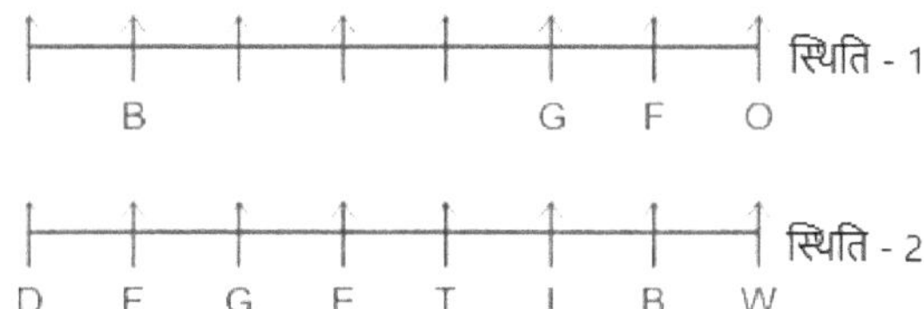

इसलिए, केवल कथन II का उपयोग करके उत्तर ज्ञात नहीं किया जा सकता है।

कथन III: J, W के बायें से दूसरे स्थान पर बैठा है, जो पंक्ति के किसी एक अंतिम छोर पर बैठा है। E, T के ठीक बायें बैठा है।

(यहाँ स्थिति -1 रद्द हो जाती है, क्योंकि J, W के बायें से दूसरे स्थान पर नहीं बैठ सकता है, जो कि पंक्ति के किसी एक अंतिम छोर पर बैठा है)।

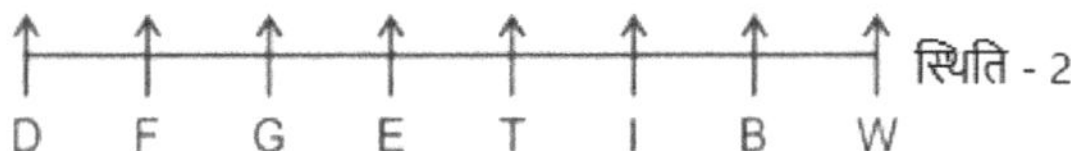

इसलिए, प्रश्न का उत्तर देने के लिए तीनों कथनों के आँकड़ों की एक साथ आवश्यकता है।

अतः विकल्प (D) सही है।

20. डिब्बे: S, T, U, V, W, X और Y

फल: आम, सेब, अमरूद, केला, नाशपाती, चेरी और अंगूर

1. W और X के बीच तीन डिब्बे हैं।

2. डिब्बा S, डिब्बा W के नीचे है, जिसमें सेब है।

3. जिस डिब्बे में आम है वह नाशपाती के डिब्बे के ठीक ऊपर है।

4. डिब्बा U, डिब्बा V के ऊपर है।

कथन I: डिब्बा W, डिब्बा X के ऊपर है, जिसमें अमरूद है। केले का डिब्बा अंगूर के डिब्बे के ऊपर है।

स्थिति: 1		स्थिति: 2		स्थिति: 3	
डिब्बा	फल	डिब्बा	फल	डिब्बा	फल
W	सेब				
		W	सेब		
				W	सेब
X	अमरूद				
		X	अमरूद		
				X	अमरूद

कथन II: डिब्बे U में नाशपाती नहीं है लेकिन डिब्बे X के ऊपर है। डिब्बा X, डिब्बा S के नीचे है। डिब्बा T, डिब्बा W के ऊपर है। केले का डिब्बा नाशपाती के डिब्बे के नीचे है।

स्थिति:1		स्थिति: 2		स्थिति: 3	
डिब्बा	फल	डिब्बा	फल	डिब्बा	फल
T				T	
W	सेब	T			
		W	सेब	W	सेब
X	अमरूद				
		X	अमरूद	X	अमरूद

कथन III: डिब्बा T में चेरी है और डिब्बा Y के ऊपर है, जिसमें आम है। अमरूद का डिब्बा अंगूर के डिब्बे के ठीक ऊपर है।

स्थिति: 1		स्थिति: 2	
डिब्बा	फल	डिब्बा	फल
W	सेब	U	केला
T	चेरी	W	सेब
Y	आम	T	चेरी
	नाशपाती	Y	आम
X	अमरूद	S/V	नाशपाती
	अंगूर	X	अमरूद
	केला	V/S	अंगूर

कथन II और कथन III को मिलाने पर:

कथन II: डिब्बे U में नाशपाती नहीं है लेकिन डिब्बे X के ऊपर है। डिब्बा X, डिब्बा S के नीचे है। डिब्बा T, डिब्बा W के ऊपर है। केले का डिब्बा नाशपाती के डिब्बे के नीचे है।

कथन III: डिब्बा T में चेरी है और डिब्बा Y के ऊपर है, जिसमें आम है। अमरूद का डिब्बा अंगूर के डिब्बे के ठीक ऊपर है।

डिब्बा	फल
T	चेरी
W	सेब
Y	आम
S	नाशपाती
U	केला
X	अमरूद
V	अंगूर

इसलिए, अमरूद का डिब्बा केले के डिब्बे के ठीक नीचे है।

इसलिए, कथन II और III के आँकड़ें प्रश्न का उत्तर देने के लिए पर्याप्त हैं और कथन I के आँकड़ें प्रश्न का उत्तर देने के लिए आवश्यक नहीं है।

अतः विकल्प (C) सही है।

21. दी गई जानकारी के अनुसार,

व्यक्ति के नाम: S, T, R, F, G, J और V

तल: भूतल की संख्या 1 है, उसके ऊपर के तल की संख्या 2 है और इसी तरह सबसे ऊपर ले तल की संख्या 7 है।

कथन I: R, तल 3 के ऊपर एक विषम संख्या वाले तल पर रहता है और R और S के बीच केवल दो व्यक्ति रहते हैं।

(यहां दो स्थितियाँ हैं। स्थिति -1: R तल संख्या 5 पर रहता है और दो व्यक्ति R और S के बीच रहते हैं। स्थिति-2: R तल संख्या 7 पर रहता है और दो व्यक्ति R और S के बीच रहते हैं।)

स्थिति - 1		स्थिति - 2	
तल संख्या	व्यक्ति	तल संख्या	व्यक्ति
7		7	R
6		6	
5	R	5	
4		4	S
3		3	
2	S	2	
1		1	

इसलिए, हम केवल कथन I का उपयोग करके यह नहीं ज्ञात कर सकते कि G के नीचे कौन रहता है।

कथन II: S और G के बीच केवल एक व्यक्ति रहता है, जो T के नीचे और S के ऊपर रहता है। T सबसे ऊपरी तल पर नहीं रहता है।

(यहाँ स्थिति- 2 रद्द हो जाती है क्योंकि G और T दोनों को S से ऊपर, S और G के बीच एक व्यक्ति के साथ नहीं रखा जा सकता है।)

स्थिति - 1	
तल संख्या	व्यक्ति
7	
6	T
5	R
4	G
3	
2	S

<table>
<tr><td>1</td><td></td></tr>
</table>

इसलिए, कथन I और II से भी हम यह ज्ञात नहीं कर सकते कि G के नीचे कौन रहता है।

कथन III: V, F के ऊपर रहता है लेकिन J के नीचे रहता है।

स्थिति - 1

तल संख्या	व्यक्ति
7	J
6	T
5	R
4	G
3	V
2	S
1	F

अब हमें अपना अंतिम उत्तर मिलता है। V, G के ठीक नीचे रहता है।

इसलिए, प्रश्न का उत्तर देने के लिए तीनों कथनों के एक साथ आँकड़ों की आवश्यकता है।

अतः विकल्प (D) सही है।

22. कथन I: V और S के बीच तीन व्यक्ति बैठे हैं। न तो V और न ही S अंतिम छोर पर बैठे हैं। T, V के ठीक दायें और अंतिम छोर पर बैठा है। P, R के दायें से तीसरे स्थान पर बैठा है। इसलिए, हमारे पास है,

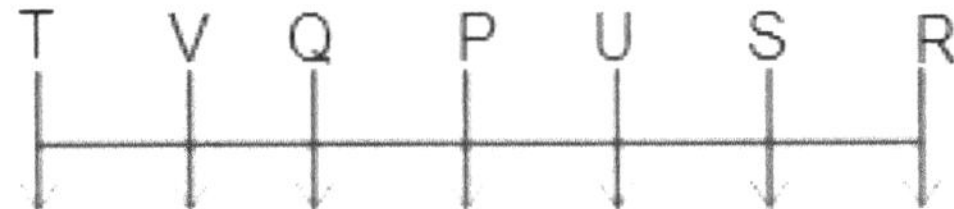

इसलिए, P, S के दायें से दूसरे स्थान पर बैठा है।

कथन II: T, Q के दायें से दूसरे स्थान पर बैठा है, जो S के दायें से तीसरे स्थान पर बैठा है। R, S के ठीक बायें बैठा है। V, P के दायें से दूसरे स्थान पर बैठा है। इसलिए, हमारे पास है,

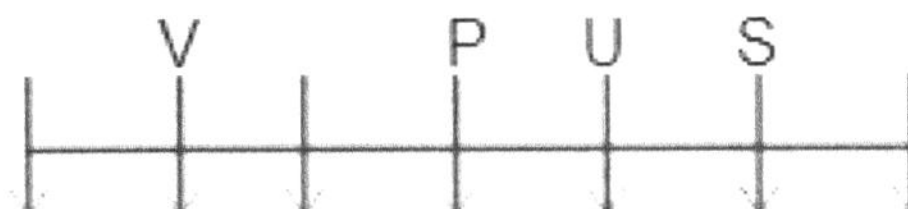

इसलिए, P, S के दायें से दूसरे स्थान पर बैठा है।

कथन III: P पंक्ति के मध्य में बैठा है। V, U के दायें से तीसरे स्थान पर बैठा है, जो S के ठीक दायें बैठा है। S किसी भी छोर पर नहीं बैठा है। इसलिए, हमारे पास है,

इसलिए, P, S के दायें से दूसरे स्थान पर बैठा है।

इसलिए, प्रश्न का उत्तर देने के लिए I, II, या III में से कोई भी आँकड़ें पर्याप्त है।

अतः विकल्प (B) सही है।

23. कथन I: C और D की बैठक एक ही महीने में है। C से पहले किसी व्यक्ति की बैठक नहीं है।

इसका अर्थ है कि C की बैठक 5 सितंबर को है और D की बैठक C के बाद है।

महीना	दिन	व्यक्ति

सितंबर(30)	5	C
	12	D
अक्टूबर(31)	5	
	12	
नवंबर(30)	5	
	12	

इसलिए, केवल कथन I ही पर्याप्त नहीं है।

कथन II: B की बैठक महीने की 5 तारीख को होती है, जिसमें 30 दिन होते हैं। B और D के बीच केवल दो व्यक्तियों की बैठक होती है।

स्थिति 1:

महीना	दिन	व्यक्ति
सितंबर(30)	5	B
	12	
अक्टूबर(31)	5	
	12	D
नवंबर(30)	5	
	12	

स्थिति 2:

महीना	दिन	व्यक्ति
सितंबर(30)	5	
	12	D
अक्टूबर(31)	5	
	12	
नवंबर(30)	5	B
	12	

इसलिए, केवल कथन II पर्याप्त नहीं है।

कथन III: B और E की बैठक एक ही महीने में है। A और E की बैठक समान तारीख को नहीं है।

इसलिए, B और E की बैठक सितंबर या अक्टूबर, या नवंबर में हो सकती है।

इसलिए, केवल कथन III ही पर्याप्त नहीं है।

कथन I और II को मिलाने पर:

C और D की बैठक एक ही महीने में है। C से पहले किसी बैठक नहीं है।

B की बैठक महीने की 5 तारीख को होती है, जिसमें 30 दिन होते हैं। B और D के बीच केवल दो व्यक्तियों की बैठक होती है।

इसका अर्थ है कि B की बैठक 5 नवंबर को है (नवंबर में 30 दिन हैं)।

महीना	दिन	व्यक्ति
सितंबर(30)	5	C
	12	D
अक्टूबर(31)	5	
	12	D
नवंबर(30)	5	B
	12	

इसलिए, कथन I और II एक साथ पर्याप्त नहीं हैं।

कथन I, II और III को मिलाने पर:

C और D की बैठक एक ही महीने में है। C से पहले किसी व्यक्ति की बैठक नहीं है।

B की बैठक महीने की 5 तारीख को होती है, जिसमें 30 दिन होते हैं। B और D के बीच केवल दो व्यक्तियों की बैठक होती है।

B और E की बैठक एक ही महीने में है। A और E की बैठक समान तारीख को नहीं है।

इसका अर्थ है कि E की बैठक 12 नवंबर को है और इस प्रकार A की नियुक्ति 5 अक्टूबर को है।

महीना	दिन	व्यक्ति
सितंबर(30)	5	C
	12	D
अक्टूबर(31)	5	A
	12	F
नवंबर(30)	5	B
	12	E

इसलिए, A की नियुक्ति 5 अक्टूबर को है।

इसलिए, प्रश्न का उत्तर देने के लिए एक साथ सभी कथन आवश्यक हैं।

अतः विकल्प (C) सही है।

24. कथन I:

'you all are here' को 'jh ik ol df' के रूप में लिखा गया है।

इसलिए, केवल कथन I पर्याप्त नहीं है।

कथन II:

'are we go there' को 'os jh pl tr' के रूप में लिखा गया है।

इसलिए, केवल कथन II पर्याप्त नहीं है।

कथन III:

are you here with me' को 'df os vg ik lx' के रूप में लिखा गया है।

इसलिए, केवल कथन III पर्याप्त नहीं है।

सभी कथनों के संयोजन करने पर,

जैसा कि कथन एक और तीन में "here you are" समान है, इसलिए 'here you are' के लिए कूट 'df os ik' है।

इसलिए, कथन एक और तीन की जानकारी के साथ प्रश्न का उत्तर दिया जा सकता है।

अतः विकल्प (D) सही है।

25. दिया गया है कि आठ सदस्य - A, B, C, D, E, F, G और H एक वृत्ताकार मेज़ के चारों ओर मध्य के सम्मुख होकर बैठे हैं और सभी अलग-अलग व्यवसायों जैसे कि वकील, चिकित्सक, गायक, इंजिनीयर, क्लर्क, प्रबंधक, टाइपिस्ट और वेटर से संबंधित हैं।

कथन I से,

कथन II से,

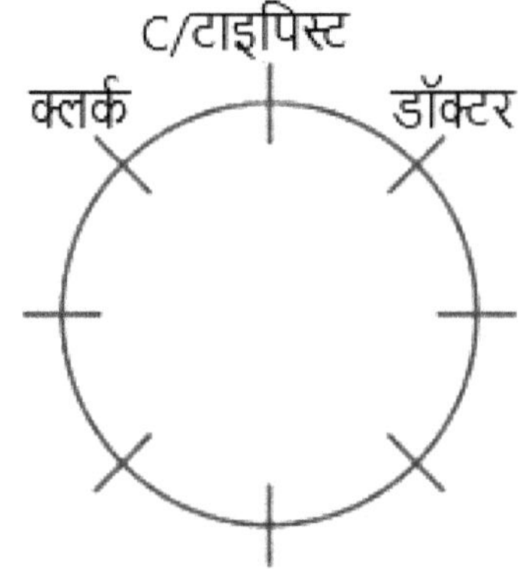

कथन I, II और III को संयोजित करने पर,

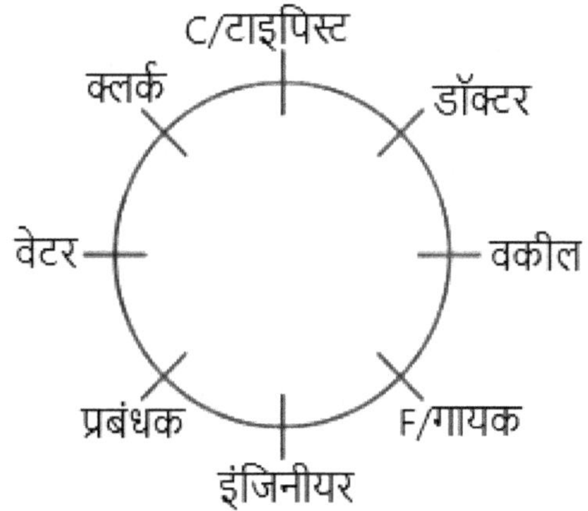

इसलिए, इंजिनीयर C के विपरीत बैठता है जोकि एक टाइपिस्ट है।

इसलिए तीनों कथन प्रश्न को हल करने के लिए पर्याप्त थे।

अतः विकल्प (A) सही है।

26. कथन I: P और Q एक दूसरे के आसन्न बैठे हैं। T, P के दायीं ओर से दूसरे स्थान पर बैठा है।

स्थिति: 1

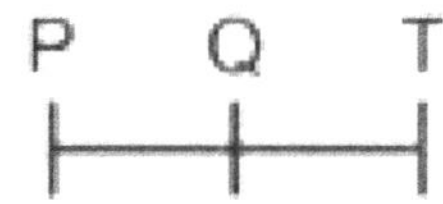

स्थिति: 2

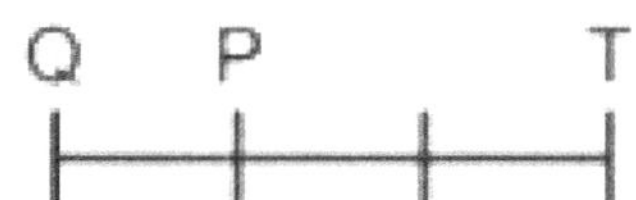

इसलिए प्रश्न का उत्तर देने के लिए केवल कथन I पर्याप्त नहीं है।

कथन II: Q और R के मध्य व्यक्तियों की संख्या, P और T के मध्य व्यक्तियों की संख्या के समान है।

यहाँ, दी गयी जानकारी बैठक व्यवस्था बनाने के लिए पर्याप्त नहीं है।

इसलिए प्रश्न का उत्तर देने के लिए केवल कथन II पर्याप्त नहीं है।

कथन III: S, P के दायीं ओर से तीसरे स्थान पर बैठा है जो Q के निकटतम बाएं है।

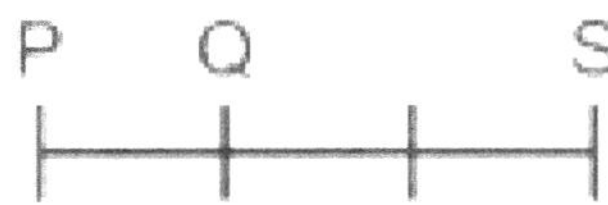

इसलिए प्रश्न का उत्तर देने के लिए केवल कथन III पर्याप्त नहीं है।

कथन I और II:

P और Q एक दूसरे के आसन्न बैठे हैं। T, P के दायीं ओर से दूसरे स्थान पर बैठा है।

Q और R के मध्य व्यक्तियों की संख्या, P और T के मध्य व्यक्तियों की संख्या के समान है।

स्थिति: 1.1

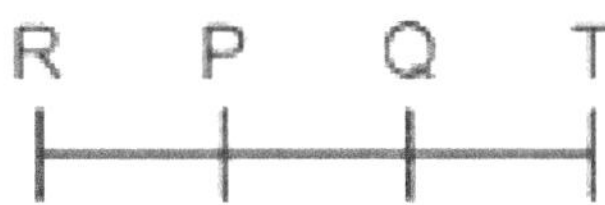

स्थिति: 1.2

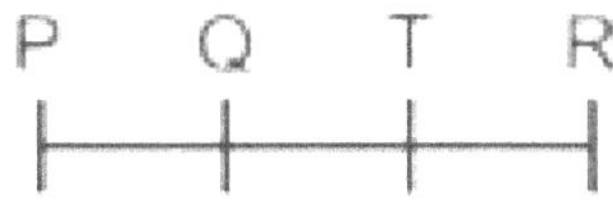

स्थिति: 2

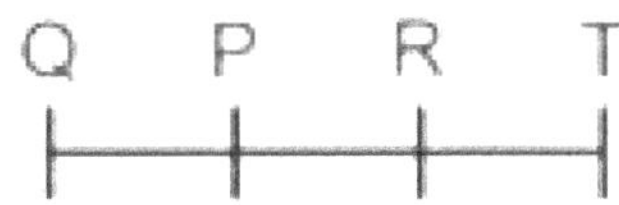

इसलिए प्रश्न का उत्तर देने के लिए कथन I और II एकसाथ पर्याप्त नहीं हैं।

कथन I और III:

P और Q एक दूसरे के आसन्न बैठे हैं। T, P के दायीं ओर से दूसरे स्थान पर बैठा है।

S, P के दायीं ओर से तीसरे स्थान पर बैठा है जो Q के निकटतम बाएं है।

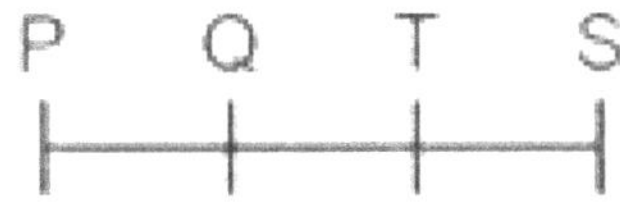

यहाँ, R के लिए कोई जानकारी नहीं दी गयी है।

इसलिए प्रश्न का उत्तर देने के लिए कथन I और III एकसाथ पर्याप्त नहीं हैं।

कथन II और III:

Q और R के मध्य व्यक्तियों की संख्या, P और T के मध्य व्यक्तियों की संख्या के समान है।

S, P के दायीं ओर से तीसरे स्थान पर बैठा है जो Q के निकटतम बाएं है।

यहाँ, दो संभव संयोजन हैं:

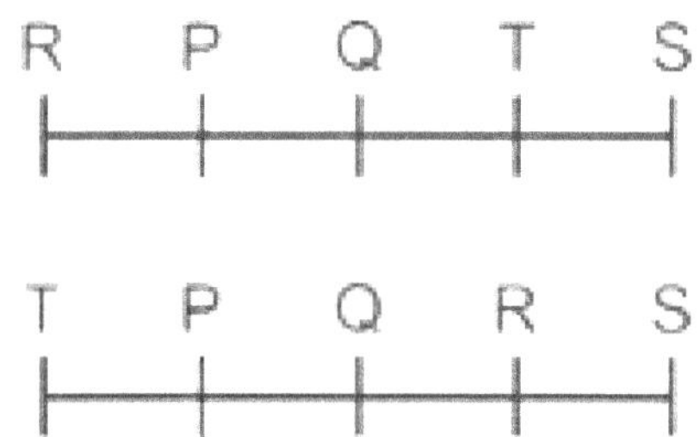

दोनों संयोजन में, Q पंक्ति में मध्य में है।

इसलिए प्रश्न का उत्तर देने के लिए कथन II और III एकसाथ पर्याप्त हैं।

अतः विकल्प (D) सही है।

27. कथन I:

'all tables are chair' को 'ai si ea nt' के रूप में लिखा गया है।

इसलिए, केवल कथन I पर्याप्त नहीं है।

कथन II:

some are free birds' को 'os rt gk ai' के रूप में लिखा गया है।

इसलिए, केवल कथन II पर्याप्त नहीं है।

कथन III:

'this is all of us' को 'jg nt lp cv' के रूप में लिखा गया है।

इसलिए, केवल कथन III पर्याप्त नहीं है।

सभी कथनों के संयोजन पर,

किसी भी कथन में "free" शब्द समान नहीं है यहां तक कि कथन II में दूसरे शब्द अर्थात 'some' और 'birds' अन्य कथन/कथनों में भी समान नहीं हैं, इसलिए, "free" के लिए कूट निर्धारित नहीं किया जा सकता है।

इसलिए, सभी कथनों की जानकारी एक साथ प्रश्न का उत्तर देने के लिए पर्याप्त नहीं है।

अतः विकल्प (E) सही है।

28. कथन I से: अंकित की पत्नी सुमन भी किरण की बहू है। किरण विशाल की मां है।

इसलिए, कथन I अकेले प्रश्न का उत्तर देने के लिए पर्याप्त नहीं है।

कथन II से: सुमन की कोई बहन नहीं है। कृष्ण, तनु के दादा हैं जो अंकित की बेटी हैं। विशाल तनु की मां सुमन का देवर है। अंकित के माता-पिता को केवल 2 बेटे हैं।

स्थित 1:

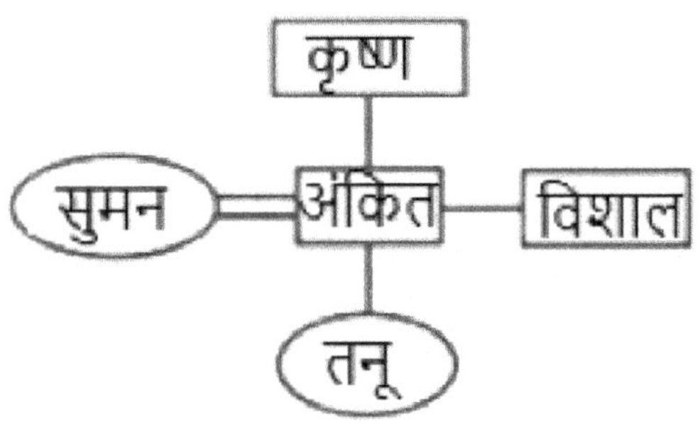

स्थिति 2:

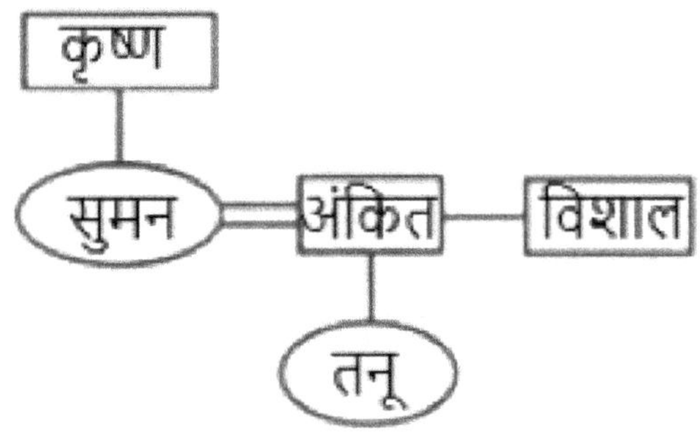

जैसा कि, हम उपरोक्त आरेख से देख सकते हैं कि विशाल, अंकित का भाई है। इसलिए, कथन II अकेले प्रश्न का उत्तर देने के लिए पर्याप्त है।

कथन III से: विशाल का शिखा के साथ विवाहित है और बेटी का नाम अविका है। शिखा, ज्योति की बहन है।

इसलिए, कथन III अकेले प्रश्न का उत्तर देने के लिए पर्याप्त नहीं है।

कथन I और III का संयोजन करने पर:

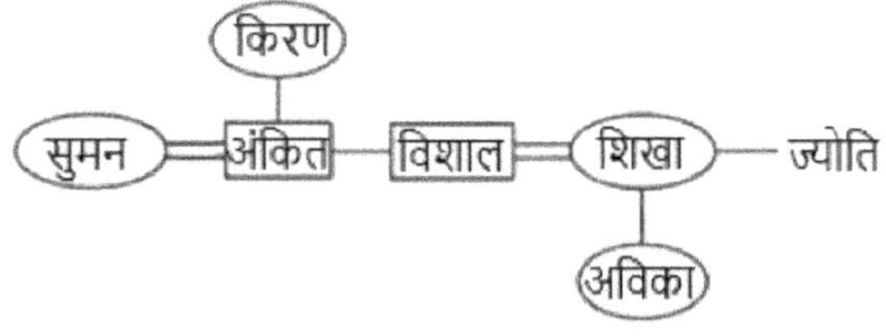

जैसा कि, हम उपरोक्त आरेख से देख सकते हैं कि विशाल, अंकित का भाई है। इसलिए, कथन I और कथन III मिलकर प्रश्न का उत्तर देने के लिए पर्याप्त हैं।

इसलिए, या तो अकेले कथन II या कथन I और III मिलकर प्रश्न का उत्तर देने के लिए आवश्यक है।

अतः विकल्प (D) सही है।

29. 1. A और G के समान दिन में लैक्चर होते हैं लेकिन C और J के लैक्चर से पहले होते हैं।

2. C और J के विभिन्न-विभिन्न दिनों पर लैक्चर होते हैं।

3. मंगलवार को केवल B का लैक्चर होता है।

4. H का लैक्चर उस दिन से ठीक पहले है जिस दिन J का लैक्चर है।

कथन I: E का शुक्रवार को लैक्चर है। D और F का समान दिन में लैक्चर हैं। जिस दिन क्रमशः D और E के लैक्चर होते हैं उस दिन के मध्य में चार व्यक्तियों के लैक्चर होते हैं।

स्थिति: 1

दिन	व्यक्ति
सोमवार	D, F
मंगलवार	B
बुधवार	A, G
गुरुवार	
शुक्रवार	E
शनिवार	
रविवार	

स्थिति: 2

दिन	व्यक्ति
सोमवार	D, F
मंगलवार	B
बुधवार	
गुरुवार	A, G
शुक्रवार	E
शनिवार	
रविवार	

कथन II: H का लैक्चर उस दिन के तुरंत बाद है जिस दिन E का लैक्चर है। रविवार को केवल J का लैक्चर है।

दिन	व्यक्ति
सोमवार	
मंगलवार	B
बुधवार	
गुरुवार	
शुक्रवार	E
शनिवार	H
रविवार	J

कथन III: I का लैक्चर उस दिन से ठीक पहले होता है जिस दिन A का लैक्चर होता है। I का लैक्चर E से पहले है।

दिन	व्यक्ति
सोमवार	
मंगलवार	B
बुधवार	I
गुरुवार	A, G
शुक्रवार	
शनिवार	
रविवार	

कथन I, II और III एक साथ:

दिन	व्यक्ति
सोमवार	D, F
मंगलवार	B
बुधवार	I
गुरुवार	A, G
शुक्रवार	E
शनिवार	H

रविवार	J

इसलिए, C का लैक्चर शुक्रवार या शनिवार को होता है।

इसलिए, सभी कथनों में दी गयी जानकारी एक साथ भी प्रश्न के उत्तर के लिए पर्याप्त नहीं है।

अतः विकल्प (E) सही है।

30. 1. P दक्षिण दिशा की ओर सम्मुख है और Q के दाईं ओर से तीसरे स्थान पर बैठता है।

2. अंतिम सिरे पर बैठा व्यक्ति विपरीत दिशा के सम्मुख है।

3. V, Q का निकटतम पड़ोसी है और वह W के दाएं से तीसरे स्थान पर बैठा है।

4. W पंक्ति के अंतिम सिरे पर नहीं बैठता है।

कथन I: S, U के निकटतम दाईं ओर बैठता है। U दक्षिण दिशा की ओर सम्मुख है। R पंक्ति के अंतिम सिरे के एक हिस्से पर बैठा है। P, R के दाईं ओर से दूसरे स्थान पर बैठता है।

कथन II: T, V के निकटतम बाईं ओर बैठता है और R के बाईं ओर से तीसरे स्थान पर बैठता है। R उत्तर दिशा की ओर सम्मुख हैं।

R को स्थिति 1 में पाँच विभिन्न-विभिन्न स्थानों पर और स्थिति 2 में चार विभिन्न-विभिन्न स्थानों पर रखा जा सकता है। अतः, केवल कथन II से प्रश्न हल नहीं किया जा सकता है।

कथन III: V, S के बाईं ओर से दूसरे स्थान पर बैठता है। U, T के दाईं ओर से चौथे स्थान पर बैठता है।

Q को उत्तर दिशा या दक्षिण दिशा के सम्मुख रखने की कई सम्भावनाएं हैं। अतः, केवल कथन III से प्रश्न हल नहीं किया जा सकता है।

कथन I, कथन II और कथन III एक साथ:

स्थिति: 1

इसलिए, पाँच व्यक्ति उत्तर दिशा की ओर सम्मुख हैं।

इसलिए, तीनों कथनों में दी गयी जानकारी एकसाथ प्रश्न के उत्तर के लिए आवश्यक है।

अतः विकल्प (D) सही है।

Ques (1-5):निर्देश: निम्नलिखित जानकारी का ध्यानपूर्वक अध्ययन करें और उसके आधार पर प्रश्न के उत्तर दें:

इनपुट: 962437 794528 465783 213945 753169 236185

चरण 1: 734269 825497 647538 129354 961357 321658

चरण 2: 162063 243524 21854   22720   54335   6640

चरण 3: 10   4   8   1   12   16

चरण 4: 2   8   17   26   37   52

चरण 5:   1   7   7   9   8

चरण 5 पुनर्व्यवस्था का अंतिम चरण है। उपरोक्त चरणों में अनुसरण किए गए नियमों के अनुसार, निम्नलिखित प्रत्येक प्रश्न में दिए गए इनपुट के लिए उपयुक्त चरणों का पता लगाएं।

दिए गए प्रश्न के लिए इनपुट,

इनपुट: 576218 415893 642739 717340 931621 842163

Q.1 परिणाम ज्ञात कीजिए यदि चरण 4 में दाहिने छोर से तीसरे अक्षर को चरण 3 में बाएं छोर से तीसरे अक्षर से विभाजित किया गया है?

A. 1
B. 2
C. 3
D. 5
E. इनमें से कोई नहीं

Q.2 चरण 5 में दायें छोर से दूसरे अक्षर और चरण 3 में बायें छोर से द्वितीय अक्षर में क्या अंतर है?

A. 1
B. 2
C. 3
D. 4
E. इनमें से कोई नहीं

Q.3 दायें छोर से चौथे अक्षर का गुणक क्या है और चरण 4 में बायें छोर से चौथा अक्षर क्या है?

A. 240
B. 260
C. 220
D. 210
E. इनमें से कोई नहीं

Q.4 चरण 2 में बाएं छोर से 3 अवयव का योग क्या है और चरण 1 में दाएं छोर से तीसरा अवयव क्या है?

A. 457767
B. 285144
C. 285146
D. 358677
E. इनमें से कोई नहीं

Q.5 अवयव के बीच अंतर ज्ञात कीजिए जो दायें छोर से 2 है और अवयव जो चरण 4 में दायें छोर से 3 है?

A. 9
B. 10
C. 13
D. 12
E. इनमें से कोई नहीं

Ques (6-10):निर्देश: दी गई जानकारी का ध्यानपूर्वक अध्ययन कीजिए और निम्नलिखित प्रश्नों के उत्तर दीजिए।

एक शब्द व्यवस्था मशीन को जब शब्दों का एक इनपुट दिया जाता है, तो यह प्रत्येक चरण में एक विशेष नियम का अनुसरण करते हुए इस इनपुट को पुनर्व्यवस्थित करती है। निम्नलिखित इनपुट और चरणों की व्यवस्था का एक उदाहरण है।

इनपुट: Eight Team Take Part In Indian Premier League

चरण 1: League Eight Team Take Part In Indian Premier

चरण 2: League Indian Eight Team Take Part In Premier

चरण 3: League Indian Premier Eight Team Take Part In

चरण 4: League Indian Premier Eight Take Team Part In

चरण 5: League Indian Premier Eight Take Team In Part

यह अंतिम व्यवस्था है और चरण 5 अंतिम चरण है।

दिए गए चरणों में अनुसरण किए गए नियमों के अनुसार, निम्नलिखित इनपुट के लिए नीचे दिए गए प्रश्नों के उत्तर दीजिए।

इनपुट: Make Regular Hand Washing Will Avoid Corona Virus

Q.6 निम्नलिखित इनपुट का अंत से तीसरा चरण क्या होगा?

A. Avoid Corona Regular Make Hand Washing Will Virus
B. Avoid Corona Make Regular Hand Washing Will Virus
C. Avoid Regular Corona Make Hand Washing Will Virus
D. Avoid Corona Make Hand Regular Washing Will Virus
E. Avoid Corona Regular Make Washing Hand Will Virus

Q.7 दिए गए इनपुट में कितने चरण हैं?

A. 4
B. 2
C. 5
D. 6
E. 1

Q.8 तीसरे चरण में "Regular" और "Hand" के ठीक बीच में क्या आता है?

A. Will
B. Virus
C. Corona
D. Make
E. इनमें से कोई नहीं

Q.9 दिए गए इनपुट का उपांतिम चरण क्या होगा?

A. Avoid Corona Regular Make Hand Washing Will Virus
B. Avoid Corona Regular Make Virus Hand Washing Will
C. Avoid Corona Regular Make Virus Washing Hand Will
D. Avoid Corona Make Regular Hand Washing Will Virus
E. इनमें से कोई नहीं

Q.10 अंतिम चरण में दाएं से तीसरा तत्व कौन सा है?

A. Regular
B. Make
C. Hand
D. Virus
E. Washing

Ques (11-15):निर्देश: निम्नलिखित जानकारी का ध्यानपूर्वक अध्ययन कीजिए और निम्नलिखित प्रश्न का उत्तर दीजिए।

एक संख्या व्यवस्था मशीन को जब एक निश्चित इनपुट दिया जाता है, तब वह उसे एक निश्चित नियम के अनुसार पुनर्व्यवस्थित करती है। इनपुट और व्यवस्था के चरणों का उदाहरण नीचे दिया गया है।

इनपुट. 12 35 92 13 39 17

चरण I: 420 3220 1196 507 663

चरण II: 2040 2023 9611 0750 6360

चरण III: 60 43 107 57 123

चरण IV: 171 154 218 168 234

चरण V: 154 168 171 218 234

चरण V दिए गये इनपुट का अंतिम चरण है।

नीचे दिए गये इनपुट के लिए प्रश्नों के उत्तर दीजिए।

इनपुट: 23 92 38 22 82 89 19

Q.11 निम्नलिखित में से कौनसी संख्या चरण III और चरण IV में उभयनिष्ठ है?

A. 125   B. 236

C. 139   D. 250

E. इनमें से कोई नहीं

Q.12 निम्नलिखित में से कौन सी संख्या चरण II में नहीं है?

A. 9161   B. 3680   C. 9827   D. 1612

E. 9634

Q.13 चरण V के छोरों पर संख्याओं का योगफल क्या है?

A. 369   B. 639

C. 402   D. 636

E. इनमें से कोई नहीं

Q.14 नीचे दिए गये इनपुट का निम्नलिखित में से कौनसा चरण दर्शाया गया है?

139 252 227 133 236 263

A. चरण II   B. चरण III

C. चरण IV   D. चरण V

E. ऐसा कोई चरण नहीं है

Q.15 चरण I के अंतिम दो संख्याओं का अंतर क्या है?

A. 5607   B. 5067

C. 5706   D. 5627

E. इनमें से कोई नहीं

Ques (16-20):निर्देश: निम्नलिखित जानकारी का ध्यानपूर्वक अध्ययन कीजिए और दिए गए प्रश्न के उत्तर दीजिये।

जब एक अक्षर/संख्या/ प्रतीक व्यवस्था मशीन को अक्षर/संख्या/ प्रतीक की एक इनपुट पंक्ति दी जाती है, तो यह एक निश्चित नियम का पालन करके उन्हें व्यवस्थित करता है। निम्नलिखित इनपुट और पुनर्व्यवस्था का एक चित्रण है।

निम्नलिखित जानकारी को पढ़िए और निम्नलिखित अनुसरित प्रश्नों के उत्तर दीजिये:

इनपुट: J @ 4 F # 5 V $ 3 S % 8 L & 3 M) 9 X (3 S ≤ 2

चरण 1: J @ 5 F # 4 V $ 8 S % 3 L & 9 M) 3 X (2 S ≤ 3

चरण 2: J # 5 F @ 4 V % 8 S $ 3 L) 9 M & 3 X ≤ 2 S (3

चरण 3: F # 5 J @ 4 S % 8 V $ 3 M) 9 L & 3 S ≤ 2 X (3

चरण 4: F J S V M L S X # @ % $) & ≤ (5 4 8 3 9 3 2 3

चरण 5: F J L M S S V X # @ % $) & ≤ (2 3 3 3 4 5 8 9

और इसी प्रकार।

उपरोक्त इनपुट में अनुसरित नियमों के अनुसार, निम्नलिखित इनपुट के लिए चरणों को ज्ञात कीजिए:

इनपुट: K (3 S) 4 B % 7 M @ 9 F $ 2 Z Ω 1 A # 5 Q £ 8

Q.16 पहले चरण में निम्नलिखित में से कौन '7' की स्थिति को दर्शाता है?

A. बाएं से चौदहवां   B. दाएं से सोलहवां

C. बाएं से सोलहवां   D. दाएं से तेरहवां

E. दायें से पन्द्रहवां

Q.17 चरण IV में बाएं से पन्द्रहवें स्थान पर कौन सा तत्त्व है?

A.)   B. (C. @   D. £

E. S

Q.18 आउटपुट के दूसरे चरण में, 'S' और '9' के बीच कितने तत्व (प्रतीक, शब्द या संख्या) उपस्थित हैं ?

A. छः   B. चार   C. एक   D. तीन

E. कोई नहीं

Q.19 निम्नलिखित आउटपुट कौन सा संख्यात्मक चरण है?

S) 4 K (3 M @ 9 B % 7 Z Ω 1 F $ 2 Q £ 8 A # 5

A. चरण I   B. चरण IV   C. चरण V   D. चरण II

E. चरण III

Q.20 चरण V में पहले और पांचवें अक्षरों के बीच सामान्य वर्णमाला श्रृंखला में कितने अक्षर हैं?

A. 11   B. 10   C. 8   D. 12

E. 13

Ques (21-25):निर्देश: निम्नलिखित जानकारी का ध्यानपूर्वक अध्ययन कीजिये और दिए गए प्रश्नों के उत्तर दीजिये।

जब एक संख्या/अक्षर/प्रतीक को व्यवस्थित करने वाली एक मशीन संख्या/अक्षर/प्रतीक की इनपुट लाइन दिए जाने पर, यह एक विशेष नियम और विशेष शर्तों का पालन करते हुए, उन्हें व्यवस्थित करती है। इनपुट और पुनर्व्यवस्था का उदाहरण दिया गया है।

निम्नलिखित जानकारी को पढ़िये और उसके बाद प्रश्नों के उत्तर दीजिये।

इनपुट: $ O 5 & M 9 % A 6 # K 4 * J 1 < L 3 > H 8 @ S 7

चरण 1: 7 O 5 & M 9 % A 6 # K 4 * J 1 < L 3 > H 8 @ S $

चरण 2: 7 S 5 & M 9 % A 6 # K 4 * J 1 < L 3 > H 8 @ O $

चरण 3: 7 S @ & M 9 % A 6 # K 4 * J 1 < L 3 > H 8 5 O $

चरण 4: 7 S @ 8 M 9 % A 6 # K 4 * J 1 < L 3 > H & 5 O $

चरण 5: 7 S @ 8 H 9 % A 6 # K 4 * J 1 < L 3 > M & 5 O $

और इसी तरह से...

निम्नलिखित इनपुट के लिए आउटपुट ज्ञात कीजिये:

इनपुट: L 1 E % 2 U 9 J # S H 5 O & 3 * X Q V Z

Q.21 दिए गए इनपुट को पूरा करने के लिए कितने चरणों की आवश्यकता है?

A. 10   B. 12   C. 14   D. 16

E. 08

Q.22 निम्नलिखित में से कौन सा कथन सही है?

A. चौथे चरण में 9, J और # ठीक बीच में है।

B. पाचवें चरण में *, 2 के साथ बदलता है।

C. दूसरे चरण में 1, V के साथ बदलता है।

D. (B) और (C) दोनों विकल्प सही हैं।

E. इनमें से कोई नहीं

Q.23 यदि इनपुट 'Q @ 2 # E $ 4 & T > 6 < U 8' है तो चरण 4 है?

A. 8 @ 2 # E $ & 4 T > 6 < U Q

B. Q @ 2 # & T > E $ 4 6 < U 8

C. 8 U < 6 E $ 4 & T > # 2 @ Q

D. & T > 6 < U 8 4 Q @ 2 # E $
E. इनमें से कोई नहीं

Q.24 उपर्युक्त इनपुट में से कौन सा चरण अंतिम चरण होगा?
A. L 1 E % 2 U 9 J # S H 5 O & 3 * X Q V Z
B. Z V Q X * 3 & O 5 H S # J 9 U 2 % E 1 L
C. L 1 Q X * 3 & O # S H 5 J 9 U 2 % E V Z
D. Z V Q X * U 9 J # S H 5 O & 3 2 % E 1 L
E. इनमें से कोई नहीं

Q.25 निम्नलिखित में से कौन सा तत्व चरण 2 में दाएं छोर से पांचवें के बाएं से दूसरा है?
A. &   **B.** O   **C.** 3   **D.** %
E. 2

Ques (26-30):निर्देश: निम्नलिखित जानकारी का ध्यानपूर्वक अध्ययन कीजिए, निम्नलिखित प्रश्नों के उत्तर दीजिए।

एक संख्या व्यवस्था मशीन को जब एक निश्चित इनपुट दिया जाता है, तब वह उसे एक निश्चित नियम के अनुसार पुनर्व्यवस्थित करती है। इनपुट और व्यवस्था के चरणों का उदाहरण नीचे दिया गया है।

इनपुट: 98 63 83 25 28 79 54

चरण I: 72 18 24 10 16 63 20

चरण II: 53 65 20 1 37 45 4

चरण III: 68 95 20 1 58 65 4

चरण IV: 14 14 2 1 13 11 4

चरण V: 14 14 13 11 4 2 1

चरण V दिए गये इनपुट का अंतिम चरण है।

नीचे दिए गये इनपुट के लिए प्रश्नों के उत्तर दीजिए।

इनपुट: 73 29 18 23 65 35 22

Q.26 चरण V में दाएँ छोर से तीसरी संख्या कौन सी है?
A. 14   **B.** 9   **C.** 5   **D.** 16
E. 10

Q.27 चरण IV के पहले दो संख्याओं का गुणनफल कौन सी संख्या है?
A. 20   **B.** 60   **C.** 70   **D.** 94
E. 32

Q.28 चरण II में पहली संख्या और चरण III में चौथी संख्या का योगफल क्या है?
A. 58   **B.** 26
C. 61   **D.** 93
E. इनमें से कोई नहीं

Q.29 चरण V में संख्याओं का योगफल ज्ञात कीजिए।
A. 75   **B.** 97   **C.** 88   **D.** 78
E. 68

Q.30 निम्नलिखित में से कौन सा तिकल्प दिए गये इनपुट के चरण IV को सही रूप से दर्शाता है?
A. 5 14 16 10 9 9 22   **B.** 5 14 16 9 10 10 22
C. 5 14 9 16 9 10 22   **D.** 5 14 16 9 9 11 4
E. इनमें से कोई नहीं

// स्मार्ट उत्तर पुस्तिका //

| सही उत्तर | उन छात्रों का प्रतिशत जिन्होंने प्रश्नों का सही उत्तर दिया था। | छोड़ दिया | उन छात्रों का प्रतिशत जिन्होंने प्रश्नों को छोड़ दिया था। |

प्रश्न संख्या	उत्तर	सही उत्तर / छोड़ दिया	प्रश्न संख्या	उत्तर	सही उत्तर / छोड़ दिया	प्रश्न संख्या	उत्तर	सही उत्तर / छोड़ दिया	प्रश्न संख्या	उत्तर	सही उत्तर / छोड़ दिया	प्रश्न संख्या	उत्तर	सही उत्तर / छोड़ दिया	प्रश्न संख्या	उत्तर	सही उत्तर / छोड़ दिया	प्रश्न संख्या	उत्तर	सही उत्तर / छोड़ दिया
1	D	29.71 % / 68.52 %	6	A	10.51 % / 83.79 %	11	C	68.92 % / 30.52 %	16	D	23.81 % / 74.81 %	21	A	14.65 % / 78.36 %	26	B	52.48 % / 33.85 %
2	E	29.79 % / 68.75 %	7	C	10.11 % / 88.26 %	12	E	52.73 % / 42.82 %	17	D	27.57 % / 68.13 %	22	D	12.8 % / 79.39 %	27	C	63.67 % / 33.39 %
3	A	29.64 % / 69.13 %	8	D	29.37 % / 67.7 %	13	C	54.35 % / 32.28 %	18	B	14.27 % / 70.89 %	23	C	42.76 % / 56.17 %	28	E	60.57 % / 39.34 %
4	B	32.72 % / 67.22 %	9	B	32.53 % / 67.02 %	14	E	44.6 % / 37.71 %	19	E	23.26 % / 68.89 %	24	B	11.82 % / 82.68 %	29	E	67.78 % / 30.22 %
5	C	13.02 % / 76.05 %	10	E	15.52 % / 76.94 %	15	A	69.33 % / 30.11 %	20	A	32.98 % / 67.02 %	25	A	20.05 % / 74.83 %	30	D	57.45 % / 31.53 %

//संकेत और समाधान//

Ques (1-5):अंकों को इस प्रकार व्यवस्थित किया जाता है।

चरण 1 में: यदि अंक विषम संख्या से शुरू होता है तो यह उत्क्रम होगा और यदि यह सम संख्या से शुरू होता है तो यह दो युग्म का उत्क्रम होगा।

मान लीजिए दिए गए इनपुट में यह 962437 विषम संख्या के साथ शुरू होता है अर्थात् 9। इसलिए, चरण 1 में इसका उत्क्रम होगा और हमें 734269 मिलेगा। 465783 के मामले में यह 647538 होगा।

चरण 2 में: सबसे पहले, सम अंकों को अवरोही क्रम में व्यवस्थित किया जाता है फिर विषम अंकों की संख्या को उनके संबंधित क्रम में व्यवस्थित किया जाता है। उसके बाद उनमें से दो-दो अंकों का गुणा किया जाता है।

उदाहरण: चरण 1 में, सम अंकों की संख्या हैं = 825497 और 647538 अब उन्हें अवरोही क्रम में व्यवस्थित किया जाए तो हमें 825497 और 647538 प्राप्त होता है। इसलिए 825497 का गुणक रूप है 8 × 2 = 16, 5 × 4 = 20 और 9 × 7 = 63 अर्थात् 162063.

(यह चरण 2 की पहली संख्या है)

हमें पहले चरण से 162063 और 243524 प्राप्त होता है (825497 647538 क्रमश)।

फिर विषम संख्याओं के गुणन को उनकी स्थितिगत मूल्य के अनुसार व्यवस्थित किया जाता है।

734269 से 21854, 129354 से 22720, 54335 से 54335 और 6640 से 6640 आता है।

चरण 3 में: संख्याओं के अतंर्गत सम और विषम अंकों के योग का अंतर

उदाहरण: 162063, 6 + 6 + 2 = 14, 3 + 1 = 4, 14 − 4 = 10

चरण 4 में: 1, 2, 3.... के वर्ग और फिर उस वर्ग को संख्या में बढ़ते क्रम में जोड़ें मतलब 1 का वर्ग 1 में जोड़ा जाए और 2 का वर्ग 4 में जोड़ा जाए और इसी तरह।

चरण 5 में: दो संख्याओं का योग, फिर से प्राप्त संख्याओं के अंकों को जोड़ दें।

उदाहरण: 2 + 8 (चरण 4 में पहली और दूसरी संख्या का योग) = 10 तो 1 + 0 = 1 (चरण 5 की पहली संख्या)

और 8 + 17 (चरण 4 की दूसरी और तीसरी संख्या) = 25 = 2 + 5 = 7 (चरण 5 की दूसरी संख्या)

इसलिए, दिए गए इनपुट का हल इस प्रकार होगा:

इनपुट: 576218 415893 642739 717340 931621 842163

चरण 1: 812675 148539 467293 43717 126139 481236

चरण 2: 81235   32218   241427 1277   44027   2627

चरण 3:	1	8	4	13	3	3
चरण 4:	2	7	12	20	33	49
चरण 5:	9	1	5	8	1	

चरण 5 पुनर्व्यवस्था का अंतिम चरण है।

1. चरण 4 से तीसरा अक्षर 20 है और चरण 3 में बाएं छोर से तीसरा अक्षर 4 है

20 ÷ 4 = 5

अतः विकल्प (D) सही है।

2. चरण 5 में दायें छोर से दूसरा अक्षर 8 है और चरण 3 में बायें छोर से दूसरा अक्षर 8 है।

8 − 8 = 0

अतः विकल्प (E) सही है।

3. बाएं छोर से चौथा अक्षर 20 है और दाएं छोर से चौथा अक्षर चरण 4 में 12 है।12 × 20 = 240

अतः विकल्प (A) सही है।

4. चरण 2 में बाएं छोर से तीसरा अवयव 241427 है और चरण 1 में दाएं छोर से 3 अवयव 43717 है।

241427 + 43717 = 285144.

अतः विकल्प (B) सही है।

5. दायें छोर से 2 का अवयव और चरण 4 में दायें छोर से तीसरा अवयव क्रमशः 33 और 20 हैं।

इसलिए अंतर (33 - 20) 13 है।

अतः विकल्प (C) सही है।

Ques (6-10):तर्क:

1) पुनर्व्यवस्था दाएं से बाएं की जा रही है।

2) एक शब्द को एक बार पुनर्व्यवस्थित किया जा रहा है।

निम्नलिखित व्यवस्था में, प्रत्येक चरण में शब्दों को एक शब्द में स्वरों की संख्या के अवरोही क्रम में व्यवस्थित किया गया है और यदि शब्द में स्वरों की संख्या समान है तो वर्णमाला श्रृंखला के अनुसार व्यवस्थित किया गया है।

इनपुट: Make Regular Hand Washing Will Avoid Corona Virus

चरण 1: Avoid Make Regular Hand Washing Will Corona Virus

चरण 2: Avoid Corona Make Regular Hand Washing Will Virus

चरण 3: Avoid Corona Regular Make Hand Washing Will Virus

चरण 4: Avoid Corona Regular Make Virus Hand Washing Will

चरण 5: Avoid Corona Regular Make Virus Washing Hand Will

6. इस प्रकार, "Avoid Corona Regular Make Hand Washing Will Virus" निम्नलिखित इनपुट का अंत से तीसरा चरण है।

अतः विकल्प (A) सही है।

7. इस प्रकार, इसमें 5 चरण है।

अतः विकल्प (C) सही है।

8. इस प्रकार, तीसरे चरण में "Regular" और "Hand" के ठीक बीच में Make आता है।

अतः विकल्प (D) सही है।

9. इस प्रकार, "Avoid Corona Regular Make Virus Hand Washing Will" दिए गए इनपुट का उपांतिम चरण है।

अतः विकल्प (B) सही है।

10. इस प्रकार, अंतिम चरण में दाएं से तीसरा तत्व Washing है।

अतः विकल्प (E) सही है।

Ques (11-15):चरण I: संख्या और उसके बाद की संख्या का गुणनफल

उदाहरण: 12 × 35 = 420

चरण II: संख्याएं अपने संबंधित स्थान को बदलते हैं – अंतिम दो अंक पहले दो अंक बन जाते हैं और पहले दो अंक अंतिम दो अंक बन जाते हैं।

उदाहरण: 04<u>20</u> = <u>20</u>40

चरण III: संख्याओं का योगफल → 2040 = 20 + 40 = 60

चरण IV: प्रत्येक एकल संख्या में 111 जोड़िये

चरण V: संख्याओं को आरोही क्रम में व्यवस्थित कीजिए

इनपुट: 23 92 38 22 82 89 19

चरण I: 2116 3496 836 1804 7298 1691

चरण II: 1612 9643 3680 0481 9827 9161

चरण III: 28 **139** 116 85 125 152

चरण IV: **139** 250 227 196 236 263

चरण V: 139 196 227 236 250 263

11. इसलिए '139' चरण III और चरण IV में उभयनिष्ठ संख्या है।

अतः विकल्प (C) सही है।

12. चरण II: 1612 9643 3680 0481 9827 9161

इसलिए '9634' चरण II में नहीं है।

अतः विकल्प (E) सही है।

13. योगफल = 139 + 263 = 402

इसलिए '402' चरण V के छोरों पर संख्याओं का योगफल है।

अतः विकल्प (C) सही है।

14. 139 252 227 133 236 263 – ऐसा कोई चरण नहीं है।

अतः विकल्प (E) सही है।

15. चरण I: 2116 3496 836 1804 **7298 1691**

चरण I के अंतिम दो संख्याओं का अंतर = 7298 – 1691 = 5607

इसलिए, उत्तर '5607' है।

अतः विकल्प (A) सही है।

Ques (16-20):चरण 1: बाएं छोर से पहली संख्या को, दूसरी संख्या के साथ परस्पर प्रतिस्थापित किया जा रहा है। बाएं छोर की तीसरी संख्या को, चौथी संख्या के साथ परस्पर प्रतिस्थापित किया जा रहा है। बाएं छोर की पांचवी संख्या को, छठवीं संख्या के साथ परस्पर प्रतिस्थापित किया जा रहा है। बाएं छोर की सातवीं संख्या को, आठवीं संख्या के साथ परस्पर प्रतिस्थापित किया जा रहा है।

चरण 2: बाएं छोर से पहले प्रतीक को, दूसरे प्रतीक के साथ परस्पर प्रतिस्थापित किया जा रहा है। बाएं छोर से तीसरे प्रतीक को, चौथे प्रतीक के साथ परस्पर प्रतिस्थापित किया जा रहा है। बाएं छोर से पांचवें प्रतीक को, छठवें प्रतीक के साथ परस्पर प्रतिस्थापित किया जा रहा है। बाएं छोर से सातवें प्रतीक को, आठवें प्रतीक के साथ परस्पर प्रतिस्थापित किया जा रहा है।

चरण 3: बाएं छोर से पहले अक्षर को, दूसरे अक्षर के साथ परस्पर प्रतिस्थापित किया जा रहा है। बाएं छोर से तीसरे अक्षर को, चौथे अक्षर के साथ परस्पर प्रतिस्थापित किया जा रहा है। बाएं छोर से पांचवें अक्षर को, छठवें अक्षर के साथ परस्पर प्रतिस्थापित किया जा रहा है। बाएं छोर से सातवें अक्षर को, आठवें अक्षर के साथ परस्पर प्रतिस्थापित किया जा रहा है।

चरण 4: सभी अक्षरों को एक साथ (उसी क्रम में जैसा कि पिछले चरण में है) सभी प्रतीकों के बाद रखा गया है और सभी प्रतीकों को सभी संख्याओं के बाद रखा गया है।

चरण 5: सभी अक्षर वर्णानुक्रम में व्यवस्थित होते हैं। सभी संख्याओं को आरोही क्रम में व्यवस्थित किया गया है।

इनपुट: K (3 S) 4 B % 7 M @ 9 F $ 2 Z Ω 1 A # 5 Q £ 8

चरण I: K (4 S) 3 B % 9 M @ 7 F $ 1 Z Ω 2 A # 8 Q £ 5

चरण II: K) 4 S (3 B @ 9 M % 7 F Ω 1 Z $ 2 A £ 8 Q # 5

चरण III: S) 4 K (3 M @ 9 B % 7 Z Ω 1 F $ 2 Q £ 8 A # 5

चरण IV: S K M B Z F Q A) (@ % Ω $ £ # 4 3 9 7 1 2 8 5

चरण V: A B F K M Q S Z) (@ % Ω $ £ # 1 2 3 4 5 7 8 9

16. इसलिए, पहले चरण में '&' का स्थान दाएं से सोलहवां हैं।

अतः विकल्प (D) सही है।

17. इसलिए, चरण IV में बाएं से पन्द्रहवें स्थान पर '£' है।

अतः विकल्प (D) सही है।

18. इसलिए, आउटपुट के दूसरे चरण में, 'S' और '9' के बीच चार तत्व उपस्थित हैं।

अतः विकल्प (B) सही है।

19. इसलिए, S) 4 K (3 M @ 9 B % 7 Z Ω 1 F $ 2 Q £ 8 A # 5 दिए गए इनपुट का चरण III है।

अतः विकल्प (E) सही है।

20.

अक्षर	A	B	C	D	E	F	G	H	I	J	K	L	M
स्थितीय मान	1	2	3	4	5	6	7	8	9	10	11	12	13
स्थितीय मान	26	25	24	23	22	21	20	19	18	17	16	15	14
अक्षर	Z	Y	X	W	V	U	T	S	R	Q	P	O	N

पहला अक्षर : A

दूसरा अक्षर : M

इसलिए, चरण V में पहले और पांचवे अक्षर के बीच सामान्य वर्णमाला श्रृंखला में 11 अक्षर हैं।

अतः विकल्प (A) सही है।

Ques (21-25): निम्नलिखित तर्क निम्नानुसार है,

चरण 1 में, बाएं से पहला तत्व दाएं से पहले तत्व के साथ परस्पर बदलता है।

चरण 2 में, बाएं से दूसरा तत्व दाएं से दूसरे तत्व के साथ परस्पर बदलता है।

और इसी तरह से...

दिए गए इनपुट पर समान नियम लागू करने पर, हमें मिलता है,

इनपुट: L 1 E % 2 U 9 J # S H 5 O & 3 * X Q V Z

चरण 1: Z 1 E % 2 U 9 J # S H 5 O & 3 * X Q V L

चरण 2: Z V E % 2 U 9 J # S H 5 O & 3 * X Q 1 L

चरण 3: Z V Q % 2 U 9 J # S H 5 O & 3 * X E 1 L

चरण 4: Z V Q X 2 U 9 J # S H 5 O & 3 * % E 1 L

चरण 5: Z V Q X * U 9 J # S H 5 O & 3 2 % E 1 L

चरण 6: Z V Q X * 3 9 J # S H 5 O & U 2 % E 1 L

और इसी तरह से...

21. इसलिए, दिए गए इनपुट को पूरा करने के लिए 10 चरण हैं।

अतः विकल्प (A) सही है।

22. इसलिए, (B) और (C) कथन सही हैं।

अतः विकल्प (D) सही है।

23. इसलिए, '8 U < 6 E $ 4 & T > # 2 @ Q' दिए गए इनपुट का चरण 4 है।

अतः विकल्प (C) सही है।

24. इसलिए, 'Z V Q X * 3 & O 5 H S # J 9 U 2 % E 1 L' दिए गए इनपुट का अंतिम चरण है।

अतः विकल्प (B) सही है।

25. इसलिए, '&' चरण 2 में दाएं छोर से पांचवें के बाएं से दूसरा है।

अतः विकल्प (A) सही है।

Ques (26-30): चरण I: संख्याओं को गुणा कीजिए → उदाहरण: 98 = 9 × 8 = 72

चरण II: संख्या के दो अंकों के वर्गों का योगफल → उदाहरण: $7^2 + 2^2 = 49 + 4 = 53$

चरण III: संख्या + संख्याओं का गुणनफल → उदाहरण 53 + 5 × 3 = 53 + 15 = 68

चरण IV: संख्याओं का योगफल → 68 = 6 + 8 = 14

चरण V: संख्याओं को अवरोही क्रम में व्यवस्थित कीजिए

इनपुट: 73 29 18 23 65 35 22

चरण I: 21 18 8 6 30 15 4

चरण II: 5 65 64 36 9 26 16

चरण III: 5 95 88 54 9 38 22

चरण IV: 5 14 16 9 9 11 4

चरण V: 16 14 11 9 9 5 4

26. इसलिए, '9' चरण V में दाएँ छोर से तीसरा है।

अतः विकल्प (B) सही है।

27. संख्याएं, 5 और 14 हैं।

इसलिए, '70' चरण IV के पहले दो संख्याओं का गुणनफल है।

अतः विकल्प (C) सही है।

28. '59', चरण II में पहली संख्या और चरण III में चौथी संख्या का योगफल है।

इसलिए, उत्तर 'इनमें से कोई नहीं' है।

अतः विकल्प (E) सही है।

29. योगफल = 16 + 14 + 11 + 9 + 9 + 5 + 4 = 68

इसलिए, उत्तर '68' है।

अतः विकल्प (E) सही है।

30. अतः विकल्प (D) सही है।

Ques (1-5):निर्देश: निम्नलिखित जानकारी का ध्यानपूर्वक अध्ययन कीजिए और दिए गए प्रश्नों के उत्तर दीजिए।

आठ मित्र - L, M, N, O, P, Q, R और S अलग -अलग रंग - गुलाबी, पीला, हरा, लाल, सफ़ेद, काला, नारंगी और बैंगनी पसंद करते हैं लेकिन जरुरी नहीं है कि क्रम समान हो। उनमें से प्रत्येक पिकनिक के लिए गए और 50 के गुणज अर्थात् 50, 100, 150, 200, 250, 300, 350, 400 में खर्च किया लेकिन जरुरी नहीं है कि क्रम समान हो। घर वापस आने से पहले वे सभी केंद्र के सम्मुख एक गोलाकार मेज पर बैठे थे। 350 रुपए खर्च करने वाला व्यक्ति O के दायें से तीन स्थान पर है जिसे नारंगी रंग पसंद है। वह व्यक्ति जो 250 रुपए खर्च करता है, P के बायें से तीन स्थान पर है, जो O के बायें से तीन स्थान पर बैठा है। S, जो काला रंग पसंद करता है, और P द्वारा खर्च की गयी राशि में अधिकतम अंतर संभव है और वे एक-दूसरे के विपरीत बैठे थे। Q और S के बीच केवल दो मित्र बैठे हैं। L, Q के बायीं ओर से छठे स्थान पर बैठा है। Q हरा रंग पसंद करता है। L, जो सफ़ेद रंग पसंद करता है, वह 150 रुपए खर्च करता है और सबसे कम खर्च वाले मित्र के बगल में बैठा है। R, P, जो लाल रंग पसंद करता है, के बायीं ओर से छठे स्थान पर बैठा है। N, जो गुलाबी रंग पसंद करता है, और 50 रूपये खर्च करने वाले मित्र के बीच केवल एक मित्र बैठा है। R, जो बैंगनी रंग पसंद करता है, पिकनिक में M से अधिक राशि खर्च करता है। O और Q द्वारा खर्च की गयी राशि में अंतर 100 रुपए है और O और S द्वारा खर्च की गयी राशि में अंतर 200 रुपए है।

Q.1 निम्नलिखित में से किसने 100 रुपए खर्च किए?

A. R **B.** S **C.** Q **D.** O
E. P

Q.2 काला रंग पसंद करने वाले व्यक्ति के बायीं ओर से छठे स्थान पर कौन है?

A. O **B.** N
C. M **D.** R
E. इनमें से कोई नहीं

Q.3 निम्नलिखित में से कौन पीला रंग पसंद करने वाले व्यक्ति के ठीक दायीं ओर बैठा है?

A. जो बैंगनी रंग पसंद करता है
B. जो नारंगी रंग पसंद करता है
C. जिसने 50 रुपए खर्च किए
D. जो सफ़ेद रंग पसंद करता है
E. जो गुलाबी रंग पसंद करता है

Q.4 निम्नलिखित में से कौन L और Q के ठीक बीच में बैठा है?

A. P **B.** N **C.** M **D.** O
E. Q

Q.5 निम्नलिखित में से कौन सबसे अधिक खर्च करता है?

A. Q **B.** S **C.** R **D.** P
E. L

Ques (6-10):निर्देश: निर्देशों को ध्यान से पढ़िए और नीचे दिए गए प्रश्न का उत्तर दीजिए।

A, B, C, D, E, F, G और H आठ पुरुष सदस्य हैं जो एक गोलाकार टेबल के चारों ओर बैठे हैं। उनमें से चार अंदर की दिशा के सम्मुख हैं और चार बाहर की दिशा के सम्मुख हैं। इन आठ लोगों की शादी L, M, N, O, P, Q, R और S जैसी आठ लड़कियों से होती है लेकिन जरूरी नहीं कि एक ही क्रम में हो। लगातार तीन लोग एक ही दिशा के सम्मुख नहीं हैं।

B और L के पति के बीच केवल एक व्यक्ति बैठा है। D के दोनों निकटतम पड़ोसी समान दिशा के सम्मुख हैं। या तो R या P, D की पत्नी है। Q का पति बाहर की दिशा के सम्मुख है और वह D के तत्काल दाएं बैठा है। B उस व्यक्ति के दाएं तीसरे स्थान पर बैठा है जो R का पति है और वे एक ही दिशा के सम्मुख हैं। P का पति और Q का पति एक ही दिशा के सम्मुख हैं। D की पत्नी F के बाएं से तीसरे स्थान पर बैठती है। न तो O और न ही P, B की पत्नी है। G, C के दाएं तीसरे स्थान पर है। L का पति, E के बाएं से तीसरे स्थान पर बैठा है। केवल एक व्यक्ति F और M के पति के बीच में बैठता है और वे एक ही दिशा के सम्मुख हैं। S का पति, H के दाएं से तीसरे स्थान पर बैठा है। A, M के पति का एक तत्काल पड़ोसी है। M के पति के दाएं C तीसरा स्थान पर बैठा है और वे भिन्न दिशाओं का सामना कर रहे हैं।

Q.6 Q के पति के बाएं दूसरा कौन बैठा है?

A. D **B.** G **C.** B **D.** C
E. E

Q.7 S का पति कौन है?

A. B **B.** E **C.** F **D.** A
E. D

Q.8 P के पति के दाएं दूसरा कौन बैठा है?

A. B
B. C
C. D
D. A
E. निर्धारित नहीं किया जा सकता है

Q.9 D के तत्काल बाएं बैठे व्यक्ति की पत्नी कौन है?

A. M **B.** L **C.** R **D.** S
E. Q

Q.10 N के पति के तत्काल दाएं कौन बैठा है?

A. D **B.** C **C.** E **D.** B
E. H

Ques (11-15):निर्देश: निम्न जानकारी को ध्यानपूर्वक पढ़िए व दिए गए प्रश्नों के उत्तर दीजिए।

देशों के कुछ प्रतिनिधि एक वृत्ताकार सम्मेलन की मेज पर बैठे हैं। वे सभी अंदर की ओर उन्मुख हैं। उनके बीच कुछ सीटें खाली हैं। एक साथ तीन से अधिक प्रतिनिधि नहीं बैठे हैं। मेज के चारों ओर सीटों की कुल संख्या एक अभाज्य संख्या है।

A और ब्राजील के प्रतिनिधि के बीच में दो सीटें हैं। इज़राइल से संबंधित व्यक्ति और थाईलैंड से संबंधित व्यक्ति के बीच केवल एक सीट है। वह व्यक्ति जो ब्राजील से संबंधित है, I से तीन सीटें दूर बैठा है जो सीरिया से संबंधित है। वह व्यक्ति जो जापान से संबंधित है, भारत से संबंधित व्यक्ति के दायें से दूसरे स्थान पर बैठा है। वह व्यक्ति जो अर्जेंटीना से संबंधित है, उस व्यक्ति का निकटतम पड़ोसी है जो जापान से संबंधित है और वह व्यक्ति जो इज़राइल से संबंधित है। थाईलैंड से संबंधित व्यक्ति और मिस्र से संबंधित व्यक्ति के बीच तीन सीटें हैं। A भारत से संबंधित है और C अर्जेंटीना से संबंधित है। वह व्यक्ति जो इंडोनेशिया से संबंधित है, थाईलैंड से संबंधित व्यक्ति और मिस्र से संबंधित व्यक्ति के ठीक बीच में बैठा है। वह व्यक्ति जो सीरिया से संबंधित है और K एक दूसरे के निकटतम पड़ोसी हैं। K और कनाडा से संबंधित व्यक्ति के मध्य ठीक पाँच सीटें हैं। L जो ईरान से संबंधित है और B जो ब्राजील से संबंधित है, एक दूसरे के निकटतम पड़ोसी हैं। कनाडा से संबंधित व्यक्ति और जापान से संबंधित व्यक्ति के बीच दो सीटें

हैं। E और H के मध्य केवल एक सीट है, जो इज़राइल से संबंधित है। K जो जर्मनी से संबंधित है और F जो इंडोनेशिया से संबंधित है, के बीच तीन सीटें हैं। D जो कनाडा से संबंधित है, A के ठीक बाएं बैठा है। J, C का निकटतम पड़ोसी है। मेज पर एक और व्यक्ति बैठा है जो G है जो मिस्र से संबंधित है। कोई भी B के ठीक दायें नहीं बैठा है।

Q.11 निम्नलिखित में से कौन भारत से संबंधित व्यक्ति के दायें से 10वें स्थान पर बैठा है?

A. H

B. K

C. वह जो सीरिया से संबंधित है

D. वह जो मिस्र से संबंधित है

E. इनमें से कोई नहीं

Q.12 निम्न में से कौन इज़राइल से संबंधित है?

A. K   B. E

C. D   D. H

E. इनमें से कोई नहीं

Q.13 इंडोनेशिया से संबंधित व्यक्ति का स्थान। के सन्दर्भ में क्या होगा?

A. बाईं ओर से तीसरा   B. दाईं ओर से पांचवा

C. बाईं ओर से पांचवा   D. बाईं ओर से छठा

E. दाईं ओर से चौथा

Q.14 G के सन्दर्भ में L का क्या स्थान है?

A. बाईं ओर से चौथा   B. दाईं ओर से पांचवा

C. दाईं ओर से छठा   D. बाईं ओर से पांचवा

E. दाईं ओर से तीसरा

Q.15 निम्न में से कौन थाईलैंड से संबंधित है?

A. K   B. E

C. D   D. J

E. इनमें से कोई नहीं

Ques (16-20):निर्देश: कुछ व्यक्ति एक वृत्ताकार मेज के चारो तरफ बैठे हैं, सभी केंद्र के सम्मुख हैं। आगे, जानकारी निम्नानुसार है:

(1) फिरोज, गौरव की बाईं ओर तीसरे स्थान पर बैठा है।

(2) हर्षल और गौरव के बीच दो व्यक्ति बैठे हैं।

(3) इशिता, जतिन के निकटतम दाईं ओर बैठी है।

(4) कैलाश, ललित के निकटतम बाईं ओर 8 और 9 के लघुत्तम समापवर्त्य दूरी पर बैठा है।

(5) फिरोज और मीनल के बीच की दूरी 18 सेमी है।

(6) ईशा और देवेश के बीच बैठने वाले व्यक्तियों की संख्या, देवेश और चिंटु के बीच बैठने वाले व्यक्तियों की संख्या के बराबर है।

(7) बबिता और चिंटु के बीच की दूरी 30 मीटर है।

(8) न तो इशिता अथवा न ही जतिन, हर्षल और कैलाश के पड़ोसी हैं।

(9) अजय और गौरव के बीच बैठने वाले व्यक्तियों की संख्या गौरव और बबिता के बीच बैठने वाले व्यक्तियों की संख्या के बराबर है।

(10) हर्षल और गौरव के बीच की दूरी 162 सेमी से अधिक नहीं है।

(11) या तो बबिता अथवा फिरोज, हर्षल का पड़ोसी है।

(12) उनके बीच की दूरी में 6 के क्रमिक गुणांक की वृद्धि होती है। वृत्त की परिधि 546 मीटर है।

Q.16 मेज के चारों ओर कितने लोग बैठे हैं?

A. 10   B. 9   C. 12   D. 11

E. 13

Q.17 चिंटु और उस व्यक्ति के बीच की दूरी कितनी होगी, जो इशिता की बाईं तरफ से तीसरे स्थान पर बैठा है?

A. 30   B. 66

C. 54   D. 20

E. इनमें से कोई नहीं

Q.18 निम्न पाँच में चार विकल्प निश्चित प्रकार से एकसमान हैं और इस प्रकार वे एक समूह का निर्माण करते हैं। कौन इस समूह से संबन्धित नहीं है?

A. 18-मीनल   B. 36-गौरव

C. 60-हर्षल   D. 90-बाबिता

E. 168-देवेश

Q.19 यदि, कैलाश अपने स्थान को बबिता से बदल ले, तो फिरोज़ और कैलाश के बीच की नई दूरी क्या होगी?

A. 60   B. 396   C. 36   D. 126

E. 90

Q.20 दो निकटतम पड़ोसियों के बीच अधिकतम दूरी कितनी है?

A. 546   B. 66   C. 72   D. 84

E. 78

Ques (21-25):निर्देश: निम्नलिखित जानकारी का ध्यानपूर्वक अध्ययन कीजिये और दिए गए प्रश्नों का उत्तर दीजिये।

& का अर्थ है कि पहला विषय, दूसरे विषय के बाएँ है।

@ का अर्थ है कि पहला विषय, दूसरे विषय के दाएँ है।

का अर्थ है कि पहला विषय और दूसरा विषय एक-दूसरे के पड़ोसी हैं।

$ का अर्थ है कि पहला विषय और दूसरा विषय एक-दूसरे के पड़ोसी नहीं हैं।

* का अर्थ है कि पहला विषय और दूसरा विषय एक-दूसरे के विपरीत हैं।

σ का अर्थ है कि पहला विषय और दूसरा विषय एक-दूसरे के विपरीत नहीं हैं।

© का अर्थ है कि व्यक्ति को आईपीएल टीम पसंद है।

% का अर्थ है कि व्यक्ति को आईपीएल टीम नहीं पसंद है।

चिह्न के पहले अंक दिए गए दो विषयों के बीच स्थानों को इस प्रकार से दर्शाता है। उदाहरण के लिए R 3 @ P का अर्थ है कि R, P के दाएँ है और उनके बीच में तीन व्यक्ति हैं।

आठ व्यक्ति A, B, C, D, E, F, G और H एक वृत्ताकार मेज के चारों ओर केंद्र के सम्मुख होकर बैठे हैं। उनमें से प्रत्येक को अलग-अलग आईपीएल टीम पसंद है जैसे कि

आरसीबी, सीएसके, एसआरएच, एमआई, केकेआर, आरआर, दिल्ली और पंजाब।

एसआरएच # दिल्ली, H 2 & G, G # पंजाब, पंजाब * एसआरएच, H % एसआरएच, B © केकेआर, F * E, B # A, आरसीबी 2 @ एमआई, A % एमआई, D % आरसीबी, H σ केकेआर, D * सीएसके, F # केकेआर, H $ केकेआर

Q.21 निम्नलिखित में से कौन उस व्यक्ति के दाएँ दूसरे स्थान पर बैठा है जो C के सम्मुख है?

A. D   B. H   C. B   D. F

E. G

Q.22 D कौन सी टीम पसंद करता है?

A. सीएसके   **B.** दिल्ली   **C.** एमआई   **D.** आरआर
E. पंजाब

Q.23 यदि G और B आपस में अपने स्थान बदलते हैं, तो G के दाएँ तीसरे स्थान पर कौन बैठता है?
A. D   **B.** H   **C.** C   **D.** A
E. F

Q.24 किसे पंजाब पसंद है?
A. C   **B.** A   **C.** B   **D.** F
E. E

Q.25 उस व्यक्ति के विपरीत कौन बैठता है जिसे आरसीबी पसंद है?
A. H   **B.** D   **C.** B   **D.** F
E. C

Ques (26-30):निर्देश: निम्नलिखित जानकारी का ध्यानपूर्वक अध्ययन कीजिए और नीचे दिए गए प्रश्नों के उत्तर दीजिए।

एक नृत्य प्रतियोगिता में, आठ लड़कियाँ P, Q, R, S, W, X, Y, Z मंच पर एक समूह नृत्य कर रही हैं। उस प्रदर्शन में, एक स्टेप में दो संकेंद्रित वृत्तों का निर्माण करना था कि चार लड़कियाँ P, Q, R और S आंतरिक वृत्त बना रही हैं और अन्य चार लड़कियाँ W, X, Y और Z बाहरी वृत्त बना रही हैं। आंतरिक वृत्त की सभी चार लड़कियाँ वृत्त के बाहर की तरफ मुंह करती हैं और बाहरी वृत्त की सभी चार लड़कियाँ वृत्त की तरफ मुंह करती हैं, इस तरह से आंतरिक वृत्त की लड़कियाँ बाहरी वृत्त की लड़कियों की तरफ मुंह करती हैं। X न तो Y के विपरीत है और न ही S की तरफ मुंह की है, जो R के दाई ओर दूसरे स्थान पर है। Z, W के ठीक दाई ओर है और उसका P की तरफ मुंह है। Y और Z निकटतम पड़ोसी नहीं हैं।

Q.26 R के ठीक दाई ओर कौन सी लड़की है?
A. Q   **B.** P
C. S   **D.** Z
E. इनमें से कोई नहीं

Q.27 जो Z के ठीक बायीं ओर है उसकी स्थिति क्या है?
A. (B), (C) और (D) सही हैं
B. X के विपरीत
C. S की तरफ मुंह करके
D. Y के ठीक दाई ओर
E. इनमें से कोई नहीं

Q.28 निम्नलिखित में से कौन सा कथन सही नहीं है?
A. P, Q के दाई ओर दूसरे स्थान पर है।
B. X, Y के ठीक बाई ओर है।
C. W का मुंह S की तरफ है।
D. R का मुंह X की तरफ है।
E. Z का मुंह W की तरफ है।

Q.29 Q के ठीक बाई ओर कौन सी लड़की है?
A. P   **B.** R   **C.** W   **D.** S
E. Z

Q.30 यदि W और X अपनी स्थिति को बदलते हैं, तो R की तरफ किसका मुंह है?
A. P   **B.** W   **C.** X   **D.** S
E. Q

// स्मार्ट उत्तर पुस्तिका //

| सही उत्तर | उन छात्रों का प्रतिशत जिन्होंने प्रश्नों का सही उत्तर दिया था। | | छोड़ दिया | उन छात्रों का प्रतिशत जिन्होंने प्रश्नों को छोड़ दिया था। |

प्रश्न संख्या	उत्तर	सही उत्तर / छोड़ दिया	प्रश्न संख्या	उत्तर	सही उत्तर / छोड़ दिया	प्रश्न संख्या	उत्तर	सही उत्तर / छोड़ दिया	प्रश्न संख्या	उत्तर	सही उत्तर / छोड़ दिया	प्रश्न संख्या	उत्तर	सही उत्तर / छोड़ दिया	प्रश्न संख्या	उत्तर	सही उत्तर / छोड़ दिया	प्रश्न संख्या	उत्तर	सही उत्तर / छोड़ दिया
1	C	19.82 % / 67.92 %	6	C	55.29 % / 37.94 %	11	D	24.3 % / 74.73 %	16	E	11.19 % / 78.21 %	21	A	50.88 % / 40.33 %	26	B	61.19 % / 36.58 %
2	B	32.6 % / 67.14 %	7	D	45.27 % / 36.21 %	12	D	26.88 % / 69.64 %	17	B	29.75 % / 68.69 %	22	B	18.69 % / 79.6 %	27	A	43.5 % / 43.79 %
3	E	10.14 % / 67.93 %	8	E	69.71 % / 30.15 %	13	C	32.66 % / 67.16 %	18	C	22.18 % / 77.46 %	23	B	21.3 % / 75.07 %	28	E	55.34 % / 36.1 %
4	A	28.07 % / 69.32 %	9	A	52.66 % / 32.22 %	14	B	22.68 % / 75.06 %	19	E	19.84 % / 80.05 %	24	E	16.44 % / 74.91 %	29	D	40.46 % / 46.12 %
5	B	31.04 % / 67.66 %	10	B	53.51 % / 34.29 %	15	B	47.19 % / 45.99 %	20	E	21.11 % / 75.43 %	25	A	30.43 % / 67.25 %	30	B	44.49 % / 49.69 %

//संकेत और समाधान//

Ques (1-5):मित्र : L, M, N, O, P, Q, R और S

रंग: गुलाबी, पीला, हरा, लाल, सफ़ेद, काला, नारंगी और बैंगनी

खर्च: 50, 100, 150, 200, 250, 300, 350, 400.

1) 350 रुपए खर्च करने वाला मित्र O, जो नारंगी रंग पसंद करता है, के दायीं ओर से तीसरे स्थान पर बैठा है।

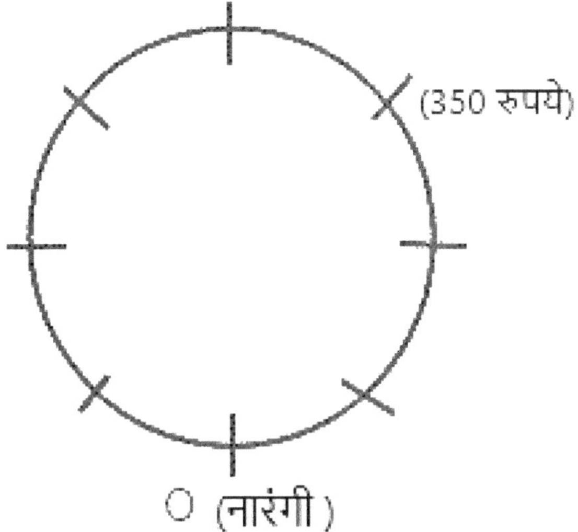

2) वह मित्र जो 250 खर्च करता है, P के बायें से तीन स्थान पर है और P, O के बायें से तीन स्थान पर बैठा है।

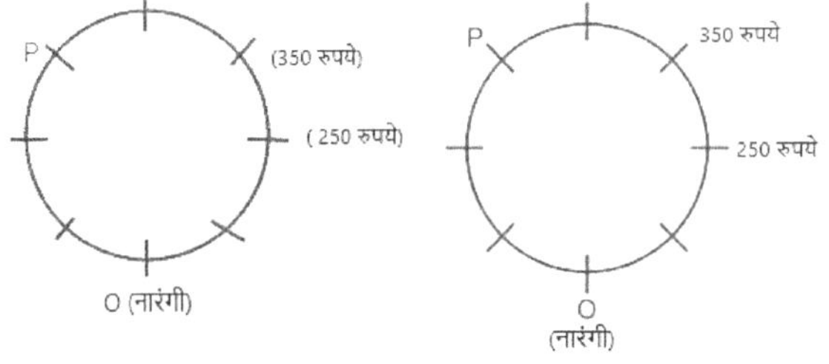

3) S, जो काला रंग पसंद करता है, और P द्वारा खर्च की गयी राशि में अधिकतम अंतर संभव है और वे एक-दूसरे के विपरीत बैठे थे।

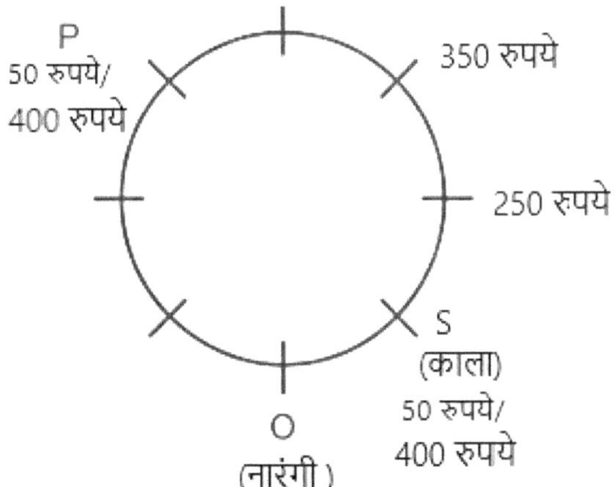

4) Q और S के बीच केवल दो मित्र बैठे हैं।

स्थिति 1

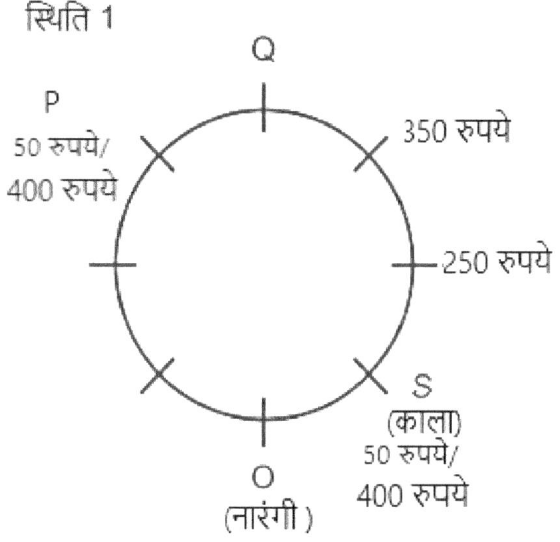

स्थिति 2

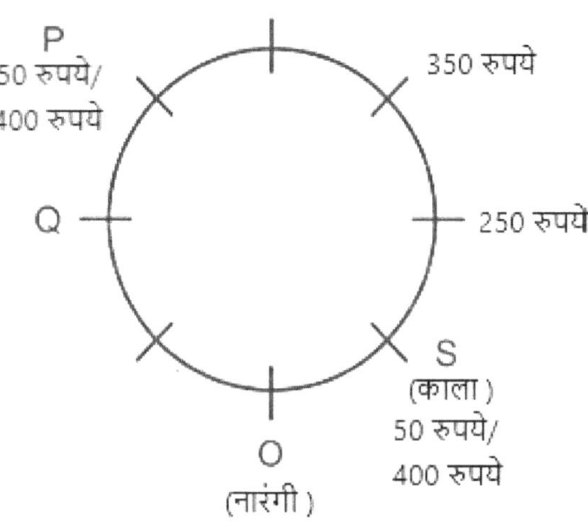

5) L, Q के बायीं ओर से छठे स्थान पर बैठा है। Q हरा रंग पसंद करता है। (यहाँ स्थिति 2 रद्द हो जाएगी क्योंकि यह शर्त को संतुष्ट नहीं करता है।)

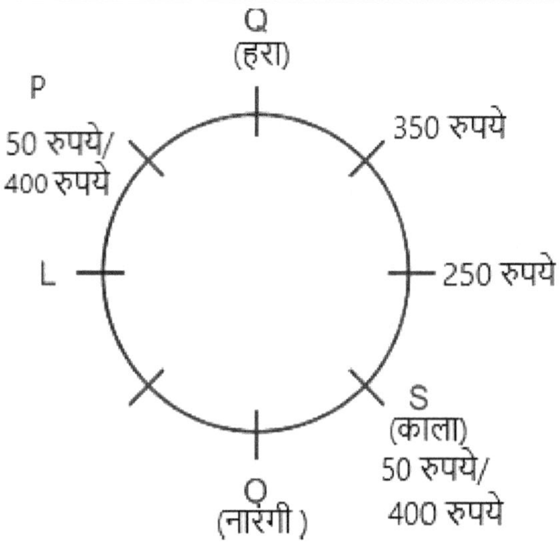

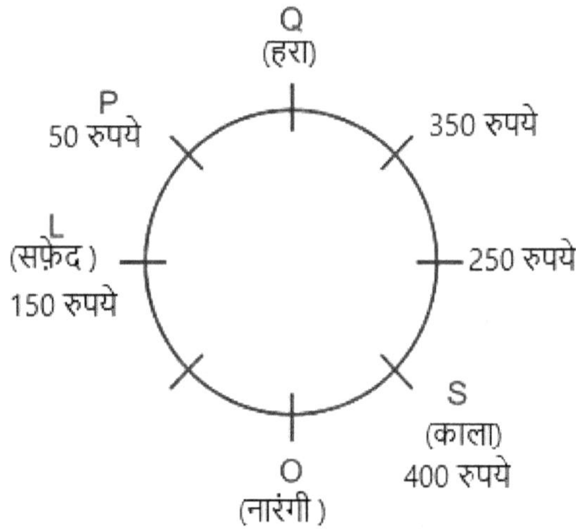

6) L, जो सफ़ेद रंग पसंद करता है, 150 रुपए खर्च करता है और सबसे कम खर्च वाले मित्र के बगल में बैठा है।

7) R, P, जो लाल रंग पसंद करता है, के बायीं ओर से छठे स्थान पर बैठा है।

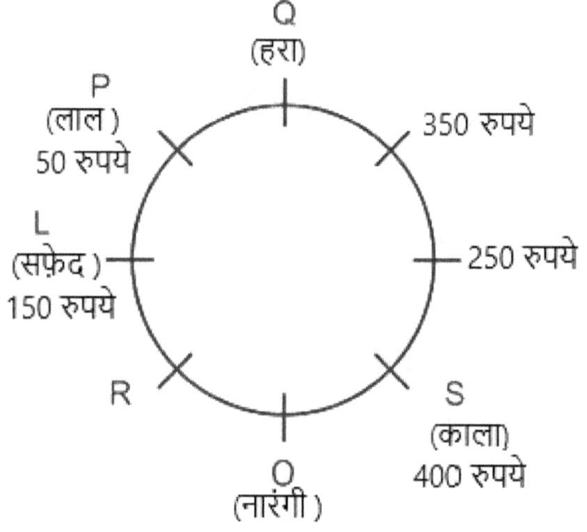

8) N, जो गुलाबी रंग पसंद करता है, और 50 रूपये खर्च करने वाले मित्र के बीच केवल एक मित्र बैठा है।

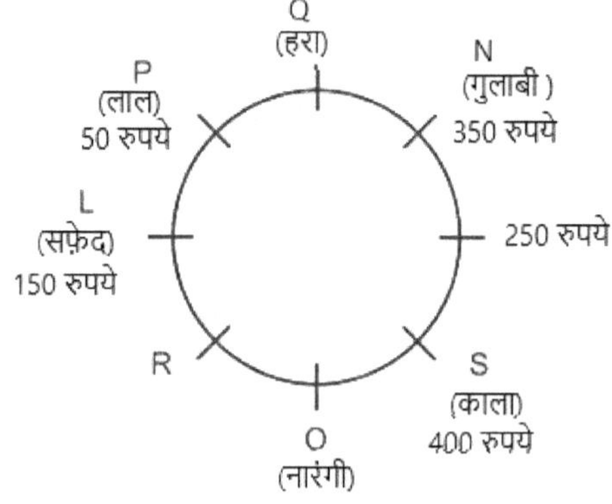

9) R, जो बैंगनी रंग पसंद करता है, पिकनिक में M से अधिक राशि खर्च करता है।

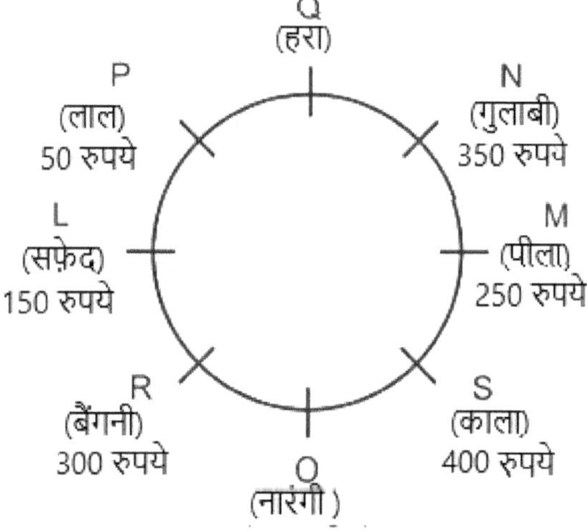

10) O और Q द्वारा खर्च की गयी राशि में अंतर 100 रुपए है और O और S द्वारा खर्च की गयी राशि में अंतर 200 रुपए है। (इसलिए, Q ने 100 रुपए खर्च किए और O ने 200 रुपए खर्च किए)

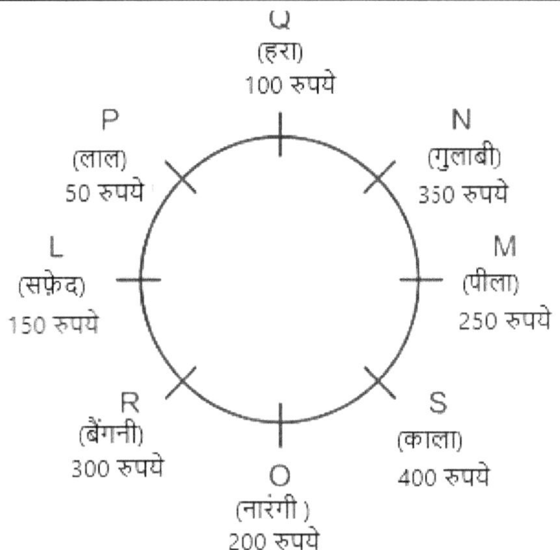

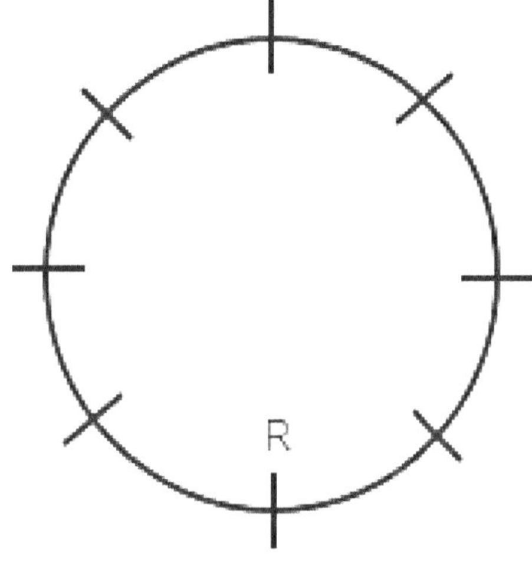

1. इसलिए Q ने 100 रुपए खर्च किया।

अतः विकल्प (C) सही है।

2. इसलिए काला रंग पसंद करने वाले व्यक्ति के बायीं ओर से छठे स्थान पर N बैठा है।

अतः विकल्प (B) सही है।

3. इसलिए गुलाबी रंग पसंद करने वाला व्यक्ति पीला रंग पसंद करने वाले व्यक्ति के ठीक दायीं ओर बैठा है।

अतः विकल्प (E) सही है।

4. इसलिए P, L और Q के बीच बैठा है।

अतः विकल्प (A) सही है।

5. इसलिए, S, सबसे अधिक 400 रुपए खर्च करता है।

अतः विकल्प (B) सही है।

Ques (6-10):1) B उस व्यक्ति के दाएं तीसरे स्थान पर बैठा है जो R का पति है और वे एक ही दिशा के सम्मुख हैं।

(जैसा कि यह एक वृत्तीय व्यवस्था है, हम R के पति को किसी भी सीट पर अच्छे से बैठा सकते है और फिर हम R के पति के सम्मुख दिशा के अनुसार B को बैठा सकते है।)

2) D के दोनों निकटतम पड़ोसी समान दिशा के सम्मुख है।

(तात्पर्य है, D के तत्काल पड़ोसी, D से भिन्न दिशा के सम्मुख हैं)

3) Q का पति बाहर की दिशा के सम्मुख है और वह D के तत्काल दाएं बैठा है।

(तात्पर्य है, D को अंदर की दिशा का सामना करना पड़ रहा होगा। इसका तात्पर्य यह भी है कि D के दूसरे पड़ोसी को भी बाहरी दिशा का सामना करना पड़ रहा है और B को अंदर की दिशा का सामना करना पड़ रहा है।)

4) या तो R या P, D की पत्नी है।

5) P का पति और Q का पति एक ही दिशा के सम्मुख हैं।

(तात्पर्य है, P का पति भी बाहर की दिशा के सम्मुख है। इसका तात्पर्य है कि R, D की पत्नी है)

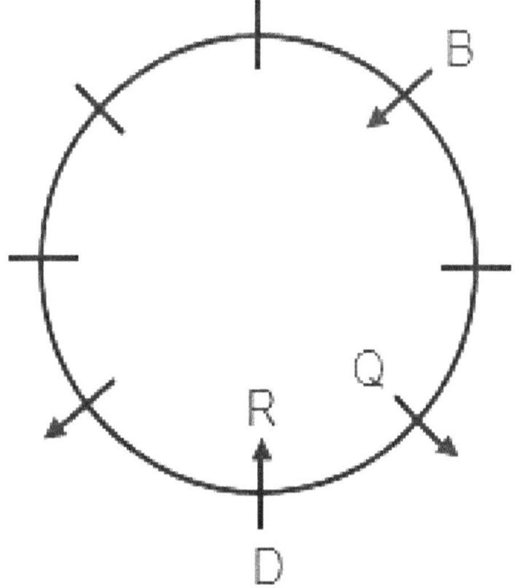

6) B और L के पति के बीच केवल एक व्यक्ति बैठा है।

(तात्पर्य है, L का पति B के दाएं से दूसरे स्थान पर बैठा है क्योंकि Q का पति B के बाएं से दूसरे स्थान पर बैठा है।)

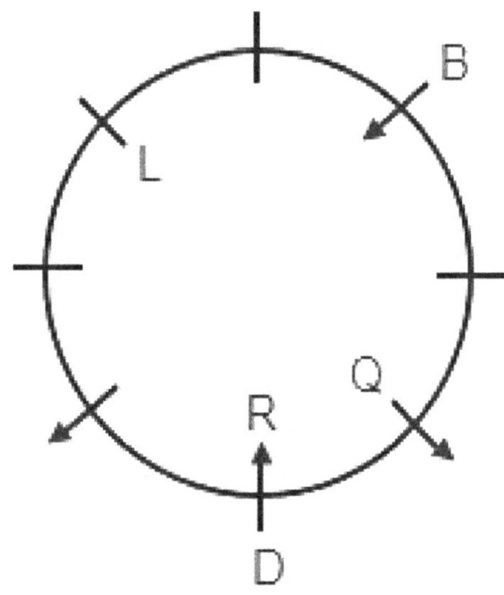

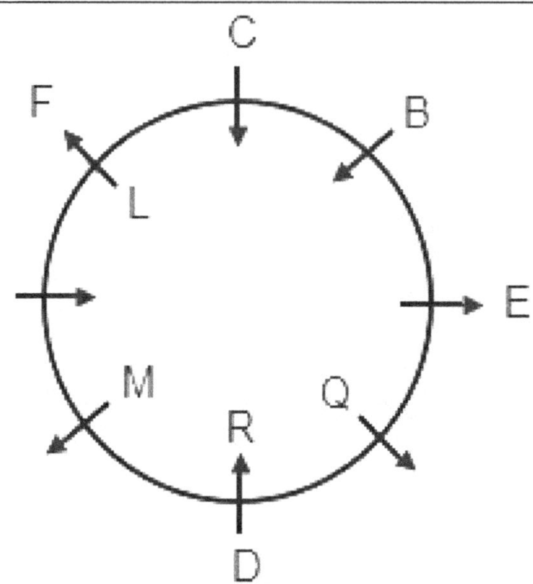

7) D की पत्नी F के बाएं से तीसरे स्थान पर है।

(यह तभी संभव है जब F, L का पति है और F बाहर की दिशा के सम्मुख है।)

8) F और M के पति के बीच केवल एक व्यक्ति बैठा है और वे एक ही दिशा के सम्मुख हैं।

(तात्पर्य है, M का पति F के बाएं से दूसरे स्थान पर बैठा है क्योंकि B अंदर की दिशा के सम्मुख है।)

11) A, M के पति का तत्काल पड़ोसी है।

(तात्पर्य है, A, F के तत्काल बाएं बैठे हैं)

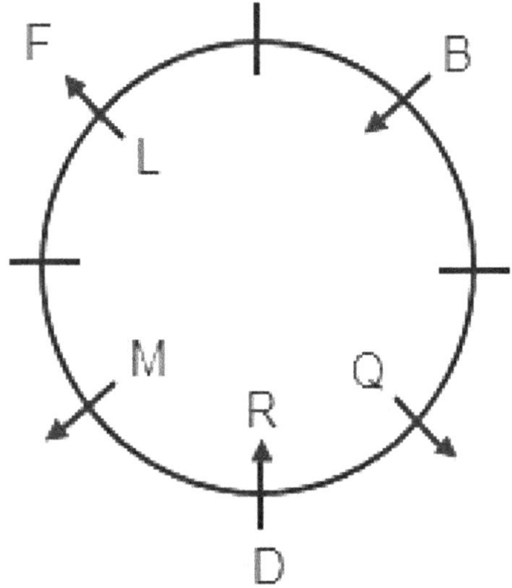

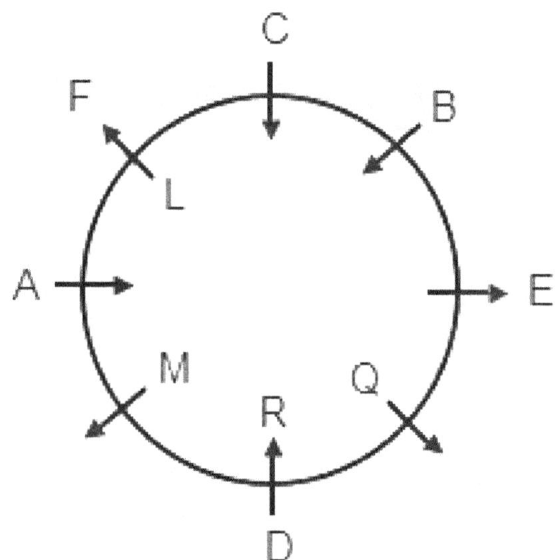

9) C, M के पति के दाएं तीसरे स्थान पर बैठा है और वे विभिन्न दिशाओं का सामना कर रहे हैं।

(तात्पर्य है, C, F और B के बीच में बैठा है। C, अंदर की दिशा के सम्मुख है, क्योंकि M का पति बहार की दिशा के सम्मुख है।)

10) L का पति E के बाए से तीसरे स्थान पर बैठा है।

(तात्पर्य है, E, B के बाएं बैठा है और E, बाहर की दिशा के सम्मुख है क्योंकि यह एकमात्र संभावना है। इसके अलावा, अब जब हमने चार लोगों की पहचान कर ली है जो बाहर की दिशा के सम्मुख हैं, तो हम कह सकते हैं कि अन्य सभी लोग अंदर की दिशा के सम्मुख हैं।)

12) G, C के दाएं तीसरे स्थान पर बैठा है।

(तात्पर्य है, G, M का पति है,अब, वह केवल H का बैठना वाकी है, हम सुरक्षित रूप से कह सकते हैं कि H, D के तत्काल दाएं बैठा है)

13) S का पति H के दाएं तीसरा स्थान पर बैठा है।

(तात्पर्य है, A, S का पति है)

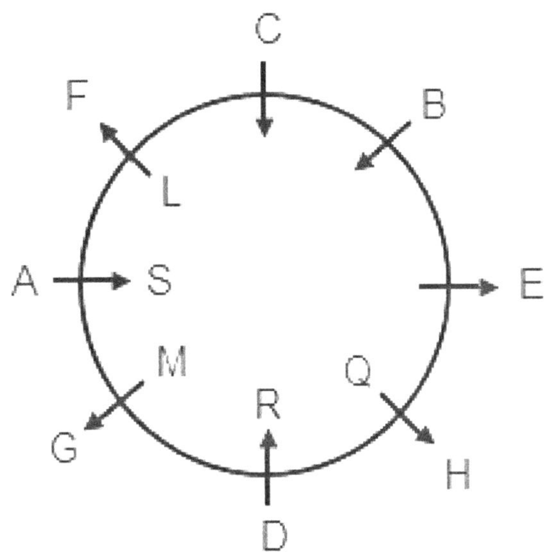

Ques (11-15):1) A भारत से संबंधित है व C अर्जेंटीना से सम्बन्धित है।

2) A और ब्राजील के प्रतिनिधि के बीच में दो सीट हैं।

3) जो जापान से है वह भारत के प्रतिनिधि के दाईं ओर से दूसरे स्थान पर बैठा है।

4) जो अर्जेंटीना से है, वह जापान व इज़राइल के प्रतिनिधि का निकटतम पड़ोसी है।

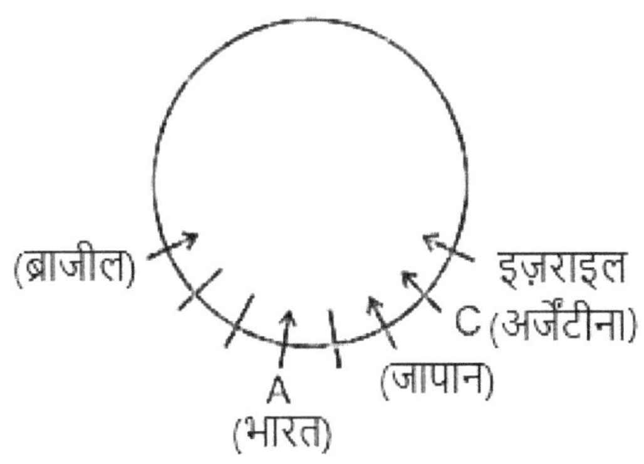

5) जो ब्राजील से है वह । से तीन सीट दूर बैठा है, जोकि सीरिया से है।

6) इज़राइल और थाईलैंड से सम्बन्धित व्यक्ति के बीच केवल एक सीट है।

7) कनाडा से संबंधित व्यक्ति भारत से सम्बन्धित व्यक्ति के निकटतम बाईं ओर बैठा है।

8) E व H के बीच एक सीट है, जो इज़राइल से सम्बन्धित व्यक्ति की है।

9) कनाडा से संबंधित D, A के निकटतम बाईं ओर बैठा है।

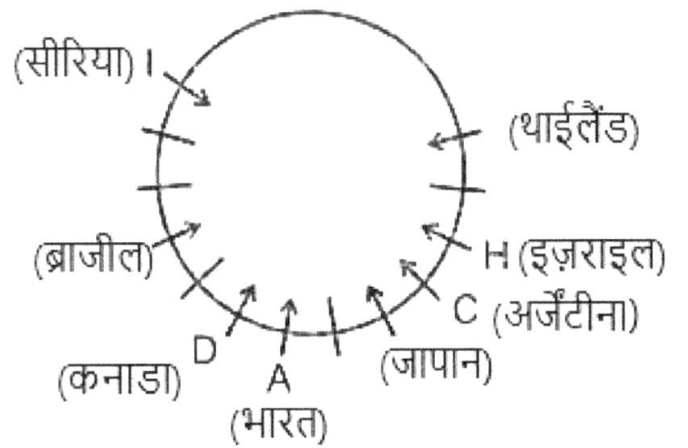

10) थाईलैंड व मिस्र से संबंधित व्यक्तियों के बीच तीन सीट हैं।

11) B के निकटतम दाईं ओर कोई नहीं बैठा है।

12) L, जो ईरान से संबंध रखता है और B, जो ब्राज़ील से संबंधित है, वे एक दूसरे के निकटतम पड़ोसी हैं।

13) J, C का निकटतम पड़ोसी है।

14) न तो O और न ही P, B की पत्नी है।

(तात्पर्य है, N, B की पत्नी है क्योंकि यह एकमात्र विकल्प बचा है। इसके अलावा O और P, C और E की पत्नियां हैं, लेकिन जरूरी नहीं कि उसी क्रम में हों।)

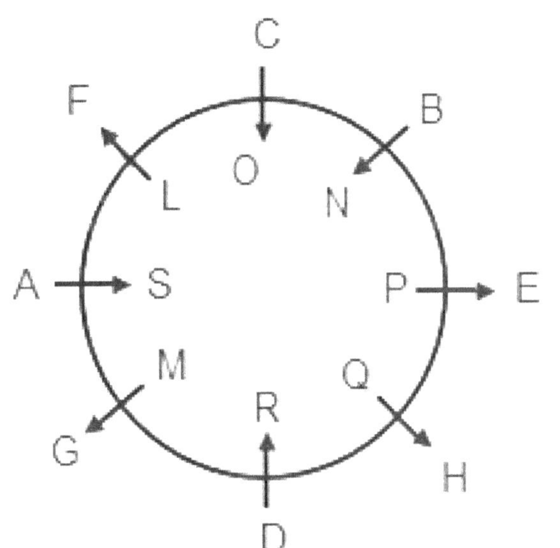

6. स्पष्ट है, B, H के बाएं दूसरा बैठा है जो Q का पति है।

अतः विकल्प (C) सही है।

7. स्पष्ट है, A, S का पति है।

अतः विकल्प (D) सही है।

8. स्पष्ट है, हम नहीं जानते कि P का पति कौन है और अतः हम उत्तर का निर्धारण नहीं कर सकते हैं।

अतः विकल्प (E) सही है।

9. स्पष्ट है, G, D के बाएं बैठा है और M, D की पत्नी है।

अतः विकल्प (A) सही है।

10. स्पष्ट है, C, B के तत्काल दाएं बैठा है, जो N का पति है।

अतः विकल्प (B) सही है।

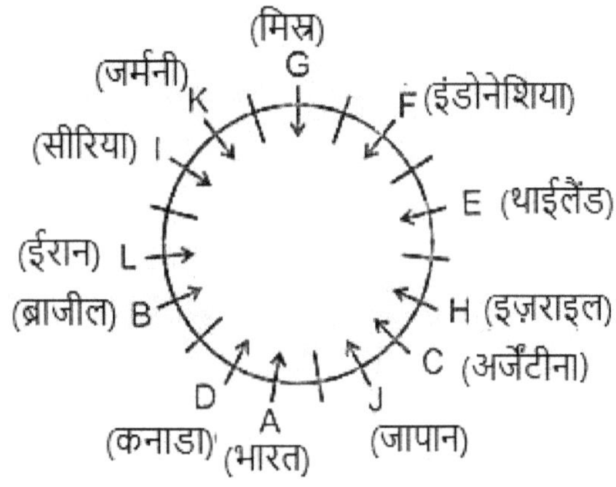

14) जो सीरिया से संबंधित है, वह और K एक दूसरे के निकटतम पड़ोसी हैं।

15) K, जो जर्मनी से संबंधित है व F जो इंडोनेशिया से संबंधित है, उनके बीच में तीन सीट हैं।

16) जो इंडोनेशिया से संबंधित है वह थाईलैंड व मिस्र से संबंधित व्यक्तियों के बीच में बैठा है।

17) मेज पर एक और व्यक्ति G बैठा है जो मिस्र से संबंधित है।

इसलिए, अंतिम व्यवस्था है,

11. इसलिए, 'वह जो मिस्र से संबंधित है', वह उस व्यक्ति के दाई ओर से 10वें स्थान पर बैठा है जो व्यक्ति भारत से संबंधित है।

अतः विकल्प (D) सही है।

12. इसलिए, 'H' इज़राइल से संबंधित है।

अतः विकल्प (D) सही है।

13. इसलिए, इंडोनेशिया से संबंधित व्यक्ति का स्थान। के सन्दर्भ में 'बाई ओर से पांचवा' है।

अतः विकल्प (C) सही है।

14. इसलिए, G के सन्दर्भ में L का स्थान 'दाईं ओर से पांचवा' है।

अतः विकल्प (B) सही है।

15. इसलिए, 'E' थाईलैंड से संबंधित है।

अतः विकल्प (B) सही है।

Ques (16-20):(1) दिया गया है कि, उनके बीच की दूरी में 6 के क्रमिक गुणांक की वृद्धि होती है। यहाँ यह 6, 12, 18, 24 और आगे भी इसी क्रम में

रहेगा और सम्पूर्ण दूरी का कुल योग (परिधि) 546 है। इसलिए, 6 + 12 + 18 + 24 + ... = 546

दोनों तरफ 6 से विभाजित करने पर, हमें प्राप्त होता है,

$1 + 2 + 3 + ...n = 91$

इसलिए, n व्यक्तियों की संख्या 13 है।

2) फिरोज, गौरव की बाईं ओर से तीसरे स्थान पर बैठा है।

3) हर्षल और गौरव के बीच दो व्यक्ति बैठे हैं।

हमारे पास निम्नानुसार व्यवस्था हो सकती है:

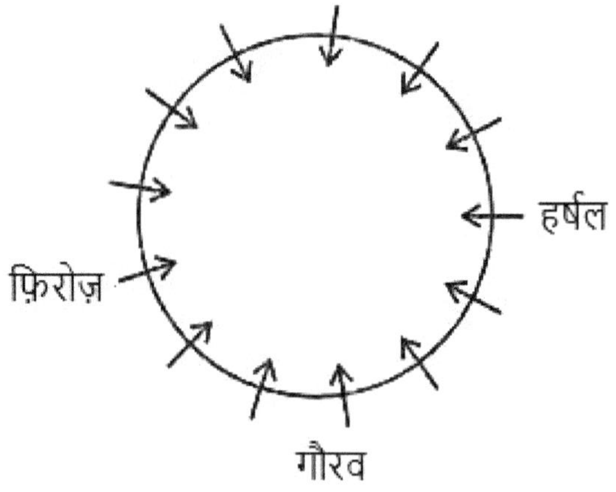

3) या तो बबिता या फिरोज, हर्षल के पड़ोसी हैं।

हम आकृति में यह देख सकते हैं कि फिरोज, हर्षल का पड़ोसी नहीं हो सकता है। अतः बबिता, हर्षल के या तो बाईं या दाईं ओर है, जैसा कि स्थिति 1 और स्थिति 2 में है।

स्थिति 1:

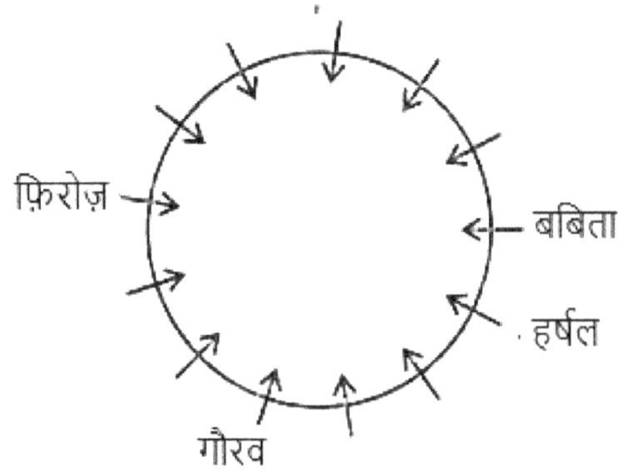

स्थिति 2:

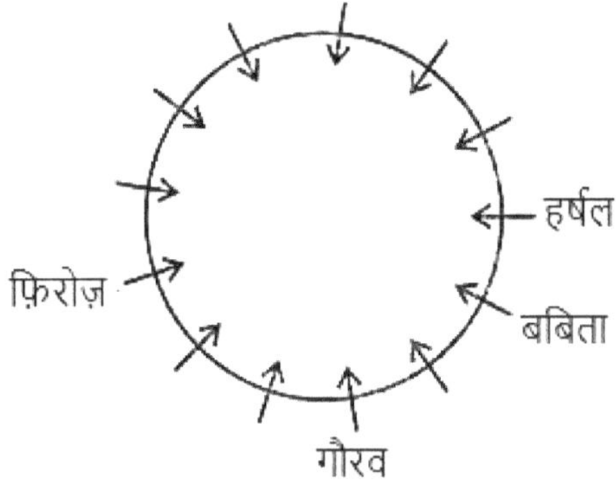

(4) अजय और गौरव के बीच बैठे व्यक्तियों की संख्या, गौरव और बबिता के बीच बैठे व्यक्तियों की संख्या के बराबर है।

स्थिति 1: बबिता और गौरव के बीच तीन व्यक्ति बैठे हैं। अतः अजय और गौरव के बीच भी तीन व्यक्ति बैठेंगे।

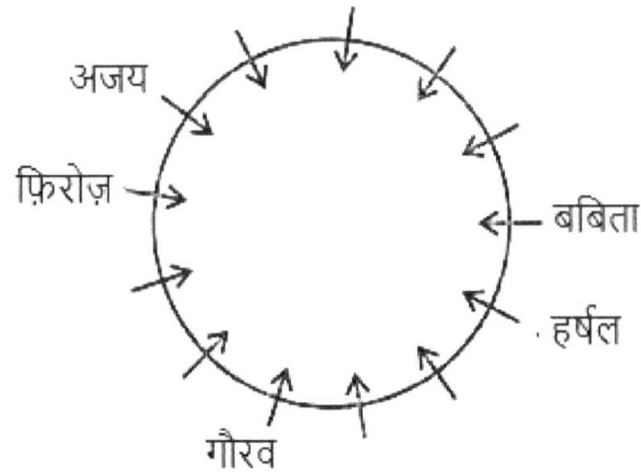

स्थित 2: बबिता और गौरव के बीच दो व्यक्ति बैठे हैं। अतः अजय और गौरव के बीच भी तीन व्यक्ति बैठेंगे।

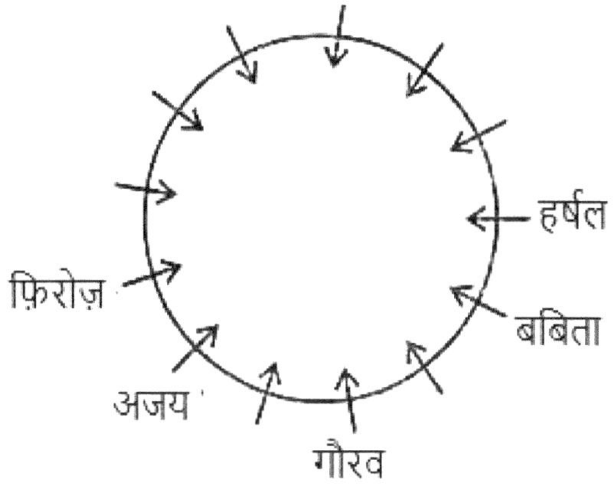

5) फिरोज और मीनल के बीच की दूरी 18 सेमी है।

6) हर्षल और गौरव के बीच की दूरी 162 सेमी से अधिक नहीं है।

स्थिति 1: यदि हम यह मानते हैं कि फिरोज और अजय = 6 और अजय और मीनल = 12, तो फिरोज और मीनल = 18

परंतु, हम यह देख सकते हैं कि मीनल, अजय की दाईं ओर नहीं हो सकती है, क्योंकि इससे हर्षल और गौरव की दूरी > 162 मीटर हो जाएगी।

अब, जब हम मीनल को (18 मीटर दूर) फिरोज की दाईं मानते हैं, तो हमारे पास दो विकल्प होते हैं: मीनल, फिरोज के निकटतम दाएं या मीनल, फिरोज से केवल एक स्थान दूर (6 मी + 12 मी) है जो निम्नानुसार है।

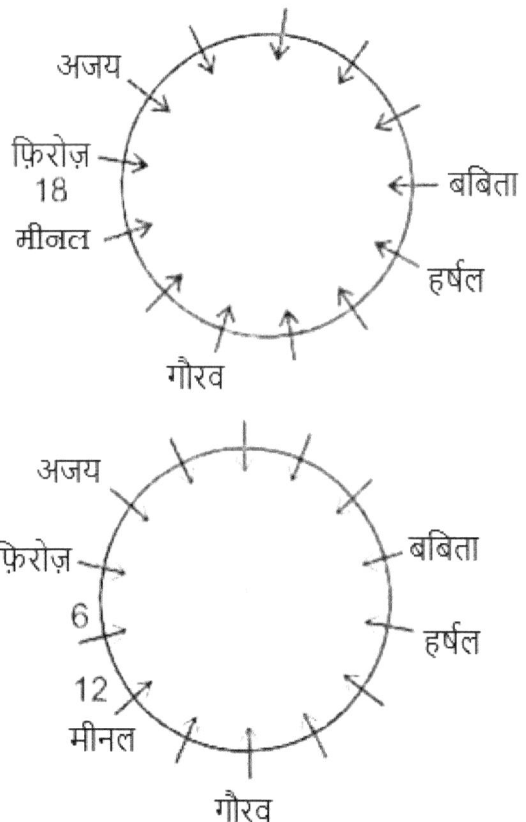

7) बबिता और चिंटू के बीच की दूरी 30 मीटर है।

हालांकि, इस कथन से,

बबिता और चिंटू के बीच की दूरी = 30 मीटर

स्थिति 1 के उपरोक्त दोनों में से किसी भी संभावित स्थितियों में संभव नहीं होगा, क्योंकि दूरी, आरोही क्रम में क्रमिक गुणांक के रूप में है।

इसलिए स्थिति 1 रद्द हो जाती है।

स्थिति 2: हम यह देखते हैं कि मीनल, अजय के दाईं हो सकती है।

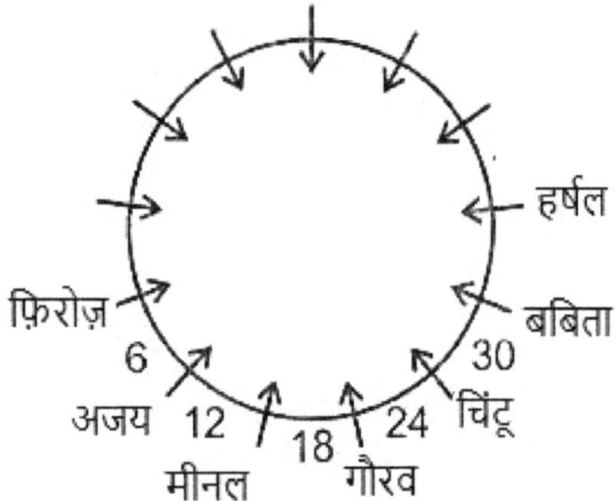

पूर्व के पदों में 6 जोड़कर अन्य दूरी को निम्नानुसार लिखा जा सकता है:

8) कैलाश, ललित के निकटतम बाईं ओर 8 और 9 के लघुत्तम समापवर्त्य दूरी पर बैठा है।

इसलिए, कैलाश और ललित के बीच की दूरी = 72 मीटर

9) न तो इशिता अथवा न ही जतिन, हर्षल और कैलाश के पड़ोसी हैं।

और इशिता, जतिन के निकटतम दाईं ओर है।

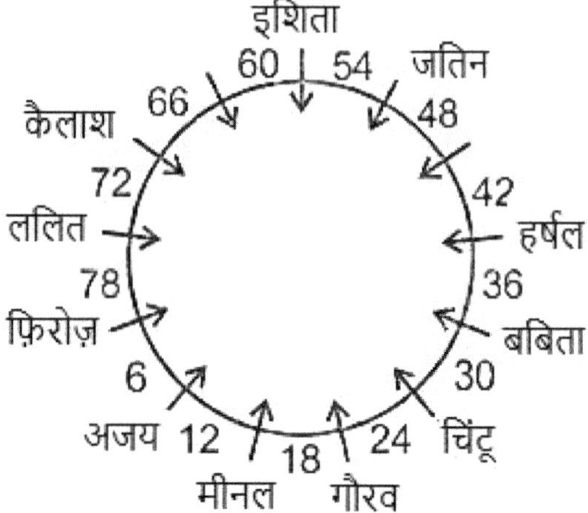

10) ईशा और देवेश के बीच बैठे व्यक्तियों की संख्या, देवेश और चिंटू के बीच बैठे व्यक्तियों की संख्या के बराबर है। अतः ईशा और देवेश के बीच की दूरी = देवेश और चिंटू के बीच की दूरी अर्थात ईशा और देवेश के बीच बैठे व्यक्तियों की संख्या, देवेश और चिंटू के बीच बैठे व्यक्तियों की संख्या के बराबर है, जो कि 2 व्यक्ति हैं। इसलिए, अंतिम व्यवस्था निम्नानुसार होगी:

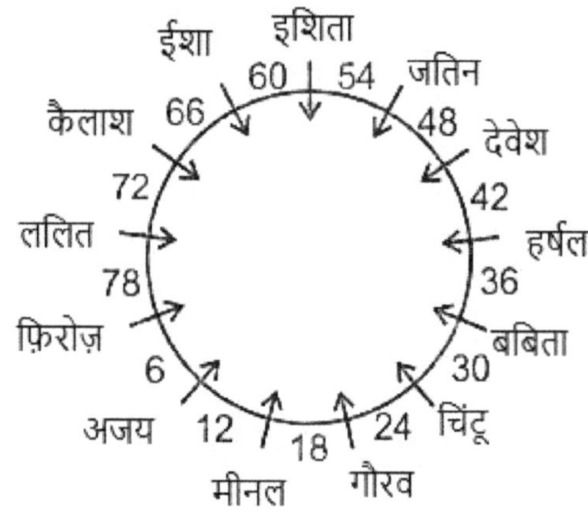

16. इसलिए, व्यक्तियों की संख्या 13 है।

अतः विकल्प (E) सही है।

17. इशिता की बाईं तरफ से तीसरे स्थान पर हर्षल है। चिंटू और हर्षल के बीच की दूरी 66 मीटर है।

अतः विकल्प (B) सही है।

18. 60- हर्षल असंगत व्यक्ति है, क्योंकि अन्य सभी व्यक्ति फिरोज से संबन्धित दूरी को प्रदर्शित करते हैं। फिरोज के संबंध में यह दूरी 126 मीटर होनी चाहिए।

अतः विकल्प (C) सही है।

19. जब, कैलाश अपने स्थान को बबिता से बदल लेगा, तो वह फिरोज़ से 90 मीटर की दूरी पर होगा।

अतः विकल्प (E) सही है।

20. निकटतम पड़ोसियों, फिरोज और ललित एक दूसरे से 78 मीटर दूर हैं, जो कि अधिकतम दूरी है।

अतः विकल्प (E) सही है।

Ques (21-25):लोग: A, B, C, D, E, F, G & H

आईपीएल टीम: आरसीबी, सीएसके, एसआरएच, एमआई, केकेआर, आरआर, दिल्ली और पंजाब।

दिया है:

1) H 2 & G → H, G के बाएँ बैठता है और उनके बीच में 2 लोग बैठते हैं।

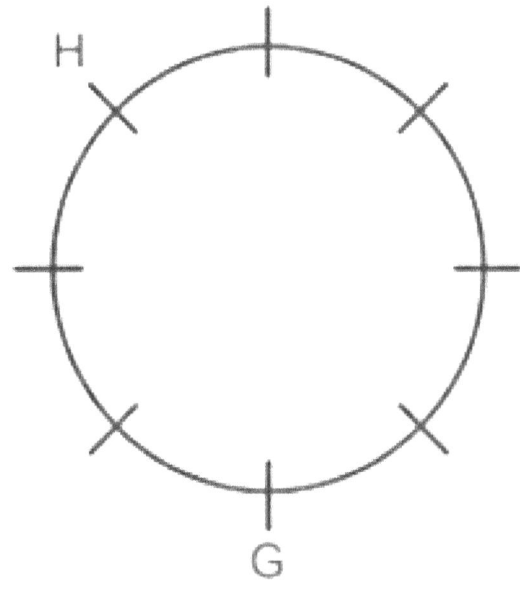

2) G # पंजाब – G और वह व्यक्ति जिसे पंजाब पसंद है, एक-दूसरे के पड़ोसी हैं।

3) पंजाब * एसआरएच – वह व्यक्ति जिसे पंजाब पसंद है, उस व्यक्ति के विपरीत बैठता है जिसे एसआरएच पसंद है।

4) H % एसआरएच – H को एसआरएच नहीं पसंद है।

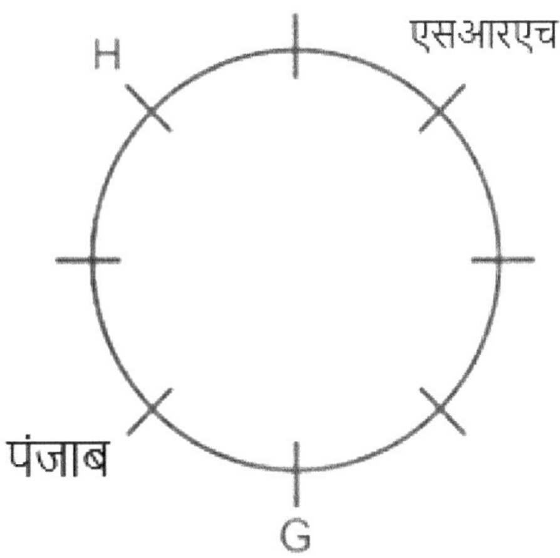

5) F * E → F, E के विपरीत बैठता है।

6) B # A → B और A पड़ोसी हैं।

7) B © केकेआर → B को केकेआर पसंद है।

8) F # केकेआर → F और केकेआर पड़ोसी हैं।

9) H ∽ केकेआर → H और वह व्यक्ति जिसे केकेआर पसंद है, एक-दूसरे के विपरीत नहीं बैठे हैं।

10) H $ केकेआर → H केकेआर का पड़ोसी नहीं है।

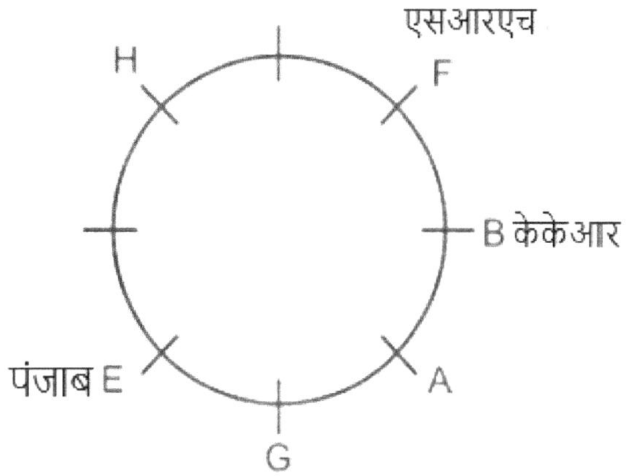

11) D * सीएसके → D उस व्यक्ति के विपरीत बैठा है जिसे सीएसके पसंद है।

12) D % आरसीबी → D आरसीबी को नहीं पसंद करता है।

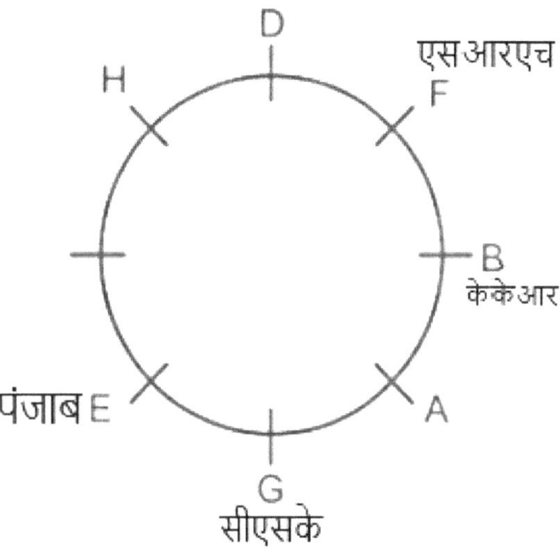

13) एसआरएच # दिल्ली → एसआरएच और दिल्ली पड़ोसी हैं।

14) आरसीबी 2 @ एमआई → वह व्यक्ति जिसे आरसीबी पसंद है, एमआई के दाएँ बैठा है और उनके बीच में 2 लोग बैठे हैं।

15) A % एमआई → A को एमआई नहीं पसंद है।

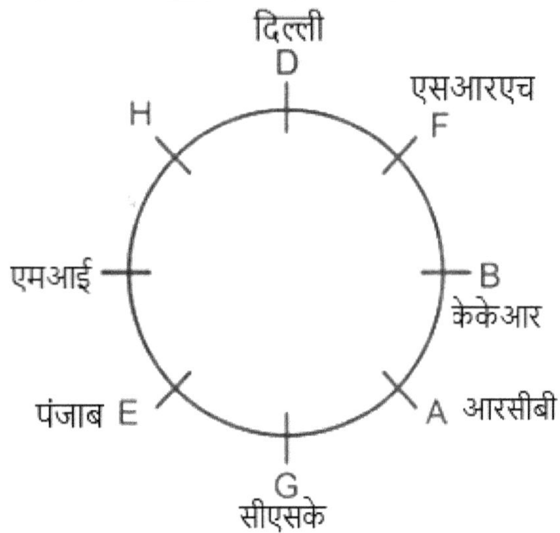

अब B और आरआर दोनों के लिए केवल एक स्थान शेष है।

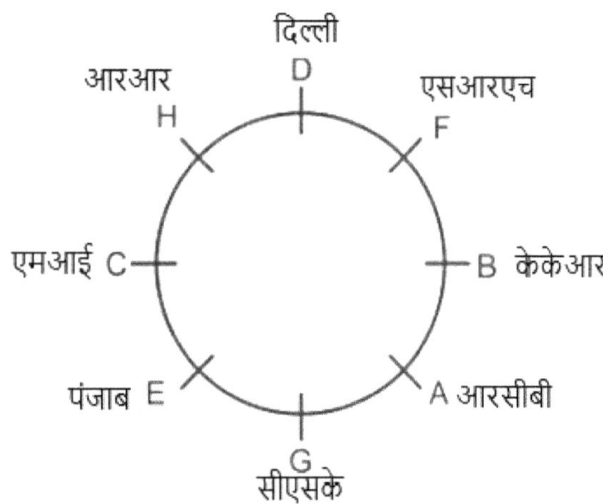

21. इसलिए D, B के दाएँ दूसरे स्थान पर बैठा है, जो C के सम्मुख है।

अतः विकल्प (A) सही है।

22. इसलिए, D को दिल्ली पसंद है।

अतः विकल्प (B) सही है।

23. इसलिए, H, G के दाएँ तीसरे स्थान पर बैठता है, यदि G और B आपस में अपने स्थान बदलते हैं।

अतः विकल्प (B) सही है।

24. इसलिए, E को पंजाब पसंद है।

अतः विकल्प (E) सही है।

25. इसलिए, H उस व्यक्ति के विपरीत बैठता है जिसे आरसीबी पसंद है।

अतः विकल्प (A) सही है।

Ques (26-30):दिया है: आठ लड़कियाँ - P, Q, R, S, W, X, Y, Z

4 लड़कियां - P, Q, R और S आंतरिक वृत्त बना रही हैं।

और अन्य चार लड़कियाँ - W, X, Y और Z बाहरी वृत्त बना रही हैं।

आंतरिक वृत्त की चार लड़कियाँ बाहर की तरफ मुंह करी हुई हैं।

और बाहरी वृत्त की चार लड़कियाँ निम्नलिखित तरीके से वृत्त की ओर मुंह कर रही हैं:

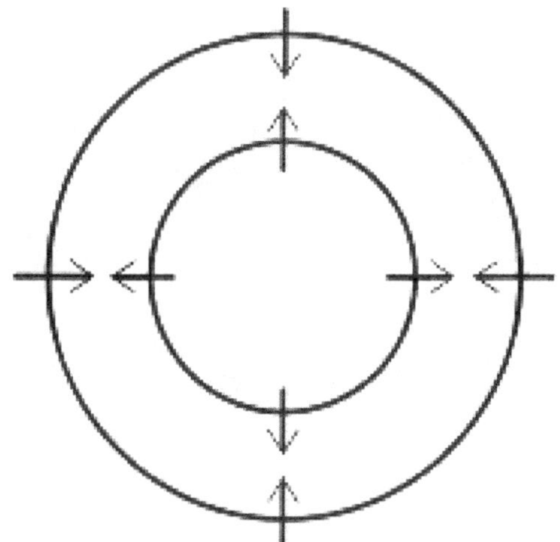

1. Q का मुंह Y की तरफ है:

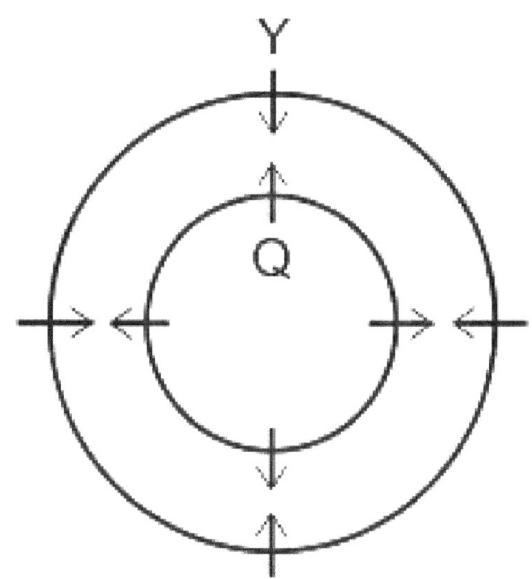

2. Z, W के ठीक दाईं ओर है और उसका P की तरफ मुंह है।

3. Y और Z निकटतम पड़ोसी नहीं हैं।

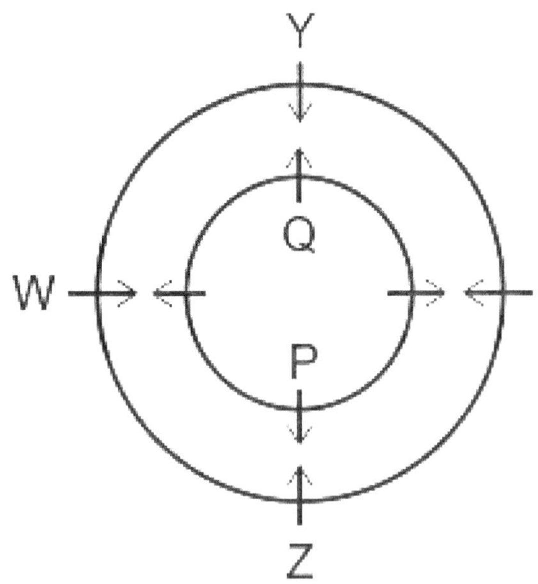

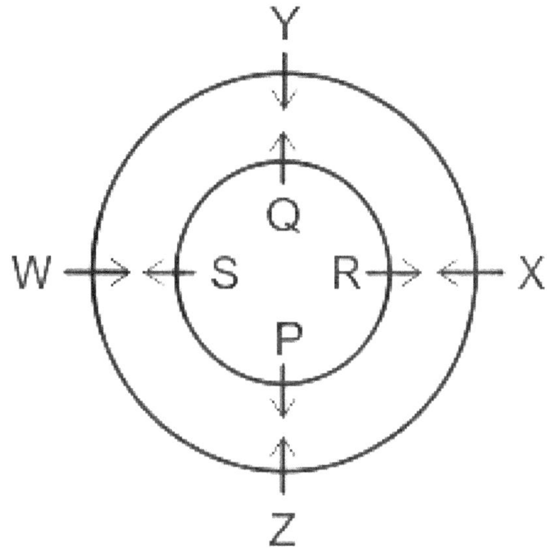

4. X न तो Y के विपरीत है और न ही S की तरफ मुंह की है।

5. S, R के दाईं ओर दूसरे स्थान पर है।

इसलिए, X, W के विपरीत है और R की तरफ मुंह कर रही है:

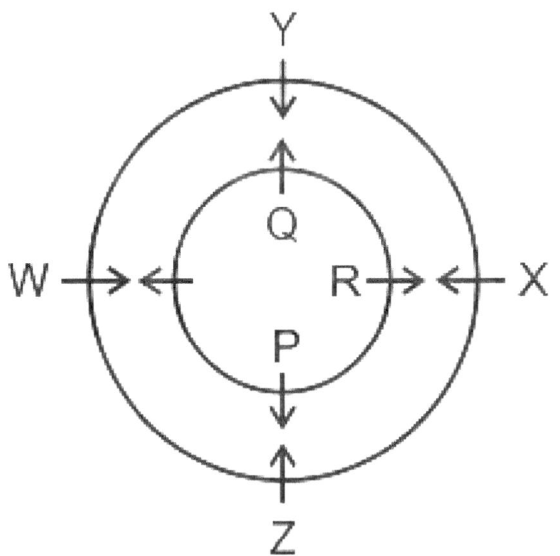

इसलिए, W, S की तरफ मुंह कर रही है:

26. इसलिए, R के ठीक दाईं ओर P है।

अतः विकल्प (B) सही है।

27. इसलिए, जो Z के ठीक बाईं ओर है W है, इसलिए,

(B) W, X के विपरीत है → सही

(C) W का मुंह S की तरफ है → सही

(D) W, Y के ठीक बाईं ओर है।

इसलिए, सभी (B), (C) और (D) सही हैं।

अतः विकल्प (A) सही है।

28. इसलिए,

(E) Z का मुंह W की तरफ है → गलत (क्योंकि Z, W के ठीक दायें है)।

(A) P, Q के दाईं ओर दूसरे स्थान पर है → सही

(B) X, Y के ठीक बाईं ओर है → सही

(C) W का मुंह S की तरफ है → सही

(D) R का मुंह X की तरफ है → सही

इसलिए, Z का मुंह W की तरफ है सही नहीं है।

अतः विकल्प (E) सही है।

29. इसलिए, Q के ठीक बाईं ओर S है।

अतः विकल्प (D) सही है।

30. इसलिए, R की तरफ W का मुंह है।

अतः विकल्प (B) सही है।

Ques (1-5):निर्देश: नीचे दी गई जानकारी का ध्यानपूर्वक अध्ययन कीजिए और दिए गए प्रश्न का उत्तर दीजिए:

A से O तक पन्द्रह व्यक्ति पंक्ति-1, पंक्ति-2 और पंक्ति-3 नामक पंक्तियों में उत्तर की ओर मुँह करके बैठे हैं। प्रत्येक पंक्ति में पाँच-पाँच व्यक्ति बैठे हैं और सभी पंक्तियों की सीटें इस प्रकार हैं कि हर सीट अपने साथ वाली पंक्ति के ठीक पीछे या फिर ठीक आगे लगी है। पंक्ति-1, पंक्ति-2 के उत्तर में है और पंक्ति-2, पंक्ति 3 के उत्तर में है।

यह दिया गया है कि इंजीनियर पंक्ति-1, डॉक्टर पंक्ति-2 और शिक्षक पंक्ति-3 में बैठे हैं।

इसके आगे दिया गया है कि

1. N और O के बीच में बैठे व्यक्तियों की संख्या E और H के बीच में बैठे व्यक्तियों की संख्या के बराबर है।

2. A और F के बीच में दो व्यक्ति बैठे हैं परन्तु उनमें से कोई भी डॉक्टर नहीं है और F, A के बाईं ओर से तीसरे स्थान पर बैठा है।

3. N और A समान पंक्ति में बैठे हैं परन्तु N किसी एक छोर पर बैठा है और J उसके ठीक पीछे या ठीक आगे बैठा है।

4. E शिक्षक है, उसके और L के बीच में दो व्यक्ति बैठे हैं परन्तु न तो E न ही L, J के ठीक पीछे बैठा है।

5. G, A के ठीक पीछे बैठा है परन्तु L के ठीक सामने नहीं है।

6. I, O के ठीक पीछे बैठा है।

7. K न तो इंजीनियर नहीं है न ही वह उस पंक्ति में बैठा है जिसमें। है परन्तु वह किसी एक छोर पर बैठा है।

8. C, H के ठीक दाईं ओर बैठा है।

9. D इंजीनियर नहीं है और किसी भी छोर पर नहीं बैठा है।

10. M उस पंक्ति में बैठा है जिसमें G है परन्तु वे एक दूसरे के पड़ोसी नहीं हैं।

11. G किसी एक छोर पर बैठा है परन्तु L के सामने नहीं है।

Q.1 विषम का चुनाव कीजिए।

[SBI Clerk, 2020]

A. F-I-K   **B.** D-O-C   **C.** K-N-D   **D.** B-L-F
E. A-H-J

Q.2 कौन D के बाईं ओर से दूसरे स्थान पर बैठा है?

[SBI Clerk, 2020]

A. J   **B.** I
C. M   **D.** G
E. उपर्युक्त में से कोई नहीं

Q.3 N और B के बीच में कितने व्यक्ति बैठे हैं?

[SBI Clerk, 2020]

A. दो
B. एक
C. चार
D. तीन
E. निर्धारित नहीं किया जा सकता

Q.4 निम्नलिखित में से शिक्षकों के जोड़े का चुनाव कीजिए।

[SBI Clerk, 2020]

A. C-L-D   **B.** I-E-K
C. K-C-H   **D.** E-M-J
E. उपर्युक्त में से कोई नहीं

Q.5 निम्नलिखित में से कौन सा डॉक्टर पंक्ति के किसी एक छोर पर बैठा है?

A. E   **B.** F   **C.** D   **D.** K
E. J

Ques (6-10):निर्देश: निम्नलिखित जानकारी का ध्यानपूर्वक अध्ययन कीजिए और दिए गए प्रश्न का उत्तर दीजिये।

एक परिवार के 14 सदस्य - A, B, C, D, E, F, G, H, I, J, K, L, M और N दो पंक्तियों में बैठे हैं, जिनमें से प्रत्येक पंक्ति में सात सदस्य बैठे हैं। उनमें से सभी उत्तर के सम्मुख हैं। सीटों के बीच में बराबर दूरी के साथ पंक्ति। पंक्ति II के सामने हैं।

E, पंक्ति के मध्य में बैठा है, जो C का बेटा है लेकिन C और D उस सीट पर नहीं बैठे हैं जो उसके ठीक सामने या पीछे है। M, D का ब्रदर-इन-लॉ है और उनमें से दोनों समान पंक्ति में बैठे हैं। F, H की बेटी है, जो C की बहू है। B केवल दो बेटों का पिता है और उनमें से दोनों अलग-अलग पंक्तियों में बैठे हैं। M एक पुरुष है जो पंक्ति। के बाएँ छोर पर बैठा है। L, A का अंकल है और दोनों पंक्ति के छोर पर बैठे हैं लेकिन समान दिशा और समान पंक्ति में नहीं। L, J का भाई है, जो दो बेटियों की माँ है। E, L के दायीं ओर से तीसरे स्थान पर बैठा/बैठी है। A के दायीं ओर कोई नहीं बैठा/बैठी है। I, G का पति है, जो A की बहन है। N, E का भतीजा/भांजा है और वह E के दायीं ओर से तीसरे स्थान पर बैठा है। B, F के दादाजी/नानाजी हैं और F, B के सामने बैठा है। B, E का/की पड़ोसी नहीं है। E, I के ससुर हैं। K, M के दायीं ओर से पांचवे स्थान पर बैठे व्यक्ति की पिछली सीट पर बैठा/बैठी है। C और D के बीच केवल एक व्यक्ति बैठा/बैठी है। उनमें से दोनों पंक्ति। में बैठे/बैठी हैं। K, D की बहू है, जो A का अंकल है। N और F भाई-बहन हैं। L, E का ब्रदर-इन-लॉ है। I और J, जो C के सम्मुख नहीं है, इनके बीच केवल एक व्यक्ति है। N की माँ उसकी बेटी के दायीं ओर से दूसरे स्थान पर बैठी है। एक पुरुष सदस्य H और G के बीच बैठा है।

Q.6 H और G के बीच बैठा व्यक्ति J से कैसे संबंधित है?

A. बेटी   **B.** बहू
C. पति   **D.** ब्रदर-इन-लॉ
E. दामाद

Q.7 D की पत्नी के संबंध में D की बेटी का स्थान क्या है?

A. दायीं ओर से तीसरा
B. बायीं ओर से दूसरा
C. अलग-अलग पंक्तियों में बैठी हैं
D. दायीं ओर से चौथा
E. निर्धारित नहीं किया जा सकता

Q.8 A के संबंध में G का स्थान क्या है?

A. ठीक बाएँ   **B.** बायीं ओर से दूसरा
C. A के सामने   **D.** दायीं ओर से चौथा
E. उपरोक्त में से कोई नहीं

Q.9 निम्नलिखित में से कौन-सी जोड़ी अंतिम छोर पर बैठी है?

A. M और G   **B.** G और L   **C.** L और A   **D.** A और F
E. F और N

Q.10 C से N का संबंध क्या है?

A. पोता   **B.** बहू   **C.** पति   **D.** पोती

E. दामाद

Ques (11-15):निर्देश: निर्देशों को ध्यानपूर्वक पढ़िए और नीचे दिए गए प्रश्न का उत्तर दीजिये ।

एक परिवार के बारह व्यक्ति- A, B, C, D, E, F, G, H, I, J, K और L उत्तर के सम्मुख तीन पंक्तियों में बैठे हैं। प्रत्येक पंक्ति में समान दूरी पर चार सीटें हैं। इन पंक्तियों की सीटों को इस तरह से व्यवस्थित किया गया है कि पहली पंक्ति की पहली सीट दूसरी पंक्ति की पहली सीट के सामने है और दूसरी पंक्ति की पहली सीट तीसरी की पहली सीट के ठीक सामने है। पंक्ति और इसी प्रकार। साथ ही, ये लोग इस प्रकार से बैठे हैं कि पहली पंक्ति में बैठे व्यक्तियों की आयु 20 वर्ष से कम है, इसके ठीक बाद वाली पंक्ति में बैठे व्यक्ति अर्थात पंक्ति 2 की आयु 20 वर्ष से अधिक है लेकिन 50 वर्ष से कम आयु के हैं और पंक्ति 2 के ठीक पीछे पंक्ति में बैठे व्यक्ति 50 वर्ष से अधिक आयु के हैं। साथ ही, इनमें से प्रत्येक व्यक्ति की आयु एक प्राकृतिक संख्या है।

J, F से 6 वर्ष छोटा है लेकिन G से 30 वर्ष छोटा है। A और L की आयु में 47 वर्ष का अंतर है। B की आयु उस व्यक्ति की आयु की एक तिहाई है, जो E के ठीक पीछे बैठा है, लेकिन उस व्यक्ति की आधी आयु जो ठीक बाएं बैठे है। तीसरी पंक्ति के अंतिम छोर पर बैठे दो व्यक्तियों की आयु का अंतर 8 वर्ष है। H की आयु उसके पीछे बैठे व्यक्ति से 45 वर्ष कम है। L उस व्यक्ति की तुलना में 15 वर्ष बड़ा है जो अपने बाएं से दूसरे स्थान पर बैठा है। J, F के ठीक सामने बैठा है। B, उस व्यक्ति के ठीक बाएं बैठा है, जो D के ठीक सामने बैठा है। E, C से दो सीट आगे बैठा है, जिसकी आयु संख्यात्मक रूप से सम संख्या है। H, J के बाएं से दूसरे स्थान पर बैठा है और H, J से 21 वर्ष छोटा है। A के ठीक पीछे बैठने वाले व्यक्ति की आयु A की आयु से 1 वर्ष कम है। K की आयु उस व्यक्ति की आयु से 1 वर्ष कम है जो उसके ठीक पीछे बैठा है। A उस व्यक्ति के बाएं से दूसरे स्थान पर बैठा है जो 39 वर्ष का है। K, E के दायें से तीसरे स्थान पर बैठा है और उनकी आयु 25 वर्ष है।

Q.11 दूसरी पंक्ति में सबसे छोटा व्यक्ति कौन है?

A. D   **B.** H   **C.** C   **D.** A

E. J

Q.12 जो व्यक्ति A के ठीक सामने बैठा है, उस ठीक दाएं कौन बैठा है?

A. K   **B.** B   **C.** C   **D.** F

E. G

Q.13 सबसे बड़ा व्यक्ति कौन है?

A. B   **B.** C   **C.** J   **D.** F

E. L

Q.14 जो व्यक्ति पहली पंक्ति की बाईं सीट पर बैठा है और जो व्यक्ति तीसरी पंक्ति की सबसे दाहिनी सीट पर बैठा है, के बीच क्या अंतर है?

A. 45 वर्ष   **B.** 71 वर्ष   **C.** 67 वर्ष   **D.** 55 वर्ष

E. 81 वर्ष

Q.15 निम्नलिखित में से चार एक समान हैं और इस प्रकार एक समूह बनाते हैं। निम्नलिखित में से कौन समूह से संबंधित नहीं है?

A. I   **B.** J   **C.** D   **D.** A

E. H

Ques (16-20):निर्देश: निम्नलिखित दी गयी जानकारी का ध्यानपूर्वक अध्ययन कीजिए और नीचे दिए गये प्रश्न के उत्तर दीजिए।

दस व्यक्ति दो पंक्तियों में बैठे हैं जिसमें प्रत्येक पंक्ति में 5 व्यक्ति इस प्रकार बैठे हैं कि आसन्न बैठे व्यक्तियों के बीच की दूरी बराबर है। पंक्ति-1 में बैठे व्यक्ति पूर्व दिशा के सम्मुख हैं, जबकि पंक्ति-2 में बैठे व्यक्ति उत्तर दिशा के सम्मुख हैं। बैठक व्यवस्था इस प्रकार है कि पंक्ति-1 के अंतिम सिरे पर बैठा व्यक्ति पंक्ति-2 के अंतिम सिरे पर बैठे व्यक्ति का निकटतम पड़ोसी है। वे

सभी भिन्न संख्या की जर्सी पहनते हैं, और जर्सियों पर पहली ग्यारह अभाज्य संख्याएं छपी हुई हैं।

- E के दाएँ से चौथे स्थान पर बैठा व्यक्ति A है।

- जर्सी संख्या 17 और 19 पहनने वाले व्यक्ति एक दूसरे के निकटतम पड़ोसी हैं और उनमें से एक व्यक्ति पूर्व दिशा के सम्मुख है। इसके अतिरिक्त, उनमें से व्यक्ति स्वर है।

- B के दाएँ से चौथे स्थान पर बैठा व्यक्ति C है।

- F की जर्सी संख्या 7 है और वह जर्सी संख्या 23 तथा 3 पहनने वाले व्यक्ति का निकटतम पड़ोसी है।

- A के दायीं ओर कोई भी व्यक्ति नहीं बैठा है और B के बायीं ओर कोई भी व्यक्ति नहीं बैठा है।

- A, H के दाएँ से तीसरे स्थान पर बैठा है जो उत्तर दिशा के सम्मुख है और उसकी जर्सी संख्या नौवीं अभाज्य संख्या है।

- C की जर्सी पर छपी हुई संख्याओं का योग 10 है।

- D, A का निकटतम पड़ोसी है।

- G, C के बाएँ से तीसरे स्थान पर है और उसकी जर्सी संख्या पहली अभाज्य संख्या है।

- I पूर्व दिशा के सम्मुख है और उसकी जर्सी पर पांचवीं अभाज्य संख्या छपी हुई है। वह G का निकटतम पड़ोसी भी है।

- A की जर्सी संख्या B की जर्सी संख्या से अधिक है।

- J की जर्सी पर छपे हुए अंकों का योग 11 है।

Q.16 दोनों पंक्तियों पंक्ति-1 और पंक्ति-2 में ऐसे कितने अक्षरों के युग्म हैं, जिनके बीच उतने ही अक्षर हैं, जितने अंग्रेजी वर्णमाला में उनके बीच हैं?

A. 3, 1   **B.** 1, 3

C. 1, 1   **D.** 1, 2

E. इनमें से कोई नहीं

Q.17 A की संभावित जर्सी संख्या क्या होगी?

A. 13 या 31   **B.** 13 या 5

C. 5 या 7   **D.** 23 या 19

E. उपरोक्त में से कोई नहीं

Q.18 जर्सी संख्या 13 पहनने वाले व्यक्ति के बाएँ से तीसरे स्थान पर कौन व्यक्ति बैठा है?

A. जर्सी संख्या 23 पहनने वाला व्यक्ति

B. जर्सी संख्या 5 पहनने वाला व्यक्ति

C. कोई भी नहीं

D. H

E. निर्धारित नहीं किया जा सकता है

Q.19 D की जर्सी संख्या क्या है?

A. 13   **B.** 7   **C.** 3   **D.** 17

E. 29

Q.20 G के बाएँ से तीसरे स्थान पर कौन व्यक्ति बैठा है?

A. E   **B.** C   **C.** H   **D.** कोई नहीं

E. J

Ques (21-25):निर्देश: दिए गए प्रश्नों का उत्तर देने के लिए निम्नलिखित जानकारी का अध्ययन कीजिये:

कक्षा 5 के आठ विद्यार्थी A, B, C, D, E, F, G और H फोटो खिंचवाने के लिए एक पंक्ति में बैठे हैं। सभी की जेबों में एक-एक कार्ड है जिस पर भिन्न संख्याएँ यानी 3, 5, 7, 14, 11, 15, 18 और 20 लिखी हैं, परन्तु यह आवश्यक नहीं है कि यह समान क्रम में हों।

F, B के दाईं ओर से तीसरे स्थान पर बैठा है, जिसके पास कार्ड पर H के कार्ड पर लिखी संख्या की आधी संख्या लिखी है, जो कि F के बाईं ओर से दूसरे स्थान पर बैठा है। एक व्यक्ति जिसके कार्ड पर उस संख्या का पाँचवाँ गुणक लिखा है, जो पंक्ति के बाएँ छोर से पाँचवे स्थान पर बैठे किसी अन्य विद्यार्थी के कार्ड पर लिखा है। G, F का निकटतम पड़ोसी है और उसके पास 9 गुनज मैं कार्ड संख्या है। वह व्यक्ति जिसके कार्ड पर सबसे छोटी अभाज्य संख्या है, वह उस व्यक्ति के बाईं ओर से दूसरे स्थान पर बैठा है, जिसकी कार्ड संख्या को यदि उस व्यक्ति की कार्ड संख्या से घटा दिया जाए, जो उसके ठीक दाईं ओर बैठा हो, जो कि C है, तब परिणामी संख्या D के कार्ड पर लिखी संख्या के बराबर होगी। A के कार्ड पर दूसरी सबसे छोटी संख्या लिखी है और वह उस व्यक्ति के ठीक दाईं ओर बैठा है जिसके कार्ड पर दूसरी सबसे बड़ी संख्या लिखी है। A, F के दाईं ओर से दूसरे स्थान पर बैठा है और वह पंक्ति के किसी भी अंतिम छोर पर नहीं है।

Q.21 निम्नलिखित पाँच विकल्पों में से चार किसी प्रकार से एक जैसे हैं और इस तरह वह एक समूह बनाते हैं। उस विकल्प का चुनाव कीजिए जो उस समूह का नहीं है?

A. D   B. A   C. C   D. G
E. B

Q.22 E के कार्ड पर कौन सी संख्या लिखी है?

A. 5   B. 15
C. 20   D. 3
E. इनमें से कोई नहीं

Q.23 G के कार्ड पर लिखी गई संख्या और B के ठीक बाईं ओर बैठे व्यक्ति के कार्ड पर लिखी संख्या का गुणनफल ज्ञात कीजिए।

A. 100   B. 45
C. 210   D. 54
E. इनमें से कोई नहीं

Q.24 E और C के कार्ड की संख्या का अंतर ज्ञात कीजिए।

A. 9   B. 13
C. 4   D. 7
E. इनमें से कोई नहीं

Q.25 उस व्यक्ति के बाईं ओर से दूसरे स्थान पर कौन बैठा है, जो A के ठीक दाईं ओर बैठा है?

A. G
B. वह जिसकी कार्ड संख्या 7 है
C. C
D. दोनों विकल्प (A), (B)
E. वह जिसकी कार्ड संख्या 14 है

Ques (26-30):निर्देश: निम्नलिखित गद्यांश में, कुछ शब्दों को छोड़ दिया गया है और 1 से 5 के रूप में अंकित किया गया है। ध्यान से गद्यांश को पढ़िये और दिए गए अंकित अंक के विरूद्ध सही विकल्प का चयन कीजिये जो वाक्य को पूरा कर सकता है।

सात व्यक्ति K, L, M, N, O, P, Q एक पंक्ति में बैठे हैं और एक ही दिशा के सम्मुख हैं। उनमें से प्रत्येक आईपीएल टीमों के खिलाड़ी है जैसेकि KKR, RCB, दिल्ली कैपिटल्स, मुंबई इंडियंस, CSK, राजस्थान रॉयल्स, सनराइज हैदराबाद, जरूरी नहीं कि इसी क्रम में हों।

L, किसी एक छोर से दूसरे स्थान पर बैठा है। रॉयल राजस्थान का खिलाड़ी पंक्ति के मध्य में बैठा है, लेकिन O का पड़ोसी नहीं है। (1) जो RCB के लिए खेलता है, वह O के निकटतम बाएं बैठा है, जो KKR के लिए खेलता है। केवल एक खिलाड़ी सनराइज हैदराबाद के खिलाड़ी और मुंबई इंडियंस टीम के लिए खेलने वाले खिलाड़ी के बीच में बैठा है। P जो (2) के लिए खेलता है, वह Q के बाएं बैठा है, जो न तो दिल्ली कैपिटल्स के लिए खेलता है और न ही मुंबई इंडियंस के लिए। वह व्यक्ति जो सनराइज हैदराबाद के लिए खेलता है, वह दिल्ली कैपिटल्स के खिलाड़ी का पड़ोसी है। K, जो न तो CSK का

खिलाड़ी है और न ही सनराइज हैदराबाद का खिलाड़ी है, वह P के बाएं से दूसरे स्थान पर बैठा है। Q, (3) के बाएं से दूसरे स्थान पर बैठा है।

M जो (4) के लिए खेलता है, वह KKR के खिलाड़ी के दाएं बैठा है। M और CSK खिलाड़ी पड़ोसी हैं।

N उस व्यक्ति के निकटतम दाएं बैठा है जो (5) टीम के लिए खेलता है।

Q.26 इनमें से कौन स्थान (2) में आएगा।

A. KKR   B. CSK
C. राजस्थान रॉयल्स   D. मुंबई इंडियंस
E. RCB

Q.27 स्थान (1) में क्या आएगा।

A. M   B. N   C. L   D. K
E. P

Q.28 इनमें से कौन (3) स्थान में आएगा।

A. N   B. Q   C. P   D. O
E. L

Q.29 स्थान (5) में क्या आएगा।

A. मुम्बई इंडियंस   B. राजस्थान रॉयल्स
C. दिल्ली कैपिटल्स   D. RCB
E. सनराइज हैदराबाद

Q.30 (4) स्थान में क्या आएगा।

A. KKR   B. RCB
C. मुम्बई इंडियंस   D. राजस्थान रॉयल्स
E. CSK

// स्मार्ट उत्तर पुस्तिका //

सही उत्तर — उन छात्रों का प्रतिशत जिन्होंने प्रश्नों का सही उत्तर दिया था।　　**छोड़ दिया** — उन छात्रों का प्रतिशत जिन्होंने प्रश्नों को छोड़ दिया था।

प्रश्न संख्या	उत्तर	सही उत्तर / छोड़ दिया	प्रश्न संख्या	उत्तर	सही उत्तर / छोड़ दिया	प्रश्न संख्या	उत्तर	सही उत्तर / छोड़ दिया	प्रश्न संख्या	उत्तर	सही उत्तर / छोड़ दिया	प्रश्न संख्या	उत्तर	सही उत्तर / छोड़ दिया	प्रश्न संख्या	उत्तर	सही उत्तर / छोड़ दिया
1	D	17.34 % / 80.3 %	6	D	25.0 % / 72.47 %	11	B	27.34 % / 69.93 %	16	C	26.44 % / 71.74 %	21	D	57.53 % / 34.94 %	26	B	51.26 % / 43.17 %
2	C	23.31 % / 75.59 %	7	B	23.36 % / 67.28 %	12	B	30.75 % / 69.12 %	17	A	32.55 % / 67.04 %	22	C	45.58 % / 43.45 %	27	D	49.8 % / 43.68 %
3	A	22.66 % / 75.54 %	8	A	10.81 % / 88.28 %	13	E	12.32 % / 86.67 %	18	E	26.22 % / 71.01 %	23	D	61.98 % / 32.82 %	28	A	50.3 % / 41.11 %
4	C	22.07 % / 70.36 %	9	C	29.67 % / 69.2 %	14	C	25.83 % / 67.36 %	19	C	15.19 % / 68.66 %	24	A	61.02 % / 33.07 %	29	C	48.08 % / 36.67 %
5	E	30.55 % / 68.68 %	10	A	27.87 % / 69.77 %	15	A	27.91 % / 69.94 %	20	D	25.42 % / 69.4 %	25	A	66.34 % / 30.72 %	30	D	41.0 % / 51.95 %

//संकेत और समाधान//

Ques (1-5):1) A और F के बीच में दो व्यक्ति बैठे हैं परन्तु उनमें से कोई भी डॉक्टर नहीं है और F, A के बाईं ओर से तीसरे स्थान पर बैठा है।

स्थिति 1a:

F _ _ A _ इंजीनयर

_ _ _ _ _ डॉक्टर

_ _ _ _ _ शिक्षक

स्थिति 1b:

_ F _ _ A इंजीनयर

_ _ _ _ _ डॉक्टर

_ _ _ _ _ शिक्षक

स्थिति 2a:

_ _ _ _ _ इंजीनयर

_ _ _ _ _ डॉक्टर

F _ _ A _ शिक्षक

स्थिति 2b:

_ _ _ _ _ इंजीनयर

_ _ _ _ _ डॉक्टर

_ F _ A _ शिक्षक

2) N और A समान पंक्ति में बैठे हैं परन्तु N किसी एक छोर पर बैठा है और J उसके ठीक पीछे या ठीक आगे बैठा है।

स्थिति 1a:

F _ _ A N इंजीनियर

_ _ _ _ J डॉक्टर

_ _ _ _ _ शिक्षक

स्थिति 1b:

N F _ _ A इंजीनियर

J _ _ _ _ डॉक्टर

_ _ _ _ _ शिक्षक

स्थिति 2a:

_ _ _ _ _ इंजीनियर

_ _ _ _ J डॉक्टर

F _ _ A N शिक्षक

स्थिति 2b:

_ _ _ _ _ इंजीनियर

J _ _ _ _ डॉक्टर

N F _ _ A शिक्षक

3) E शिक्षक है, उसके और L के बीच में दो व्यक्ति बैठे हैं परन्तु न तो E न ही L, J के ठीक पीछे बैठा है।

इसलिए, स्थितियाँ 2a और 2b रद्द हो जाती हैं। अब हमारे पास निम्नलिखित स्थितियाँ हैं:

स्थिति 1a:

F _ _ A N — इंजीनियर
_ _ _ _ J — डॉक्टर
E _ L _ — शिक्षक

स्थिति 1b:

F _ _ A N — इंजीनियर
_ _ _ _ J — डॉक्टर
L _ _ E _ — शिक्षक

स्थिति 2a:

N F _ _ A — इंजीनियर
J _ _ _ — डॉक्टर
_ E _ _ L — शिक्षक

स्थिति 2b:

N F _ _ A — इंजीनियर
J _ _ _ _ — डॉक्टर
_ L _ E — शिक्षक

स्थिति 1a:

F _ O A N — इंजीनियर
_ _ I _ J — डॉक्टर
E _ H L K — शिक्षक

स्थिति 1b:

F _ O A N — इंजीनियर
_ _ I _ J — डॉक्टर
L H _ E K — शिक्षक

स्थिति 2a:

N F O _ A — इंजीनियर
J _ I _ _ — डॉक्टर
K E _ H L — शिक्षक

स्थिति 2b:

N F O _ A — इंजीनियर
J _ I _ _ — डॉक्टर
K L H _ E — शिक्षक

4) N और O के बीच में बैठे व्यक्तियों की संख्या E और H के बीच में बैठे व्यक्तियों की संख्या के बराबर है।

5) I, O के ठीक पीछे बैठा है।

6) K न तो इंजीनियर नहीं है, न ही वह उस पंक्ति में बैठा है जिसमें I है परन्तु वह किसी एक छोर पर बैठा है।

7) G, A के ठीक पीछे बैठा है परन्तु L के ठीक सामने नहीं बैठा है। इसलिए, स्थितियाँ 1a और 2a रद्द हो जाती हैं।

8) C, H के ठीक दाईं ओर बैठा है।

स्थिति 1b:

F	_	O	A	N	इंजीनियर
_	_	I	G	J	डॉक्टर
L	H	C	E	K	शिक्षक

स्थिति 2b:

N	F	O	_	A	इंजीनियर
J	_	I	_	G	डॉक्टर
K	L	H	C	E	शिक्षक

9) D इंजीनियर नहीं है और किसी भी छोर पर नहीं बैठा है।

10) M उस पंक्ति में बैठा है जिसमें G है परन्तु वे एक दूसरे के पड़ोसी नहीं हैं।

11) G किसी एक छोर पर बैठा है परन्तु L के सामने नहीं है।

इसलिए, स्थिति 1b रद्द हो जाती है।

N	F	O	B	A	इंजीनियर
J	M	I	D	G	डॉक्टर
K	L	H	C	E	शिक्षक

1. अन्य विकल्पों से अलग, B-L-F में, B और F दोनों एक ही पंक्ति में हैं।

इसलिए, सही उत्तर B-L-F है।

अतः विकल्प (D) सही है।

2. M, D के बाईं ओर से दूसरे स्थान पर बैठा है।

इसलिए, सही उत्तर M है।

अतः विकल्प (C) सही है।

3. F और O, N और B के बीच में बैठे हैं।

इसलिए, सही उत्तर दो है।

अतः विकल्प (A) सही है।

4. K, L, H, C और E दी गई व्यवस्था में शिक्षक हैं।

इसलिए, उत्तर K-C-H है।

अतः विकल्प (C) सही है।

5. J और G डॉक्टरों की पंक्ति के छोरों पर बैठे हैं।

इसलिए, सही उत्तर J है।

अतः विकल्प (E) सही है।

Ques (6-10):1) M एक पुरुष है जो पंक्ति I के बाएँ छोर पर बैठा है।

2) E, पंक्ति के मध्य में बैठा है, जो C का बेटा है लेकिन C और D उस सीट पर नहीं बैठे हैं जो उसके ठीक सामने या पीछे है।

इसका अर्थ है कि E पंक्ति के मध्य में बैठा है लेकिन हम इस बारे में निश्चित नहीं है कि वह कौन-सी पंक्ति में बैठा है।

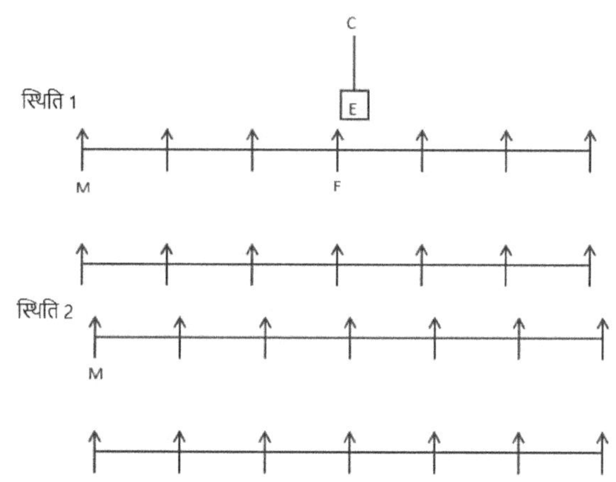

3) F, H की बेटी है, जो C की बहू है।

4) N और F भाई-बहन हैं।

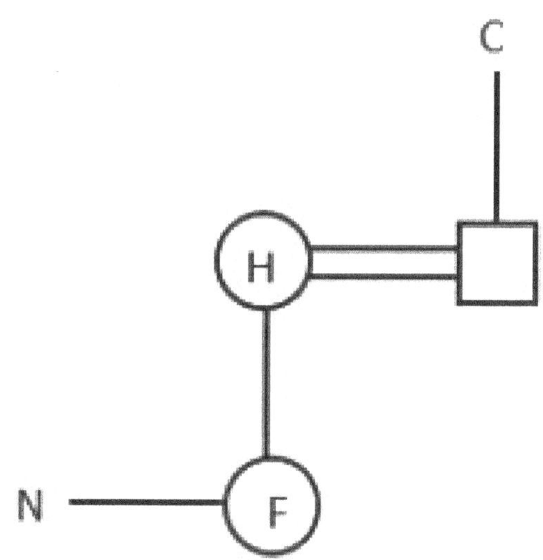

5) E, L के दायीं ओर से तीसरे स्थान पर बैठा/बैठी है।

यदि E, L के दायीं ओर से तीसरे स्थान पर है, तो E को पंक्ति II में होना चाहिए।

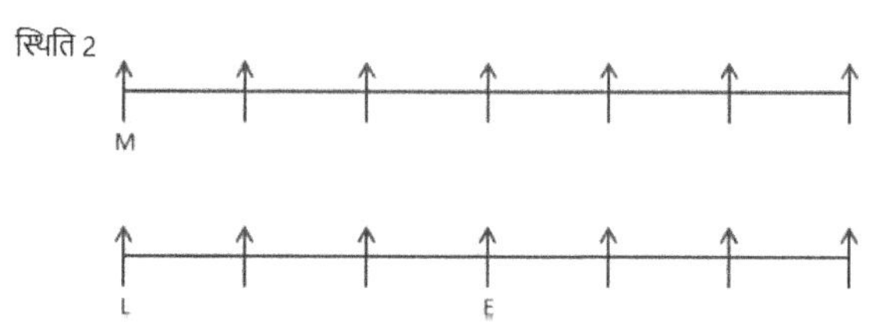

6) L, A का अंकल है और दोनों पंक्ति के छोर पर बैठे हैं लेकिन समान दिशा और समान पंक्ति में नहीं।

7) L, J का भाई है, जो दो बेटियों की माँ है।

इसलिए A को पंक्ति I में होना चाहिए।

8) K, M के दायीं ओर से पांचवे स्थान पर बैठे व्यक्ति की पिछली सीट पर बैठा/बैठी है।

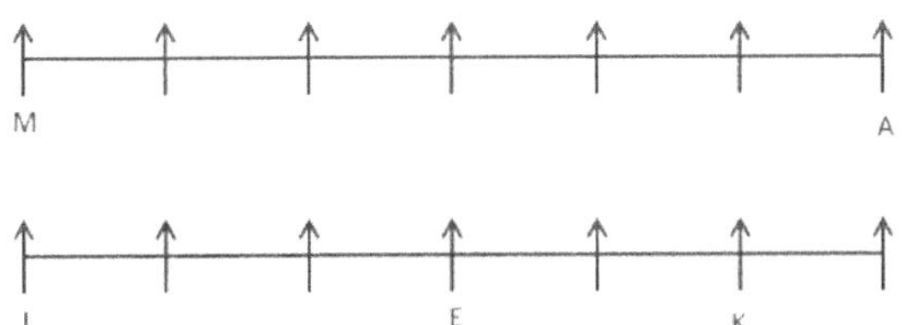

यदि L, A के अंकल हैं, तो A, J की बेटी हो सकती है, लेकिन हम इस बारे में निश्चित नहीं है। इसलिए यहाँ तीन स्थितियां है।

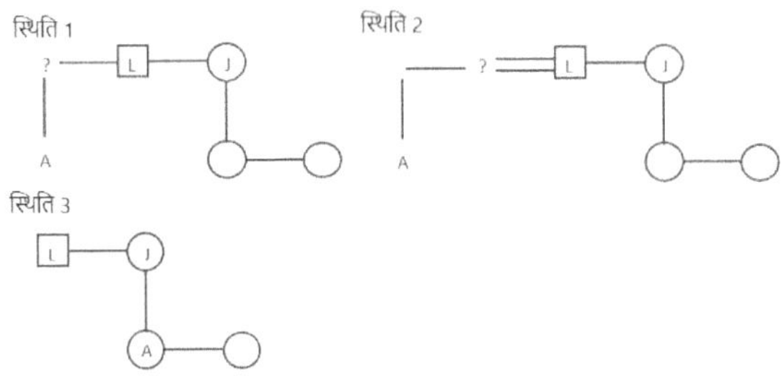

9) I, G का पति है, जो A की बहन है।

स्थिति 1

स्थिति 2

स्थिति 3

10) B केवल दो बेटों का पिता है और उनमें से दोनों अलग-अलग पंक्तियों में बैठे हैं।

11) B, F के दादाजी/नानाजी हैं और F, B के सामने बैठा है।

12) B, E का/की पड़ोसी नहीं है।

चूँकि हमने पहले इसे व्यवस्थित किया है कि F भी C की पोती है। इसलिए B को C का पति होना चाहिए। यदि F, B के सामने बैठा है, तो F को पंक्ति I में बैठा होना चाहिए।

13) N, E का भतीजा/भाँजा है और वह E के दायीं ओर से तीसरे स्थान पर बैठा है।

यदि N, E का भतीजा/भाँजा है, तो N पुरुष है और E, B का बेटा है, लेकिन वह F का पिता नहीं है।

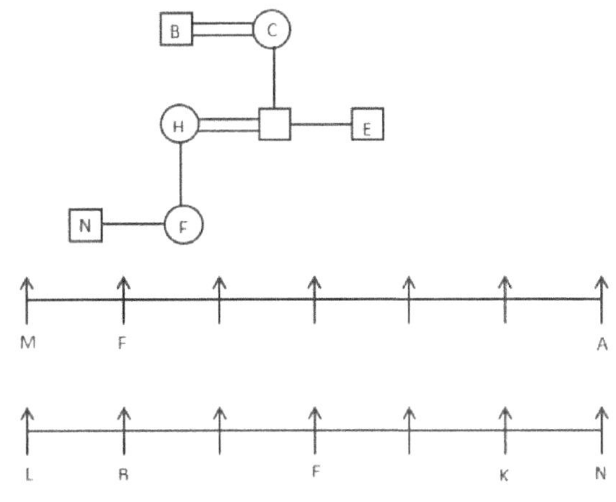

14) N की माँ उसकी बेटी के दायीं ओर से दूसरे स्थान पर बैठी है।

इसका अर्थ है कि H, F के दायीं ओर से दूसरे स्थान पर है।

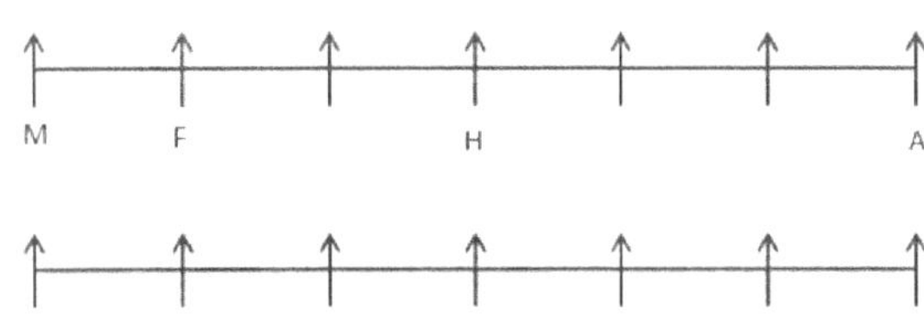

15) K, D की बहू है, जो A का अंकल है।

16) E, I के ससुर हैं।

17) L, E का ब्रदर-इन-लॉ है।

यदि L, E का ब्रदर-इन-लॉ है, तो उसे J का पति होना चाहिए।

इसलिए स्थिति 1 और स्थिति 3 खारिज हो जाती है।

स्थिति 3

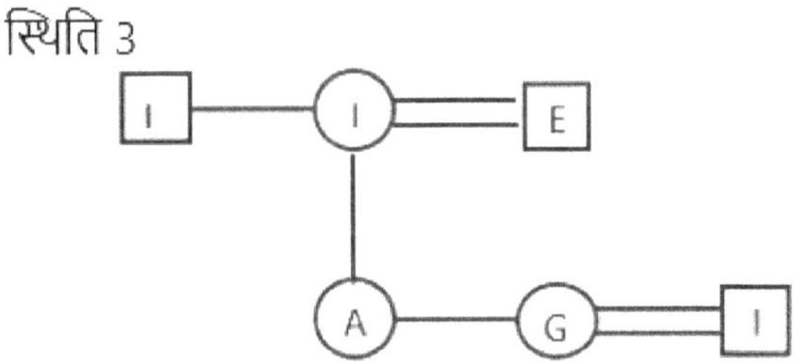

इन आरेखों को जोड़ने पर:

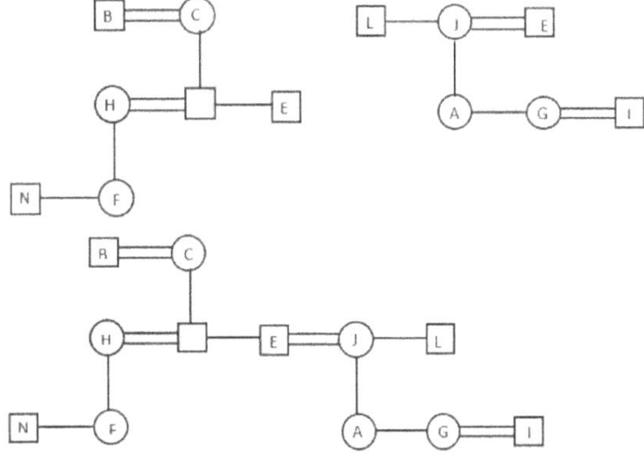

18) M, D का ब्रदर-इन-लॉ है और उनमें से दोनों समान पंक्ति में बैठे हैं।

19) K, D की बहू है, जो A का अंकल है ।

इसका अर्थ है कि D, E का भाई है और चूँकि यहाँ केवल 14 सदस्य हैं इसलिए K N की पत्नी होनी चाहिए।

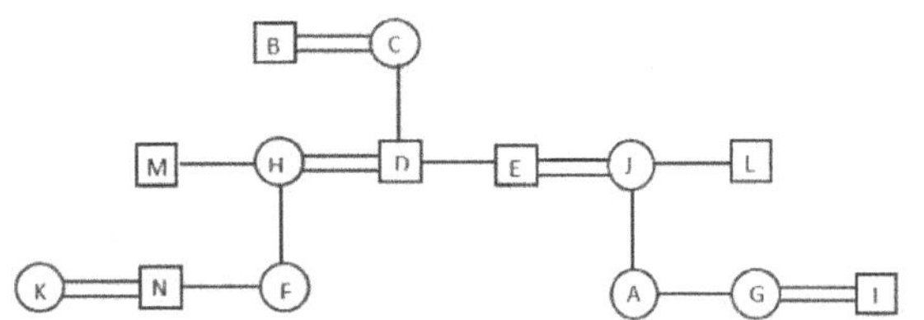

20) C और D के बीच केवल एक व्यक्ति बैठा/बैठी है। उनमें से दोनों पंक्ति। में बैठे/बैठी हैं।

21) I और J, जो C के सम्मुख नहीं है, इनके बीच केवल एक व्यक्ति है।

इसलिए हमें दो स्थितियां प्राप्त होती है,

अब केवल G को व्यवस्था में रखना शेष है

स्थिति 1

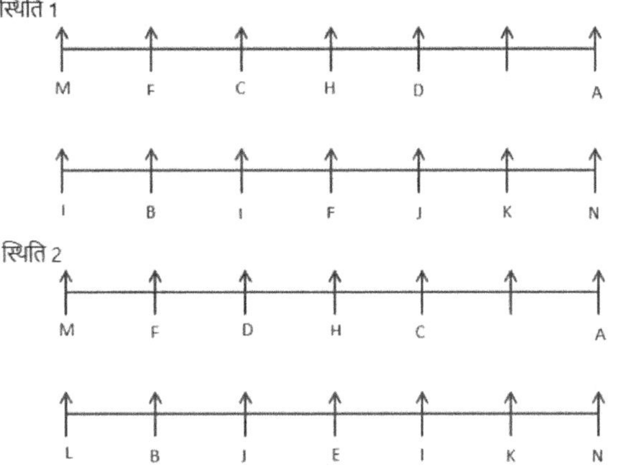

स्थिति 2

22) एक पुरुष सदस्य H और G के बीच बैठा है।

लेकिन C एक महिला है। इसलिए स्थिति 2 सही व्यवस्था नहीं है।

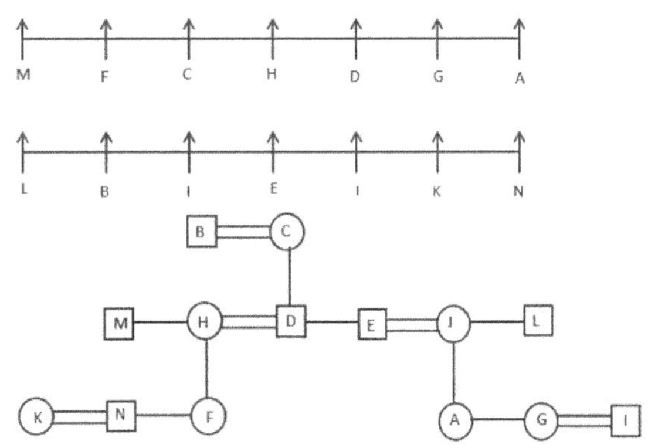

6. इसलिए D, H और G के बीच बैठा है और वह J का ब्रदर-इन-लॉ है।

अतः विकल्प (D) राती है।

7. इसलिए D की बेटी F, D की पत्नी H के बायीं ओर से दूसरे स्थान पर बैठी है।

अतः विकल्प (B) सही है।

8. इसलिए G, A के ठीक बायीं ओर है।

अतः विकल्प (A) सही है।

9. इसलिए L और A अंतिम छोर पर बैठे हैं।

अतः विकल्प (C) सही है।

10. इसलिए N, C का पोता है।

अतः विकल्प (A) सही है।

Ques (11-15):1) A, 39 वर्ष के व्यक्ति के बाएं से दूसरे स्थान पर बैठा है।

(अर्थात, A और 39 वर्ष की आयु के व्यक्ति दोनों दूसरी पंक्ति में बैठे हैं। इसके अलावा, केवल दो संभावनाएँ हैं अर्थात A या तो पहली सीट या दूसरी पंक्ति की दूसरी सीट पर बैठा है।)

2) A के ठीक पीछे बैठे व्यक्ति की आयु A की आयु से दोगुने से 1 वर्ष कम है।

(मान लें कि A की आयु X है, इसका अर्थ है, उसके ठीक पीछे बैठे व्यक्ति की आयु 2X - 1 है)

3) E, C से दो सीट आगे बैठा है जिसकी उम्र संख्यात्मक रूप से सम संख्या है।

4) K, E के दायें से तीसरे स्थान पर बैठा है और उनकी आयु 25 वर्ष है।

(अर्थात, E, पहली पंक्ति की पहली सीट पर बैठा है और K सबसे दाहिनी सीट पर बैठा है, जबकि C, चौथी पंक्ति की पहली सीट पर बैठा है। जैसा कि हम जानते हैं कि A के ठीक पीछे बैठे व्यक्ति की आयु A की आयु के दोगुने से 1 वर्ष कम है (जो संख्यात्मक रूप से एक विषम संख्या होगी), इसका अर्थ है, A दूसरी पंक्ति में दूसरी सीट पर बैठा है। इसके अलावा, इसका अर्थ है कि D दूसरी पंक्ति में सबसे दाहिनी सीट पर बैठा है।)

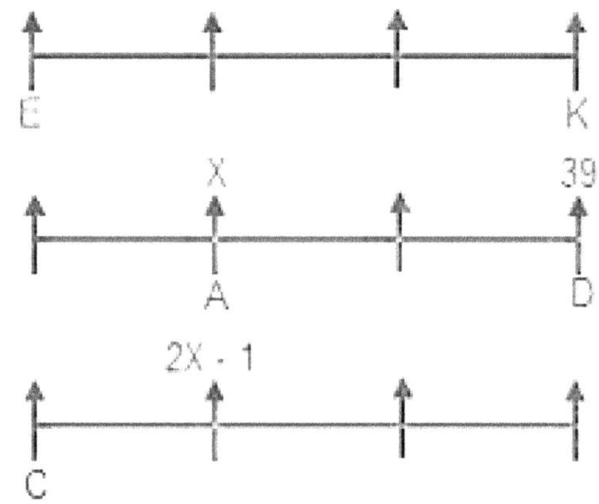

5) K की आयु उस व्यक्ति की आयु से 1 वर्ष कम है जो उसके ठीक पीछे बैठा है।

(अर्थात, K 12 वर्ष का है। इसके अलावा, कथन 4 के अनुसार, E की आयु 13 वर्ष है।)

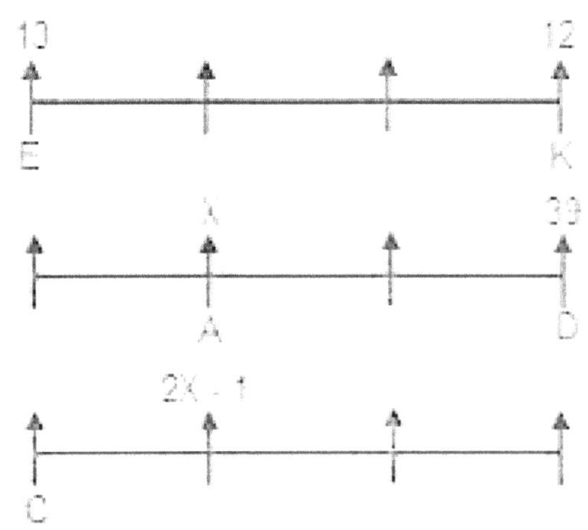

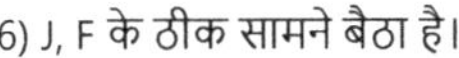

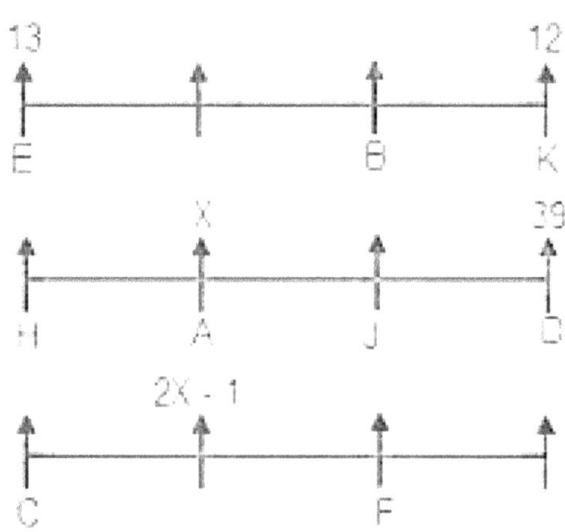

6) J, F के ठीक सामने बैठा है।

7) H, J के बाएं से दूसरे स्थान पर बैठा है और H, J से 21 वर्ष छोटा है।

(यह केवल तभी संभव है जब F तीसरी पंक्ति में बाएं से तीसरी सीट पर बैठा है और J दूसरी पंक्ति में उसके ठीक सामने बैठा है।)

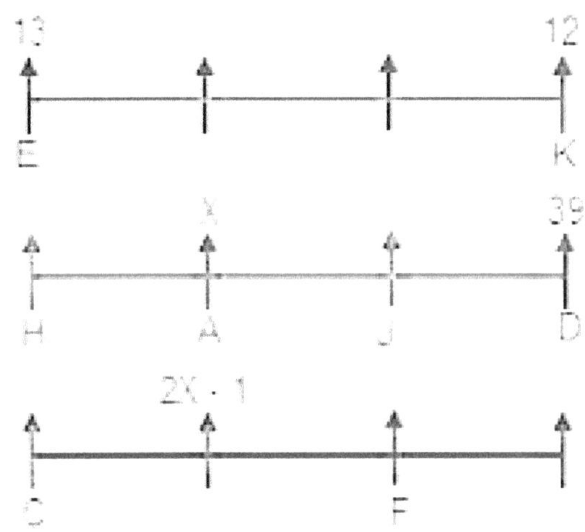

8) B, D के ठीक सामने बैठा व्यक्ति के ठीक बाएं बैठा है।

(अर्थात, B, K के ठीक बाएं बैठा है क्योंकि यह एक मात्र संभावना है।)

9) A और L की आयु के बीच का अंतर 47 वर्ष है।

10) L उस व्यक्ति से 15 वर्ष बड़ा है जो अपने बाएं से दूसरे स्थान पर बैठा है।

(यह केवल तभी संभव है जब हम तीसरी पंक्ति में L को सबसे दाहिनी सीट पर रखते हैं। इसके अलावा, जैसे कि जिस व्यक्ति की आयु L के बाएं दूसरे स्थान पर है, उसकी आयु 2X - 1 वर्ष है, अर्थ है, L की आयु 2X + 14 वर्ष है।)

अब, 2X + 14 - X = 47 वर्ष

X = 33 वर्ष

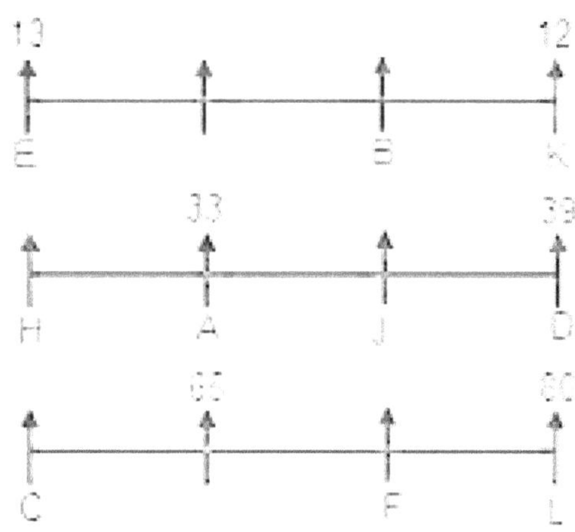

11) तीसरी पंक्ति में अंतिम छोर पर बैठे दो व्यक्तियों की आयु में 8 वर्ष का अंतर है।

12) H की आयु उसके पीछे बैठे व्यक्ति से 45 वर्ष कम है।

(अर्थात, C की आयु या तो 72 वर्ष या 88 वर्ष है। मान लें कि C, 88 वर्ष का है तो इसका अर्थ है कि H, 43 वर्ष का है।)

13) B की आयु उस व्यक्ति की आयु की एक तिहाई है, जो E के ठीक पीछे बैठा है, लेकिन उस व्यक्ति की आधी आयु, जो ठीक बाएं बैठा है।

(स्पष्ट रूप से, H, E के ठीक पीछे बैठा है। यदि H की आयु 43 वर्ष है, तो B की आयु एक प्राकृतिक संख्या नहीं होगी। अर्थात, C की आयु 72 वर्ष है, H की आयु 27 वर्ष है B की आयु 9 वर्ष है। इसके अलावा, इसका अर्थ है कि B के ठीक बाएं बैठे व्यक्ति की आयु 18 वर्ष है।)

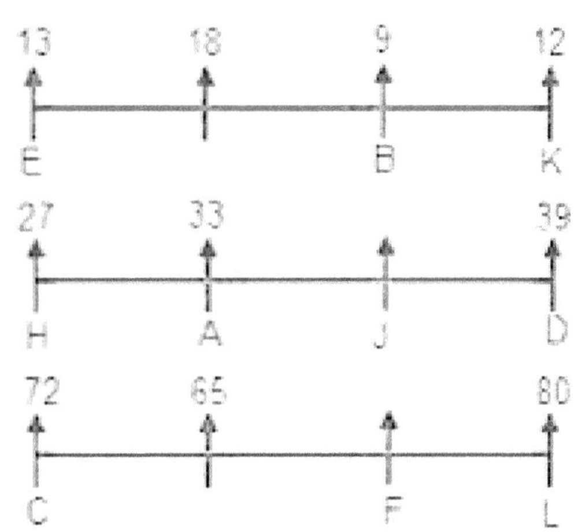

14) J, F से 6 वर्ष छोटा है, लेकिन G से 30 वर्ष छोटा है।

(जैसा कि J, G से 30 वर्ष छोटा है, तात्पर्य है, G को उस पंक्ति में होना चाहिए जो J की पंक्ति से आगे है। इसलिए, G, E और B के बीच पहली पंक्ति में बैठा है और उसकी आयु 18 वर्ष है। अर्थात, J 48 वर्ष का है और F की आयु 54 वर्ष है। इसके अलावा, अब केवल I को रखा जाना बाकी है, हम स्पष्टः कह सकते हैं कि C और F के बीच I बैठाता है।)

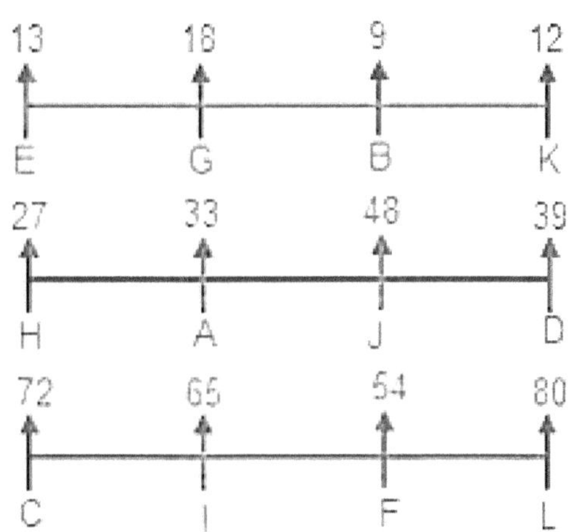

11. स्पष्ट रूप से, H दूसरी पंक्ति में सबसे कम आयु का व्यक्ति है।

अतः विकल्प (B) सही है।

12. स्पष्ट रूप से, B, G के ठीक दायें बैठा है जो A के ठीक आगे बैठा है।

अतः विकल्प (B) सही है।

13. स्पष्ट रूप से, L सबसे बड़ा व्यक्ति है।

अतः विकल्प (E) सही है।

14. E की आयु 13 वर्ष है और L की आयु 80 वर्ष है।

इसलिए, पहली पंक्ति के बाई सीट पर बैठने वाले व्यक्ति की आयु और तीसरी पंक्ति की सबसे दाहिनी सीट पर बैठने वाले व्यक्ति के बीच का अंतर 67 वर्ष है।

अतः विकल्प (C) सही है।

15. I को छोड़कर, सभी पंक्ति 2 में बैठे हैं।

इसलिए, I समूह से संबंधित नहीं है।

अतः विकल्प (A) सही है।

Ques (16-20):1) A, H के दाएँ से तीसरे स्थान पर बैठा है जो उत्तर दिशा के सम्मुख है और उसकी जर्सी संख्या नौवीं अभाज्य संख्या है।

इसका अर्थ है कि H की जर्सी संख्या = 23 है।

2) A के दायीं ओर कोई भी व्यक्ति नहीं बैठा है और B के बायीं ओर कोई भी व्यक्ति नहीं बैठा है।

3) E के दाएँ से चौथे स्थान पर बैठा व्यक्ति A है।

4) B के दाएँ से चौथे स्थान पर बैठा व्यक्ति C है।

5) जर्सी संख्या 17 और 19 पहनने वाले व्यक्ति एक दूसरे के निकटतम पड़ोसी हैं और उनमें से एक व्यक्ति पूर्व दिशा के सम्मुख है। इसके अतिरिक्त, उनमें से व्यक्ति स्वर है।

6) C की जर्सी पर छपी हुई संख्याओं का योग 10 है।

अतः C की जर्सी संख्या = 19 है।

उपरोक्त कथनों से, हम निष्कर्ष निकाल सकते हैं E की जर्सी संख्या = 17 है।

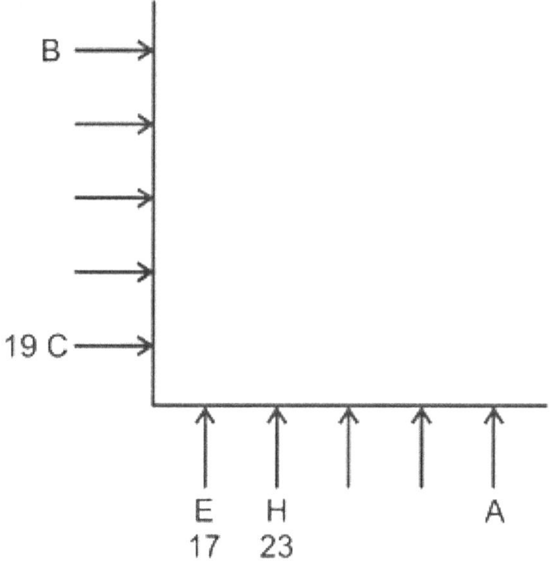

7) F की जर्सी संख्या 7 है और वह जर्सी संख्या 23 तथा 3 पहनने वाले व्यक्ति का निकटतम पड़ोसी है।

8) D, A का निकटतम पड़ोसी है।

9) G, C के बाएँ से तीसरे स्थान पर है और उसकी जर्सी संख्या पहली अभाज्य संख्या है।

अतः G की जर्सी संख्या = 2 है।

10) I पूर्व दिशा के सम्मुख है और उसकी जर्सी पर पांचवीं अभाज्य संख्या छपी हुई है। वह G का निकटतम पड़ोसी भी है।

अतः I की जर्सी संख्या – 11 है।

11) J की जर्सी पर छपे हुए अंकों का योग 11 है।

अतः J की जर्सी संख्या = 29 है।

12) A की जर्सी संख्या B की जर्सी संख्या से अधिक है।

उपरोक्त कथनों से, हम A और B की जर्सी संख्या नहीं निकाल सकते हैं।

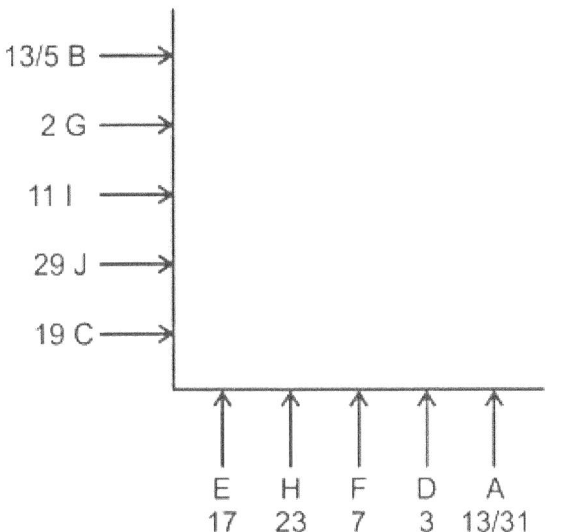

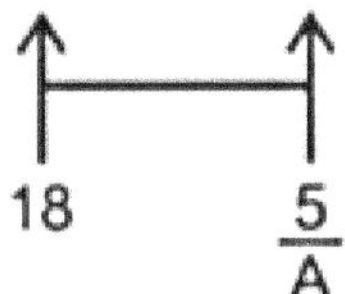

3) A, F के दाईं ओर से दूसरे स्थान पर बैठा है और वह पंक्ति के किसी भी अंतिम छोर पर नहीं है।

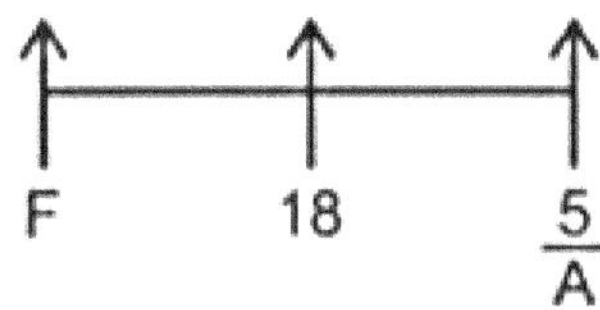

16. इस प्रकार दोनों पंक्तियों में क्रमशः 1, 1 अर्थात I, J और A, E अक्षर के जोड़े हैं, अर्थात पंक्ति-1, पंक्ति-2, जिनमें से प्रत्येक के बीच उतने ही अक्षर हैं जितने कि अंग्रेजी वर्णमाला में हैं।

अतः विकल्प (C) सही है।

17. इस प्रकार A की संभावित जर्सी संख्या 13 या 31 है।

अतः विकल्प (A) सही है।

18. हमें नहीं पता कि किसकी जर्सी का नंबर 13 है।

अतः विकल्प (E) सही है।

19. D का जर्सी नंबर 3 है।

अतः विकल्प (C) सही है।

20. कोई भी G के बायें तीसरा नहीं है।

अतः विकल्प (D) सही है।

Ques (21-25): आठ विद्यार्थी: A, B, C, D, E, F, G और H

कार्ड संख्या यानी: 3, 5, 7, 14, 11, 15, 18 और 20

1) एक व्यक्ति जिसके कार्ड पर उस संख्या का पाँचवाँ गुणक लिखा है, जो पंक्ति के बाएँ छोर से पाँचवे स्थान पर बैठे किसी अन्य विद्यार्थी के कार्ड पर लिखा है।

यदि हम कार्ड पर लिखी सबसे छोटी संख्या को भी लेते हैं जो कि 3 है, 3 का पाँचवाँ गुणक 15 होगा। उसकी अगली संख्या 5 है और 5 का पाँचवाँ गुणक 25 है। परन्तु सबसे बड़ी संख्या 20 है।

इस प्रकार अभीष्ट संख्या 15 है।

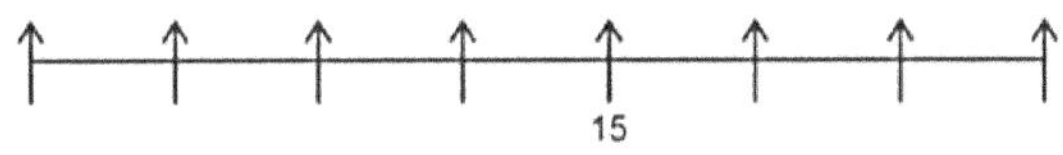

2) A के कार्ड पर दूसरी सबसे छोटी संख्या लिखी है और वह उस व्यक्ति के ठीक दाईं ओर बैठा है जिसके कार्ड पर दूसरी सबसे बड़ी संख्या लिखी है।

चूँकि, दूसरी सबसे छोटी संख्या 5 है और सबसे बड़ी संख्या 18 है, इस प्रकार:

4) F, B के दाईं ओर से तीसरे स्थान पर बैठा है, जिसके पास कार्ड पर H के कार्ड पर लिखी संख्या की आधी संख्या लिखी है, जो कि F के बाईं ओर से दूसरे स्थान पर बैठा है।

केवल 7 और 14 ही यहाँ दी गई वे दो संख्याएँ हैं, जो ऊपर दी गई शर्त का पालन करते हैं।

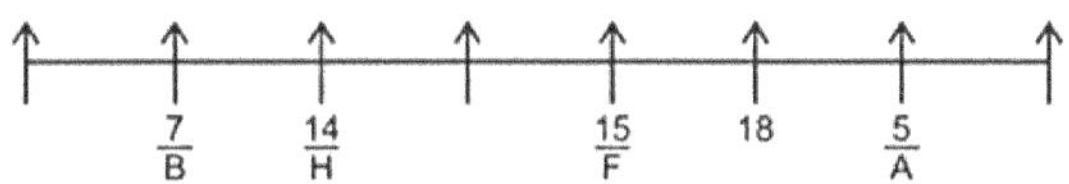

5) G, F का निकटतम पडोसी है और उसके पास कार्ड संख्या 9 का गुणज है।

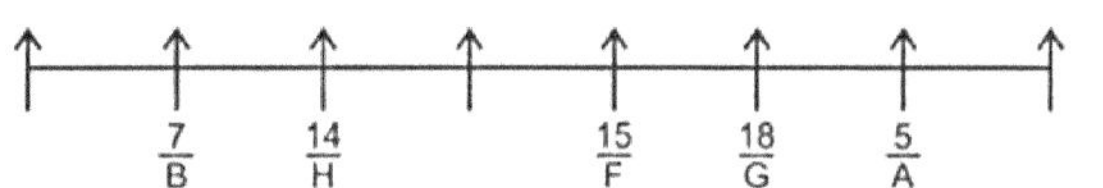

6) वह व्यक्ति जिसके कार्ड पर सबसे छोटी अभाज्य संख्या है, वह उस व्यक्ति के बाईं ओर से दूसरे स्थान पर बैठा है, जिसकी कार्ड संख्या को यदि उस व्यक्ति की कार्ड संख्या से घटा दिया जाए, जो उसके ठीक दाईं ओर बैठा हो, जो कि C है, तब परिणामी संख्या D के कार्ड पर लिखी संख्या के बराबर होगी।

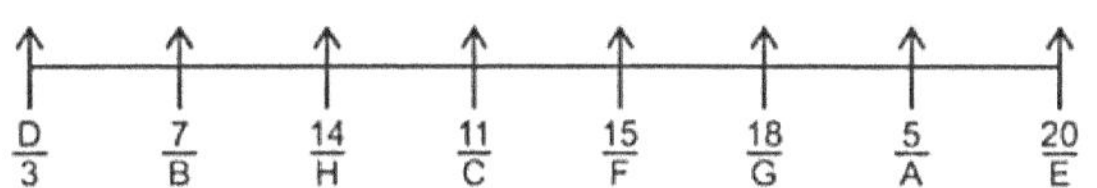

21. केवल G को छोड़ कर यहाँ दिए गए सभी व्यक्तियों के कार्डों पर अभाज्य संख्या लिखी है, उसकी कार्ड संख्या 18 है।

इसलिए, 'G' विषम है।

अतः विकल्प (D) सही है।

22. इस प्रकार E के कार्ड पर 20 संख्या लिखी है।

अतः विकल्प (C) सही है।

23. G के कार्ड पर लिखी गई संख्या 18 है और D के कार्ड पर लिखी संख्या 3 है, जो कि B के ठीक बाईं ओर बैठा है,

गुणनफल = 3 × 18 = 54

इसलिए, सही उत्तर 54 है।

अतः विकल्प (D) सही है।

24. E के कार्ड की संख्या 20 है और C के कार्ड की संख्या 11 है, इस प्रकार अंतर 9 है।

इसलिए, सही उत्तर 9 है।

अतः विकल्प (A) सही है।

25. A के ठीक दाईं ओर E है, और E के बाईं ओर दूसरे स्थान पर G है।

इस प्रकार उत्तर G है।

अतः विकल्प (A) सही है।

Ques (26-30):1) L, किसी एक छोर से दूसरे स्थान पर बैठा है।

2) रॉयल राजस्थान का खिलाड़ी पंक्ति के मध्य में बैठा है, लेकिन O का पड़ोसी नहीं है।

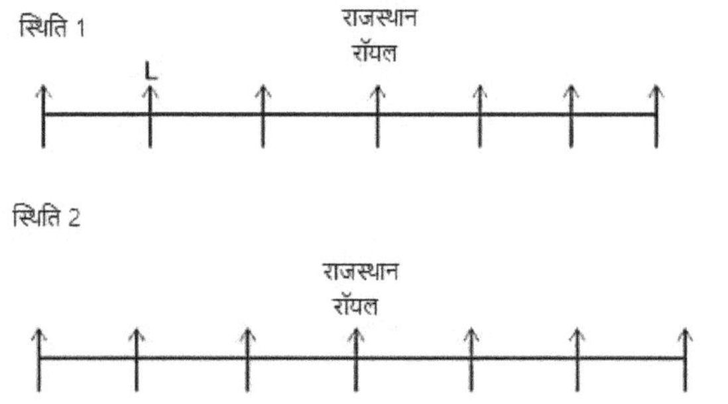

3) (1) जो RCB के लिए खेलता है, वह O के निकटतम बाएं बैठा है, जो KKR के लिए खेलता है।

4) M जो (4) के लिए खेलता है, वह KKR के खिलाड़ी के दाएं बैठा है।

इस प्रकार, O किसी भी छोर पर नहीं बैठेगा।

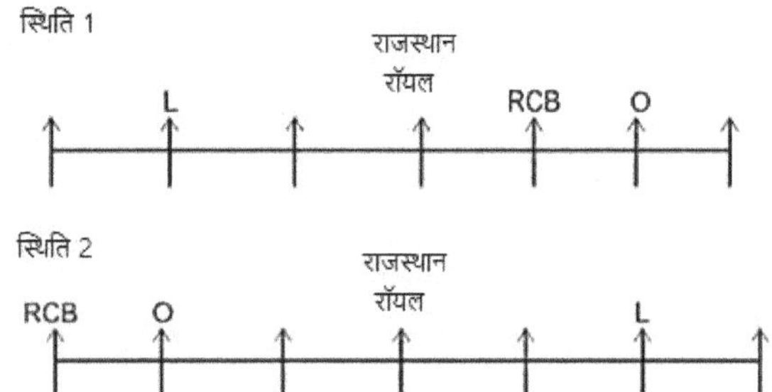

5) K, जो न तो CSK का खिलाड़ी है और न ही सनराइज हैदराबाद का खिलाड़ी है, वह P के बाएं से दूसरे स्थान पर बैठा है।

6) Q, (3) के बाएं से दूसरे स्थान पर बैठा है।

7) P जो (2) के लिए खेलता है, वह Q के बाएं बैठा है, जो न तो दिल्ली कैपिटल्स के लिए खेलता है और न ही मुंबई इंडियंस के लिए।

इस प्रकार उपरोक्त कथनों से यह निष्कर्ष निकाला जा सकता है कि Q छोर पर नहीं बैठेगा।

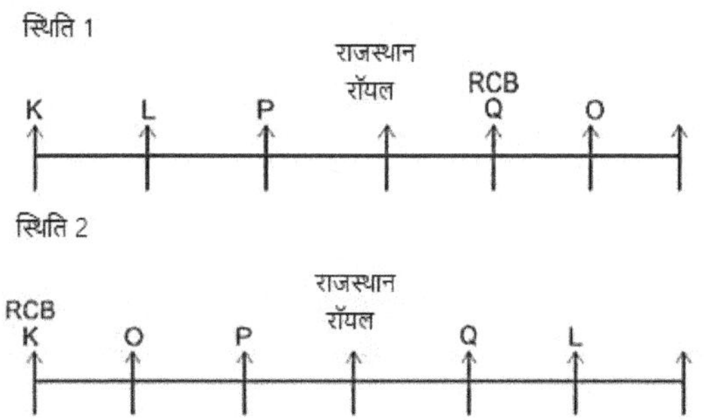

8) वह व्यक्ति जो सनराइज हैदराबाद के लिए खेलता है, वह दिल्ली कैपिटल्स के खिलाड़ी का पड़ोसी है।

9) केवल एक खिलाड़ी सनराइज हैदराबाद के खिलाड़ी और मुंबई इंडियंस टीम के लिए खेलने वाले खिलाड़ी के बीच में बैठा है।

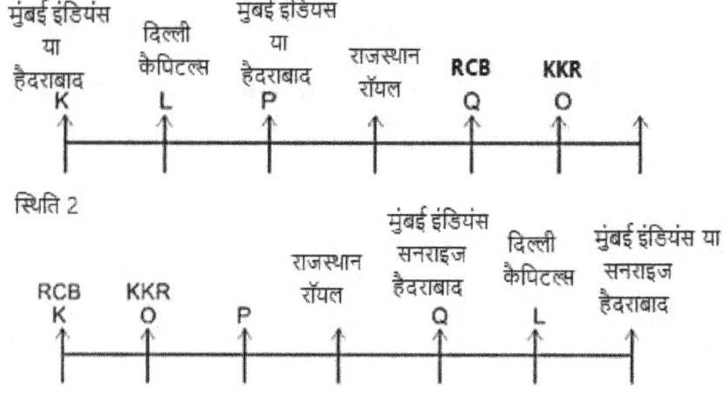

10) M और CSK खिलाड़ी पड़ोसी हैं।

स्थिति 1 पर विचार नहीं किया जा सकता, और शर्त 7 से Q मुम्बई इंडियंस के लिए नहीं खेलता है।

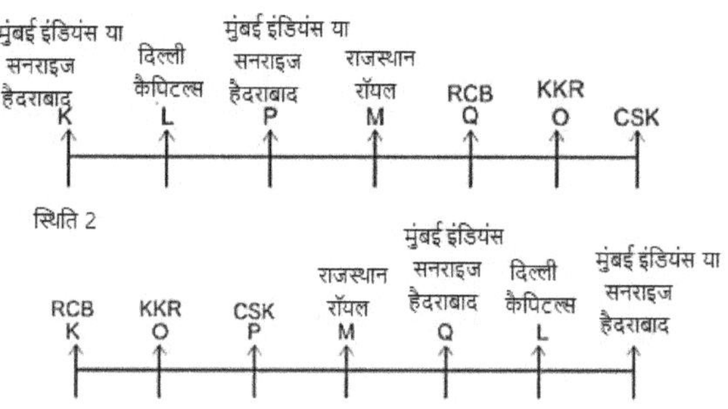

इस प्रकार अंतिम व्यवस्था है:

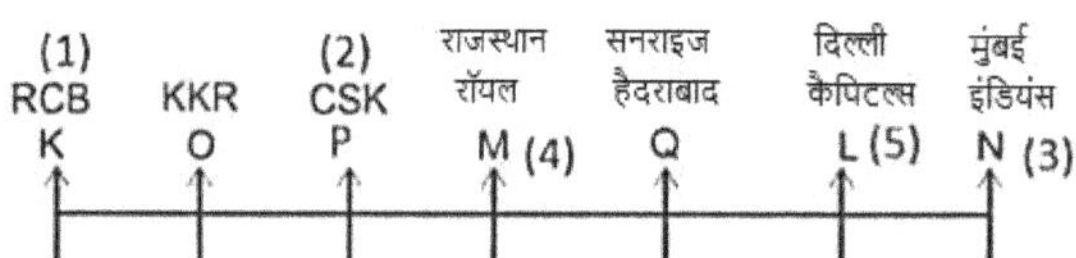

26. इसलिए, सही उत्तर CSK है।

अतः विकल्प (B) सही है।

27. इसलिए, सही उत्तर K है।

अतः विकल्प (D) सही है।

28. इसलिए, सही उत्तर N है।

अतः विकल्प (A) सही है।

29. इसलिए, सही उत्तर दिल्ली कैपिटल्स है।

अतः विकल्प (C) सही है।

30. इसलिए, सही उत्तर राजस्थान रॉयल्स है।

अतः विकल्प (D) सही है।

Ques (1-5):निर्देश: निम्नलिखित जानकारी का अध्ययन करें और नीचे दिए गए प्रश्न का उत्तर दें:

पंद्रह उम्मीदवार Ue, Up, Ve, Vp, We, Wp, Xi, Xc, Xz, Yc, Yi, Yv, Zc, Zi, और Zv उत्तर के सम्मुख एक परीक्षा हॉल की तीन पंक्तियों में बैठते हैं लेकिन जरूरी नहीं कि उसी क्रम में हो। प्रत्येक उम्मीदवार ने परीक्षण में अलग-अलग प्रश्नों की संख्या का प्रयास किया जिसमें 100 प्रश्न शामिल हैं। पंक्ति R₁, पंक्ति R₂ के उत्तर में है और पंक्ति R₂, पंक्ति R₃ के उत्तर में है और प्रत्येक पंक्ति में, पांच व्यक्ति समान दूरी पर बैठते हैं।

Xi ने कुल प्रश्नों के तीन चौथाई का प्रयास किया और कोई भी R1 में, Xi के बाएं ओर नहीं बैठता है। पंक्ति R2 में Xc, Xi पीछे बैठने वाले व्यक्ति के ठीक दाएं ओर बैठता है। जिस व्यक्ति ने 88 प्रश्नों का प्रयास किया है, वह उस व्यक्ति के दाएं ओर तीसरे स्थान पर बैठता है जिसने 75 प्रश्नों का प्रयास किया है। Zi, Xc के दाएं ओर तीसरे स्थान पर बैठता है और उसने 86 प्रश्नों का प्रयास किया है। Yi उस व्यक्ति के बाएं से दूसरे स्थान पर बैठता है जो Zi के ठीक पीछे बैठता है। जितने व्यक्ति Yi और Wp के बीच बैठते हैं, उतने ही व्यक्ति Yi और Xz के बीच बैठते हैं। Xc के पीछे न तो Xz और न ही Wp बैठता है। Ue ने Zi से अधिक 2 प्रश्नों का प्रयास किया। Ve, Xz के दाएं ओर तीसरे स्थान पर बैठता है। Vp ने Xi से अधिक 4 प्रश्नों का प्रयास किया और उस व्यक्ति के सामने बैठता है जो Xc के ठीक दाएं ओर बैठता है। Zc जिसने Ue से अधिक 2 प्रश्नों का प्रयास किया, वह Zi के सामने बैठता है। Wp ने Zi से कम 10 प्रश्नों का प्रयास किया। We, Up के ठीक बाएं ओर बैठता है जिसने Ue से कम 10 प्रश्नों का प्रयास किया। Yv जिसने Zc से अधिक 9 प्रश्नों का प्रयास किया है वह पंक्ति के सामने एक पंक्ति में बैठता है जिसमें Yc बैठता है और Yc पंक्ति के सामने एक पंक्ति में बैठता है जिसमें Zv बैठता है। Ve, Ue से कम 8 प्रश्नों का प्रयास करता है। Xc ने Vp से अधिक 10 प्रश्नों का प्रयास किया। Xz ने Wp से अधिक 21 प्रश्नों का प्रयास किया। Yi ने उन प्रश्नों का प्रयास किया जो Ue और Ve के औसत हैं। Zv ने उस व्यक्ति की तुलना में 1 अधिक प्रश्न का प्रयास किया जो Zv के ठीक बाएं ओर बैठता है। Yc द्वारा प्रयास किए गए प्रश्नों की संख्या Ve और Zi द्वारा किए गए प्रश्नों की संख्या का औसत है। We द्वारा प्रयास किए गए प्रश्नों की संख्या Yi से दो प्रश्न कम है।

Q.1 Xc द्वारा प्रयास किए गए प्रश्नों की संख्या कितनी है?

A. 86   **B.** 88   **C.** 78   **D.** 80
E. 89

Q.2 Yc के दाएं ओर तीसरे स्थान पर कौन बैठता है?

A. Ve   **B.** Wp   **C.** Up   **D.** We
E. Zi

Q.3 निम्न में से चार समान हैं इस प्रकार एक समूह बनाते हैं। उस समूह का पता लगाएं जो समूह से संबंधित नहीं है।

A. Xc   **B.** Yi   **C.** Xz   **D.** Vp
E. Yv

Q.4 Zc के बाएं ओर चौथे स्थान पर कौन बैठता है?

A. Ue   **B.** Yv   **C.** Xc   **D.** We
E. Xi

Q.5 Zv और Wp के बीच कितने व्यक्ति बैठते हैं?

A. एक   **B.** दो   **C.** तीन   **D.** चार
E. कोई नहीं

Ques (6-10):निर्देश: निम्नलिखित जानकारी का ध्यानपूर्वक अध्ययन कीजिये और दिए गए प्रश्न का उत्तर दीजिये:

दस व्यक्ति M, N, O, P, Q, R, S, T, U और V दो समानान्तर रेखाओं में एक-दूसरे के सम्मुख हैं लेकिन आवश्यक नहीं की वे समान क्रम में हों। प्रत्येक पंक्ति में पाँच व्यक्ति बैठे हैं। पंक्ति 1 में बैठे व्यक्ति दक्षिण दिशा की ओर और पंक्ति 2 में बैठे व्यक्ति उत्तर दिशा की ओर सम्मुख हैं। उनमें से प्रत्येक को अलग-अलग फिल्में पसंद हैं। ZNMD, वेलकम, जय हो, पाइरेट्स, आयरनमैन, स्पाइडरमैन, रेस, एवेंजर्स, सिंड्रेला और गोलमाल, लेकिन आवश्यक नहीं समान क्रम में हो।

जो व्यक्ति रेस पसंद करता है, वह दक्षिण के सम्मुख U के दाएं बैठता है। N, S के ठीक बायें बैठा है जो एवेंजर्स को पसंद करता है। T, दक्षिण के सम्मुख पंक्ति के अंतिम छोर पर बैठा है और उसे रेस पसंद नहीं है। R के बाएं बैठे व्यक्तियों की संख्या ZNMD को पसंद करने वाले व्यक्ति के दायें बैठे व्यक्तियों की संख्या के बराबर है। Q, स्पाइडरमैन को पसंद करता है और उस व्यक्ति के ठीक बाएं बैठता है जो रेस पसंद करने वाले व्यक्ति के सम्मुख बैठा है। Q और N के बीच केवल एक व्यक्ति बैठा है। P उस व्यक्ति के ठीक दाएं बैठा है जो एवेंजर्स को पसंद करने वाले व्यक्ति के सम्मुख बैठा है। O, V के तीसरे बाएं बैठा है। जिन व्यक्तियों को आयरनमैन और गोलमाल पसंद हैं, वे उत्तर के सम्मुख नहीं हैं। N उस व्यक्ति के सम्मुख बैठा है जो गोलमाल को पसंद करता है और ZNMD और वेलकम पसंद नहीं करता है। पाइरेट्स को पसंद करने वाला व्यक्ति वेलकम के विपरीत तिरछे बैठा है। सिंड्रेला के सम्मुख बैठने वाला व्यक्ति पाइरेट्स और गोलमाल को पसंद नहीं करता है। M उस व्यक्ति के विपरीत तिरछे बैठा है जो वेलकम पसंद करता है।

Q.6 पांच में से चार एक निश्चित तरीके से सामान हैं इसलिए एक समूह बनाते हैं। निम्नलिखित में से कौन समूह से संबंधित नहीं है?

A. रेस   **B.** एवेंजर्स
C. गोलमाल   **D.** ZNMD
E. आयरनमैन

Q.7 यदि, O और T अपनी स्थिति को बदल देते हैं, तो T के दायें से तीसरे स्थान पर कौन बैठा है?

A. S   **B.** N   **C.** V   **D.** U
E. R

Q.8 सही जोड़ी चुनें:

A. T, ZNMD   **B.** P, एवेंजर्स
C. Q, वेलकम   **D.** U, स्पाइडरमैन
E. N, जय हो

Q.9 निम्नलिखित में से कौन सी फिल्म R की ओर उन्मुख व्यक्ति को पसंद है?

A. वेलकम   **B.** स्पाइडरमैन
C. जय हो   **D.** ZNMD
E. सिंड्रेला

Q.10 निम्नलिखित में से कौन सी फिल्म N द्वारा पसंद की जाती है?

A. वेलकम   **B.** आयरनमैन   **C.** ZNMD   **D.** जय हो
E. सिंड्रेला

Ques (11-15):निर्देश: निम्नलिखित जानकारी का ध्यानपूर्वक अध्ययन कीजिये और उसके बाद प्रश्न के उत्तर दीजिये:

A से O तक पंद्रह व्यक्ति तीन पंक्तियों पंक्ति-1, पंक्ति-2 और पंक्ति-3 में उत्तर दिशा के सम्मुख होकर बैठे हैं। प्रत्येक पंक्ति में पाँच व्यक्ति बैठे हैं और सभी पंक्तियों की सीटें ऐसे हैं कि प्रत्येक सीट पड़ोसी पंक्ति की दूसरी सीट

के ठीक पीछे या सामने है। पंक्ति-1, पंक्ति-2 के उत्तर में है और पंक्ति-2, पंक्ति-3 के उत्तर में है।

यह दिया गया है कि अभियंता पंक्ति-1 में बैठे हैं, चिकित्सक पंक्ति-2 में बैठे हैं और शिक्षक पंक्ति-3 में बैठे हैं।

इसके अलावा, यह दिया गया है कि,

1. A और F के बीच में दो व्यक्ति बैठे हैं लेकिन उनमें से कोई भी चिकित्सक नहीं है।

2. N और A एक ही पंक्ति में बैठे हैं लेकिन N किसी एक छोर पर बैठा है और J उसके ठीक पीछे या उसके सामने बैठा है।

3. E एक शिक्षक है और दो व्यक्ति उसके और L के बीच में बैठे हैं लेकिन न तो E न ही L, J के ठीक पीछे बैठा है।

4. N और O के बीच बैठे व्यक्तियों की संख्या E और H के बीच बैठे व्यक्तियों की संख्या के समान है।

5. I, O के ठीक पीछे बैठा है।

6. K न तो एक अभियंता है और न ही . की पंक्ति में बैठा है लेकिन वह किसी एक छोर पर बैठा है।

7. G, A के ठीक पीछे बैठा है लेकिन L के ठीक सामने नहीं है।

8. C, H के निकटतम दाएं बैठा है।

9. D एक अभियंता नहीं है।

10. M, G की पंक्ति में बैठा है लेकिन वे एक दूसरे के पड़ोसी नहीं हैं।

11. H के सामने न तो D न ही M बैठा है।

Q.11 विषम ज्ञात कीजिये।

A. F-I-K   **B.** D-O-C   **C.** K-N-D   **D.** B-O-F

E. A-H-J

Q.12 D के बाएं से दूसरे स्थान पर कौन बैठा है?

[SBI Clerk, 2020]

A. J

B. I

C. M

D. G

E. उपर्युक्त में से कोई भी नहीं

Q.13 N और B के बीच में कितने व्यक्ति बैठे हैं?

[SBI Clerk, 2020]

A. दो

B. एक

C. चार

D. तीन

E. निर्धारित नहीं किया जा सकता

Q.14 निम्नलिखित में से शिक्षकों के जोड़े का चयन कीजिये।

[SBI Clerk, 2020]

A. C-L-D

B. I-E-K

C. K-C-H

D. E-M-J

E. उपर्युक्त में से कोई भी नहीं

Q.15 पंक्ति के किसी एक छोर पर कौन सा चिकित्सक बैठा है?

A. E   **B.** F   **C.** D   **D.** K

E. J

Ques (16-20):निर्देश: निम्नलिखित जानकारी का ध्यानपूर्वक अध्ययन कीजिये और दिए गये प्रश्न के उत्तर दीजिये।

10 अलग-अलग मिसाइल- आकाश, अस्त्र, त्रिशूल, निर्भय, ब्रह्मोस, अग्नि, शौर्य, आश्विन, अमोघ और नाग को दो पंक्तियों में रखा गया है जिनमें से प्रत्येक पंक्ति में 5 मिसाइल हैं। दक्षिण के सम्मुख वाली पंक्ति में छोटी दूरी की मिसाइल और उत्तर के सम्मुख वाली पंक्ति में लम्बी दूरी की मिसाइल हैं। पहली पंक्ति की मिसाइल दूसरी पंक्ति की मिसाइल के सम्मुख है। प्रत्येक दो मिसाइलों को बराबर दूरी पर रखा गया है। मिसाइलों के वजन 75, 80, 85, 95, 100, 105, 110, 120, 125 और 130 किलो हैं लेकिन जरुरी नहीं है कि क्रम समान हो।

मिसाइल अग्नि, आकाश से भारी लेकिन त्रिशूल से हल्की है। अग्नि, शौर्य के सम्मुख नहीं है। त्रिशूल के बायीं ओर केवल एक मिसाइल रखी गयी है और त्रिशूल 105 किलो वजन वाली मिसाइल के सम्मुख है। मिसाइल आकाश को पंक्ति के अंतिम दायीं कोने पर रखा गया है और यह छोटी दूरी की मिसाइल है। मिसाइल अस्त्र उस मिसाइल के बायीं ओर है जो उनमें से सबसे भारी है, लेकिन ठीक बगल में नहीं है। नाग को आकाश के बायीं ओर से दूसरे स्थान पर रखा गया है, जो आश्विन के सम्मुख है। 130 और 125 किलो वजन वाली मिसाइलों को उत्तर के सम्मुख वाली पंक्ति के कोने पर रखा गया है। मिसाइल अस्त्र सबसे कम वजन वाली मिसाइल के सम्मुख है। मिसाइल ब्रह्मोस और अग्नि के बीच दो मिसाइल हैं। मिसाइल ब्रह्मोस, जो निर्भय के सम्मुख है, को किसी भी कोने पर नहीं रखा गया है। मिसाइल निर्भय के दायीं ओर दो से अधिक मिसाइल रखी हैं। मिसाइल आश्विन सबसे भारी नहीं है। 120 किलो वजन वाली मिसाइल 110 किलो वजन वाली मिसाइल के सम्मुख है जो दक्षिण के सम्मुख है। मिसाइल अस्त्र केवल चार मिसाइलों से भारी है।

Q.16 मिसाइल ब्रह्मोस के सम्मुख कौन-सी मिसाइल है?

A. निर्भय   **B.** अस्त्र   **C.** आकाश   **D.** शौर्य

E. नाग

Q.17 मिसाइल शौर्य का वजन क्या है?

A. 120 किलो   **B.** 95 किलो

C. 85 किलो   **D.** 105 किलो

E. इनमें से कोई नहीं

Q.18 दिए गए में से विषम ज्ञात कीजिए।

A. आश्विन   **B.** निर्भय   **C.** अस्त्र   **D.** अग्नि

E. अमोघ

Q.19 शौर्य जिस मिसाइल के सम्मुख है उसका वजन क्या है?

A. 75   **B.** 105   **C.** 95   **D.** 110

E. 80

Q.20 कौन-सी मिसाइल का वजन 95 किलो है?

A. ब्रह्मोस   **B.** त्रिशूल

C. शौर्य   **D.** निर्भय

E. इनमें से कोई नहीं

Ques (21-25):निर्देश: निम्नलिखित जानकारी को ध्यानपूर्वक पढ़िये और उसके बाद प्रश्न के उत्तर दीजिये:

दस व्यक्ति - A, B, C, D, E, P, Q, R, S और T प्रत्येक पंक्ति में पांच व्यक्तियों के साथ दो पंक्तियों में बैठे हैं, जरूरी नहीं कि इसी क्रम में हों। पंक्ति एक में प्रत्येक व्यक्ति दक्षिण दिशा के सम्मुख है और दूसरी पंक्ति का प्रत्येक व्यक्ति उत्तर दिशा के सम्मुख है। पंक्ति एक का प्रत्येक व्यक्ति दूसरी पंक्ति के व्यक्ति के सम्मुख है। उनमें से प्रत्येक अलग-अलग राज्यों - दिल्ली, तमिलनाडु, गुजरात, राजस्थान, पंजाब, बिहार, कर्नाटक, हरियाणा, असम और केरल से संबंधित है। सभी को अलग-अलग रंग पसंद हैं - लाल, हरा, नीला, सफेद, पीच, काला, पीला, भूरा, और गुलाबी। बिहार से संबंधित व्यक्ति, नीला रंग पसंद करने वाले व्यक्ति के बाएं से तीसरे स्थान पर हों। P

उत्तर दिशा के सम्मुख नहीं है, लेकिन नीला रंग पसंद करने वाले व्यक्ति के निकटतम दाएं बैठा है। पीला रंग पसंद करने वाला व्यक्ति D के दाएं से दूसरे स्थान पर है। P न तो पीला रंग पसंद करता है न ही D के सम्मुख है। हरियाणा से संबंधित व्यक्ति, उस व्यक्ति के सम्मुख है जो P के बाएं से तीसरे स्थान पर है। A उस व्यक्ति के बाएं से तीसरे स्थान पर है जो हरियाणा से संबंधित है। केवल एक व्यक्ति A और गुलाबी रंग पसंद करने वाले के बीच में बैठा है। B, राजस्थान से संबंधित व्यक्ति के सम्मुख है। D, राजस्थान से संबंधित व्यक्ति का निकटतम पड़ोसी है। T असम से संबंधित व्यक्ति के दाएं से तीसरे स्थान पर बैठा है। T किसी भी छोर पर नहीं बैठा है। R और पंजाब से संबंधित व्यक्ति के बीच में दो व्यक्ति बैठे हैं। P पंजाब से संबंधित नहीं है। R, T का निकटतम पड़ोसी नहीं है। दिल्ली से संबंधित व्यक्ति, लाल रंग पसंद करने वाले व्यक्ति निकटतम पड़ोसी है। R, लाल रंग पसंद करने वाले का निकटतम पड़ोसी है। C उस व्यक्ति के सम्मुख है जो काला रंग पसंद करने वाले के दाएं से तीसरे स्थान पर बैठा है। A काला रंग पसंद नहीं करता है। तमिलनाडु से संबंधित व्यक्ति, सिल्वर रंग पसंद करने वाले व्यक्ति दाएं से दूसरे स्थान पर बैठा है। E, गुजरात से संबंधित व्यक्ति का निकटतम पड़ोसी है। Q केरल से संबंधित व्यक्ति के दाएं से दूसरे स्थान पर बैठा है। S हरा रंग पसंद करने वाले व्यक्ति के सम्मुख है। सफेद रंग पसंद करने वाला व्यक्ति पीच रंग पसंद करने वाले व्यक्ति के निकटतम बाएं बैठा है।

Q.21 इनमें से कौन पीच रंग पसंद करता है?

A. A

B. P

C. D के निकटतम दाएं बैठा व्यक्ति

D. राजस्थान से संबंधित व्यक्ति

E. हरियाणा से संबंधित व्यक्ति

Q.22 इनमें से कर्नाटक से संबंधित कौन है?

A. D

B. Q

C. सफेद रंग पसंद करने वाला व्यक्ति

D. हरा रंग पसंद करने वाला व्यक्ति

E. S के सम्मुख व्यक्ति

Q.23 P किस राज्य संबंधित है?

A. तमिलनाडु **B.** असम **C.** केरल **D.** गुजरात
E. दिल्ली

Q.24 T कौन सा रंग पसंद करता है?

A. सफेद **B.** हरा **C.** गुलाबी **D.** लाल
E. भूरा

Q.25 इनमें से कौन सा संयोजन सही नहीं है?

A. A - असम - सफेद **B.** B - पंजाब - नीला
C. D - केरल - गुलाबी **D.** E - दिल्ली - सिल्वर
E. R - बिहार - लाल

Ques (26-30):निर्देश: निम्नलिखित जानकारी का ध्यानपूर्वक अध्ययन करें और नीचे दिए गए प्रश्न का उत्तर दें।

आठ मानसिक रोगी दो समानांतर पंक्तियों में बैठे हैं, प्रत्येक पंक्ति में चार मानसिक रोगी इस तरह से बैठे हैं कि आसन्न व्यक्तियों के बीच एकसमान दूरी है। पंक्ति 1 में, अनुज, करण, विराज और प्रेम बैठे हैं और वे सभी दक्षिण दिशा के सम्मुख हैं। पंक्ति 2 में, कुश, अजय, चेतन और दक्ष बैठे हैं और वह सभी उत्तर दिशा के सम्मुख हैं। इसलिए, दी गई बैठने की व्यवस्था में एक पंक्ति में बैठा प्रत्येक सदस्य, दूसरी पंक्ति में बैठे अन्य सदस्य के सम्मुख बैठा है। उनमें से हर एक पंजाब, गुजरात, हरियाणा, बिहार, झारखंड, महाराष्ट्र, केरल और असम के अलग मानसिक अस्पताल से हैं, लेकिन जरूरी नहीं कि इसी क्रम में हो।

करण, असम के व्यक्ति के दाएं से दूसरे स्थान पर बैठा है। चेतन, असम के व्यक्ति के निकटतम पड़ोसी के सम्मुख बैठा है। चेतन और बिहार के व्यक्ति के बीच में केवल एक व्यक्ति बैठा है। दक्ष और केरल के व्यक्ति के बीच में दो व्यक्ति बैठे हैं। प्रेम, बिहार के व्यक्ति के निकटतम पड़ोसी के सम्मुख है। केरल का व्यक्ति महाराष्ट्र के व्यक्ति के बगल में नहीं है। हरियाणा के व्यक्ति और विराज के बीच में केवल एक व्यक्ति बैठा है। हरियाणा का व्यक्ति, पंक्ति के किसी भी छोर पर नहीं बैठता है। प्रेम, गुजरात के व्यक्ति के सम्मुख बैठा है। कुश, पंजाब के व्यक्ति के सम्मुख बैठा है। अजय, हरियाणा से नहीं है।

Q.26 चेतन के निकटतम दाएं कौन बैठा है?

A. अजय **B.** कुश

C. अनुज **D.** करण

E. इनमें से कोई नहीं

Q.27 कौन सा समूह पंक्ति के अंतिम छोरों पर बैठे व्यक्तियों का है?

A. प्रेम, अनुज, चेतन, अजय

B. करण, अनुज, दक्ष, कुश

C. कुश, विराज, दक्ष, प्रेम

D. करण, विराज, दक्ष, कुश

E. इनमें से कोई नहीं

Q.28 गुजरात के व्यक्ति के सामने बैठे व्यक्ति के ठीक दाएं बैठा व्यक्ति कौन है?

A. प्रेम **B.** अजय

C. अनुज **D.** चेतन

E. इनमें से कोई नहीं

Q.29 इनमें से कौन करण के बाएं ओर तीसरे स्थान पर है?

A. असम का व्यक्ति

B. हरियाणा का व्यक्ति

C. महाराष्ट्र का व्यक्ति

D. निर्धारित नहीं किया जा सकता

E. इनमें से कोई नहीं

Q.30 कौन हरियाणा से है?

A. विराज **B.** अजय

C. दक्ष **D.** अनुज

E. इनमें से कोई नहीं

// स्मार्ट उत्तर पुस्तिका //

सही उत्तर — उन छात्रों का प्रतिशत जिन्होंने प्रश्नों का सही उत्तर दिया था।   **छोड़ दिया** — उन छात्रों का प्रतिशत जिन्होंने प्रश्नों को छोड़ दिया था।

प्रश्न संख्या	उत्तर	सही उत्तर / छोड़ दिया	प्रश्न संख्या	उत्तर	सही उत्तर / छोड़ दिया	प्रश्न संख्या	उत्तर	सही उत्तर / छोड़ दिया	प्रश्न संख्या	उत्तर	सही उत्तर / छोड़ दिया	प्रश्न संख्या	उत्तर	सही उत्तर / छोड़ दिया	प्रश्न संख्या	उत्तर	सही उत्तर / छोड़ दिया	प्रश्न संख्या	उत्तर	सही उत्तर / छोड़ दिया
1	E	32.28 % / 67.65 %	6	C	12.02 % / 73.56 %	11	D	16.55 % / 76.21 %	16	A	32.2 % / 67.02 %	21	D	26.16 % / 72.14 %	26	A	14.93 % / 70.93 %
2	C	18.06 % / 71.11 %	7	C	26.91 % / 68.3 %	12	C	24.2 % / 70.94 %	17	D	11.05 % / 79.41 %	22	B	23.82 % / 69.61 %	27	D	18.34 % / 71.65 %
3	B	13.92 % / 82.17 %	8	E	19.24 % / 73.74 %	13	A	17.76 % / 69.32 %	18	D	12.42 % / 67.05 %	23	A	21.93 % / 73.29 %	28	C	31.14 % / 67.4 %
4	E	31.23 % / 67.47 %	9	D	22.59 % / 72.92 %	14	C	16.49 % / 78.46 %	19	C	18.97 % / 69.04 %	24	B	20.87 % / 76.33 %	29	C	15.18 % / 81.41 %
5	B	22.4 % / 73.44 %	10	D	16.57 % / 78.24 %	15	E	22.56 % / 71.32 %	20	B	16.36 % / 80.53 %	25	E	29.71 % / 67.49 %	30	D	20.07 % / 67.01 %

//संकेत और समाधान//

Ques (1-5):पंद्रह उम्मीदवार: Ue, Up, Ve, Vp, We, Wp, Xi, Xc, Xz, Yc, Yi, Yv, Zc, Zi, and Zv

पंक्ति: पंक्ति R_1, R_2, और R_3 (प्रत्येक पंक्ति में 5 व्यक्ति)

प्रश्नों की संख्या: प्रत्येक उम्मीदवार ने अलग-अलग प्रश्नों प्रश्नों की संख्या का प्रयास किया (अधिकतम 100 प्रश्न)

(i) Xi ने कुल प्रश्नों के तीन चौथाई का प्रयास किया और कोई भी R_1 में, Xi के बाएं ओर नहीं बैठता है।

(ii) पंक्ति R_2 में Xc, Xi पीछे बैठने वाले व्यक्ति के ठीक दाएं ओर बैठता है।

(iii) जिस व्यक्ति ने 88 प्रश्नों का प्रयास किया है, वह उस व्यक्ति के दाएं ओर तीसरे स्थान पर बैठता है जिसने 75 प्रश्नों का प्रयास किया है।

(iv) Zi, Xc के दाएं ओर तीसरे स्थान पर बैठता है और उसने 86 प्रश्नों का प्रयास किया है।

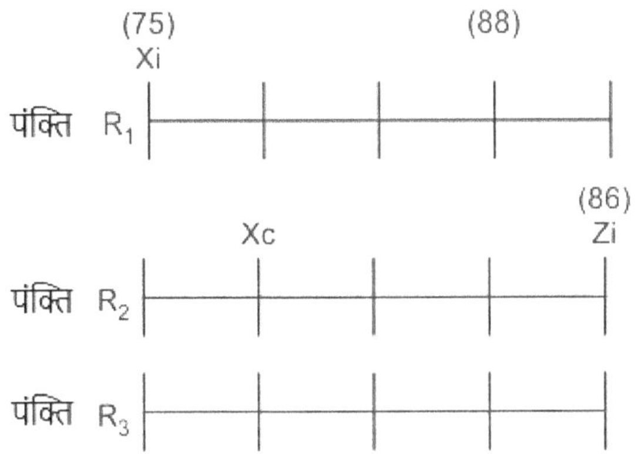

(v) Yi उस व्यक्ति के बाएं से दूसरे स्थान पर बैठता है जो Zi के ठीक पीछे बैठता है।

(vi) जितने व्यक्ति Yi और Wp के बीच बैठते हैं, उतने ही व्यक्ति Yi और Xz के बीच बैठते हैं।

(vii) Xc के पीछे न तो Xz और न ही Wp बैठता है।

(viii) Ue ने Zi से अधिक 2 प्रश्न का प्रयास किया।

इसका तात्पर्य यह है कि Ue ने 88 प्रश्नों का प्रयास किया और Xi के दाएं ओर तीसरे स्थान पर बैठता है।

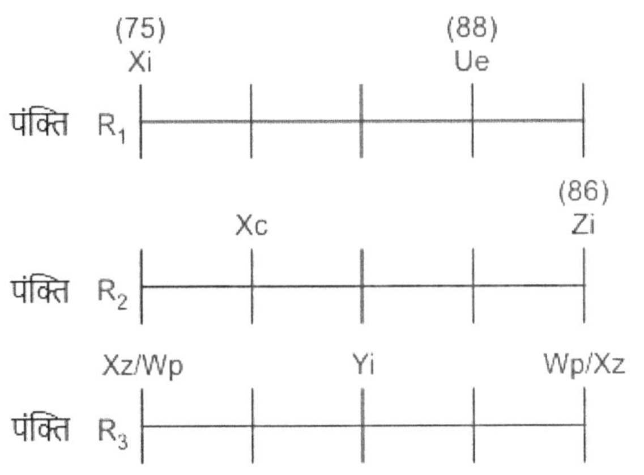

(ix) Ve, Xz के दाएं ओर तीसरे स्थान बैठता है।

(x) Vp ने Xi से अधिक 4 प्रश्न का प्रयास किया और उस व्यक्ति के सामने बैठता है जो Xc के ठीक दाएं ओर बैठता है।

(xi) Zc जिसने Ue से अधिक 2 प्रश्न का प्रयास किया, वह Zi के सामने बैठता है।

(xii) Wp ने Zi से कम 10 प्रश्नों का प्रयास किया।

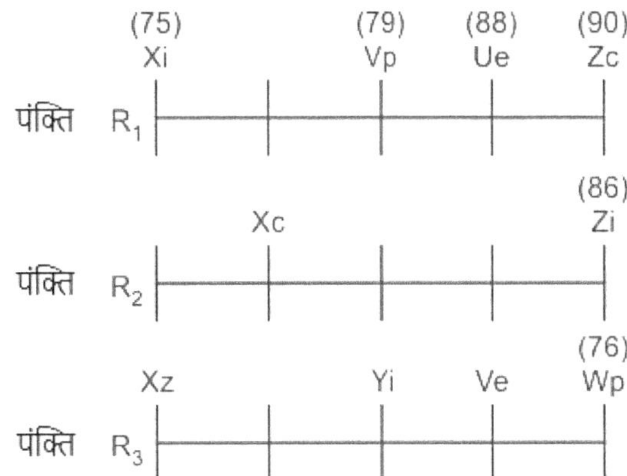

(xiii) We, Up के ठीक बाएं ओर बैठता है जिसने Ue से कम 10 प्रश्नों का प्रयास किया।

(xiv) Yv जिसने Zc से अधिक 9 प्रश्नों का प्रयास किया है वह पंक्ति के सामने एक पंक्ति में बैठता है जिसमें Yc बैठता है और Yc पंक्ति के सामने एक पंक्ति में बैठता है जिसमें Zv बैठता है।

(xv) Ve, Ue से कम 8 प्रश्नों का प्रयास करता है।

(xvi) Xc ने Vp से अधिक 10 प्रश्नों का प्रयास किया।

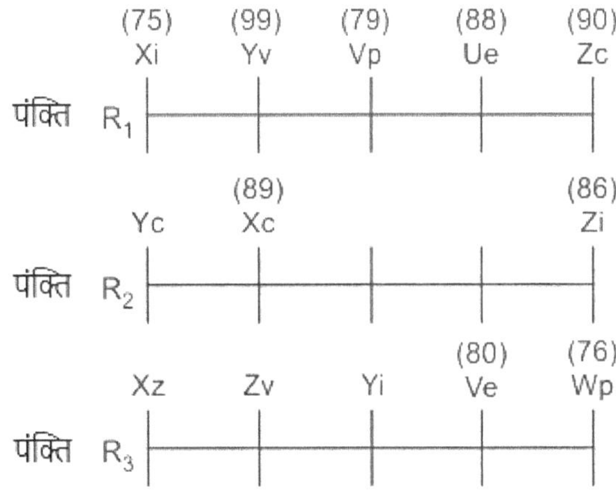

(xvii) Xz ने Wp से अधिक 21 प्रश्नों का प्रयास किया।

(xviii) Yi ने उन प्रश्नों का प्रयास किया जो Ue और Ve के औसत हैं।

(xix) Zv ने उस व्यक्ति की तुलना में 1 अधिक प्रश्न का प्रयास किया जो Zv के ठीक बाएं ओर बैठता है।

(xx) Yc द्वारा प्रयास किए गए प्रश्नों की संख्या Ve और Zi द्वारा किए गए प्रश्नों की संख्या का औसत है।

(xiii से) We और Up पंक्ति 2 में बैठते हैं।

(xii से) Wp ने 76 प्रश्नों का प्रयास किया।

(xxi) We द्वारा प्रयास किए गए प्रश्नों की संख्या Yi से दो प्रश्न कम है।

इसलिए, अंतिम व्यवस्था है,

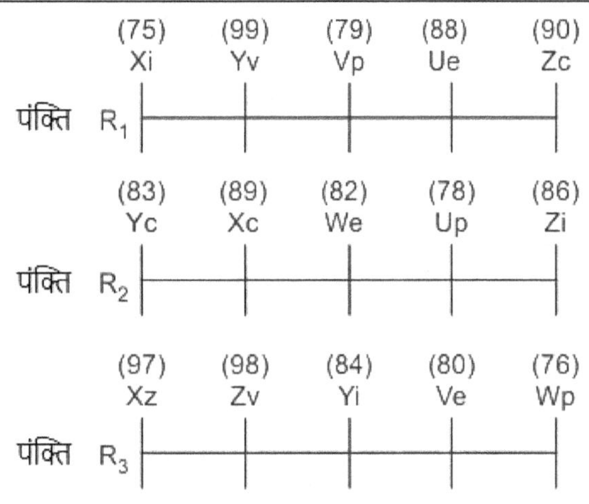

1. इसलिए, Xc ने 89 प्रश्नों का प्रयास किया।

अतः विकल्प (E) सही है।

2. इसलिए, Yc के दाएं ओर तीसरे स्थान पर Up बैठता है।

अतः विकल्प (C) सही है।

3. यहां Yi को छोड़कर सभी उम्मीदवारों ने विषम संख्या में प्रश्नों का प्रयास किया।

इसलिए, Yi समूह से संबंधित नहीं है।

अतः विकल्प (B) सही है।

4. इसलिए, Zc के बाएं ओर चौथे स्थान पर Xi बैठता है।

अतः विकल्प (E) सही है।

5. इसलिए, Zv और Wp के बीच दो व्यक्ति बैठते हैं।

अतः विकल्प (B) सही है।

Ques (6-10):आठ व्यक्ति: M, N, O, P, Q, R, S, T, U और V

आठ फिल्में: ZNMD, वेलकम, जय हो, पाइरेट्स, आयरनमैन, स्पाइडरमैन, रेस, एवेंजर्स, सिंड्रेला और गोलमाल

1. T दक्षिण सम्मुख रेखा के अंतिम छोर पर बैठा है और उसे रेस पसंद नहीं है।

2. जो व्यक्ति रेस पसंद करता है, वह दक्षिण के सम्मुख U के सामने बैठता है।

3. Q स्पाइडरमैन को पसंद करता है और उस व्यक्ति के ठीक बाए बैठा है जो उस व्यक्ति के सम्मुख है जिसे रेस पसंद है।

इन तीन वाक्यों के संयोजन पर, हमें तीन संभावित स्थितियां मिलती हैं।

स्थिति 1a: जब T दाएं से रेखा के अंतिम छोर पर बैठा हो।

U, बाएं से रेखा के अंतिम छोर पर बैठा है।

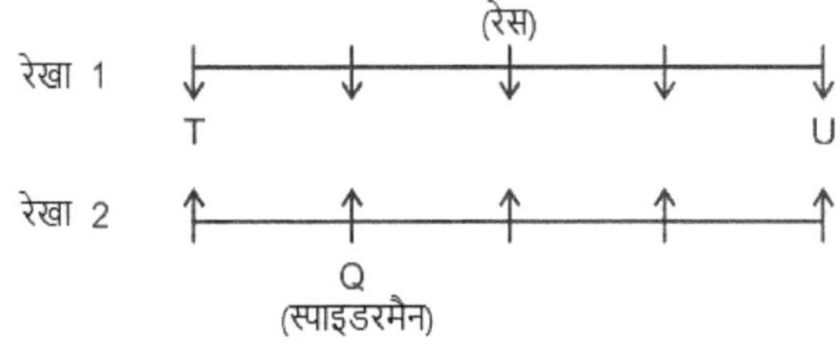

स्थिति 1b: जब T दाएं से रेखा के अंतिम छोर पर बैठा हो।

U बाएं से दूसरे स्थान पर बैठा है।

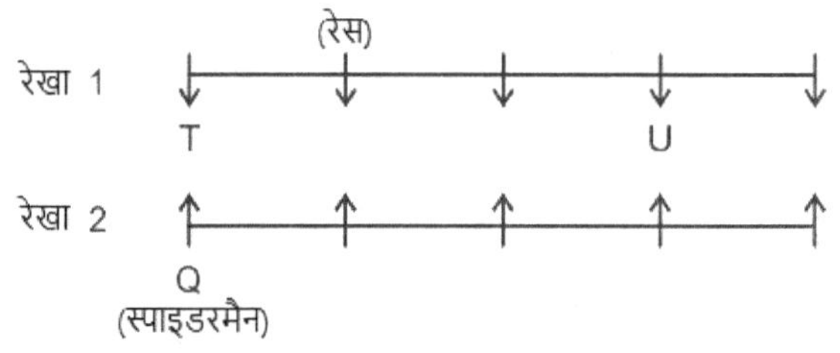

स्थिति 2: जब T बाएं से रेखा के अंतिम छोर पर बैठा हो।

U बाएं से दूसरे स्थान पर बैठा है।

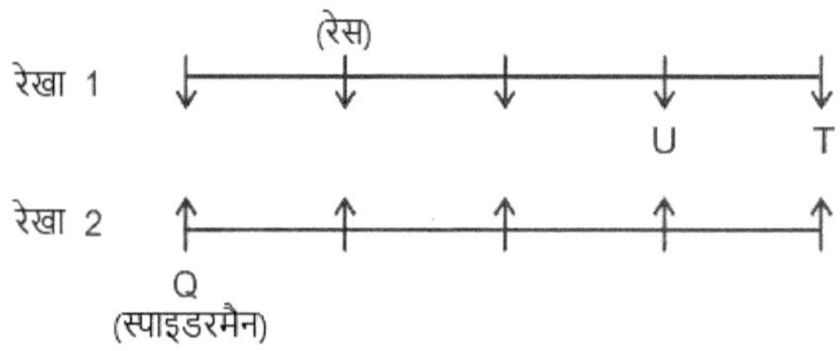

4. Q और N के बीच केवल एक व्यक्ति बैठा है।

5. N, S के ठीक बाएं बैठा है जो एवेंजर्स को पसंद करता है।

स्थिति 1a:

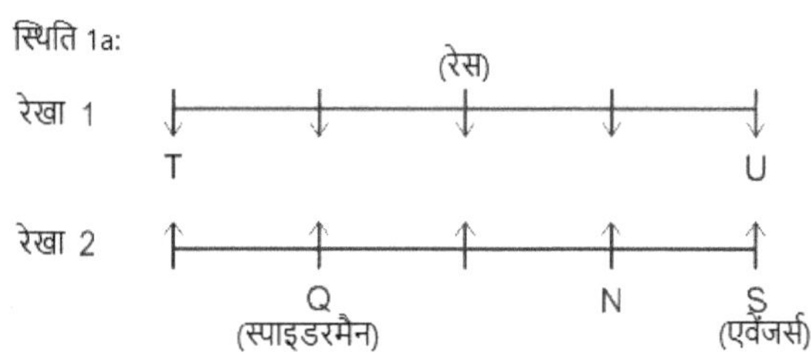

स्थिति 1b:

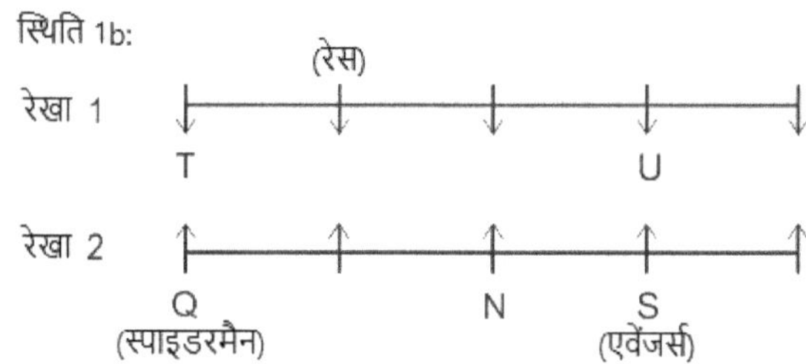

स्थिति 2:

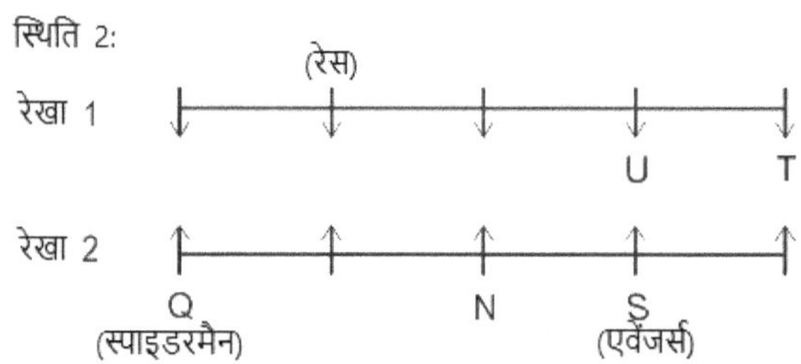

6. P उस व्यक्ति के ठीक दाएं बैठा है जो एवेंजर्स को पसंद करने वाले व्यक्ति के सम्मुख है।

7. N उस व्यक्ति के सम्मुख है जो गोलमाल को पसंद करता है और ZNMD और वेलकम पसंद नहीं करता है।

8. पाइरेट्स को पसंद करने वाला व्यक्ति वेलकम के विपरीत तिरछे बैठा है।

इन तीन वाक्यों को मिलाने पर,

स्थिति 1a: इस स्थिति में P गोलमाल को पसंद करेगा, क्योंकि वह उस व्यक्ति के ठीक दाएं बैठा है जो एवेंजर्स को पसंद करने वाले व्यक्ति के सम्मुख है, अर्थात S।

जिस व्यक्ति को पाइरेट्स और वेलकम पसंद है, वह पंक्ति के बाएं से रेखा के अंतिम छोर पर बैठेगा।

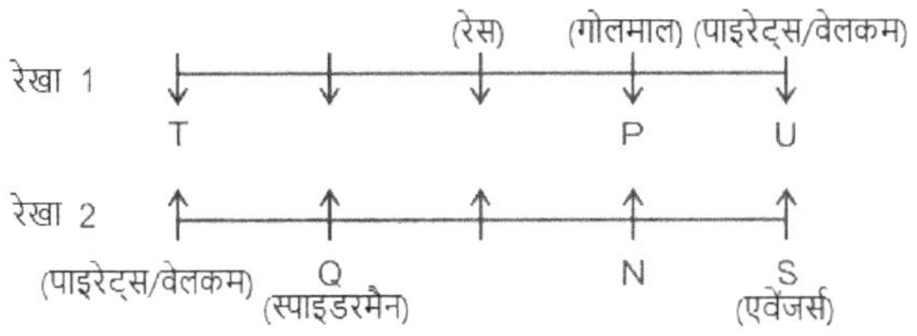

स्थिति 1b: इस स्थिति में P गोलमाल को पसंद करेगा, क्योंकि वह उस व्यक्ति के ठीक दाएं बैठा है जो एवेंजर्स को पसंद करने वाले व्यक्ति के सम्मुख है, अर्थात S

जिस व्यक्ति को पाइरेट्स और वेलकम पसंद है, वह पंक्ति के दाहिने से रेखा के अंतिम छोर पर बैठेगा।

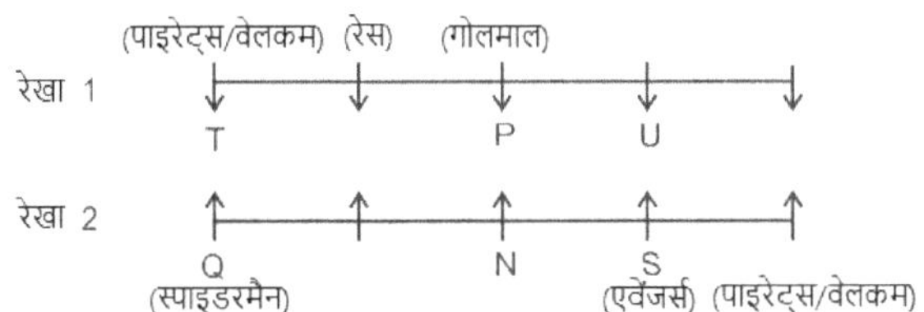

स्थिति 2: इस स्थिति में P गोलमाल को पसंद करेगा, क्योंकि वह उस व्यक्ति के तत्काल दाएं बैठा है जो एवेंजर्स को पसंद करने वाले व्यक्तिके सम्मुख है, अर्थात S

जिस व्यक्ति को पाइरेट्स और वेलकम पसंद है, वह पंक्ति के दाहिने छोर से लाइन के चरम छोर पर बैठेगा।

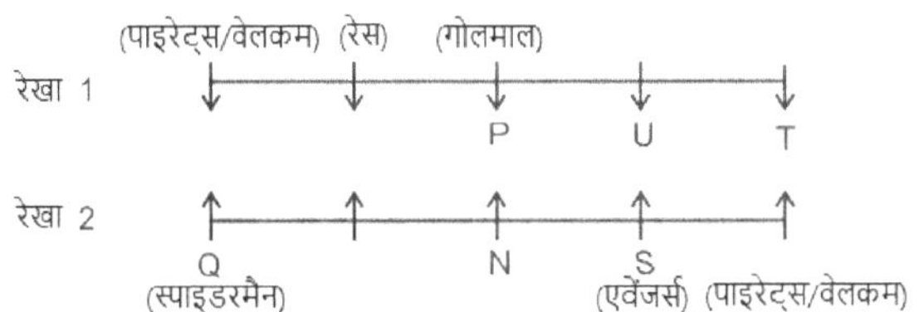

9. O, V के तीसरे बाएं बैठा है।

10. R के बाई ओर बैठे व्यक्तियों की संख्या ZNMD को पसंद करने वाले व्यक्ति के दाएं बैठे व्यक्तियों की संख्या के बराबर है।

इन दो वाक्यों को मिलाने पर,

स्थिति 1a को रद्द कर दिया गया है, क्योंकि प्रश्न के अनुसार O और V के बैठने के लिए कोई जगह नहीं बची है।

और 9 कथन से हमारे पास O और V की स्थिति के लिए हमारे पास फिर से तीन स्थिति हैं।

स्थिति 1b (1): जब V दक्षिण के सम्मुख दाएं से दूसरा बैठता है।

केवल इस स्थिति में जब R, उत्तर की ओर दाहिने से रेखा के अंतिम छोर पर बैठता है, और O को ZNMD पसंद है, तो यह स्थिति संभव है, क्योंकि इस स्थिति को संतुष्ट करने के लिए कोई अन्य स्थान उपलब्ध नहीं है।

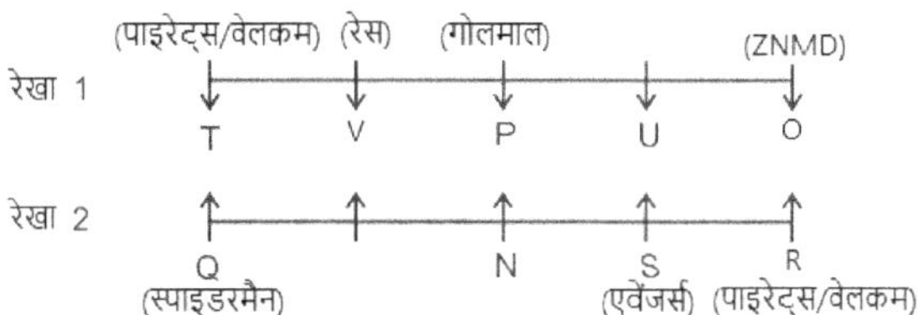

स्थिति 1b (2): जब V उत्तर के सम्मुख रेखा के दाहिने से अंतिम छोर पर बैठता है।

इस स्थिति में R को रेस फ़िल्म पसंद है और O को ZNMD पसंद है, और वे एक-दूसरे के सम्मुख हैं, केवल तभी R के बाएं समान संख्या में व्यक्ति होंगे और ZNMD को पसंद करने वाले व्यक्ति के दाएं मान संख्या में व्यक्ति होंगे अर्थात O सम्भव है।

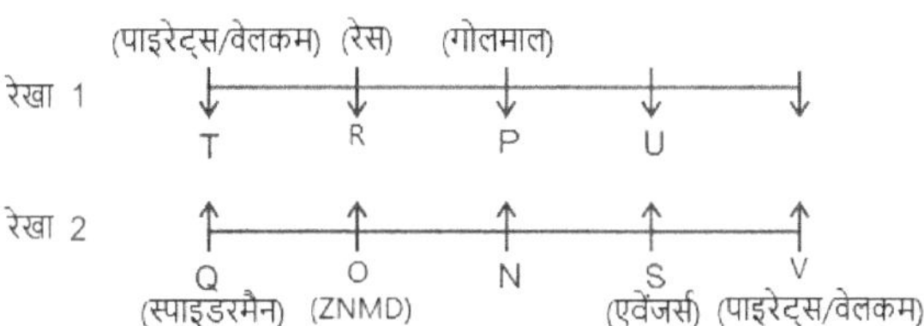

स्थिति 2: जब V उत्तर के सम्मुख रेखा दाहिने से अंतिम छोर पर बैठता है।

इस स्थिति में R को रेस फ़िल्म पसंद है और O को ZNMD पसंद है, और वे एक-दूसरे के सम्मुख बैठे हैं, केवल तभी R के बाएं समान संख्या में व्यक्ति होंगे और ZNMD को पसंद करने वाले व्यक्ति के दाएं मान संख्या में व्यक्ति होंगे अर्थात O सम्भव है।

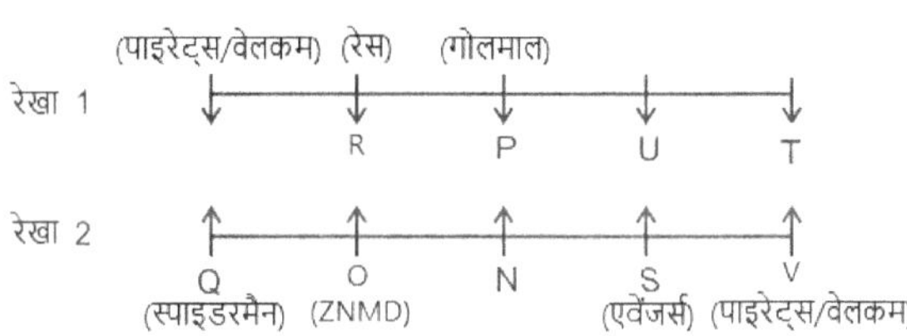

11. M, उस व्यक्ति के विपरीत तिरछे बैठा है जो वेलकम पसंद करता है।

12. सिंड्रेला के सम्मुख करने वाला व्यक्ति पाइरेट्स और गोलमाल को पसंद नहीं करता है।

13. जिन व्यक्तियों को आयरनमैन और गोलमाल पसंद हैं, वे उत्तर के सम्मुख नहीं बैठते हैं।

इन तीन वाक्यों के संयोजन पर,

स्थिति 1b (1) को रद्द कर दिया जाता है, क्योंकि इस स्थिति में M के बैठने के लिए कोई जगह नहीं बची है, और इस प्रश्न में उल्लेख किया गया है कि M तिरछे विपरीत बैठता है।

स्थिति 1b (2) को रद्द कर दिया जाता है, क्योंकि इस स्थिति में M उस व्यक्ति के विपरीत तिरछे बैठते हैं जो स्पाइडरमैन को पसंद करता है जो संभव नहीं है।

अब, स्थिति 2 में, M दक्षिण के दाएं से पंक्ति के अंतिम छोर पर बैठेगा, इस से V को वेलकम फ़िल्म पसंद है, और T को पाइरेट्स फ़िल्म पसंद है।

T, सिंड्रेला को पसंद करेगा, यह उस व्यक्ति के सम्मुख है जिसे वेलकम फिल्म पसंद है जो V है।

U आयरनमैन को पसंद करेंगे, यह उल्लेख किया गया है कि जो व्यक्ति आयरनमैन को पसंद करता है, उसका मुख उत्तर की ओर नहीं है, इसलिए, U आयरनमैन को पसंद करता है।

अब, केवल N को छूट गया है और केवल एक फिल्म छूट गई है अर्थात जय हो, इसलिए N को जय हो पसंद है।

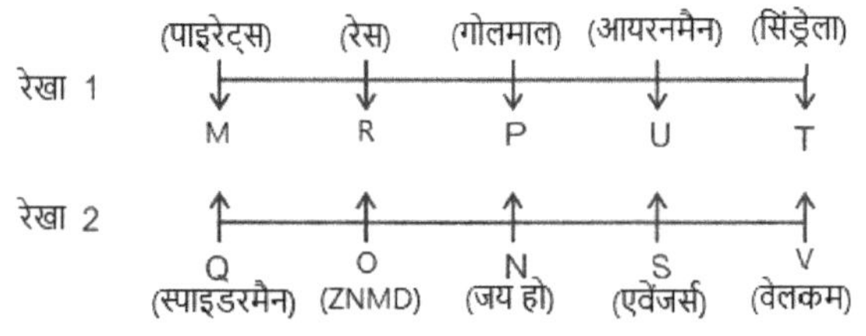

अंतिम व्यवस्था इस प्रकार है:

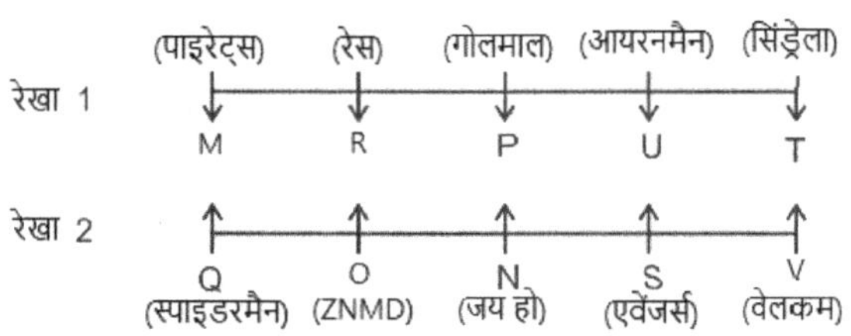

6. सिवाय, गोलमाल के सभी चार फिल्में उन व्यक्तियों द्वारा पसंद की जाती हैं जो लाइन के चरम छोर पर बैठे व्यक्तियों के तत्काल पड़ोसी हैं।

इसलिए, गोलमाल समूह से संबंधित नहीं है।

अतः विकल्प (C) सही है।

7. O और T की स्थिति बदलने के बाद, हम प्राप्त करते हैं,

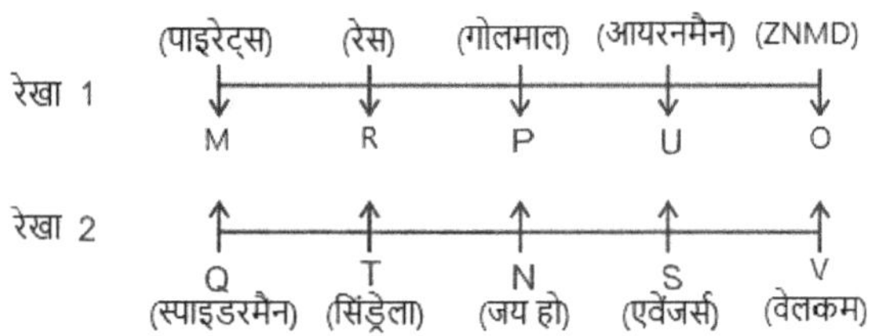

इसलिए, V, T के दायें से तीसरे स्थान पर बैठता है, यदि O और T अपनी स्थिति को बदल देते हैं।

अतः विकल्प (C) सही है।

8. इसलिए, N जय हो सही है।

अतः विकल्प (E) सही है।

9. O, R के सम्मुख है।

O को ZNMD फ़िल्म पसंद है।

इसलिए, ZNMD वह फिल्म है जो उस व्यक्ति द्वारा पसंद की जाती है जो R का के सम्मुख है।

अतः विकल्प (D) सही है।

10. इसलिए, N को जय हो फिल्म पसंद है।

अतः विकल्प (D) सही है।

Ques (11-15):A और F के बीच में दो व्यक्ति बैठे हैं लेकिन उनमें से कोई भी चिकित्सक नहीं है।

N और A एक ही पंबित गें बैठे हैं लेकिन N किरी एक छोर गर बैठा है और J उसके ठीक पीछे या उसके सामने बैठा है।

स्थिति 1.1:

व्यवसाय	पंक्ति	उत्तर(↑)				
अभियंता	पंक्ति-1	N	A			F
चिकित्सक	पंक्ति-2	J				

स्थिति 1.2:

व्यवसाय	पंक्ति	उत्तर(↑)				
अभियंता	पंक्ति-1	N	F			A
चिकित्सक	पंक्ति-2	J				
शिक्षक	पंक्ति-3					

स्थिति 2.1:

व्यवसाय	पंक्ति	उत्तर(↑)				
अभियंता	पंक्ति-1	A			F	N
चिकित्सक	पंक्ति-2					J
शिक्षक	पंक्ति-3					

स्थिति 2.2:

व्यवसाय	पंक्ति	उत्तर(↑)				
अभियंता	पंक्ति-1	F			A	N
चिकित्सक	पंक्ति-2					J
शिक्षक	पंक्ति-3					

स्थिति 3.1:

व्यवसाय	पंक्ति	उत्तर(↑)				
अभियंता	पंक्ति-1					
चिकित्सक	पंक्ति-2	J				
शिक्षक	पंक्ति-3	N	A			F

स्थिति 3.2:

व्यवसाय	पंक्ति	उत्तर(↑)				
अभियंता	पंक्ति-1					
चिकित्सक	पंक्ति-2	J				
शिक्षक	पंक्ति-3	N	F			A

स्थिति 4.1:

व्यवसाय	पंक्ति	उत्तर(↑)				
अभियंता	पंक्ति-1					
चिकित्सक	पंक्ति-2					J
शिक्षक	पंक्ति-3	A			F	N

स्थिति 4.2:

व्यवसाय	पंक्ति	उत्तर(↑)				
अभियंता	पंक्ति-1					
चिकित्सक	पंक्ति-2					J
शिक्षक	पंक्ति-3	F			A	N

E एक शिक्षक है और दो व्यक्ति उसके और L के बीच में बैठे हैं लेकिन न तो E न ही L, J के ठीक पीछे बैठा है।

स्थिति 3.1, 3.2, 4.1, 4.2 में E और L स्थापित नहीं किये जा सकते। इस प्रकार, ये स्थितियाँ रद्द हो जाती हैं।

स्थिति 1.1.1:

व्यवसाय	पंक्ति	उत्तर(↑)				
अभियंता	पंक्ति-1	N	A			F
चिकित्सक	पंक्ति-2	J				
शिक्षक	पंक्ति-3		E			L

स्थिति 1.1.2:

व्यवसाय	पंक्ति	उत्तर(↑)				
अभियंता	पंक्ति-1	N	A			F
चिकित्सक	पंक्ति-2	J				

व्यवसाय	पंक्ति	उत्तर(↑)				
शिक्षक	पंक्ति-3		L			E

स्थिति 1.2.1:

व्यवसाय	पंक्ति	उत्तर(↑)				
अभियंता	पंक्ति-1	N	F			A
चिकित्सक	पंक्ति-2	J				
शिक्षक	पंक्ति-3		E			L

स्थिति 1.2.2:

व्यवसाय	पंक्ति	उत्तर(↑)				
अभियंता	पंक्ति-1	N	F			A
चिकित्सक	पंक्ति-2	J				
शिक्षक	पंक्ति-3		L			E

स्थिति 2.1.1:

व्यवसाय	पंक्ति	उत्तर(↑)				
अभियंता	पंक्ति-1	A			F	N
चिकित्सक	पंक्ति-2					J
शिक्षक	पंक्ति-3	E			L	

स्थिति 2.1.2:

व्यवसाय	पंक्ति	उत्तर(↑)				
अभियंता	पंक्ति-1	A			F	N
चिकित्सक	पंक्ति-2					J
शिक्षक	पंक्ति-3	L			E	

स्थिति 2.2.1:

व्यवसाय	पंक्ति	उत्तर(↑)				
अभियंता	पंक्ति-1	F			A	N
चिकित्सक	पंक्ति-2					J
शिक्षक	पंक्ति-3	E			L	

स्थिति 2.2.2:

व्यवसाय	पंक्ति	उत्तर(↑)				
अभियंता	पंक्ति-1	F			A	N
चिकित्सक	पंक्ति-2					J
शिक्षक	पंक्ति-3	L			E	

N और O के बीच बैठे व्यक्तियों की संख्या E और H के बीच बैठे व्यक्तियों की संख्या के समान है।

I, O के ठीक पीछे बैठा है।

N और O के बीच में 1 या 2 व्यक्ति हो सकते हैं।

E और H के बीच में या तो 0 या 1 व्यक्ति हो सकता है।

N और O तथा E और H के बीच के बैठे व्यक्ति की संख्या समान होनी चाहिए। इसलिए, हम कह सकते हैं कि उनके बीच केवल एक ही व्यक्ति है।

स्थिति 1.1.1:

व्यवसाय	पंक्ति	उत्तर(↑)				
अभियंता	पंक्ति-1	N	A	O		F
चिकित्सक	पंक्ति-2	J		I		
शिक्षक	पंक्ति-3		E		H	L

स्थिति 1.1.2:

व्यवसाय	पंक्ति	उत्तर(↑)				
अभियंता	पंक्ति-1	N	A	O		F
चिकित्सक	पंक्ति-2	J		I		
शिक्षक	पंक्ति-3		L	H		E

स्थिति 1.2.1:

व्यवसाय	पंक्ति	उत्तर(↑)				
अभियंता	पंक्ति-1	N	F	O		A
चिकित्सक	पंक्ति-2	J		I		
शिक्षक	पंक्ति-3		E		H	L

स्थिति 1.2.2:

व्यवसाय	पंक्ति	उत्तर(↑)				
अभियंता	पंक्ति-1	N	F	O		A
चिकित्सक	पंक्ति-2	J		I		
शिक्षक	पंक्ति-3		L	H		E

स्थिति 2.1.1:

व्यवसाय	पंक्ति	उत्तर(↑)				
अभियंता	पंक्ति-1	A		O	F	N
चिकित्सक	पंक्ति-2			I		J
शिक्षक	पंक्ति-3	E		H	L	

स्थिति 2.1.2:

व्यवसाय	पंक्ति	उत्तर(↑)				
अभियंता	पंक्ति-1	A		O	F	N
चिकित्सक	पंक्ति-2			I		J
शिक्षक	पंक्ति-3	L	H		E	

स्थिति 2.2.1:

व्यवसाय	पंक्ति	उत्तर(↑)				
अभियंता	पंक्ति-1	F		O	A	N
चिकित्सक	पंक्ति-2			I		J
शिक्षक	पंक्ति-3	E		H	L	

स्थिति 2.2.2:

व्यवसाय	पंक्ति	उत्तर(↑)				
अभियंता	पंक्ति-1	F		O	A	N
चिकित्सक	पंक्ति-2			I		J
शिक्षक	पंक्ति-3	L	H		E	

G, A के ठीक पीछे बैठा है लेकिन L के ठीक सामने नहीं है।

स्थिति 1.1.2, 1.2.1, 2.1.2, 2.2.1 में G, L के ठीक सामने बैठा है। इसलिए, ये स्थितियाँ रद्द हो जाती हैं।

स्थिति 1.1.1:

व्यवसाय	पंक्ति	उत्तर(↑)				
अभियंता	पंक्ति-1	N	A	O		F
चिकित्सक	पंक्ति-2	J	G	I		
शिक्षक	पंक्ति-3		E		H	L

स्थिति 1.2.2:

व्यवसाय	पंक्ति	उत्तर(↑)				
अभियंता	पंक्ति-1	N	F	O		A
चिकित्सक	पंक्ति-2	J		I		G
शिक्षक	पंक्ति-3		L	H		E

स्थिति 2.1.1:

व्यवसाय	पंक्ति	उत्तर(↑)				
अभियंता	पंक्ति-1	A		O	F	N
चिकित्सक	पंक्ति-2	G		I		J
शिक्षक	पंक्ति-3	E		H	L	

स्थिति 2.2.2:

व्यवसाय	पंक्ति	उत्तर(↑)			
अभियंता	पंक्ति-1	F		O	A	N
चिकित्सक	पंक्ति-2			I	G	J
शिक्षक	पंक्ति-3	L	H		E	

C, H के निकटतम दाएं बैठा है।

स्थिति 1.1.1 और 2.1.1 में H के निकटतम दाएं C के लिए कोई स्थान नहीं है। इसलिए, ये स्थितियाँ रद्द हो जाती है।

स्थिति 1.2.2:

व्यवसाय	पंक्ति	उत्तर(↑)			
अभियंता	पंक्ति-1	N	F	O		A
चिकित्सक	पंक्ति-2	J		I		G
शिक्षक	पंक्ति-3		L	H	C	E

स्थिति 2.2.2:

व्यवसाय	पंक्ति	उत्तर(↑)			
अभियंता	पंक्ति-1	F		O	A	N
चिकित्सक	पंक्ति-2			I	G	J
शिक्षक	पंक्ति-3	L	H	C	E	

K न तो एक अभियंता है और न ही . की पंक्ति में बैठा है लेकिन वह किसी एक छोर पर बैठा है।

स्थिति 1.2.2:

व्यवसाय	पंक्ति	उत्तर(↑)			
अभियंता	पंक्ति-1	N	F	O		A
चिकित्सक	पंक्ति-2	J		I		G
शिक्षक	पंक्ति-3	K	L	H	C	E

स्थिति 2.2.2:

व्यवसाय	पंक्ति	उत्तर(↑)			
अभियंता	पंक्ति-1	F		O	A	N
चिकित्सक	पंक्ति-2			I	G	J
शिक्षक	पंक्ति-3	L	H	C	E	K

D एक अभियंता नहीं है।

M, G की पंक्ति में बैठा है लेकिन वे एक दूसरे के पड़ोसी नहीं हैं।

H के सामने न तो D न ही M बैठा है।

स्थिति 2.2.2 में, D और M स्थापित नहीं किये जा सकते। इस प्रकार स्थिति 2.2.2 रद्द हो जाती है।

इस प्रकार, B एक अभियंता है।

स्थिति 1.2.2:

व्यवसाय	पंक्ति	उत्तर(↑)			
अभियंता	पंक्ति-1	N	F	O	B	A
चिकित्सक	पंक्ति-2	J	M	I	D	G
शिक्षक	पंक्ति-3	K	L	H	C	E

11. B – L – F को छोड़कर सभी व्यक्ति अलग-अलग पंक्तियों में हैं।

इसलिए, सही उत्तर B – O – F है।

अतः विकल्प (D) सही है।

12. M, D के बाएं से दूसरे स्थान पर बैठा है।

अतः विकल्प (C) सही है।

13. N और B के बीच में दो व्यक्ति बैठे हैं।

अतः विकल्प (A) सही है।

14. K-C-H शिक्षकों का जोड़ा है।

अतः विकल्प (C) सही है।

15. J, पंक्ति के किसी एक छोर पर बैठा है।

अतः विकल्प (E) सही है।

Ques (16-20):10 मिसाइल: आकाश, अस्त्र, त्रिशूल, निर्भय, ब्रह्मोस, अग्नि, शौर्य, आश्विन, अमोघ और नाग

मिसाइलों के प्रकार: छोटी दूरी और लम्बी दूरी

(1) दक्षिण के सम्मुख वाली पंक्ति में छोटी दूरी की मिसाइल और उत्तर के सम्मुख वाली पंक्ति में लम्बी दूरी की मिसाइल हैं।

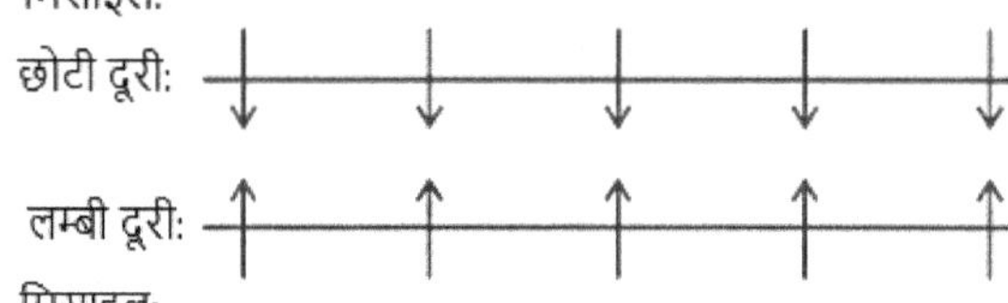

(2) 130 और 125 किलो वजन वाली मिसाइलों को उत्तर के सम्मुख वाली पंक्ति के कोने पर रखा गया है।

(3) मिसाइल आकाश को पंक्ति के अंतिम दायीं कोने पर रखा गया है आयर वह छोटी दूरी की मिसाइल है।

(4) नाग को आकाश के बायीं ओर से दूसरे स्थान पर रखा गया है, जो आश्विन के सम्मुख है।

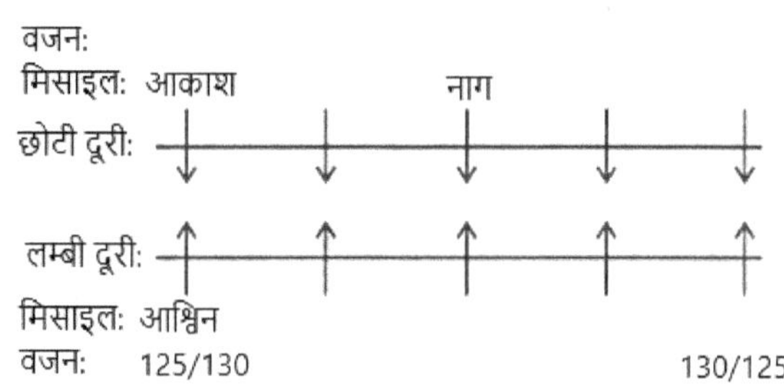

(5) मिसाइल आश्विन सबसे भारी नहीं है। (इसलिए आश्विन का वजन 130 किलो नहीं है)

(6) मिसाइल निर्भय के दायीं ओर दो से अधिक मिसाइल रखी हैं।

(7) मिसाइल ब्रह्मोस, जो निर्भय के सम्मुख है, को किसी भी कोने पर नहीं रखा गया है।

(8) मिसाइल ब्रह्मोस और अग्नि के बीच दो मिसाइल है।

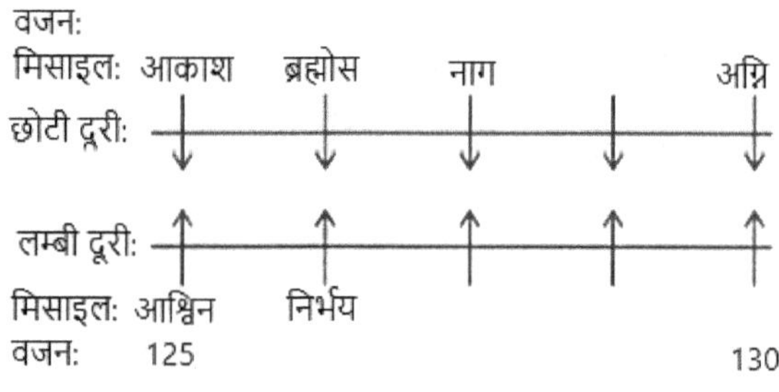

(9) मिसाइल अस्त्र सबसे कम वजन वाली मिसाइल के सम्मुख है।

(10) मिसाइल अस्त्र उस मिसाइल के बायीं ओर है और त्रिशूल उनमें से सबसे भारी है, लेकिन ठीक बगल में नहीं है।

(11) मिसाइल अस्त्र केवल चार मिसाइलों से भारी है।

(12) त्रिशूल के बायीं ओर केवल एक मिसाइल रखी गयी है जो 105 किलो वजन वाली मिसाइल के सम्मुख है।

(13) अग्नि, शौर्य के सम्मुख नहीं है।

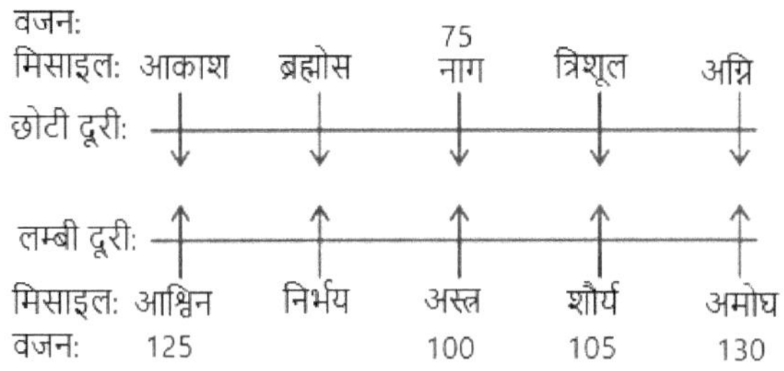

(14) 120 किलो वजन वाली मिसाइल 110 किलो वजन वाली मिसाइल के सम्मुख है जो दक्षिण के सम्मुख है।

(15) मिसाइल अग्नि, आकाश से भारी लेकिन त्रिशूल से हल्की है।

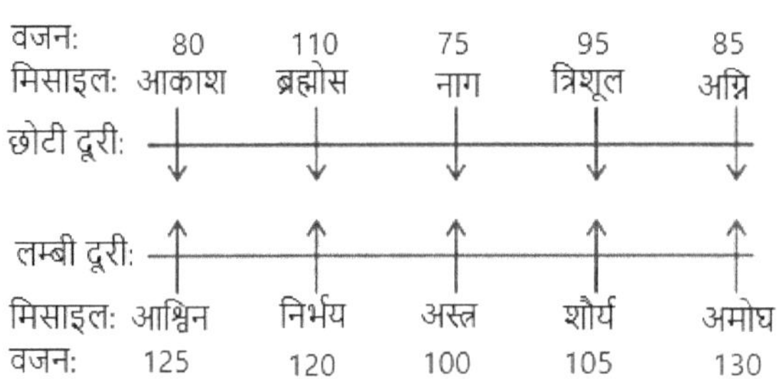

16. इसलिए, मिसाइल निर्भय, मिसाइल ब्रह्मोस के सम्मुख है।

अतः विकल्प (A) सही है।

17. इसलिए, मिसाइल शौर्य का वजन 105 किलो है।

अतः विकल्प (D) सही है।

18. उपरोक्त व्यवस्था से हम यह निष्कर्ष निकाल सकते हैं कि अश्विन, निर्भय, अस्त्र और अमोघ लंबी दूरी की मिसाइल हैं, जबकि अग्नि छोटी दूरी की मिसाइल है।

इस प्रकार, अग्नि दिए गए में से विषम है।

अतः विकल्प (D) सही है।

19. शौर्य मिसाइल त्रिशूल के सम्मुख है, जिसका वजन 95 है।

अतः विकल्प (C) सही है।

20. इसलिए, त्रिशूल का वजन 95 किलो है।

अतः विकल्प (B) सही है।

Ques (21-25):10 व्यक्ति: A, B, C, D, E, P, Q, R, S और T

10 राज्य: दिल्ली, तमिलनाडु, गुजरात, राजस्थान, पंजाब, बिहार, कर्नाटक, हरियाणा, असम और केरल

10 रंग: लाल, हरा, नीला, सफेद, पीच, काला, पीला, भूरा, सिल्वर और गुलाबी।

दिशा के सम्मुख: उत्तर और दक्षिण

(1) बिहार से संबंधित व्यक्ति, नीला रंग पसंद करने वाले व्यक्ति के बाएं से तीसरे स्थान पर है।

(2) P उत्तर दिशा के सम्मुख नहीं है, लेकिन नीला रंग पसंद करने वाले व्यक्ति के निकटतम दाएं बैठा है।

(3) पीला रंग पसंद करने वाला व्यक्ति D के दाएं से दूसरे स्थान पर है।

(4) P न तो पीला रंग पसंद करता है न ही D के सम्मुख है।

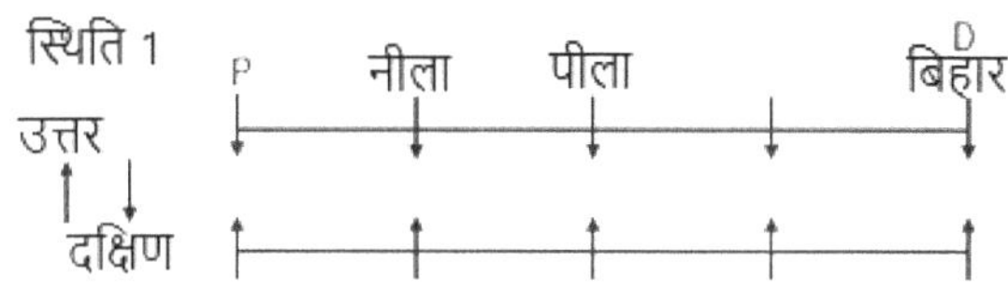

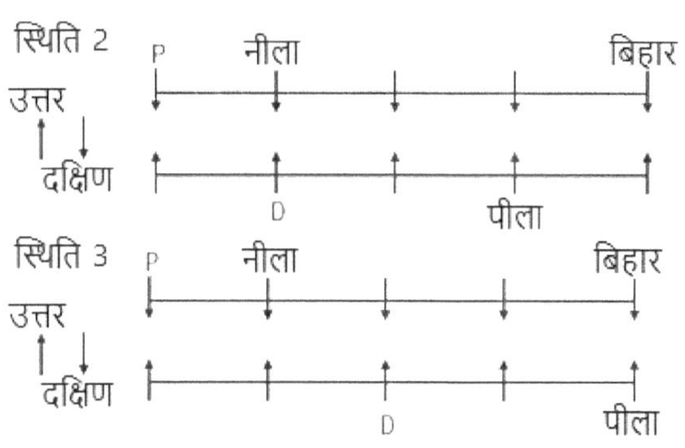

(5) हरियाणा से संबंधित व्यक्ति, उस व्यक्ति के सम्मुख है जो P के बाएं से तीसरे स्थान पर है।

(6) A उस व्यक्ति के बाएं से तीसरे स्थान पर है जो हरियाणा से संबंधित है।

(7) केवल एक व्यक्ति A और गुलाबी रंग पसंद करने वाले के बीच में बैठा है।

(8) B, राजस्थान से संबंधित व्यक्ति के सम्मुख है।

(9) D, राजस्थान से संबंधित व्यक्ति का निकटतम पड़ोसी है।

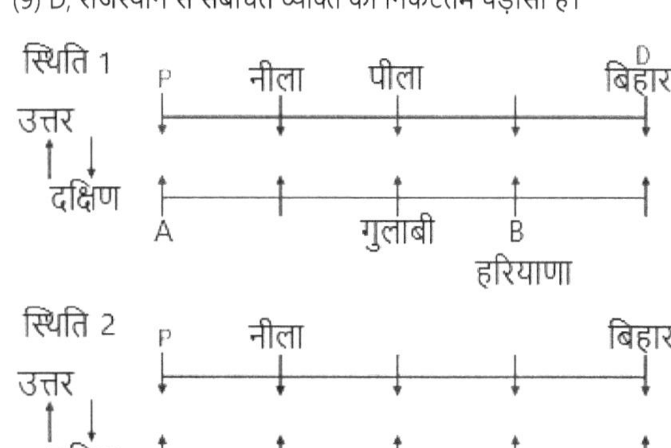

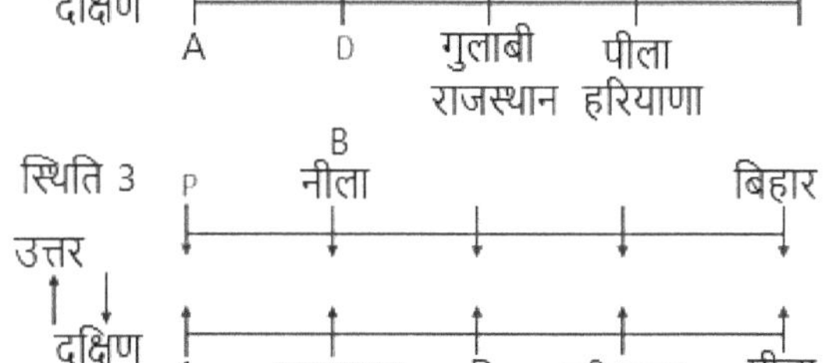

(10)

T असम से संबंधित व्यक्ति के दाएं से तीसरे स्थान पर बैठा है।

(11) T किसी भी छोर पर नहीं बैठा है।

इस प्रकार, स्थिति 1 समाप्त होती है।

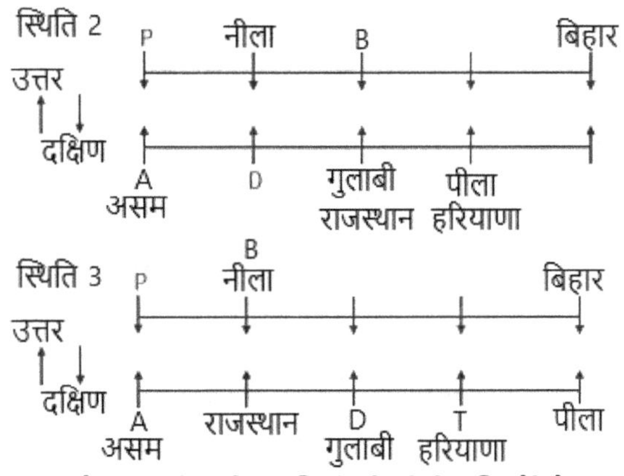

(12) R और पंजाब से संबंधित व्यक्ति के बीच में दो व्यक्ति बैठे हैं।

(13) P पंजाब से संबंधित नहीं है।

(14) R, T का निकटतम पड़ोसी नहीं है।

(15) दिल्ली से संबंधित व्यक्ति, लाल रंग पसंद करने वाले व्यक्ति निकटतम पड़ोसी है।

(16) R, लाल रंग पसंद करने वाले का निकटतम पड़ोसी है।

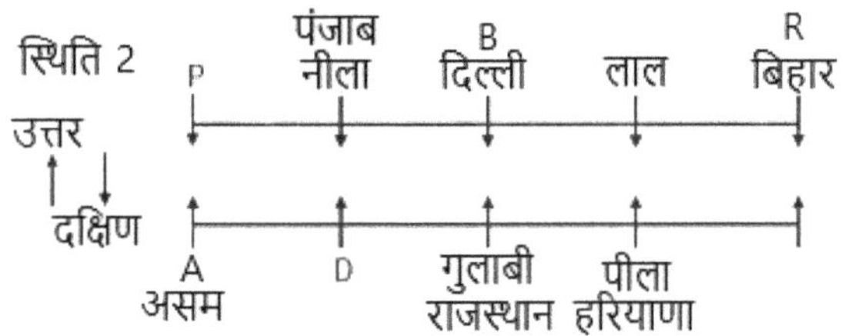

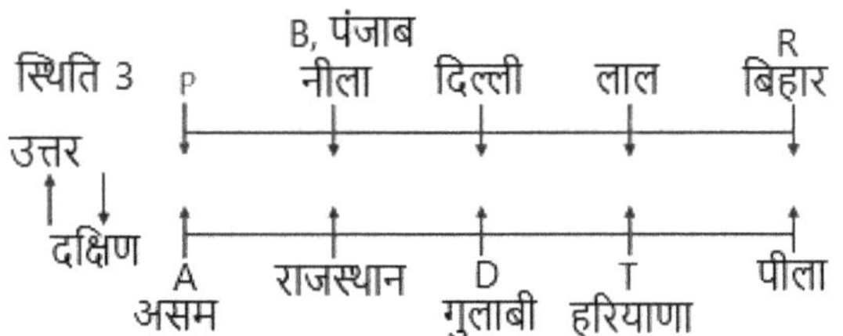

(17) C उस व्यक्ति के सम्मुख है जो काला रंग पसंद करने वाले के दाएं से तीसरे स्थान पर बैठा है।

(18) A काला रंग पसंद नहीं करता।

इस प्रकार, स्थिति 2 समाप्त हो जाती है।

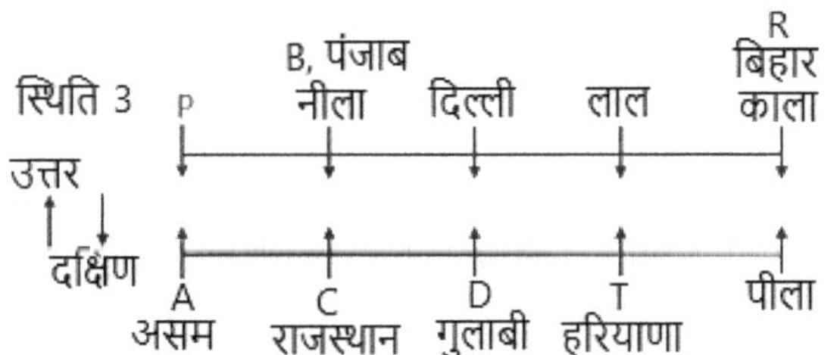

(19) तमिलनाडु से संबंधित व्यक्ति, सिल्वर रंग पसंद करने वाले व्यक्ति दाएं से दूसरे स्थान पर बैठा है।

(20) E, गुजरात से संबंधित व्यक्ति का निकटतम पड़ोसी है।

(21) Q केरल से संबंधित व्यक्ति के दाएं से दूसरे स्थान पर बैठा है।

(22) S हरा रंग पसंद करने वाले व्यक्ति के सम्मुख है।

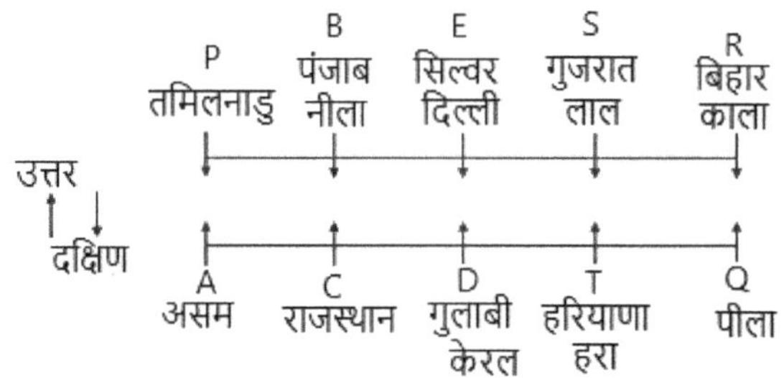

(23) सफेद रंग पसंद करने वाला व्यक्ति पीच रंग पसंद करने वाले व्यक्ति के निकटतम बाएं बैठा है।

इस प्रकार, अंतिम व्यवस्था निम्नानुसार है:

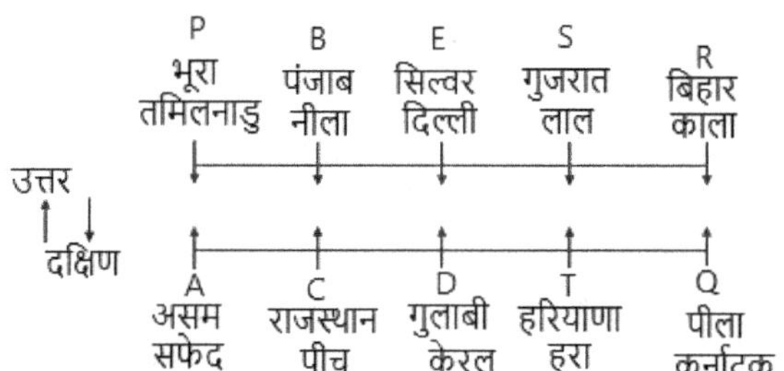

21. इसलिए, राजस्थान से संबंधित व्यक्ति पीच रंग पसंद करता है।

अतः विकल्प (D) सही है।

22. इसलिए, Q कर्नाटक से संबंधित है।

अतः विकल्प (B) सही है।

23. इसलिए, P तमिलनाडु से संबंधित है।

अतः विकल्प (A) सही है।

24. इसलिए, T हरा रंग पसंद करता है।

अतः विकल्प (B) सही है।

25. इसलिए, संयोजन "R - बिहार - लाल" सही नहीं है।

अतः विकल्प (E) सही है।

Ques (26-30):मानसिक रोगी:

पंक्ति 1: अनुज, करण, विराज और प्रेम (दक्षिण दिशा के सम्मुख)

पंक्ति 2: कुश, अजय, चेतन और दक्ष (उत्तर दिशा के सम्मुख)

मानसिक अस्पताल के स्थान: पंजाब, गुजरात, हरियाणा, बिहार, झारखंड, महाराष्ट्र, केरल और असम

1) करण, असम के व्यक्ति के दाएं से दूसरे स्थान पर बैठा है।

2) चेतन, असम के व्यक्ति के निकटतम पड़ोसी के सम्मुख बैठा है।

3) चेतन और बिहार के व्यक्ति के बीच में केवल एक व्यक्ति बैठा है।

स्थिति-1

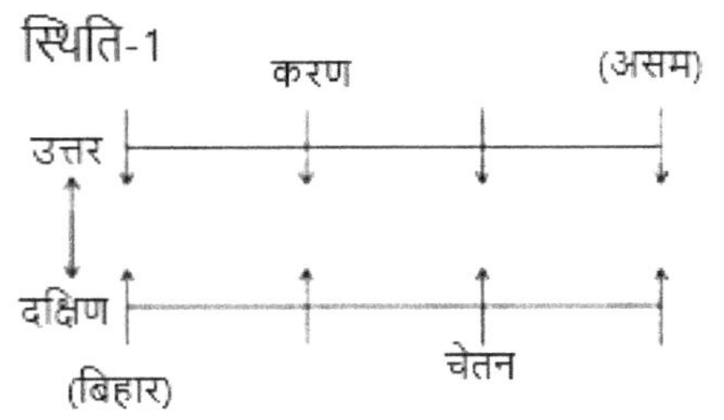

स्थिति-2

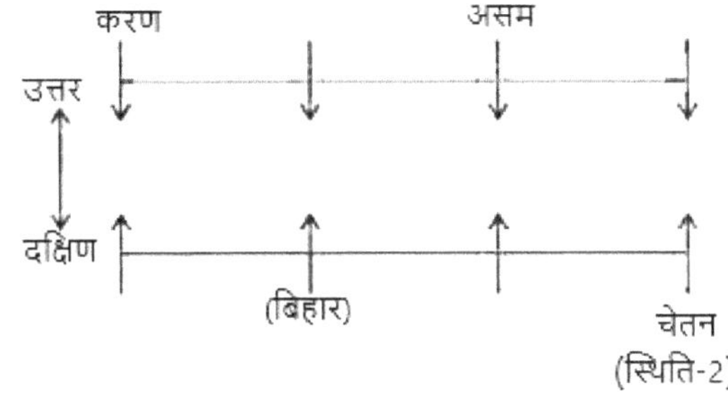

स्थिति-3

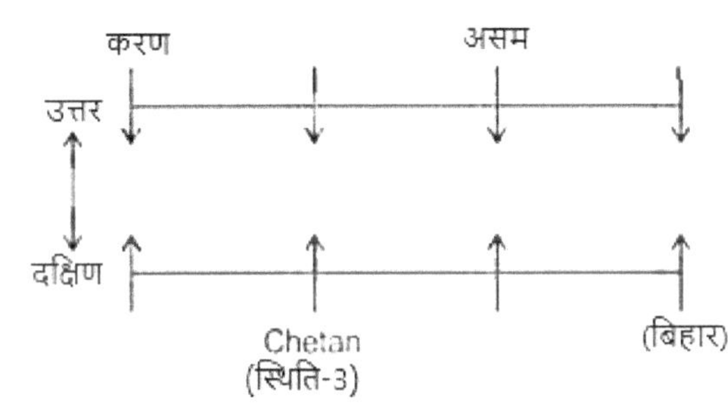

4) दक्ष और केरल के व्यक्ति के बीच में दो व्यक्ति बैठे हैं।

5) कुश, पंजाब के व्यक्ति के सम्मुख बैठा है।

स्थिति-1

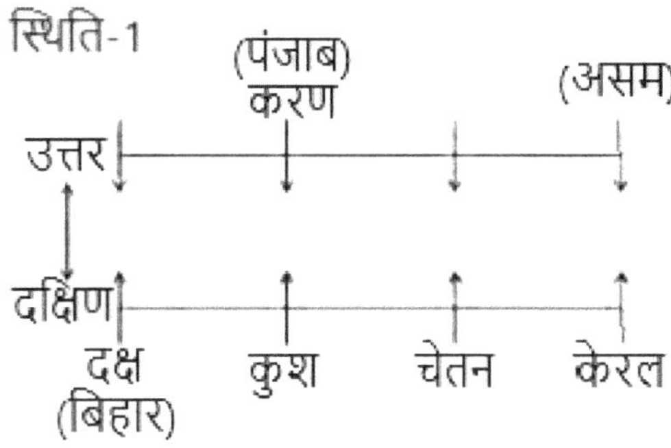

स्थिति-2

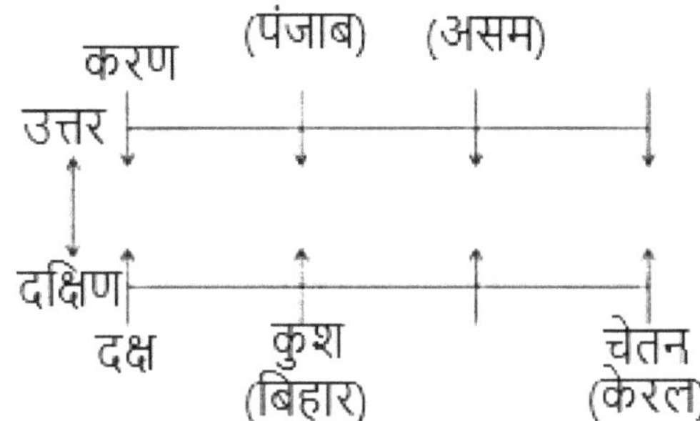

स्थिति-3

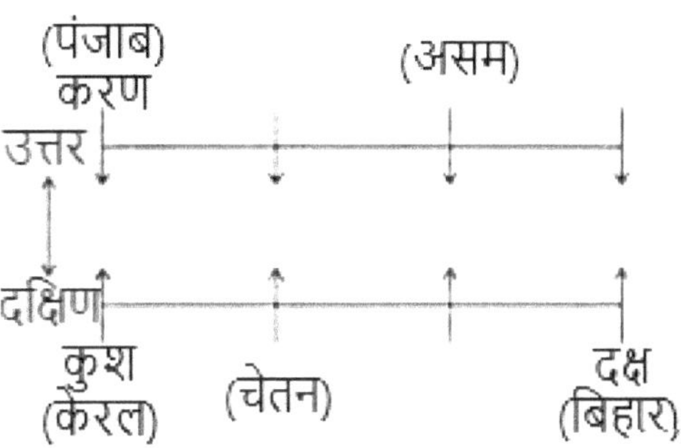

6) हरियाणा के व्यक्ति और विराज के बीच में केवल एक व्यक्ति बैठा है।

7) हरियाणा का व्यक्ति, पंक्ति के किसी भी छोर पर नहीं बैठता है।

(इसलिए स्थिति – 2 रद्द हो जाती है)

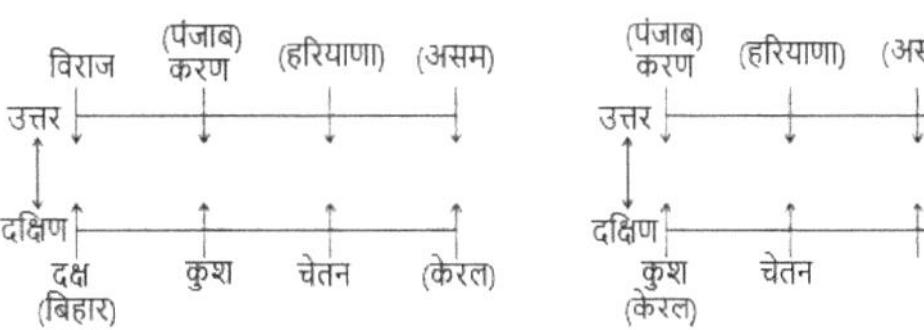

8) प्रेम, बिहार के व्यक्ति के निकटतम पड़ोसी के सम्मुख है।

9) प्रेम, गुजरात के व्यक्ति के सम्मुख बैठा है।

10) अजय, हरियाणा से नहीं है।

11) केरला का व्यक्ति महाराष्ट्र के व्यक्ति के बगल में नहीं है।

(यहाँ स्थिति – 1 रद्द हो जाती है)

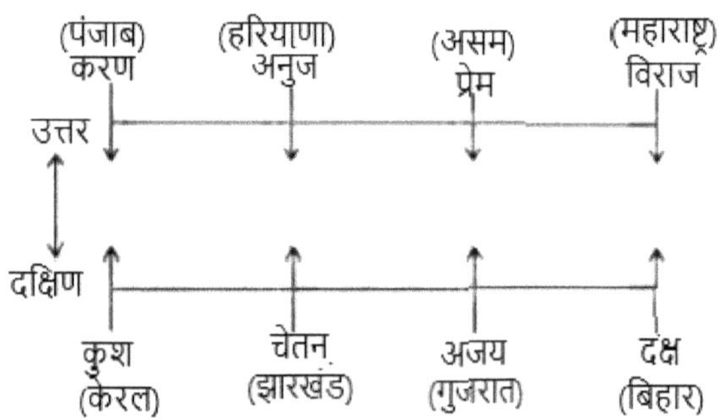

26. इसलिए, चेतन के निकटतम दाएं अजय बैठा है।

अतः विकल्प (A) सही है।

27. इसलिए, पंक्ति के अंतिम छोरों पर बैठे व्यक्तियों के समूह में करण, विराज, दक्ष, कुश है।

अतः विकल्प (D) सही है।

28. प्रेम, गुजरात के व्यक्ति के सामने बैठा है और प्रेम के ठीक दाएं अनुज बैठा है।

अतः विकल्प (C) सही है।

29. विराज महाराष्ट्र से है, वह करण के बाएं ओर तीसरे स्थान पर है।

अतः विकल्प (C) सही है।

30. इसलिए, अनुज, हरियाणा से है।

अतः विकल्प (D) सही है।

Ques (1-5):निर्देश: निम्नलिखित जानकारी को ध्यानपूर्वक पढ़ें और प्रश्नों के उत्तर दें।

एक परिवार में आठ सदस्य हैं- तन्मय, चेतन, विल्सन, टोनी, मीरा, एंड्रिया, अमर, वरुण। इनमें से सभी अलग-अलग बैंकों में कार्य करते हैं- आईडीएफसी, आरबीआई, एक्सिस बैंक, सिंडिकेट बैंक, एचडीएफसी, पीएनबी, कैनरा बैंक, एसबीआई लेकिन आवश्यक नहीं कि सभी इसी क्रम में हों। प्रत्येक का जन्म अलग-अलग वर्षों में हुआ था, लेकिन किसी का जन्म 1996 के बाद नहीं हुआ। (सभी व्यक्तियों की आयु की गणना 2015 को आधार वर्ष मानकर की गई है)।

तन्मय के जन्म वर्ष के सभी अंकों का योग टोनी की आयु के बराबर है। कैनरा बैंक में कार्य करने वाले व्यक्ति की आयु, विल्सन के जन्म वर्ष के अंतिम दो अंकों से एक अधिक है। विल्सन एक्सिस बैंक में कार्य करता है और वह अमर से चार वर्ष बड़ा है। एसबीआई में कार्य करने वाले व्यक्ति से केवल दो व्यक्ति छोटे हैं। अमर की आयु, तन्मय के जन्म वर्ष के अंतिम दो अंकों के बराबर है। एंड्रिया पीएनबी में कार्य करती है और उसकी आयु 11 की गुणज है। आईडीएफसी बैंक में कार्य करने वाले व्यक्ति का जन्म 1994 के बाद हुआ था और वह वरुण से छोटा है। वरुण की आयु, टोनी की आयु के तीन गुना से दो अधिक है। अमर का जन्म, वरुण के जन्म से दो वर्ष पहले हुआ था। केवल एक व्यक्ति का जन्म पीएनबी और कैनरा बैंक में कार्य करने वाले व्यक्तियों के बीच हुआ था। आरबीआई में कार्य करने वाला व्यक्ति, सभी में सबसे बड़ा है। चेतन और वरुण की आयु का अंतर 10 है और टोनी सबसे छोटा है।

Q.1 इनमें से कौन आरबीआई बैंक में कार्य करता है?

A. मीरा

B. अमर

C. टोनी

D. चेतन

E. निर्धारित नहीं किया जा सकता

Q.2 मीरा निम्नलिखित में से किस बैंक में कार्य करती है?

A. एक्सिस

B. कैनरा

C. सिंडिकेट

D. एसबीआई

E. आईडीएफसी

Q.3 तन्मय की आयु कितनी है?

A. 50   **B.** 72   **C.** 68   **D.** 63

E. 51

Q.4 इनमें से कौन एचडीएफसी बैंक में कार्य करता है?

A. अमर

B. मीरा

C. टोनी

D. वरुण

E. या तो (A), या फिर (D)

Q.5 सभी व्यक्तियों में से कितने व्यक्तियों का जन्म 1990 के बाद हुआ है?

A. एक

B. दो

C. तीन

D. तीन से अधिक

E. इनमे से कोई नहीं

Ques (6-10):निर्देश: निम्नलिखित जानकारी को ध्यान से पढ़ें और नीचे दिए गए प्रश्न का उत्तर दें।

सात क्रिकेट टीमों ने विश्व कप टूर्नामेंट जीते जो वर्ष 1995 से हर 4 वर्ष बाद आयोजित किए गए थे। ये क्रिकेट टीमें हैं- भारत, ऑस्ट्रेलिया, पाकिस्तान, वेस्ट इंडीज, श्रीलंका, इंग्लैंड और न्यूजीलैंड। विश्व कप टूर्नामेंट की मेजबानी ऊपर वर्णित देशों द्वारा की गई थी, जैसे कि प्रत्येक देश एक विश्व कप टूर्नामेंट की मेजबानी करता है।

केवल इंग्लैंड ने उस वर्ष विश्व कप जीता था जिसमें उसने टूर्नामेंट की मेजबानी की थी। जब श्रीलंका ने इसकी मेजबानी की थी तब वेस्ट इंडीज ने विश्व कप जीता था लेकिन वर्ष 1999 में नहीं। पाकिस्तान विश्व कप जीतने वाला तीसरा देश था। भारत ने उस वर्ष विश्व कप जीता था जिसमें न्यूजीलैंड ने इसकी मेजबानी की थी। श्रीलंका के जीतने से ठीक पहले भारत ने विश्व कप की मेजबानी की। विश्व कप खिताब की मेजबानी करने से ठीक पहले श्रीलंका ने विश्व कप जीता। विजेता वर्ष और भारत के मेजबानी की वर्ष के बीच 2 विश्व कप टूर्नामेंट आयोजित किए गए थे। भारत की जीत के ठीक बाद इंग्लैंड की जीत हुई। ऑस्ट्रेलिया द्वारा जीते जाने से ठीक पहले न्यूजीलैंड ने विश्व कप जीता था। ऑस्ट्रेलिया ने उस वर्ष विश्व कप जीता था जिसकी मेजबानी पाकिस्तान ने की थी। ऑस्ट्रेलिया विश्व कप जीतने वाली न तो आखिरी टीम थी और न ही पहली टीम थी। श्रीलंका ने वेस्ट इंडीज में विश्व कप नहीं जीता।

Q.6 प्रथम विश्व कप टूर्नामेंट की मेजबानी किस देश ने की?

A. ऑस्ट्रेलिया

B. वेस्ट इंडीज

C. पाकिस्तान

D. न्यूजीलैंड

E. श्रीलंका

Q.7 इंग्लैंड ने किस वर्ष विश्व कप की मेजबानी की?

A. 1995   **B.** 2011   **C.** 2019   **D.** 1999

E. 2015

Q.8 निम्नलिखित में से कौन सा जोड़ा क्रमशः भारत का मेजबानी वर्ष और विजेता वर्ष दर्शाता है?

A. 1999–2011

B. 2007–2019

C. 1995–2007

D. 2015–2003

E. इनमें से कोई नहीं

Q.9 निम्नलिखित में से कौन सा जोड़ा क्रमशः वर्ष 2011 के विजेता और मेजबानी को दर्शाता है?

A. वेस्ट इंडीज-श्रीलंका

B. पाकिस्तान-भारत

C. भारत-ऑस्ट्रेलिया

D. न्यूजीलैंड-वेस्ट इंडीज

E. इनमें से कोई नहीं

Q.10 ऑस्ट्रेलिया की मेजबानी और जीतने वाले वर्षों के बीच किस देश ने विश्व कप जीता?

A. भारत

B. पाकिस्तान

C. न्यूजीलैंड

D. भारत और पाकिस्तान दोनों

E. वेस्टइंडीज

Ques (11-15):निर्देश: निम्नलिखित जानकारी को ध्यानपूर्वक पढ़ें और प्रश्न का उत्तर दें।

एक कंपनी में आठ व्यक्ति हैं P, Q, R, S, T, U, V, W और उनमें से प्रत्येक की आयु अलग-अलग है। इनमें से प्रत्येक व्यक्ति आठ अलग-अलग रंगों को पसंद करते हैं, जैसे कि गुलाबी, हरा, काला, नीला, ग्रे, बैंगनी, लाल, पीला लेकिन आवश्यक नहीं कि यह रंग इसी क्रम में हो। (यहाँ वर्ष 2018 तक प्रत्येक व्यक्ति की आयु की गणना की गई है)।

पीला रंग पसंद करने वाले व्यक्ति का जन्म U के जन्म के पाँच वर्षों के बाद हुआ है। Q को ग्रे रंग पसंद है और वह V से 10 वर्ष छोटा है और Q, P से दो वर्ष बड़ा है। P को या तो गुलाबी, या फिर काला रंग पसंद है। केवल एक व्यक्ति का जन्म, नीला रंग पसंद करने वाले व्यक्ति से पहले हुआ है और किसी भी व्यक्ति का जन्म वर्ष 1940 से पहले नहीं हुआ है। जिस व्यक्ति को लाल रंग पसंद है, वह आयु में सबसे बड़ा है लेकिन उसका जन्म वर्ष 1942 में नहीं हुआ है। T आयु में सबसे बड़ा नहीं है। Q की आयु S के जन्म वर्ष के सभी अंकों के योग के बराबर है। वर्ष 1983 में जन्म लेने वाले व्यक्ति और Q के बीच कोई व्यक्ति का जन्म नहीं हुआ है। T की आयु V की आयु की दोगुनी है और V को ना काला और ना ही पीला रंग पसंद है। P की आयु 23 वर्ष है और वह इन सभी में सबसे छोटा नहीं है। बैंगनी रंग पसंद करने वाले व्यक्ति का जन्म, ग्रे रंग पसंद करने वाले व्यक्ति के जन्म के तीन वर्ष बाद हुआ है। Q और W की आयु का योग U की आयु के समान है। काला रंग पसंद करने वाले व्यक्ति की आयु, गुलाबी रंग पसंद करने वाले व्यक्ति की आयु के दोगुने से चार अधिक है। S का जन्म Q से पहले नहीं हुआ है।

Q.11 R की आयु कितनी है?

A. 80   **B.** 77

C. 76   **D.** 79

E. उपरोक्त सभी

Q.12 W को कौन सा रंग पसंद है?

A. बैंगनी   **B.** पीला

C. काला   **D.** लाल

E. या तो बैंगनी या काला

Q.13 U और S की आयु का योग कितना है?

A. 98   **B.** 90

C. 87   **D.** 97

E. इनमें से कोई नहीं

Q.14 नीला रंग और पीला रंग पसंद करने वाले व्यक्तियों के बीच कितने व्यक्तियों का जन्म हुआ है?

A. कोई नहीं   **B.** दो

C. तीन   **D.** एक

E. तीन से अधिक

Q.15 इन सभी व्यक्तियों में से सबसे छोटा व्यक्ति कौन है?

A. P   **B.** T   **C.** U   **D.** V

E. S

Ques (16-20):निर्देश: निम्नलिखित जानकारी का ध्यानपूर्वक अध्ययन कीजिये और उस पर आधारित प्रश्नों के उत्तर दीजिये।

आठ दोस्त - A, B, C, D, E, F, G, और H का जन्म मार्च, जून, सितंबर और दिसंबर में 3 या 8 (सभी अलग-अलग तारीखों में पैदा हुए) तारीख पर हुआ था। जो 30 दिन के महीने में पैदा हुए थे, उनके पसंदिता फल है - केला, सेब, आम और लीची जो की जरूरी नहीं कि इसी ही क्रम में हो। जो लोग 31 दिन के महीने में पैदा हुए थे, उनके पसंदिता रंग है - लाल, पीला, नीला और हरा जो की जरूरी नहीं कि इसी ही क्रम में हो। एक महीने में दो लोग पैदा हुए लेकिन अलग-अलग तारीख पर।

E का जन्म जून में हुआ था। एक व्यक्ति E और D के बीच पैदा हुआ था। D को कोई रंग पसंद नहीं है। B को लाल रंग पसंद है। A से पहले जन्मे लोगों

की संख्या D के बाद पैदा होने वाले लोगों की संख्या के समान है। कोई भी व्यक्ति उन लोगों के बीच पैदा नहीं हुआ थे, जो पीले रंग और आम पसंद करते हैं। पीला रंग पसंद करने वाले का जन्म किसी भी महीने की 8 तारीख को नहीं हुआ है। कोई भी व्यक्ति E और लीची पसंद करने वाले के बीच पैदा नहीं हुआ। एक व्यक्ति B और केले को पसंद करने वाले एक व्यक्ति के बीच पैदा हुआ था। A को केला पसंद नहीं है। सेब और केला पसंद करने वालों का जन्म या तो एक ही तारीख या एक ही महीने में हुआ। एक व्यक्ति A और H के बीच पैदा हुआ था। F को कोई फल पसंद नहीं है। कोई भी व्यक्ति C और नीले रंग को पसंद करने वाले व्यक्ति के बीच पैदा नहीं हुआ। H को फल पसंद नहीं है। हरा रंग पसंद करने वाले और सेब पसंद करने वालों के बीच पैदा हुए लोगों की संख्या नीला रंग और आम पसंद करने वालों के बीच पैदा हुए लोगो की संख्या के सामान है।

Q.16 C को निम्न में से कौन सा फल/रंग पसंद है?

A. पीला   **B.** आम   **C.** लीची   **D.** नीला

E. केला

Q.17 3 सितंबर को किसका जन्म हुआ था?

A. जिसे आम पसंद है   **B.** E

C. C   **D.** D

E. जिसे लीची पसंद है

Q.18 निम्नलिखित में से चार निश्चित स्वरुप के आधार पर एक समूह बनाते हैं, जो इस समूह से संबंधित नहीं हैं?

A. A   **B.** G   **C.** D   **D.** C

E. E

Q.19 B और लीची पसंद करने वाले व्यक्ति के बीच कितने लोग पैदा हुए?

A. चार   **B.** दो

C. तीन   **D.** कोई भी नहीं

E. एक

Q.20 हरा रंग किसे पसंद है?

A. C   **B.** F   **C.** G   **D.** H

E. E

Ques (21-25):निर्देश: निम्न जानकारी का ध्यानपूर्वक अध्ययन कीजिये और निम्नलिखित प्रश्न का उत्तर दीजिये।

दस व्यक्ति अलग-अलग वर्षों में इस प्रकार पैदा हुए थे कि सभी की उम्र अलग-अलग हैं। साथ ही, उनमें से प्रत्येक एक-दूसरे से संबंधित हैं। आयु की सभी गणना वर्ष 2019 के आधार पर की जानी है।

रितिका और लवली की उम्र का अंतर 9 वर्ष है जो तान्या और मीनाक्षी की उम्र के बीच के अंतर के समान है। नकुल 21 वर्ष का हैं। नकुल और मीनाक्षी की आयु का अंतर 4 का पूर्ण वर्ग है। केवल तीन व्यक्ति प्रतीक से छोटे हैं। तान्या और प्रतीक की उम्र के बीच का अंतर नकुल की उम्र के बराबर है। मीनाक्षी, प्रतीक से बड़ी है। सोनल, प्रतीक से 11 वर्ष छोटी है। जितने लोग सोनल से छोटे हैं, उतने ही लवली से भी बड़े हैं। रितिका और सोनल की उम्र का योग 91 वर्ष है। लवली और उर्वशी की उम्र का अंतर सोनल की उम्र के बराबर है। क्रामिश, उर्वशी से 24 वर्ष छोटा है। उर्वशी और क्रामिश की उम्र के बीच का अंतर क्रामिश और ओपल के उम्र के बीच के अंतर के समान है। रितिका, लवली से ठीक बड़ी है। प्रतीक की आयु एक वर्ग है। सबसे छोटे व्यक्ति का कोई भाई-बहन नहीं है।

Q.21 तान्या और प्रतीक के बीच कितने व्यक्ति पैदा हुए हैं?

A. तीन   **B.** पाँच

C. दो   **D.** जानकारी अपर्याप्त है

E. इनमें से कोई नहीं

Q.22 2019 के आधार पर रितिका और क्रामिश की कुल आयु क्या है?

A. 105 वर्ष   **B.** 107 वर्ष

C. 103 वर्ष   **D.** जानकारी अपर्याप्त है   **C.** R-कंटूर   **D.** P-लिपस्टिक
E. इनमें से कोई नहीं   **E.** N-ब्लश

Q.23 उर्वशी और सोनल की कुल उम्र और सोनल और मीनाक्षी की कुल उम्र में कितना अंतर है?

A. 22 वर्ष   **B.** 27 वर्ष
C. 15 वर्ष   **D.** 17 वर्ष
E. इनमें से कोई नहीं

Q.24 निम्नलिखित में से कौन 1973 के ठीक पहले पैदा हुआ था?

A. उर्वशी   **B.** क़ामिश
C. सोनल   **D.** प्रतीक
E. इनमें से कोई नहीं

Q.25 निम्नलिखित पांच में से चार अपनी स्थिति के आधार पर एक निश्चित तरीके से समान हैं। निम्नलिखित में से कौन-सा उस समूह से संबंधित नहीं है?

A. उर्वशी   **B.** लवली   **C.** सोनल   **D.** रितिका
E. तान्या

Ques (26-30):निर्देश: निम्नलिखित जानकारी का ध्यानपूर्वक अध्ययन कीजिये और दिए गए प्रश्नों के उत्तर दीजिये:

आठ व्यक्ति M, N, O, P, Q, R, S और T अलग-अलग वर्षों में जन्म लिए हैं। 1964, 1972, 1980, 1987, 1995, 2000, 2005 और 2011, लेकिन आवश्यक नहीं समान क्रम में हों। उन्हें विभिन्न मेकअप उत्पाद पसंद हैं। काजल, लाइनर, काजल, ब्लश, कंटूर, हाइलाइटर, फाउंडेशन, लिपस्टिक, लेकिन आवश्यक नहीं समान क्रम में हो। गणना वर्ष 2017 के संबंध में की गई है और प्रत्येक व्यक्ति के जन्म के महीनों और तिथियों को मानने के लिए किया गया है।

काजल पसंद करने वाला व्यक्ति सबसे छोटा है। जिसकी आयु एक अभाज्य संख्या है और T के बीच दो व्यक्तियों का जन्म हुआ है। M और काजल पसंद करने वाले व्यक्ति के बीच दो व्यक्तियों का जन्म हुआ है। फाउंडेशन और S पसंद करने वाले व्यक्तियों की कुल आयु का योग, R जो कंटूर पसंद करता की आयु से दो वर्ष अधिक है। M और O बीच दो व्यक्तियों का जन्म हुआ है। N सबसे बड़ा नहीं है। मस्कारा पसंद करने वाला व्यक्ति ब्लश पसंद करने वाले व्यक्ति के ठीक बाद जन्म लिया है। O को मस्कारा पसंद नहीं है। P को हाइलाइटर पसंद है और R से पहले जन्म नहीं हुआ है। छठा सबसे बड़ा व्यक्ति लिपस्टिक पसंद नहीं करता है।

Q.26 निम्नलिखित में से कौन लिपस्टिक पसंद करता है?

A. M   **B.** S   **C.** T   **D.** O
E. Q

Q.27 S से पहले और T के बाद कितने व्यक्तियों का जन्म हुआ?

A. 3, 6   **B.** 2, 7   **C.** 6, 3   **D.** 5, 4
E. 4, 5

Q.28 निम्नलिखित में से कौन सा मेकअप उत्पाद तीसरे सबसे कम उम्र के व्यक्ति द्वारा पसंद किया जाता है?

A. कंटूर   **B.** लाइनर
C. लिपस्टिक   **D.** फाउंडेशन
E. ब्लश

Q.29 पांच में से चार एक निश्चित समान है इसलिए एक समूह बनाते हैं। निम्नलिखित में से कौन उस समूह से संबंधित नहीं है?

A. Q   **B.** R   **C.** N   **D.** M
E. S

Q.30 पांच में से चार एक निश्चित तरीके से समान हैं इसलिए एक समूह बनाएं। निम्न में से कौन उस समूह से संबंधित नहीं है?

A. Q-काजल   **B.** M-लाइनर

// स्मार्ट उत्तर पुस्तिका //

| सही उत्तर | उन छात्रों का प्रतिशत जिन्होंने प्रश्नों का सही उत्तर दिया था। | | छोड़ दिया | उन छात्रों का प्रतिशत जिन्होंने प्रश्नों को छोड़ दिया था। |

प्रश्न संख्या	उत्तर	सही उत्तर / छोड़ दिया	प्रश्न संख्या	उत्तर	सही उत्तर / छोड़ दिया	प्रश्न संख्या	उत्तर	सही उत्तर / छोड़ दिया	प्रश्न संख्या	उत्तर	सही उत्तर / छोड़ दिया	प्रश्न संख्या	उत्तर	सही उत्तर / छोड़ दिया	प्रश्न संख्या	उत्तर	सही उत्तर / छोड़ दिया	प्रश्न संख्या	उत्तर	सही उत्तर / छोड़ दिया
1	D	62.18 % / 36.56 %	6	B	30.32 % / 68.79 %	11	B	56.68 % / 37.82 %	16	A	44.01 % / 33.85 %	21	C	17.42 % / 67.7 %	26	C	30.02 % / 69.38 %
2	B	26.37 % / 71.62 %	7	C	17.85 % / 72.68 %	12	C	49.28 % / 40.7 %	17	E	18.44 % / 70.27 %	22	B	30.51 % / 68.49 %	27	D	17.59 % / 74.47 %
3	E	27.62 % / 69.33 %	8	E	21.29 % / 75.34 %	13	D	58.35 % / 35.9 %	18	D	12.52 % / 69.28 %	23	D	29.24 % / 69.8 %	28	C	13.16 % / 79.42 %
4	E	12.04 % / 85.99 %	9	A	19.51 % / 67.07 %	14	A	48.96 % / 36.1 %	19	B	21.8 % / 73.41 %	24	A	13.6 % / 84.99 %	29	D	26.19 % / 70.13 %
5	A	32.18 % / 67.07 %	10	B	26.97 % / 69.0 %	15	E	43.4 % / 46.09 %	20	D	16.82 % / 69.52 %	25	D	25.33 % / 70.46 %	30	C	16.82 % / 72.22 %

//संकेत और समाधान//

Ques (1-5):1) एसबीआई में कार्य करने वाले व्यक्ति से केवल दो व्यक्ति छोटे हैं।

2) आरबीआई में कार्य करने वाला व्यक्ति, इन सभी में सबसे बड़ा है।

3) आईडीएफसी बैंक में कार्य करने वाले व्यक्ति का जन्म 1994 के बाद हुआ था और वह वरुण से छोटा है।

इनमें से किसी भी व्यक्ति का जन्म 1996 से पहले नहीं हुआ है, आईडीएफसी में कार्य करने वाले व्यक्ति की संभावित आयु = 20

व्यक्ति	आयु	वर्ष	बैंक
			आरबीआई
			एसबीआई
	20	1995	आईडीएफसी

4) चेतन और वरुण की आयु का अंतर 10 है और टोनी इनमें सबसे छोटा है।

व्यक्ति	आयु	वर्ष	बैंक
			आरबीआई
			एसबीआई
टोनी	20	1995	आईडीएफसी

5) वरुण की आयु टोनी की आयु के तीन गुना से दो अधिक है।

वरुण = 2 + 3(टोनी) = 2 + 3(20) = 62

6) अमर का जन्म, वरुण के जन्म से दो वर्ष पहले हुआ था।

अमर = 64

7) अमर की आयु तन्मय के जन्म वर्ष के अंतिम दो अंकों के बराबर है।

अमर = 64 इसलिए तन्मय = 1964

8) तन्मय के जन्म वर्ष के सभी अंकों का योग टोनी की आयु के बराबर है।

टोनी = तन्मय के जन्म वर्ष के सभी अंकों का योग = 1 + 9 + 6 + 4 = 20

9) विल्सन एक्सिस बैंक में कार्य करता है और वह अमर से चार वर्ष बड़ा है।

विल्सन = 4 + अमर = 4 + 64 = 68

कथन 4 के अनुसार, चेतन = 72, 52

इसलिए,

वरुण = 62

अमर = 64

विल्सन = 68

चेतन = 52 या 72

तन्मय = 51

10) कैनरा बैंक में कार्य करने वाले व्यक्ति की आयु, विल्सन के जन्म वर्ष के अंतिम दो अंकों से एक अधिक है।

विल्सन = 68 = 1947

कैनरा बैंक में कार्य करने वाले व्यक्ति की आयु = 48

स्थिति 1:

चेतन = 72

व्यक्ति	आयु	वर्ष	बैंक
चेतन	72	1943	आरबीआई
विल्सन	68	1947	एक्सिस
अमर	64	1951	
वरुण	62	1953	
तन्मय	51	1964	
			एसबीआई
	48	1967	कैनरा
टोनी	20	1995	आईडीएफसी

स्थिति 2:

चेतन = 52

व्यक्ति	आयु	वर्ष	बैंक
			आरबीआई
विल्सन	68	1947	एक्सिस
अमर	64	1951	
वरुण	62	1953	
चेतन	52	1963	
तन्मय	51	1964	एसबीआई
	48	1967	कैनरा
टोनी	20	1967	आईडीएफसी

स्थिति 3:

चेतन = 72

व्यक्ति	आयु	वर्ष	बैंक
चेतन	72	1943	आरबीआई
विल्सन	68	1947	एक्सिस
अमर	64	1951	
वरुण	62	1953	
तन्मय	51	1964	एसबीआई
	48	1967	कैनरा
टोनी	20	1995	आईडीएफसी

11) केवल एक व्यक्ति का जन्म पीएनबी और कैनरा बैंक में कार्य करने वाले व्यक्तियों के बीच हुआ था।

12) एंड्रिया पीएनबी में कार्य करती है और उसकी आयु 11 की गुणज है।

स्थिति 1: यह स्थिति रद्द हो जाती है।

व्यक्ति	आयु	वर्ष	बैंक
चेतन	72	1943	आरबीआई
विल्सन	68	1947	एक्सिस
अमर	64	1951	
वरुण	62	1953	
तन्मय	51	1964	
			एसबीआई
	48	1967	कैनरा

टोनी	20	1995	आईडीएफसी

स्थिति 2: यह रद्द हो जाती है।

व्यक्ति	आयु	वर्ष	बैंक
		1947	आरबीआई
विल्सन	68	1947	एक्सिस
अमर	64	1951	
वरुण	62	1953	
चेतन	52	1963	
तन्मय	51	1964	एसबीआई
	48	1967	कैनरा
टोनी	20	1965	आईडीएफसी

स्थिति 3:

व्यक्ति	आयु	वर्ष	बैंक
चेतन	72	1943	आरबीआई
विल्सन	68	1947	एक्सिस
अमर	64	1951	
वरुण	62	1953	
एंड्रिया	55	1960	पीएनबी
तन्मय	51	1964	एसबीआई
	48	1967	कैनरा
टोनी	20	1995	आईडीएफसी

इसलिए अंतिम व्यवस्था होगी:

व्यक्ति	आयु	वर्ष	बैंक
चेतन	72	1943	आरबीआई
विल्सन	68	1947	एक्सिस
अमर	64	1951	एचडीएफसी/सिंडिकेट
वरुण	62	1953	एचडीएफसी/ सिंडिकेट
एंड्रिया	55	1960	पीएनबी
तन्मय	51	1964	एसबीआई
मीरा	48	1967	कैनरा
टोनी	20	1995	आईडीएफसी

1. सही उत्तर होगा, चेतन।

अतः विकल्प (D) सही है।

2. इसलिए, उत्तर कैनरा है।

अतः विकल्प (B) सही है।

3. तन्मय की आयु 51 वर्ष है।

अतः विकल्प (E) सही है।

4. एचडीएफसी बैंक में या तो अमर, या फिर वरुण कार्य करता है।

अतः विकल्प (E) सही है।

5. केवल एक व्यक्ति का जन्म 1990 के बाद हुआ है।

अतः विकल्प (A) सही है।

Oues (6-10):दिया है:
क्रिकेट टीमें: भारत, ऑस्ट्रेलिया, पाकिस्तान, वेस्ट इंडीज, श्रीलंका, इंग्लैंड और न्यूजीलैंड
वर्ष: 1995, 1999, 2003, 2007, 2011, 2015 और 2019
मेजबान देश: भारत, ऑस्ट्रेलिया, पाकिस्तान, वेस्ट इंडीज , श्रीलंका, इंग्लैंड और न्यूजीलैंड
अब,
वेस्ट इंडीज ने विश्व कप जीता जब श्रीलंका ने इसकी मेजबानी की लेकिन वर्ष

1999 में नहीं। पाकिस्तान विश्व कप जीतने वाला तीसरा देश था। श्रीलंका के जीतने से ठीक पहले भारत ने विश्व कप की मेजबानी की। विश्व कप खिताब की मेजबानी करने से ठीक पहले श्रीलंका ने विश्व कप जीता। दूसरे संकेत के अनुसार पाकिस्तान ने वर्ष 2003 में विश्व कप जीता था। शेष संकेतों के अनुसार, निम्नलिखित तीन केस संभव हैं।

केस-1: यदि 2007 में श्रीलंका जीता।

वर्षों	विजेता विश्व कप	मेजबान विश्व कप
1995		
1999		
2003	पाकिस्तान	भारत
2007	श्रीलंका	
2011	वेस्ट इंडीज	श्रीलंका
2015		
2019		

केस-2: अगर 2011 में श्रीलंका जीता।

वर्षों	विजेता विश्व कप	मेजबान विश्व कप
1995		
1999	वेस्ट इंडीज	श्रीलंका
2003	पाकिस्तान	
2007		भारत
2011	श्रीलंका	
2015	वेस्ट इंडीज	श्रीलंका
2019		

केस-3: अगर श्रीलंका 2015 में जीता।

वर्षों	विजेता विश्व कप	मेजबान विश्व कप
1995		
1999	वेस्ट इंडीज	श्रीलंका
2003	पाकिस्तान	
2007		
2011		भारत
2015	श्रीलंका	
2019	वेस्ट इंडीज	श्रीलंका

भारत के विजेता वर्ष और मेजबानी वर्ष के बीच 2 विश्व कप टूर्नामेंट आयोजित किए गए। भारत ने उस वर्ष विश्व कप जीता था जिसमें न्यूजीलैंड ने इसकी मेजबानी की थी। भारत की जीत के ठीक बाद इंग्लैंड की जीत हुई।
केवल इंग्लैंड ने उस वर्ष विश्व कप जीता था जिसमें उसने टूर्नामेंट की मेजबानी की थी।

केस-1: यदि 2007 में श्रीलंका जीता।

वर्षों	विजेता विश्व कप	मेजबान विश्व कप
1995		
1999	वेस्ट इंडीज	श्री लंका
2003	पाकिस्तान	भारत
2007	श्री लंका	
2011	वेस्ट इंडीज	श्री लंका
2015	भारत	न्यूजीलैंड
2019	इंग्लैंड	इंग्लैंड

केस-2: अगर 2011 में श्रीलंका जीता।

वर्षों	विजेता विश्व कप	मेजबान विश्व कप
1995	भारत	न्यूजीलैंड
1999	इंग्लैंड	इंग्लैंड
2003	पाकिस्तान	
2007		भारत

2011	श्रीलंका	
2015	वेस्ट इंडीज	श्रीलंका
2019		

केस-3: यदि श्रीलंका 2015 में जीता।
यह केस समाप्त हो जाता है क्योंकि दिए गए संकेतों के अनुसार इंग्लैंड का पता लगाने के लिए कोई जगह नहीं है।

वर्षों	विजेता विश्व कप	मेजबान विश्व कप
1995		
1999	भारत	न्यूजीलैंड
2003	पाकिस्तान	
2007		
2011		भारत
2015	श्रीलंका	
2019	वेस्ट इंडीज	श्रीलंका

ऑस्ट्रेलिया द्वारा जीते जाने से ठीक पहले न्यूजीलैंड ने विश्व कप जीता था। ऑस्ट्रेलिया ने उस वर्ष विश्व कप जीता था जिसकी मेजबानी पाकिस्तान ने की थी। ऑस्ट्रेलिया न तो आखिरी था और न ही विश्व कप जीतने वाला पहला खिलाड़ी। श्रीलंका ने वेस्ट इंडीज में विश्व कप नहीं जीता।

केस-1: यदि श्रीलंका 2007 में जीता।
पहले संकेत के अनुसार, न्यूजीलैंड विश्व कप जीतने वाला पहला खिलाड़ी होना चाहिए और ऑस्ट्रेलिया ने विश्व कप की मेजबानी उस वर्ष की थी जब श्रीलंका ने वही जीता था।

वर्षों	विजेता विश्व कप	मेजबान विश्व कप
1995	न्यूजीलैंड	
1999	ऑस्ट्रेलिया	पाकिस्तान
2003	पाकिस्तान	भारत
2007	श्री लंका	ऑस्ट्रेलिया
2011	वेस्ट इंडीज	श्रीलंका
2015	भारत	न्यूजीलैंड
2019	इंग्लैंड	इंग्लैंड

केस-2: यदि 2011 में श्रीलंका जीता।
केस-2: अंतिम संकेत को संतुष्ट करने में विफल रहता है, इस प्रकार यह समाप्त हो जाता है।

वर्षों	विजेता विश्व कप	मेजबान विश्व कप
1995	भारत	न्यूजीलैंड
1999	इंग्लैंड	इंगलैंड
2003	पाकिस्तान	
2007		भारत
2011	श्रीलंका	
2015	वेस्टइंडीज	श्रीलंका
2019		

इस प्रकार एकमात्र बचा हुआ देश वेस्ट इंडीज ने पहले विश्व कप की मेजबानी की।

वर्षों	विजेता विश्व कप	मेजबान विश्व कप
1995	न्यूजीलैंड	वेस्ट इंडीज
1999	ऑस्ट्रेलिया	पाकिस्तान
2003	पाकिस्तान	भारत
2007	श्रीलंका	ऑस्ट्रेलिया
2011	वेस्ट इंडीज	श्रीलंका
2015	भारत	न्यूजीलैंड
2019	इंग्लैंड	इंग्लैंड

6. इसलिए, वेस्टइंडीज ने वर्ष 1995 में पहले विश्व कप की मेजबानी की।

अतः विकल्प (B) सही है।

7. इसलिए, इंग्लैंड ने 2019 में विश्व कप की मेजबानी की।

अतः विकल्प (C) सही है।

8. इसलिए, भारत ने 2003 में विश्व कप की मेजबानी की और 2015 में जीता।

अतः विकल्प (E) सही है।

9. इसलिए, वर्ष 2011 में, वेस्टइंडीज ने विश्व कप जीता जिसकी मेजबानी श्रीलंका ने की थी।

अतः विकल्प (A) सही है।

10. तो, पाकिस्तान ने ऑस्ट्रेलिया की मेजबानी और जीत के वर्षों के बीच विश्व कप जीता।

अतः विकल्प (B) सही है।

Ques (11-15):1) P की आयु 23 वर्ष है जोकि इन सभी में सबसे छोटा नहीं है।

P = 23

2) Q को ग्रे रंग पसंद है जोकि V से दस वर्ष छोटा है और Q, P से दो वर्ष बड़ा है।

Q = 25 इसलिए V = 35

3) लाल रंग पसंद करने वाला व्यक्ति सबसे बड़ा है लेकिन उसका जन्म वर्ष 1942 में नहीं हुआ है।

4) केवल एक व्यक्ति का जन्म, नीला रंग पसंद करने वाले व्यक्ति से पहले हुआ है और इनमें से किसी भी व्यक्ति का जन्म वर्ष 1940 से पहले नहीं हुआ है।

5) वर्ष 1983 में जन्म लेने वाले व्यक्ति और Q के बीच कोई व्यक्ति का जन्म नहीं हुआ।

संभावित व्यवस्था होगी:

व्यक्ति	वर्ष	आयु	रंग
	~~1942~~		लाल
			नीला
V	1983	35	
Q	1993	25	ग्रे
P	1995	23	

6) P या तो गुलाबी, या फिर काला रंग पसंद करता है।

7) काला रंग पसंद करने वाले व्यक्ति की आयु, गुलाबी रंग पसंद करने वाले व्यक्ति की आयु के दोगुने से चार अधिक है।

यदि P गुलाबी रंग पसंद करता है, तो काला रंग पसंद करने वाला व्यक्ति = 4 + 2(P) = 4 + 2(23) = 50

यदि P काला रंग पसंद करता है, तो P = 4 + 2(गुलाबी)

P = 23 = 4 + 19, इसलिए, गुलाबी रंग पसंद करने वाले व्यक्ति की आयु 19 है लेकिन यह एक विषम संख्या है और ऊपर दिए गए कथन के अनुसार इसे किसी संख्या का दोगुना होना चाहिए था अर्थात संख्या एक सम संख्या होनी चाहिए।

इसलिए, P गुलाबी रंग पसंद करता है और काला रंग पसंद करने वाले व्यक्ति की आयु 50 वर्ष है।

व्यक्ति	वर्ष	आयु	रंग

व्यक्ति	वर्ष	आयु	रंग
	~~1942~~		लाल
			नीला
V	1983	35	
Q	1993	25	ग्रे
P	1995	23	गुलाबी

8) T की आयु V की आयु की दोगुनी के बराबर है और V को ना पीला और ना ही काला रंग पसंद है। T आयु में सबसे बड़ा नहीं है।

T = 2(V) = 2(35) = 70

9) Q की आयु S के जन्म वर्ष के सभी अंकों के योग के बराबर है। S का जन्म Q से पहले नहीं हुआ है।

P के जन्म वर्ष (1995) के सभी अंकों का योग = 24

इसलिए, 25 वर्ष के लिए 1996 होगा, S = 1996

Q = 25

स्थिति 1:

व्यक्ति	वर्ष	आयु	रंग
	~~1942~~		लाल
			नीला
T	1948	70	
	1968	50	काला
V	1983	35	काला पीला
Q	1993	25	ग्रे
P	1995	23	गुलाबी
S	1996	22	

स्थिति 2:

व्यक्ति	वर्ष	आयु	रंग
	~~1942~~		लाल
T	1948	70	नीला
	1968	50	काला
V	1983	35	काला, पीला
Q	1993	25	ग्रे
P	1995	23	गुलाबी
S	1996	22	

10) बैंगनी रंग पसंद करने वाले व्यक्ति का जन्म, ग्रे रंग पसंद करने वाले व्यक्ति के जन्म के तीन वर्ष बाद हुआ है।

बैंगनी रंग पसंद करने वाला व्यक्ति = 23

स्थिति 1:

व्यक्ति	वर्ष	आयु	रंग
	~~1942~~		लाल
			नीला
T	1948	70	
	1968	50	काला
V	1983	35	काला, पीला
Q	1993	25	ग्रे
P	1995	23	गुलाबी

व्यक्ति	वर्ष	आयु	रंग
S	1996	22	बैंगनी

स्थिति 2:

व्यक्ति	वर्ष	आयु	रंग
	~~1942~~		लाल
T	1948	70	नीला
	1968	50	काला
V	1983	35	काला, पीला
Q	1993	25	ग्रे
P	1995	23	गुलाबी
S	1996	22	बैंगनी

11) पीला रंग पसंद करने वाले व्यक्ति का जन्म U के जन्म के पाँच वर्षों के बाद हुआ है।

12) Q और W की आयु का योग U की आयु के समान है।

यदि T पीला रंग पसंद करता है, तो U की आयु 75 वर्ष है।

U = Q + W इसलिए W = 50

जिस व्यक्ति को पीला पसंद है, वह U के पांच वर्ष बाद पैदा हुआ था। पीला पसंद करने वाले व्यक्ति की आयु 50 से कम होनी चाहिए। यदि U = 50 है तो पीला = 45

U = Q + W

50 = 25 + 25 जो संभव नहीं है।

इसलिए, स्थिति 2 को रद्द कर दिया गया है।

व्यक्ति	वर्ष	आयु	रंग
	~~1942~~		लाल
U	1943	75	नीला
T	1948	70	पीला
W	1968	50	काला
V	1983	35	काला, पीला
Q	1993	25	ग्रे
P	1995	23	गुलाबी
S	1996	22	बैंगनी

तो अंतिम व्यवस्था होगी:

व्यक्ति	वर्ष	आयु	रंग
R	1941	77	लाल
U	1943	75	नीला
T	1948	70	पीला
W	1968	50	काला
V	1983	35	हरा
Q	1993	25	ग्रे
P	1995	23	गुलाबी
S	1996	22	बैंगनी

11. इसलिए, सही उत्तर 77 होगा।

अतः विकल्प (B) सही है।

12. इसलिए, W को काला रंग पसंद है।

अतः विकल्प (C) सही है।

13. इसलिए सही उत्तर 97 होगा।

अतः विकल्प (D) सही है।

14. उनके जन्म के बीच किसी भी व्यक्ति का जन्म नहीं हुआ है।

अतः विकल्प (A) सही है।

15. इसलिए, सभी व्यक्तियों में S सबसे छोटा है।

अतः विकल्प (E) सही है।

Ques (16-20): (1) E का जन्म जून में हुआ था।

(2) एक व्यक्ति E और D के बीच पैदा हुआ था।

इसीलिए, D का जन्म सितंबर में है।

(4) A से पहले जन्मे लोगों की संख्या D के बाद पैदा होने वाले लोगों की संख्या के समान है।

हमारे पास दो स्थिति हैं:

महीना	स्थिति 1		स्थिति 2	
	तारीख			
	3	8	3	8
मार्च				
जून	E	A	A	E
सितंबर	D			D
दिसंबर				

(5) कोई भी व्यक्ति E और लीची पसंद करने वाले के बीच पैदा नहीं हुआ।

(6) A को केला पसंद नहीं है।

(7) एक व्यक्ति A और H के बीच पैदा हुआ था।

(8) H को फल पसंद नहीं है।

महीना	स्थिति 1		स्थिति 2	
	तारीख			
	3	8	3	8
मार्च	H		H	
जून	E	A - लीची	A	E
सितंबर	D		लीची	D
दिसंबर				

(9) कोई भी व्यक्ति उन लोगों के बीच पैदा नहीं हुआ थे, जो पीले रंग और आम पसंद करते हैं। पीला रंग पसंद करने वाले का जन्म किसी भी महीने की 8 तारीख को नहीं हुआ।

(10) B को लाल रंग पसंद है।

(11) एक व्यक्ति B और केले को पसंद करने वाले एक व्यक्ति के बीच पैदा हुआ था।

महीना	स्थिति 1		स्थिति 2	
	तारीख			
	3	8	3	8
मार्च	H	B - लाल	H	B - लाल
जून	E	A - लीची	A	E - केले
सितंबर	D	आम	लीची	D - आम
दिसंबर		पीला		पीला

जैसा कि हम कथन (6) से जानते हैं, स्थिति 1 रद्द हो जाता है।

(12) सेब और केला पसंद करने वालों का जन्म या तो एक ही तारीख या एक ही महीने में हुआ।

केवल एक ही संभव है जो सेब पसंद करता है वह A है और केले पसंद करने क साथ साथ जून में पैदा हो।

(13) कोई भी व्यक्ति C और नीले रंग को पसंद करने वाले व्यक्ति के बीच पैदा नहीं हुआ था।

(14) हरा रंग पसंद करने वाले और सेब पसंद करने वालों के बीच पैदा हुए लोगों की संख्या नीला रंग और आम पसंद करने वालों के बीच पैदा हुए लोगो की संख्या के सामान है।

(15) F को कोई फल पसंद नहीं है।

हमारी अंतिम व्यवस्था नीचे दी गई है:

महीना	तारीख	
	3	8
मार्च	H - हरा	B - लाल
जून	A - सेब	E - केला
सितंबर	G - लीची	D - आम
दिसंबर	C - पीला	F - नीला

16. हम देख सकते हैं कि C को पीला रंग पसंद है।

अतः विकल्प (A) सही है।

17. इस प्रकार, G का जन्म 3 सितंबर को हुआ था, जो लीची पसंद करता हैं।

अतः विकल्प (E) सही है।

18. A, G, D, और E उस महीने से संबंधित हैं जिसके 30 दिन हैं, लेकिन C 31दिनवाले महीने से संबंधित है। तो A, G, D और E एक समूह बनाते हैं और C उस समूह से संबंधित नहीं है।

अतः विकल्प (D) सही है।

19. इस प्रकार, B और लीची पसंद करने वाले व्यक्ति के बीच केवल दो व्यक्ति हैं।

अतः विकल्प (B) सही है।

20. इस प्रकार, H को हरा रंग पसंद है।

अतः विकल्प (D) सही है।

21. दी गई जानकारी के अनुसार-

1. रितिका और लवली की उम्र में 9 वर्ष का अंतर है जो तान्या और मीनाक्षी की उम्र के बीच के अंतर के समान है।

2. नकुल 21 वर्ष का हैं।

3. नकुल और मीनाक्षी की उम्र का अंतर 4 का पूर्ण वर्ग है।

4. केवल तीन व्यक्ति प्रतीक से छोटे हैं।

स्थिति- 1		
व्यक्ति	वर्ष	उम्र
नकुल	1998	21 वर्ष
मीनाक्षी	2014	5 वर्ष
तान्या	2005	14 वर्ष

इसलिए,

स्थिति- 2		
व्यक्ति	वर्ष	उम्र
नकुल	1998	21 वर्ष
मीनाक्षी	1982	37 वर्ष
तान्या	1973/1991	46/28 वर्ष

5. तान्या और प्रतीक की उम्र के बीच का अंतर नकुल की उम्र के बराबर है।

मीनाक्षी, प्रतीक से बड़ी है।

6. प्रतीक की उम्र एक पूर्ण वर्ग है।

इस प्रकार स्थिति -1 को रद्द हो जाती है क्योंकि प्रतीक की उम्र स्थिति -1 में 35 वर्ष या 7 वर्ष हो सकती है।

अब, स्थिति 2 के साथ।

तान्या - प्रतीक = नकुल

प्रतीक = 46 - 21 = 25

स्थिति- 2		
व्यक्ति	वर्ष	उम्र
नकुल	1998	21 वर्ष
मीनाक्षी	1982	37 वर्ष
तान्या	1973	46 वर्ष
प्रतीक	1994	25 वर्ष

7. सोनल, प्रतीक से 11 वर्ष छोटी है।

इसलिए, सोनल की उम्र 25 - 11 = 14 वर्ष है।

8. रितिका, लवली से बड़ी है।

9. जितने व्यक्ति सोनल से छोटे हैं, उतने ही लवली से बड़े हैं।

रितिका> लवली>>>> प्रतीक> नकुल> सोनल>

इस प्रकार सोनल 14 वर्ष की है और सबसे कम उम्र की है।

व्यक्ति	वर्ष	उम्र
नकुल	1998	21 वर्ष
मिनाक्षी	1982	37 वर्ष
तान्या	1973	46 वर्ष
प्रतीक	1994	25 वर्ष
सोनल	2005	14 वर्ष

10. रितिका और सोनल की उम्र का योग 91 वर्ष है।

रितिका + सोनल = 91।

रितिका + 14 = 91

रितिका = 91 - 14 = 77 अर्थात रितिका का जन्म = 2019 - 77 = 1942

11. रितिका और लवली की उम्र में 9 वर्ष का अंतर है।

इसलिए, लवली का जन्म = 1942 + 9 = 1951 है। इसलिए, लवली की उम्र 77 - 9 = 68 है।

12. लवली और उर्वशी की उम्र का अंतर सोनल की उम्र के बराबर है।

लवली + उर्वशी की उम्र = सोनल

इसलिए, 68 + उर्वशी = 14

उर्वशी = 54 वर्ष अर्थात् 1965 ।

क्रामिश, उर्वशी से 24 वर्ष छोटा है।

क्रामिश का जन्म = 1965 + 24 = 1989 इसलिए क्रामिश की उम्र 30 है।

13. उर्वशी और क्रामिश की उम्र के बीच का अंतर क्रामिश और ओपल के बीच के अंतर के समान है।

उर्वशी - क्रामिश = क्रामिश - ओपल

उर्वशी + ओपल = 2 क्रामिश

54 + ओपल = 60

ओपल = 6 वर्ष

इसलिए, ओपल ने 2013 में जन्म लिया।

अंतिम व्यवस्था नीचे दी गई है-

व्यक्ति	वर्ष	उम्र
रितिका	1942	77 वर्ष
लवली	1951	68 वर्ष
उर्वशी	1965	54 वर्ष
तान्या	1973	46 वर्ष
मीनाक्षी	1982	37 वर्ष
कामिश	1989	30 वर्ष
प्रतीक	1994	25 वर्ष
नकुल	1998	21 वर्ष
सोनल	2005	14 वर्ष
ओपल	2013	6 वर्ष

इसलिए तान्या और प्रतीक के बीच दो व्यक्ति पैदा हुए हैं।

अतः विकल्प (C) सही है।

22. दी गई जानकारी के अनुसार-

1. रितिका और लवली की उम्र में 9 वर्ष का अंतर है जो तान्या और मीनाक्षी की उम्र के बीच के अंतर के समान है।

2. नकुल 21 वर्ष का हैं।

3. नकुल और मीनाक्षी की उम्र का अंतर 4 का पूर्ण वर्ग है।

4. केवल तीन व्यक्ति प्रतीक से छोटे हैं।

स्थिति- 1		
व्यक्ति	वर्ष	उम्र
नकुल	1998	21 वर्ष
मीनाक्षी	2014	5 वर्ष
तान्या	2005	14 वर्ष

इसलिए,

स्थिति- 2		
व्यक्ति	वर्ष	उम्र
नकुल	1998	21 वर्ष
मीनाक्षी	1982	37 वर्ष
तान्या	1973/1991	46/28 वर्ष

5. तान्या और प्रतीक की उम्र के बीच का अंतर नकुल की उम्र के बराबर है।

मीनाक्षी, प्रतीक से बड़ी है।

6. प्रतीक की उम्र एक पूर्ण वर्ग है।

इस प्रकार स्थिति -1 को रद्द हो जाती है क्योंकि प्रतीक की उम्र स्थिति -1 में 35 वर्ष या 7 वर्ष हो सकती है।

अब, स्थिति 2 के साथ।

तान्या - प्रतीक = नकुल

प्रतीक = 46 - 21 = 25

स्थिति- 2		
व्यक्ति	वर्ष	उम्र
नकुल	1998	21 वर्ष
मीनाक्षी	1982	37 वर्ष
तान्या	1973	46 वर्ष
प्रतीक	1994	25 वर्ष

7. सोनल, प्रतीक से 11 वर्ष छोटी है।

इसलिए, सोनल की उम्र 25 - 11 = 14 वर्ष है।

8. रितिका, लवली से बड़ी है।

9. जितने व्यक्ति सोनल से छोटे हैं, उतने ही लवली से बड़े हैं।

रितिका> लवली>>>> प्रतीक> नकुल> सोनल>

इस प्रकार सोनल 14 वर्ष की है और सबसे कम उम्र की है।

व्यक्ति	वर्ष	उम्र
नकुल	1998	21 वर्ष
मिनाक्षी	1982	37 वर्ष
तान्या	1973	46 वर्ष
प्रतीक	1994	25 वर्ष
सोनल	2005	14 वर्ष

10. रितिका और सोनल की उम्र का योग 91 वर्ष है।

रितिका + सोनल = 91।

रितिका + 14 = 91

रितिका = 91 - 14 = 77 अर्थात रितिका का जन्म = 2019 - 77 = 1942

11. रितिका और लवली की उम्र में 9 वर्ष का अंतर है।

इसलिए, लवली का जन्म = 1942 + 9 = 1951 है। इसलिए, लवली की उम्र 77 - 9 = 68 है।

12. लवली और उर्वशी की उम्र का अंतर सोनल की उम्र के बराबर है।

लवली + उर्वशी की उम्र = सोनल

इसलिए, 68 + उर्वशी = 14

उर्वशी = 54 वर्ष अर्थात् 1965 ।

क़ामिश, उर्वशी से 24 वर्ष छोटा है।

क़ामिश का जन्म = 1965 + 24 = 1989 इसलिए क़ामिश की उम्र 30 है।

13. उर्वशी और क़ामिश की उम्र के बीच का अंतर क़ामिश और ओपल के बीच के अंतर के समान है।

उर्वशी - क़ामिश = क़ामिश - ओपल

उर्वशी + ओपल = 2 क़ामिश

54 + ओपल = 60

ओपल = 6 वर्ष

इसलिए, ओपल ने 2013 में जन्म लिया।

अंतिम व्यवस्था नीचे दी गई है-

व्यक्ति	वर्ष	उम्र
रितिका	1942	77 वर्ष
लवली	1951	68 वर्ष
उर्वशी	1965	54 वर्ष
तान्या	1973	46 वर्ष
मीनाक्षी	1982	37 वर्ष
कामिश	1989	30 वर्ष
प्रतीक	1994	25 वर्ष
नकुल	1998	21 वर्ष
सोनल	2005	14 वर्ष
ओपल	2013	6 वर्ष

दी गई जानकारी के अनुसार-

रितिका की आयु = 77 वर्ष

क़ामिश की आयु = 30 वर्ष

कुल आयु = 77 + 30 = 107 वर्ष

इसलिए रितिका और क़ामिश की कुल आयु 107 वर्ष है।

अतः विकल्प (B) सही है।

23. दी गई जानकारी के अनुसार-

1. रितिका और लवली की उम्र में 9 वर्ष का अंतर है जो तान्या और मीनाक्षी की उम्र के बीच के अंतर के समान है।

2. नकुल 21 वर्ष का हैं।

3. नकुल और मीनाक्षी की उम्र का अंतर 4 का पूर्ण वर्ग है।

4. केवल तीन व्यक्ति प्रतीक से छोटे हैं।

स्थिति- 1		
व्यक्ति	वर्ष	उम्र
नकुल	1998	21 वर्ष
मीनाक्षी	2014	5 वर्ष
तान्या	2005	14 वर्ष

इसलिए,

स्थिति- 2		
व्यक्ति	वर्ष	उम्र
नकुल	1998	21 वर्ष
मीनाक्षी	1982	37 वर्ष
तान्या	1973/1991	46/28 वर्ष

5. तान्या और प्रतीक की उम्र के बीच का अंतर नकुल की उम्र के बराबर है।

मीनाक्षी, प्रतीक से बड़ी है।

6. प्रतीक की उम्र एक पूर्ण वर्ग है।

इस प्रकार स्थिति -1 को रद्द हो जाती है क्योंकि प्रतीक की उम्र स्थिति -1 में 35 वर्ष या 7 वर्ष हो सकती है।

अब, स्थिति 2 के साथ।

तान्या - प्रतीक = नकुल

प्रतीक = 46 - 21 = 25

स्थिति- 2		
व्यक्ति	वर्ष	उम्र
नकुल	1998	21 वर्ष
मीनाक्षी	1982	37 वर्ष
तान्या	1973	46 वर्ष
प्रतीक	1994	25 वर्ष

7. सोनल, प्रतीक से 11 वर्ष छोटी है।

इसलिए, सोनल की उम्र 25 - 11 = 14 वर्ष है।

8. रितिका, लवली से बड़ी है।

9. जितने व्यक्ति सोनल से छोटे हैं, उतने ही लवली से बड़े हैं।

रितिका> लवली>>>> प्रतीक> नकुल> सोनल>

इस प्रकार सोनल 14 वर्ष की है और सबसे कम उम्र की है।

व्यक्ति	वर्ष	उम्र
नकुल	1998	21 वर्ष
मिनाक्षी	1982	37 वर्ष

तान्या	1973	46 वर्ष
प्रतीक	1994	25 वर्ष
सोनल	2005	14 वर्ष

10. रितिका और सोनल की उम्र का योग 91 वर्ष है।

रितिका + सोनल = 91।

रितिका + 14 = 91

रितिका = 91 - 14 = 77 अर्थात रितिका का जन्म = 2019 - 77 = 1942

11. रितिका और लवली की उम्र में 9 वर्ष का अंतर है।

इसलिए, लवली का जन्म = 1942 + 9 = 1951 है। इसलिए, लवली की उम्र 77 - 9 = 68 है।

12. लवली और उर्वशी की उम्र का अंतर सोनल की उम्र के बराबर है।

लवली + उर्वशी की उम्र = सोनल

इसलिए, 68 + उर्वशी = 14

उर्वशी = 54 वर्ष अर्थात् 1965 ।

क़ामिश, उर्वशी से 24 वर्ष छोटा है।

क़ामिश का जन्म = 1965 + 24 = 1989 इसलिए क़ामिश की उम्र 30 है।

13. उर्वशी और क़ामिश की उम्र के बीच का अंतर क़ामिश और ओपल के बीच के अंतर के समान है।

उर्वशी - क़ामिश = क़ामिश - ओपल

उर्वशी + ओपल = 2 क़ामिश

54 + ओपल = 60

ओपल = 6 वर्ष

इसलिए, ओपल ने 2013 में जन्म लिया।

अंतिम व्यवस्था नीचे दी गई है-

व्यक्ति	वर्ष	उम्र
रितिका	1942	77 वर्ष
लवली	1951	68 वर्ष
उर्वशी	1965	54 वर्ष
तान्या	1973	46 वर्ष
मीनाक्षी	1982	37 वर्ष
कामिश	1989	30 वर्ष
प्रतीक	1994	25 वर्ष
नकुल	1998	21 वर्ष
सोनल	2005	14 वर्ष
ओपल	2013	6 वर्ष

दी गई जानकारी के अनुसार-

उर्वशी और सोनल की कुल आयु = 54 + 14 = 68 वर्ष

सोनल और मीनाक्षी की कुल आयु = 14 + 37 = 51 वर्ष

उर्वशी और सोनल की कुल उम्र और सोनल और मीनाक्षी की कुल आयु के बीच का अंतर = 68 - 51 = 17 वर्ष।

अतः विकल्प (D) सही है।

24. दी गई जानकारी के अनुसार-

1. रितिका और लवली की उम्र में 9 वर्ष का अंतर है जो तान्या और मीनाक्षी की उम्र के बीच के अंतर के समान है।

2. नकुल 21 वर्ष का हैं।

3. नकुल और मीनाक्षी की उम्र का अंतर 4 का पूर्ण वर्ग है।

4. केवल तीन व्यक्ति प्रतीक से छोटे हैं।

स्थिति- 1		
व्यक्ति	वर्ष	उम्र
नकुल	1998	21 वर्ष
मीनाक्षी	2014	5 वर्ष
तान्या	2005	14 वर्ष

इसलिए,

स्थिति- 2		
व्यक्ति	वर्ष	उम्र
नकुल	1998	21 वर्ष
मीनाक्षी	1982	37 वर्ष
तान्या	1973/1991	46/28 वर्ष

5. तान्या और प्रतीक की उम्र के बीच का अंतर नकुल की उम्र के बराबर है।

मीनाक्षी, प्रतीक से बड़ी है।

6. प्रतीक की उम्र एक पूर्ण वर्ग है।

इस प्रकार स्थिति -1 को रद्द हो जाती है क्योंकि प्रतीक की उम्र स्थिति -1 में 35 वर्ष या 7 वर्ष हो सकती है।

अब, स्थिति 2 के साथ।

तान्या - प्रतीक = नकुल

प्रतीक = 46 - 21 = 25

स्थिति- 2		
व्यक्ति	वर्ष	उम्र
नकुल	1998	21 वर्ष
मीनाक्षी	1982	37 वर्ष
तान्या	1973	46 वर्ष
प्रतीक	1994	25 वर्ष

7. सोनल, प्रतीक से 11 वर्ष छोटी है।

इसलिए, सोनल की उम्र 25 - 11 = 14 वर्ष है।

8. रितिका, लवली से बड़ी है।

9. जितने व्यक्ति सोनल से छोटे हैं, उतने ही लवली से बड़े हैं।

रितिका> लवली>>>> प्रतीक> नकुल> सोनल>

इस प्रकार सोनल 14 वर्ष की है और सबसे कम उम्र की है।

व्यक्ति	वर्ष	उम्र
नकुल	1998	21 वर्ष
मिनाक्षी	1982	37 वर्ष
तान्या	1973	46 वर्ष
प्रतीक	1994	25 वर्ष
सोनल	2005	14 वर्ष

10. रितिका और सोनल की उम्र का योग 91 वर्ष है।

रितिका + सोनल = 91।

रितिका + 14 = 91

रितिका = 91 - 14 = 77 अर्थात रितिका का जन्म = 2019 - 77 = 1942

11. रितिका और लवली की उम्र में 9 वर्ष का अंतर है।

इसलिए, लवली का जन्म = 1942 + 9 = 1951 है। इसलिए, लवली की उम्र 77 - 9 = 68 है।

12. लवली और उर्वशी की उम्र का अंतर सोनल की उम्र के बराबर है।

लवली + उर्वशी की उम्र = सोनल

इसलिए, 68 + उर्वशी = 14

उर्वशी = 54 वर्ष अर्थात् 1965 ।

क़ामिश, उर्वशी से 24 वर्ष छोटा है।

क़ामिश का जन्म = 1965 + 24 = 1989 इसलिए क़ामिश की उम्र 30 है।

13. उर्वशी और क़ामिश की उम्र के बीच का अंतर क़ामिश और ओपल के बीच के अंतर के समान है।

उर्वशी - क़ामिश = क़ामिश - ओपल

उर्वशी + ओपल = 2 क़ामिश

54 + ओपल = 60

ओपल = 6 वर्ष

इसलिए, ओपल ने 2013 में जन्म लिया।

अंतिम व्यवस्था नीचे दी गई है-

व्यक्ति	वर्ष	उम्र
रितिका	1942	77 वर्ष
लवली	1951	68 वर्ष
उर्वशी	1965	54 वर्ष
तान्या	1973	46 वर्ष
मीनाक्षी	1982	37 वर्ष
क़ामिश	1989	30 वर्ष
प्रतीक	1994	25 वर्ष
नकुल	1998	21 वर्ष
सोनल	2005	14 वर्ष
ओपल	2013	6 वर्ष

दी गई जानकारी के अनुसार-

इसलिए केवल उर्वशी का जन्म 1973 से ठीक पहले हुआ है।

अतः विकल्प (A) सही है।

25. दी गई जानकारी के अनुसार-

1. रितिका और लवली की उम्र में 9 वर्ष का अंतर है जो तान्या और मीनाक्षी की उम्र के बीच के अंतर के समान है।

2. नकुल 21 वर्ष का हैं।

3. नकुल और मीनाक्षी की उम्र का अंतर 4 का पूर्ण वर्ग है।

4. केवल तीन व्यक्ति प्रतीक से छोटे हैं।

स्थिति- 1		
व्यक्ति	वर्ष	उम्र
नकुल	1998	21 वर्ष
मीनाक्षी	2014	5 वर्ष
तान्या	2005	14 वर्ष

इसलिए,

स्थिति- 2		
व्यक्ति	वर्ष	उम्र
नकुल	1998	21 वर्ष

मीनाक्षी	1982	37 वर्ष
तान्या	1973/1991	46/28 वर्ष

5. तान्या और प्रतीक की उम्र के बीच का अंतर नकुल की उम्र के बराबर है।

मीनाक्षी, प्रतीक से बड़ी है।

6. प्रतीक की उम्र एक पूर्ण वर्ग है।

इस प्रकार स्थिति -1 को रद्द हो जाती है क्योंकि प्रतीक की उम्र स्थिति -1 में 35 वर्ष या 7 वर्ष हो सकती है।

अब, स्थिति 2 के साथ।

तान्या - प्रतीक = नकुल

प्रतीक = 46 - 21 = 25

स्थिति- 2		
व्यक्ति	वर्ष	उम्र
नकुल	1998	21 वर्ष
मीनाक्षी	1982	37 वर्ष
तान्या	1973	46 वर्ष
प्रतीक	1994	25 वर्ष

7. सोनल, प्रतीक से 11 वर्ष छोटी है।

इसलिए, सोनल की उम्र 25 - 11 = 14 वर्ष है।

8. रितिका, लवली से बड़ी है।

9. जितने व्यक्ति सोनल से छोटे हैं, उतने ही लवली से बड़े हैं।

रितिका> लवली>>>> प्रतीक> नकुल> सोनल>

इस प्रकार सोनल 14 वर्ष की है और सबसे कम उम्र की है।

व्यक्ति	वर्ष	उम्र
नकुल	1998	21 वर्ष
मिनाक्षी	1982	37 वर्ष
तान्या	1973	46 वर्ष
प्रतीक	1994	25 वर्ष
सोनल	2005	14 वर्ष

10. रितिका और सोनल की उम्र का योग 91 वर्ष है।

रितिका + सोनल = 91।

रितिका + 14 = 91

रितिका = 91 - 14 = 77 अर्थात रितिका का जन्म = 2019 - 77 = 1942

11. रितिका और लवली की उम्र में 9 वर्ष का अंतर है।

इसलिए, लवली का जन्म = 1942 + 9 = 1951 है। इसलिए, लवली की उम्र 77 - 9 = 68 है।

12. लवली और उर्वशी की उम्र का अंतर सोनल की उम्र के बराबर है।

लवली + उर्वशी की उम्र = सोनल

इसलिए, 68 + उर्वशी = 14

उर्वशी = 54 वर्ष अर्थात् 1965 ।

क़ामिश, उर्वशी से 24 वर्ष छोटा है।

क़ामिश का जन्म = 1965 + 24 = 1989 इसलिए क़ामिश की उम्र 30 है।

13. उर्वशी और क़ामिश की उम्र के बीच का अंतर क़ामिश और ओपल के बीच के अंतर के समान है।

उर्वशी - क़ामिश = क़ामिश - ओपल

उर्वशी + ओपल = 2 क़ामिश

54 + ओपल = 60

ओपल = 6 वर्ष

इसलिए, ओपल ने 2013 में जन्म लिया।

अंतिम व्यवस्था नीचे दी गई है-

व्यक्ति	वर्ष	उम्र
रितिका	1942	77 वर्ष
लवली	1951	68 वर्ष
उर्वशी	1965	54 वर्ष
तान्या	1973	46 वर्ष
मीनाक्षी	1982	37 वर्ष
कामिश	1989	30 वर्ष
प्रतीक	1994	25 वर्ष
नकुल	1998	21 वर्ष
सोनल	2005	14 वर्ष
ओपल	2013	6 वर्ष

दी गई जानकारी के अनुसार-

रितिका को छोड़कर, सभी व्यक्ति एक विषम वर्ष में पैदा होते हैं।

अतः विकल्प (D) सही है।

Ques (26-30):1. काजल पसंद करने वाला व्यक्ति सबसे छोटा है।

2. जिसकी आयु एक अभाज्य संख्या है और T के बीच दो व्यक्तियों का जन्म हुआ है।

3. M और काजल पसंद करने वाले व्यक्ति के बीच दो व्यक्तियों का जन्म हुआ है।

इन तीन वाक्यों के संयोजन पर, हमें तीन संभावित स्थिति मिले हैं:

स्थिति 1: जब व्यक्ति 1964 में जन्म हुआ और उसकी उम्र 53 वर्ष है, तब T का जन्म 1987 में हुआ।

स्थिति 2: जब व्यक्ति 1980 में जन्म हुआ और उसकी उम्र 37 वर्ष है, तब T का जन्म 2000 में हुआ।

स्थिति 3: जब व्यक्ति 2000 में जन्म हुआ और उसकी उम्र 17 वर्ष है, तब T का जन्म 1980 में हुआ।

काजल पसंद करने वाला वह व्यक्ति है जो 2011 में जन्म लिया, सबसे छोटा है।

वर्ष	उम्र	स्थिति 1		स्थिति 2		स्थिति 3	
		व्यक्ति	मेकअप उत्पाद	व्यक्ति	मेकअप उत्पाद	व्यक्ति	मेकअप उत्पाद
1964	(53)						
1972	(45)						
1980	(37)						T
1987	(30)	T					
1995	(22)	M		M		M	
2000	(17)			T			
2005	(12)						
2011	(6)		काजल		काजल		काजल

4. फाउंडेशन और S पसंद करने वाले व्यक्तियों की कुल आयु का योग, R जो कंटूर पसंद करता की आयु से दो वर्ष अधिक है।

5. M और O के बीच दो व्यक्तियों का जन्म हुआ है।

इन दो वाक्यों को मिलाने पर,

22 और 17 का योग 39 है जो 37 से 2 वर्ष अधिक है, अतः इससे स्पष्ट है कि R का जन्म 1980 में हुआ और S का जन्म 2000 में हुआ और M को फाउंडेशन पसंद है।

इस लाइन से हमारा स्थिति 2 और स्थिति 3 रद्द हो जाता है।

स्थिति 2 में, T का जन्म M के ठीक बाद हुआ है, इसलिए S का उस वर्ष में जन्म लेना संभव नहीं है।

स्थिति 3 में, T का जन्म वर्ष 1980 में हुआ है, इसलिए R का उस वर्ष में जन्म लेना संभव नहीं है।

अब, फिर से हमारे पास O के जन्म वर्ष के लिए दो संभावित स्थितियां हैं।

स्थिति 1A: जब O का जन्म वर्ष 1972 में M से पहले हुआ।

स्थिति 1B: जब 2011 में O का जन्म M के बाद हुआ।

वर्ष	आयु	स्थिति 1a		स्थिति 1b	
		व्यक्ति	मेकअप उत्पाद	व्यक्ति	मेकअप उत्पाद
1964	(53)				
1972	(45)	O			
1980	(37)	R	कंटूर	R	कंटूर
1987	(30)	T		T	
1995	(22)	M	फाउंडेशन	M	फाउंडेशन
2000	(17)	S		S	
2005	(12)				
2011	(6)		काजल	O	काजल

6. मस्कारा पसंद करने वाले व्यक्ति का जन्म ब्लश पसंद करने वाले के ठीक बाद हुआ है।

7. O को मस्कारा नहीं पसंद है।

इन दो वाक्यों के संयोजन पर हमारे पास तीन संभावित स्थितियां हैं:

स्थिति 1a: जब वह व्यक्ति जो वर्ष 2000 में पैदा हुए ब्लश को पसंद करता है और वह व्यक्ति जो 2005 में पैदा हुए काजल को पसंद करता है।

स्थिति 1b: जब वह व्यक्ति जो वर्ष 2000 में पैदा हुए ब्लश को पसंद करता है और वह व्यक्ति जो 2005 में पैदा हुए काजल को पसंद करता है।

स्थिति 1b (1): जब वह व्यक्ति जो वर्ष 1966 में पैदा हुए ब्लश को पसंद करता है और वह व्यक्ति जो 1972 में पैदा हुए काजल को पसंद करता है।

वर्ष	आयु	स्थिति 1a		स्थिति 1b		स्थिति 1b (1)	
		व्यक्ति	मेकअप उत्पाद	व्यक्ति	मेकअप उत्पाद	व्यक्ति	मेकअप उत्पाद
1964	(53)						ब्लश
1972	(45)	O					मस्कारा
1980	(37)	R	कंटूर	R	कंटूर	R	कंटूर

1987	(30)	T			T		T	
1995	(22)	M	फाउंडेशन	M	फाउंडेशन	M	फाउंडेशन
2000	(17)	S	ब्लश	S	ब्लश	S	
2005	(12)		मस्कारा		मस्कारा		
2011	(6)		काजल	O	काजल	O	काजल

8. P हाइलाइटर पसंद करता लेकिन R के पहले जन्म नहीं हुआ है।

9. छठा सबसे बड़ा व्यक्ति लिपस्टिक नहीं पसंद करता है।

10. N सबसे बड़ा नहीं है।

इन तीन वाक्यों को मिलाने पर, हमारा स्थिति 1a और स्थिति 1b रद्द हो जाता है, जैसा कि 8 वें कथन से स्पष्ट है कि P का जन्म R के बाद हुआ है।

स्थिति 1A में: R का जन्म होने के लिए कोई वर्ष नहीं बचा है, जबकि R का जन्म उन वर्षों से पहले हुआ है, इसलिए यह स्थिति रद्द की जाती है।

स्थिति 1B में: R का जन्म होने के लिए वर्ष नहीं बचा है, जबकि R का जन्म उन वर्षों से पहले हुआ है, इसलिए, यह स्थिति रद्द की जाती है ।

स्थिति 1B (1) में: P का जन्म R के बाद 2005 में हुआ ।

अब, छठे सबसे पुराने व्यक्ति है इसका अर्थ है तीसरा सबसे युवा व्यक्ति जो S है, S लिपस्टिक नहीं पसंद करता है, S को लाइनर पसंद है क्योंकि केवल लाइनर बचा है।

इसलिए, T लिपस्टिक पसंद करता है।

N सबसे बड़ा नहीं है, जिसका अर्थ है कि N का वर्ष 1972 में जन्म हुआ।

अब, केवल Q बचा है इसलिए Q का जन्म 1964 में हुआ।

स्थिति 1b (1)			
वर्ष	वर्ष	व्यक्ति	मेकअप उत्पाद
1964	(53)	Q	ब्लश
1972	(45)	N	मस्कारा
1980	(37)	R	कंटूर
1987	(30)	T	लिपस्टिक
1995	(22)	M	फाउंडेशन
2000	(17)	S	लाइनर
2005	(12)	P	हाइलाइटर
2011	(6)	O	काजल

अंतिम व्यवस्था:

वर्ष	आयु	व्यक्ति	मेकअप उत्पाद
1964	(53)	Q	ब्लश
1972	(45)	N	मस्कारा
1980	(37)	R	कंटूर
1987	(30)	T	लिपस्टिक
1995	(22)	M	फाउंडेशन
2000	(17)	S	लाइनर
2005	(12)	P	हाइलाइटर
2011	(6)	O	काजल

26. इसलिए, T को लिपस्टिक पसंद है।

अतः विकल्प (C) सही है

27. 5 लोग S से पहले पैदा हुए और 4 लोग T के बाद पैदा हुए।

इसलिए, 5, 4 सही उत्तर है।

अतः विकल्प (D) सही है।

28. तीसरा सबसे छोटा व्यक्तिS है।

S को लाइनर पसंद है।

इसलिए, लाइनर को तीसरे सबसे कम उम्र के व्यक्ति ने पसंद किया।

अतः विकल्प (C) सही है।

29. आइए प्रत्येक विकल्प की जाँच करें:

Q : Q 53 साल का है। (विषम आयु)

R: R 37 वर्ष का है। (विषम आयु)

N: N 45 वर्ष का है। (विषम आयु)

M: M 22 वर्ष का है। (आयु)

S : S 17 साल का है। (विषम आयु)

इसलिए, M समूह से संबंधित नहीं है।

अतः विकल्प (D) सही है।

30. इसलिए, R-कंटूर सही है।

अतः विकल्प (C) सही है।

Ques (1-5):निर्देश: जानकारी को ध्यानपूर्वक पढ़िये और प्रश्न का उत्तर दीजिये।

एक इमारत में कुछ निश्चित संख्या में व्यक्ति रहते हैं। एक मंजिल पर केवल एक व्यक्ति रहता है और सबसे निचली मंजिल की संख्या 1 है। और वे विभिन्न कॉलेजों में पढ़ते हैं।

केवल एक व्यक्ति C और I में जाने वाले व्यक्ति के बीच में रहता है। अजीत कॉलेज B में जाता है और उस व्यक्ति की मंजिल के ठीक ऊपर रहता है, जो H में पढ़ता है। I में पढ़ने वाले व्यक्ति की मंजिल से ऊपर चार से अधिक व्यक्ति नहीं रहते है। केवल एक व्यक्ति ऋषि और मिधु के बीच में रहता है और दोनों विषम संख्या वाली मंजिल पर रहते हैं। टीना जो F में नहीं पढ़ती है वह एक विषम संख्या मंजिल पर रहती है। D में पढ़ने वाला साकेत मिधु की मंजिल के नीचे की किसी एक मंजिल में रहता है। पुनित, साकेत से ऊपर पाँचवी मंजिल पर रहता है, जो F में पढ़ने वाले व्यक्ति के ठीक ऊपर रहता है। रवीना मंजिल संख्या 6 पर रहती है, लेकिन न तो I और न ही H में पढ़ती है।

अजीत और पुनित के बीच रहने वाले व्यक्तियों की संख्या मिधु और पुनित के बीच की रहने वाले व्यक्तियों तुलना में दो कम है। जॉन G में पढ़ता है और F में पढ़ने वाले व्यक्ति से ऊपर तीसरी मंजिल पर रहता है।

वह व्यक्ति जो कॉलेज A में जाता है वह उन व्यक्तियों के बीच में रहता है जो E और I में पढ़ते हैं।

आकाश, ऋषि की मंजिल के ऊपर किसी मंजिल पर रहता है।

Q.1 इनमें से कौन कॉलेज H में जाता है?

A. टीना **B.** ऋषि **C.** आकाश **D.** पुनित
E. मिधु

Q.2 B और E में जाने वाले व्यक्तियों के बीच में कितनी मंजिलें हैं?

A. एक **B.** दो **C.** तीन **D.** पांच
E. कोई नहीं

Q.3 मिधु और F में पढ़ने वाले व्यक्ति के बीच में कौन रहता है?

A. टीना **B.** जॉन **C.** अजीत **D.** साकेत
E. ऋषि

Q.4 C में पढ़ने वाले व्यक्ति की मंजिल संख्या क्या है?

A. 8 **B.** 5 **C.** 3 **D.** 2
E. 1

Q.5 मंजिल संख्या 5 में कौन रहता है?

A. आकाश **B.** टीना
C. पुनित **D.** ऋषि
E. ऐसी कोई मंजिल नहीं है

Ques (6-10):निर्देश: दी गई जानकारी को ध्यान से पढ़ें और नीचे दिए गए प्रश्न का उत्तर दें।

आठ लोग P, Q, R, S, T, U, V और W आठ तल की इमारत में रहते हैं, लेकिन ये जरूरी नहीं कि वे उसी क्रम में हों। प्रत्येक तल को क्रमशः नीचे से ऊपर तक संख्या 1 से 8 के रूप में अंकित किया जाता है। P एक सम संख्या वाले तल पर रहता है, लेकिन दूसरे या चौथे तल पर नहीं।

P और Q के बीच केवल तीन तल हैं। V, P के ठीक नीचे वाले तल पर रहता है। T और Q के बीच तलों की संख्या तथा P और T के बीच तलों की संख्या समान हैं। R और T के बीच केवल दो लोग रहते हैं। W, S के ठीक नीचे रहता है। U, S से ऊपर एक मंजिल पर रहता है।

Q.6 V के ठीक नीचे रहने वाले व्यक्ति के तीन तल नीचे कौन रहता है?

A. S **B.** Q **C.** T **D.** P
E. R

Q.7 निम्नलिखित पांच विकल्पों में से चार एक निश्चित तरीके से समान हैं, विषम ज्ञात कीजिये?

A. V **B.** T **C.** W **D.** R
E. U

Q.8 U के ठीक ऊपर कौन रहता है?

A. Q **B.** S **C.** T **D.** P
E. V

Q.9 S और P के बीच कितने लोग रहते हैं?

A. दो **B.** तीन **C.** चार **D.** पांच
E. सात

Q.10 तीसरे तल पर कौन रहता है?

A. V **B.** T **C.** S **D.** R
E. Q

Ques (11-15):निर्देश: निम्न जानकारी को ध्यानपूर्वक पढ़िए और दिए गए प्रश्न का उत्तर दीजिये।

कीर्ति, करुणा, कार्तिक, काजल, कंचन, कमल, किरण और कुणाल आठ मित्र हैं जो आठ मंजिल की इमारत में रहते हैं। वे इसी आठ मंजिला इमारत में अलग-अलग मंजिलों पर रहते हैं, परंतु इसी क्रम में रहते हैं ये आवश्यक नहीं है। इमारत के भूतल की संख्या 1 है, और उसके ऊपर वाली मंजिल 2 और इसी प्रकार आगे सबसे ऊपर वाली मंजिल की संख्या 8 है। प्रत्येक व्यक्ति भिन्न ब्रांड के जूते पहनता है, नामतः एडिडास, रीबॉक, नाइक, वुडलैंड, प्यूमा, बाटा, रेडटैप और फिला, परंतु ये आवश्यक नहीं है कि इसी क्रम में। वे भिन्न खेल भी खेलते हैं, नामतः बास्केटबॉल, बैडमिंटन, कुश्ती, निशानेबाज़ी, फुटबॉल, क्रिकेट, टेनिस और वॉलीबॉल।

वह व्यक्ति जो रीबॉक के जूते पहनता है वह चौथी मंजिल के ऊपर स्थित किसी सम संख्या वाली मंजिल पर रहता है, परंतु वह बैडमिंटन नहीं खेलता है। जो वुडलैंड के जूते पहनता है, वह पांचवीं मंजिल से नीचे किसी सम संख्या वाली मंजिल पर रहता है। जो निशानेबाज़ी करता है, वह मंजिल संख्या एक पर रहता है और रेड टेप के जूते पहनता है। वुडलैंड के जूते पहनने वाले और प्यूमा के जूते पहनने वाले के बीच में दो मंजिलें हैं। कंचन प्यूमा के जूते पहनने वाले के ठीक ऊपर रहती है। किरण सबसे ऊपर वाली मंजिल पर रहती है और बैडमिंटन खेलती है। कुणाल, वुडलैंड के जूते पहनने वाले के ठीक नीचे रहता है। किरण और वुडलैंड के जूते पहनने वाले के बीच चार से अधिक मंजिलें हैं। रीबॉक के जूते पहनने वाले और एडिडास के जूते पहनने वाले के बीच केवल एक मंजिल है। जो एडिडास के जूते पहनता है वह रीबॉक के जूते पहनने वाले के ऊपर रहता है। कमल, कुश्ती खेलने वाले के ऊपर किसी एक मंजिल पर रहता है। जो कुश्ती खेलता है वह बाटा के जूते नहीं पहनता। जो फुटबॉल खेलता है और जो कुश्ती खेलता है, वे एक-दूसरे के निकटतम पड़ोसी हैं। जो नाइक के जूते पहनता है, वह टेनिस खेलता है। करुणा न तो नाइक के जूते पहनती है और ना ही वुडलैंड के। कार्तिक, जो फिला के जूते पहनता है और बास्केटबॉल खेलता है, वह एक सम संख्या वाली मंजिल पर रहता है। काजल प्यूमा के जूते पहनती है और वॉलीबॉल खेलती है। जो नाइक के जूते पहनता है वह मंजिल संख्या 3 के ऊपर किसी विषम संख्या वाली मंजिल पर रहता है।

Q.11 निम्नलिखित में से कौन सा संयोजन सही है?

A. कमल-कुश्ती-बाटा

B. कंचन-क्रिकेट-रीबॉक
C. काजल-बास्केटबॉल-प्यूमा
D. कार्तिक-निशानेबाज़ी-एडिडास
E. इनमें से कोई नहीं

Q.12 जो व्यक्ति क्रिकेट खेलता है वह किस मंजिल पर रहता है व कौन से ब्रांड के जूते पहनता है?

A. 5-प्यूमा
B. 4-फिला
C. 6-रीबॉक
D. 3-बाटा
E. इनमें से कोई नहीं

Q.13 कमल व उस व्यक्ति के बीच कितनी मंजिलें हैं जो फुटबॉल खेलता है?

A. दो
B. तीन
C. चार
D. एक
E. इनमें से कोई नहीं

Q.14 निम्नलिखित पाँच में से चार एक निश्चित तरीके से एक समान हैं और इसलिए ये एक समूह बनाते हैं। वह कौन सा है जो उस समूह से संबंधित नहीं है?

A. कीर्ति
B. कार्तिक
C. काजल
D. कंचन
E. किरण

Q.15 चौथी मंज़िल पर कौन रहता है और वह कौन-सा खेल खेलता है?

A. कार्तिक-बास्केटबॉल
B. काजल-वॉलीबॉल
C. कमल-टेनिस
D. कीर्ति-कुश्ती
E. इनमें से कोई नहीं

Ques (16-20):निर्देश: निर्देशों को ध्यानपूर्वक पढ़िए और नीचे दिए गए प्रश्न का उत्तर दीजिये।

आठ लोग, A, B, C, D, E, F, G और H, एक इमारत की 4 अलग-अलग मंजिलों पर रहते हैं। इमारत में तीन विंग हैं X, Y, और Z ऐसा है कि विंग Y विंग Z के बाएं है और विंग X, विंग Y के बाएं है। बिल्डिंग के प्रत्येक मंजिल पर कम से कम दो व्यक्ति रहते हैं और कम से कम दो व्यक्ति इमारत के प्रत्येक विंग में रहते हैं। इसके अतिरिक्त, प्रत्येक विंग में कम से कम एक फ्लैट खाली है। ये सभी आठ अलग-अलग फल जैसे नारंगी, नारियल, केला, सेब, आम, पपीता, अमरूद और अंगूर पसंद करते हैं लेकिन आवश्यक नहीं समान क्रम में हों।

A, D के समान विंग में रहता है। जो व्यक्ति केला पसंद करता है वह Y विंग में नहीं रहता है। C, E के ठीक ऊपर वाली मंजिल पर रहता है। H उसी मंजिल पर रहता है जिस व्यक्ति को केले पसंद हैं। F, जो या तो नारियल या आम पसंद करता है, H के समान विंग में नहीं रहता है। जो व्यक्ति सेब को पसंद करता है वह X विंग में F से दो मंजिल ऊपर रहता है। पहली मंजिल का Z विंग खाली है। B, G के ठीक ऊपर वाली मंजिल पर रहता है लेकिन अलग विंग में। जो व्यक्ति नारियल पसंद करता है, वह समान विंग में एक विषम संख्या वाली मंजिल पर रहता है, जो पपीता पसंद करता है। A, B के समान मंजिल पर नहीं रहता है | G को आम या अमरूद पसंद है। जिस व्यक्ति को अंगूर पसंद है, वह समान विंग में B से दो मंजिल नीचे रहता है। G, केला पसंद करने वाले व्यक्ति से दो मंजिल ऊपर रहता है और वे समान विंग में रहते हैं।

Q.16 अंगूर कौन पसंद करता है?

A. H
B. E
C. B
D. C
E. D

Q.17 पहली मंजिल के Y विंग में रहने वाला व्यक्ति किस फल को पसंद करता है?

A. आम
B. संतरा
C. पपीता
D. नारियल
E. सेब

Q.18 C इमारत के किस फ्लैट में रहता है?

A. X विंग की चौथी मंजिल
B. Z विंग की तीसरी मंजिल
C. Y विंग की पहली मंजिल
D. Y विंग की दूसरी मंजिल
E. Z विंग की चौथी मंजिल

Q.19 वह व्यक्ति जो दूसरी मंजिल के Z विंग में रहता है, कौन सा फल पसंद करता है?

A. आम
B. संतरा
C. सेब
D. अमरुद
E. खाली मंजिल

Q.20 D इमारत के किस फ्लैट में रहता है?

A. X विंग की पहली मंजिल
B. Z विंग की दूसरी मंजिल
C. X विंग की चौथी मंजिल
D. Y विंग की तीसरी मंजिल
E. Z विंग की चौथी मंजिल

Ques (21-25):निर्देश: निम्नलिखित जानकारी का ध्यानपूर्वक अध्ययन कीजिये और नीचे दिए गए प्रश्नों के उत्तर दीजिये।

एलीट, ब्लू हाइट्स और क्रिमसन बे तीन निकटस्थ इमारतें हैं। एलीट, ब्लू हाइट्स के पूर्व में है, जो कि क्रिमसन बे के पूर्व में है। प्रत्येक इमारतों में मंजिलों की संख्या भिन्न-भिन्न है जिसमें नीचे की मंजिल की संख्या 1 है, उसके ऊपर की मंजिल की संख्या 2, आदि। प्रत्येक इमारतों में मंजिल की ऊंचाई समान है अर्थात समान संख्या वाली मंजिल जमीन से समान ऊंचाई पर है। इन इमारतों की कुछ ही मंजिलें ली गई हैं और शेष खाली हैं। प्रत्येक इमारत की प्रत्येक मंजिल पर केवल एक व्यक्ति रह सकता है।

योगेश और सूरज एक ही मंजिल संख्या पर रहते हैं लेकिन निकटस्थ इमारत में नहीं रहते हैं। रंजना जिस इमारत में रहती है, उसमें केवल तीन व्यक्ति रह रहे हैं। न तो सूरज और न ही योगेश उसी इमारत में रहते हैं जिसमें रंजना रहती है। एक इमारत में अधिकतम आठ मंजिल और न्यूनतम पांच मंजिल हो सकती हैं। आकृति क्रिमसन बे में आठवीं मंजिल पर रहती है। ब्लू हाइट्स में मंजिलों की कुल संख्या क्रिमसन बे में मंजिलों की कुल संख्या से दो कम है, जिसमें एलीट में मंजिलों की कुल संख्या से एक अधिक मंजिल है। योगेश आकृति के साथ नहीं रहता है। सूरज न तो सम संख्या वाली मंजिल पर और न ही निचली मंजिल पर रहता है। जिस मंजिल पर सूरज रहता है और जिस मंजिल पर अजय रहता है, उनके बीच केवल दो मंजिलें हैं लेकिन समान इमारत में हैं। रंजना अपनी इमारत की सबसे ऊपरी मंजिल पर रहती है। जिस मंजिल पर रंजना रहती है और जिस मंजिल पर नवल रहता है उनके बीच केवल दो मंजिल हैं, लेकिन भिन्न इमारत में हैं। नवल उस इमारत में नहीं रहता है जिसमें अजय रहता है। हर्षित उसी इमारत में नवल के ठीक नीचे रहता है। ब्लू हाइट्स में रहने वाले व्यक्तियों की संख्या एलीट में रहने वाले व्यक्तियों की संख्या के समान है। जिस मंजिल पर सूरज रहता है और जिस मंजिल पर शेरिन रहती है, उनकी मंजिल के बीच एक मंजिल का अंतर है, जो उसी इमारत में रहती है जिस में आकृति रहती है। शेरिन और आकृति के बीच चार मंजिलों का अंतर है। क्रिमसन बे में रहने वाले व्यक्तियों की संख्या ब्लू हाइट्स में रहने वाले व्यक्तियों की संख्या से एक अधिक है। विपुल निचली मंजिल पर रहता है। सुखी एक सम संख्या वाली मंजिल पर रहती है लेकिन दूसरी मंजिल पर नहीं रहती है।

Q.21 निम्नलिखित में से किस मंजिल पर और किस इमारत में शेरिन रहती है?

A. 3 - ब्लू हाइट्स
B. 3 - क्रिमसन बे
C. 4 - क्रिमसन बे
D. 3 - एलीट
E. इनमें से कोई नहीं

Q.22 तीनों इमारतों में कुल कितनी मंजिलें हैं?

A. 21
B. 22

C. 20 **D.** 19
E. इनमें से कोई नहीं

Q.23 तीनों इमारतों में कितने व्यक्ति रहते हैं?
A. 11 **B.** 10
C. 9 **D.** 8
E. इनमें से कोई नहीं

Q.24 निम्नलिखित पांच में से चार एक निश्चित प्रकार से समान हैं और इसलिए एक समूह बनाते हैं, वह ज्ञात कीजिये जो समूह से संबंधित नहीं है।
A. सूरज **B.** आकृति **C.** अजय **D.** शेरिन
E. विपुल

Q.25 निम्नलिखित में से कौन सा व्यक्ति एलीट में रहता है?
A. योगेश
B. नवल
C. सुखी
D. हर्षित
E. सभी (A), (B) और (D)

Ques (26-30):निर्देश: दी गई जानकारी का ध्यानपूर्वक पढ़िये और नीचे पूछे गए प्रश्नों के उत्तर दीजिये।

8 व्यक्ति A, B, C, D, E, F, G और H एक ही इमारत में रहते हैं। इमारत में 8 मंजिल हैं (जहां भूतल की संख्या 1 है और इसके ऊपर की मंजिल 2 और इसी तरह बाकी की मंजिलों की संख्या है)। कोई भी दो व्यक्ति एक ही मंजिल पर नहीं रहते। इनमें से प्रत्येक व्यक्ति की अलग अलग आयु है।

B की आयु F की आयु से दोगुनी है, उनमें से कोई भी तीसरी मंजिल पर नहीं रहता है।

F और H की आयु क्रमशः 24 और 60 हैं।

सातवीं मंजिल पर रहने वाले व्यक्ति की आयु 50 है और तीसरी मंजिल पर रहने वाले व्यक्ति की आयु 20 है।

G, आठवीं मंजिल पर रहता है और G की आयु 29 है।

E उस मंजिल से नीचे रहता है जिस पर B रहता है और उस मंजिल के ठीक ऊपर रहता है जिस पर F रहता है।

E तीसरी मंजिल पर नहीं रहता है।

E की आयु H और A की आयु के योग के औसत के बराबर है और E की आयु 40 है।

H, पहली मंजिल पर नहीं रहता है।

दूसरी मंजिल पर रहने वाले व्यक्ति की आयु पहली मंजिल पर रहने वाले व्यक्ति की आयु से अधिक है।

D, C से बड़ा है।

Q.26 छठी मंजिल पर रहने वाले व्यक्ति की आयु क्या है?
A. 48 **B.** 20 **C.** 59 **D.** 60
E. 24

Q.27 H और C की आयु में क्या अंतर है?
A. 15 **B.** 20 **C.** 10 **D.** 13
E. 7

Q.28 G और D के बीच कितने व्यक्ति रहते हैं?
A. दो **B.** चार **C.** पांच **D.** छह
E. सात

Q.29 निम्नलिखित में से कौन 24 वर्ष की आयु वाले व्यक्ति से ठीक नीचे रहता है?
A. H **B.** A **C.** B **D.** F
E. D

Q.30 D की आयु क्या है?
A. 59 **B.** 20 **C.** 60 **D.** 24
E. 48

// स्मार्ट उत्तर पुस्तिका //

| सही उत्तर | उन छात्रों का प्रतिशत जिन्होंने प्रश्नों का सही उत्तर दिया था। | छोड़ दिया | उन छात्रों का प्रतिशत जिन्होंने प्रश्नों को छोड़ दिया था। |

प्रश्न संख्या	उत्तर	सही उत्तर / छोड़ दिया	प्रश्न संख्या	उत्तर	सही उत्तर / छोड़ दिया	प्रश्न संख्या	उत्तर	सही उत्तर / छोड़ दिया	प्रश्न संख्या	उत्तर	सही उत्तर / छोड़ दिया	प्रश्न संख्या	उत्तर	सही उत्तर / छोड़ दिया	प्रश्न संख्या	उत्तर	सही उत्तर / छोड़ दिया
1	C	14.63 % / 84.41 %	6	E	48.44 % / 35.6 %	11	B	15.94 % / 69.58 %	16	B	23.48 % / 74.26 %	21	B	19.29 % / 69.01 %	26	A	24.21 % / 69.01 %
2	A	18.74 % / 69.97 %	7	B	65.16 % / 33.3 %	12	C	16.04 % / 82.52 %	17	D	21.07 % / 71.8 %	22	A	28.44 % / 70.81 %	27	C	27.3 % / 68.82 %
3	D	16.2 % / 82.55 %	8	C	62.51 % / 34.2 %	13	B	30.93 % / 67.53 %	18	B	14.85 % / 80.78 %	23	B	22.32 % / 74.9 %	28	D	10.19 % / 85.0 %
4	C	32.5 % / 67.24 %	9	D	48.21 % / 47.72 %	14	C	32.48 % / 67.46 %	19	A	21.55 % / 70.14 %	24	E	21.03 % / 77.08 %	29	B	21.28 % / 67.86 %
5	B	12.88 % / 78.25 %	10	D	64.33 % / 31.7 %	15	A	29.95 % / 67.46 %	20	C	12.92 % / 86.77 %	25	E	18.25 % / 69.59 %	30	A	13.4 % / 83.38 %

||संकेत और समाधान||

Ques (1-5):1) रवीना मंजिल संख्या 6 पर रहती है, लेकिन न तो। और न ही H में पढ़ती है।

मंजिल संख्या	व्यक्ति	कॉलेज
6	रवीना	
5		
4		
3		
2		
1		

2) D में पढ़ने वाला साकेत मिधु की मंजिल के नीचे की किसी एक मंजिल में रहता है।

3) पुनीत, साकेत से ऊपर पाँचवी मंजिल पर रहता है, जो F में पढ़ने वाले व्यक्ति के ठीक ऊपर रहता है।

साकेत, मंजिल संख्या 1 में नहीं रहता है।

4) जॉन G में पढ़ता है और F में पढ़ने वाले व्यक्ति से ऊपर तीसरी मंजिल पर रहता है।

स्थिति 1:

मंजिल संख्या	व्यक्ति	कॉलेज
7	पुनीत	
6	रवीना	
5		
4	जॉन	G
3		
2	साकेत	D
1		F

स्थिति 2:

मंजिल संख्या	व्यक्ति	कॉलेज
8	पुनीत	
7		
6	रवीना	
5	जॉन	G
4		
3	साकेत	D
2		F
1		

स्थिति 3:

मंजिल संख्या	व्यक्ति	कॉलेज
11		
10	पुनीत	
9		
8	जॉन	G
7		
6	रवीना	
5	साकेत	D
4		F
3		
2		
1		

5) अजीत और पुनीत के बीच रहने वाले व्यक्तियों की संख्या मिधु और पुनीत के बीच की रहने वाले व्यक्तियों तुलना में दो कम है।

इसका अर्थ है कि कम से कम दो व्यक्ति मिधु और पुनीत के बीच रहते हैं।

6) केवल एक व्यक्ति ऋषि और मिधु के बीच में रहता है और दोनों विषम संख्या वाली मंजिल पर रहते हैं।

7) अजीत कॉलेज B में जाता है और उस व्यक्ति की मंजिल के ठीक ऊपर रहता है, जो H में पढ़ता है।

अजीत मंजिल 5 और 3 में नहीं हो सकता क्योंकि वह H के ठीक ऊपर रहता है।

ऋषि या तो 5 या 1 में रहता है।

स्थिति 1:

मंजिल संख्या	व्यक्ति	कॉलेज
9	अजीत	B
8		H
7	पुनीत	
6	रवीना	
5		
4	जॉन	G
3	मिधु	
2	साकेत	D
1		F

स्थिति 2:

मंजिल संख्या	व्यक्ति	कॉलेज
11	मिधु	
10		
9	ऋषि	
8	पुनीत	
7	अजीत	B
6	रवीना	H
5	जॉन	G
4		
3	साकेत	D
2		F
1		

स्थिति 3:

मिधु साकेत से नीचे नहीं रहता है और वह एक विषम संख्या मंजिल पर रहती है।

मिधु और ऋषि के बीच केवल एक व्यक्ति है।

मंजिल संख्या	व्यक्ति	कॉलेज
15	ऋषि	
14		
13	मिधु	
12		
11	अजीत	B
10	पुनित	H
9		
8	जॉन	G
7		
6	रवीना	

5	साकेत	D
4		F
3		
2		
1		

8) केवल एक व्यक्ति C और I में जाने वाले व्यक्ति के बीच में रहता है।

9) I में पढ़ने वाले व्यक्ति की मंजिल से ऊपर चार से अधिक व्यक्ति नहीं रहते है।

10) वह व्यक्ति जो कॉलेज A में जाता है वह उन व्यक्तियों के बीच में रहता है जो E और I में पढ़ते हैं।

स्थिति 1:

कथन 1 रवीना कॉलेज H और I की छात्रा नहीं है।

मंजिल संख्या	व्यक्ति	कॉलेज
9	अजीत	B
8		H
7	पुनीत	E
6	रवीना	A
5		I
4	जॉन	G
3	मिधु	C
2	साकेत	D
1		F

इस प्रकार, कथन 1 के कारण स्थिति समाप्त हो जाती है।

स्थिति 3:

यह एक संभव समाधान नहीं है। इसलिए समाप्त हो जाती है।

मंजिल संख्या	व्यक्ति	कॉलेज
16		C
15	ऋषि	
14		I
13	मिधु	A
12		E
11	अजीत	B
10	पुनीत	H
9		
8	जॉन	G
7		
6	रवीना	
5	साकेत	D
4		F
3		
2		
1		

11) टीना जो F में नहीं पढ़ती है वह एक विषम संख्या मंजिल पर रहती है।

कथन 6 में ऋषि और मिधु के बीच में केवल एक व्यक्ति रहता है।

स्थिति 1:

मंजिल संख्या	व्यक्ति	कॉलेज
9	अजीत	B
8		H
7	पुनीत	E

6	रवीना	A
5	टीना	I
4	जॉन	G
3	मिधु	C
2	साकेत	D
1	ऋषि	F

12) आकाश ऋषि के ऊपर की किसी मंजिल में रहता है।

मंजिल संख्या	व्यक्ति	कॉलेज
9	अजीत	B
8	आकाश	H
7	पुनीत	E
6	रवीना	A
5	टीना	I
4	जॉन	G
3	मिधु	C
2	साकेत	D
1	ऋषि	F

1. आकाश H में पढ़ता है।

इसलिए, सही उत्तर आकाश है।

अतः विकल्प (C) सही है।

2. केवल एक व्यक्ति उनके बीच में रहता है।

इसलिए, सही उत्तर एक है।

अतः विकल्प (A) सही है।

3. मिधु और F में पढ़ने वाले व्यक्ति के बीच में साकेत रहता है।

इसलिए सही उत्तर साकेत है।

अतः विकल्प (D) सही है।

4. C में पढ़ने वाला व्यक्ति मंजिल 3 में रहता है।

इसलिए, सही उत्तर 3 है।

अतः विकल्प (C) सही है।

5. टीना मंजिल 5 में रहती है।

अतः विकल्प (B) सही है।

Ques (6-10):दिया है:

आठ लोग: P, Q, R, S, T, U, V और W

तल (नीचे से ऊपर): 1 से 8

1) P एक सम संख्या वाले तल पर रहता है, लेकिन दूसरे या चौथे तल पर नहीं।

2) P और Q के बीच केवल तीन तल हैं।

3) V, P के ठीक नीचे रहता है।

स्थिति 1:

तल (ऊपर से नीचे)	लोग
8	
7	
6	P
5	V
4	
3	

तल (ऊपर से नीचे)	लोग
2	Q
1	

स्थिति 2:

तल (ऊपर से नीचे)	लोग
8	P
7	V
6	
5	
4	Q
3	
2	
1	

4) T और Q के बीच तलों की संख्या तथा P और T के बीच तलों की संख्या समान हैं।

5) R और T के बीच केवल दो लोग रहते हैं।

यहाँ, स्तिथि 1 पुनः दो स्थितियों में विभाजित होती है:

स्थिति 1A:

तल (ऊपर से नीचे)	लोग
8	
7	R
6	P
5	V
4	T
3	
2	Q
1	

स्थिति 1B:

तल (ऊपर से नीचे)	लोग
8	
7	
6	P
5	V
4	T
3	
2	Q
1	R

स्थिति 2:

तल (ऊपर से नीचे)	लोग
8	P
7	V
6	T
5	
4	Q
3	R
2	
1	

6) W, S के ठीक नीचे रहता है।

7) U, S से एक तल ऊपर रहता है।

स्थिति 1A:

तल (ऊपर से नीचे)	लोग
8	
7	R
6	P
5	V
4	T
3	
2	Q
1	

स्थिति 1A यहां विफल होती है क्योंकि W और S को समायोजित करने के लिए ऐसी कोई जगह नहीं है।

स्थिति 1B:

तल (ऊपर से नीचे)	लोग
8	S
7	W
6	P
5	V
4	T
3	
2	Q
1	R

स्थिति 1B यहां विफल होती है क्योंकि यह उस दूसरी स्थिति जहाँ U, S से ऊपर के तल पर रहता है का पालन नहीं करती है।

स्थिति 2:

तल (ऊपर से नीचे)	लोग
8	P
7	V
6	T
5	
4	Q
3	R
2	S
1	W

इस प्रकार, हम स्थिति 2 को ही अंतिम क्रम मानते हैं।

तल (ऊपर से नीचे)	लोग
8	P
7	V
6	T
5	U
4	Q
3	R
2	S
1	W

6. इसलिए, T, V के ठीक नीचे रहता है और R, T से तीन तल नीचे रहता है।

अतः विकल्प (E) सही है।

7. V, W, R और U विषम संख्या वाले तल पर रहते हैं जबकि T सम संख्या वाले तल पर रहता है।

अतः विकल्प (B) सही है।

8. इसलिए, T, U के ठीक ऊपर रहता है।

अतः विकल्प (C) सही है।

9. इसलिए, S और P के बीच पांच लोग रहते हैं।

अतः विकल्प (D) सही है।

10. इसलिए, R तीसरे तल पर रहता है।

अतः विकल्प (D) सही है।

Ques (11-15):1) किरण सबसे ऊपर वाली मंज़िल पर रहती है और बैडमिंटन खेलती है।

2) जो निशानेबाज़ी करता है वह मंज़िल संख्या एक पर रहता है और रेड टेप के जूते पहनता है।

3) जो वुडलैंड के जूते पहनता है, वह पांचवीं मंज़िल से नीचे किसी सम संख्या वाली मंज़िल पर रहता है।

4) किरण और वुडलैंड के जूते पहनने वाले के बीच चार से अधिक मंज़िलें हैं।

मंज़िल	व्यक्ति	खेल	जूतों का ब्रांड
8	किरण	बैडमिंटन	
7			
6			
5			
4			
3			
2			वुडलैंड
1		निशानेबाज़ी	रेड टेप

5) वुडलैंड के जूते पहनने वाले और प्यूमा के जूते पहनने वाले के बीच में दो मंज़िलें हैं।

6) जो प्यूमा जूते पहनता है वह वॉलीबॉल खेलता है।

7) वह व्यक्ति जो रीबॉक के जूते पहनता है वह चौथी मंज़िल के ऊपर स्थित किसी सम संख्या वाली मंज़िल पर रहता है, परंतु वह बैडमिंटन नहीं खेलता है।

मंज़िल	व्यक्ति	खेल	जूतों का ब्रांड
8	किरण	बैडमिंटन	
7			
6			रीबॉक
5		वॉलीबॉल	प्यूमा
4			
3			
2			वुडलैंड
1		निशानेबाज़ी	रेड टेप

8) रीबॉक के जूते पहनने वाले और एडिडास के जूते पहनने वाले के बीच केवल एक मंज़िल है।

9) जो एडिडास के जूते पहनता है वह रीबॉक के जूते पहनने वाले के ऊपर रहता है।

10) कंचन प्यूमा के जूते पहनने वाले के ठीक ऊपर रहती है।

11) कुणाल वुडलैंड के जूते पहनने वाले के ठीक नीचे रहता है।

मंज़िल	व्यक्ति	खेल	जूतों का ब्रांड
8	किरण	बैडमिंटन	एडिडास
7			
6	कंचन		रीबॉक
5		वॉलीबॉल	प्यूमा
4			
3			

मंज़िल	व्यक्ति	खेल	जूतों का ब्रांड
2			वुडलैंड
1	कुणाल	निशानेबाज़ी	रेड टेप

11) कार्तिक, जो फिला के जूते पहनता है और बास्केटबॉल खेलता है वह एक सम संख्या वाली मंज़िल पर रहता है।

12) जो नाइक के जूते पहनता है वह टेनिस खेलता है।

13) काजल प्यूमा के जूते पहनती है और वॉलीबॉल खेलती है।

14) जो नाइक के जूते पहनता है वह मंज़िल संख्या 3 के ऊपर किसी विषम संख्या वाली मंज़िल पर रहता है।

मंज़िल	व्यक्ति	खेल	जूतों का ब्रांड
8	किरण	बैडमिंटन	एडिडास
7		टेनिस	नाइक
6	कंचन		रीबॉक
5	काजल	वॉलीबॉल	प्यूमा
4	कार्तिक	बास्केटबॉल	फिला
3			
2			वुडलैंड
1	कुणाल	निशानेबाज़ी	रेड टेप

15) जो फुटबॉल खेलता है और जो कुश्ती खेलता है, वे एक-दूसरे के निकटतम पड़ोसी हैं।

16) जो कुश्ती खेलता है वह बाटा के जूते नहीं पहनता।

17) कमल कुश्ती खेलने वाले के ऊपर एक मंज़िल पर रहता है।

18) करुणा न तो नाइक के जूते पहनती है और ना ही वुडलैंड के।

मंज़िल	व्यक्ति	खेल	जूतों के ब्रांड
8	किरण	बैडमिंटन	एडिडास
7	कमल	टेनिस	नाइक
6	कंचन	क्रिकेट	रीबॉक
5	काजल	वॉलीबॉल	प्यूमा
4	कार्तिक	बास्केटबॉल	फिला
3	करुणा	फुटबॉल	बाटा
2	कीर्ति	कुश्ती	वुडलैंड
1	कुणाल	निशानेबाज़ी	रेड टेप

11. इसलिए, 'कंचन-क्रिकेट-रीबॉक' सही संयोजन है।

अतः विकल्प (B) सही है।

12. इसलिए, "6-रीबॉक" सही संयोजन है।

अतः विकल्प (C) सही है।

13. इसलिए, कमल व उस व्यक्ति के बीच जो फुटबॉल खेलता है"तीन मंजिलें" हैं।

अतः विकल्प (B) सही है।

14. इसलिए, काजल के अलावा बाकी सभी सम संख्यांकित मंज़िलों पर रहते हैं।

अतः विकल्प (C) सही है।

15. इसलिए, "कार्तिक-बास्केटबॉल" सही उत्तर है।

अतः विकल्प (A) सही है।

Ques (16-20):1) G, केला पसंद करने वाले व्यक्ति से दो मंजिल ऊपर रहता है और वे समान विंग में रहते हैं।

2) B, G के ठीक ऊपर वाली मंज़िल पर रहता है लेकिन एक अलग विंग में है।

(इसका तात्पर्य है, B केला पसंद करने वाले व्यक्ति के तीन मंजिल ऊपर रहता है। इसका तात्पर्य यह है कि B चौथी मंजिल पर रहता है और जो व्यक्ति केला पसंद करता है वह पहली मंजिल पर रहता है।)

3) H उसी मंजिल पर रहता है जिस व्यक्ति को केला पसंद है।

(इसका अर्थ है, H पहली मंजिल पर रहता है।)

4) पहली मंजिल का Z विंग खाली है।

(इसका तात्पर्य है, H और केला पसंद करने वाले व्यक्ति X और Y विंग में रहते हैं लेकिन आवश्यक नहीं समान क्रम में हों।)

5) जो व्यक्ति केला पसंद करता है वह Y विंग में नहीं रहता है।

(इसका तात्पर्य है, जो व्यक्ति केला पसंद करता है, वह पहली मंजिल के X विंग में रहता है और इसका तात्पर्य यह है कि G तीसरी मंजिल के X विंग में रहता है। इसके अतिरिक्त, इसका अर्थ है B चौथी मंजिल के X विंग में नहीं रहता है।)

मंजिल/विंग	X	Y	Z
4			
3	G		
2			
1	केला	H	--

6) सेब को पसंद करने वाला व्यक्ति X विंग में F से दो मंजिल ऊपर रहता है।

7) G या तो आम या अमरूद पसंद करता है।

(इसका अर्थ है F केला पसंद नहीं करता है और वह पहली मंजिल के X विंग में नहीं रहता है। इसलिए, यह केवल तभी संभव है जब F दूसरी मंजिल पर रहता है और वह व्यक्ति जो सेब पसंद करता है वह चौथी मंजिल के X विंग में रहता है। इसके अतिरिक्त, जैसा कि हम जानते हैं कि प्रत्येक विंग में एक फ्लैट खाली है, इसका अर्थ है, दूसरी मंजिल का X विंग खाली है।)

मंजिल/विंग	X	Y	Z
4	सेब		
3	G		
2	--		
1	केला	H	--

8) F, जो या तो नारियल या आम पसंद करता है, H के समान विंग में नहीं रहता है।

(यह तभी संभव है जब F दूसरी मंजिल के Z विंग में रहता है।)

9) जिस व्यक्ति को अंगूर पसंद है, वह समान विंग में B से दो मंजिल नीचे रहता है।

(जैसा कि हम जानते हैं कि B, G और F के समान विंग में नहीं रहते हैं और दूसरी मंजिल के Z विंग में रहता है, जिसे अंगूर पसंद नहीं है। इसका अर्थ है, B चौथी मंजिल के Y विंग में रहता है और वह व्यक्ति जिसे अंगूर पसंद है। दूसरी मंजिल के Y विंग में रहता है। इसके अतिरिक्त, जैसा कि हम जानते हैं कि प्रत्येक विंग में एक फ्लैट खाली है, अर्थात, तीसरी मंजिल का Y विंग खाली है।)

मंजिल/विंग	X	Y	Z
4	सेब	B	--
3	G	--	
2	--	अंगूर	F
1	केला	H	--

10) A, D के समान विंग में रहता है।

11) A, B के समान मंजिल पर नहीं रहता है।

(यह केवल तभी संभव है जब A और D दोनों X विंग में रहते हैं। साथ ही, A चौथी मंजिल पर नहीं रहता है। इसका मतलब है कि A पहली मंजिल पर रहता है और D चौथी मंजिल पर रहता है।)

मंजिल/विंग	X	Y	Z
4	D - सेब	B	--
3	G	--	
2	--	अंगूर	F
1	A - केला	H	--

12) जो व्यक्ति नारियल पसंद करता है, वह समान विंग में एक विषम संख्या वाली मंजिल पर रहते हैं, जिस व्यक्ति को पपीता पसंद है।

(इसका अर्थ है, F को नारियल पसंद नहीं है क्योंकि वह दूसरी मंजिल पर रहता है। इसलिए, F आम पसंद करता है (8 वें कथन के अनुसार) और इसका अर्थ है कि G को अमरूद (6 वें कथन के अनुसार) पसंद है।

इसके अलावा, इसका अर्थ है जो व्यक्ति नारियल पसंद करता है वह या तो पहली मंजिल या तीसरी मंजिल पर रहता है। जो व्यक्ति नारियल पसंद करता है, वह तीसरी मंजिल पर नहीं रहता है क्योंकि तब वह Z विंग में रह रहा होगा और केवल F है जो Z विंग में रहता है और वह आम पसंद करता है। इस प्रकार, H नारियल पसंद करता है और B पपीता पसंद करता है क्योंकि यह एकमात्र संभावना है।)

मंजिल/विंग	X	Y	Z
4	D - सेब	B - पपीता	--
3	G - अमरुद	--	
2	--	अंगूर	F - आम
1	A - केला	H - नारियल	--

13) C, E के ठीक ऊपर एक मंजिल पर रहता है।

(यह केवल तभी संभव है जब C तीसरी मंजिल के Z विंग में रहता है और E दूसरी मंजिल के Y विंग में रहता है। इसके अलावा, अब केवल एक फल रखने के लिए बचा है, हम सपष्ट रूप से कह सकते हैं कि C को संतरा पसंद है।)

मंजिल/विंग	X	Y	Z
4	D -सेब	B - पपीता	--
3	G - अमरुद	--	C - संतरा
2	--	E - अंगूर	F - आम
1	A - केला	H - नारियल	--

16. स्पष्टतः, E अंगूर पसंद करता है।

अतः विकल्प (B) सही है।

17. स्पष्ट रूप से, H पहली मंजिल के Y विंग में रहता है और उसे नारियल पसंद है।

अतः विकल्प (D) सही है।

18. स्पष्ट रूप से, C तीसरी मंजिल के Z विंग में रहता है।

अतः विकल्प (B) सही है।

19. स्पष्ट रूप से, F दूसरी मंजिल के Z विंग में रहता है और उसे आम पसंद है।

अतः विकल्प (A) सही है।

20. स्पष्ट रूप से, D चौथी मंजिल के X विंग में रहता है।

अतः विकल्प (C) सही है।

Ques (21-25):1) एक इमारत में अधिकतम आठ मंजिल और न्यूनतम पांच मंजिल हो सकती हैं।

2) आकृति क्रिमसन बे में आठवीं मंजिल पर रहती है।

3) ब्लू हाइट्स में मंजिलों की कुल संख्या क्रिमसन बे में मंजिलों की कुल संख्या से दो कम है, जिसमें एलीट में मंजिलों की कुल संख्या से एक अधिक मंजिल है।

क्रिमसन बे में 8 मंजिलें हैं।

ब्लू हाइट्स में मंजिलों की कुल संख्या क्रिमसन बे में मंजिलों की कुल संख्या से दो कम है →

8 - 2 = 6 → ब्लू हाइट्स में मंजिलों की संख्या

क्रिमसन बे में, एलीट से कुल मंजिलों की तुलना में एक अधिक मंजिल है → 8 -1 = 7 → एलीट में मंजिलों की संख्या

4) योगेश आकृति के साथ नहीं रहता है।

5) न तो सूरज और न ही योगेश उसी इमारत में रहते हैं जिसमें रंजना रहती है।

6) योगेश और सूरज एक ही मंजिल संख्या पर रहते हैं लेकिन निकटस्थ इमारत में नहीं रहते हैं।

चूँकि सूरज और योगेश निकटस्थ इमारतों में नहीं रहते हैं और योगेश आकृति के साथ नहीं रहता है → योगेश एलीट में रहता है।

7) सूरज न तो सम संख्या वाली मंजिल पर और न ही निचली मंजिल पर रहता है।

8) रंजना अपनी इमारत की सबसे ऊपरी मंजिल पर रहती है → रंजना ब्लू हाइट्स में रहती है।

मंजिल	क्रिमसन बे	ब्लू हाइट्स	एलीट
8	आकृति		
7			
6		रंजना	
5			
4			
3			
2			
1			

9) जिस मंजिल पर सूरज रहता है और जिस मंजिल पर अजय रहता है, उनके बीच केवल दो मंजिल हैं लेकिन समान इमारत में हैं।

10) जिस मंजिल पर रंजना रहती है और जिस मंजिल पर नवल रहता है, उनके बीच केवल दो मंजिल हैं, लेकिन भिन्न इमारत में हैं।

11) नवल उस इमारत में नहीं रहता जिसमें अजय रहता है → नवल एलीट में रहता है।

12) हर्षित समान इमारत में नवल के ठीक नीचे रहता है।

13) ब्लू हाइट्स में रहने वाले व्यक्तियों की संख्या एलीट में रहने वाले व्यक्तियों की संख्या के समान है।

14) जिस मंजिल पर सूरज रहता है और जिस मंजिल पर शेरिन रहती है, उनकी मंजिल के बीच एक मंजिल का अंतर है, जो उसी इमारत में रहती है जिस में आकृति रहती है।

15) शेरिन और आकृति के बीच चार मंजिलों का अंतर है।

16) क्रिमसन बे में रहने वाले व्यक्तियों की संख्या ब्लू हाइट्स में रहने वाले व्यक्तियों की संख्या से एक अधिक है।

17) विपुल नीचे की मंजिल पर रहता है → विपुल ब्लू हाइट्स में रहता है।

18) सुखी एक सम संख्या वाली मंजिल पर लेकिन दूसरी मंजिल पर नहीं रहती है → सुखी मंजिल संख्या 4 पर ब्लू हाइट्स में रहेगी।

मंजिल	क्रिमसन बे	ब्लू हाइट्स	एलीट
8	आकृति		
7			
6		रंजना	
5	सूरज		योगेश
4		सुखी	
3	शेरिन		नवल
2	अजय		हर्षित
1		विपुल	

21. इसलिए, शेरिन क्रिमसन बे में तीसरी मंजिल पर रहती है।

अतः विकल्प (B) सही है।

22. क्रिमसन बे में मंजिलों की संख्या → 8

ब्लू हाइट्स में मंजिलों की संख्या → 6

एलीट में मंजिलों की संख्या → 7

कुल → 8 + 6 + 7 = 21

इसलिए, तीनों इमारतों में कुल 21 मंजिलें हैं।

अतः विकल्प (A) सही है।

23. इसलिए, तीनों इमारतों में कुल 10 व्यक्ति रहते हैं।

अतः विकल्प (B) सही है।

24. विपुल ब्लू हाइट्स में रहता है, जबकि अन्य क्रिमसन बे में रहते हैं।

इसलिए, विपुल समूह से संबंधित नहीं है।

अतः विकल्प (E) सही है।

25. इसलिए, योगेश, नवल और हर्षित एलीट में रहते हैं।

अतः विकल्प (E) सही है।

Ques (26-30):1) B की आयु F की आयु से दोगुनी है, उनमें से कोई भी तीसरी मंजिल पर नहीं रहता है।

2) F और H की आयु क्रमशः 24 और 60 हैं।

3) सातवीं मंजिल पर रहने वाले व्यक्ति की आयु 50 है और तीसरी मंजिल पर रहने वाले व्यक्ति की आयु 20 है।

4) G, आठवीं मंजिल पर रहता है और G की आयु 29 है।

उपरोक्त जानकारी का उपयोग करके, हम F के संबंध में B की आयु ज्ञात कर सकते हैं।

B की आयु F की आयु से दोगुनी है। इस प्रकार, अब हम कह सकते हैं कि B की आयु 48 है।

मंजिल संख्या	व्यक्ति	आयु
8	G	29
7		50
6		
5		
4		

मंजिल संख्या	व्यक्ति	आयु
3		20
2		
1		

5) E उस मंजिल से नीचे रहता है जिस पर B रहता है और उस मंजिल के ठीक ऊपर रहता है जिस पर F रहता है।

6) E तीसरी मंजिल पर नहीं रहता है।

7) E की आयु H और A की आयु के योग के औसत के बराबर है और E की आयु 40 है।

मंजिल संख्या	व्यक्ति	आयु
8	G	29
7		50
6	B	48
5	E	
4	F	24
3		20
2		
1		

अब, (7) से

$$E = \frac{H+A}{2}$$

यह दिया गया है कि E की आयु 40 वर्ष और H की आयु 60 वर्ष है।

$$40 = \frac{60+A}{2}$$

A = 20 वर्ष

इस प्रकार, A की आयु 20 वर्ष है और हम जानते हैं कि जिस व्यक्ति की आयु 20 वर्ष है, वह तीसरी मंजिल पर रहता है।

इसलिए, A तीसरी मंजिल पर रहता है।

मंजिल संख्या	व्यक्ति	आयु
8	G	29
7		50
6	B	48
5	E	40
4	F	24
3	A	20
2		
1		

8) H, पहली मंजिल पर नहीं रहता है।

9) दूसरी मंजिल पर रहने वाले व्यक्ति की आयु पहली मंजिल पर रहने वाले व्यक्ति की आयु से अधिक है।

उपरोक्त जानकारी से, H पहली मंजिल पर नहीं रहता है और हम जानते हैं कि H सातवीं मंजिल पर भी नहीं रह सकता है क्योंकि जिस व्यक्ति की आयु 50 वर्ष है वह सातवीं मंजिल पर रहता है और H की आयु 60 वर्ष है। इसलिए, अब H के रहने के लिए केवल एक ही मंजिल शेष है अर्थात दूसरी मंजिल।

9) से हम यह ज्ञात कर सकते हैं कि पहली मंजिल पर रहने वाले व्यक्ति की उम्र 59 है।

मंजिल संख्या	व्यक्ति	आयु
8	G	29
7		50
6	B	48

मंजिल संख्या	व्यक्ति	आयु
5	E	40
4	F	24
3	A	20
2	H	60
1		59

10) D, C से बड़ा है।

स्पष्ट रूप से, D पहली मंजिल पर रहता है और C सातवीं मंजिल पर रहता है।

मंजिल संख्या	व्यक्ति	आयु
8	G	29
7	C	50
6	B	48
5	E	40
4	F	24
3	A	20
2	H	60
1	D	59

26. इसलिए, छठी मंजिल पर रहने वाले व्यक्ति की आयु 48 वर्ष है।

अतः विकल्प (A) सही है।

27. H और C की आयु क्रमशः 60 और 50 है।

अभीष्ट अंतर = 60 – 50 = 10 वर्ष

इसलिए, H और C की आयु का अंतर 10 वर्ष है।

अतः विकल्प (C) सही है।

28. इसलिए, G और D के बीच में 6 व्यक्ति रहते हैं।

अतः विकल्प (D) सही है।

29. इसलिए, A, 24 वर्ष की आयु वाले व्यक्ति की मंजिल के ठीक नीचे रहता है।

अतः विकल्प (B) सही है।

30. इसलिए, D की आयु 59 है।

अतः विकल्प (A) सही है।

Ques (1-5):निर्देश: नीचे प्रश्न में चार कथन और उसके बाद I, II, III और IV से अंकित चार निष्कर्ष दिए गये हैं। आपको दिए गये कथन को सत्य मानना है, भले ही वे ज्ञात तथ्यों से अलग प्रतीत होते हों। सभी निष्कर्षों को पढ़िए और फिर निर्णय कीजिए कि दिये गये निष्कर्षों में से कौन सा निष्कर्ष ज्ञात तथ्यों को नजरअंदाज करने पर कथनों का तार्किक रूप से अनुसरण करता है।

Q.1 कथन:

कोई पेस्ट्री केक नहीं है

सभी केक पार्टी है

कुछ पार्टी बिस्किट हैं

सभी बिस्किट कोल्ड ड्रिंक हैं

निष्कर्ष:

I. कुछ पेस्ट्री कोल्ड ड्रिंक हैं

II. कुछ पार्टी कोल्ड ड्रिंक हैं

III. कुछ केक कोल्ड ड्रिंक हैं

IV. कुछ बिस्किट केक हैं

A. सभी अनुसरण करते हैं

B. I और II दोनों अनुसरण करते हैं

C. केवल II अनुसरण करता है

D. केवल I अनुसरण करता है

E. I, II और III अनुसरण करते हैं

Q.2 कथन:

केवल कुछ कप भूरे हैं

केवल कुछ भूरे चाय हैं

100% चाय दूध हैं

कोई कप बीन्स नहीं हैं

निष्कर्ष:

I. कुछ दूध भूरे हैं

II. कोई कप चाय नहीं हैं

III. कुछ कप चाय हैं

IV. कोई दूध बीन्स नहीं हैं

A. केवल IV अनुसरण करता है

B. केवल I अनुसरण करता है

C. केवल I और या तो II या III अनुसरण करता है

D. केवल III अनुसरण करता है

E. कोई अनुसरण नहीं करता है

Q.3 कथन:

कोई चूहा काकरोच नहीं हैं

कोई मक्खी चूहा नहीं हैं

सभी कॉकरोच चमगादड़ हैं

सभी चूहे बिल्लियाँ हैं

निष्कर्ष:

I. सभी चमगादड़ मक्खियाँ हैं

II. कोई बिल्ली मक्खी नहीं है

III. कुछ मक्खियाँ बिल्ली हैं

IV. कुछ बिल्लियाँ चमगादड़ हैं

A. कोई भी अनुसरण नहीं करता है

B. या तो I या II अनुसरण करता है

C. या तो II या III अनुसरण करते हैं

D. केवल I, II और IV अनुसरण करते हैं

E. सभी अनुसरण करते हैं

Q.4 कथन:

कुछ खाना पानी हैं।

सभी पानी जूस हैं।

कुछ जूस दूध हैं।

सभी दूध चाकलेट हैं।

निष्कर्ष:

I. कुछ जूस पानी हैं।

II. कुछ खाना चाकलेट हैं।

III. कुछ चाकलेट दूध हैं।

IV. कोई खाना दूध नहीं है।

A. केवल I अनुसरण करता है

B. कोई अनुसरण नहीं करता है

C. केवल III अनुसरण करता है

D. केवल II और III अनुसरण करते हैं

E. केवल I और III अनुसरण करते हैं

Q.5 कथन:

कुछ युद्ध क्रूर हैं।

कुछ कायर साहस नहीं हैं।

कोई युद्ध कायर नहीं है।

निष्कर्ष:

I. सभी क्रूर साहस हैं।

II. कुछ क्रूर युद्ध कायर नहीं हैं।

III. कुछ साहस क्रूर हो सकते हैं।

IV. कोई साहस क्रूर नहीं है।

A. या तो I या IV अनुसरण करता है

B. II और III दोनों अनुसरण करते हैं

C. कोई भी अनुसरण नहीं करता है

D. I और II दोनों अनुसरण करते हैं

E. सभी अनुसरण करते हैं

Ques (6-8):निर्देश: निम्न प्रश्नों में कुछ कथन दिए गए हैं। कथनों के पश्चात् निष्कर्ष दिए गए हैं। कथनों का ध्यान पूर्वक अध्ययन करते हुए नीचे दिए गए निष्कर्षों पर विचार कीजिए। नीचे दिए गए कूट का उपयोग करते हुए सही निष्कर्ष का चयन कीजिए।

Q.6 कथन:

कुछ कारें बसें हैं।

सभी कार स्कूटर हैं।

कोई स्कूटर ट्रक नहीं है।

निष्कर्ष:

I. कोई ट्रक कार नहीं है।

II. कुछ ट्रक बसें हैं।

III. कुछ बसें कारें हैं।

IV. कुछ स्कूटर बस हैं।

[Union Bank of India Clerk, 2017], [Indian Bank Clerk, 2017], [Punjab And Sind Bank Clerk, 2017]

A. I और III दोनों अनुसरण करते हैं
B. II और III दोनों अनुसरण करते हैं
C. I, III और IV अनुसरण करते हैं
D. II और IV दोनों अनुसरण करते हैं
E. सभी अनुसरण करते हैं

Q.7 कथन:

कुछ नेता मतदाता हैं।

सभी गधे बंदर हैं।

कुछ मतदाता गधे नहीं हैं।

निष्कर्ष:

I. कुछ मतदाता बंदर नहीं हैं।

II. कुछ बंदर गधे नहीं है यह एक संभावना है।

III. कुछ बंदर नेता हैं।

[Union Bank of India Clerk, 2017], [Indian Bank Clerk, 2017], [Punjab And Sind Bank Clerk, 2017]

A. केवल I अनुसरण करता है
B. I और II दोनों अनुसरण करते हैं
C. केवल II अनुसरण करता है
D. I और III दोनों अनुसरण करते हैं
E. केवल III अनुसरण करता है

Q.8 कथन:

कोई बच्चा वयस्क नहीं है।

कुछ वयस्क वृद्ध हैं।

सभी वयस्क बड़े हैं।

निष्कर्ष:

I. कुछ बड़े वृद्ध हैं।

II. कोई वृद्ध बड़ा नहीं है।

III. कुछ वृद्ध के बच्चे होने की एक संभावना है।

[Union Bank of India Clerk, 2017], [Indian Bank Clerk, 2017], [Punjab And Sind Bank Clerk, 2017]

A. केवल I अनुसरण करता है
B. I और III दोनों अनुसरण करते हैं
C. केवल III अनुसरण करता है
D. सभी अनुसरण करते हैं
E. केवल II अनुसरण करता है

Ques (9-12):निर्देशः नीचे प्रश्न में तीन कथन और उसके बाद I, II, III और IV से अंकित चार निष्कर्ष दिए गये हैं। आपको दिए गये कथनों को सत्य मानना है, भले ही वे ज्ञात तथ्यों से अलग प्रतीत होते हों। सभी निष्कर्षों को पढ़िए और निर्णय कीजिए कि दिये गये निष्कर्षों में से कौन सा/कौनसे निष्कर्ष ज्ञात तथ्यों को नजरंदाज करने पर कथनों का तार्किक रूप से अनुसरण करता है/करते हैं।

Q.9 कथन:

सभी राजा होशियार हैं।

कोई होशियार निडर नहीं है।

कुछ निडर पत्थर हैं।

निष्कर्ष:

I. कोई राजा निडर नहीं है।

II. कुछ पत्थर होशियार नहीं हैं।

III. कुछ पत्थर निडर हैं।

IV. सभी निडर के राजा होने की संभावना है।

A. केवल I, II और III अनुसरण करते हैं।
B. सभी अनुसरण करते हैं।
C. केवल II और III अनुसरण करते हैं।
D. केवल III अनुसरण करता है।
E. केवल I, II और IV अनुसरण करते हैं।

Q.10 कथन:

केवल कुछ टेबल एम्प्टी हैं।

केवल कुछ एम्प्टी पॉकेट हैं।

सभी पॉकेट इम्पोर्ट हैं।

निष्कर्ष:

I. सभी टेबल एम्प्टी है, एक संभावना है

II. कोई इम्पोर्ट टेबल नहीं है

III. सभी एम्प्टी पॉकेट नहीं हो सकते

IV. कोई पॉकेट टेबल नहीं है

A. केवल III अनुसरण करता है
B. केवल II और IV अनुसरण करते हैं।
C. केवल III और IV अनुसरण करते हैं।
D. सभी अनुसरण करते हैं।
E. केवल I, II और IV अनुसरण करते हैं।

Q.11 कथन:

केवल कुछ चीतें बिल्ली हैं।

कोई बिल्ली चूहां नहीं है।

सभी चूहें तोते हैं।

निष्कर्ष:

I. सभी चीतें बिल्ली हैं, एक संभावना है।

II. कुछ तोते कभी भी बिल्ली नहीं हो सकते।

III. कुछ टाइगर बिल्ली नहीं हैं।

IV. सभी तोता चीतें हो सकते हैं।

A. केवल I और III अनुसरण करते हैं।
B. केवल II, III और IV अनुसरण करते हैं।
C. केवल I और IV अनुसरण करते हैं।
D. सभी अनुसरण करते है।
E. केवल II और III अनुसरण करते हैं।

Q.12 कथन:

सभी घोड़े, जानवर हैं।

कोई जानवर, मछली नहीं है।

सभी मछलियां, नीली हैं।

निष्कर्ष:

I. कोई घोड़ा, मछली नहीं है।

II. कुछ जानवर नीले होने की संभावना है।

III. कुछ नीलों के घोड़े होने की संभावना है।

IV. कोई जानवर नीला न होने की संभावना है।

A. सभी अनुसरण करते हैं
B. केवल II अनुसरण करता है
C. केवल IV अनुसरण करता है
D. केवल I और II अनुसरण करता है
E. केवल I और IV अनुसरण करता है

Ques (13-16):निर्देशः नीचे दिए गए प्रश्न में, तीन कथन और उसके बाद I, II और III से अंकित तीन निष्कर्ष दिए गए हैं। आपको दिए गए कथनों को सत्य मानना है भले ही वे ज्ञात तथ्यों से अलग प्रतीत होते हों। सभी निष्कर्षों

को पढ़िए और फिर निर्णय कीजिए कि कौन-सा निष्कर्ष ज्ञात तथ्यों को नजरंदाज करने पर कथनों का तार्किक रूप से अनुसरण करता है।

Q.13 कथन:

सभी पानी तालाब हैं।

कुछ तालाब नदी है।

कोई नदी पेड़ नहीं है।

सभी पेड़ जंगल हैं।

निष्कर्ष:

I. कुछ पानी नदी है।

II. कुछ तालाब पेड़ नहीं है।

III. सभी पानी का जंगल होने की संभावना है।

A. कोई अनुसरण नहीं करता है।

B. केवल I अनुसरण करता है।

C. केवल II अनुसरण करता है।

D. केवल III अनुसरण करता है।

E. केवल II और III अनुसरण करते हैं।

Q.14 कथन:

केवल किताबें पेन हैं।

कुछ टेबल किताबें नहीं हैं।

केवल कुछ टेबल कुर्सी हैं।

निष्कर्ष:

I. सभी टेबल कुर्सी हैं।

II. सभी पेन का टेबल होने की संभावना है।

III. सभी कुर्सी का किताबें होने की संभावना है।

A. कोई अनुसरण नहीं करता है।

B. या तो I या III अनुसरण करता है।

C. केवल I और III अनुसरण करते हैं।

D. केवल II और III अनुसरण करते हैं।

E. केवल III अनुसरण करता है।

Q.15 कथन:

केवल कुछ परीक्षाएं कागज़ हैं।

केवल कुछ कागज़ साक्षात्कार हैं।

सभी साक्षात्कार परीक्षण हैं।

निष्कर्ष:

I. सभी परीक्षा का कागज़ होने की संभावना है।

II. कोई भी परीक्षा साक्षात्कार नहीं है।

III. सभी कागज़ साक्षात्कार हैं।

A. कोई अनुसरण नहीं करता है।

B. या तो I या III अनुसरण करता है।

C. केवल I और III अनुसरण करते हैं।

D. केवल II और III अनुसरण करते हैं।

E. केवल II अनुसरण करता है।

Q.16 कथन:

कोई भी सेब केला नहीं है।

कुछ केला लीची है।

सभी लीची नारंगी हैं।

निष्कर्ष:

I. कुछ लीची का सेब होने की संभावना है।

II. सभी नारंगी का सेब होने की संभावना है।

III. सभी सेब का लीची होने की संभावना है।

A. कोई अनुसरण नहीं करता है।

B. या तो I या III अनुसरण करता है।

C. केवल I और III अनुसरण करते हैं।

D. केवल II और III अनुसरण करते हैं।

E. केवल II अनुसरण करता है।

Ques (17-20):निर्देश: नीचे दिए गए प्रश्न में तीन कथन दिए गए हैं जिनके बाद तीन निष्कर्ष I, II और III दिए गए हैं। आपको दिए गए कथनों को सत्य मानना है, भले ही वे सामान्यतः ज्ञात तथ्यों से भिन्न प्रतीत होते हों। सभी निष्कर्षों को पढ़िए और फिर तय कीजिए कि दिए गए कथनों में से कौन सा निष्कर्ष सामान्यतः ज्ञात तथ्यों की उपेक्षा करते हुए दिए गए कथनों का तार्किक रूप से अनुसरण करता है।

Q.17 कथन:

I. सभी पुरुष अच्छे हैं

II. कुछ लड़के बुरे हैं

III. केवल कुछ बुरे अच्छे हैं

निष्कर्ष:

I. कुछ लड़के बुरे नहीं हैं

II. कुछ पुरुष अच्छे हैं

III. कुछ बुरे अच्छे नहीं हैं

A. केवल निष्कर्ष I अनुसरण करता है

B. केवल निष्कर्ष II अनुसरण करता है

C. निष्कर्ष I और III दोनों अनुसरण करते हैं

D. निष्कर्ष II और III दोनों अनुसरण करते हैं

E. कोई भी निष्कर्ष अनुसरण नहीं करता है

Q.18 कथन:

I. कुछ बैक्टीरिया वायरस हैं

II. कोई वायरस मलेरिया नहीं है

III. केवल कुछ ही मच्छर बैक्टीरिया हैं

निष्कर्ष:

I. कोई मलेरिया बैक्टीरिया नहीं है

II. कुछ वायरस मलेरिया है

III. कुछ मच्छर बैक्टीरिया नहीं हैं

A. केवल निष्कर्ष I अनुसरण करता है

B. केवल निष्कर्ष III अनुसरण करता है

C. निष्कर्ष II और III दोनों अनुसरण करते हैं

D. केवल निष्कर्ष II अनुसरण करता है

E. सभी निष्कर्ष अनुसरण करते हैं

Q.19 कथन:

I. कोई क्रिया लेख नहीं है

II. केवल कुछ संज्ञा क्रिया हैं

III. कुछ लेख पूर्वसर्ग नहीं हैं

निष्कर्ष:

I. कुछ पूर्वसर्ग क्रिया हैं

II. सभी क्रिया संज्ञा है

III. कुछ लेख संज्ञा है

A. कोई भी निष्कर्ष अनुसरण नहीं करता है

B. केवल निष्कर्ष II अनुसरण करता है

C. निष्कर्ष I और II दोनों अनुसरण करते हैं

D. सभी निष्कर्ष अनुसरण करते हैं

E. केवल निष्कर्ष I अनुसरण करता है

Q.20 कथन:

I. सभी चम्मच चाकू हैं

II. कोई क्रॉकरी चाकू नहीं है

III. केवल कुछ चम्मच कार्ड हैं

निष्कर्ष:

I. कुछ चम्मच क्रॉकरी है

II. कुछ कार्ड चाकू नहीं हैं

III. कुछ चाकू चम्मच नहीं है

A. कोई भी निष्कर्ष अनुसरण नहीं करता है

B. केवल निष्कर्ष II अनुसरण करता है

C. निष्कर्ष I और II दोनों अनुसरण करते हैं

D. सभी निष्कर्ष अनुसरण करते हैं

E. केवल निष्कर्ष I अनुसरण करता है

Ques (21-23):निर्देश: नीचे दिए गए प्रश्न में तीन कथन दिए गए हैं जिनके बाद तीन निष्कर्ष I, II और III दिए गए हैं। आपको दिए गए कथनों को सत्य मानना है, भले ही वे सामान्यतः ज्ञात तथ्यों से भिन्न प्रतीत होते हों। सभी निष्कर्षों को पढ़िए और फिर तय कीजिए कि दिए गए कथनों में से कौन सा निष्कर्ष सामान्यतः ज्ञात तथ्यों की उपेक्षा करते हुए दिए गए कथनों का तार्किक रूप से अनुसरण करता है।

Q.21 कथन:

I. कुछ ही वृश्चिक साँप हैं

II. कोई सरीसृप साँप नहीं है

III. कोई वृश्चिक छिपकली नहीं है

निष्कर्ष:

I. कुछ छिपकली सरीसृप नहीं हैं

II. कोई साँप छिपकली नहीं है

III. कुछ छिपकली सरीसृप हैं

A. केवल निष्कर्ष III अनुसरण करता है

B. केवल निष्कर्ष II अनुसरण करता है

C. निष्कर्ष I और II दोनों अनुसरण करते हैं

D. कोई भी अनुसरण नहीं करता है

E. निष्कर्ष I और III दोनों अनुसरण करते हैं

Q.22 कथन:

I. कुछ बच्चे शिशु हैं

II. कुछ शिशु छोटे नहीं हैं

III. केवल कुछ बड़े छोटे हैं

निष्कर्ष:

I. कुछ बच्चे बड़े हैं

II. कुछ छोटे बड़े नहीं हैं

III. कुछ शिशु बच्चे नहीं हैं

A. केवल निष्कर्ष I अनुसरण करता है

B. केवल निष्कर्ष II अनुसरण करता है

C. निष्कर्ष I और III दोनों अनुसरण करते हैं

D. केवल निष्कर्ष III अनुसरण करता है

E. कोई भी निष्कर्ष अनुसरण नहीं करता है

Q.23 कथन:

I. केवल कुछ गीत संगीत हैं

II. कुछ गायक गीत हैं

III. कुछ संगीत गायक नहीं हैं

निष्कर्ष:

I. कुछ गायक संगीत हैं

II. कुछ गीत संगीत नहीं हैं

III. कुछ संगीत गीत हैं

A. केवल निष्कर्ष III अनुसरण करता है

B. केवल निष्कर्ष II अनुसरण करता है

C. निष्कर्ष I और II दोनों अनुसरण करते हैं

D. निष्कर्ष I और III दोनों अनुसरण करते हैं

E. निष्कर्ष II और III दोनों अनुसरण करते हैं

Ques (24-26):निर्देश: नीचे दिए गए प्रश्न में, तीन कथन और उसके बाद I और II से अंकित दो निष्कर्ष दिए गए हैं। आपको दिए गए कथनों को सत्य मानना है भले ही वे ज्ञात तथ्यों से अलग प्रतीत होते हों। सभी निष्कर्षों को पढ़िए और फिर निर्णय कीजिए कि कौन-सा निष्कर्ष ज्ञात तथ्यों को नजरंदाज करने पर कथनों का तार्किक रूप से अनुसरण करता है।

Q.24 कथन:

केवल कुछ आम वृक्ष हैं।

कोई वृक्ष केला नहीं हैं।

सभी केले सेब हैं।

निष्कर्ष:

I. कम से कम कुछ आम केले हैं।

II. कुछ सेब वृक्ष नहीं हैं।

A. केवल I अनुसरण करता है।

B. केवल II अनुसरण करता है।

C. या तो I या II अनुसरण करता है।

D. I और II दोनों अनुसरण करते हैं।

E. न तो I और न ही II अनुसरण करता है।

Q.25 कथन:

सभी कम्प्यूटर फोन हैं।

केवल कुछ फोन आईडिया हैं।

कुछ एयरटेल फोन हैं।

निष्कर्ष:

कम से कम कुछ फोन कम्प्यूटर नहीं हैं।

कम से कम कुछ आईडिया कम्प्यूटर हैं।

A. केवल I अनुसरण करता है।

B. केवल II अनुसरण करता है।

C. या तो I या II अनुसरण करता है।

D. I और II दोनों अनुसरण करते हैं।

E. न तो I और न ही II अनुसरण करता है।

Q.26 कथन:

केवल कुछ अंक संख्या हैं।

कोई संख्या वर्ण नहीं है।

कुछ वर्ण अक्षर हैं।

निष्कर्ष:

सभी अंक वर्ण हो सकते हैं।

कुछ अक्षर संख्या नहीं हैं।

A. केवल I अनुसरण करता है।

B. केवल II अनुसरण करता है।

C. या तो I या II अनुसरण करता है।

D. I और II दोनों अनुसरण करते हैं।

E. न तो I और न ही II अनुसरण करता है।

Ques (27-29):निर्देश: नीचे प्रश्न में चार कथन और उसके बाद I, II, III और IV से अंकित चार निष्कर्ष दिए गये हैं। आपको दिए गये कथन को सत्य मानना है, भले ही वे ज्ञात तथ्यों से अलग प्रतीत होते हों। सभी निष्कर्षों को पढ़िए और फिर निर्णय कीजिए कि दिये गये निष्कर्षों में से कौन सा निष्कर्ष

ज्ञात तथ्यों को नजरअंदाज करने पर कथनों का तार्किक रूप से अनुसरण करता है।

Q.27 कथन:

सभी कवि उपन्यास हैं।

कुछ कवि लेखक हैं।

कुछ लेखक कविता हैं।

सभी कविता गीत हैं।

निष्कर्ष:

I. सभी गीत लेखक हैं।

II. सभी कवि कविता हैं।

III. कुछ गीत उपन्यास हैं।

IV. कुछ उपन्यास लेखक हैं।

A. कोई भी अनुसरण नहीं करता है।

B. या तो I या II अनुसरण करता है।

C. या II या III अनुसरण करता हैं।

D. केवल IV अनुसरण करता है।

E. सभी अनुसरण करते हैं।

Q.28 कथन:

कोई दीवार गोंद नहीं है।

कोई रंग ब्रश नहीं हैं।

सभी ब्रश कैंची हैं।

कुछ गोंद रंग हैं।

निष्कर्ष:

I. कुछ रंग दीवार हैं।

II. कुछ गोंद कैंची हैं।

III. कोई दीवार ब्रश नहीं हैं।

IV. कुछ दीवार ब्रश हैं।

A. केवल I अनुसरण करता है।

B. या तो III या IV अनुसरण करता है।

C. केवल III अनुसरण करता है।

D. या तो II या III अनुसरण करता है।

E. कोई अनुसरण नहीं करता है।

Q.29 कथन:

कुछ अंगुठी पेंच हैं।

कुछ सीना पेंच हैं।

कोई भी पेंच, पेंसिल नहीं हैं।

कोई भी पेंसिल डिब्बा नहीं हैं।

निष्कर्ष:

I. कुछ पेंच डिब्बे हैं।

II. सभी सीना पेंसिल हैं।

III. कुछ अंगुठी पेंसिल हैं।

IV. कोई भी अंगुठी पेंसिल नहीं हैं।

A. केवल I अनुसरण करता है।

B. कोई भी अनुसरण नहीं करता है।

C. केवल III अनुसरण करता है।

D. केवल II और III अनुसरण करते हैं।

E. या तो III या IV अनुसरण करता है।

Q.30 निर्देश: निम्न प्रश्न में तीन कथन और उसके बाद I, II, III और IV से अंकित चार निष्कर्ष दिए गये हैं। आपको दिए गये कथनों को सत्य मानना है, भले ही वे ज्ञात तथ्यों से अलग प्रतीत होते हों। सभी निष्कर्षों को पढ़िए और फिर निर्णय कीजिए कि दिये गये निष्कर्षों में से कौन-सा/कौन-से निष्कर्ष

ज्ञात तथ्यों को नजरअंदाज करने पर कथनों का तार्किक रूप से अनुसरण करता है/करते हैं।

कथन:

कोई ग्लास शीशा नहीं है।

कुछ शीशे खिड़कियाँ हैं।

सभी धातुएं ग्लास हैं।

निष्कर्ष:

I. कोई खिड़की धातु नहीं है।

II. सभी ग्लास धातु हैं।

III. कोई शीशे धातु नहीं है।

IV. सभी धातुओं के खिड़की होने की संभावना है।

A. केवल III अनुसरण करता है।

B. या तो III या IV अनुसरण करते हैं।

C. केवल III और IV अनुसरण करता है।

D. केवल II और III अनुसरण करता है।

E. कोई भी अनुसरण नहीं करता है।

// स्मार्ट उत्तर पुस्तिका //

सही उत्तर उन छात्रों का प्रतिशत जिन्होंने प्रश्नों का सही उत्तर दिया था। **छोड़ दिया** उन छात्रों का प्रतिशत जिन्होंने प्रश्नों को छोड़ दिया था।

प्रश्न संख्या	उत्तर	सही उत्तर / छोड़ दिया	प्रश्न संख्या	उत्तर	सही उत्तर / छोड़ दिया	प्रश्न संख्या	उत्तर	सही उत्तर / छोड़ दिया	प्रश्न संख्या	उत्तर	सही उत्तर / छोड़ दिया	प्रश्न संख्या	उत्तर	सही उत्तर / छोड़ दिया	प्रश्न संख्या	उत्तर	सही उत्तर / छोड़ दिया
1	C	44.18 % / 48.94 %	6	C	56.04 % / 31.39 %	11	B	67.88 % / 31.79 %	16	C	67.56 % / 31.67 %	21	E	61.61 % / 32.86 %	26	B	54.57 % / 44.96 %
2	C	67.62 % / 30.91 %	7	C	51.89 % / 46.05 %	12	A	40.89 % / 34.88 %	17	D	58.61 % / 34.38 %	22	E	63.6 % / 32.24 %	27	D	65.16 % / 32.19 %
3	C	26.94 % / 67.72 %	8	B	15.49 % / 67.65 %	13	E	54.37 % / 33.8 %	18	B	54.44 % / 35.32 %	23	E	40.32 % / 50.98 %	28	B	61.93 % / 34.4 %
4	E	15.29 % / 77.12 %	9	A	61.08 % / 37.3 %	14	E	59.95 % / 36.64 %	19	A	67.05 % / 31.85 %	24	B	60.78 % / 35.68 %	29	E	65.74 % / 30.07 %
5	B	58.94 % / 31.77 %	10	A	64.94 % / 31.42 %	15	A	48.93 % / 33.7 %	20	A	55.23 % / 34.68 %	25	E	47.34 % / 51.57 %	30	C	45.04 % / 48.61 %

//संकेत और समाधान//

1. दिए गए कथनों के लिए न्यूनतम संभावित वेन आरेख निम्नानुसार है;

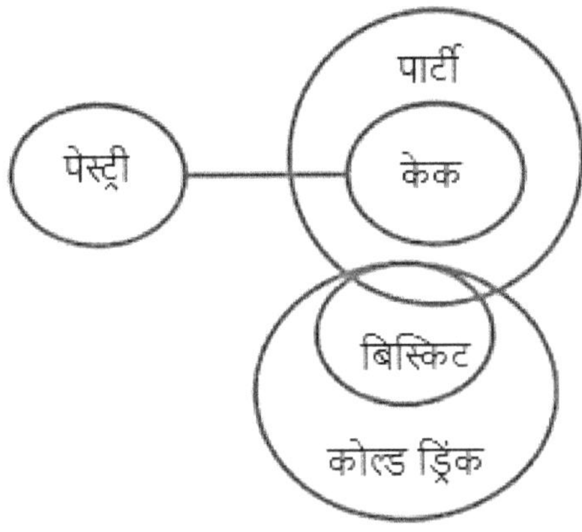

निष्कर्ष:

I. कुछ पेस्ट्री कोल्ड ड्रिंक हैं → (यह संभव है किंतु निश्चित नहीं है)

II. कुछ पार्टी कोल्ड ड्रिंक हैं → (यह संभव है और निश्चित है)

III. कुछ केक कोल्ड ड्रिंक हैं → (यह संभव है किंतु निश्चित नहीं है)

IV. कुछ बिस्किट केक हैं → (यह संभव है किंतु निश्चित नहीं है)

स्पष्ट: कुछ पार्टी हमेशा कोल्ड-ड्रिंक होगी।

इसलिए, II अनुसरण करता है।

अतः विकल्प (C) सही है।

2. न्यूनतम संभावित वेन आरेख नीचे दर्शाया गया है:

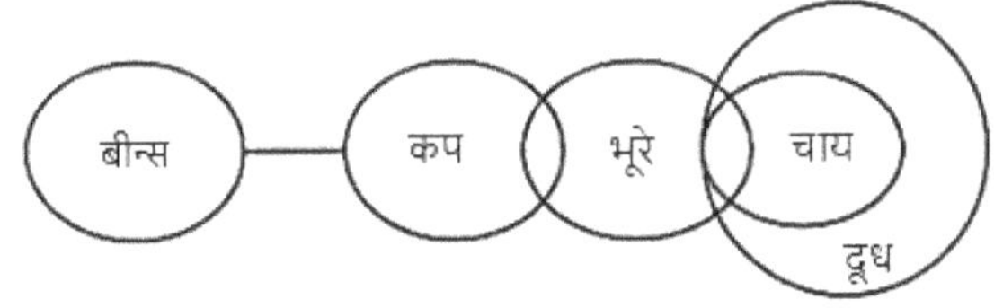

I. कुछ दूध भूरे नहीं हैं → सत्य

II. कोई कप चाय नहीं है → असत्य (संभावना सत्य है इसलिए निश्चित ही झूठी है)।

III. कुछ कप चाय हैं → संदेहजनक → असत्य (संभावना सत्य है इसलिए निश्चित ही झूठी है)।

IV. कोई दूध बीन्स नहीं हैं → असत्य (यह संभव है लेकिन निश्चित नहीं है)

निष्कर्ष II और III एक पूरक जोड़ी बनाते हैं।

इसलिए, उत्तर केवल I और या तो II या III अनुसरण करते हैं।

अतः विकल्प (C) सही है।

3. दिए गए कथनों के लिए न्यूनतम संभावित वेन आरेख निम्नानुसार है

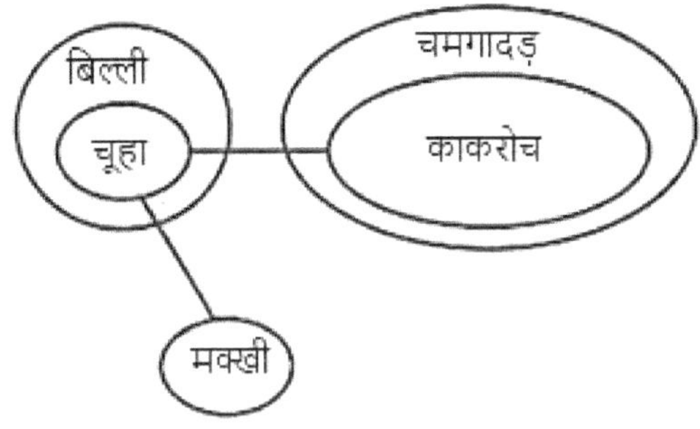

निष्कर्ष:

I. सभी चमगादड़ मक्खी हैं → (यह संभव है किंतु निश्चित नहीं है)

II. कोई बिल्ली मक्खी नहीं है → (यह संभव है किंतु निश्चित नहीं है)

III. कुछ मक्खियाँ बिल्ली हैं → (यह संभव है किंतु निश्चित नहीं है)

IV. कुछ बिल्लियाँ चमगादड़ हैं → (यह संभव है किंतु निश्चित नहीं है)

निष्कर्ष II और III संपूरक जोड़ी हैं।

इसलिए, या तो II या III अनुसरण करते हैं, सही उत्तर है।

अतः विकल्प (C) सही है।

4. दिये गये कथनों के लिये न्यूनतम सम्भावित वेन आरेख निम्नानुसार है:

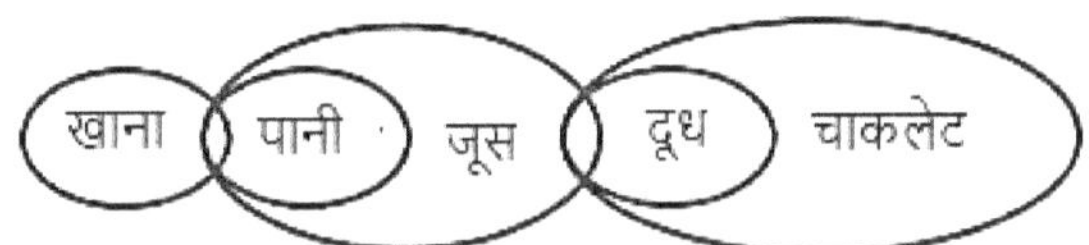

निष्कर्ष:

I. कुछ जूस पानी हैं → सत्य है।

II. कुछ खाना चाकलेट हैं → यह संभव है लेकिन निश्चित नहीं, इसलिए असत्य है।

III. कुछ चाकलेट दूध हैं → सत्य है।

IV. कोई खाना दूध नहीं है → यह संभव है लेकिन निश्चित नहीं, इसलिए असत्य है।

इस प्रकार, निष्कर्ष I और III सत्य हैं

अतः विकल्प (E) सही है।

5. दिए गए कथनों के लिए वेन आरेख इस प्रकार है:

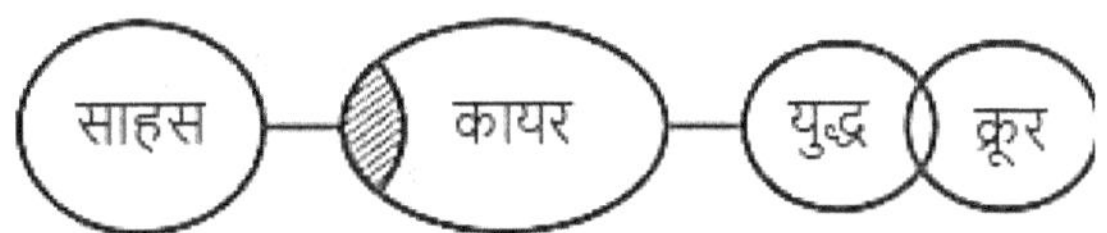

निष्कर्ष:

I. सभी क्रूर साहस हैं। → असत्य

II. कुछ क्रूर युद्ध कायर नहीं हैं। → सत्य

III. कुछ साहस क्रूर हो सकते हैं। → सत्य (यह संभव हो सकता है)

IV. कोई साहस क्रूर नहीं है। → असत्य

इसलिए, निष्कर्ष II और III अनुसरण करते हैं

अतः विकल्प (B) सही है।

6. दिए गये कथनों के लिए कम से कम संभावित वेन आरेख इस प्रकार है:

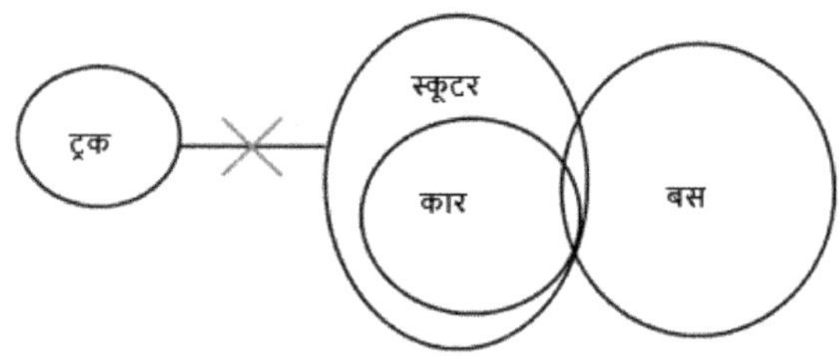

निष्कर्ष:

I. कोई ट्रक कार नहीं है → यह सत्य है।

II. कुछ ट्रक बसें हैं → यह संभव है लेकिन निश्चित रूप से नहीं, इसलिए असत्य है।

III. कुछ बसें कारें हैं →यह सत्य है।

IV. कुछ स्कूटर बस हैं → यह सत्य है।

इसलिए, निष्कर्ष I, III और IV अनुसरण करते हैं।

अतः विकल्प (C) सही है।

7. दिए गये कथनों के लिए कम से कम संभावित वेन आरेख इस प्रकार है:

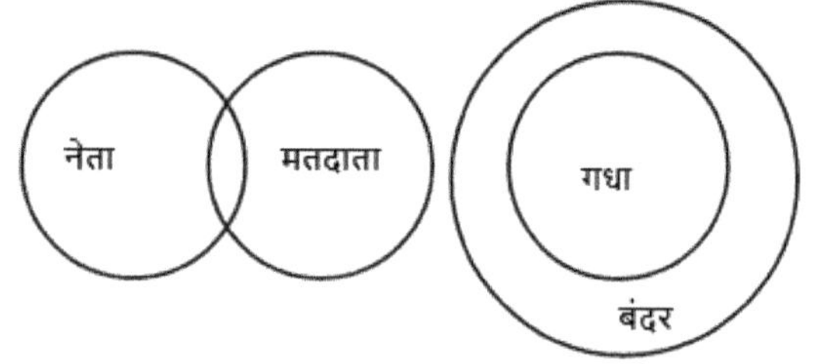

निष्कर्ष:

I. कुछ मतदाता बंदर नहीं हैं → असत्य (यह संभव है पर निश्चित रूप से नहीं)

II.कुछ बंदर गधे नहीं है यह एक संभावना है। → सत्य (यह संभव है)

III. कुछ बंदर नेता हैं → असत्य (यह संभव है लेकिन निश्चित रूप से नहीं)

इसलिए, केवल निष्कर्ष II अनुसरण करता है।

अतः विकल्प (C) सही है।

8. दिए गये कथनों के लिए कम से कम संभावित वेन आरेख इस प्रकार है:

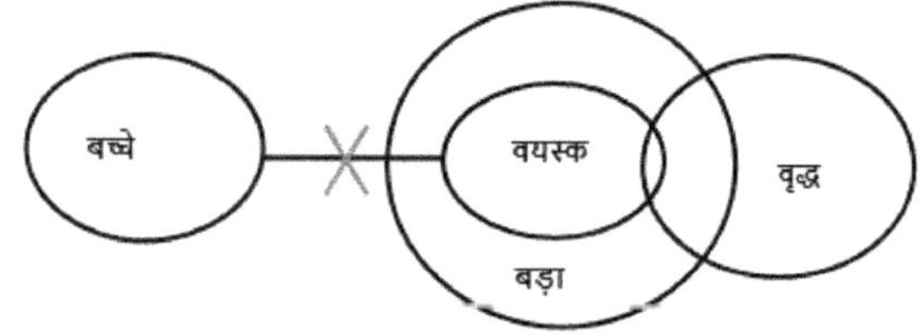

निष्कर्ष:

I. कुछ बड़े वृद्ध हैं → यह सत्य है।

II. कोई वृद्ध बड़ा नहीं है →यह संभव नहीं है, इसलिए असत्य है।

III. कुछ वृद्ध के बच्चे होने की एक संभावना है- संभावना सत्य है, जैसा कि नीचे दिखाया गया है।

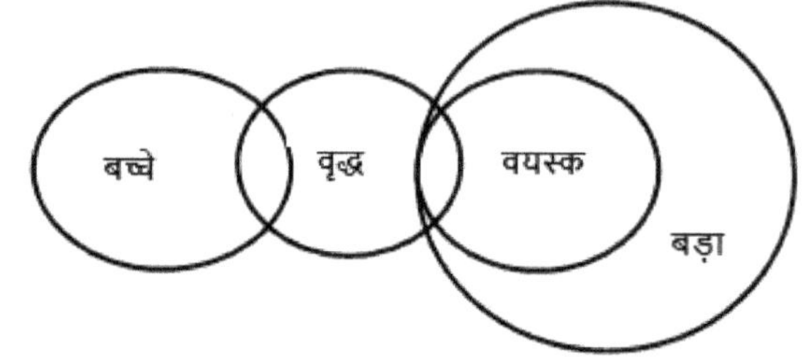

इसलिए, निष्कर्ष I और III सत्य हैं।

अतः विकल्प (B) सही है।

9. न्यूनतम संभावित वेन आरेख निम्नलिखित है:

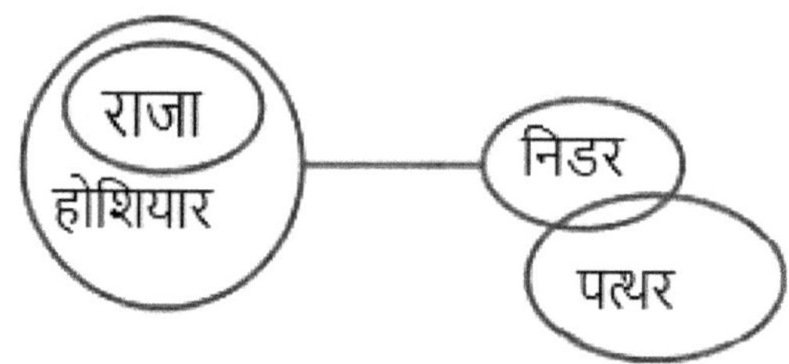

1) कोई राजा निडर नहीं है → सत्य

2) कुछ पत्थर होशियार नहीं हैं → सत्य

3) कुछ पत्थर निडर हैं → सत्य

4) सभी निडर के राजा होने की संभावना है → असत्य

इसलिए, केवल I, II और IV अनुसरण करते हैं सही उत्तर है।

अतः विकल्प (A) सही है।

10. न्यूनतम संभावित वेन आरेख नीचे दर्शाया गया है:

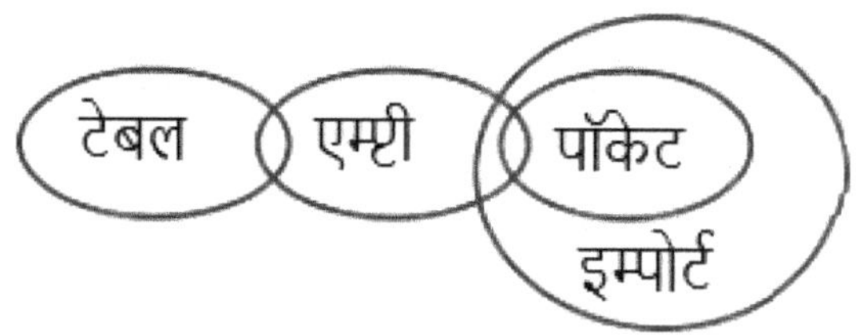

निष्कर्ष:

I. सभी टेबल एम्टी है, एक संभावना है → असत्य है। (केवल कुछ टेबल एम्टी हैं, दिया गया है)

II. कोई इम्पोर्ट टेबल नहीं है → असत्य है (कोई निश्चित संबंध नहीं दिया गया है)

III. सभी एम्टी पॉकिट नहीं हो सकते हैं → सत्य है(केवल कुछ एम्टी पॉकिट है, दिया गया है)

IV. कोई पॉकिट टेबल नहीं है → असत्य है (कोई निश्चित संबंध नहीं दिया गया है)

इसलिए, केवल III अनुसरण करता है, सही उत्तर है।

अतः विकल्प (A) सही है।

11. न्यूनतम संभावित वेन आरेख नीचे दर्शाया गया है:

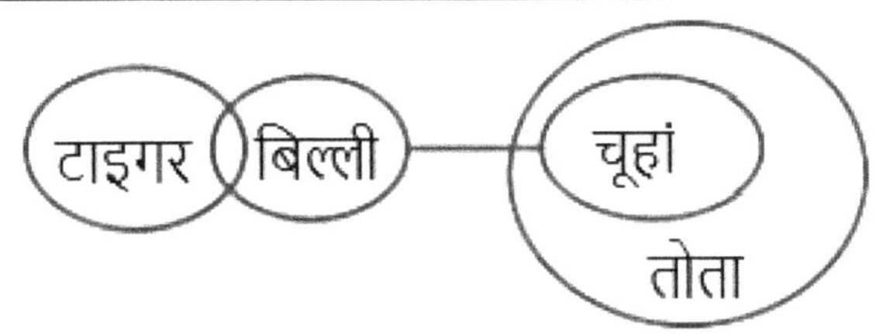

निष्कर्ष:

I. सभी चीतें बिल्ली हैं, एक संभावना है → असत्य है (जैसाकि केवल कुछ चीतें बिल्ली हैं, दिया गया है)

II. कुछ तोते कभी भी बिल्ली नहीं हो सकते → सत्य है (तोता जो कि चूहा है वह कभी भी बिल्ली नहीं हो सकता, इसलिए सत्य है)

III. कुछ टाइगर बिल्ली नहीं हैं → सत्य है। (जैसाकि केवल कुछ चीतें बिल्ली हैं दिया गया है)

IV. सभी तोता चीतें हो सकते हैं → सत्य है।

इसलिए, II, III और IV अनुसरण करते हैं, सही उत्तर है।

अतः विकल्प (B) सही है।

12. निम्न दिए न्यूनतम संभावित वेन आकृति पर विचार करने पर,

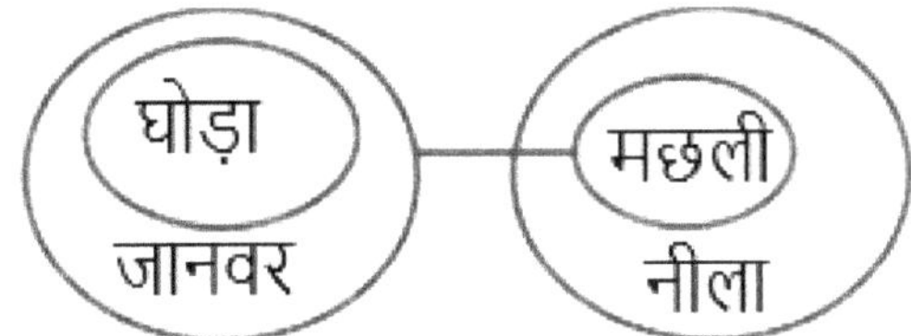

निष्कर्ष:

I. कोई घोड़ा, मछली नहीं है → सत्य (क्योंकि सभी घोड़े, जानवर हैं और की जानवर, मछली नहीं है)

II. कुछ जानवर नीले होने की संभावना है → सत्य (जैसाकि नीच दर्शाया गया है संभावना सही है)

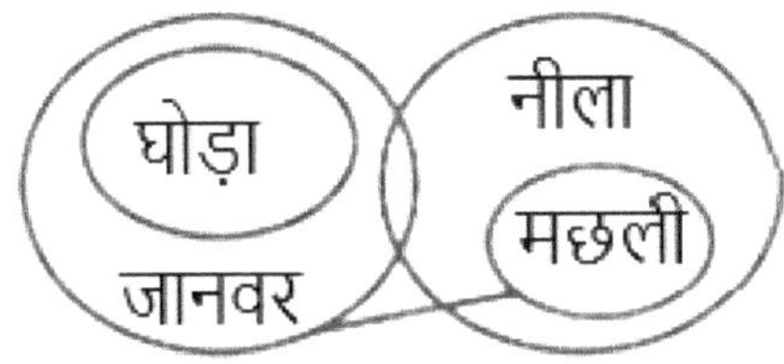

III. कुछ नीले घोड़े होने की संभावना है → सत्य (संभावना सही है)

IV. कोई जानवर नीला न होने की संभावना है → सत्य (संभावना सही है)

इसलिए सभी निष्कर्ष अनुसरण करते हैं।

अतः विकल्प (A) सही है।

13. दिए गए कथनों के लिए न्यूनतम संभावित वेन आरेख इस प्रकार है:

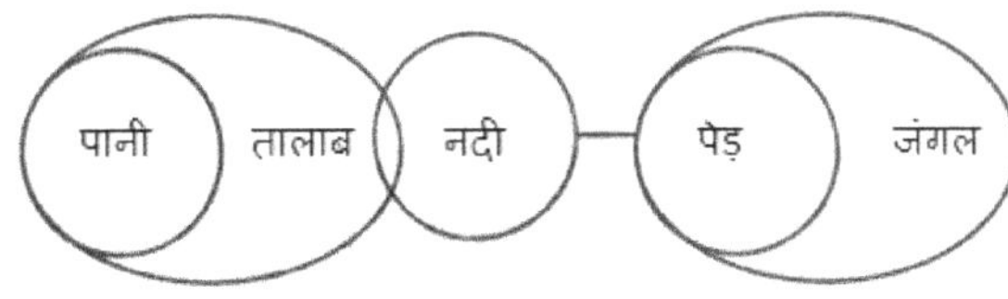

निष्कर्ष:

I. कुछ पानी नदी है → असत्य (यह संभव है लेकिन निश्चित नहीं है।)

II. कुछ तालाब पेड़ नहीं है → सत्य (तालाब का एक हिस्सा जो नदी है, वह पेड़ नहीं है।)

III. सभी पानी का जंगल होने की संभावना है → सत्य

इसलिए, केवल II और III अनुसरण करते हैं।

अतः विकल्प (E) सही है।

14. दिए गए कथनों के लिए न्यूनतम संभावित वेन आरेख इस प्रकार है:

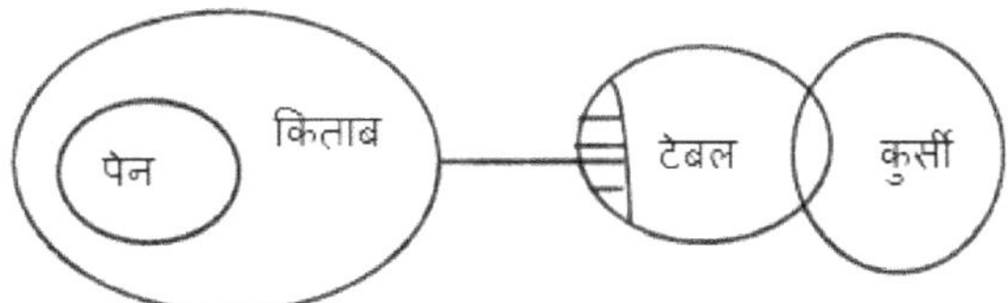

निष्कर्ष:

I. सभी टेबल कुर्सी हैं। → असत्य (क्योंकि केवल कुछ टेबल कुर्सी हैं।)

II. सभी पेन का टेबल होने की संभावना है। → असत्य (चूँकि केवल किताबें ही पेन हैं इसलिए कुछ अन्य पेन नहीं हो सकता है।)

III. सभी कुर्सी का किताबें होने की संभावना है → सत्य

इसलिए, केवल III अनुसरण करता है।

अतः विकल्प (E) सही है।

15. दिए गए कथनों के लिए न्यूनतम संभावित वेन आरेख इस प्रकार है:

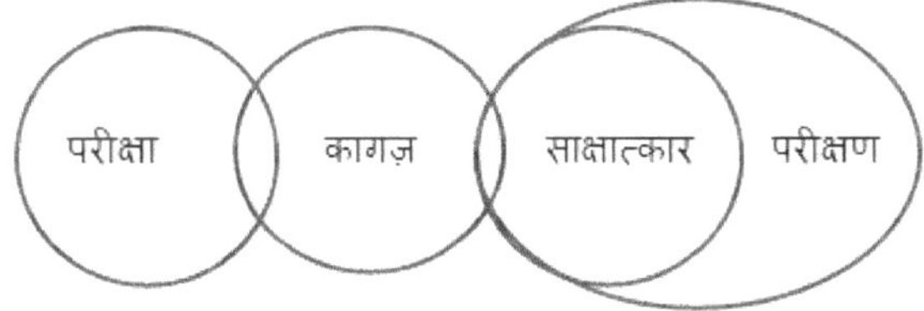

निष्कर्ष:

I. सभी परीक्षा का कागज़ होने की संभावना है → असत्य ('केवल कुछ 'शब्द का उपयोग कथन में किया गया है।)

II. कोई भी परीक्षा साक्षात्कार नहीं है → असत्य

III. सभी कागज़ साक्षात्कार हैं → असत्य ('केवल कुछ 'शब्द का उपयोग कथन में किया गया है।)

इसलिए, कोई अनुसरण नहीं करता है।

अतः विकल्प (A) सही है।

16. दिए गए कथनों के लिए न्यूनतम संभावित वेन आरेख इस प्रकार है:

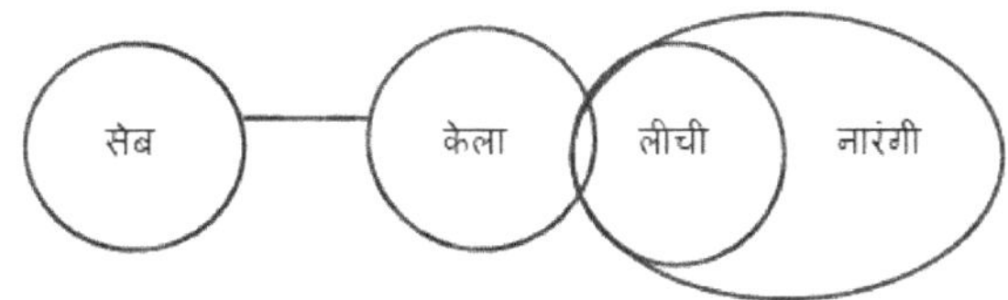

निष्कर्ष:

I. कुछ लीची का सेब होने की संभावना है → सत्य (यह संभव है।)

II. सभी नारंगी का सेब होने की संभावना है → असत्य (नारंगी का एक हिस्सा जो केला है वह कभी सेब नहीं हो सकता है।)

III. सभी सेब का लीची होने की संभावना है → सत्य (यह संभव है।)

इसलिए, केवल I और III अनुसरण करते हैं।

अतः विकल्प (C) सही है।

17. दिए गए कथनों के लिए न्यूनतम संभावित वेन आरेख इस प्रकार है,

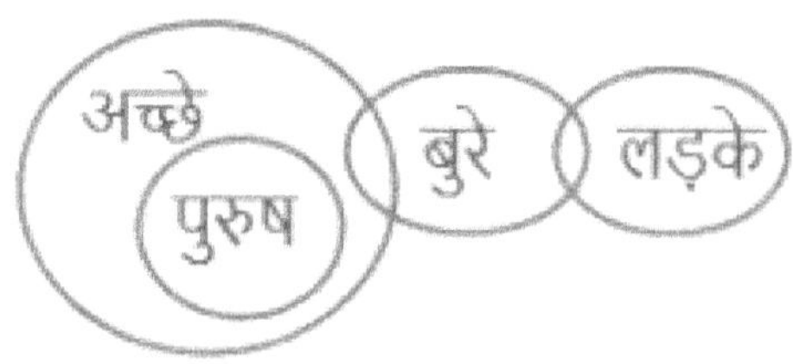

I. कुछ लड़के बुरे नहीं हैं → गलत (यह संभव हो सकता है लेकिन यह निश्चित नहीं है।)

II. कुछ पुरुष अच्छे हैं → सही (यह निश्चित है)

III. कुछ बुरे अच्छे नहीं हैं → सही (यह निश्चित है)

इसलिए, निष्कर्ष II और III दोनों अनुसरण करते हैं।

अतः विकल्प (D) सही है।

18. दिए गए कथनों के लिए न्यूनतम संभावित वेन आरेख इस प्रकार है,

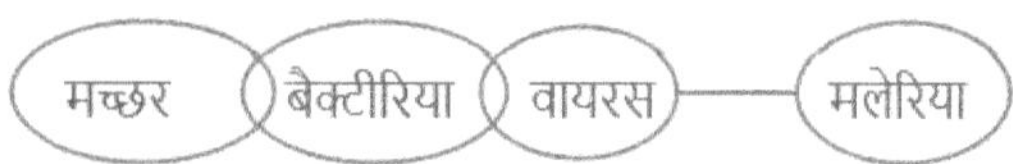

I. कोई मलेरिया बैक्टीरिया नहीं है → गलत (यह संभव हो सकता है लेकिन यह निश्चित नहीं है।)

II. कुछ वायरस मलेरिया है → गलत (यह निश्चित रूप से गलत है)

III. कुछ मच्छर बैक्टीरिया नहीं हैं → सही (यह निश्चित है)

इसलिए, केवल निष्कर्ष III अनुसरण करता है।

अतः विकल्प (B) सही है।

19. दिए गए कथनों के लिए न्यूनतम संभावित वेन आरेख इस प्रकार है,

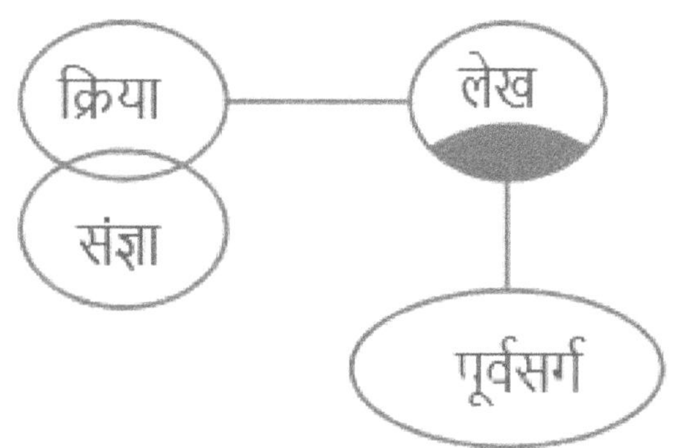

I. कुछ पूर्वसर्ग क्रिया हैं → गलत (यह संभव हो सकता है लेकिन यह निश्चित नहीं है।)

II. सभी क्रिया संज्ञा है → गलत (यह संभव हो सकता है लेकिन यह निश्चित नहीं है।)

III. कुछ लेख संज्ञा है → गलत (यह संभव हो सकता है लेकिन यह निश्चित नहीं है।)

इसलिए, कोई भी निष्कर्ष अनुसरण नहीं करता है।

अतः विकल्प (A) सही है।

20. दिए गए कथनों के लिए न्यूनतम संभावित वेन आरेख इस प्रकार है,

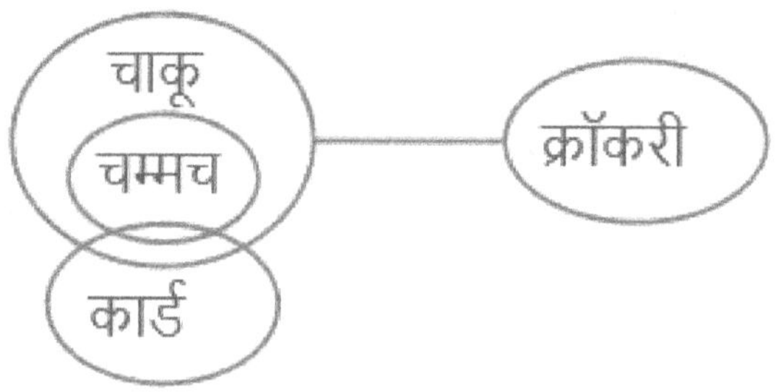

I. कुछ चम्मच क्रॉकरी है → गलत (यह निश्चित रूप से गलत है)

II. कुछ कार्ड चाकू नहीं हैं → गलत (यह संभव हो सकता है लेकिन यह निश्चित नहीं है।)

III. कुछ चाकू चम्मच नहीं है → गलत (यह संभव हो सकता है लेकिन यह निश्चित नहीं है।)

इसलिए, कोई भी निष्कर्ष अनुसरण नहीं करता है।

अतः विकल्प (A) सही है।

21. दिए गए कथनों के लिए न्यूनतम संभावित वेन आरेख इस प्रकार है,

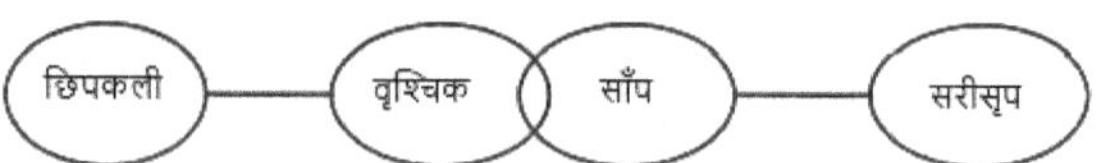

I. कुछ छिपकली सरीसृप नहीं हैं → गलत (यह संभव हो सकता है लेकिन यह निश्चित नहीं है)

II. कोई साँप छिपकली नहीं है → गलत (यह संभव हो सकता है लेकिन यह निश्चित नहीं है।)

III. कुछ छिपकली सरीसृप हैं → गलत (यह संभव हो सकता है लेकिन यह निश्चित नहीं है।)

इसलिए, कोई भी अनुसरण नहीं करता है।

अतः विकल्प (E) सही है।

22. दिए गए कथनों के लिए न्यूनतम संभावित वेन आरेख इस प्रकार है,

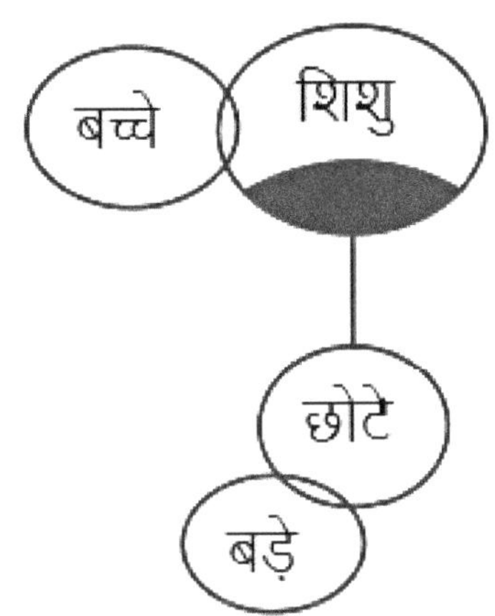

I. कुछ बच्चे बड़े हैं → गलत (यह संभव हो सकता है लेकिन यह निश्चित नहीं है)।

II. कुछ छोटे बड़े नहीं हैं → गलत (यह संभव हो सकता है लेकिन यह निश्चित नहीं है)।

III. कुछ शिशु बच्चे नहीं हैं → गलत (यह संभव हो सकता है लेकिन यह निश्चित नहीं है)।

इसलिए, कोई भी निष्कर्ष अनुसरण नहीं करता है।

अतः विकल्प (E) सही है।

23. दिए गए कथनों के लिए न्यूनतम संभावित वेन आरेख इस प्रकार है,

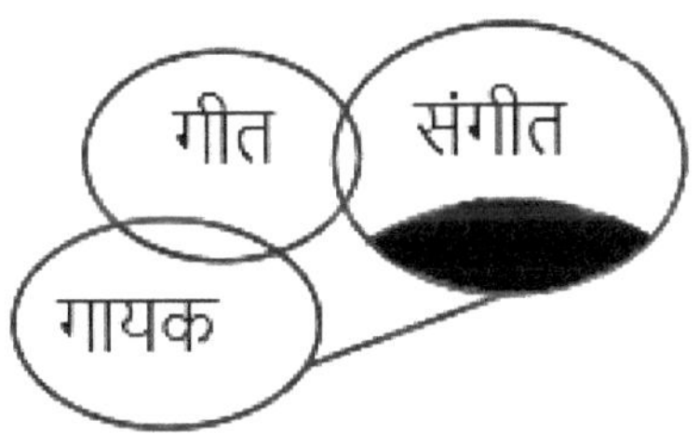

I. कुछ गायक संगीत हैं → गलत (यह संभव हो सकता है लेकिन यह निश्चित नहीं है)।

II. कुछ गीत संगीत नहीं हैं → सही (यह निश्चित है)।

III. कुछ संगीत गीत हैं → सही (यह निश्चित है)।

इसलिए, निष्कर्ष II और III दोनों अनुसरण करते हैं।

अतः विकल्प (E) सही है।

24. दिए गए कथनों के लिए न्यूनतम संभावित वेन आरेख इस प्रकार है:

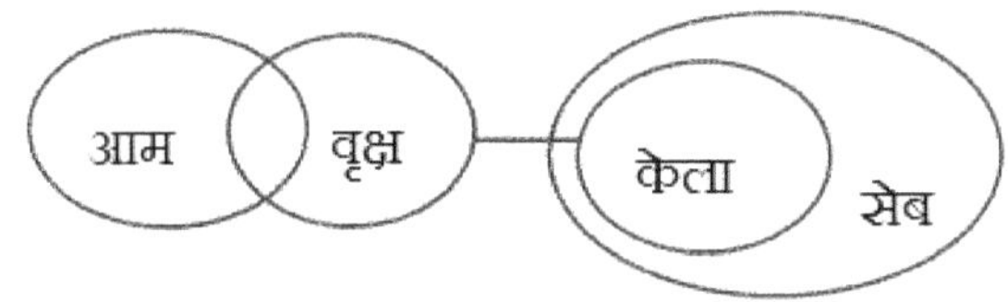

निष्कर्ष:

कम से कम कुछ आम केले हैं → असत्य (चूंकि कुछ आम वृक्ष हैं और कोई वृक्ष केला नहीं है)।

कुछ सेब वृक्ष नहीं हैं → सत्य (चूंकि सभी केले सेब हैं और कोई वृक्ष केला नहीं है)।

इसलिए, केवल II अनुसरण करता है।

अतः विकल्प (B) सही है।

25. दिए गए कथनों के लिए न्यूनतम संभावित वेन आरेख इस प्रकार है:

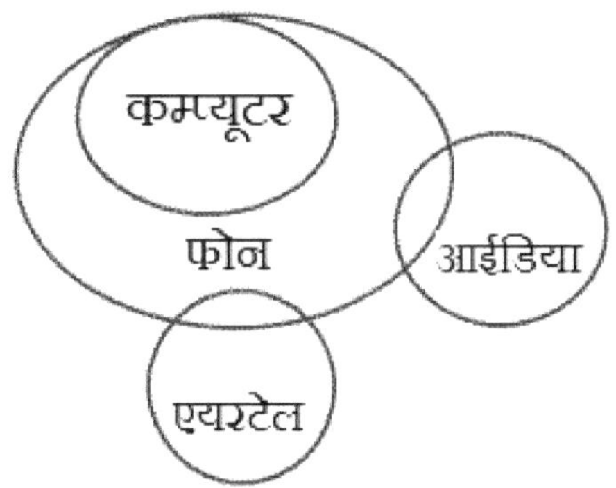

निष्कर्ष:

कम से कम कुछ फोन कम्प्यूटर नहीं हैं → असत्य चूंकि यह संभव है लेकिन निश्चित नहीं है।

कम से कम कुछ विचार कम्प्यूटर हैं → असत्य चूंकि यह संभव है लेकिन निश्चित नहीं है।

इसलिए, न तो I और न ही II अनुसरण करता है।

अतः विकल्प (E) सही है।

26. दिए गए कथनों के लिए न्यूनतम संभावित वेन आरेख इस प्रकार है:

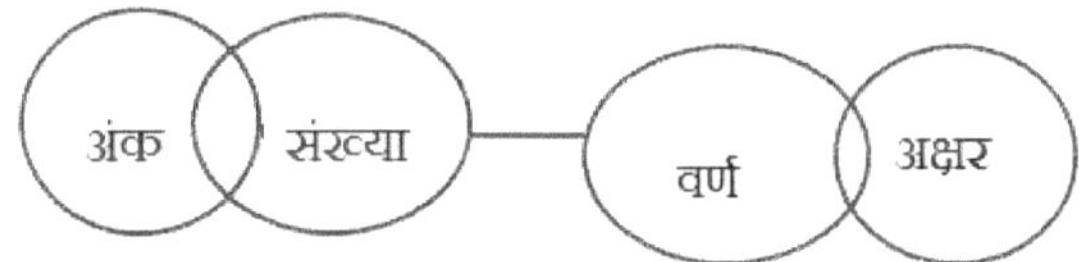

निष्कर्ष:

I. सभी अंक वर्ण हो सकते हैं → असत्य (जैसा कि कुछ अंक संख्या है, इसलिए अंक का वह भाग जो संख्या है, कभी वर्णमाला नहीं हो सकता है।)

II. कुछ अक्षर संख्या नहीं हैं → सत्य (चूंकि कुछ वर्ण अक्षर हैं और कोई संख्या वर्ण नहीं हैं।)

इसलिए, केवल II अनुसरण करता है।

अतः विकल्प (B) सही है।

27. दिए गए कथनों के लिए न्यूनतम संभावित वेन आरेख निम्नानुसार है:

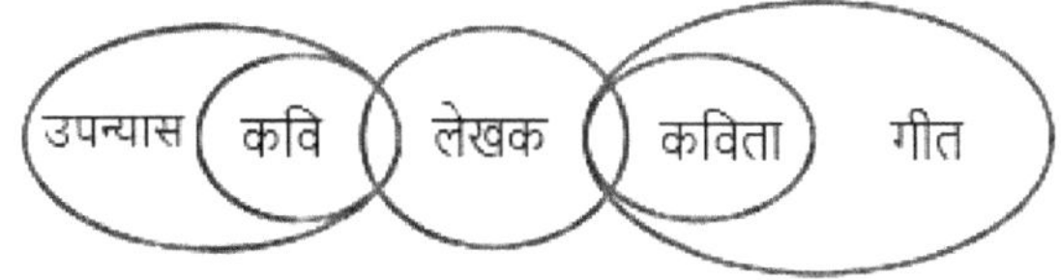

निष्कर्ष:

I. सभी गीत लेखक हैं → (यह संभव नहीं है)

II. सभी कवि कविता हैं → (यह संभव है किंतु निश्चित नहीं है)

III. कुछ गीत उपन्यास हैं → (यह संभव है किंतु निश्चित नहीं है)

IV. कुछ उपन्यास लेखक हैं → (यह संभव है और निश्चित है)

इसलिए, केवल IV अनुसरण करता है, सही उत्तर है।

अतः विकल्प (D) सही है।

28. दिये गये कथनों के लिये न्यूनतम सम्भावित वेन आरेख निम्नानुसार है:

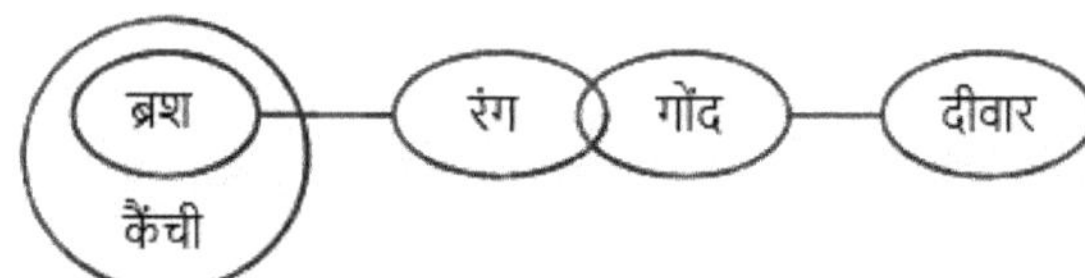

निष्कर्ष:

I. कुछ रंग दीवार हैं → यह संभव है लेकिन निश्चित नहीं, इसलिए असत्य है।

II. कुछ गोंद कैंची हैं → यह संभव है लेकिन निश्चित नहीं, इसलिए असत्य है।

III. कोई दीवार ब्रश नहीं हैं → यह संभव है लेकिन निश्चित नहीं, इसलिए असत्य है।

IV. कुछ दीवार ब्रश हैं → यह संभव है लेकिन निश्चित नहीं, इसलिए असत्य है।

निष्कर्ष II और III एक पूरक जोड़ी बनाते हैं।

इस प्रकार, या तो निष्कर्ष III या IV सत्य है।

अतः विकल्प (B) सही है।

29. दिए गए कथनों से हम निम्नलिखित न्यूनतम संभावित वेन आरेख बना सकते हैं:

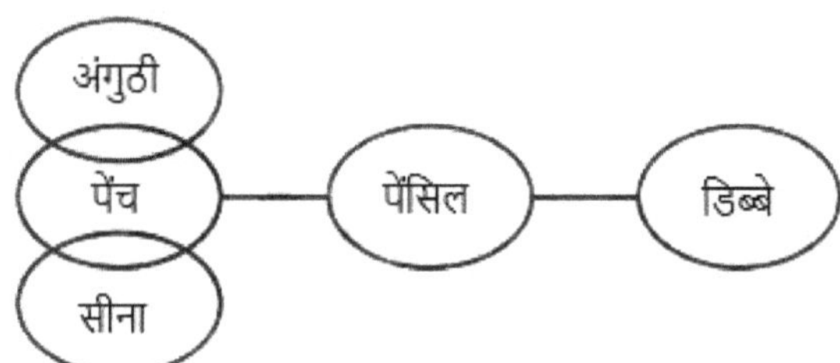

निष्कर्ष:

I. कुछ पेंच डिब्बे हैं → यह संभव है किंतु निश्चित नहीं, इसलिए असत्य है।

II. सभी सीना पेंसिल हैं → यह संभव है किंतु निश्चित नहीं, इसलिए असत्य है।

III. कुछ अंगुठी पेंसिल हैं → यह संभव है किंतु निश्चित नहीं, इसलिए असत्य है।

IV. कोई भी अंगुठी पेंसिल नहीं हैं। → यह संभव है किंतु निश्चित नहीं, इसलिए असत्य है।

निष्कर्ष III और IV एक पूरक जोड़ी बनाते हैं।

इसलिए, या तो निष्कर्ष III या IV अनुसरण करता है।

अतः विकल्प (E) सही है।

30. दिए गए कथनों के लिए कम से कम संभव दण्ड आरेख इस प्रकार है:

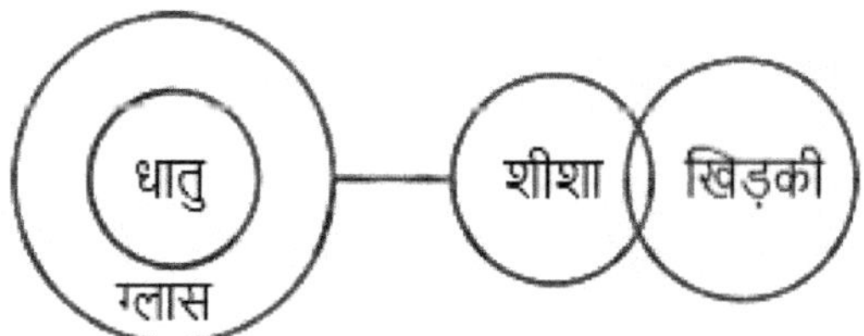

निष्कर्ष:

I. कोई खिड़की धातु नहीं है। गलत (यह संभव है लेकिन निश्चित नहीं है)

II. सभी ग्लास धातुएं हैं। गलत (यह संभव है लेकिन निश्चित नहीं है)

III. कोई शीशा धातु नहीं हैं → सत्य (क्योंकि सभी धातु ग्लास हैं और कोई ग्लास शीशा नहीं है)

IV. सभी धातुओं का खिड़की होना संभव है → सत्य (संभावना नीचे दण्ड आरेख में दर्शाई गई है)

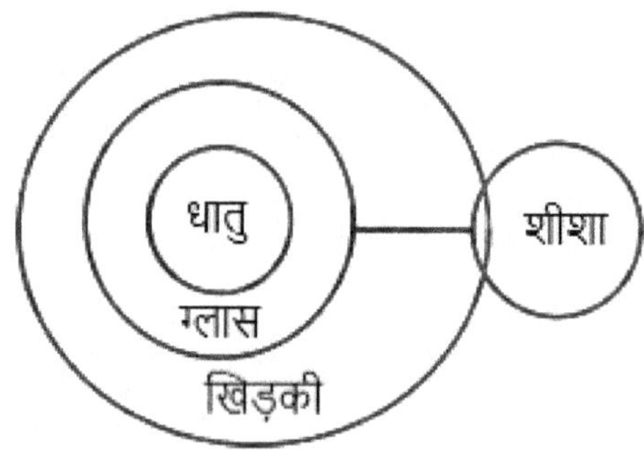

इस प्रकार, III और IV दोनों निष्कर्ष अनुसरण करते हैं।

अतः विकल्प (C) सही है।

Ques (1-3):निर्देश: निम्नलिखित प्रश्नों में, प्रतीकों %, $, & और @ का उपयोग निम्न अर्थों के साथ किया गया है जैसा कि नीचे दर्शाया गया है। निम्नलिखित जानकारी का अध्ययन कीजिए और दिए गए प्रश्नों के उत्तर दीजिए।

A @ B → A, B के उत्तर दिशा में है

A% B → A, B के दक्षिण दिशा में है

A $ B → A, B के पश्चिम दिशा में है

A & B → A, B के पूर्व दिशा में है

दुकान P, दुकान Q के @10 मीटर है। दुकान T, दुकान S के &6 मीटर हैं। दुकान V, दुकान U के $10 मीटर है। दुकान R, दुकान Q के &20 मीटर है। दुकान T, दुकान U के %5 मीटर है। दुकान T, दुकान R के @5 मीटर है।

Q.1 दुकान P और दुकान V के बीच की दूरी ___ है।

A. 10 मीटर **B.** 5 मीटर **C.** 6 मीटर **D.** 7 मीटर

E. 20 मीटर

Q.2 दुकान V के संबंध में दुकान S की दिशा क्या है?

A. दक्षिण **B.** दक्षिण-पश्चिम

C. पश्चिम **D.** दक्षिण-पूर्व

E. उत्तर-पश्चिम

Q.3 दुकान ________, दुकान R और दुकान U के ठीक बीच में स्थित है।

A. P **B.** S **C.** V **D.** Q

E. T

Ques (4-5):निर्देश: निम्नलिखित निर्देश का ध्यानपूर्वक अध्ययन कीजिए और प्रश्नों के उत्तर दीजिए।

'A बिंदु B से @ पर है' का अर्थ है B, A के उत्तर है।

'A बिंदु B से * पर है' का अर्थ है B, A के दक्षिण है।

'A बिंदु B से % पर है' का अर्थ है B, A के पूर्व है।

'A बिंदु B से # पर है' का अर्थ है B, A के पश्चिम है।

S बिंदु P से * 10 मीटर है। बिंदु Q बिंदु R से * 5 मीटर है। बिंदु U बिंदु V से @15 मीटर है। बिंदु T बिंदु V से % 20 मीटर है। बिंदु U बिंदु Q से %16 मीटर है। बिंदु R बिंदु P से % 30 मीटर है।

Q.4 S और Q के बीच सबसे छोटी दूरी क्या है?

A. $5\sqrt{37}$ **B.** $5\sqrt{33}$

C. $37\sqrt{5}$ **D.** $5\sqrt{13}$

E. इनमें से कोई नहीं

Q.5 P के सन्दर्भ में T किस दिशा में है?

A. पूर्व -पश्चिम **B.** दक्षिण - पूर्व

C. पश्चिम - दक्षिण **D.** उत्तर - पश्चिम

E. दक्षिण

Ques (6-7):निर्देश: नीचे दी गई जानकारी को ध्यानपूर्वक पढ़िये और उस पर आधारित प्रश्नों के उत्तर दीजिये:

"A*B" का अर्थ है कि A, B के उत्तर में है।

"A@B" का अर्थ है कि "A, B के दक्षिण में है।

"A$B" का अर्थ है कि "A, B के पूर्व में है।

"A#B" का अर्थ है कि "A, B के पश्चिम में है।

ठीक इसी प्रकार A*#B का अर्थ है कि A,B के उत्तर पश्चिम में है तथा यही प्रक्रिया आगे भी जारी रहेगी।

सेंट्रल पॉइंट, सेंटर पॉइंट, जॉली प्लाज़ा, जॉली टावर, प्राइम आर्केड, प्राइम मॉल तथा रिजेंट सेंटर नामक सात स्थान सात अलग-अलग जगहों पर स्थित हैं। इन स्थानों को N,O,P,R,S, T और U के रूप में कूटबद्ध किया गया है।

इन स्थानों के बीच की दूरी अज्ञात है।

कथन:

P* प्राइम आर्केड # सेंट्रल पॉइंट

जॉली प्लाज़ा, @O# रिजेंट सेंटर #S

U*जॉली टावर $ जॉली प्लाज़ा

O#T#U

जॉली टावर @# सेंट्रल पॉइंट

प्राइम मॉल !@# सेंटर पॉइंट *#N$R

Q.6 यदि कोई व्यक्ति जॉली टावर से सेंटर पॉइंट की यात्रा केवल *, #, @ तथा $ दिशाओं में चलकर करना चाहता है, तो उसे किस/किन स्थान/स्थानों से होकर गुजरना पड़ेगा?

A. प्राइम मॉल **B.** प्राइम आर्केड

C. जॉली प्लाज़ा **D.** रिजेंट सेंटर

E. (B) और (D) दोनों

Q.7 प्राइम आर्केड, R से किस दिशा में स्थित है?

A. पश्चिम **B.** उत्तर

C. दक्षिण-पश्चिम **D.** दक्षिण

E. उत्तर-पूर्व

Ques (8-10):निर्देश: नीचे दी गई सूचना का ध्यानपूर्वक अध्ययन कीजिये और निम्न प्रश्नों के उत्तर दीजिये।

बिंदु U, बिंदु R के 8 मीटर पूर्व में स्थित है। बिंदु P, बिंदु Q से 3 मीटर उत्तर में है। बिंदु U, बिंदु V से 10 मीटर उत्तर में स्थित है। बिंदु W, बिंदु V से 8 मीटर पश्चिम में स्थित है। बिंदु R, बिंदु S और बिंदु T के बीच में स्थित है। बिंदु R बिंदु Q के 4 मीटर पूर्व में है।बिंदु T, बिंदु S के 8 मीटर दक्षिण में है।

Q.8 बिंदु W के संबंध में बिंदु R किस दिशा में स्थित है?

[IDBI Bank Executive, 2021]

A. पूर्व **B.** दक्षिण-पूर्व

C. पश्चिम **D.** उत्तर

E. उत्तर-पच्छिम

Q.9 बिंदु P और बिंदु R के बीच की सबसे छोटी दूरी क्या है?

A. 5 मीटर **B.** 6 मीटर **C.** 10 मीटर **D.** 4 मीटर

E. 3 मीटर

Q.10 चार जोड़े एक निश्चित रूप से समान हैं और इस प्रकार एक समूह बनाते हैं। निम्नलिखित में से कौन समूह से संबंधित नहीं है?

[IDBI Bank Executive, 2021]

A. P – R **B.** S – U **C.** R – V **D.** Q – W

E. S – T

Ques (11-13):निर्देश: निम्नलिखित जानकारी को ध्यानपूर्वक पढ़ें और दिए गए प्रश्न का उत्तर दीजिये।

A @ B का अर्थ है कि A, B के उत्तर में 7 मी या 12 मी की दूरी पर है

A # B का अर्थ है कि A, B के पश्चिम दिशा में 5 मी या 14 मी की दूरी पर है

A $ B का अर्थ है कि A, B के दक्षिण दिशा में 7 मी या 12 मी की दूरी पर है

A & B का अर्थ है कि A, B के पूर्व दिशा में या तो 5 मी या 14 मी की दूरी पर है

A @ & B का अर्थ है कि A, B के उत्तर-पूर्व में है

A $& B का अर्थ है कि A, B के दक्षिण-पूर्व दिशा में है

कथन

A@B, B#C, C$D@&A, D#E@F@&C, F@G$&C, G&H$C

Q.11 G के संबंध में B किस दिशा में है?

[IBPS PO, 2019]

A. उत्तर
B. पूर्व
C. उत्तर-पूर्व
D. उत्तर-पश्चिम
E. इनमें से कोई नहीं

Q.12 यदि B और C के बीच की दूरी, D और E के बीच की दूरी के समान है और यह दूरी A और B के बीच की दूरी से कम है, तो C और E के बीच की न्यूनतम दूरी क्या है?

[IBPS PO, 2019]

A. 13 मी
B. 28 मी
C. या तो (A) या (B)
D. 5 मी
E. 14 मी

Q.13 E और G के बीच की कुल दूरी कितनी है?

[IBPS PO, 2019]

A. 12 मी
B. 17 मी
C. 19 मी
D. 21 मी
E. इनमें से कोई नहीं

Ques (14-15):निर्देश: निम्नलिखित जानकारी का ध्यानपूर्वक अध्ययन कीजिये और उस पर आधारित प्रश्नों के उत्तर दीजिये:

जानकारी कूटबद्ध भाषा में दी गयी है। उस पर आधारित प्रश्नों के उत्तर देने के लिए कूटों का विसंकेतन कीजिये।

P $ Q → P, Q के पश्चिम में 6 मी की दूरी पर है।

P * Q → P, Q के पूर्व में 4 मी की दूरी पर है।

P + Q → P, Q के उत्तर में 3 मी की दूरी पर है।

P ? Q → P, Q के दक्षिण में 9 मी की दूरी पर है।

P + $ Q → P, Q के उत्तर-पश्चिम में 5 मी की दूरी पर है।

P + * Q → P, Q के उत्तर-पूर्व में 5 मी की दूरी पर है।

P ? $ Q → P, Q के दक्षिण-पश्चिम में 5 मी की दूरी पर है।

P ? * Q → P, Q के दक्षिण-पूर्व में 5 मी की दूरी पर है।

Q.14 यदि O ? N +$ M ? P $ Q + R + S + L है तो M और L के बीच की न्यूनतम दूरी क्या है?

A. 5 मी
B. 6 मी
C. 4 मी
D. 7 मी
E. इनमें से कोई नहीं

Q.15 यदि M + Q ?$ N * M ? D $ E ? F $ G है, तो बिंदु G के संबंध में बिंदु N किस दिशा में है?

A. उत्तर-पश्चिम
B. दक्षिण
C. उत्तर-पूर्व
D. दक्षिण-पश्चिम
E. दक्षिण-पूर्व

Ques (16-18):निर्देश: नीचे दी गई जानकारी का ध्यानपूर्वक अध्ययन कीजिए और प्रश्न के उत्तर दीजिये।

दो व्यक्ति X और Y एक बिंदु G से चलना शुरू करते हैं। X, बिंदु G से उत्तर दिशा में 12 मीटर चलता है। वह फिर बिंदु F से बाईं ओर मुड़ता है और 6 मीटर चलता है। फिर वह बिंदु E से दक्षिण-पश्चिम दिशा की ओर बढ़ता है और बिंदु D तक 10 मीटर चलता है, जो बिंदु A के दक्षिण दिशा में है। X फिर बिंदु D से 5 मीटर पश्चिम दिशा की ओर बढ़ता है और फिर बिंदु C से दाईं ओर मुड़ता है और 8 मीटर चलता है। फिर वह बिंदु B से दाईं ओर मुड़ता है और बिंदु A तक 5 मीटर चलता है। बिंदु C, बिंदु K के उत्तर दिशा में है। Y, बिंदु G से पश्चिम दिशा में 12 मीटर चलता है। फिर वह बिंदु H से बाईं ओर मुड़ता है और 4 मीटर चलता है। फिर वह बिंदु I से दाईं ओर मुड़ता है और 5 मीटर चलता है। फिर वह बिंदु J से दाईं ओर मुड़ता है और 4 मीटर चलता है। फिर वह बिंदु K से बाईं ओर मुड़ता है और बिंदु L तक 5 मीटर चलता है।

Q.16 D और H के मध्य की सबसे न्यूनतम दूरी क्या है?

A. 4 मीटर
B. 8 मीटर
C. 2 मीटर
D. 5 मीटर
E. उपरोक्त में से कोई भी नहीं है।

Q.17 बिंदु A और बिंदु E के मध्य की सबसे न्यूनतम दूरी क्या है?

A. 7 मीटर
B. 5 मीटर
C. 8 मीटर
D. 6 मीटर
E. 4 मीटर

Q.18 बिंदु H के संबंध में बिंदु D किस दिशा में है?

A. उत्तर दिशा
B. पूर्व दिशा
C. दक्षिण दिशा
D. पश्चिम दिशा
E. इनमें से कोई नहीं है।

Ques (19-21):निर्देश: दी गई जानकारी का ध्यानपूर्वक अध्ययन करें और नीचे दिए गए प्रश्न का उत्तर दें।

दी गयी जानकारी कुछ कूट में है, समझें और आगे बढ़ें

P # Q का अर्थ है, P, Q के उत्तर में है।

P ¥ Q का अर्थ है, P, Q के दक्षिण में है।

P $ Q का अर्थ है, P, Q के पश्चिम में है।

P & Q का अर्थ है, P, Q के पूर्व में है।

P #@ Q का अर्थ है, P, Q के 8 मी उत्तर में है।

P &µ Q का अर्थ है, P, Q के 4 मी पूर्व में है।

बिंदु K, बिंदु C के 3 मीटर दक्षिण में है।

P$µK; Q#µK; R$µQ; S¥@R; T&@S; U¥µT

Q.19 यदि Z¥&S और Z, T और U के मध्य बिंदु से 4 मी दूर है, तो निम्न में से कौन-सा विकल्प संभवतः सही है?

A. P #& Z
B. S ¥ Z
C. K #& Z
D. Z ¥ C
E. इनमें से कोई नहीं

Q.20 C और P के बीच की निकटतम दूरी के लिए सबसे निकट संभावित विकल्प क्या हो सकता है?

A. 2 से कम
B. 6 से अधिक
C. 7 से कम है
D. (B) और (C) दोनों
E. (B) और (A) दोनों

Q.21 यदि बिंदु L को R के 5 मीटर उत्तर में स्थित किया गया है, तो P और L बिन्दुओं के बीच की दूरी क्या होगी?

A. 7 मी
B. 5 मी
C. 9 मी
D. 8 मी
E. $4\sqrt{2}$ मी

Ques (22-24):निर्देश: जानकारी को ध्यानपूर्वक पढ़िए और नीचे दिए गए प्रश्न का उत्तर दीजिये।

रोहन ने बिंदु R से चलना शुरू किया और बिंदु S तक पहुँचने के लिए पूर्व की ओर 5 मीटर तक चला और फिर वह दाएं मुड़ा और पॉइंट T तक पहुँचने के लिए 5 मीटर चला। बिंदु T से वह दाएँ मुड़ गया और 5 मीटर तक पैदल चलकर बिंदु U तक पहुँचा और फिर से वह दाएं मुड़ा और 9 मीटर चलकर बिंदु V तक पहुंच गया। बिंदु V से वह बाएं मुड़ा और 6 मीटर तक चला और अंत में बिंदु W पर पहुंच गया।

Q.22 यदि कोई व्यक्ति बिंदु S से शुरू होता है और उत्तर की ओर 4 मीटर चलता है और फिर दाएं मुड़ता है और बिंदु Z तक पहुंचने के लिए 5 मीटर चलता है तो बिंदु W के संबंध में बिंदु Z की स्थिति क्या होगी?

A. 12 मीटर दक्षिण
B. 16 मीटर पूर्व
C. 15 मीटर पश्चिम
D. 15 मीटर उत्तर
E. 13 मीटर दक्षिण

Q.23 बिंदु V के संबंध में बिंदु R की स्थिति क्या है?

A. 5 मीटर दक्षिण-पश्चिम
B. 4 मीटर उत्तर-पूर्व
C. 6 मीटर पश्चिम
D. 4 मीटर दक्षिण
E. 4 मीटर पश्चिम

Q.24 बिंदु W के संबंध में बिंदु T की दिशा क्या है?

A. दक्षिण-पूर्व
B. उत्तर-पूर्व
C. पश्चिम
D. दक्षिण
E. उत्तर-पश्चिम

Ques (25-27):निर्देश: निम्नलिखित जानकारी का ध्यानपूर्वक अध्ययन कीजिये और प्रश्न का उत्तर दीजिये।

X + Y का अर्थ है X, Y के पूर्व में या तो 5 मीटर या 10 मीटर की दूरी पर है

X * Y का अर्थ है X, Y के पश्चिम दिशा में 5 मीटर या 10 मीटर की दूरी पर है

X $ Y का अर्थ है X, Y के उत्तर दिशा में 8 मीटर या 16 मीटर की दूरी पर है

X ? Y का अर्थ X, Y के दक्षिण दिशा में 8 मीटर या 16 मीटर की दूरी पर है

X? * Y का अर्थ है X, Y के दक्षिण-पश्चिम दिशा की ओर है

X $ Y का अर्थ है X, Y की उत्तर-पूर्व दिशा की ओर है

X ?+ Y का अर्थ है X, Y की दक्षिण-पूर्व दिशा में है

X $ * Y का अर्थ है X, Y के उत्तर-पश्चिम दिशा की ओर है

कथन:

M $ N, P ? R, T * U, M $* P, P $ Q, R $+ M, N ?* S, S * R, S ? U, M ? T, O * M, N * Q

Q.25 बिंदु Q के सन्दर्भ में बिंदु T किस दिशा में है?

A. उत्तर-पूर्व
B. दक्षिण
C. उत्तर-पश्चिम
D. पश्चिम
E. दक्षिण-पूर्व

Q.26 बिंदु P, Q और N के द्वारा बनाए गए त्रिभुज का क्षेत्रफल क्या होगा?

A. 40 मीटर²
B. 30 मीटर²
C. 22 मीटर²
D. 35 मीटर²
E. 36 मीटर²

Q.27 यदि बिंदु O और M के बीच की दूरी बिंदु U और S के बीच की दूरी से कम है, तब O और M के बीच की दूरी का वर्ग क्या होगा?

A. 100
B. 25
C. 36
D. 64
E. 49

Ques (28-30):निर्देश: निम्नलिखित जानकारी का ध्यानपूर्वक अध्ययन कीजिये और नीचे दिए गये प्रश्नों के उत्तर दीजिये।

जॉन बिंदु R से पूर्व दिशा में चलना प्रारम्भ करता है। 3 मीटर चलने के बाद वह बिंदु W से बायें मुड़कर 5 मीटर चलता है। वह बिंदु P से दायें मुड़कर 4 मीटर चलता है, उसके बाद वह बिंदु Z से दायें मुड़कर 7 मीटर चलता है। वह बिंदु V से बायें मुड़कर बिंदु Q तक 2 मीटर चलता है। रेय बिंदु O से पूर्व दिशा में चलना प्रारम्भ करता है। 13 मीटर चलने के बाद वह बिंदु N से दायें मुड़कर 5 मीटर चलता है। उसके बाद वह बिंदु M से दायें मुड़कर बिंदु X तक 2 मीटर चलता है। हैरी बिंदु Q से दक्षिण दिशा में चलना प्रारम्भ करता है। 2 मीटर चलने के बाद वह बिंदु S से बायें मुड़कर 1 मीटर चलता है और उसके बाद वह बिंदु T से बायें मुड़कर 11 मीटर चलता है। उसके बाद वह बिंदु U से दायें मुड़कर 1 मीटर चलता है और उसके बाद बिंदु Y से दायें मुड़कर बिंदु X तक 2 मीटर चलता है।

Q.28 यदि हैरी बिंदु X से पश्चिम दिशा में चलना प्रारम्भ करता है और 11 मीटर चलने के बाद वह बायें मुड़कर 5 मीटर चलता है। उसके बाद वह बायें मुड़कर 3 मीटर चलता है और रुक जाता है, तब हैरी किस बिंदु तक पहुंचेगा?

A. P
B. W
C. Q
D. Y
E. N

Q.29 यदि रेय बिंदु X से पूर्व दिशा में चलना प्रारम्भ करता है और उसके बाद वह बिंदु M से दायें मुड़कर बिंदु A तक 5 मीटर चलता है। जॉन बिंदु Q से पूर्व दिशा में 2 मीटर चलता है और उसके बाद वह दायें मुड़कर बिंदु T तक चलता है। T और A के मध्य में न्यूनतम दूरी क्या है?

A. 7 मीटर
B. 8 मीटर
C. 10 मीटर
D. 5 मीटर
E. उपरोक्त में से कोई नहीं

Q.30 रेय के अंतिम बिंदु के सन्दर्भ में जॉन का अंतिम बिंदु किस दिशा में है?

A. दक्षिण
B. उत्तर-पूर्व
C. दक्षिण-पश्चिम
D. पूर्व
E. दक्षिण-पूर्व

// स्मार्ट उत्तर पुस्तिका //

सही उत्तर — उन छात्रों का प्रतिशत जिन्होंने प्रश्नों का सही उत्तर दिया था।　　**छोड़ दिया** — उन छात्रों का प्रतिशत जिन्होंने प्रश्नों को छोड़ दिया था।

प्रश्न संख्या	उत्तर	सही उत्तर / छोड़ दिया	प्रश्न संख्या	उत्तर	सही उत्तर / छोड़ दिया	प्रश्न संख्या	उत्तर	सही उत्तर / छोड़ दिया	प्रश्न संख्या	उत्तर	सही उत्तर / छोड़ दिया	प्रश्न संख्या	उत्तर	सही उत्तर / छोड़ दिया	प्रश्न संख्या	उत्तर	सही उत्तर / छोड़ दिया
1	A	60.17 % / 34.22 %	6	E	23.62 % / 67.42 %	11	D	53.96 % / 41.21 %	16	A	43.59 % / 46.22 %	21	C	44.19 % / 46.48 %	26	A	55.16 % / 44.68 %
2	D	57.69 % / 30.52 %	7	E	32.05 % / 67.19 %	12	A	58.04 % / 37.1 %	17	D	48.95 % / 46.68 %	22	B	25.97 % / 68.2 %	27	B	61.48 % / 36.16 %
3	E	62.4 % / 37.09 %	8	D	77.98 % / 13.29 %	13	C	51.48 % / 46.45 %	18	A	51.22 % / 40.37 %	23	D	60.14 % / 37.13 %	28	B	66.61 % / 30.89 %
4	A	30.96 % / 67.38 %	9	A	51.09 % / 42.13 %	14	B	41.56 % / 55.2 %	19	D	47.15 % / 34.63 %	24	A	43.36 % / 53.89 %	29	D	50.75 % / 30.15 %
5	D	54.77 % / 42.42 %	10	E	49.62 % / 49.65 %	15	C	57.63 % / 32.05 %	20	C	52.84 % / 43.61 %	25	C	59.51 % / 32.39 %	30	C	68.46 % / 31.42 %

//संकेत और समाधान//

Ques (1-3):दिया है: दुकान P, दुकान Q के @10 मीटर है। दुकान T, दुकान S के &6 मीटर हैं। दुकान V, दुकान U के $10 मीटर हैं। दुकान R, दुकान Q के &20 मीटर है। दुकान T, दुकान U के %5 मीटर है। दुकान T, दुकान R के @5 मीटर है।

दी गई जानकारी का कूटानुवाद करने पर,

@	%	$	&
अर्थ			
उत्तर	दक्षिण	पश्चिम	पूर्व

दुकान P, दुकान Q के 10 मीटर उत्तर में है। दुकान T, दुकान S के 6 मीटर पूर्व में है। दुकान V, दुकान U के 10 मीटर पश्चिम में है। दुकान R, दुकान Q के 20 मीटर पूर्व में है। दुकान T, दुकान U के 5 मीटर दक्षिण में है। दुकान T, दुकान R के 5 मीटर उत्तर में है।

दी गई जानकारी के अनुसार, हम निम्न आकृति प्राप्त करते हैं,

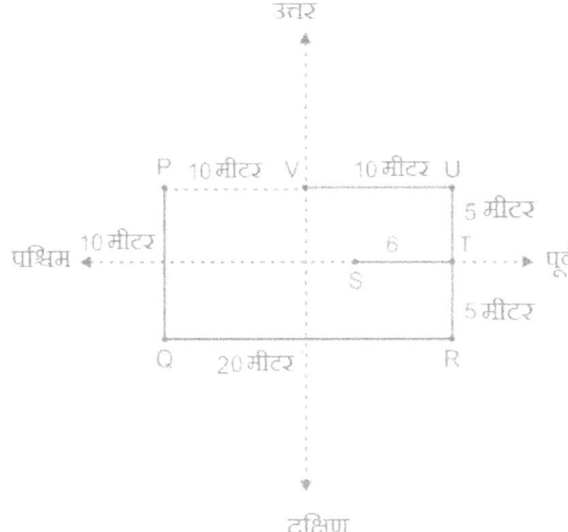

1. इस प्रकार, दुकान P और दुकान V के बीच की दूरी 10 मीटर है।

अतः विकल्प (A) सही है।

2. इस प्रकार, दुकान S, दुकान V के संबंध में दक्षिण-पूर्व दिशा में है।

अतः विकल्प (D) सही है।

3. स्पष्ट रूप से, दुकान T, दुकान R और दुकान U के ठीक बीच में स्थित है।

अतः विकल्प (E) सही है।

Ques (4-5):पहले प्रतीकों को विकूटित करते हैं:

B है			
प्रतीक	@	*	%	#
अर्थ	उत्तर	दक्षिण	पूर्व	पश्चिम

A के लिए

1) S बिंदु P से *10 मीटर है।

P, S के 10 मीटर दक्षिण है।

2) बिंदु R बिंदु P से %30 मीटर है।

P, R के 30 मीटर पूर्व है।

3) बिंदु Q बिंदु R से *5 मीटर है।

R, Q के 5 मीटर दक्षिण है।

दिए गए कथनों के लिए दिशा और दूरी आरेख इस प्रकार है,

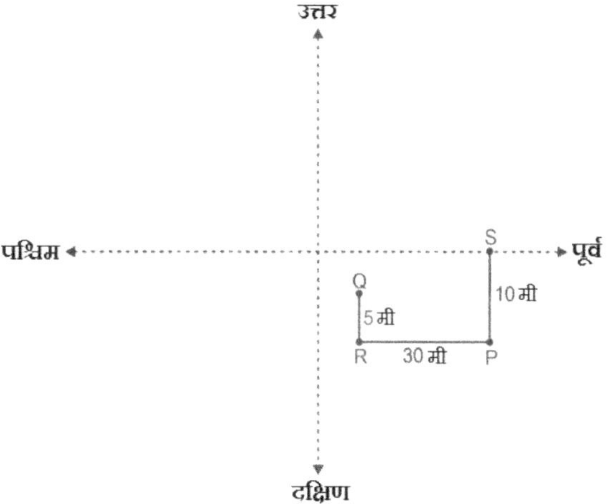

4) बिंदु U बिंदु V से @15 मीटर है।

V, U के 15 मीटर उत्तर है।

5) बिंदु T बिंदु V से %20 मीटर है।

V, T के 20 मीटर पूर्व है।

6) बिंदु U बिंदु Q से %16 मीटर है।

Q, U के 16 मीटर पूर्व है।

अंतिम दिशा और दूरी आरेख इस प्रकार है,

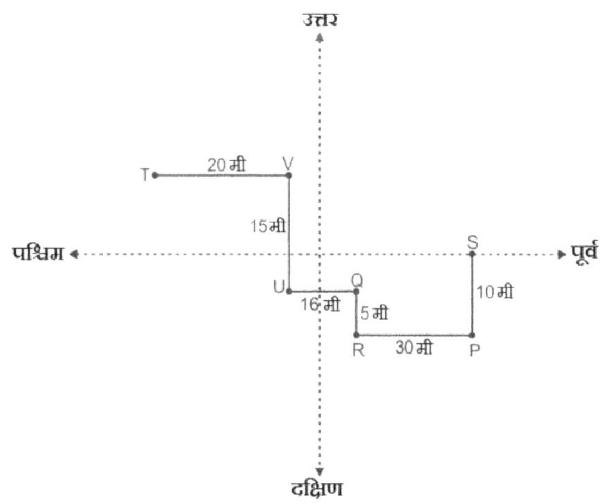

4. पाइथागोरस प्रमेय के उपयोग से,

$$= \sqrt{(5)^2 + (30)^2}$$

$$= \sqrt{925}$$

$$= 5\sqrt{37}$$

इसलिए, S और Q के बीच सबसे छोटी दूरी $5\sqrt{37}$ है।

अतः विकल्प (A) सही है।

5. इसलिए, T, P के उत्तर - पश्चिम दिशा में है।

अतः विकल्प (D) सही है।

Ques (6-7): दिये गए कथन निम्नानुसार हैं:

1) P, प्राइम आर्केड के उत्तर में है।

प्राइम आर्केड, सेंट्रल पॉइंट के पश्चिम में है।

2) जॉली प्लाज़ा, O के दक्षिण में है।

O, रिजेंट सेंटर के पश्चिम में है।

रिजेंट सेंटर, S के पश्चिम में है।

3) U, जॉली टावर के उत्तर में है।

जॉली टावर, जॉली प्लाज़ा के पूर्व में है।

4) O, T के पश्चिम में है।

T, U के पश्चिम में है।

5) जॉली टावर, सेंट्रल पॉइंट के दक्षिण-पश्चिम में स्थित है।

6) प्राइम मॉल, सेंटर पॉइंट के दक्षिण-पश्चिम में है।

सेंटर पॉइंट, N के उत्तर-पश्चिम में है।

N, R के पूर्व में है।

O, T के पश्चिम में है। T, U के पश्चिम में है।

U, जॉली टावर के उत्तर में है। जॉली टावर, जॉली प्लाज़ा के पूर्व में है।

जॉली प्लाज़ा, O के दक्षिण में है।

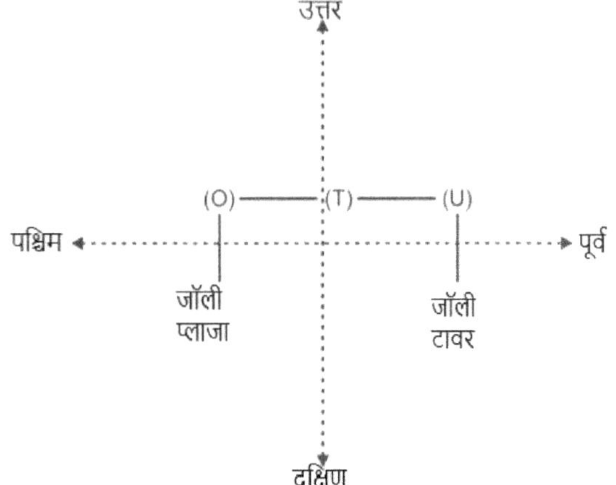

जॉली टावर, सेंट्रल पॉइंट के दक्षिण पश्चिम में है।

N, R के पूर्व में है।

प्राइम आर्केड, सेंट्रल पॉइंट के पश्चिम में है। इसका अर्थ यह है कि प्राइम आर्केड या तो बिन्दु O,T अथवा U पर है। जैसाकि P, प्राइम आर्केड के उत्तर में है। इसका अर्थ यह है कि P, या तो O, T अथवा U के उत्तर में है। चूंकि केवल सात स्थान हैं। इसलिए N और R का एकमात्र संभावित स्थान क्रमशः जॉली टावर और जॉली प्लाज़ा होगा। केवल S स्थान शेष बचा है । इसलिए सेंट्रल पॉइंट बिन्दु S पर स्थित है।

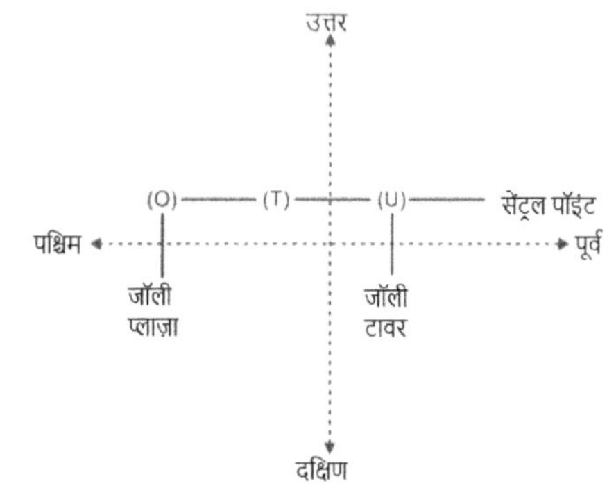

O, रिजेंट सेंटर के पश्चिम में है। रिजेंट सेंटर, S के पश्चिम में है।

इस उपरोक्त कथन से हमारे पास दो स्थितियाँ हैं;

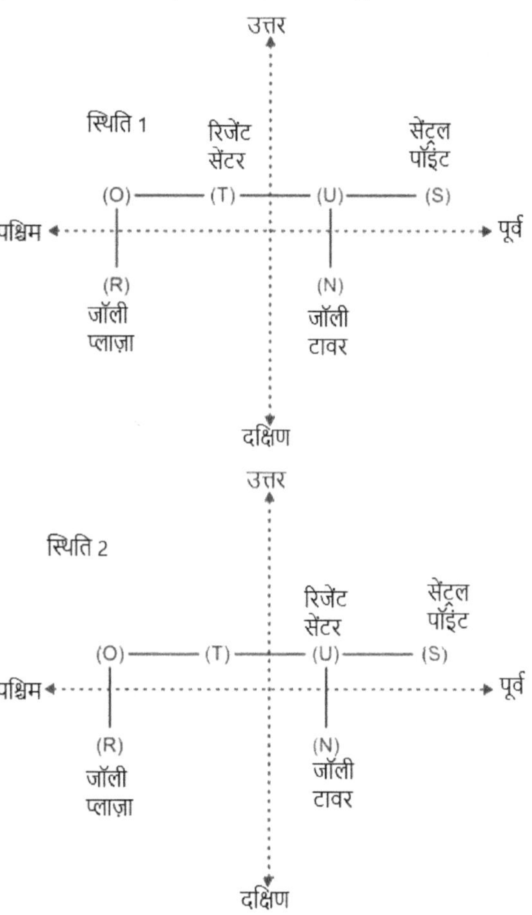

P, प्राइम आर्केड के उत्तर में है। प्राइम आर्केड, सेंट्रल पॉइंट के पश्चिम में है।

इस उपरोक्त कथन से, हम केस -1 और केस -2 दोनों के लिए दो उप मामले हैं;

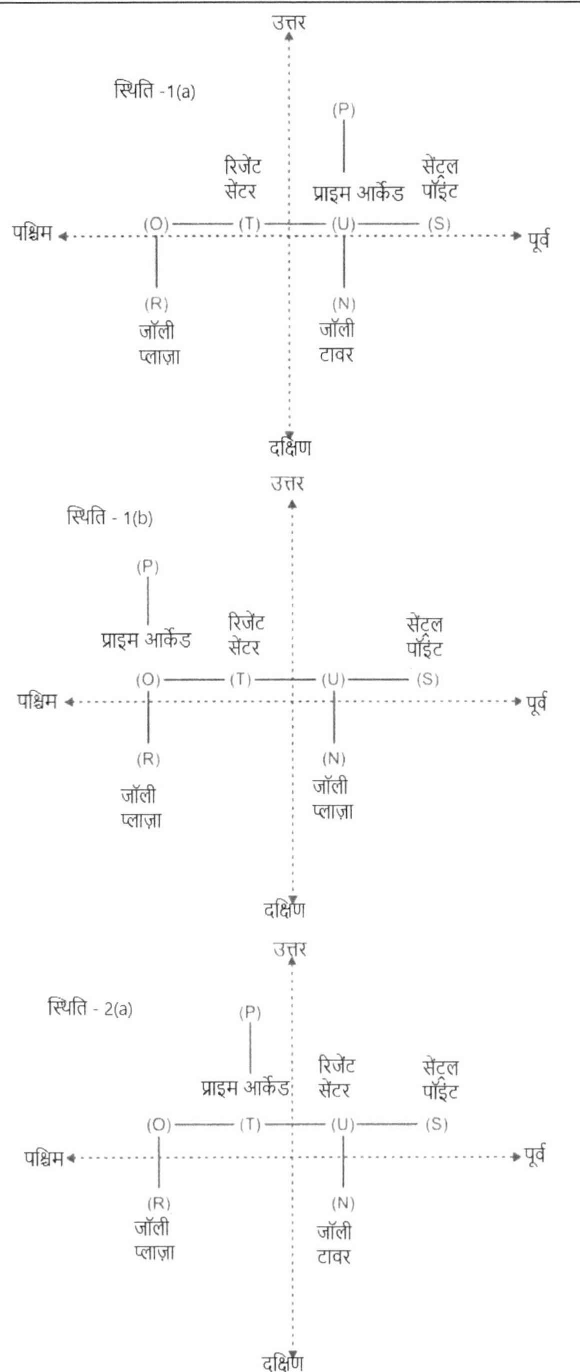

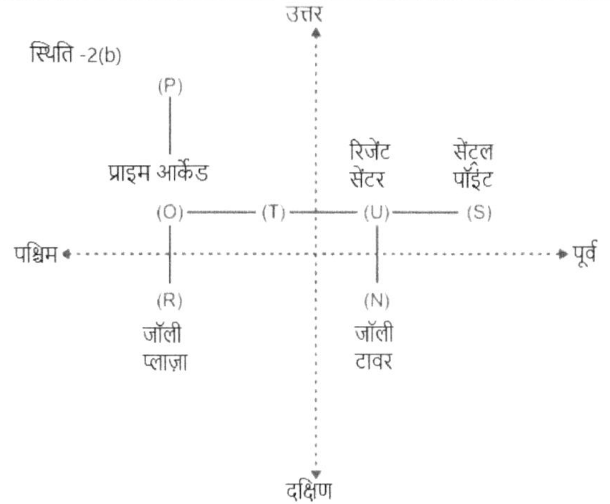

प्राइम मॉल सेंटर पॉइंट के दक्षिण पश्चिम में है, सेंटर पॉइंट N के उत्तर पश्चिम में है।

इस उपरोक्त कथन से, केस -1 (a), केस -1 (b), केस 2 (b) समाप्त हो जाते हैं।

तो अंतिम आरेख इस प्रकार है;

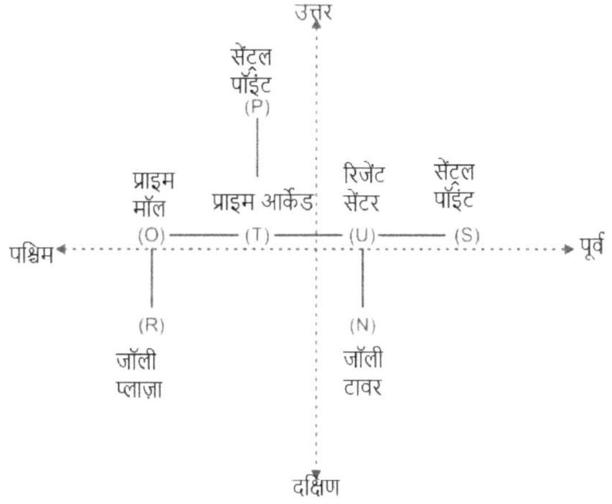

6. तो, B और D दोनों सही उत्तर हैं।

अतः विकल्प (E) सही है।

7. प्राइम आर्केड R के संबंध में उत्तर-पूर्व दिशा में स्थित है

तो, उत्तर-पूर्व सही उत्तर है।

अतः विकल्प (E) सही है।

8. दी गई जानकारी के अनुसार, हमें निम्नलिखित आंकड़े मिलते हैं,

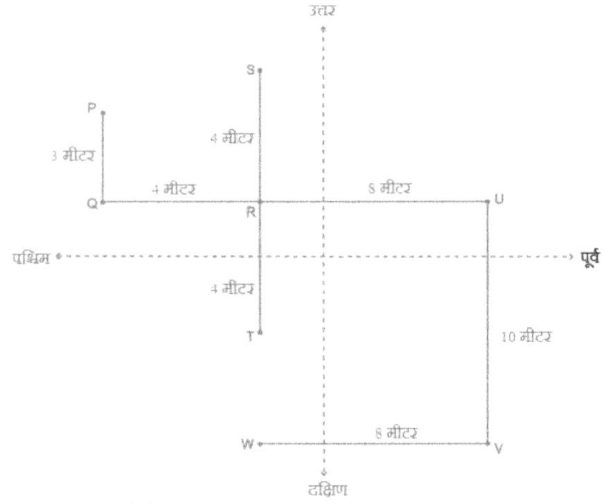

इसलिए, बिंदु R, बिंदु W के उत्तर में है।

अतः विकल्प (D) सही है।

9. दी गई जानकारी के अनुसार, हमें निम्नलिखित आंकड़े मिलते हैं,

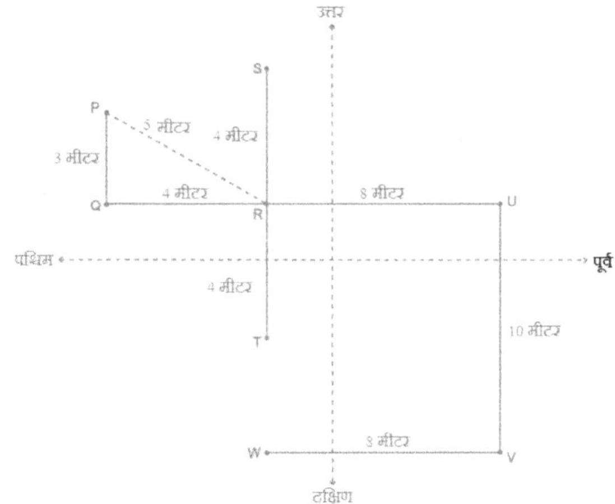

पाइथागोरस प्रमेय का उपयोग करके,

P और R के बीच की सबसे छोटी दूरी $= \sqrt{(3^2 + 4^2)}$

$$= \sqrt{(9 + 16)}$$

$$= \sqrt{25}$$

$$= 5$$

अतः विकल्प (A) सही है।

10. दी गई जानकारी के अनुसार, हमें निम्नलिखित आंकड़े मिलते हैं,

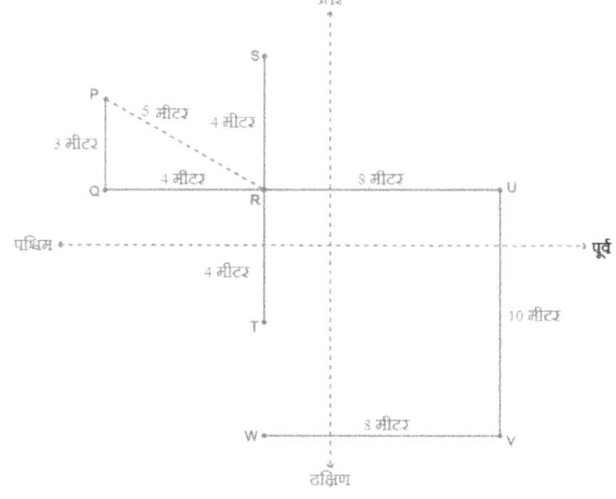

पहला बिंदु S - T को छोड़कर दूसरे बिंदु के उत्तर-पश्चिम में है।

इसलिए, S - T समूह से संबंधित नहीं है।

अतः विकल्प (E) सही है।

Ques (11-13): दिया है,

A @ B का अर्थ है कि A, B के उत्तर में 7 मी या 12 मी की दूरी पर है

A # B का अर्थ है कि A, B के पश्चिम दिशा में 5 मी या 14 मी की दूरी पर है

A $ B का अर्थ है कि A, B के दक्षिण दिशा में 7 मी या 12 मी की दूरी पर है

A & B का अर्थ है कि A, B के पूर्व दिशा में या तो 5 मी या 14 मी की दूरी पर है

A @ & B का अर्थ है कि A, B के उत्तर-पूर्व में है

A $& B का अर्थ है कि A, B के दक्षिण-पूर्व दिशा में है

कथन: A@B, B#C, C$D@&A, D#E@F@&C, F@G$&C, G&H$C

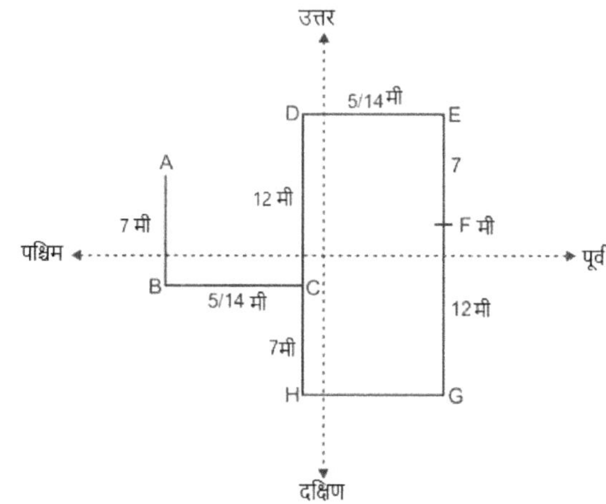

11. इसलिए, B, G के उत्तर - पश्चिम में है।

अतः विकल्प (D) सही है।

12. यदि B और C के बीच की दूरी AB से कम है तो यह 5 मी होगी, इसलिए BC = DE = 5 मी

इसलिए CE = 13 मी

अतः विकल्प (A) सही है।

13. इसलिए, E और G के बीच की कुल दूरी 19 मी है।

अतः विकल्प (C) सही है।

14. दिया है,

O ? N + $ M ? P $ Q + R + S + L.

दी गयी जानकारी को विकूटित करने पर,

$	*	+	?	+$	+*	?$	?*
का अर्थ है							
6 मी पश्चिम	4 मी पूर्व	3 मी उत्तर	9 मी दक्षिण	5 मी उत्तर-पश्चिम	5 मी उत्तर-पूर्व	5 मी दक्षिण-पश्चिम	5 मी दक्षिण-पूर्व

O, N के दक्षिण में 9 मी की दूरी पर है, जो M के उत्तर-पश्चिम में 5 मी की दूरी पर है, जो P के दक्षिण में 9 मी की दूरी पर है, जो Q के पश्चिम में 6 मी की दूरी पर है, जो R के उत्तर में 3 मी की दूरी पर है, जो S के उत्तर में 3 मी की दूरी पर है, जो L के उत्तर में 3 मी की दूरी पर है।

दी गयी जानकारी के अनुसार, हमें निम्न आरेख प्राप्त होता है,

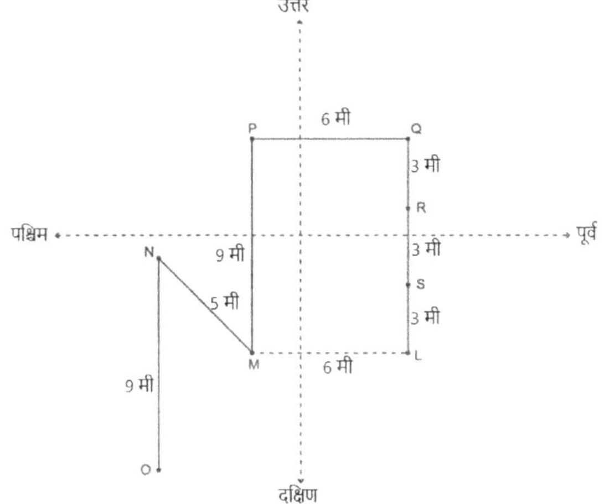

इसलिए M और L के बीच की न्यूनतम दूरी = PQ = 6 मी

इसलिए, '6 मी' सही उत्तर है।

अतः विकल्प (B) सही है।

15. दिया है,

M + Q ? $ N * M ? D $ E ? F $ G.

दी गयी जानकारी को विकूटित करने पर,

$	*	+	?	+$	+*	?$	?*
का अर्थ है							
6 मी पश्चिम	4 मी पूर्व	3 मी उत्तर	9 मी दक्षिण	5 मी उत्तर-पश्चिम	5 मी उत्तर-पूर्व	5 मी दक्षिण-पश्चिम	5 मी दक्षिण-पूर्व

M, Q के उत्तर में 3 मी की दूरी पर है, जो N के दक्षिण-पश्चिम में 5 मी की दूरी पर है, जो M के पूर्व में 4 मी की दूरी पर है, जो D के दक्षिण में 9 मी की दूरी पर है, जो E के पश्चिम में 6 मी की दूरी पर है, जो F के दक्षिण में 9 मी की दूरी पर है, जो G के पश्चिम में 6 मी की दूरी पर है।

दी गयी जानकारी के अनुसार, हमें निम्न आरेख प्राप्त होता है,

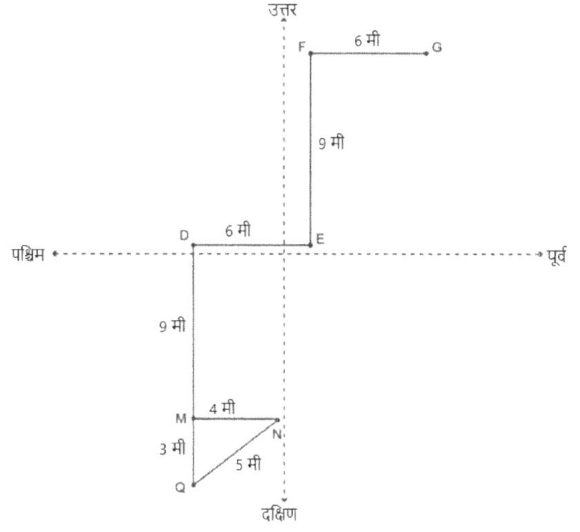

बिंदु G, बिंदु N के उत्तर-पूर्व में है।

इसलिए, 'उत्तर-पूर्व' सही उत्तर है।

अतः विकल्प (C) सही है।

Ques (16-18): दिया है,

दो व्यक्ति X और Y एक बिंदु G से चलना शुरू करते हैं।

X, बिंदु G से उत्तर दिशा में 12 मीटर चलता है।

वह फिर बिंदु F से बाईं ओर मुड़ता है और 6 मीटर चलता है।

फिर वह बिंदु E से दक्षिण-पश्चिम दिशा की ओर बढ़ता है और बिंदु D तक 10 मीटर चलता है, जो बिंदु A के दक्षिण दिशा में है।

X फिर बिंदु D से 5 मीटर पश्चिम दिशा की ओर बढ़ता है और फिर बिंदु C से दाईं ओर मुड़ता है और 8 मीटर चलता है।

फिर वह बिंदु B से दाईं ओर मुड़ता है और बिंदु A तक 5 मीटर चलता है।

बिंदु C, बिंदु K के उत्तर दिशा में है।

Y, बिंदु G से पश्चिम दिशा में 12 मीटर चलता है।

फिर वह बिंदु H से बाईं ओर मुड़ता है और 4 मीटर चलता है।

फिर वह बिंदु I से दाईं ओर मुड़ता है और 5 मीटर चलता है।

फिर वह बिंदु J से दाईं ओर मुड़ता है और 4 मीटर चलता है।

फिर वह बिंदु K से बाईं ओर मुड़ता है और बिंदु L तक 5 मीटर चलता है।

दी गई जानकारी के अनुसार, हम निम्नलिखित आकृति प्राप्त होती है,

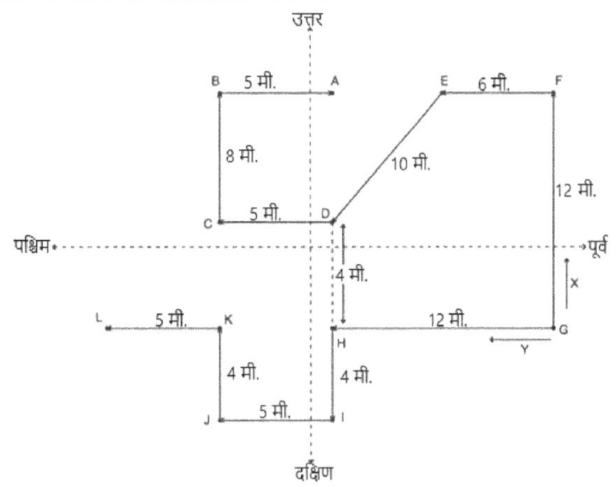

16. D और H के मध्य की सबसे न्यूनतम दूरी = FG – BC = 12 – 8 = 4

अतः विकल्प (A) सही है।

17. A और E के मध्य की सबसे न्यूनतम दूरी $= \sqrt{(10^2 - 8^2)} = \sqrt{(100 - 64)} = \sqrt{36} = 6$

अतः विकल्प (D) सही है।

18. तो, बिंदु D, बिंदु H के उत्तर दिशा में है।

अतः विकल्प (A) सही है।

Ques (19-21):दिया है,

P # Q का अर्थ है, P, Q के उत्तर में है।

P ¥ Q का अर्थ है, P, Q के दक्षिण में है।

P $ Q का अर्थ है, P, Q के पश्चिम में है।

P & Q का अर्थ है, P, Q के पूर्व में है।

P #@ Q का अर्थ है, P, Q के 8 मी उत्तर में है।

P &µ Q का अर्थ है, P, Q के 4 मी पूर्व में है।

बिंदु K, बिंदु C के 3 मीटर दक्षिण में है।

P$µK; Q#µK; R$µQ; S¥@R; T&@S; U¥µT

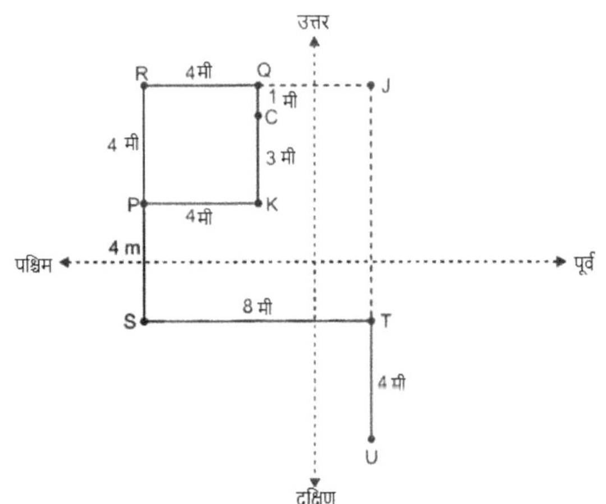

19. दिया है,

P # Q का अर्थ है, P, Q के उत्तर में है।

P ¥ Q का अर्थ है, P, Q के दक्षिण में है।

P $ Q का अर्थ है, P, Q के पश्चिम में है।

P & Q का अर्थ है, P, Q के पूर्व में है।

P #@ Q का अर्थ है, P, Q के 8 मी उत्तर में है।

P &µ Q का अर्थ है, P, Q के 4 मी पूर्व में है।

बिंदु K, बिंदु C के 3 मीटर दक्षिण में है।

P$µK; Q#µK; R$µQ; S¥@R; T&@S; U¥µT

चिह्न	P, Q के					
	#	¥	$	&	@	µ
अर्थ	उत्तर	दक्षिण	पश्चिम	पूर्व	8 मी	4 मी
	में है।					

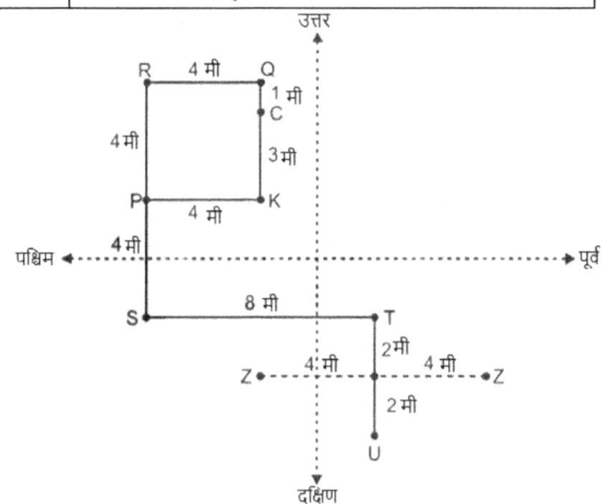

P #& Z → P, Z के उत्तर-पूर्व में है → असत्य

S ¥ Z → S, Z के दक्षिण में है → असत्य

K #& Z → K, Z के उत्तर-पूर्व में है → असत्य

Z ¥ C → Z, C के दक्षिण में है → संभावित सत्य

इसलिए, Z ¥ C संभवतः सत्य है।

अतः विकल्प (D) सही है।

20. C और P के बीच की दूरी $\sqrt{(4^2 + 3^2)} = \sqrt{(5^2)}$ है।

इसलिए, 7 से कम सही उत्तर है।

अतः विकल्प (C) सही है।

21. इसलिए, P और L के बीच की दूरी 4 मी + 5 मी = 9 मी है।

अतः विकल्प (C) सही है।

22. दिए गए डाटा के लिए दिशा आरेख निम्नानुसार है:

स्पष्ट रूप से, बिंदु T, बिंदु W के दक्षिण-पश्चिम की ओर है।

अतः विकल्प (A) सही है।

Ques (25-27):दिया है।

X + Y का अर्थ है X, Y के पूर्व में या तो 5 मीटर या 10 मीटर की दूरी पर है

X * Y का अर्थ है X, Y के पश्चिम दिशा में 5 मीटर या 10 मीटर की दूरी पर है

X $ Y का अर्थ है X, Y के उत्तर दिशा में 8 मीटर या 16 मीटर की दूरी पर है

X ? Y का अर्थ X, Y के दक्षिण दिशा में 8 मीटर या 16 मीटर की दूरी पर है

X? * Y का अर्थ है X, Y के दक्षिण-पश्चिम दिशा की ओर है

X $ Y का अर्थ है X, Y की उत्तर-पूर्व दिशा की ओर है

X ?+ Y का अर्थ है X, Y की दक्षिण-पूर्व दिशा में है

X $ * Y का अर्थ है X, Y के उत्तर-पश्चिम दिशा की ओर है

दी गई जानकारी के अनुसार, हमें निम्न आकृति प्राप्त होती है,

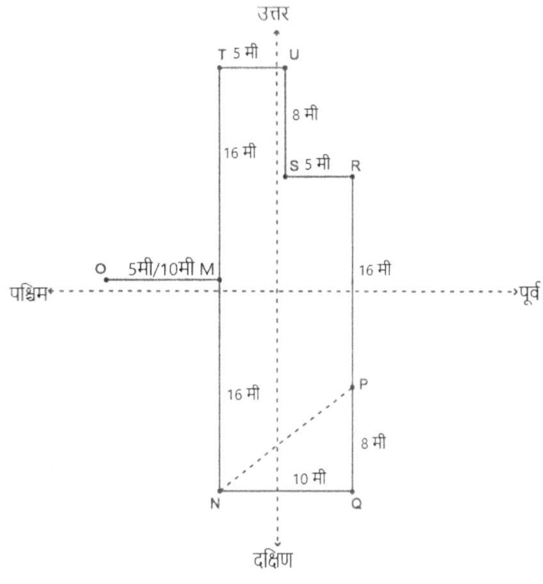

25. इसलिए बिंदु T बिंदु Q के उत्तर-पश्चिम में है।

अतः विकल्प (C) सही है।

26. त्रिभुज PQN का क्षेत्रफल $= \frac{1}{2} \times$ आधार $= \frac{1}{2} \times 10 \times 8 = 40$

इसलिए बिंदु P, Q और N के द्वारा बनाए गए त्रिभुज का क्षेत्रफल 40 मीटर² होगा।

अतः विकल्प (A) सही है।

27. इसलिए, O और M के बीच की दूरी 5 मीटर होगी। इसलिए, इसका वर्ग = 25

इसलिए O और M के बीच की दूरी का वर्ग '25' होगा।

अतः विकल्प (B) सही है।

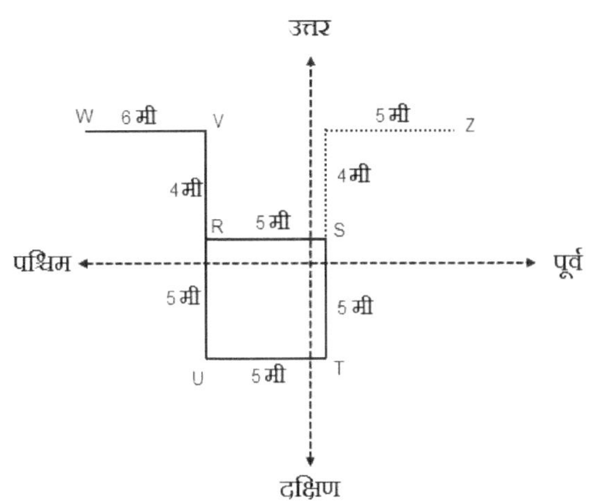

स्पष्ट रूप से, बिंदु Z, बिंदु W के पूर्व में 16 मीटर है।

अतः विकल्प (B) सही है।

23. दिए गए डाटा के लिए दिशा आरेख निम्नानुसार है:

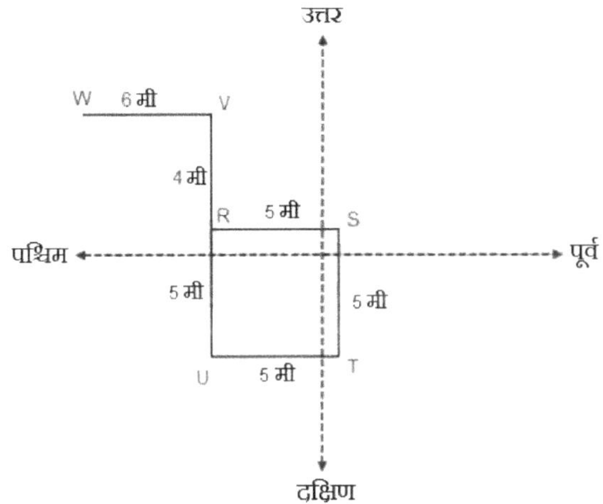

स्पष्ट रूप से, बिंदु R, बिंदु V के दक्षिण में 4 मीटर है।

अतः विकल्प (D) सही है।

24. दिए गए डाटा के लिए दिशा आरेख निम्नानुसार है:

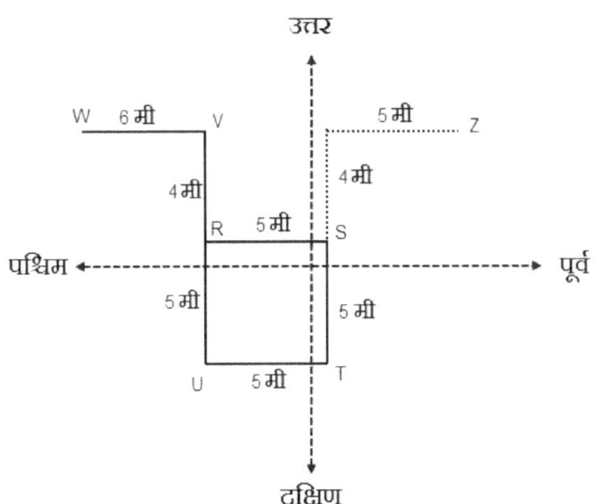

Ques (28-30):

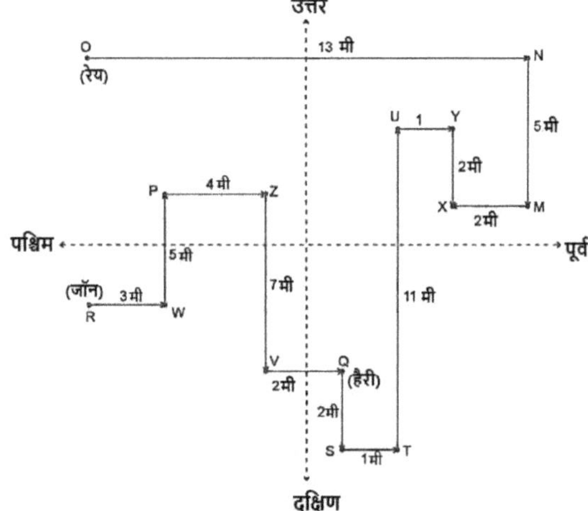

28. यदि हैरी बिंदु X से पश्चिम दिशा में चलना प्रारम्भ करता है और 11 मीटर चलने के बाद वह बायें मुड़कर 5 मीटर चलता है। उसके बाद वह बायें मुड़कर 3 मीटर चलता है और रुक जाता है, तब हैरी बिंदु W तक पहुंचेगा।

अतः विकल्प (B) सही है।

29. T और A के मध्य में न्यूनतम दूरी

$$= \sqrt{(4^2 + 3^2)} = \sqrt{(16 + 9)}$$
$$= \sqrt{25} = 5$$

अतः विकल्प (D) सही है।

30. रेय के अंतिम बिंदु के सन्दर्भ में जॉन का अंतिम बिंदु दक्षिण-पश्चिम दिशा में है।

अतः विकल्प (C) सही है।

Ques (1-3):निर्देश: निम्नलिखित जानकारी का ध्यानपूर्वक अध्ययन कीजिए और नीचे दिए गए प्रश्नों के उत्तर दीजिए:

S (5 @ B 6 A $ H 4 ^ L # E 9 Y U 7 * J & + 1 T 4 % D

चरण: 1 - यदि एक संख्या के ठीक पहले एक अक्षर है और ठीक बाद एक प्रतीक है, तो उस संख्या में 1 जोड़ा जाता है।

चरण: 2 - श्रृंखला में सभी सम संख्याओं के स्थान को उसके पिछले पद से बदल दिया जाता है।

चरण: 3 - वें अक्षर जिनके ठीक बाद एक अभाज्य संख्या है, उन्हें बाएँ से दाएँ वर्णमाला क्रम में दाएँ छोर से चौदहवें और पद्रहवें अक्षर के बीच लिखा जाता है।

Q.1 निम्नलिखित में से कौनसा पद पर चरण 1 में दाएँ छोर से ग्यारहवें पद के बाएँ से सातवां है?

A. L   B. 5   C. H   D. ^

E. S

Q.2 चरण 2 में कितनी संख्याओं के ठीक बाद और ठीक पहले एक प्रतीक है?

A. एक   B. दो   C. तीन   D. चार

E. पाँच

Q.3 यदि चरण 3 से सभी संख्याओं को निकाल दिया जाये, तो निम्नलिखित में से कौनसा पद श्रृंखला के मध्य में होगा?

A. H और E   B. E और T   C. H और T   D. # और H

E. # और T

Ques (4-7):निर्देश: निम्नलिखित जानकारी को ध्यानपूर्वक पढ़िए और नीचे पूछे गए प्रश्न का उत्तर दीजिए:

% R 9 W 2 7 C # 1 O 5 Q & 8 D E 2 6 * 3 K 7 ! P A M 4 ^

चरण I: श्रृंखला में संख्याओं को अपने से पहले वाले तत्वों से परस्पर बदली दिया जाता हैं।

चरण II: अक्षर जिसके ठीक पहले संख्या है, उसे श्रृंखला के अंतिम तत्व के बाद वर्णमाला क्रमानुसार व्यवस्थित किया जाता है।

चरण III: श्रृंखला में 3 के गुणकों को उनके बाद वाले पहले अक्षर से परस्पर बदल दिया जाता है।

चरण IV: श्रृंखला में पूर्ण घनों को उनसे पहले वाले तत्वों से परस्पर बदल दिया जाता है।

नोट: चरण II को चरण I के और चरण III को चरण II के पूरा होने के बाद किया गया है और इसी प्रकार आगे भी किया गया है।

Q.4 चरण II में बाएं से दूसरे व्यंजन और दाएं से चौथे व्यंजन के बीच कितने स्वर मौजूद हैं?

A. कोई भी नहीं   B. एक

C. दो   D. तीन

E. चार

Q.5 निम्नलिखित में से कौन चरण I में बाएं से दसवें के ठीक बाएं है?

A. 1   B. #   C. C   D. O

E. 5

Q.6 चरण IV में दाएं से नौवें और बाएं से छठे तत्व के बीच कितनी संख्या है?

A. चार   B. आठ   C. पाँच   D. सात

E. छह

Q.7 निम्नलिखित में से कौन-सा सभी चरणों के पूरा होने के बाद बाएं से पांचवें के दाएं से तीसरे स्थान पर है?

A. 5   B. Q   C. #   D. 9

E. &

Ques (8-10):निर्देश: निम्नलिखित जानकारी को ध्यानपूर्वक पढ़िए और नीचे पूछे गए प्रश्न का उत्तर दीजिए:

% V 1 ! K @ 8 L J 2 © 7 ^ F V 4 M * 9 Q C 6

चरण I: सम संख्याओं को श्रृंखला के अंतिम तत्व के ठीक बाद अवरोही क्रम में व्यवस्थित किया जाता है।

चरण II: अक्षर जिनके ठीक पहले एक संख्या है, उन्हें श्रृंखला के शुरू में वर्णमाला क्रमानुसार व्यवस्थित किया जाता है।

चरण III: प्रतीक जिनके ठीक बाद एक अक्षर है, उन्हें श्रृंखला में उनके बाद वाले प्रतीक से परस्पर बदल दिया जाता है।

चरण IV: जिन तत्वों के ठीक बाद और ठीक पहले प्रतीक है उन्हें श्रृंखला के अंतिम तत्व के बाद व्यवस्थित किया जाता है।

नोट: चरण II को चरण I के और चरण III को चरण II के पूरा होने के बाद किया जाना है और आगे भी इसी प्रकार किया जाना है।

Q.8 चरण I में निम्नलिखित में से कौन-सा दाएं से नौवें के बाएं चौथे स्थान पर है?

A. 7   B. ^   C. F   D. ©

E. J

Q.9 चरण II में '@' और '*' के बीच कितने अक्षर हैं?

A. एक   B. दो   C. तीन   D. चार

E. पाँच

Q.10 चरण III में निम्नलिखित में से कौन-सा दाएं से दसवें स्थान पर है?

A. *   B. V   C. F   D. %

E. 7

Ques (11-14):निर्देश: नीचे दी गई जानकारी का अध्ययन कीजिये तथा उसके आधार पर प्रश्नों के उत्तर दीजिये।

U # 2 V B 1 * ? 9 L K $ 4 5 W O 7 & @ G F % S P

चरण I: वे अक्षर जिनके ठीक पहले एक अक्षर है और ठीक बाद एक संख्या है उन्हें वर्णमाला क्रम में श्रृंखला के अंत में व्यवस्थित किया गया है। (उन्हें P के ठीक बाद में व्यवस्थित किया गया है)

चरण II: वे संख्याएं जिनके ठीक पहले एक प्रतीक और ठीक बाद एक अक्षर है उन्हें अवरोही क्रम में S और P के बीच में व्यवस्थित किया गया है।

चरण III: वे प्रतीक जिनके ठीक बाद एक अक्षर है वे एक दूसरे के साथ आपस में अपनी स्थिति बदल लेते हैं।

(चरण II को चरण I के बाद लागू किया जाता है और चरण III को चरण II के बाद लागू किया जाता है)

Q.11 अंतिम चरण में W के दाईं ओर वाली सभी संख्याओं का योग क्या है?

A. 19   B. 16   C. 18   D. 20

E. 24

Q.12 अंतिम चरण में दाएँ छोर से 11वां पद कौन सा है?

A. 4 **B.** $ **C.** G **D.** 7
E. &

Q.13 बाएं छोर से चरण ।।। में L की स्थिति क्या है?

A. तीसरा **B.** चौथा **C.** सातवां **D.** पांचवां
E. छठा

Q.14 चरण ।। में कितनी संख्याओं के ठीक बाद प्रतीक आता है?

A. पांच **B.** एक **C.** चार **D.** दो
E. तीन

Ques (15-17):निर्देश: दिए गए प्रश्नों के उत्तर देने के लिए निम्न जानकारी के क्रम का ध्यानपूर्वक अध्ययन कीजिए:

7 S U V 5 I 6 # C D 2 A © Z % 1 P E € L R ? 8 9 K ¥ 3 G Q 5 N

Q.15 निम्नलिखित पांच में से चार एक निश्चित तरीके से समान हैं और इस प्रकार एक समूह बनाते हैं। निम्नलिखित में से कौन उस समूह से संबंधित नहीं है?

A. 7V6 **B.** 5#2 **C.** €?K **D.** ©%E
E. KGN

Q.16 उपरोक्त जानकारी के क्रम में ऐसे कितने व्यंजन हैं, जिनमें से प्रत्येक के ठीक पहले एक व्यंजन और ठीक बाद एक संख्या है?

A. तीन **B.** एक **C.** दो **D.** चार
E. कोई नहीं

Q.17 निम्न में से कौन सा तत्व दायें छोर से 12वें के दायें ओर से पांचवां है?

A. 9 **B.** K **C.** 8 **D.** ¥
E. ?

Ques (18-20):निर्देश: दिए गए अंकों, वर्णमाला और प्रतीकों के अनुक्रम के आधार पर प्रश्नों के उत्तर दीजिए।

8 % S @ 4 F K 6 $ 2 L D % 1 H 9 $ G 7 $

कुछ निश्चित अभिक्रियाए हैं जिन्हें लागू किया जाना है, और फिर उसी के अनुसार अपने उत्तर को चिह्नित कीजिए।

1) यदि A–Z वर्णमाला श्रृंखला के प्रत्येक अक्षर को क्रमशः 1-26 नंबर से दर्शाया जाता है, तो दी गई श्रृंखला में प्रत्येक संख्या को उसके निरूपित संख्या के अनुसार अक्षर द्वारा बदल दिया जाता है, उदाहरण के लिए '3' को 'C' से बदल दिया जाएगा।

2) यदि Z-A वर्णमाला श्रृंखला के प्रत्येक अक्षर को क्रमशः संख्या 1-26 (Z = 1, Y = 2, ...A = 26) द्वारा दर्शाया जाता है, तो श्रृंखला के प्रत्येक अक्षर को उसे दर्शाए संख्या से बदल दिया जाता है और यदि अक्षर को दर्शनिवाली संख्या दो अंको की है तो इसे पहले अंक द्वारा दर्शाया जाता है। (उदाहरण के लिए A = 26 इसलिए A को 2 के रूप में दर्शाया जाता है)।

3) प्रतीक,'%' को '@' से बदल दिया जाता है, '@' को '$' से बदल दिया जाता है और '$' को '%' से बदल दिया जाता है।

Q.18 निम्नलिखित में से कौन दायें से पांचवें अवयव के बाएं से तीसरा स्थान पर होगा?

A. F **B.** A **C.** I **D.** 1
E. @

Q.19 श्रृंखला में कितने ऐसे अंक अक्षर के बाद आते हैं?

A. एक **B.** दो **C.** तीन **D.** चार
E. पाँच

Q.20 श्रृंखला में कितने ऐसे अक्षर हैं जो किसी भी प्रतीक द्वारा अनुसरण किए जाते हैं?

A. दो **B.** तीन
C. चार **D.** पाँच
E. पाँच से अधिक

Q.21 निर्देश: निम्नलिखित जानकारी का ध्यानपूर्वक अध्ययन कीजिये और प्रश्नों के उत्तर दीजिये।

18 S 7 % 9 V 13 M O @ 5 Q * 3 + 11 – T 15 # X $

यदि दायें सिरे से पहले पद को दायें सिरे से दूसरे पद के साथ बदल दिया जाता है, दायें सिरे से तीसरे पद को दायें सिरे से चौथे पद के साथ बदल दिया जाता है और आगे भी इसी प्रकार से बदलने के बाद, दायें सिरे से आठवें पद के दायें से दूसरा पद कौन-सा है?

A. 11 **B.** +
C. T **D.** #
E. इनमें से कोई नहीं

Ques (22-24):निर्देश: दिए गए प्रश्नों के उत्तर देने के लिए निम्नलिखित जानकारी का ध्यानपूर्वक अध्ययन कीजिये:

6 U # 7 Y 8 X @ Q 9 L S % $ V M 3 F 2 K 1 5 Z & 4 C * O ? D

Q.22 उपरोक्त व्यवस्था में निम्नलिखित पांच में से चार अपने स्थान के आधार पर एक निश्चित प्रकार से समान हैं और इसलिए एक समूह बनाते हैं। वह कौन सा है जो उस समूह से संबंधित नहीं है?

A. 6#Y **B.** VMF **C.** 7YX **D.** *OD
E. LS$

Q.23 दी गई व्यवस्था में ऐसी कितनी संख्याएँ हैं जिनके ठीक पहले एक प्रतीक है?

A. दो **B.** एक **C.** तीन **D.** पांच
E. चार

Q.24 यदि व्यवस्था में से सभी विषम संख्याओं को हटा दिया जाता है, तो निम्नलिखित में से कौन-सा दी गई व्यवस्था के बाएं छोर से सातवें तत्व के दाएं से पांचवां तत्व होगा?

A. D **B.** * **C.** $ **D.** F
E. Z

Ques (25-29):निर्देश: दिए गए प्रश्नों के उत्तर देने के लिए निम्नलिखित जानकारी का ध्यानपूर्वक अध्ययन कीजिये:

M O P 6 9 2 R Q A 4 E N U 1 G F 2 3 L T 1 S 5 H Y 4 D Z 6 I J 1

Q.25 यदि सभी स्वरों को हटा दिया जाए तो कौन सी तत्व दाएँ छोर से ग्यारहवीं होगी?

[IBPS Clerk, 2021]

A. S **B.** E **C.** T **D.** 1
E. N

Q.26 उपरोक्त व्यवस्था में ऐसे कितने व्यंजन हैं जिनके ठीक पहले स्वर और बाद में एक संख्या है?

[IBPS Clerk, 2021]

A. 2 **B.** 1 **C.** 3 **D.** 5
E. 4

Q.27 कौन सा तत्व दाएँ छोर से अठारहवें तत्व के बाएं से दसवां है?

[IBPS Clerk, 2021]

A. Y **B.** 9
C. Z **D.** R

E. इनमें से कोई नहीं

Q.28 बाएँ से दसवां तत्व और दाएँ से सातवें तत्व का गुणनफल क्या होगा?

[IBPS Clerk, 2021]

A. 8   **B.** 4   **C.** 10   **D.** 20

E. 16

Q.29 कौन सा तत्व बाएँ छोर से बीसवें तत्व के बाएँ छठा तत्व है?

[IBPS Clerk, 2021]

A. 1   **B.** 4

C. E   **D.** G

E. इनमें से कोई नहीं

Q.30 निर्देश: दिए गए प्रश्न के उत्तर देने के लिए निम्नलिखित जानकारी का ध्यानपूर्वक अध्ययन करें:

2 X E 3 $ R S # M 9 4 L S C 8 & F J 2 @ U P 7 D 5 * 6 Z C ! B

उपरोक्त व्यवस्था में ऐसे कितने प्रतीक हैं जिनके पहले एक संख्या है और जिसके बाद एक व्यंजन है?

A. इनमें से कोई नहीं   **B.** दो

C. एक   **D.** तीन

E. तीन से अधिक

// स्मार्ट उत्तर पुस्तिका //

सही उत्तर	उन छात्रों का प्रतिशत जिन्होंने प्रश्नों का सही उत्तर दिया था।	छोड़ दिया	उन छात्रों का प्रतिशत जिन्होंने प्रश्नों को छोड़ दिया था।

प्रश्न संख्या	उत्तर	सही उत्तर / छोड़ दिया	प्रश्न संख्या	उत्तर	सही उत्तर / छोड़ दिया	प्रश्न संख्या	उत्तर	सही उत्तर / छोड़ दिया	प्रश्न संख्या	उत्तर	सही उत्तर / छोड़ दिया	प्रश्न संख्या	उत्तर	सही उत्तर / छोड़ दिया	प्रश्न संख्या	उत्तर	सही उत्तर / छोड़ दिया
1	B	17.29 % / 78.47 %	6	E	27.78 % / 71.93 %	11	C	15.88 % / 79.17 %	16	C	45.25 % / 42.36 %	21	C	64.35 % / 30.72 %	26	A	41.76 % / 44.14 %
2	A	25.49 % / 71.69 %	7	A	29.13 % / 70.76 %	12	E	32.09 % / 67.71 %	17	B	40.04 % / 56.06 %	22	A	42.64 % / 53.88 %	27	B	61.64 % / 32.39 %
3	C	20.94 % / 74.49 %	8	A	15.37 % / 70.05 %	13	E	19.33 % / 79.78 %	18	E	14.11 % / 79.88 %	23	A	47.7 % / 30.35 %	28	E	55.4 % / 39.01 %
4	D	16.22 % / 73.07 %	9	E	23.96 % / 73.95 %	14	D	28.42 % / 67.88 %	19	C	26.26 % / 70.68 %	24	C	45.37 % / 37.22 %	29	A	67.93 % / 30.61 %
5	B	25.06 % / 68.06 %	10	C	21.35 % / 70.92 %	15	D	45.95 % / 30.49 %	20	C	24.04 % / 69.44 %	25	D	51.5 % / 37.16 %	30	B	58.77 % / 37.32 %

//संकेत और समाधान//

Ques (1-3):दी गई श्रृंखला: S (5 @ B 6 A $ H 4 ^ L # E 9 Y U 7 * J & + 1 T 4 % D

चरण: 1 – यदि एक संख्या के ठीक पहले एक अक्षर है और ठीक बाद एक प्रतीक है, तो उस संख्या में 1 जोड़ा जाता है,

बायाँ छोर : S (5 @ B 6 A $ **H 4** ^ L # E 9 Y **U 7** * J & + 1 **T 4** % D : दायाँ छोर

उस संख्या में 1 जोड़ा जाता है।

बायाँ छोर : S (5 @ B 6 A $ **H 5** ^ L # E 9 Y **U 8** * J & + 1 **T 5** % D : दायाँ छोर

चरण: 2 – सभी सम संख्याएं इस प्रकार हैं।

बायाँ छोर : S (5 @ B **6** A $ H 5 ^ L # E 9 Y U **8** * J & + 1 T 5 % D : दायाँ छोर

श्रृंखला में पिछले पद से बदलने पर।

बायाँ छोर : S (5 @ **6** B A $ H 5 ^ L # E 9 Y **8** U * J & + 1 T 5 % D : दायाँ छोर

चरण: 3 – वें अक्षर जिनके ठीक बाद एक अभाज्य संख्या है, उन्हें बाएं से दाएं वर्णमाला क्रम में दाएँ छोर से चौदहवें और पंद्रहवें अक्षर के बीच लिखा जाता है।

अभाज्य संख्याएं:

बायाँ छोर : S (**5** @ 6 B A $ H 5 ^ L # E 9 Y 8 U * J & + 1 T **5** % D : दायाँ छोर

अक्षर जिनके ठीक बाद एक अभाज्य संख्या है

बायाँ छोर : S (**5** @ 6 B A $ H 5 ^ L # E 9 Y 8 U * J & + 1 T **5** % D : दायाँ छोर

दाएँ छोर से चौदहवाँ और पंद्रहवाँ पद

बायाँ छोर : S (5 @ 6 B A $ H 5 ^ L # **E** 9 Y 8 U * J & + 1 T 5 % D : दायाँ छोर

चरण III का अंतिम आउटपुट:

बायाँ छोर : S (5 @ 6 B A $ 5 ^ L # **H T E** 9 Y 8 U * J & + 1 5 % D : दायाँ छोर

1. प्रश्न के अनुसार:

चरण - 1 में दाएँ छोर से ग्यारहवें पद के बाएँ से सातवां

बायाँ छोर : S (5 @ B 6 A $ H **5** ^ L # E 9 Y **U** 8 * J & + 1 T 5 % D : दायाँ छोर

दाएँ छोर से ग्यारहवां पद U है और U के बाएं सातवां पद 5 है।

अतः विकल्प (B) सही है।

2. चरण 2 में, संख्याओं के ठीक बाद और ठीक पहले एक प्रतीक है।

बायाँ छोर : S (5 @ 6 B A $ H 5 ^ L # E 9 Y 8 U * J & + 1 T 5 % D : दायाँ छोर

इसलिए, चरण 2 में ऐसी केवल एक संख्या है जिसके ठीक बाद और ठीक पहले एक प्रतीक है।

अतः विकल्प (A) सही है।

3. चरण III:

बायाँ छोर : S (5 @ 6 B A $ 5 ^ L # H T E 9 Y 8 U * J & + 1 5 % D : दायाँ छोर

सभी संख्याओं को निकल दिया जाता है:

बायाँ छोर : S (@ B A $ ^ L # H T E Y U * J & + % D : दायाँ छोर

श्रृंखला के मध्य में पद:

बायाँ छोर : S (@ B A $ ^ L # <u>H T</u> E Y U * J & + % D : दायाँ छोर

इसलिए, H और T श्रृंखला के मध्य में होगा।

अतः विकल्प (C) सही है।

4. दी गयी श्रृंखला: % R 9 W 2 7 C # 1 O 5 Q & 8 D E 2 6 * 3 K 7 ! P A M 4 ^

चरण I: % 9 R 2 7 W C 1 # 5 O Q 8 & D 2 6 E 3 * 7 K ! P A 4 M ^

चरण II: % 9 2 7 C 1 # 5 Q 8 & D 2 6 3 * 7 ! P A 4 ^ E K M O R W

चरण III: % C 2 7 9 1 # 5 Q 8 & D 2 P A * 7 ! 6 3 4 ^ E K M O R W

चरण IV: % C 2 7 9 # 1 5 Q & 8 D 2 P A * 7 ! 6 3 4 ^ E K M O R W

चरण II में,

दाएं से दूसरा व्यंजन = R

बाएं से चौथा व्यंजन = P

इसलिए, 'R' और 'P' के बीच तीन स्वर, अर्थात, A, E और O हैं।

अतः विकल्प (D सही है।

5. दी गयी श्रृंखला: % R 9 W 2 7 C # 1 O 5 Q & 8 D E 2 6 * 3 K 7 ! P A M 4 ^

चरण I: % 9 R 2 7 W C 1 # 5 O Q 8 & D 2 6 E 3 * 7 K ! P A 4 M ^

बाएं छोर से दसवां तत्व है = 5

"5' के ठीक बाएं "#" है

इसलिए, चरण I में बाएं से दसवें के ठीक बाएं '#' है।

अतः विकल्प (B) सही है।

6. दी गयी श्रृंखला: % R 9 W 2 7 C # 1 O 5 Q & 8 D E 2 6 * 3 K 7 ! P A M 4 ^

चरण I: % 9 R 2 7 W C 1 # 5 O Q 8 & D 2 6 E 3 * 7 K ! P A 4 M ^

चरण II: % 9 2 7 C 1 # 5 Q 8 & D 2 6 3 * 7 ! P A 4 ^ E K M O R W

चरण III: % C 2 7 9 1 # 5 Q 8 & D 2 P A * 7 ! 6 3 4 ^ E K M O R W

चरण IV: % C 2 7 9 # 1 5 Q & 8 D 2 P A * 7 ! 6 3 4 ^ E K M O R W

चरण IV में,

बाएं से छठा तत्व = #

दाएं से नौवां तत्व = 3

इसलिए, '#' और '3' के बीच छह संख्याएँ, अर्थात, 1, 5, 8, 2, 7 और 6 हैं।

अतः विकल्प (E) सही है।

7. दी गयी श्रृंखला: % R 9 W 2 7 C # 1 O 5 Q & 8 D E 2 6 * 3 K 7 ! P A M 4 ^

चरण I: % 9 R 2 7 W C 1 # 5 O Q 8 & D 2 6 E 3 * 7 K ! P A 4 M ^

चरण II: % 9 2 7 C 1 # 5 Q 8 & D 2 6 3 * 7 ! P A 4 ^ E K M O R W

चरण III: % C 2 7 9 1 # 5 Q 8 & D 2 P A * 7 ! 6 3 4 ^ E K M O R W

चरण IV: % C 2 7 9 # 1 5 Q & 8 D 2 P A * 7 ! 6 3 4 ^ E K M O R W

दाएं से तीसरा + बाएं से पाँचवां = बाएं से आठवां

इसलिए, सभी चरणों के पूरा होने के बाद बाएं से पांचवें के दाएं से तीसरे स्थान पर '5' है।

अतः विकल्प (A) सही है।

8. दी गयी श्रृंखला: % V 1 ! K @ 8 L J 2 © 7 ^ F V 4 M * 9 Q C 6

चरण I: % V 1 ! K @ L J © 7 ^ F V M * 9 Q C 8 6 4 2

बाएँ से चौथा + दाएं से नौवां = दाएं से 13वां

इसलिए, चरण I में दाएं से नौवें के बाएं चौथे स्थान पर '7' है।

अतः विकल्प (A) सही है।

9. दी गयी श्रृंखला: % V 1 ! K @ 8 L J 2 © 7 ^ F V 4 M * 9 Q C 6

चरण I: % V 1 ! K @ L J © 7 ^ F V M * 9 Q C 8 6 4 2

चरण II: Q % V 1 ! K @ L J © 7 ^ F V M * 9 C 8 6 4 2

इसलिए, चरण II में '@'और '*' के बीच पाँच अक्षर हैं, अर्थात, L, J, F, V और M

अतः विकल्प (E) सही है।

10. दी गयी श्रृंखला: % V 1 ! K @ 8 L J 2 © 7 ^ F V 4 M * 9 Q C 6

चरण I: % V 1 ! K @ L J © 7 ^ F V M * 9 Q C 8 6 4 2

चरण II: Q % V 1 ! K @ L J © 7 ^ F V M * 9 C 8 6 4 2

चरण III: Q ! V 1 @ K © L J % 7 * F V M ^ 9 C 8 6 4 2

चरण IV: Q ! V 1 @ © L J % * F V M ^ 9 C 8 6 4 2 K 7

इसलिए, चरण III में दाएं से दसवें स्थान पर 'F' है।

अतः विकल्प (C) सही है।

Ques (11-14): चरण I:

अक्षर → अक्षर → संख्या

U # 2 **V B 1** * ? 9 L K $ 4 5 **W O 7** & @ G F % S P

नयी व्यवस्था: U # 2 V 1 * ? 9 L K $ 4 5 W 7 & @ G F % S P B O

चरण II:

प्रतीक → संख्या → अक्षर

U # **2 V** 1 * **? 9** L K $ 4 5 W 7 & @ G F % S P B O

नयी व्यवस्था: U # V 1 * ? L K $ 4 5 W 7 & @ G F % S 9 2 P B O

चरण III:

प्रतीक → अक्षर

U # **V** 1 * **?** L K $ 4 5 W 7 & **@ G** F **% S** 9 2 P B O

नयी व्यवस्था: U V # 1 * L ? K $ 4 5 W 7 & G @ F S % 9 2 P B O

यह अंतिम व्यवस्था है।

11. अंतिम चरण में W के दाईं ओर वाली संख्याएँ: 7, 9 और 2

योग = 7 + 9 + 2 = 18

इसलिए, अंतिम चरण में W के दाईं ओर वाली सभी संख्याओं का योग 18 है।

अतः विकल्प (C) सही है।

12. अंतिम चरण: U V # 1 * ? L K $ 4 5 W 7 **&** G @ F S % 9 2 P B O

इसलिए, अंतिम चरण में दाएँ छोर पर 11वां पद '&' है।

अतः विकल्प (E) सही है।

13. चरण III: U V # 1 * **L** ? K $ 4 5 W 7 & G @ F S % 9 2 P B O

इसलिए, L बाएं छोर से 6वां है।

अतः विकल्प (E) सही है।

14. चरण II: U # **V** 1 * ? L K $ 4 5 W **7** & @ G F % S 9 2 P B O

इसलिए, चरण II में दो संख्याओं के ठीक बाद प्रतीक आता है।

अतः विकल्प (D) सही है।

15. दी गई श्रृंखला है:

बायां पक्ष 7 S U V 5 I 6 # C D 2 A © Z % 1 P E € L R ? 8 9 K ¥ 3 G Q 5 N दायां पक्ष

- **7 S U V 5 I 6**
- **5 I 6 # C D 2**
- **€ L R ? 8 9 K**
- **A © Z % 1 P E**
- **K ¥ 3 G Q 5 N**

यहां समूह बनता है जिसमें दूसरा तत्व पहले के बाद तीसरा और दूसरे तत्व के तीसरे तत्व के बाद तीसरा तत्व होता है।

इसलिए, ©%E समूह से संबंधित नहीं है।

अतः विकल्प (D) सही है।

16. दी गई श्रृंखला है:

बायां पक्ष 7 S U V 5 I 6 # C D 2 A © Z % 1 P E € L R ? 8 9 K ¥ 3 G Q 5 N दायां पक्ष

ऐसे प्रतीक जिनके ठीक पहले एक संख्या और उसके बाद एक अक्षर आता है:

7 S U V 5 I 6 # **C D 2** A © Z % 1 P E € L R ? 8 9 K ¥ 3 **G Q 5** N

इसलिए, उपरोक्त क्रम में ऐसे दो व्यंजन हैं जिनके ठीक पहले एक व्यंजन और ठीक बाद एक संख्या है: C D 2 और G Q 5

अतः विकल्प (C) सही है।

17. दी गई श्रृंखला है:

बायां पक्ष 7 S U V 5 I 6 # C D 2 A © Z % 1 P E € L R ? 8 9 K ¥ 3 G Q 5 N दायां पक्ष

चूंकि, दायां – दायां = दायां

दाएं से 12वां – दाएं से 5वां = दायें से 7वां

स्पष्ट रूप से, दायें से 7वां, K है।

अतः विकल्प (B) सही है।

Ques (18-20): दी गयी शृंखला: 8 % S @ 4 F K 6 $ 2 L D % 1 H 9 $ G 7 $

शर्त 1 के अनुसार:

A	B	C	D	E	F	G	H	I	J	K	L	M

1	2	3	4	5	6	7	8	9	10	11	12	13
N	O	P	Q	R	S	T	U	V	W	X	Y	Z
14	15	16	17	18	19	20	21	22	23	24	25	26

शर्त 2 के अनुसार:

Z	Y	X	W	V	U	T	S	R	Q	P	O	N
1	2	3	4	5	6	7	8	9	10	11	12	13
M	L	K	J	I	H	G	F	E	D	C	B	A
14	15	16	17	18	19	20	21	22	23	24	25	26

श्रृंखला	8	%	S	@	4	F	K	6	$	2	L	D	%	1	H	9	$	G	7	$
शर्त 1	H				D		F		B					A		I			G	
शर्त 2			8			2	1				1	2			1			2		
शर्त 3		@		$					%				@				%			%
अंतिम	H	@	8	$	D	2	1	F	%	B	1	2	@	A	1	I	%	2	G	%

18. अंतिम श्रृंखला: H @ 8 $ D 2 1 F % B 1 2 @ A 1 I % 2 G %

दाईं ओर से 5वां अवयव = I

तो, 'I' के बाईं ओर से तीसरा अवयव = @

इसलिए, '@' सही उत्तर है।

अतः विकल्प (E) सही है।

19. अंतिम श्रृंखला: H @ 8 $ D 2 **1** F % B 1 2 @ A 1 I % 2 **G** %

इसलिए, श्रृंखला में तीन ऐसी संख्याएं हैं।

अतः विकल्प (C) सही है।

20. अंतिम श्रृंखला: **H** @ 8 $ D 2 1 **F** % B 1 2 @ A 1 **I** % 2 **G** %

इसलिए, श्रृंखला में चार ऐसे अक्षर हैं।

अतः विकल्प (C) सही है।

21. दी गयी श्रृंखला:

बायां छोर 18 S 7 % 9 V 13 M O @ 5 Q * 3 + 11 – T 15 # X $ दायां छोर

---

1) चूँकि पहले और दूसरे, तीसरे और चौथे, पाचवें और छठवें पद को बदला गया है, श्रृंखला होगी:

S 18 % 7 V 9 M 13 @ O Q 5 3 * 11 + T – # 15 $ X

आवश्यक पद होंगे:

दायाँ – दायाँ = परिणाम स्वरूप दायाँ पद

8 – 2 = 6वां पद दायें सिरे से अर्थात T

नोट: दायें सिरे से आठवाँ पद 11 है और इसके दायें से दूसरा पद T है।

इसलिए, T सही उत्तर है।

अतः विकल्प (C) सही है।

Ques (22-24): दी गई श्रृंखला:

बाईं ओर 6 U # 7 Y 8 X @ Q 9 L S % $ V M 3 F 2 K 1 5 Z & 4 C * O ? D दाईं ओर

22. यहाँ समूह का निर्माण होता है जिसमें दूसरा तत्व पहले तत्व के ठीक निकट है, और तीसरा तत्व दूसरे तत्व के दायीं ओर दूसरा तत्व है।

इसलिए, 6#Y समूह से संबंधित नहीं है।

अतः विकल्प (A) सही है।

23. 1) वे संख्याएँ जिनके ठीक पहले एक प्रतीक है:

प्रतीक → संख्या

6 U **# 7** Y 8 X @ Q 9 L S % $ V M 3 F 2 K 1 5 Z **& 4** C * O ? D

इसलिए, दो संख्याएँ: #7 और &4 हैं, जिनके ठीक पहले एक प्रतीक है।

अतः विकल्प (A) सही है।

24. 1) यदि सभी विषम संख्याओं को हटा दिया जाए:

6 U # Y 8 X @ Q L S % $ V M F 2 K Z & 4 C * O ? D

2) बाएं छोर से सातवां तत्व @ है।

इसलिए, बाएं छोर से सातवें तत्व के दायें से पांचवां तत्व $ है।

अतः विकल्प (C) सही है।

25. दी गई श्रृंखला:

बायाँ पक्ष M O P 6 9 2 R Q A 4 E N U 1 G F 2 3 L T 1 S 5 H Y 4 D Z 6 I J 1 दायाँ पक्ष

यदि उपरोक्त व्यवस्था से सभी स्वरों को हटा दिया जाए, तो श्रृंखला होगी

बायाँ पक्ष M P 6 9 2 R Q 4 N 1 G F 2 3 L T 1 S 5 H Y 4 D Z 6 J 1 दायाँ पक्ष

इसलिए, दाएँ छोर से ग्यारहवां तत्व 1 है।

अतः विकल्प (D) सही है।

26. दी गई श्रृंखला:

बायाँ पक्ष M **O P 6** 9 2 R Q A 4 E N U 1 G F 2 3 L T 1 S 5 H Y 4 D Z 6 **I J 1** दायाँ पक्ष

यहाँ अनुसरित स्वरूप निम्नानुसार है: स्वर → व्यंजन → संख्या

इसलिए, अभीष्ट संयोजन होगा → O P 6, I J 1

इसलिए, दो व्यंजन हैं जिनके पहले एक स्वर और उसके बाद एक संख्या है।

अतः विकल्प (A) सही है।

27. दी गई श्रृंखला:

बायाँ पक्ष M O P 6 9 **2** R Q A 4 E N U 1 **G** F 2 3 L T 1 S 5 H Y 4 D Z 6 I J 1 दायाँ पक्ष

दाएँ से अठारहवाँ तत्व: G

चूंकि अठारहवें तत्व के बाएँ है, इसलिए हम जोड़ेंगे।

इसलिए, अठारह तत्त्वों को G के बाएँ के दसवें तत्व से जोड़ा जाएगा

18 + 10 = 28

इसलिए, दाएँ छोर से 28वां तत्व 9 है।

इसलिए, 18वें तत्व के बाएँ से 10वाँ, 9 है।

अतः विकल्प (B) सही है।

28. दी गई श्रृंखला है:

बायाँ छोर M O P 6 9 2 R Q A **4** E N U 1 G F 2 3 L T 1 S 5 H Y **4** D Z 6 I J 1 दायाँ छोर

बाएँ से 10वां तत्त्व → 4

दाएँ से सातवां तत्त्व → 4

संख्याओं का गुणनफल 4 × 4 = 16

इसलिए, बाएँ से दसवें तत्व और दाएँ से सातवें तत्व का गुणनफल 16 है।

अतः विकल्प (E) सही है।

29. दी गई श्रृंखला है:

बायाँ छोर M O P 6 9 2 R Q A 4 E N U 1 G F 2 3 L **T** 1 S 5 H Y 4 D Z 6 I J 1 दायाँ छोर

बाएँ छोर से 20वां तत्व: T

T के बाएँ छठा तत्व: 1

इसलिए, बाएँ छोर से 14वां तत्व 1 है।

इसलिए, बाएँ छोर से 20वें तत्व के बाएँ छठा 1 है।

अतः विकल्प (A) सही है।

30. दी गई श्रृंखला:

बायाँ पक्ष 2 X E 3 $ R S # M 9 4 L S C 8 & F J 2 @ U P 7 D 5 * 6 Z C ! B दायाँ पक्ष

वे प्रतीक जिनके पहले एक संख्या है और जिसके बाद एक व्यंजन है: संख्या ⇒ प्रतीक ⇒ व्यंजन

2 X E **3 $ R** S # M 9 **4** L S C **8 & F** J 2 @ U P 7 D 5 * 6 Z C ! B

इसलिए, यहाँ 2 प्रतीक ($ और &) हैं, जिनके पहले एक संख्या है और जिसके बाद एक व्यंजन है: 3 & R और 8 & F

अतः विकल्प (B) सही है।

Ques (1-5):निर्देश: इस प्रश्न में निम्न कूट प्रणाली के आधार पर A, B, C, D से अंकित शब्दों को अंकों/चिह्नों के समूह द्वारा प्रदर्शित किया गया है। समूह (शब्द- अंक/चिह्न) जो दी गई शर्तों को पूरा करते हों, उन्हें अपने उत्तर के रूप में अंकित कीजिए। यदि अंक/चिह्न के चारों सयोजनों में से कोई भी शब्द के सही रूप को न दर्शाता हो, तब अपने उत्तर के रूप में (E) यानी कि 'इनमें से कोई नहीं' अंकित कीजिए।

वर्णों में सभी स्वर छोड़े गए हैं और शेष व्यंजन को निम्न प्रकार से कूट किया गया है:

B को 1, C को 2, D को 3, इसी तरह से 5 तक, और फिर से 1, 2,... 5 से आरम्भ करते हुए, 1, 2 ..... Z तक कूट किया गया है।

शर्तें:

I. यदि शब्द, स्वर से आरम्भ और व्यंजन से समाप्त हों, तब दोनों का कूट ¥ होगा।

II. यदि शब्द, व्यंजन से आरम्भ और स्वर से समाप्त हों, तब दोनों का कूट € होगा।

III. यदि शब्द, या व्यंजन से आरम्भ और समाप्त या फिर स्वर से आरम्भ और समाप्त हों (यानी दोनों व्यंजन या दोनों स्वर होने चाहिए) तब दोनों का कूट % होगा।

IV. यदि पहले और अंतिम शब्द के बीच में स्वर विद्यमान हो और उस स्वर के बाद आने वाला व्यंजन M से पहले आए तब, स्वर का कूट & होगा और व्यंजन का कूट + होगा।

V. यदि पहले और अंतिम शब्द के बीच में स्वर विद्यमान हो और उस स्वर के बाद आने वाला व्यंजन M के बाद आए, तब स्वर का कूट # होगा और व्यंजन का कूट $ होगा।

Q.1 निम्न में से कौन-सा विकल्प सत्य है?

A. SPRING = %25&+%

B. KING = %#$%

C. PLANT = %4#+%

D. WASTE = €#$1€

A. B और C | **B.** A और B

C. B और D | **D.** A, B और C

E. इनमें से कोई नहीं

Q.2 निम्न में से कौन सा विकल्प असत्य है?

A. HISTORY = %#$1#$%

B. SUFO= €&+€

C. CART = %#$%

D. MONTH = %#$2%

A. B | **B.** A, B और C

C. C और D | **D.** D

E. इनमें से कोई नहीं

Q.3 निम्न में से कौन सा/से विकल्प असत्य है/हैं?

A. LADY = %&+%

B. WORK = %#$%

C. WATCH = €#$2€

D. ROCK = %$+%

A. A और B | **B.** C और D

C. A, B और C | **D.** B, C और D

E. इनमें से कोई नहीं

Q.4 निम्न में से कौन सा/से विकल्प सत्य है/हैं?

A. LIST = %$+%

B. LIGHT = €1$€

C. STORY = %1#$%

D. JACK = €$4%

A. C | **B.** A और D

C. B और C | **D.** A, C और D

E. इनमें से कोई नहीं

Q.5 निम्न में से कौन सा सत्य है?

A. GLORY = %4#$%

B. FIVE = €#$€

C. ELSE = %42%

D. TILE = €&+€

A. A और D | **B.** B और D

C. A, B और D | **D.** A

E. इनमें से कोई नहीं

Ques (6-10):निर्देश: निम्नलिखित जानकारी का अध्ययन कीजिये और दिए गए प्रश्न का उत्तर दीजिये।

वर्णमाला क्रम A-Z में स्वरों को छोड़कर प्रत्येक अक्षर को 1-9 तक विभिन्न संख्याएँ निर्दिष्ट की गयी हैं (उदाहरण के लिए- B को 1, C-2, L-9 के रूप में कूटबद्ध किया गया है) और फिर से उन संख्याओं को दोहराया जाता है (उदाहरण के लिए- M-1, N-2 और इसी प्रकार आगे भी)। साथ ही स्वर को विभिन्न चिह्नों जैसे @, #, $, %, & से कूटबद्ध किया गया है।

एक कूट भाषा में:

"Heavy new mechanic part" को 6#@82 2#9 1#26@2$2 3@57 के रूप में कूटबद्ध किया जाता है।

"Most pacific region war" को 1%67 3@2$4$2 5#5$%2 9@5 के रूप में कूटबद्ध किया जाता है।

"Never beat hungry people" को 2#8#5 1#@7 6&2552 3#%39# के रूप में कूटबद्ध किया जाता है।

उपरोक्त उदाहरण के अतिरिक्त, नीचे दिए गए प्रश्न के शब्दों को कूटबद्ध करने के लिए निम्नलिखित क्रियाओं को लागू किया जाना चाहिए।

I. यदि शब्द का पहला अक्षर व्यंजन और अंतिम अक्षर स्वर है तब दोनों के कूट परस्पर बदल जाते हैं।

II. यदि शब्द के पहले और अंतिम अक्षर दोनों स्वर हैं तब कूट की विषम संख्याएँ * से बदल जाती हैं।

III. यदि शब्द का पहला अक्षर स्वर और अंतिम अक्षर व्यंजन है तब दोनों को पहले अक्षर के कूट के रूप में कूटबद्ध किया जाता है।

IV. यदि पहले और अंतिम अक्षर दोनों व्यंजन हैं तब कूट की सम संख्या ^ से बदल जाती है।

यदि शब्द उपरोक्त शर्तों को पूरा नहीं करता है तब उस शब्द के अक्षर ऊपर दिए गए निर्देशों के अनुसार कूटबद्ध किये जायेंगे।

Q.6 "Arrogant" का कूट क्या हो सकता है?

A. @55%5@27   **B.** @55%@52@

C. @55%5@2@   **D.** 755%5@27

E. 755%5@2@

Q.7 "Deliberate" के लिए कूट क्या हो सकता है?

A. 3#9$#15@7#   **B.** 5#9$1#@573

C. ##9#$15@73   **D.** ##9$1#5@73

E. 3#9$#1@573

Q.8 "Related" के लिए कूट क्या हो सकता है?

A. 5^9@7#3   **B.** 5#9^7#3

C. 5#9@7#3   **D.** 5#9@7^3

E. 5#9@7#^

Q.9 "Hunger" के लिए कूट क्या हो सकता है?

A. 6&25#5   **B.** ^&^5#5   **C.** 6&^5#5   **D.** 6&^5#^

E. ^&^5^5

Q.10 "Estonia" के लिए कूट क्या हो सकता है?

A. #67%2$@   **B.** #*7%2$@

C. #6*%2$@   **D.** #**%2$*

E. #*7%$2@

Ques (11-15):निर्देश: निम्नलिखित जानकारी का अध्ययन कीजिए और दिए गए प्रश्नों के उत्तर दीजिए।

एक संख्या श्रृंखला में, सभी सम संख्याओं को उसके वर्ग के अंकों के योग से दर्शाया गया है और यदि योग में 1 से अधिक अंक मौजूद है तो फिर से अंकों को जोड़ना है (उदाहरण के लिए, 8 का वर्ग 64 है तो योग 10 है अतः 8 को 1 (1 + 0) के रूप में कोडबद्ध किया गया है)। सभी विषम संख्याओं को E से प्रारंभ होकर वर्णमाला श्रृंखला के पांचवें क्रमागत वर्ण से दर्शाया गया है (उदाहरण के लिए, 1 को E के रूप में कोडबद्ध किया गया है, 3 को J के रूप में कूटबद्ध किया गया है)।

कोडभाषा में:

"42765" को - 74T9O के रूप में कोडबद्ध किया गया है।

अब कोडबद्ध संख्या पर निम्नलिखित प्रक्रियाएं लागू की जानी है:

I. यदि कोडबद्ध संख्या में सभी अंकों द्वारा निर्मित संख्या 3 से विभाज्य है, तो सभी अंकों को फिर से उन सभी अंकों के संबंधित अक्षरों के रूप में कूटबद्ध किया जाना चाहिए।

II. यदि यहाँ कोडबद्ध रूप में कोई अभाज्य संख्या है, तो उन्हें $ के रूप में कोडबद्ध किया जाना है।

III. यदि कोडबद्ध संख्या में 1 से अधिक स्वर हैं, तो उन सभी स्वरों को अगले अक्षर से बदला जाना चाहिए।

IV. यदि कोडबद्ध रूप एक व्यंजक के साथ प्रारंभ और ख़त्म होता है, तो उन्हें एक-दूसरे से बदला जाना चाहिए।

यदि कोडबद्ध रूप ऊपर दी गयी किसी शर्त को संतुष्ट नहीं करता है, तो इसे समान रूप में रखा जाना चाहिए।

यदि शर्त I और II दोनों संतुष्ट हो जाते हैं, तो शर्त II में दिए गए निर्देश का पालन किया जाना चाहिए और इसे छोड़कर यदि कोई दो या तीन शर्त समान समय पर संतुष्ट हो जाती हैं, तो सभी शर्तों में दिए गए निर्देश का पालन किया जाना चाहिए।

Q.11 दी गयी शर्तों को लागू करने के बाद कौन सी संख्या को "PTP" के रूप में कोडबद्ध किया जायेगा?

A. 39193   **B.** 57175

C. 54745   **D.** 57475

E. इनमें से कोई नहीं

Q.12 दी गयी सभी शर्तों को लागू करने के बाद "368149" का कोडबद्ध रूप क्या होगा?

A. J91E$Y   **B.** Y91E7J

C. J91E7Y   **D.** Y91E$J

E. इनमें से कोई नहीं

Q.13 दी गयी शर्तों को लागू करने के बाद निम्नलिखित में से कौन सी संख्या को "TGDETJD" के रूप में कोडबद्ध किया जायेगा?

A. 7421532

B. 1741214

C. 3142654

D. 7421732

E. निर्धारित नहीं किया जा सकता

Q.14 दी गयी शर्तों को लागू करने के बाद "45881427818" के कोडबद्ध रूप में कितने व्यंजक होंगे?

A. 4   **B.** 7   **C.** 11   **D.** 5

E. 6

Q.15 दी गयी शर्तों को लागू करने के बाद "762147" का कूटबद्ध रूप क्या होगा?

A. T94E$Y   **B.** T94E$T

C. Y9E4$T   **D.** T9E47T

E. इनमें से कोई नहीं

Ques (16-20):निर्देश: निम्नलिखित प्रत्येक प्रश्न में संख्याओं की दो पंक्तियाँ दी गई हैं। प्रत्येक पंक्ति में परिणामी संख्याओं की गणना अलग-अलग निम्नलिखित नियमों के आधार पर की जाती है और संख्याओं की पंक्तियों के नीचे के प्रश्नों का उत्तर देना होता है। संख्याओं की संक्रिया बाएं से दाएं ओर होती है।

नियम:

i) यदि एक सम संख्या के बाद एक विषम संख्या आती है तो उन्हें जोड़ा जाता है

ii) यदि एक विषम संख्या के बाद एक पूर्ण वर्ग आता है, तो छोटी संख्या को बड़ी संख्या से विभाजित किया जाता है।

iii) यदि एक अभाज्य संख्या के बाद एक भाज्य संख्या आती है, तो बड़ी संख्या को छोटी संख्या से घटाएं और इसके विपरीत

iv) यदि एक सम संख्या के बाद एक सम संख्या आती है या एक विषम संख्या के बाद एक विषम संख्या आती है, तो हम दोनों संख्याओं को गुणा करेंगे।

v) यदि कोई दो शर्तें एक साथ होती हैं तो हम संक्रिया के लिए (i से iv) से प्राप्त पहली शर्त पर विचार करेंगे।

Q.16 4   3   21

13   7   2

यदि परिणामी संख्याओं के इकाई अंकों को गुणा किया जाए तो निम्नलिखित में से कौन सी संख्या परिणाम होगी?

A. 36   **B.** 18   **C.** 34   **D.** 30

E. 26

Q.17 3   36   6

4   6   1

यदि समुच्चयों के परिणाम को जोड़ दिया जाए तो निम्नलिखित में से कौन-सी संख्या परिणामी होगी?

A. 85   **B.** 97   **C.** 91   **D.** 93

E. 87

Q.18 73   24   23

30   3   11

यदि समुच्चय के परिणामी को घटा दिया जाए तो निम्नलिखित में से संख्या का परिणाम कौन-सा होगा?

A. 1   **B.** 2   **C.** 4   **D.** 6

E. 8

Q.19 5   25   7

13   15   26

यदि समुच्चयों के परिणाम को पहले क्रमशः 5 और 4 से विभाजित किया जाता है और फिर उनका परिणाम जोड़ा जाता है, तो निम्नलिखित में से कौन सी संख्या परिणाम होगी?

A. 10   **B.** 11   **C.** 12   **D.** 13

E. 14

Q.20 8   4   3

9   81   15

यदि परिणाम जोड़े जाते हैं (जैसे कि हमें एक धनात्मक परिणाम मिलता है) तो वे किस संख्या के वर्ग के सबसे निकट हैं?

A. 9   **B.** 10   **C.** 11   **D.** 12

E. 13

Ques (21-25):निर्देश: निम्नलिखित जानकारी का ध्यानपूर्वक अध्ययन कीजिये तथा नीचे दिए गए प्रश्नों के उत्तर दीजिए।

@ – घड़ी में या तो घंटे की सुई या फिर मिनट की सुई 8 पर है।

\# – घड़ी में या तो घंटे की सुई या फिर मिनट की सुई 4 पर है।

$ – घड़ी में या तो घंटे की सुई या फिर मिनट की सुई 11 पर है।

% – घड़ी में या तो घंटे की सुई या फिर मिनट की सुई 5 पर है।

& – घड़ी में या तो घंटे की सुई या फिर मिनट की सुई 3 पर है।

€ – घड़ी में या तो घंटे की सुई या फिर मिनट की सुई 6 पर है।

£ – घड़ी में या तो घंटे की सुई या फिर मिनट की सुई 2 पर है।

सभी समय पूर्वाह्न में हैं। प्रथम चिह्न घंटे को दर्शाता है तथा द्वितीय चिह्न मिनट को दर्शाता है।

उदाहरण -- #$, पूर्वाह्न 4:55 को दर्शाता है।

Q.21 अंशुल को एक पार्टी में &% पर पहुँचना था। यदि उसे 45 मिनट का विलंब हो जाता है, तब वह पार्टी में किस समय पर पहुंचता है?

A. \#\#   **B.** #£

C. $%   **D.** &%

E. इनमें से कोई नहीं

Q.22 एयरपोर्ट से एक उड़ान का समय €£ निर्धारित है। यदि रमन उड़ान के तय समय के 30 मिनट पहले पहुँचता है, तब वह किस समय पर एयरपोर्ट पहुँचता है?

A. %@   **B.** &%

C. #@   **D.** $%

E. इनमें से कोई नहीं

Q.23 एक व्यक्ति चंडीगढ़ से @& पर वाहन चलाना प्रारंभ करता है। वह $% पर मनाली पहुँचेगा। उसे चंडीगढ़ से मनाली पहुँचने में कितना समय लगेगा?

A. 3 घंटे तथा 10 मिनट   **B.** 3 घंटे तथा 20 मिनट

C. 3 घंटे तथा 30 मिनट   **D.** 3 घंटे

E. इनमें से कोई नहीं

Q.24 मन्नत को एक बस पकड़नी है, जिसका बस अड्डे से #@ पर निकलना निर्धारित है। यदि उसके घर से बस अड्डा पहुँचने में लगने वाला समय 1 घंटा तथा 40 मिनट है, तब बस निकलने के कम से कम 30 मिनट पूर्व बस अड्डे पर पहुँचने के लिए उसे किस समय पर घर से निकलना चाहिए?

A. @#   **B.** @€

C. £%   **D.** £€

E. इनमें से कोई नहीं

Q.25 मनन प्रतिदिन € पर जिम जाता है। वह वहाँ 15 मिनट वार्मअप करता है, 30 मिनट व्यायाम करता है तथा उएके पश्चात् 10 मिनट विश्राम करता है तथा पुनः 1 घंटा 30 मिनट व्यायाम करता है। वह किस समय जिम से निकलता है?

A. %£   **B.** @%

C. @@   **D.** #@

E. इनमें से कोई नहीं

Ques (26-30):निर्देश: नीचे दिए गए प्रत्येक प्रश्न में संख्याओं की दो पंक्तियाँ दी गई हैं। आपको प्रत्येक पंक्ति में नीचे दिए गए नियमों के अनुसार, परिणामी संख्या ज्ञात करनी है और पंक्तियों के नीचे दिए गए प्रश्नों को हल करना है। संख्याओं की संक्रियाएँ बायीं से दायीं ओर आगे बढ़ रही हैं।

नियम:

i) यदि सम संख्या के बाद एक दो-अंकीय अभाज्य संख्या है तब उनका योग किया जाएगा।

ii) यदि एक अभाज्य संख्या के बाद एक दो-अंकीय विषम संख्या है तब दूसरी संख्या को पहली संख्या से विभाजित किया जाएगा।

iii) यदि एक सम संख्या के बाद वह संख्या है जो पूर्ण वर्ग है तब दूसरी संख्या को पहली संख्या से घटाया जाएगा।

iv) यदि एक विषम संख्या के बाद एक दो-अंकीय सम संख्या है तब पहली संख्या को दूसरी संख्या से गुणा किया जाएगा।

Q.26

15	12	11
5	45	12

यदि संख्याओं के दूसरे युग्म का परिणामी, संख्या के पहले युग्म के परिणामी से घटाया जाता है, तो परिणाम क्या होगा?

A. 114   **B.** 83

C. 150   **D.** 112

E. इनमें से कोई नहीं

Q.27

10	225	12
15	40	1296

ऊपर दी गयी संख्याओं के युग्म के दो परिणामी संख्याओं का योग क्या है?

A. 1140   **B.** 3276

C. 3150   **D.** 112

E. इनमें से कोई नहीं है

Q.28

4	11	38	
5	25	95	95

यदि संख्याओं के पहले युग्म के परिणामी को दूसरे युग्म के परिणामी द्वारा विभाजित किया जाता है, तो परिणाम क्या होगा?

A. 114   **B.** 327

C. 315   **D.** 112

E. इनमें से कोई नहीं

Q.29

6	23	87	99
33	10	400	81

यदि संख्याओं के पहले युग्म के परिणामी को दूसरे युग्म के परिणामी से गुणा किया जाता है, तो परिणाम क्या होगा?

A. 114

B. 361

C. 363

D. 112

E. इनमें से कोई नहीं है

Q.30

31	93	16	19
3	10	49	

यदि संख्याओं के पहले युग्म के परिणामी को दूसरे युग्म के परिणामी से गुणा किया जाता है, तो परिणाम क्या होगा?

A. 1134

B. 1361

C. 1273

D. 1312

E. इनमें से कोई नहीं है

// स्मार्ट उत्तर पुस्तिका //

| सही उत्तर | उन छात्रों का प्रतिशत जिन्होंने प्रश्नों का सही उत्तर दिया था। | छोड़ दिया | उन छात्रों का प्रतिशत जिन्होंने प्रश्नों को छोड़ दिया था। |

प्रश्न संख्या	उत्तर	सही उत्तर / छोड़ दिया	प्रश्न संख्या	उत्तर	सही उत्तर / छोड़ दिया	प्रश्न संख्या	उत्तर	सही उत्तर / छोड़ दिया	प्रश्न संख्या	उत्तर	सही उत्तर / छोड़ दिया	प्रश्न संख्या	उत्तर	सही उत्तर / छोड़ दिया	प्रश्न संख्या	उत्तर	सही उत्तर / छोड़ दिया
1	C	52.89 % / 38.41 %	6	C	48.55 % / 34.99 %	11	C	32.12 % / 67.51 %	16	A	63.28 % / 30.33 %	21	B	58.95 % / 32.73 %	26	B	53.06 % / 46.05 %
2	D	40.97 % / 55.57 %	7	D	54.22 % / 37.87 %	12	D	40.87 % / 51.03 %	17	B	61.55 % / 36.44 %	22	A	45.02 % / 47.27 %	27	B	49.42 % / 49.07 %
3	B	48.77 % / 48.21 %	8	C	65.96 % / 32.27 %	13	D	52.33 % / 41.85 %	18	C	42.94 % / 42.14 %	23	A	53.02 % / 40.43 %	28	A	44.68 % / 47.13 %
4	A	64.75 % / 30.33 %	9	B	66.01 % / 31.01 %	14	C	40.77 % / 51.92 %	19	D	41.13 % / 32.56 %	24	D	67.18 % / 31.75 %	29	C	10.26 % / 81.0 %
5	C	53.01 % / 33.12 %	10	C	61.14 % / 32.2 %	15	B	40.77 % / 30.39 %	20	E	69.39 % / 30.45 %	25	B	83.68 % / 12.98 %	30	C	60.59 % / 37.64 %

//संकेत और समाधान//

Ques (1-5):दी गई जानकारी के अनुसार:

B	C	D	F	G	H	J	K	L	M	N	P	Q	R	S	T	V	W	X	Y	Z
1	2	3	4	5	1	2	3	4	5	1	2	3	4	5	1	2	3	4	5	1

शर्तें:

भाग 1:

पहला अक्षर	अंतिम अक्षर	दोनों के कूट
स्वर	व्यंजन	¥
व्यंजन	स्वर	€
स्वर	स्वर	%
व्यंजन	व्यंजन	%

भाग 2:

पहले और अंतिम अक्षर के बीच में आने वाला अक्षर	स्वर के बाद आने वाला व्यंजन	स्वरों के कूट	व्यंजनों के कूट
स्वर	M से पहले आने वाला अक्षर	&	+
स्वर	M के बाद आने वाला अक्षर	#	$

1. प्रश्न में दिए गए शब्दों के कूट,

A. SPRING = %25&+% ≠ %24#$%

B. KING = %#$% = %#$%

C. PLANT = %4#+% ≠ %4#$%

D. WASTE = €#$1€ = €#$1€

इसलिए, B और D सत्य हैं।

अतः विकल्प (C) सही है।

2. प्रश्न में दिए गए शब्दों के कूट,

A. HISTORY = %#$1#$% = %#$1#$%

B. SUFO = €&+€ = €&+€

C. CART = %#$% = %#$%

D. MONTH = %#$2% ≠%#$1%

इसलिए, D असत्य है।

अतः विकल्प (D) सही है।

3. प्रश्न में दिए गए शब्दों के कूट,

A. LADY = %#+% = %&+%

B. WORK = %#$% = %#$%

C. WATCH = €#$2€ ≠ %#$2%

D. ROCK = %$+% ≠ %&+%

इसलिए, C और D असत्य हैं।

अतः विकल्प (B) सही है।

4. प्रश्न में दिए गए शब्दों के कूट,

A. LIST =%$+% ≠ %#$%

B. LIGHT = €1$€ ≠ %&+1%

C. STORY = %1#$% = %1#$%

D. JACK = €$4% ≠ %&+%

इसलिए, C सत्य है।

अतः विकल्प (A) सही है।

5. प्रश्न में दिए गए शब्दों के कूट,

A. GLORY = %4#$%=%4#$%

B. FIVE = €#$€ =€#$€

C. ELSE = %42% ≠%45%

D. TILE = €&+€=€&+€

इसलिए, A, B और D सत्य हैं।

अतः विकल्प (C) सही है।

Ques (6-10):व्यंजन और स्वर के कूट निम्न प्रकार हैं:

व्यंजन	B	C	D	F	G	H	J	K	L	M	N	P	Q	R	S	T	V	W	X	Y	Z
कूट	1	2	3	4	5	6	7	8	9	1	2	3	4	5	6	7	8	9	1	2	3

इसलिए,

स्वर	A	E	I	O	U
कूट	@	#	$	%	&

6. "Arrogant" के लिए कूट @55%5@27 है।

"Arrogant" का पहला अक्षर स्वर है और अंतिम अक्षर व्यंजन है। इसलिए, पहले और अंतिम दोनों अक्षर, पहले अक्षर के कूट अर्थात @ के रूप में कूटबद्ध किये जायेंगे।

इसलिए, "Arrogant" को @55%5@2@ के रूप में कूटबद्ध किया जाता है।

अतः विकल्प (C) सही है।

7. "Deliberate" के लिए कूट 3#9$1#5@7# है।

"Deliberate" का पहला अक्षर व्यंजन और अंतिम अक्षर स्वर है। इसलिए, दोनों के कूट परस्पर बदल जायेंगे।

इसलिए, "Deliberate" को ##9$1#5@73 के रूप में कूटबद्ध किया जाता है।

अतः विकल्प (D) सही है।

8. इसलिए, "Related" के लिए कूट 5#9@7#3 है।

"Related" के पहले और अंतिम अक्षर दोनों व्यंजन हैं। इसलिए, कूट 5#9@7#3 की सम संख्याएँ ^ से बदल दी जाती हैं।

चूँकि, 5#9@7#3 में कोई सम संख्या नहीं है, कूट समान रहेगा।

इसलिए, "Related" को 5#9@7#3 के रूप में कूटबद्ध किया जाता है।

अतः विकल्प (C) सही है।

9. इसलिए, "Hunger" के लिए कूट 6&25#5 है।

"Hunger' के पहले और अंतिम अक्षर दोनों व्यंजन हैं। इसलिए, कूट 6&25#5 की सम संख्याएँ ^ से बदल जाती हैं।

इसलिए, "Hunger" को ^&^5#5 के रूप में कूटबद्ध किया जाता है

अतः विकल्प (B) सही है।

10. इसलिए, "Estonia" के लिए कूट #67%2$@ है।

"Estonia' शब्द के पहले और अंतिम दोनों अक्षर स्वर हैं। इसलिए, कूट #67%2$@ की विषम संख्याएँ * से बदल जाती हैं।

इसलिए, "Estonia" को #6*%2$@ के रूप में कूटबद्ध किया जाता है।

अतः विकल्प (C) सही है।

11. "PTP"

यहाँ 'P' केवल उसी समय आएगा जब यहाँ शर्त को लागू करने से पहले कोडबद्ध रूप में 'O' होता है और 'O' तब आएगा जब संख्या में '5' होता है।

$ उसी समय आएगा यदि शर्त को लागू करने से पहले कोडबद्ध रूप में '7' होता है और '7' तब आएगा जब संख्या में '4' होता है।

इसलिए, "54745" सही संख्या है।

अतः विकल्प (C) सही है।

12. "368149" को ⇒ "J91E7Y" के रूप में कोडबद्ध किया जा सकता है।

चूँकि कोडबद्ध रूप में एक अभाज्य संख्या '7' है, तो इसे $ से बदला जाना चाहिए।

चूँकि कोडबद्ध रूप एक व्यंजक के साथ प्रारंभ और खत्म होता है, तो उन्हें एक-दूसरे से बदला जाना चाहिए।

इसलिए, कोडबद्ध रूप ⇒ "Y91E$J"

अतः विकल्प (D) सही है।

13. सभी विकल्पों की जाँच करना कठिन होगा इसलिए उन्मूलन विधि का प्रयोग करने पर।

T केवल 7 का कोड हो सकता है (1 या 3 कभी भी T नहीं देगा)।

इसलिए, विकल्प (B) और (C) को रद्द कर दिया जाता है।

अब विकल्प (A) और (D) की जाँच करने पर:

7421532 को ⇒ T74EOJ4 ⇒ TGDFPJD

के रूप में कोडबद्ध किया जा सकता है।

7421732 को ⇒ T74ETJ4 ⇒ TGDETJD के रूप में कोडबद्ध किया जा सकता है।

इसलिए, सही विकल्प '7421732' है।

अतः विकल्प (D) सही है।

14. "68581247818" को ⇒ "91O1E47T1E1" के रूप में कोडबद्ध किया जा सकता है।

कोडबद्ध रूप में 9, 1, 1, 4, 7, 1, 1 अंक है और उनका योग 24 है। अतः यह 3 से विभाज्य है और शर्त 1 को संतुष्ट करता है।

कोडबद्ध रूप में अभाज्य संख्या 7 भी है। इसलिए, शर्त 2 संतुष्ट होती है।

लेकिन हम जानते हैं कि जब शर्त I और II दोनों संतुष्ट होती हैं, तो शर्त I में दिए गए निर्देश का पालन किया जाना चाहिए।

इसलिए, कोडबद्ध रूप "IAOAEDGTAEA" है।

कोडबद्ध रूप में 1 से अधिक स्वर हैं, इसलिए शर्त 3 संतुष्ट होती है।

इसलिए, कोडबद्ध रूप ⇒ "JBPBFDGTBFB"

इसलिए, यहाँ 11 व्यंजक हैं।

अतः विकल्प (C) सही है।

15. "762147" को ⇒ "T94E7T" के रूप में कोडबद्ध किया जा सकता है।

चूँकि कोडबद्ध रूप में एक अभाज्य संख्या '7' है, तो इसे $ से बदला जाना चाहिए।

चूँकि कोडबद्ध रूप एक व्यंजक के साथ प्रारंभ और खत्म होता है, तो उन्हें एक-दूसरे से बदला जाना चाहिए।

इसलिए, "761247" को "T94E$T" के रूप में कोडबद्ध किया गया है।

अतः विकल्प (B) सही है।

16. दिया गया है :

	पहला युग्म	संक्रिया	दूसरा युग्म	संक्रिया(अंतिम)
पहली पंक्ति	4 और 3 सम और विषम	(i) का उपयोग 4 और 3 जोड़ें 4 + 3 = 7	7 और 21 अभाज्य और भाज्य	(iii) का उपयोग 21 में से 7 घटाएं 21 − 7 = 14
दूसरी पंक्ति	13 और 7 विषम और विषम	(iv) का उपयोग 13 और 7 का गुणा करें 13 × 7 = 91	91 और 2 भाज्य और अभाज्य	(iii) का उपयोग 91 में से 2 घटाएं 91 − 2 = 89

हमें पहली पंक्ति से 14 और दूसरी पंक्ति से 89 प्राप्त होते हैं।

परिणामी संख्याओं के इकाई अंक क्रमशः 4 और 9 हैं,

गुणा करने पर 4 × 9 = 36

अतः विकल्प (A) सही है।

17. दिया गया है:

	पहला युग्म	संक्रिया	दूसरा युग्म	संक्रिया(अंतिम)
पहली पंक्ति	3 और 36 विषम और पूर्ण वर्ग	(ii) का उपयोग 36 को 3 से विभाजित करें $\frac{36}{3} = 12$	12 और 6 सम और सम	(iv) का उपयोग 12 और 6 गुणा करें 12 × 6 = 72
दूसरी पंक्ति	4 और 6 सम और सम	(iv) का उपयोग 4 और 6 का गुणा करें 4 × 6 = 24	24 और 1 सम और विषम	(i) का उपयोग 24 और 1 को जोड़ें 24 + 1 = 25

हमें पहली पंक्ति से 72 और दूसरी पंक्ति से 25 प्राप्त होते हैं।

जब 72 + 25 = 97 जोड़ा जाता है।

अतः विकल्प (B) सही है।

18. दिया गया है:

	पहला युग्म	संक्रिया	दूसरा युग्म	संक्रिया(अंतिम)
पहली पंक्ति	73 और 24 अभाज्य और भाज्य	(iii) का उपयोग 73 में से 24 घटाएं 73 − 24 = 49	49 और 23 भाज्य और अभाज्य	(iii) का उपयोग 49 में से 23 घटाएं 49 - 23 = 26

| दूसरी पंक्ति | 30 और 3 सम और विषम | (i) का उपयोग

30 और 3 जोड़ें
30 + 3 = 33 | 33 और 11 भाज्य और अभाज्य | (iii) का उपयोग

33 में से 11 घटाएं
33 – 11 = 22 |

हमें पहली पंक्ति से 26 और दूसरी पंक्ति से 22 प्राप्त होते हैं।

जब घटाया जाता है 26 - 22 = 4

अतः विकल्प (C) सही है।

19. दिया गया है:

	पहला युग्म	संक्रिया	दूसरा युग्म	संक्रिया(अंतिम)
पहली पंक्ति	5 और 25 विषम और पूर्ण वर्ग	(ii) का उपयोग 25 को 5 से भाग दें $\frac{25}{5} = 5$	5 और 7 विषम और विषम	(iv) का उपयोग 5 और 7 का गुणा करें 5 × 7 = 35
दूसरी पंक्ति	13 और 15 अभाज्य और भाज्य	(iii) का उपयोग 15 में से 13 घटाएं 15 – 13 = 2	2 और 26 अभाज्य और भाज्य	(iii) का उपयोग 26 में से 2 घटाएं 26 - 2 = 24

हमें पहली पंक्ति से 35 प्राप्त होता है जो 5 से विभाजित होता है, हमें 7 मिलता है।

दूसरी पंक्ति से हमें 24 प्राप्त होता है जिसे 4 से भाग देने पर हमें 6 प्राप्त होता है।

जब जोड़ा गया 7 + 6 = 13

अतः विकल्प (D) सही है।

20. दिया गया है:

	पहला युग्म	संक्रिया	दूसरा युग्म	संक्रिया(अंतिम)
पहली पंक्ति	8 और 4 सम और सम	(iv) का उपयोग 8 और 4 गुणा करें 8 × 4 = 32	32 और 3 सम और विषम	(i) का उपयोग 32 और 3 जोड़ें 32 + 3 = 35
दूसरी पंक्ति	9 और 81 विषम और पूर्ण वर्ग	(ii) का उपयोग 81 को 9 से भाग दें $\frac{81}{9} = 9$	9 और 15 विषम और विषम	(iv) का उपयोग 9 और 15 का गुणा करें 9 × 15 = 135

हमें पहली पंक्ति से 35 और दूसरी पंक्ति से 135 प्राप्त होते हैं।

जब जोड़ा जाता है 135 + 35 = 170, तो यह 13 और 14 के बीच आता है; $13^2 < 170 < 14^2$.

इसलिए, 13 सही उत्तर है।

अतः विकल्प (E) सही है।

Ques (21-25): अवतरण में दी गई जानकारी के आधार पर,

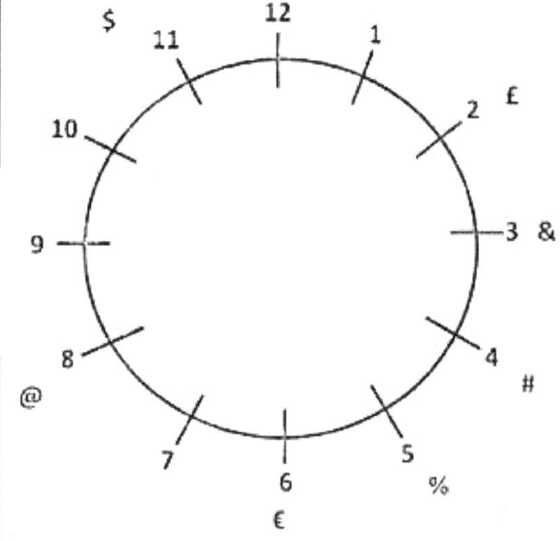

चिह्न	@	#	$	%	&	£	€
कूट	8	4	11	5	3	2	6

21. अंशुल को पार्टी में &% अर्थात् पूर्वाह्न 3:25 पर पहुँचना था।

45 मिनट का विलम्ब होने पर समय पूर्वाह्न 4:10 होता है।

∴ पूर्वाह्न 4:10 को #£ के रूप में निरूपित किया जा सकता है।

अतः विकल्प (B) सही है।

22. उड़ान €€ अर्थात् पूर्वाह्न 6:10 पर भरी जाएगी।

रमन 30 मिनट पहले अर्थात् पूर्वाह्न 5:40 अर्थात् %@ पर पहुँचता है।

इसलिए, रमन एयरपोर्ट %@ पर पहुँचा।

अतः विकल्प (A) सही है।

23. पुरुष चंडीगढ़ के लिए @& अर्थात् पूर्वाह्न 8:15 पर निकला।

वह मनाली $% अर्थात् पूर्वाह्न 11:25 पर पहुँचेगा।

इसलिए, चंडीगढ़ से मनाली पहुँचने में लगा समय 3 घंटे 10 मिनट है।

अतः विकल्प (A) सही है।

24. बस के प्रस्थान का समय #@ अर्थात् पूर्वाह्न 4:40 है।

30 मिनट पूर्व पहुँचने के लिए, मन्नत को पूर्वाह्न 4:10 पर पहुँचना चाहिए।

बस अड्डा पहुँचने में लगने वाला समय 1 घंटा 40 मिनट है, अर्थात् पूर्वाह्न 4:10 – 1 घंटा 40 मिनट = पूर्वाह्न 2:30 अर्थात् £€

इसलिए, मन्नत को अपने घर से £€ पर निकलना चाहिए।

अतः विकल्प (D) सही है।

25. मनन प्रतिदिन € अर्थात् पूर्वाह्न 6 बजे जिम जाता है।

वह वहाँ 15 + 30 + 10 + 90 = 145 मिनट अर्थात् 2 घंटे 25 मिनट रहता है।

इसलिए, जब वह पूर्वाह्न 6 के 2 घंटे 25 मिनट पश्चात जिम से निकलता है तब समय पूर्वाह्न 8:25 होता है।

पूर्वाह्न 8:25 का अर्थ @% है।

इसलिए, वह @% पर जिम से निकलता है।

अतः विकल्प (B) सही है।

Ques (26-30): हम दी गई स्थितीयों से निम्न तालिका बनाते हैं:

	पहली संख्या	दूसरी संख्या (बाद में आने वाली संख्या)	लागू की गयी प्रक्रिया
1.	सम संख्या	दो-अंकीय अभाज्य संख्या	पहली + दूसरी
2.	अभाज्य संख्या	दो-अंकीय विषम संख्या	दूसरी ÷ पहली
3.	सम संख्या	पूर्ण वर्ग	दूसरी – पहली
4.	विषम संख्या	दो-अंकीय सम संख्या	पहली × दूसरी

26. i) पहली पंक्ति में 15 एक विषम संख्या है और 12 एक दो-अंकीय सम संख्या है इसलिए स्थिति 4 लागू कीजिए

→ 15 × 12 = 180

अब 180 एक सम संख्या है और अगली संख्या 11 एक दो-अंकीय अभाज्य संख्या है इसलिए स्थिति 1 लागू कीजिए

→ 180 + 11 = 191 और 191 पहली पंक्ति का परिणामी हैं।

ii) दूसरी पंक्ति में 5 एक अभाज्य संख्या है और 45 एक दो-अंकीय विषम संख्या है इसलिए स्थिति 2 लागू कीजिए

→ 45 ÷ 5 = 9

अब 9 एक विषम संख्या है और अगली संख्या 12 एक दो-अंकीय सम संख्या है इसलिए स्थिति 4 लागू कीजिए

→ 9 × 12 = 108 और 108 दूसरी पंक्ति का परिणामी हैं।

अब पहली पंक्ति के परिणाम से दूसरी पंक्ति का परिणाम घटाने पर = 191 – 108 = 83

अतः विकल्प (B) सही है।

27. i) पहली पंक्ति में 10 एक सम संख्या है और 225 एक पूर्ण वर्ग है इसलिए स्थिति 3 लागू कीजिए

→ 225 – 10 = 215

अब 215 एक विषम संख्या है और अगली 12 एक दो-अंकीय सम संख्या है इसलिए स्थिति 4 लागू कीजिए

→ 215 × 12 = 2580 और 2580 पहली पंक्ति का परिणामी हैं।

ii) दूसरी पंक्ति में 15 एक विषम संख्या है और 40 एक दो-अंकीय सम संख्या है इसलिए स्थिति 4 लागू कीजिए

→ 15 × 40 = 600

अब 600 एक सम संख्या है और अगली 1296 एक पूर्ण वर्ग है इसलिए स्थिति 3 लागू कीजिए

→ 1296 – 600 = 696 और 696 दूसरी पंक्ति का परिणामी हैं।

अब पहली और दूसरी पंक्ति के परिणाम का योग = 2580 + 696 = 3276.

अतः विकल्प (B) सही है।

28. i) पहली पंक्ति में 4 एक सम संख्या है और 11 एक दो-अंकीय अभाज्य संख्या है इसलिए स्थिति 1 लागू कीजिए

→ 4 + 11 = 15

अब 15 एक विषम संख्या है और अगली 38 एक दो-अंकीय सम संख्या है इसलिए स्थिति 4 लागू कीजिए

→ 15 × 38 = 570 और 570 पहली पंक्ति का परिणामी हैं।

ii) दूसरी पंक्ति में 5 एक अभाज्य संख्या है और 25 एक दो-अंकीय विषम संख्या है इसलिए स्थिति 2 लागू कीजिए

→ 25 ÷ 5 = 5

अब 5 एक अभाज्य संख्या है और अगली 95 एक दो-अंकीय विषम संख्या है इसलिए स्थिति 2 लागू कीजिए

→ 95 ÷ 5 = 19

अब 19 एक अभाज्य संख्या है और अगली 95 एक दो-अंकीय विषम संख्या है इसलिए स्थिति 2 लागू कीजिए

→ 95 ÷ 19 = 5 और 5 दूसरी पंक्ति का परिणामी हैं।

अब यदि संख्याओं के पहले युग्म के परिणामी को दूसरे युग्म के परिणामी द्वारा विभाजित किया जाता है = 570 ÷ 5 = 114.

अतः विकल्प (A) सही है।

29. i) पहली पंक्ति में 6 एक सम संख्या है और 23 एक दो-अंकीय अभाज्य संख्या है इसलिए स्थिति 1 लागू कीजिए

→ 6 + 23 = 29

अब 29 एक सम संख्या है और अगली संख्या 87 एक दो-अंकीय विषम संख्या है इसलिए स्थिति 2 लागू कीजिए

→ 87 ÷ 29 = 3

अब 3 एक सम संख्या है और अगली संख्या 99 एक दो-अंकीय विषम संख्या है इसलिए स्थिति 2 लागू कीजिए

→ 99 ÷ 3 = 33 और 33 पहली पंक्ति का परिणामी हैं।

ii) दूसरी पंक्ति में 33 एक विषम संख्या है और 10 एक दो-अंकीय सम संख्या है इसलिए स्थिति 4 लागू कीजिए

→ 33 × 10 = 330

अब 330 एक सम संख्या है और अगली संख्या 400 एक पूर्ण वर्ग है इसलिए स्थिति 3 लागू कीजिए

→ 400 – 330 = 70

अब 70 एक सम संख्या है और अगली संख्या 81 एक पूर्ण वर्ग है इसलिए स्थिति 3 लागू कीजिए

→ 81 – 70 = 11 और 11 दूसरी पंक्ति का परिणामी हैं।

अब यदि संख्याओं के पहले युग्म के परिणामी को दूसरे युग्म के परिणामी से गुणा किया जाता है = 33 × 11 = 363

अतः विकल्प (C) सही है।

30. i) पहली पंक्ति में 31 एक अभाज्य संख्या है और 93 एक दो-अंकीय विषम संख्या है इसलिए स्थिति 2 लागू कीजिए

→ 93 ÷ 31 = 3

अब 3 एक विषम संख्या है और अगली संख्या 16 एक दो-अंकीय सम संख्या है इसलिए स्थिति 4 लागू कीजिए

→ 3 × 16 = 48

अब 48 एक सम संख्या है और अगली संख्या 19 एक दो-अंकीय अभाज्य संख्या है इसलिए स्थिति 1 लागू कीजिए

→ 48 + 19 = 67 और 67 पहली पंक्ति का परिणामी हैं।

ii) दूसरी पंक्ति में 3 एक विषम संख्या है और 10 एक दो-अंकीय सम संख्या है इसलिए स्थिति 4 लागू कीजिए

→ 3 × 10 = 30

अब 30 एक सम संख्या है और अगली संख्या 49 एक पूर्व वर्ग है इसलिए स्थिति 3 लागू कीजिए

→ 49 – 30 = 19 और 19 दूसरी पंक्ति का परिणामी हैं।

अब यदि संख्याओं के पहले युग्म के परिणामी को दूसरे युग्म के परिणामी से गुणा किया जाता है = 67 × 19 = 1273

अतः विकल्प (C) सही है।

// टिप्पणियाँ //

// टिप्पणियाँ //